「여헌학총서」는 〈사단법인 여헌학연구회〉가 구미시의 지원을 받아 출간하는
학술총서입니다.

여헌학총서 2

원전으로 읽는 여헌학 – 여헌선역집

기 획   사단법인 여헌학연구회
지은이   張顯光
옮긴이   장숙필 외

펴낸이   오정혜
펴낸곳   예문서원

편 집   김병훈 · 유미희
인 쇄   주) 상지사 P&B
제 본   주) 상지사 P&B

초판 1쇄   2016년 12월 26일

주   소   서울시 성북구 안암로 9길 13
출판등록   1993년 1월 7일 (제307-2010-51호)
전화번호   02-925-5913~4 / 팩시밀리 02-929-2285
Homepage   http://www.yemoon.com
E-mail   yemoonsw@empas.com

ISBN 978-89-7646-361-6 93150

© 旅軒學硏究會 2016 Printed in Seoul, Korea

YEMOONSEOWON 13, Anam-ro 9-gil, Seongbuk-Gu Seoul KOREA 136-074
Tel) 02-925-5913~4, Fax) 02-929-2285

값 48,000원

원전으로 읽는 여헌학
여헌선역집

여헌학총서 2

원전으로 읽는 여헌학
여헌선역집

여헌학연구회 지음

예문서원

【간행사】
'여헌학'의 지평 확대를 기대하며

17세기 조선유학을 선도한 여헌旅軒 장현광張顯光 선생은 퇴계退溪, 율곡栗谷 선생과 더불어 한국유학의 수준을 한 단계 끌어올린 대표적인 성리학자입니다. 학문에 대한 지칠 줄 모르는 열정과 진지한 자세를 통해 일구어 낸 여헌 선생의 방대한 학문체계는 조선유학의 성대한 자산이며, 혼란한 시대 상황을 극복하기 위해 제시된 여헌 선생의 경세적 식견은 조선유학의 진면목을 보여 주는 귀중한 모범이라 할 것입니다. 특히 시대와 지역이라는 제한과 한계를 뛰어넘어 보편적인 차원에서 추구되고 제시된 여헌 선생의 사상적 지향은 분열과 갈등으로 치닫는 오늘날의 지성에게 뚜렷한 전형으로 다가온다고 하겠습니다.

주지하다시피, 여헌 선생이 이룩한 방대한 학문과 담대한 사상은 5백 년이라는 시간의 간극을 뛰어넘어 오늘의 우리에게 '여헌학旅軒學'으로 다시 살아오고 있습니다. 중국유학과 구분되는 한국유학의 특징적인 면모를 구축하였을 뿐만 아니라 그 사상적 영향력이 큰 것으로 평가받아온 퇴계학, 율곡학과 더불어 이제 '여헌학'은 한국유학의 맥락을 이루는 중심 줄기로 평가받고 있습니다. '여헌학'에는 퇴계학이나 율곡학에서 쉽게 찾아볼 수 없는 역학易學을 기반으로 한 방대한 학문적 체계가 온축되어 있으며, 일상성에 기초하면서도 보편성을 담지한 사상적 지향성, 실용성에 기반한 풍부한 사상 내용과 함의는 한국유학의 내용과 정체整體를 보다 풍부하게 밝혀 줄 귀중한 자산입니다.

　이러한 '여헌학'을 기반으로 사단법인 여헌학연구회는 지난 2003년, 한국유학의 중심 맥락에 위치하는 '여헌학'의 진흥과 '여헌학'을 포함한 한국학의 지속적인 성장을 도모하기 위해 출범하였습니다. 여헌 선생이 나고 자란 경북 구미를 중심으로 영남 여러 지역의 명망 있는 인사들이 주도하여 창립한 여헌학연구회는 회원 가입 대상을 여헌 선생이나 여헌 문인의 후손으로 한정하지 않고 지역의 전통문화에 관심이 있는 인사들에게 개방하여, 여헌 선생의 숭고한 뜻과 정신을 되살리고자 창립 이후부터 지속적으로 여헌 선생의 학문과 사상을 재조명하는 다양한 학술사업을 진행해 오고 있습니다. 20003년부터 고려대학교 민족문화연구원과 금오공과대학교 선주문화연구소가 각각 중심이 되어 동양철학회, 동양고전학회 등 관련 학회와 연계해서 개최하고 있는 <국내 여헌학 학술대회> 및 <국제 여헌학 학술대회>의 개최 지원을 위시하여, 여헌학 관련 학술 논저의 발간 지원, 여헌학 연구 자료의 간행 등 지난 10여 년간 사단법인 여헌학연구회가 진행한 학술지원사업은 '여헌학'의 진흥에 크게 이바지하였다는 내외의 평가를 받고 있습니다. 특히 다양한 학술지원과 이에 따른 성과는 '여헌학'의 기반을 보다 튼튼히 하는 데 기여하였을 뿐만 아니라 한국학 연구자들로부터 '여헌학'에 대한 학문적 관심을 이끌어 내는 데에도 어느 정도 기여하였다고 자평합니다.

이에 사단법인 여헌학연구회는 2014년 '여헌기념관' 준공을 계기로 보다 적극적인 <여헌학 진흥사업>을 추진하게 되었습니다. 그동안 진행해 온 학술지원사업을 간단없이 추진하는 한편, 여헌학에 대한 대중화 사업, 구미 지역을 중심으로 한 지역학의 개발사업 등을 포함한 '여헌학 진흥사업'을 의욕적으로 진행하여 '여헌학'의 지평을 확대하고자 하고 있습니다. 오늘 간행되는 이 책은 바로 여헌학연구회가 2014년부터 의욕적으로 추진 중인 <여헌학 진흥사업>의 일환인 <여헌학총서>의 두 번째 결과물입니다.

오늘 선보이는 <여헌학총서>의 두 번째 결실인 『원전으로 읽는 여헌학—여헌선역집』은 사단법인 여헌학연구회 회원들의 정성 이외에 경상북도 구미시의 전폭적인 지원에 힘입었습니다. 구미 지역의 전통문화 자원에 관심이 많은 남유진 구미시장님의 아낌없는 관심과 지원이 <여헌학 대중화 사업>을 통한 '여헌학' 진흥의 밑거름이 되고 있음을 밝히며, 지면으로나마 여헌학연구회 회원 모두의 마음을 담아 감사의 뜻을 전합니다.

'여헌학'은 현재보다는 미래를 향해 있습니다. 그리고 여헌학연구회에서 추진하는 사업도 오늘보다는 미래를 위해 기획되고 추진되고 있습니다. 이러한 측면에서 <여헌학총서>의 두 번째 결실이 향후 '여헌학'의 미래를 여는 디딤돌이 되길 희망합니다. 그래서 '여헌학'의 지평이 지금보다 한 차원 높은 곳으로 나아가길 기대합니다. 이 책이 나오기까지 열과 성을 다해 주신 학계의 여러 교수님과 연구자들께 감사드리며, 여러분의 학문적 열정이 오늘보다 나은 '여헌학'의 미래를 열어 주기를 희망합니다.

감사합니다.

2016년 12월
사단법인 여헌학연구회 이사장
교육학 박사 장이권

'여헌'과 대중과의 열린 대화를 위해

　　최근 들어 '여헌학旅軒學'은 적어도 한국학 연구자들에게는 '퇴계학退溪學', '율곡학栗谷學' 등과 마찬가지로 한국학을 올바로 이해하는 핵심적인 통로로 이해되고 있다. 17세기 영남을 대표하는 산림학자이자 조선시대를 통틀어 최고의 역학易學 이론가로 평가받고 있는 여헌旅軒 장현광張顯光(1554~1637)이 보여 준 학문적 탁월성과 지속적으로 미쳤던 그의 학문적 영향력을 고려한다면, 최근 한국학 연구자들이 보여 주고 있는 '여헌학'에 대한 인식 변화는 당연한 결과라 할 수 있다. 그리고 지난 20여 년간의 사단법인 여헌학연구회와 여헌 관련 연구자들의 노력을 통해 결과된 '여헌학'에 대한 인식 변화는 단순하게 인식되었던 조선성리학의 구도를 보다 다층화하고 다변화하는 기폭제로 이미 작동하고 있으며, 향후 한국학의 연구 지평을 확대하는 기반으로 작용할 것으로 기대를 모으고 있다는 점에서 그 의의를 찾을 수 있을 것이다. 한국학 전문 연구자들 사이에서 이미 구체화된 '여헌학'에 대한 인식 변화는 '여헌학' 연구를 주도하고 있는 연구자 내지 여헌학 연구의 실질적인 주체이자 후원자인 사단법인 여헌학연구회에 또 다른 과제를 부과하고 있다고 여겨진다. 그 과제는 여러 의론이 제기될 수 있지만, '여헌학과 일반 시민과의 만남과 소통'을 위한 기반과 장치를 통해 현재보다 확대하고 구체화된 <여헌학 대중화 사업>을 효율적으로 추구해야 한다는 것으로 요약될 수 있다. 그리고 오늘 펴내는 본서는 이러한 사업의 일환으로 기획된 것이다.

　돌이켜 보면, 그동안 여헌 및 여헌학과 대중과의 만남이 전혀 없었던 것은 아니었다. 꾸준히 <여헌학 학술대회>의 후원을 통해 '여헌학' 선양 사업을 주도하였던 사단법인 여헌학연구회는 지난 2014년도에 경상북도 구미시에 소재하는 여헌의 강학 공간이자 추모 공간인 동락서원東洛書院 인근에 여헌기념관을 준공하였으며, 2016년에는 기념관의 전시 공간을 리모델링하여 관람객 친화적인 유품 및 유물 전시를 기획하여 전시하고 있다. 하지만 여헌기념관을 통한 여헌과 시민과의 만남은 시공간적인 제한점을 가질 수밖에 없고, 이에 더하여 여헌의 진면목을 제대로 전달할 수 없는 한계 또한 안고 있다. 이는 기념관을 알고 찾는 대중들만, 그리고 그들도 대략적인 관람만으로 여헌 및 '여헌학'을 접하고 마는 제한점이 있기 때문이다. 따라서 여헌기념관을 통한 여헌과 대중과의 만남을 보완하고, 시민 대중들이 여헌의 진면목을 온전히 이해할 수 있는 통로를 만들어야 하는 과제는 지금도 여전히 해결되지 못한 과제이다. 이러한 과제를 해결하기 위해 여헌기념관을 통한 여헌과 대중과의 만남 이외에 여헌의 진면목과 여헌학의 기초를 제공하는 하나의 의미 있는 통로이자 장치로 본서가 기획되었다.

본서의 기반이자 여헌학의 기초인 여헌의 저술은 실로 방대하다. 원집 13권, 속집 10권으로 구성된 12책 분량의 『여헌집旅軒集』을 비롯하여, 9권 9책 분량의 『역학도설易學圖說』, 8권 6책의 『성리설性理說』 등은 여헌 당대 어느 학자들의 저술과 비교하더라도 압도적인 분량을 차지하고 있으며, 그 내용의 탁월성 또한 당대는 물론 여헌을 전후한 시기의 여느 학자와의 비교를 용납하지 않을 정도로 뛰어나다는 것이 학계의 정설이다. 여기에 더하여 임진왜란의 피난록인 『용사일기龍蛇日記』는 여헌의 인간적 면모와 시대인식을 읽을 수 있는 시금석試金石이기도 하다.

방대한 여헌의 저술 가운데 『여헌집』은 민족문화추진회(現 한국고전번역원)가 주관하여 1996년부터 2001년에 걸쳐 성백효成百曉 선생이 번역한 바 있다. 하지만 나머지 저술은 아직 번역의 손길이 닿지 않고 있는 것이 오늘의 현실이다. 한문으로 된 문집 번역은 연구자 개인이 감당하기 어려운 작업이기 때문에 국가기관이 주도하여 번역 사업을 진행하는 것이 일반적이다. 이러한 현실을 감안할 때, 번역의 손길이 닿지 않은 문집이 워낙 많고, 더구나 전문 번역 인력이 부족한 오늘의 현실을 감안한다면, 여헌학의 기반이 되는 『여헌집』 이외의 핵심 저작에 대한 추가 번역 사업은 현재로서는 난망한 실정이다. 그렇다고 해서 여헌학의 근간이자 대중화 사업의 핵심이 되는 번역 사업을 도외시 할 수는 없다. 본서는 현재 번역 사업의 현실을 고려하여 그간 번역된 『여헌집』의 일부 내용을 수정 보완하고, 아직 번역의 손길이 닿지 않은 『성리설』의 주요 내용을 번역하여 대중들이 손쉽게 읽고 이해하기 쉽게 해설을 덧붙이고자 한 것이다.

　본서는 총 5부로 구성하였다. 여헌의 학문과 사상을 이해하는 기본 방향을 인생관, 우주자연관, 학문관, 시대인식과 경세, 그리고 지역 선현에 대한 존숭 등 5개 주제로 설정하고, 해당 주제와 관련한 가장 중요한 글을 『여헌집』과 『성리설』에서 선별하여 가장 이해하기 쉽게 번역하고자 하였다. 번역문의 서두에 해당하는 각 주제의 서두에는 해당 주제를 총괄하는 해제 성격의 글 이외에 번역 대상 글에 대한 해제도 실어 독자들의 이해도를 높이고자 하였다. 번역은 현대의 독자 대중들이 이해하기 쉽도록 배려하였으며, 중요한 주제어나 개념어에 대해서는 각주 형식을 빌려 친절한 해설문을 게재하였다.

여헌학의 기초가 되는 여헌 저작의 정수만을 뽑아 선역본으로 구성한 본서를 구성하고 집필하면서 가장 역점을 둔 것은 정확성과 대중성이었다. 기존의 번역서에서 애매하거나 두리뭉실하게 넘어간 부분은 가능한 정확하게 번역하고자 하였으며, 가급적 현대어로 번역하여 내용의 이해도를 높이고자 하였다. 하지만 이러한 번역의 의도가 충분히 살아났는가에 대해서는 번역진 모두가 낙관하지 않고 있다. 정확성을 기하려고 하다 보면 자칫 대중성이 흔들릴 수 있고, 대중성을 높이다 보면 원의를 훼손하기 쉽기 때문이다. 그럼에도 여헌의 진면목을 살리기 위해 최선을 다했다는 것은 번역진의 공통된 입장과 태도였음을 밝히는 바이다.

여헌학의 대중화 사업은 본서의 간행으로 완결되는 것은 아니다. 앞으로 펼쳐야 할 사업은 무궁무진하다. 이 지면을 통해 그 사업을 일일이 열거할 수는 없지만, 적어도 여헌 관련 서적의 간행을 통한 대중과의 만남만큼은 지속적으로 이루어져야 할 것이다. 대중들 누구나 손쉽게 접할 수 있는 여헌 평전을 비롯하여 여헌 저작을 주제별로 엮은 해설서의 간행은 본서 간행 이후 계속 이어져야 할 간행 작업 중 하나일 것이다. 아무쪼록 이러한 대중화 작업이 원활하게 이루어지길 희망하는 바이다.

본서는 여헌학 진흥의 밑거름이 되어온 사단법인 여헌학연구회와 여헌학 진흥에 지속적인 지원을 아끼지 않는 경상북도와 구미시의 지원에 힘입었다. 지면을 빌려 두 기관의 관계자들께 고마움을 표하는 바이다. 아울러 '여헌학의 대중화'는 물론이거니와 본서의 기획 의도를 충분히 이해하고, 바쁜 시간을 쪼개어 수고를 아끼지 않은 번역자들에게도 감사의 말을 전한다. 오늘의 수고가 내일의 결실로 이어지길 기대하며, 여헌학의 진흥이 한국학 발전의 향도가 되길 기대하는 바이다.

2016년 12월
전체 번역자를 대표하여
장숙필

제1장 여헌의 인생관

김 낙 진

【해제】

여헌은 18세가 되던 해에 "사내가 하늘과 땅 사이에 태어났으면 마땅히 우주 사이의 사업事業으로 자기 임무를 삼아야 한다. 신변과 눈앞의 일로 한정해서는 안 된다. 또한 하루, 한 해, 한 세상으로 제한할 수 없다"고 다짐하였다. 신변과 눈앞의 일에 제한된다는 것은 인생 전체를 바라보지 못하고 세속적 가치에 함몰되어 살아감을 뜻한다. 이와 달리 멀리 바라보는 시야의 끝에는 우주가 있다. 우주는 '상하사방上下四方'의 공간과 '고금왕래古今往來'의 시간을 합해 부르는 말이니, 우주는 공간과 시간 전체를 뜻한다. 이 우주를 채우고 있는 것은 사事와 물物이다. "사와 물이 없다면 우주가 어찌 있을 수 있는가"라는 그의 말을 고려하면, 사와 물 전체가 곧 시간과 공간이다. 우주가 사·물이 존재하고 운동하는 시공의 틀에 붙여진 이름이라면, 사·물은 우주라는 틀 안에 존재하는 구체적인 물들과 그것의 운동에 붙여진 이름이다.

흔히 하나의 단어로 사용하는 사와 물은, 관련은 있으나 가리키는 대상이 다른 단어이다. 물은 한시적으로 고정된 형체와 성질이 있는 존재자인 데 비해, 사는 작위作爲로 통칭되는 물들의 생성·변화·행위·운동 등을 총칭한다. 사와 물은 확연히 구별되는 것이 아니다. 사가 있기에 물이 있을 수 있고 물이 있기에 사가 있을 수 있다. 사와 물이 부단한 존재와 흐름을 연속하는 것이 우주이다. 그래서 구체적인 존재(物)는 우주적 운동인 일에 의하여 생겨나서 일을 행하다가 우주의 흐름 속으로 돌아가고, 다시 이 흐름(事)에서 물이 생겨난다. 하나의 하찮은 물일지라도 우주의 생성과 소멸에 걸친 운동의 일환이며, 인간의 존재와 활동도 사·물로 채워진 우주의 일부이다.

이렇게 우주의 차원에 시선을 돌리면 모든 존재는 없음(무, 무형)에서 있음(유, 유형)으로 왔다가 없음으로 돌아가는 나그네와 같고, 우주는 여인숙과 같다. 이 우주를 보지 못하고 자기 존재와 소유의 있음에 집착하는 사람들은 눈앞의 욕망을 채우고자 남과 경쟁하면서 하지 못하는 일이 없지만 한탄만이 남는다. 없음에 주목하는 사람들은 인생이 허무하다고 여겨 초탈하고자 하지만, 인간 세상 밖으로 벗어나는 일은 애초에 불가능하다. 중도中道에 서고자 하는 여헌은 있음과 없음을 동시에 본다. 사람은 "발붙일 곳이 없어서는 안 되지만 또한 발붙이고 있는 땅에 매여서도 안 된다"고 한다. 존재와 소유를 부정할 수도 없지만, 그것에 발목이 잡혀서는 안 된다는 것이다.

이런 생각을 할 수 있었던 것은 우주사물을 시간과 공간 두 축에 걸친 존재의 연쇄로 보았기 때문이다. 시간의 흐름 속에서 천지는 만물을 낳고, 만물 또한 낳고 낳아 기르고 기르는 연속 과정에 있다. 공간적으로도 마찬가지인데, 공간적 연쇄성은 물들이 각기 쓸모 있음에서 드러난다.

풀은 채소가 되고 약용이 되며 백수의 먹을거리가 되는 것이 그 분수이다. 나무는 숲이 되고 땔감이 되고 백과가 되고 집과 기계의 재료가 되는 것이 그 분수이다. 금수는 길들여지고 길러지는 가축이 되고 희생의 제물이 되어 가죽과 털과 뼈와 뿔이 쓰이는 것이 그 분수이다. 곤충과 물고기, 자라가 모두 쓰임이 될 수 있는 것이 그 분수이다. 금과 쇠, 옥과 돌에 이르러서도 마땅히 사용할 재료가 되지 않음이 없는 것이 그 분수이다. 그 나머지 만 가지 물 가운데 무용한 물 또한 무수한데; 조화造化의 가운데에 함께 존재하면서 만물의 수를 채우고 물을 사용할 때 보조 재료가 되니 어찌 각기 받은 분수가 아니겠는가?

물들은 서로 쓰고 쓰이는 연쇄 고리를 형성한다. 심지어 아무 쓸데없는 사물조차도 다양한 존재들이 연출하는 우주의 구성원으로 참여한다. 쓸모 있음은 누군가에게 유용하다는 말이고, 남에게 기여할 수 있음이다. 그는 세계를 약육강식이 지배하는 것이 아니라, 서로가 서로에게 쓸모 있는 기여를 함으로써 조화로운 공동체를 만든다고 보고 있다. 서로 빚을 지고 산다는 생각을 가지면 사물의 존재함은 고마움의 대상이 되고, 우주는 경건한 마음으로 대해야 할 것이 된다. 그래서 눈을 들어 바라보면 솔개는 날고 물고기는 뛰어올라 힘차게 약동하는데, 산은 어찌하여 높았다가 낮아지고 땅은 어찌하여 멀었다가 가까워지는지 궁금해진다.

이렇게 우주가 조화로운 공동체라면 마치 누군가에 의해 조직되었다는 느낌을 준다. 그가 조물자라는 용어를 누차 사용하고 있음이 그 느낌의 표현이다. 조물자는 하늘과 땅인가? 그러나 하늘과 땅도 129,600년(一元)이 지나면 있다가 없어지는 하나의 물에 지나지 않는다. 그는 이 모든 사와 물의 조화로운 장치를 조화造化한 것은 태극太極이라고 생각한다. 우주를 만든 조물자, 모든 현상을 주재하는 존재는 태극이다. 태극은 만물에 공통된 궁극의 원인이면서 또한 각 사물에 선천적으로 부여된 이치다. 태극(一理, 統體一太極)은 기氣를 사용하여 물의 형체를 만들고 그 자신은 그 물 안에 깃들어 그것이 그 용도의 일을 할 수 있게 하는 이치(各具一太極)가 된다. 물에 있는 이치는 각기 다른 꼴과 용도를 지닌 사물의 개별적 특성인데, 그것의 모체인 태극이 만물의 공통 근원이라는 점에서 물들은 공통성까지 지닌다. 개별성이 한 물의 특유한 쓸모가 나타나는 원인임에 비해, 공통성은 서로 기여할 수 있는 가능성이 된다. 한 나라의 성원들이 각자 개성과 쓸모를 가지면서 동시에 공통성을 지녀야만 한 국가의 성원이 될 수 있는 것과 다르지 않다.

한 물의 쓸모를 결정하는 원인이 이치이고 쓸모 있게 기능하는 성향을 본성이라고 보게 되면, 이치와 본성은 결국 같은 것이 된다. 또 전체 공동체의 조화로운 존속을 위한 쓸모를 발휘하게 하는 것이 이치 때문이라면, 그 이치를 따르는 것은 마땅히 가야할 길(當行之路), 즉 도道이다. 결국 이치와 본성과 도는 한 가지이다. 그래서 이치라는 말과 도리라는 말은 하나의 리理 자에 동시에 포함된다. 또 도리를 다해 쓸모 있는 존재가 되도록 하는 이치 또는 본성이 선천적으로 부여된 것이라는 점에서 분수分數 또는 직분職分이라는 용어를 쓰기도 한다. 이치가 부여된 만물은 이치 즉 본성에 따라 타자에게 쓸모 있는 기여를 하고 조화로운 공동체를 만들고자 직분을 다함, 즉 도리를 실천해야 할 책임이 있다.

만물의 하나인 인간도 마찬가지이다. 인간은 자신에게 주어진 탁월한 지각능력을 발휘하면 이 전체의 우주 시스템을 이해할 수 있고, 물들을 정해진 용도에 따라 사용할 수 있는 특권을 가지고 있다. 그렇게 해야 한다는 점에서 도리 실천의 책임도 가지고 있다. 태극에 의해 정해진 용도에 따라 사물을 쓰는 것이야말로 『중용中庸』에서 말한 천지를 제자리에 있게 하고 만물을 제 기능에 따라 살게 하는 인간의 우주사업이다. 그래서 인간은 천지와 더불어 삼재三才의 하나가 된다고 그는 말한다. 인간사회는 우주의 축소판이다. 성원들에게는 주어진 쓸모가 있다. 타물에 비교할 수 없을 만큼 복잡한 조직을 이루어 사는 인간이 타고난 능력에 따라 지위와 역할을 나누는 것이 자연의 이치라고 여헌은 생각한다. 사·농·공·상의 사민四民이 담당하는 역할 즉 쓸모는 곡식·의료衣料·기명器皿을 생산하고 재화를 유통시키는 데 있다. 이에 비해 선비는 "자기 한 몸에 주어진 도리를 다하는 것에 그치지 않고 반드시 우주 안의 모든 일을 자기의 책임으로 삼아 사람과 물의 본성(성분)을 극진히 다하게 함으로써 천지의 조화 육성을 도울 때" 성분과 직분을 다했다고 말할 수 있다.

이렇게 보면 너무 거창하여 손에 잡히지 않는다고 볼 수 있지만, 일상에서 실천해야 할 일을 중심으로 보면, 남과의 관계에서 쓸모 있는 사람이 되는 것이다. 특히 오륜의 관계를 맺고 있는 사람들에게 세상의 조화와 법도를 깨뜨리지 않는 한도 내에서 자기가 할 수 있는 최선을 다해 도리를 실천해야 한다. 사람마다 능란함과 영향력에 정도의 차이는 있겠지만, 이것이 인간이 매일 실천해야 하는 우주사업의 실내용이다. 이렇게 여헌은 우주 전체를 분수의 체계로 해석하면서 그 안에서 자기의 위치와 나아갈 방향을 찾았다.

세계관이 뚜렷한 사람이라도 실패를 거듭하거나 자기 뜻대로 세상이 움직이지 않으면 실망하고 좌절하게 되고, 심지어 자기가 살았던 세계를 부정하기도 한다. 사람이 자기 뜻과 무관하게 겪는 환란 중 가장 큰 것이 전란일 것인데, 여헌은 39세부터 7년간 임진왜란이라는 가혹한 시련을 경험하였고, 친척과 친구의 집을 떠도는 나그네 신세가 되었다. 그가 이 곤혹스러운 상황에서도 도리를 지키면서 살아야 한다는 본래의 인생관을 저버리지 않았던 것은 시야를 넓혀 우주를 성찰할 수 있었기 때문이다. 여헌이 남긴 글 중 이런 인생관과 무관한 것이 하나도 없다고 감히 말할 수 있지만, 본서에서는 그 중에서도 대표적인 문장 몇을 뽑아 번역하였다.

여헌이라는 호를 지은 까닭【旅軒說】

【소해제】

임진왜란을 피해 청송에 우거하던 장현광은 44세가 되던 1597년, 처음으로 여헌이라는 호를 가진다. 호를 사용하지 않았던 것은 도덕과 지식이 무르익지 않아 호로 불릴 만한 자격이 없다고 겸손하게 생각하였기 때문이었다. 그러나 존비와 장유가 뚜렷하게 구분되던 시절에 호가 없음은 자신은 물론 타인들에게도 여러 모로 불편함을 줄 수 있었으니, 그가 호를 갖게 된 이유이다. 여헌은 나그네의 집이라는 뜻이다. 난리를 피해 정처 없이 떠돌던 신세를 나그네(旅)로 표현하였는데, 헌이 집 즉 정처라는 뜻이니 역설적인 호이다. 소유에 얽매이지 않았던 그는 가서 머무는 곳을 자신의 집으로 여겨야 했고, 궁극적으로는 우주를 집으로 삼았다. 존재와 비존재, 소유와 무소유, 삶과 죽음, 쓸모 있음과 쓸모없음의 사이에서 나그네로 떠도는 것이 인생이고, 이런 가운데 도가 있다는 교훈을 통찰하였다. 이 글은 사람들에게 자호가 생긴 유래, 여헌이라는 호를 갖게 된 까닭, 여헌이라는 호가 지닌 의미를 기술하면서, 삶이 무엇이며 어떤 태도로 살아야 하는가를 말하고 있다. 여헌의 인생관이 체계적으로 집약된 글이다.

【원문 및 번역】

人有軒號, 自中古始焉. 蓋上古之人, 無其名, 人但有聲而已. 盰盰肽肽, 言亦不分, 則寧有其名哉. 想其時也, 人文方晦, 人倫未著, 人各自涵性命, 自能生生. 只相與聽聲而相應和, 見色而相識別, 則奚待乎名哉. 雖無名不爲礙也.

사람들이 헌호軒號1)를 사용한 것은 중고中古시대로부터 시작되었다. 상고
上古시대 사람들은 이름이 없었고, 다만 입으로 내는 소리만이 있었다.
우우, 껵껵 소리나 내어 말 또한 구별되지 않았으니 어떻게 이름이
있었겠는가? 생각해 보면 그때는 사람의 문화가 한창 어두웠고 인륜이
밝혀지지 않아 사람들은 각기 본성을 따라 스스로 살아갈 수 있었다.
단지 소리를 듣고 서로 반응하였고 얼굴색을 보고 서로 식별하였을
뿐이니 이름이 왜 필요했겠는가? 비록 이름이 없더라도 장애가 될 것이
없었다.

及乎風氣稍開, 大朴漸散, 則人文不得不明, 人倫不得不著, 於是, 聖
人首出, 爲之發揮焉. 因物有字, 隨人置名. 然後敎有可施, 事有可行.
此乃名之所以作也.

인지가 점점 개발되고 소박함이 점차 엷어지자, 사람의 문화가 밝아지지
않을 수 없었고 인륜은 밝혀지지 않을 수 없었으니, 이에 성인이 우두머리
로 출현하여 지혜를 발휘하였다. 사물에 따라 글자가 있게 되었고 사람에
따라 이름을 지었다. 그렇게 한 후에 교육이 베풀어질 수 있었고 일이
행해질 수 있었다. 이것이 이름이 만들어진 까닭이다.

然人各有一名, 自可以無所不通, 又何別名以贅之哉. 世又稍降, 而尊
卑之等, 不可不章, 長幼之序, 不可不明, 則道不可以徒尙其質矣. 旣各有
名, 又因其名之義而換稱之, 所謂字者於是乎作焉. 故人無貴賤, 有其名
則又必有其字, 比之古則字之稱, 似贅矣. 然無是字, 其於尊卑長幼之間,
當不無所嫌褻者矣. 此聖人所以酌古今之宜, 不得不置字於人, 而宣尼之
於春秋, 亦必或名或字, 以寓與奪之意, 字豈可無乎.

---

1) 살고 있는 집에 이름을 붙이고, 이름 대신 불러 주인을 가리키는 칭호를 헌호라고
한다.

그러나 사람마다 각기 하나의 이름이 있으면 저절로 통하지 않음이 없는데도, 또 왜 이름을 별도로 지어서 군더더기를 만들었을까? 세상이 또한 좀 더 내려오자 높고 낮은 계급이 밝혀지지 않을 수 없었고 어른과 아이의 차례가 밝혀지지 않을 수 없었으니, 도리가 질박함만을 숭상할 수 없었다. 이미 각자 이름이 있었으나 또한 그 이름의 뜻에 입각하여 바꾸어 부르는 이름을 만들었으니 자字[2]라고 하는 것이 생겼다. 그러므로 사람들은 귀천에 관계없이 이름이 있으면 또 반드시 자字가 있게 되었으니, 옛날에 비교하면 자라는 명칭은 군더더기처럼 보인다. 그러나 이 자가 없으면 계급의 높고 낮음과 나이의 많고 어린 사람들 사이에 의심하고 버릇없다 여기는 바가 없을 수 없었다. 이것이 성인께서 고금을 참작하여 그 시대에 마땅한 바를 정하고는 자를 사람들에게 만들게 하지 않을 수 없었던 까닭이요, 공자께서 『춘추』를 지을 때[3]에 또한 이름을 쓰기도 하고 자를 쓰기도 하여 명예를 주고 빼앗는 뜻을 더하였으니 자가 어찌 없을 수 있었겠는가?

然有名有字而已, 而足以該之. 又降而爲後世, 世道不明, 治日常少, 天下或有懷奇蘊眞之士, 若不能出而施志於當世, 則退而散處於山林 江湖之間者. 不欲衒名於時人之耳, 登字於俗子之口. 則自超於名字之

---

2) 字 : 주로 남자가 성인이 되었을 때에 붙이는 일종의 이름. 두 가지 이상의 이름 가지기를 좋아한 풍속인 復名俗 또는 실제의 이름 부르기를 꺼린 풍속인 實名敬避俗의 일종이다. 자는 중국에서 비롯되었으나, 어느 때부터인지는 확실하지 않은데, 일반적으로 周나라 초기로 본다. 『禮記』에 "남자는 20세에 성년이 되어 冠禮를 마치고 성인이 되면 자가 붙는다. 여자는 15세에 결혼하게 되어 비녀를 꽂으면 또한 자가 붙는다. 여자의 자에는 흔히 자매의 차례를 나타내는 伯·仲·叔·季를 붙인 데 지나지 않으나, 남자의 자에는 흔히 그 실명과 의미상의 관련이 있는 자가 붙고, 다시 그 위에 형제의 차례를 나타내는 백·중·숙·계의 글자나, 남자의 미칭인 子를 붙이는 일이 많다. 또한 흔히 형제간의 자에는 같은 한 글자를 넣어 지어서 그들이 같은 형제인 것을 나타내기도 한다"라고 하였다. (네이버 지식백과, 한국민족문화대백과, 한국학중앙연구원)
3) 『춘추』는 노나라 史官이 기록한 역사서인데, 공자는 명분론에 입각하여 여기에 筆削을 가하였다.

外, 求號於無競之地. 或因其所居之室, 或因其所處之地, 與夫江湖池澤溪山谷洞凡其心所樂, 其身所寓之物, 隨所取而號之. 總名之曰軒號. 其後生小子尊慕其人者, 不敢口其人之名字, 多以其軒號爲常稱焉. 軒號之作, 蓋以此, 而其盛行, 亦以是也.

이름이 있고 자가 있을 뿐이라도 부족할 것이 없었다. 그런데 또 후세로 더 내려와서는 세상의 도리가 밝아지지 않았고 다스려지는 날이 항상 적어, 천하에 혹 기이한 재주를 품고 참된 덕성을 쌓은 선비가 있더라도 만약 그 시대에 뜻을 펴지 못한다면 물러나 산림이나 강호의 사이에 흩어져 사는 사람들이 있었다. 이들은 그 시대의 사람들 귀에 자기 이름을 팔거나 속된 자들의 입에 자기 자가 오르내리는 것을 원치 않았다. 그래서 스스로 이름과 자에서 벗어나 남들과 경쟁하지 않는 것에서 호를 구하였다. 혹은 거주하는 집 이름을 따르기도 하였고, 혹은 거처하는 지역, 강이나 호수 또는 연못, 계곡이나 산, 골짜기 등 마음으로 좋아하고 몸을 의탁한 사물 중에서 자기가 취하고자 하는 바에 따라 호를 삼았다. 이것들을 총칭하여 헌호라고 한다. 그 사람을 존모하는 후생과 어린 사람들은 감히 그의 이름과 자를 입에 담지 못하였고, 헌호로써 평상시의 호칭으로 삼는 일이 많았다. 헌호가 만들어진 것은 이 때문이요, 그것이 성행한 것도 이 때문이다.

是故, 宋之諸先生, 亦莫不各有所號, 夫豈若好事者之爲哉. 固以潛光晦跡, 造物爲徒, 不與人爭, 不爲物忌, 擧一身生涯而附之於一號, 古人之意, 其有得乎. 至於紆金拖紫, 名顯廟堂, 生稱公侯, 死得美諡者, 亦皆有軒號, 至取夫林壑湖山之名以矯之, 此則吾不知其可也.

이 때문에 송나라의 여러 선생들[4]도 각기 호를 갖지 않은 사람이 없었으니, 일 꾸미기를 좋아하는 자들의 하는 짓과 같은 일이겠는가? 진실로 빛을 감추고 자취를 숨기고는 조물주의 무리가 되어 남과 다투지 않고

---

[4] 흔히 성리학이라고 불리는 학문을 연구하고 만들어 낸 송나라 학자들을 가리킨다.

외물의 시기를 받지 않고자 한 것이요,[5] 한 몸이 지향할 생애의 목표를 하나의 호로 표현한 것이니, 옛사람이 추구했던 뜻에 부합함이 있다. 금으로 된 인장을 차고 자줏빛 관복을 입고 이름이 조정에 드러나 살아서는 공후公侯를 칭하고 죽어서는 아름다운 시호를 얻는 사람들 또한 모두 헌호가 있었고, 숲과 골짜기, 호수와 산의 이름을 취함으로써 자기의 실상을 속이는 일도 있었는데 나는 그것이 옳은 일인지 알지 못하겠다.

余則天地間一蠹也. 非工非賈, 不農不士. 雖嘗從事於文字之學, 實 不自篤於身心之功. 猶且不保庸分, 盜取僞名, 至欺明時, 冒受一官. 縱 能知其非分, 今得退安山野. 然而躬不自耕, 尙取飽煖, 顧余平生, 非蠹 而何.

나는 하늘과 땅 사이의 한 마리 좀벌레이다. 물건을 생산하는 공인도 아니고 장사하는 상인도 아니며 농사를 짓지도 않고 선비도 아니다. 비록 일찍이 글자를 배우는 학문에 종사하였으나, 실은 몸과 마음을 변화시키는 공부를 깊이 하지 않았다. 그런데도 오히려 평범한 분수를 지키지 않고 허명을 도둑질하여 밝은 세상을 속이고 관직 하나를 받기까지 하였다.[6] 그것이 분수 아닌 줄은 알 수 있어서 지금은 물러나 산과 들에서 편안하다. 그러나 몸이 스스로 밭을 갈지 않는데도 배부르고 따뜻하게 사니, 나의 평생을 돌아보면 좀벌레가 아니고 무엇이랴?

曾有相從之友, 或以軒號爲勸, 余應之曰. 軒號, 豈如余者亦得以有

---

5) 유학자들은 인격신을 조물주로 믿지 않는다. 조물주는 천지이고, 궁극적으로는 태극 (理)이다. 조물주의 무리가 된다는 것은 그 천지 우주의 차원에서 태극에서 비롯되는 도를 지키면서 살고, 자잘하게 남들과 세속적 이해와 영욕을 경쟁하지 않았다는 의미이다.

6) 여헌은 선조 27년(1594)인 41세 때 禮賓寺參奉과 제릉참봉에 제수되었으나 받지 않았 고, 다음 해에 報恩縣監에 제수되자 취임하였다. 벼슬 하나를 도둑질했다는 것은 보 은현감에 취임하였음을 겸손하게 표현한 말이다.

者哉. 夫軒號者, 以其人之足號也. 己之自顧於中也, 果有人之所有, 而
爲可自負者焉, 人之視我也, 亦皆曰能有人之所有, 而堪爲可觀者焉,
然後吾自無愧於有號, 人亦不辱於喚號. 若自顧人視, 其中則掃如, 而
以碌碌之身, 效碩人之稱, 以庸庸之夫, 冒高士之號, 不獨自愧, 而其如
愧於人何. 不獨愧於人, 而其如汚我江湖池澤, 辱我溪山林壑, 以得罪
於造物翁何哉. 余實自顧掃如, 人視無觀者也. 中兩間參三才, 旣不能
盡人之道, 踐人之形, 則人名之有, 尙且仰愧而俯怍, 況自加以軒號乎.
爲人子而無孝行, 父錫之嘉名, 已自愧焉. 爲朋友而無信道, 友賜之美
字, 亦已慙焉. 然二者雖愧且慙, 其不可易焉, 則只宜國人目之曰張顯
光, 知舊呼之曰德晦, 足矣. 又何他號之敢取哉. 旣以此言拒之, 仍無軒
號, 今且四十餘年矣. 今者始以旅軒爲號焉, 自以是號加我, 不爲僭矣,
而又合乎其實故也.

일찍이 상종하는 친구가 간혹 헌호를 가지라고 권한 일이 있었는데,
나는 이렇게 대답하였다.

"어찌 나 같은 사람이 헌호를 가질 수 있겠는가? 헌호라는 것은 그
사람이 호를 붙일 만한 자격이 있어야 가지는 것이다. 자기가 내면을
돌아보아 과연 남이 가진 것[7]을 가지고 있어 자부할 만하고, 남이 나를
보더라도 타인들이 가진 것을 가질 능력이 있어 처다볼 만한 가치가
있다고 모두 말한 뒤에라야 내 스스로 호를 가짐이 부끄럽지 않고
남들 또한 호를 불러줌이 욕되지 않는다. 만약 스스로 자기를 돌아봄에
내면은 비로 쓸어 낸 듯이 아무것도 없으면서도 용렬한 몸인 주제에
대인군자의 호칭을 본뜨고 용렬한 필부인 주제에 높은 선비나 쓰는
호를 참칭한다면, 스스로도 부끄러울 뿐만 아니라 남에게는 얼마나
부끄러울까? 남에게 부끄러울 뿐만이 아니다. 우리의 강과 호수, 연못을
더럽히고, 우리의 시내와 산, 숲과 골짜기를 욕스럽게 하여 조물주에게
죄를 얻는 것이 얼마이겠는가?

---

7) 위에서 말한 '기이한 재주를 품고 참된 덕성을 쌓음'(懷奇蘊眞)을 말한다.

나는 진실로 스스로 돌아보면 비로 쓸어 낸 듯 아무것도 없고, 남이 나를 보아도 볼만한 것이 없는 사람이다. 하늘과 땅 사이에 위치하여 삼재三才[8]의 하나로 참여하나, 이미 사람의 도리를 다하지 못하였고 사람의 꼴에 맞는 실천[9]을 못하였으니 사람의 이름을 가진 것도 도리어 하늘을 우러러 부끄럽고 땅을 굽어보아 부끄럽거늘, 하물며 헌호를 스스로 더하라는 말인가? 자식이 되어 효행이 없었으니 부모께서 주신 아름다운 이름에 이미 스스로 부끄럽다. 남의 친구가 되어 신의가 없었으니 친구들이 붙여준 아름다운 자에 이미 부끄럽다. 그러나 이 두 가지는 비록 부끄럽고 가책을 느껴도 바꿀 수가 없으니, 다만 온 나라 사람들이 나를 지목하여 장현광이라고 하고, 친구들이 나를 불러 덕회德晦라고 해 주면 나는 흡족하다. 또 어찌 다른 호칭을 감히 가지려 하겠는가?"

이미 이렇게 말하고 호를 갖기를 거절하였기에 헌호 없이 지내온 지 지금까지 40여 년이었다. 이제 처음으로 여헌旅軒을 호로 갖게 되었다. 스스로 이 호를 나에게 더하는 것이 분수에 어긋나지 않는다고 생각하였고, 또한 실상에 부합하기 때문이다.

然則軒在何所. 無常處也. 曷謂之旅. 以余常爲旅也. 旅者, 客於人之名. 竊觀易中旅之爲卦, 离上艮下, 山止而不遷, 火行而不居, 違去爲不處之象. 故卦名以旅. 若有恒居, 不行於外, 豈曰旅哉.

그렇다면 집은 어느 곳에 있는가? 일정한 거주처가 없다. 어찌하여 나그네(旅)라고 하였는가? 나는 항상 나그네이기 때문이다. 나그네는 남에게 손님이 되는 사람을 뜻하는 이름이다. 『주역』의 여괘旅卦를 보니 이괘離卦가 위에 있고 간괘艮卦가 아래에 있는데, 산(艮)은 멈추어서 장소를 바꾸지 않고 불(離)은 움직여서 멈추지 않으니, 한 장소를 떠나가서 머물지

---

8) 우주의 만물 중 가장 중요한 존재라고 여겨진 하늘과 땅과 사람을 三才라고 한다.
9) 踐形. 꼴에 맞는 실천은 인간의 모습에 맞는 도리를 실천함을 뜻한다. 꼴값을 한다고 해석할 수도 있다.

않는 상象이다. 그러므로 괘 이름을 여旅라고 하였다. 항상 거처하는 곳이 있고, 밖으로 떠돌지 않는다면, 어찌 나그네라고 말하겠는가?

余玉山人也. 幼而孤露, 遊學四方, 其不能在家也, 自少然矣. 頃於壬辰夏, 玉山爲倭賊直路, 余家又在路傍, 奔而竄之, 最在人先, 而家燼兵火, 只有丘墟, 雖在寇退之後, 不能返於故土. 自是不托於親戚, 則必依於朋友, 攜挈家累, 遷此移彼. 或一歲而三四遷, 遂作東西南北之人, 其爲旅也, 孰有如我乎. 如是則號以旅軒, 不亦宜耶.

나는 옥산 사람이다. 어려서 아버지를 잃었고, 사방으로 돌아다니면서 공부하여 집에 머물 수 없었음은 어릴 적부터 그러하였다.[10] 지난 임진년 여름 옥산은 왜적이 지나가는 길목이었고 우리 집은 또한 길가에 있어 달아나 숨기를 남보다 가장 먼저 하였는데, 집은 병화에 불타 없어지고 터만 남았으니 왜적이 물러난 뒤에도 고향으로 돌아갈 수 없었다. 이로부터 친척에게 의탁하지 않으면 반드시 친구에게 의탁하였는데, 집안 식구들을 이끌고 누차 이곳으로 옮기고 저곳으로 이사하였다. 혹은 한 해에도 서너 번을 옮겨 드디어 정처 없는 사람이 되었으니, 나그네가 되기를 누가 나만큼 해보았겠는가? 이와 같으니 호를 여헌으로 한 것이 또한 마땅하지 않은가?

或曰. 軒必有常所, 然後可因以爲號. 今子則旅矣, 而號以軒, 子之軒, 果有常所乎. 而況軒乃主人之有也. 子以旅而爲己之號, 則無乃非其有而取之乎.

어떤 이가 말하였다. "사는 집이 반드시 일정한 장소에 있은 뒤에야 헌호를 가질 수 있다. 지금 그대는 나그네인 주제에 헌이라고 호하였는데, 그대의 집은 과연 일정한 장소가 있는가? 그리고 하물며 헌은 주인의

---

10) 여헌은 9세에는 一善에 사는 자형 盧守誠(1516~1573)에게 배우러 갔고, 14세 때에는 집안의 어른인 張崛에게 나아가 배웠다

소유물이다. 그대는 나그네로서 헌이라는 글자가 들어간 호를 썼는데, 자기 소유물이 아닌 것으로써 호를 쓴 것이 아닌가?"

余曰. 軒無常所, 又非己有, 故以旅而名其軒. 軒而曰旅, 名固當其實矣. 夫軒無常所, 而隨往有軒, 則我之有軒也常矣. 有軒也常矣, 而不滯於一軒, 則軒之爲主人之物者自若矣. 無焉而不淪於無, 有焉而不係於有. 此余之常爲旅, 旅而必有軒者也, 然則旅軒爲號, 烏可謂非其有而取之者乎.

나는 이렇게 대답하였다.

"나의 헌은 일정한 장소가 없고 또한 나의 소유가 아니기에 나그네 여旅 자로 헌에 이름을 붙인 것이다. 헌이면서 나그네라고 말하였으니 이름이 진실로 실정에 맞다. 나의 헌은 일정한 장소가 없고, 가는 곳에 따라 헌이 있으니, 나에게 헌이 있음은 일정하다. 일정하지만 하나의 헌에 내내 머물러 있지 않으니 헌이 주인의 소유물이 됨은 이전 그대로이다. 없으나 없음에 빠지지 않고 있으나 있음에 매이지 않으니, 이것이 내가 항상 나그네이면서도 반드시 헌이 있는 것이다. 그렇다면 여헌이라는 호가 어찌 소유물이 아님에도 자기 것인 양 취한 것이겠는가?"

或曰. 子之以旅軒爲號者, 吾旣聞之矣. 然宇宙之間, 惟太極無方所, 無形體. 若夫萬物, 則必有形體, 必有方所. 今子之軒, 旣曰軒焉, 則烏得無形體之可言, 又烏得無方所之可指者, 又豈無可安可樂之實哉.

어떤 이가 말하였다. "그대가 여헌으로 호를 삼음에 대해서는 잘 들었다. 그러나 우주의 사이에 오직 태극만이 동서남북의 방위와 정해진 장소(方所)가 없고 형체가 없다.[11] 만물은 반드시 형체가 있고 반드시 방위와 장소가 있다. 지금 그대의 헌은 이미 헌이라고 이름 하였는데도, 어찌

---

11) 太極 또는 理는 形而上者이므로 오감에 의해 감각할 수 있는, 形而下者가 지닌 방위 장소 형체가 없다.

해서 말로 표현할 만한 형체가 없고 손으로 가리킬 만한 방향과 장소가 없으며, 어찌해서 편안하고 즐겁게 산다는 실상이 없는가?"

曰. 吾之軒, 旣在有無之間, 寧有一定之形體. 然其可安可樂之實, 則無時不然, 無處不然矣. 請試言之. 其在也, 或在東隣, 或在西隣. 或在山之南, 或在水之北. 或在千里之外, 或在十步之內. 或在湖海之邊, 或在溪澗之畔. 或在深山之谷, 或在大野之頭. 不必取乎儉素, 雖高堂敞宇, 亦或安之, 不必取乎軒敞, 雖茅齋斗室, 亦或樂之. 花竹滿塢, 不以爲煩, 田園蓁蕪, 不以爲汚. 且非特以堂宇爲軒, 至於淸陰綠樹之下, 亦吾軒也, 白雲蒼崖之上, 亦吾軒也. 芳草溪邊, 亦吾軒也, 淸風山畔, 亦吾軒也. 或有一日之軒, 或有數日之軒, 或有閱月之軒, 或有踰時之軒, 或有一歲之軒, 或有數歲之軒. 軒之所在, 不一其地, 而合而爲一身之軒, 軒之所留, 不一其時, 而積而爲一生之軒, 吾之所軒, 其諸異乎人之軒乎. 凡物有方所, 則區域一定, 而不可徧於東西南北, 有形體, 則規模一定, 而不可變於大小虛實. 故有定方者, 其勢必狹, 而無定方者, 其廣無窮. 有定形者, 其用必室, 而無定形者, 其通無礙. 此吾軒所以處無方之方, 兼天下之形勝, 立無體之體, 備四方之景致, 爲軒也不亦大乎, 不亦富乎.

나는 이렇게 대답하였다.

"나의 헌은 이미 있고 없음의 사이에 있으니 어찌 일정한 형체가 있겠는가? 그러나 편안하고 즐겁다는 실상은 그렇지 않은 때가 없고 그렇지 않은 곳이 없다. 시험 삼아 말해 보겠다. 나의 헌은 혹 동쪽 이웃에 있기도 하고 혹 서쪽 이웃에 있기도 한다. 혹 산의 남쪽에 있기도 하고 혹 물의 북쪽에 있기도 한다. 혹은 천리의 밖에 있기도 하고 혹은 열 걸음 안쪽에 있기도 한다. 혹은 호숫가나 바닷가에 있기도 하고 혹은 시내와 계곡의 경계선에 있기도 한다. 혹은 깊은 산속 골짜기에 있기도 하고 혹은 큰 들가에 있기도 한다. 굳이 검소함을 취하지 않아 비록 높은 집과 넓은 집이라도 또한 간혹 편안하게 여기고, 굳이 높고 넓음을 취하지 않아 비록 초가집과 조그만 방이라도 간혹 즐겁게 여긴다. 꽃과 대나무가 뜰 안에 가득해도 번거롭게 여기지 않으며 밭과 동산이 잡초로 뒤덮여도 더럽게 여기지 않는다. 또 집만 헌으로 여기지 않으니 시원한 그늘이 드리운 푸른 나무 아래도 나의 헌이며, 흰 구름 흘러가는 푸른 낭떠러지 위도 나의 헌이다. 향기 나는 풀이 자라는 시냇가도 나의 헌이며, 맑은 바람 부는 산기슭도 나의 헌이다. 혹은 하루 머무는 헌이 있고 혹은 며칠 머무는 헌이 있으며, 혹은 달을 넘겨 머무는 헌이 있고 혹은 철을 넘겨 머무는 헌이 있으며, 혹은 한 해 동안 머무는 헌이 있고 혹은 여러 해를 머무는 헌이 있다. 헌의 소재지가 일정하지 않으나 합하여 내 한 몸의 헌이 되고, 헌에 머무는 시간이 한결같지 않으나 쌓이고 싸여 일생의 헌이 되니, 나의 헌은 다른 사람의 헌과 다름이 있다. 모든 사물은 방위와 장소가 있으니 구역이 일정해서 동서남북에 두루 편재할 수 없고, 형체가 있으니 규모가 일정해서 크게 하고 작게 하거나 비우고 채우는 것을 마음대로 바꿀 수 없다. 그러므로 일정한 방위와 장소가 있는 것은 그 형세가 반드시 협착하고, 정해진 방위와 장소가 없는 것은 그 넓음이 무궁하다. 형체가 일정한 것은 그 쓰임이 반드시 한정되나, 정해진 형체가 없는 것은 두루 쓰여 막힘이 없다. 이것이 나의 헌이 방위와 장소가 없는 방위와 장소에 처하여 천하의 명승을 겸비하고, 형체가 없는 형체를 세워 사방의 경치를 겸비하는 까닭이니, 헌이 크고도 부유하지 않은가?"

若乃軒中所有之物, 則數卷聖賢書, 四箇文房友, 三尺一長劍, 晨梳一帖子. 軒上所對之人, 則或好古嗜學之士, 或通經業史之人, 或吟風咏月之豪, 或村翁野老之類也. 時有異趣之客, 背面之人至者, 亦所相容, 其於庸拙微賤, 尤所矜接也. 軒邊所從之少, 則數三童子, 或執役於左右, 或學字於閒暇, 未嘗相離焉.

헌에 있는 물건을 들어 보면, 성현의 책 몇 권, 문방사우, 삼척장검

한 자루, 새벽에 머리 빗는 빗 하나가 있다. 헌에서 마주하는 사람으로는 혹 옛 도를 좋아하고 배우기를 즐기는 선비, 혹 경전에 통달하고 역사를 공부하는 사람, 혹 음풍농월하는 호걸, 혹 촌 노인네와 늙은 농부 등이다. 때로는 취향이 남다른 손님과 본래 몰랐던 사람도 있는데 오는 사람은 또한 서로 받아들이고, 그 중 용렬하고 미천한 사람이라면 더욱 불쌍히 여겨 대접한다. 헌 주변에서 나를 따르는 소년들로 몇 사람의 동자가 있어 혹은 옆에서 시중을 들기도 하고, 혹은 한가해지면 글자를 배우기도 하면서 서로 떨어지지 않는다.

至於旅翁所爲者何事. 見同志則論之以道義, 見後生則勸之以學問, 遇文人則論文, 遇詩人則言詩, 野夫來而語桑麻, 漁翁至而話魚鼈. 或勸之以酒, 必醉無辭, 或逢村翁, 碁局消日. 無客則開卷看書, 如見千古聖賢之心. 旣倦則曲肱閒睡, 若遊希夷至德之世. 旣睡而覺, 開戶遊目, 則天地悠悠, 鳶魚潑潑矣, 乘興而步, 訪花隨柳, 則方寸塊然, 與物同春矣.

여헌 노인이 하는 일은 무슨 일인가? 뜻을 같이하는 사람을 만나면 도의를 논하고, 후생을 만나면 학문을 권유하고, 글 짓는 사람을 만나면 글을 논하고, 시인을 만나면 시를 담론하며, 농사꾼이 오면 누에치고 베 짜는 일을 말하고, 고기 잡는 늙은이가 오면 물고기와 자라를 말한다. 혹은 술을 권하면 반드시 취하여 사양함이 없고, 혹은 촌 늙은이를 만나 바둑을 두면서 소일한다. 손님이 없으면 책을 펴들고 보는데, 먼 옛날 성현의 마음을 볼 것인 양 책을 본다. 피곤해지면 팔을 베고 누어 한가롭게 잠을 자는데, 도가 깊고 덕이 지극한 태고의 세상에서 노니는 듯이 한다. 잠이 깨어 창문을 열고 한가롭게 눈을 놀리면 천지는 가없이 크고 넓은데 솔개는 날고 물고기는 뛰어올라 힘차게 약동한다. 흥을 타고 산보를 나가 꽃과 버드나무를 따라 거닐면 마음은 한없이 넓어져서 만물과 더불어 봄기운을 즐긴다.

興極而返, 吾軒自靜. 整頓衣冠, 肅然瞑目, 則無極太極之妙, 果不離
於日用之間, 而無形有形, 未嘗二理焉. 先天後天之易, 可默契於心目
之間, 而前聖後聖, 本同一道焉. 如此而終日, 如此而終歲, 此旅翁之事
也. 然則吾軒之樂, 可謂至矣.

홍이 다하여 돌아오면 내 헌은 고요하다. 의관을 반듯이 정돈하고 엄숙하
게 눈을 감으면 무극태극의 오묘함이 과연 일용의 사이를 벗어나지
않고, 유형과 무형이 일찍이 두 가지 이치가 아니다.[12] 선천과 후천의
역리가 마음과 눈에 조용히 명료해지니 앞의 성인과 뒤의 성인이 본래
하나의 도를 같이한다.[13] 이와 같이 하면서 하루를 보내고, 이와 같이
하면서 한 해를 마치는데, 이것이 여헌 노인이 하는 일이다. 그런 즉
내 헌에서 누리는 즐거움이 지극하다고 할 만한다.

或曰. 子之樂樂則樂矣. 然爲客樂, 不如在家貧者, 古有其言. 子獨不
知旅之苦, 而反以爲樂, 其無乃反於人情乎. 四體不勤, 五穀不分, 而坐
取飽煖, 妻不織而免於寒, 僕不鋤而充其腹. 又無乃以不勞之享爲可
甘, 而不知無事之食爲可恥耶.

어떤 사람이 말하였다. "그대의 즐거움은 즐겁다면 즐거운 일이겠다.
그러나 손님이 되어 얻는 즐거움은 가난하더라도 집에 있는 사람의
즐거움만 못하다는 옛말이 있다. 그대는 남달리 나그네의 고통을 알지

---

12) 무극태극은 이치(理)를 뜻하고, 일용은 우리가 매일 살아가는 일상을 가리킨다. 이치
는 멀리 있는 것이 아니라 일상 속에 있어 삶과 분리되지 않는다고 유학자들은 생각
한다. 따라서 그들은 일상생활을 이치(도리)에 맞게 살고자 하였다. 무형은 형이상자
인 이치이고, 유형은 형체를 지닌 형이하자로서의 사물이다.
13) 선천역은 伏犧가 그린 역으로, 卦畵이 없었을 때 처음으로 팔괘를 그려 내고(畫卦)
그를 중첩하여 육십사괘를 그려 내는 과정을 다룬 역학이다. 후천은 文王이 그 뜻
의 실마리를 뽑아내고 공자가 그 뜻을 밝혀 「傳」을 만든 역이니, 복희의 추상적인
괘획을 사·물에 적용할 수 있도록 그 뜻을 부연해 낸 역이다. 또 불변의 형질에
관한 역을 선천역, 변화를 다룬 역을 후천역이라고 한다. 체용론으로 보면 선천역이
체이고, 후천역은 용이다.

못하고 도리어 즐겁다고 여기니 사람들의 일반적인 정서에 어긋나지 않는가? 온몸을 움직여 근로하지 않고 오곡을 분별할 줄 모르면서 가만히 앉아 배부름과 따뜻함을 얻고, 처는 길쌈을 하지 않는데도 추위를 면하고, 종들은 김매지 않으면서 배를 채운다. 그럼에도 그대가 나그네의 즐거움을 말하는 것은 노동을 하지 않으면서 누리는 것이 달갑다고 여기고, 일하지 않고 먹는 밥이 부끄럽다는 것을 모르는 것이 아닌가?"

余曰. 余果不勞而享, 無事而食, 以四方爲家, 以旅遊爲樂, 宜乎有或者之譏也. 然天地之間, 物理難詰, 時變難窺. 木有樗櫟, 土有沙礫. 樗櫟何用於材也, 而空被雨露之養, 沙礫何用於土也, 而空爲閒廢之壤. 則於物固有無用而費造物之功者, 於人獨無如我者乎. 且此兵火之際, 雖有資身之長計者, 亦不免於失所, 況余之拙乎. 若其宜苦而不以爲苦, 非樂而獨以爲樂者, 非其好惡自反於常情也. 夫吾所謂樂者, 非以旅爲樂. 但能在旅而不失其樂耳.

나는 이렇게 대답하였다.
"내가 정말로 노동하지 않고 누리고, 일하지 않고 밥 먹고, 천지사방을 집으로 삼아 나그네로 돌아다니는 것을 즐거움으로 여긴다면, 혹자의 비난이 마땅하다. 그러나 하늘과 땅 사이에 있는 사물의 이치는 모두 알아내기 어렵고, 때의 변화는 모두 궁구하기 어렵다. 나무에는 개똥나무와 상수리나무가 있고, 흙에는 모래와 자갈이 있다. 개똥나무와 상수리나무가 목재로서 무슨 쓸모가 있을까 마는 헛되이 비와 이슬의 양분을 섭취하며, 모래와 자갈이 토양에 무슨 쓸모가 있을까마는 헛되이 한가롭게 버려진 토양이 된다. 그렇다면 사물의 세계에는 정말로 무용하고 조물주의 노고를 허비시키는 것이 있는데, 인간 세상에만 나와 같이 쓸모없는 사람이 없을 수 있는가? 또 이 병화의 즈음에 비록 자기를 위해 의지할 만한 장구한 계책을 지닌 사람이 있더라도 자기 살 곳을 잃는 경우가 있는데, 하물며 나의 졸렬함으로서는 어찌 하겠는가? 괴로워

해야 함이 마땅하나 고통으로 여기지 않고, 즐거운 일이 아니나 홀로 즐겁게 여기는 것은 내가 좋아하고 싫어하는 것이 남들의 정서와 다르기 때문이 아니다. 내가 즐거움이라고 말하는 것은 나그네로 사는 것을 즐겁다고 여기는 것이 아니다. 다만 나그네 신세로 있지만 그 즐거움을 잃지 않을 따름이다."

君子隨遇而安, 則何遇而不可安, 大人處困而亨, 則何困而不可亨哉. 凡人之憂患困苦, 皆自外至者也. 惟吾所以處之者, 不失其理而已矣. 自外者, 烏足以累吾之方寸哉. 若不知在吾之理, 無虧欠, 無空缺, 隨時隨處而自足者, 憂患焉敖敖, 困苦焉戚戚. 常用心於爲旅之艱, 每用力於免旅之方, 則其不至悖理而失義者鮮矣. 惟能超然於憂患困苦之外者, 無所往而不自得. 東寄西托, 而我常爲我, 轉彼移此, 而莫非吾地, 固不可以外失其所, 而內從而失其守焉. 且天下莫非吾土, 落地皆我兄弟. 男子以天下爲家, 萬物爲身. 世若平常, 則井其井鄕其鄕者, 固此理也, 時逢變亂, 則秦人以越鄕爲土, 蜀客與齊士爲黨者, 亦此理也. 處常處變, 莫非此道, 則家此家彼, 何適不可. 況我東方, 偏小一邦. 今我所旅者, 不出乎朋友族黨, 特非玉山而已. 豈曰旅云乎哉.

군자는 만나는 경우에 따라 편안함을 찾으니 어찌 경우에 편안하지 않을 수 있으며, 대인은 곤경에 처해서도 형통함을 추구하니 어느 곤경에서 형통하지 않을 수 있겠는가? 사람들의 근심과 걱정, 곤경과 고통은 모두 밖으로부터 온다. 내가 이것들에 대처하는 방법은 내가 지켜야 할 도리를 잃지 않는 것에 있을 뿐이다. 밖에서 오는 것이 어찌 내 마음에 누를 끼칠 수 있으랴? 만약 내 마음의 도리가 부족함이 없고 결여됨이 없어 때와 장소에 따라 저절로 풍족하다는 것을 알지 못하면, 근심걱정으로 시끄럽고 곤경과 고통으로 슬퍼한다. 마찬가지로 항상 나그네로 사는 어려움에 마음을 쓰고 매양 나그네를 면할 방도를 찾는 데에 힘을 쓴다면, 도리를 잊고 의로움을 저버림에 이르지 않는 경우가 드물 것이다. 오직 걱정과 근심, 곤궁함과 고통에 초연한 사람이라야 가는 곳마다 즐거움을 스스로 얻지 않음이 없다. 동쪽에 의탁하든 서쪽에 의탁하든 나는 항상 나인 것이고, 이리로 가든 저리로 가든 내 땅 아닌 곳이 없으니, 밖으로 살 곳을 잃었다고 해서 안으로 지킬 바를 잃어서는 안 된다. 또한 하늘 아래는 내 살 곳 아닌 곳이 없고, 세상에 태어난 만물은 모두 나의 형제이다. 남자는 천하를 집으로 삼고, 만물을 나의 몸으로 삼는다. 세상이 평화로우면 자기 마을의 우물에서 물 길어 먹고 자기 마을에서 사는 것이 진실로 도리에 맞는 일이지만, 변란의 때를 만나면 진秦나라 사람이 월越나라 마을을 살 곳으로 삼고 촉蜀나라에서 온 손님이 제齊나라 선비와 무리를 짓는 것 또한 도리에 맞다.[14] 평화로운 때에 대처하거나 변란의 때에 대처하거나 이 도리가 아님이 없으니, 이곳을 집으로 삼든 저곳을 집으로 삼든 안 될 것이 무엇인가? 하물며 우리나라는 중국의 옆에 붙어 있는 작은 나라이다. 지금 내가 나그네로 손님이 되는 곳은 친구와 친족의 범위를 벗어나지 않는데, 다만 옥산 경내에만 한정하지 않고 있을 뿐이다. 어찌 나그네라고까지 할 것이 있는가?

然而曰旅者, 其取義也遠矣. 余旣盡吾爲旅之說矣, 復當以旅之義, 推以廣之. 我之爲旅, 一小旅也. 若以天地觀之, 凡寄生於天地間者, 孰非旅也. 惟天地萬物之逆旅也. 生于其間者, 忽爾而來, 忽爾而往. 往者過, 來者續, 曾未有一人與天地相終始焉, 則非旅而何.

그러나 나그네라고 말하는 것은 그 뜻을 취함이 멀다. 나는 이미 내가 나그네가 된 이야기를 다 하였으니, 다시 나그네의 뜻을 미루어 넓혀 보겠다. 장현광이라는 사람이 나그네가 되는 것은 여러 나그네 중의 한 가지 작은 나그네에 지나지 않는다. 천지의 차원에서 보면 하늘과

---

14) 진나라는 서북방의 나라이고, 월나라는 동남방의 나라이다. 촉나라는 서쪽에 있던 나라이고, 제나라는 동쪽에 있던 나라이다. 정반대에 있는 곳에 가서 살 수도 있고 사람을 사귈 수도 있다는 말이다.

땅 사이에 붙어사는 모든 것들 중에 어느 것이 나그네가 아닌가? 천지는 만물의 여인숙이다. 그 사이에서 태어나는 것들은 돌연 왔다가 돌연 간다. 가는 것은 지나가고 오는 것은 뒤를 이어 와서 일찍이 한 사람도 하늘·땅과 더불어 처음과 끝을 같이한 자가 없었으니, 나그네가 아니면 무엇인가?

生天地者, 亦謂之旅焉, 則其所以思盡其道, 得無愧於一生者, 其可不力焉哉. 夫人之旅於人而過也, 能守其理, 不失其義, 內能無愧於吾心, 外亦不怍於館人, 則在我可以慊於心矣, 人亦曰善爲旅矣. 若不能守理, 求不當求, 又不能安義, 行不當行, 有或竊屨者, 有或取金者, 則其不爲館人之所醜者乎. 不但爲其所醜, 若推其甚, 則或至於速獄就刑, 亡其身而後已者有之矣. 可不懼歟. 可不愼歟.

하늘과 땅 사이에 사는 자들도 나그네라고 이른다면, 나그네의 도리를 다하고자 생각하면서 평생 부끄러움이 없고자 힘쓰지 않을 수 있는가? 사람이 남에게 나그네가 되어 지나감에, 나그네의 도리를 지키고 의로움을 저버리지 않아 안으로는 내 마음에 부끄러움이 없을 수 있고 밖으로도 여관 주인에게 부끄럽지 않을 수 있다면, 내 자신에 있어서는 마음에 흡족함이 있을 수 있고 남들 또한 나그네 노릇을 잘한다고 할 것이다. 만약 도리를 지키지 못하여 마땅히 바라서는 안 될 것은 바라고, 또 의로움에 편안하지 못하여 마땅히 해서는 안 될 짓을 하게 되어 혹 남의 신발을 훔치거나 혹 황금을 절취하는 자가 있다면, 여관 사람이 추하게 여기는 사람이 되지 않겠는가? 추하게 여겨지는 사람이 될 뿐 아니라, 심해지면 혹은 옥사를 불러오고 형벌을 받게 되어 몸을 망치고서야 그만두는 사람들이 있다. 두려워하지 않을 수 있는가? 삼가지 않을 수 있는가?

旅於天地者亦然. 物不足道也, 最靈者吾人也. 受形爲人, 其貴無比. 必須知吾所以爲人之理, 明吾所以當行之道, 幼而學之, 壯而行之, 老而保之, 死而終之, 可謂能踐其形而不失爲人矣. 當時仰而尊之, 後世稱而慕之, 則豈不曰大丈夫, 而無愧於天地哉.

하늘과 땅에 나그네로 있는 것들 또한 이와 똑같다. 사물은 말할 필요도 없고, 가장 신령한 존재는 우리 인간이다. 형체를 받아 사람이 되었으니 그 존귀함은 비할 데가 없다. 반드시 내가 인간되는 까닭인 도리를 알고 내가 마땅히 실천해야 할 바인 도리에 밝아서, 어려서는 배우고 장성해서는 실천하고 늙어서는 보존하다가[15] 죽어서야 그만둔다면, 인간의 꼴값을 하였고 사람됨을 잃지 않았다고 말할 수 있다. 살아 있을 때의 사람들이 우러러 존경하고 후세인들이 칭찬하여 사모한다면 어찌 그는 대장부였고 천지에 부끄러움이 없었다고 말하지 않겠는가?

至或絶其爲人之理, 亂其有人之倫, 家而不孝不悌, 鄕而不恭不順, 國而不忠不道, 生而流毒億兆, 死而遺臭萬年, 則其不與爲旅不謹, 速獄亡身者同乎. 嗚呼, 一生須臾, 百年無幾, 而彼耗其精神, 喪其性命, 逐逐役役, 無所不爲者, 自以爲窮心志極嗜慾, 其爲一生計者得矣, 而悖天逆理, 明爲人怒, 幽作鬼誅, 則果可謂得乎. 余在吾軒, 幾見此等人, 而心憫之哉. 若余則坐臥吾軒, 衣朋友之衣, 食朋友之食, 恣意於水石之間, 放情于風月之中. 幸吾精神自完, 性情不敗, 則公雖笑之, 我則樂哉.

혹시라도 사람됨의 도리를 버리고 사람의 윤리를 어지럽혀서, 집에서는 효도하지 않고 공경하지 않으며, 마을에서는 공손하지 않고 순종하지 않으며, 나라에서는 충성하지 않고 도를 실천하지 않으며, 살아서는 수많은 백성들에게 해독을 끼치고, 죽어서는 만세에 더러운 냄새를 풍긴다면, 나그네가 되어 삼가지 않음으로써 옥사를 부르고 몸을 망치는 자와 똑같지 않겠는가? 아아! 일생은 잠깐이고 백년은 얼마 안 되는 기간인데, 정신을 쓸데없는 일에 소모하여 본성을 상실하고는 남과

---

15) 「노년에 할 일」(老人事業)을 참고하라. 실천은 세상을 향해 도를 펼쳐 나가는 것이고, 보존은 나 자신의 일거수일투족을 도에 맞게 하는 것이다.

경쟁하고 이익에 골몰하면서 못하는 짓이 없는 자들은 스스로는 원하는 것을 극진히 충족하였고 욕망한 것을 끝까지 채웠으니 일생의 계획을 성취하였다고 여길 것이나, 하늘을 어기고 도리를 거슬러서 드러나게는 남의 노여움을 사고 안 보이게는 귀신의 벌을 받을 것이니, 과연 성취하였다고 말할 수 있겠는가? 나는 나의 헌에 있으면서 이런 사람들을 몇이나 보면서 불쌍히 여겼다. 나 같은 사람은 나의 헌에 앉아서 친구의 옷을 입고 친구의 밥을 먹으며, 수석水石의 사이에서 뜻을 자유롭게 펼치고, 바람과 달의 가운데에서 감정을 발산한다. 다행히 내 정신은 온전하고 본성과 정서는 무너지지 않았으니 그대가 비록 비웃더라도 나는 즐겁도다!

或曰. 子今擧兩間人物, 皆謂之旅焉, 則其誰爲主者乎. 子無乃自孤其身, 欲推而廣其類乎. 抑萬物皆爲旅, 則造物者, 乃爲之主乎. 余曰. 小而寄於人, 大而寄於天地, 其理一也. 故其說同也. 且天地不能常爲一天地. 以萬物視之, 則雖不見其始終, 而以道觀之, 則天地亦有消息之數焉. 一元之後, 今天地便爲往者, 而後天地復爲來者, 天地亦爲道中之一旅耳. 造物翁何得爲常主乎.

어떤 사람이 말하였다. "그대는 지금 하늘과 땅 사이의 사람과 사물을 들어 모두 나그네라고 말하였는데, 그렇다면 누가 주인인가? 그대는 자신을 외롭다고 여겨 남에게까지 미루어 나그네의 범위를 넓히려는 것이 아닌가? 또 만물이 모두 나그네라면 조물자가 주인이란 말인가?" 나는 이렇게 답하였다.

"작게는 남에게 의탁하거나 크게는 천지에 의탁하거나 그 이치는 한 가지이다. 그러므로 그 이야기는 같다. 또 천지는 항상 하나의 천지일 수 없다. 만물의 입장에서 보면 비록 그 처음과 끝을 볼 수 없으나, 도의 관점에서 보면 천지는 또한 소멸하고 자라나는 데 정해진 수학적 법칙이 있다. 일원一元16)이 다한 뒤에 지금의 천지는 곧 가는 것이 되고,

그 뒤의 천지(後天地)가 다시 오는 것이 되니, 천지도 도 가운데서는 하나의 나그네일 뿐이다. 조물주가 어떻게 늘 주인이 될 수 있으랴?"

但求主於外, 終無有主爲主者也. 惟能物各自反, 則卻自有爲主之道焉, 人自不察耳. 擧吾最靈而言之, 吾之形氣, 是客也, 而此心之理, 卽主也. 禍福榮辱之自外至者, 是客也, 而吾心之所守者, 主也. 理無往而不在. 故身無往而不安, 禍福榮辱, 其如我何哉. 彼或理受制於形氣, 而形氣爲一身之主, 禍福榮辱之自外來者, 撓奪吾心之所守, 而吾心不得自順於天命. 則是一身失其主, 而軀殼爲禍福榮辱之客館, 不亦可憐乎. 今余則一身雖失其所, 而主乎吾心者, 理也. 旅軒之樂, 莫不根此理而生也. 此所謂人之安宅也. 有吾安宅, 然後能樂吾旅軒, 如無安宅之樂, 旅軒豈得以樂吾心哉.

밖에서 주인을 찾으려 하면 어떤 존재가 있어 주인이 되는 것이 끝내 없다. 대신 오직 존재하는 것마다 스스로를 돌아볼 수 있다면, 내면에 주인이 되는 도리가 있는데, 사람이 스스로 살피지 못할 뿐이다. 우리 가장 신령한 존재를 들어 말하면, 나의 형기는 손님이고 이 마음의 이치가 곧 주인이다. 화복영욕의 밖에서 오는 것은 손님이요, 내 마음이 지키는 이치가 주인이다.[17] 이치는 있지 않은 곳이 없다. 그러므로 내 몸이 편안치 않음이 없으니 화복영욕이 나를 어찌하겠는가? 혹 도리가 형체와 혈기의 제재를 받아 형체 혈기가 한 몸의 주인이 되고, 화복영욕의

---

16) 一元 : 邵雍의 『皇極經世書』에 나오는 元會運世 개념의 일부이다. 하나의 천지 또는 우주가 존속되는 기간을 일원이라고 한다. 1원은 129,600년이다. 일원은 12회로 구성되니, 1회는 10,800년이다. 1회에는 30運이 있으니, 1운은 360년이다. 1운에는 12世가 있으니, 1세는 30년이다.

17) 형기는 형체 혈기로서 인간의 신체를 이루는 요소들이다. 내 마음에 있는 이치는 본성인데, 본성은 우주의 이치와 같은 것이므로, 내가 우주 안에서 합당하게 살 수 있는 방법이 그것에 있다. 禍福榮辱은 내 마음대로 되는 것이 아니라 외부(사람과 사물)에 의존해야 하고, 때에 따라서는 복과 영예를 얻고 화와 욕을 피하기 위해 내 자신을 상실할 수 있다. 따라서 여헌은 주인과 손님을 엄격하게 구분하고 내 마음에 있는 본성을 따르고 외물의 노예가 되지 말자고 주장한다.

밖에서 오는 것이 내 마음이 지키는 이치를 뒤흔들어 놓는다면, 내 마음은 스스로 천명에 순응할 수 없을 것이다. 이는 한 몸이 주인을 잃는 것이요, 육신은 화복영욕이 머무는 여관이 되는 것이니 또한 가련하지 않은가? 이제 나는 한 몸이 비록 살 곳을 잃었으나 내 마음의 주인이 되는 것은 도리이다. 여헌의 즐거움은 이 도리에 뿌리를 두지 않고 생기는 것이 없다. 이것이 이른바 사람의 편안한 집이다. 나의 편안한 집이 있은 연후에 능히 여헌이라는 집을 즐길 수 있을 것이다. 만약 편안한 집의 즐거움이 없다면 여헌이라는 집이 어떻게 내 마음을 즐겁게 할 수 있으랴?

或者曰. 因爲旅之道, 得爲人之道. 今日之聞, 大矣. 然則旅軒之旅翁, 乃安宅之主人也. 余又謝之曰. 非我有是也, 只言其理爾. 然旅軒之志, 則亦不外是焉. 萬曆丁酉夏, 旅軒在靑鳧之旅軒, 以記其說.

어떤 사람이 말하였다. "나그네의 도를 들음으로써 사람이 되는 도리를 알게 되었다. 오늘 들은 이야기는 위대한 이야기이다. 그러하니 여헌이라는 집에 사는 여헌 노인은 편안한 집의 주인이다." 나는 또한 그것을 사양하면서 말하였다. "내가 이것을 가지고 있다는 말이 아니요, 다만 이치가 그렇다는 말이다. 그러나 여헌이 소망한 것도 이것을 벗어나지 않는다." 만력 정유년(1597) 여름에 여헌은 청부靑鳧[18]의 여헌에서 이 글을 썼다.

---

18) 靑松의 옛(고려시대) 이름이다.

시냇가의 평상 【溪牀說】

【소해제】

「연보」에 의하면 여헌이 봉화의 도심촌에서 선산의 월파촌으로 옮긴 것은 46세(1599) 때인데, 임진왜란이 종료된 시점이다. 이곳에 온 지 삼년 가까이 된 시기에 시냇가 평상을 만들었다고 하니, 이 글은 48세(1601) 정도에 쓰였다. 이해에 딸을 박진경朴晉慶에게 시집보냈다. 방랑과 가난으로 지쳤을 여헌은 전쟁이 끝났음에도 여전히 안주할 곳을 얻지 못하였다. 월파촌에 마련한 비좁고 소란한 거주처는 그의 학문과 수양에 도움 될 것이 없었으므로, 집에서 약간 떨어진 시냇가에 작은 평상을 만든다. 재목을 깎고 다듬지 않음으로써 자연 그대로의 질박함을 간직한 평상이었다. 그는 이곳에서 자연을 관상하기도 하고, 책을 보고 시를 읊기도 하며, 휴식을 취하기도 하였다. 이 소박한 평상이 "인가와 붙어 있지 않고, 건물과 잇닿아 있지 않으며, 시내 위에 걸쳐 놓아 땅에 닿지 않는다"고 좋아하는 모습에, 있음에 집착하지도 않고 없음에 곤혹스러워하지 않으면서 우주사업을 꿈꾸는 그의 철학이 그대로 투영되어 있다. 사람은 "발붙일 곳이 없어서는 안 되지만 또한 발붙이고 있는 땅에 매어서도 안 된다"고 그는 강조한다. 짧지만 여헌의 심경과 인생관이 잘 나타나는 글이다. 월파촌에는 52세 되던 1605년에 원회당遠懷堂이 지어진다.

【원문 및 번역】

旅軒以旅軒自號, 居無所主之室廬, 但隨其所至而軒焉. 頃自太白山來就一善月波津之東店, 遂假寓焉, 乃冷岳之底也. 軒于此者近三歲矣. 時遇炎夏, 苦其堂狹, 人稠蠅聚蟲侵. 乃從諸少, 散步於堂前, 堂前卽小溪. 溪自冷岳而出, 未十里入月波津者也. 至堂前稍深, 纔可以沒人膝, 廣亦僅丈餘矣. 兩岸有古柳數樹, 枝柯蒙茸, 蔽覆其流也. 愛其溪與柳相値, 溪能做微爽, 柳又布淡陰.

여헌은 여헌이라고 스스로 호하고 나의 소유가 아닌 방과 집에 거주하면서, 다만 이르는 곳에 따라 집으로 삼았다. 지난 번 태백산에서 내려와서는 일선一善(善山) 월파진月波津의 동점東店에 가서 임시로 거처하게 되었으니 냉악冷岳[1]의 밑이다. 이곳에 집을 정한 지 삼 년 가까이 되었다. 무더운 여름을 만나니 집은 비좁은데 사람은 조밀하고 파리가 꼬이고 벌레가 침범해서 고통스러웠다. 이에 여러 젊은이들을 따라 집 앞으로 산보를 나갔는데 집 앞은 곧 작은 시내였다. 시내는 냉악으로부터 내려와서 10여 리 못 가서 월파진으로 흘러 들어간다. 집 앞에 이르러 조금 깊어지는데 겨우 사람 무릎이 잠길 만하고 넓이는 겨우 한 길 남짓이다. 시내의 양쪽 둑에는 오래된 버드나무 여러 그루가 있어 가지가 무성하게 우거져 시냇물을 덮는다. 시내와 버드나무가 어울려 시내는 조금이나마 시원하고 버드나무는 옅은 그늘을 만들어 주는 것을 나는 아꼈다.

於是謀其可以爲坐臥之地, 則遂與諸少經度之. 旣而借得橡木於隣友, 其長可以跨溪兩岸者二榦. 又令諸少, 伐取小木可杖者數十條. 長以經之, 短以緯之, 取葛蔓以結固之, 於是牀乃成焉. 以其跨溪而構矣, 故名之曰溪牀. 惟其地勢卑猥, 無通暢開曠之趣, 然鷄犬啾噪, 塵雜庸瑣之狀所不欲聞見者, 皆緣此而絶於吾之耳目, 則亦所以助吾幽閒之味者, 尤幸焉.

이에 앉거나 누울 수 있는 자리를 만들고자 꾀하였으니, 드디어 여러

---

1) 경상북도 구미에 있는 冷嶽山(냉산)이다.

젊은이들과 일을 추진하였다. 이웃 친구에게 참나무를 빌리니 그 길이가 시내의 양 둑에 걸칠 만한 것이 두 개였다. 또 여러 소년들에게 걸쳐 놓을 작은 나무 수십 개를 베어 오게 하였다. 긴 나무 두 개는 양 둑에 걸치고, 작은 가지들로는 그 긴 나무 위에 걸치고는 칡넝쿨을 가져다가 단단히 결박하니 이에 평상이 완성되었다. 시내에 걸쳐 만들었으므로 시냇가 평상(溪牀)이라고 이름 붙였다. 지세가 낮아서 시원하게 트인 맛이 없으나, 듣거나 보고 싶지 않은 닭이나 개가 시끄럽게 우는 소리와 더럽고 자잘한 모습들이 이로 인해서 모두 나의 귀와 눈에서 끊어졌으니, 나의 그윽하고 한가한 취미를 도울 수 있어 더욱 다행이었다.

況有冷岳峙臨其東北, 而蒼崖絶壁, 千仞干雲霄, 古松老檜, 森鬱乎巓壑者, 無非起予思作予趣, 而親切乎坐臥焉, 則此足以爽煩襟而引眞興者也. 於此乎偃息, 於此乎俯仰, 於此乎看書, 於此乎吟詩, 無不可者矣.

하물며 냉악이 동북쪽에 우뚝 서 있어 푸른 절벽이 천 길 높이 솟아 구름 흘러가는 하늘에 닿아 있고 오래된 소나무와 회화나무가 산꼭대기와 골짜기에 울창한 것이 내 생각을 일으키고 내 취미를 일으키지 않는 것이 없는데, 앉거나 눕거나 가까이에 있으니 번잡한 흉금을 맑아지게 하고 진정한 흥취를 이끌어 내기에 충분하였다. 여기서 누워서 쉬고, 여기서 하늘을 우러러보고 땅을 굽어보며, 여기서 책을 보고, 여기서 시를 읊조리니 안 될 일이 없다.

或日欲晡, 家童供以一器松醪, 飮訖, 胸滯自釋, 天和浩發. 遂起彷徨, 岸巾開襟, 仰面恣目, 則山何高而低也, 天何遠而近也. 身不離於一牀之上, 而神若遊乎宇宙之外者, 其深致也. 及其神疲氣倦, 頹然枕肱, 俯視溪流, 則隊隊魚兒, 逐微浪而上下, 亦能自樂其所者, 尤可玩也. 如此而終日, 如此而日復日焉. 此吾溪牀之樂也.

간혹 날이 저물려고 하면 집안 아이가 한 그릇 송순주를 바치는데 마시고 나면 막힌 가슴 저절로 풀려 천연의 온화함이 크게 피어난다. 드디어 일어나 이러저리 방황하며 두건을 바로 쓰고 옷깃을 열고는 얼굴을 들고 마음대로 눈을 돌리며 구경을 하면 산은 어찌하여 높았다가 낮아지고, 땅은 어찌하여 멀었다가 가까워지는가? 몸은 평상 위를 벗어나지 않는데 정신이 우주의 밖에서 노니는 듯하는 것은 정신적인 취향(意趣)이다. 정신과 기운이 피곤해져서 쓰러지듯이 누워 팔베개를 하고 시냇물이 흘러가는 것을 바라보면, 떼를 지은 치어들이 작은 물결을 따라 오르내리며 또한 자기 사는 곳의 즐거움을 스스로 즐기는 것이 더욱 볼만하다. 이와 같이 하면서 하루를 마치고, 이와 같이 하면서 하루에 하루를 보낸다. 이것이 내가 시냇가 평상에서 누리는 즐거움이다.

嗚呼. 吾牀之設, 初非有心於經營, 而偶爾而成焉. 任其樸拙, 不事斲治, 故直與吾相宜焉. 又其不接於人居, 不連於堂宇, 跨寄溪上, 不着於地. 而常臨活水, 晝夜不息於牀底, 則其眞旅翁之所樂哉. 凡物固不可無着處, 而又不可繫泥於所着之地也. 惟能任自然之道理, 不爲外物所牽引, 無將迎無適莫, 攸遇而安, 隨時而變, 然後乃可以有着而不着, 能有以自脫乎窮之悔矣. 此旅軒之所以旅名其軒, 而今日溪牀之設, 亦樂其有不着底意思者也. 旅軒軒于此旣三秋矣, 則行且他適矣. 不知溪牀尙不撤於吾去之後乎. 略記之, 以爲他日觀焉.

아아! 내가 평상을 설치한 것은 애초에 그렇게 하려는 의도가 없었고 우연히 이루어진 일이다. 평상의 재료가 된 나무를 자연 그대로 두어 깎거나 다듬지 않았는데, 나와 딱 서로 맞는다. 또 인가와 붙어 있지 않고 건물과 잇닿아 있지 않으며, 시내 위에 걸쳐 놓아 땅에 닿지 않는다. 항상 흐르는 물에 임해 있는데, 그 물은 평상 밑에서 밤낮으로 쉬지 않고 흘러가니, 이는 참으로 여헌 늙은이가 즐기는 것이다. 모든 사물은 발붙일 곳이 없어서는 안 되지만 또한 발붙이고 있는 땅에 매어서도 안 된다. 오로지 저절로 그러한 도리(自然之道理)에 맡기고 외물에 의해 끌려가지 않음으로써, 보내고 맞이함이 없고 집착하는 것도 아니 하는 것도 없어서 경우에 따라 편안하고 때에 따라 변통할 수 있은 연후에야 발붙이면서 발붙인 곳에 매이지 않아 곤궁함의 회한에서 스스로 벗어날 수 있다. 이것이 나그네(旅)로서 집에 이름 한 까닭인데, 오늘 시냇가 평상을 설치한 것도 매이지 않겠다는 뜻을 즐기기 위함이다. 여헌이 이곳에 머문 지 이미 삼 년이니, 가게 되면 또 다른 곳으로 가야 한다. 내가 떠난 뒤에도 시냇가 평상이 철거되지 않고 남아 있을지는 모르겠다. 대략 이런 사실을 기록하여 둠으로써 다른 날에 보고자 한다.

사물이란 무엇인가 【事物論】

【소해제】

여헌은 구체적인 사물 현상을 실감나게 묘사할 수 있는 문인이기도 하였지만, 그것을 우주의 차원에서 다시 해석하고 의미를 부여할 줄 아는 철학자였다. 개별적인 사물의 관찰에 만족하지 않고 크게 통합적인 관점에서 그것들을 싸잡아 표현할 수 있는 능력을 지니고 있었던 이가 여헌이다. 사물론의 핵심은 인간이 인간된 이치와 인간답게 살아갈 도리를 설파하는 것이지만, 그는 이것을 우주 안에 존재하는 사물들이라는 거시적 차원에서 해석함으로써 강한 교훈을 주고자 한다. 사람들이 마땅히 살아가야 할 길을 존재라는 차원에서부터 해명하고 있는 것이다.

사물은 우주의 다른 표현이다. 우주는 '상하사방上下四方'의 공간(우)과 '고금왕래古今往來'의 시간(주)을 합해 부르는 말이니, 우주는 공간과 시간 전체를 가리킨다. 이 우주를 실제로 채우고 있는 것이 사事와 물物이다. "사와 물이 없다면 우주가 어찌 있을 수 있는가"라는 그의 말을 고려하면, 사와 물 전체가 곧 시간과 공간이다. 우주가 사·물이 존재하고 운동하는 시공의 틀에 붙여진 이름이라면, 인간과 그의 활동을 포함하는 사·물은 우주라는 틀 안에 존재하는 구체적인 물들과 그것의 운동에 붙여진 이름이다. 또 흔히 하나의 단어로 사용하는 사와 물은 관련은 있으나 가리키는 대상이 다른 단어이다. 물은 한시적으로 고정된 형체와 성질이 있는 존재자인 데 비해, 사는 작위作爲로 통칭되는 물들의 생성·변화·행위·운동 등을 총칭한다. 물이 있기에 사가 있고 사가 있기에 물이 있게 되므로, 사와 물이 부단한 존재와 흐름을 연속하는 것이 우주이다. 따라서 사는 '일' 또는 '일하다'로, 물은 '물' 또는 '존재'로 번역한다.

【원문 및 번역】

凡爲物於上下四方之宇者, 無巨無細無貴無賤, 皆所當必有, 而不容不有也. 凡爲事於古往今來之宙者, 無大無小無精無粗, 皆所當必爲, 而不容不爲也. 夫其所以所當必有而不容不有, 所當必爲而不容不爲者, 非所謂理乎. 夫理之爲無極太極者, 固以萬化根於是焉, 萬變宗於是焉, 所以謂之理也, 所以謂之極也. 故其有以出氣致用焉者, 必至準滿於上下四方之宇, 而不容有欠缺也, 必常嗣續於古往今來之宙, 而不容有間隙也. 以之生物, 則自至巨至至細, 自至貴至至賤, 其生也畢備焉. 以之爲事, 則自至大至至小, 自至精至至粗, 其作也不窮焉.

위아래 사방의 공간(宇)에서 물이 되는 모든 것들은 크고 작고 귀하고 천함에 관계없이 모두 마땅히 반드시 있어야 하는 것이니 있지 않을 수 없다. 옛날부터 지금까지의 시간(宙)에서 일(事)이 되는 모든 것들은 크고 작고 정밀하고 거침에 관계없이 모두 마땅히 반드시 해야 하는 것이니 하지 않을 수 없다. 마땅하게 반드시 있어야 해서 있지 않을 수 없고 마땅하게 반드시 해야 하기에 하지 않을 수 없는 까닭은 이른바 리理가 아닌가? 리理가 무극태극이 되는 것은[1] 진실로 만 가지 조화가 이것에서 근본하고 만 가지 변화가 이것에 기준을 두기 때문이니, 이를 일러 이치라고 하는 까닭이요, 이것을 일러 극極[2]이라고 하는 까닭이다. 그러므로 (이치가) 기를 내어 쓸 수 있는 물건을 만든 것이 반드시 위와 아래 사방의 공간에 가득차서 부족함이 있을 수 없고, 반드시 옛날로부터 지금까지의 시간상에 늘 이어져서 빈틈이 있을 수 없다. 이로써 물건을 내면 지극히 큰 것으로부터 지극히 작은 것에 이르기까지, 지극히 귀한 것에서부터 지극히 천한 것에 이르기까지, 그 낳음이 모두

---

1) 주자학자들이 이해한 태극은 理이고, 무극은 무형이니 이치가 형체가 없음을 형용한다. 굳이 태극과 理 두 개념을 구분한다면, 태극은 모든 이치가 근본을 두고 있는 본체라는 의미의 統體를 뜻하고, 理는 각각의 사물에 있는 이치를 뜻한다. 여기서는 '이치를 무극태극이라고 할 수 있는 것은' 정도의 의미로 읽을 수 있다.

2) 극은 용마루의 뜻이니 표준이다.

갖추어진다. 이로써 일을 하면 지극히 큰 것으로부터 지극히 작은 것에
이르기까지, 지극히 정밀한 것에서부터 지극히 거친 것에 이르기까지,
그 일어나는 일이 다하지 않는다.

若以大道觀之, 天地亦物也, 卽物之至一至巨也. 理不得無天而斯有
天, 理不得無地而斯有地, 理不得無人而斯有人, 至於庶類一動植之
微, 皆理之所不得不具也. 以大化言之, 開天闢地, 亦事也, 卽事之最先
最大也. 天有天之事, 地有地之事, 人有人之事. 覆萬物而於穆不已者,
天之事也, 載萬物而承天時行者, 地之事也, 參三才而純亦不已者, 聖
人之事也, 學聖人而自强不息者, 賢人之事也, 士農工賈之各治其業
者, 衆人之事也. 至於鳥獸蟲魚之産育, 草木百卉之榮枯花實, 莫非其
事也. 然則事之爲事, 非自事也, 物之爲物, 非自物也. 惟其爲物爲事之
理, 本自具於未有事未有物之前. 故物因其爲物之理而生爲其物, 事因
其爲事之理而作爲其事. 理以其有事物而爲理事, 物以其有理而爲事
物. 故事皆是理之事也, 物皆是理之物也.

큰 도道의 차원에서 이것을 보면, 천지 또한 물이니, 물 가운데서도
지극한 하나이고 지극히 큰 것이다.3) 이치에 하늘이 없을 수 없으니
이에 하늘이 있고, 이치에 땅이 없을 수 없으니 이에 땅이 있고, 이치에
사람이 없을 수 없으니 이에 사람이 있는데, 만물 중 동물과 식물의
미소한 것도 이치상 갖추어지지 않을 수 없는 존재들이다. 큰 조화造化의
차원에서 말하면, 하늘이 열리고 땅이 열리는 것(개벽) 또한 일이니,
일 가운데에서 가장 먼저 일어나고 가장 큰 일이다. 하늘에는 하늘의
일이 있고, 땅에는 땅의 일이 있으며, 인간에는 인간의 일이 있다. 만물을
덮어 주나 심원하여 그치지 않는 것은 하늘의 일이요, 만물을 싣고
하늘을 받들어 때에 맞추어 운행하는 것은 땅의 일이며, 삼재에 참여하면
서 순수함이 그치지 않는 것은 성인의 일이며, 성인을 배워 스스로

---

3) 천지는 곧 전체를 일컬으니, 전체가 하나인 지극히 큰 것이다.

힘쓰고 쉬지 않는 것은 현인의 일이며, 사농공상이 각기 자기 직업을 잘 해 내는 것은 보통 사람들의 일이다. 날짐승과 길짐승, 벌레와 물고기가 낳고 기르는 것, 초목과 화초들이 잎이 나고 시들고 꽃피고 열매 맺는 것도 그 개체의 일이 아님이 없다. 그러니 일이 일 됨은 스스로 일삼는 것이 아니며, 물이 물 됨은 스스로 물 되는 것이 아니다. 물이 되고 일이 되는 이치가 본래부터 일이 있지 않고 물이 있지 않은 이전에 저절로 갖추어져 있다. 그러므로 물은 그 물이 되는 이치에 근거해서 생하여 물이 되고, 일은 그 일이 되는 이치에 근거해서 일어나 일이 된다. 이치는 일과 물이 있음으로써 이치가 되고, 사물은 이치가 있음으로써 사물이 된다. 그러므로 일은 모두 이치의 일이요, 물은 모두 이치의 물이다.

惟其自理而爲事物者, 其間有氣存焉. 夫氣也者, 出乎理而做事物者也. 出乎理而爲作用之資, 做事物而爲成就之業, 然則氣者, 理所以造化事物之機也. 一陰一陽, 動靜闔闢, 升降屈伸者是也. 惟其理則一太極也, 而旣爲氣焉, 則有不得以齊者. 故事不能無大小精粗之不一, 物不能無巨細貴賤之不同. 然而不同之物, 莫不有各具之太極, 不一之事, 莫不有當然之至理, 則夫豈有理外之事物乎. 出於理而爲氣, 成於氣而爲事物, 此其所以有天地人物爲古今變化者也. 以其運行不息者而謂之道, 以其生生不窮者而謂之德. 道之爲道, 德之爲德, 卽此理也, 而理固無時而不極. 故道之運行者, 無時而息, 德之生生者, 無時而窮, 則事物其何時而不有哉. 然則事物之常續於宇宙者, 理之常也.

이치로부터 일과 물이 되어 나오는 사이에 기가 존재한다. 기라는 것은 이치에서 나와서 사물을 만드는 것이다. 이치에서 나와서 이치가 작용하는 도구가 되고, 사물을 만들어 결과를 만드는 사업을 하니, 기는 이치가 사물을 만들고 기르는 가장 중요한 조건(機)이다. 한 번 음하고 한 번 양하며, 동하고 정하며, 닫히고 열리며, 오르고 내리며, 굽히고 펼치는

것이 기이다. 다만 그 이치는 하나의 동일한 태극이지만, 이미 기가
되면 같을 수는 없다. 그러므로 일에는 크고 작고 정밀하고 거칠다는
한결같지 않음이 없을 수 없고, 물은 크고 작고 귀하고 천하다는 같지
않음이 없을 수 없다. 그러나 같지 않은 물들이 각기 태극을 갖추지
않음이 없고, 한결같지 않은 일들이 마땅히 그러해야 하는 지극한 이치를
갖지 않음이 없으니, 어찌 이치에서 벗어나는 사물이 있으랴?4) 이치에서
나와서 기가 되고 기에서 이루어져 일과 물이 되니, 이에 하늘과 땅,
사람과 물이 있고, 고금에 변화하는 일이 있다. 운행하면서 멈추지 않는
것을 보고는 도라고 이르고, 낳고 또 낳아 끝나지 않는 것을 보고는
덕이라고 이른다. 도가 도 되고, 덕이 덕 되는 것은 이 이치에서 기인하는
데, 이치는 진실로 한시라도 지극하지 않음이 없다. 그러므로 도의 운행함
은 한시라도 쉼이 없고, 덕의 낳고 낳는 것은 한시라도 다함이 없으니,
사물이 어느 때인들 있지 않겠는가? 그러니 일과 물이 우주에서 항상
이어지는 것은 이치의 항상 됨 때문이다.

而有爲異端之說者, 乃以接應爲勞擾而厭去之, 則必欲斷事絶物, 棄
彝捐倫, 一向棲心於虛無寂滅之域焉. 太極之中, 其果有無事無物之處
乎. 又果有無事無物之時乎. 設令可以都無事都無物, 則其身能獨存
乎. 旣不能無其身, 則其身獨可以出宇宙之外乎. 宇宙其果有外乎. 如
欲離却得許多事許多物, 則其得逃遑此理之爲太極者乎. 理不可以逃
得, 則固無絶事物之術矣.

그러나 이단의 설을 주장하는 사람들이 있어 외물에 응접하는 일이
힘들고 어지럽다고 여겨 싫증을 내고 제거하고자 하니, 반드시 사・물과

---

4) 이치는 물마다 다르지만, 그 다른 물들의 이치는 방위와 장소, 형체가 없는 형이상자
이므로 결국 하나, 즉 동일하다. 이에 비해 기는 방위와 장소, 형체가 있는 형이하자
이므로 다양한 성질과 형체를 가진다. 따라서 이치와 기가 합해져서 만들어지는 물
과 일들은 한결같지 않음이 있게 된다. 물론 이치의 차원에서 보면 동일하므로 그
서로 다른 현상들은 결국에는 하나의 이치로 해석하여 이해할 수 있다.

의 관계를 단절하고 윤리를 저버리고는 한결같이 허무하고 적멸한 영역에 마음을 머물게 하고자 원한다. 태극이 주재하는 세계에서 과연 일이 없고 물이 없는 곳이 있는가? 과연 일이 없고 물이 없는 때가 있는가? 가령 어떤 일도 없고 어떤 물도 없다면 그 자신은 홀로 존재할 수 있는가? 이미 그 몸이 없을 수 없는데, 그 몸이 홀로 시간과 공간의 밖으로 탈출할 수 있는가? 우주에 과연 밖이 있는가? 많은 일과 많은 물에서 떠나고자 원한다 하여도 이 리理가 태극이 되는 곳에서 도피할 수 있는가? 이치는 도피할 수 없으니, 진실로 일과 물을 단절하는 기술은 없다.

顧吾人受中于覆幬之下, 持載之上, 俯仰與天地, 參爲三才, 而首乎庶類, 則其爲物之巨且貴, 爲如何哉. 旣爲物之巨且貴焉, 則其受中參三之業, 其可量耶. 卽所以盡性情之道, 致中和之德, 位天地育萬物, 繼往聖開來學, 乃其事也. 在身有身之事. 在家有家之事. 在國有國之事. 在天下有天下之事. 在宇宙有宇宙之事. 須無所不盡, 然後可以謂之充塞吾人之職責矣. 然則人之爲物也, 不亦巨乎, 其爲事也, 不亦大乎. 其果得以斷事絶物, 而爲道爲德乎.

돌아보건대 우리 인간은 하늘이 덮어 주는 아래와 땅이 실어 주는 위의 중간에 위치하여, 땅을 굽어보고 하늘을 우러르면서 천지와 더불어 참여하여 삼재가 되고 뭇 사물의 우두머리가 되니, 그 물 됨의 위대하고 고귀함이 어떠한가? 이미 물 가운데서도 거대하고 고귀한 존재가 되었으니, 중간의 위치에서 삼재에 참여하여 수행해야 할 사업을 어찌 다 헤아릴 수 있으랴? 성정의 도를 극진히 실천하고 중화中和의 덕에 지극히 도달하며, 천지가 제자리에 있게 하고 만물을 기르며, 지나간 성인을 계승하고 오는 후학들을 열어 주는 것이 인간의 사업이다. 몸에는 몸의 일이 있고, 집에는 집안의 일이 있으며, 나라에는 나라의 일이 있고, 천하에는 천하의 일이 있으며, 우주에는 우주의 일이 있어 반드시 다하지 않는 바가 없는 뒤에야 우리 사람의 직책을 충분히 다하였다고 말할 수 있다. 그러니 사람의 물 됨은 또한 거대하지 않으며, 그 일됨은 또한 위대하지 않은가? 과연 사물과의 관계를 단절하고서 도와 덕에 이를 수 있는가?

但其爲萬事爲萬物, 莫不本於統體之太極, 而旣爲事爲物, 則又莫不有各具之一太極焉. 太極之在事曰義, 在物曰性. 物失其性, 則物不物矣, 事失其義, 則事不事矣. 此吾儒必也格致以窮其理, 誠正以立其德, 修齊治平以盡其道, 然後爲有以盡事物之理, 而畢爲人之事業者也.

다만 만 가지 일이 되고 만 가지 물이 됨은 통체統體의 태극에서 근본하지 않음이 없으나, 이미 일이 되고 물이 되면 또한 각기 갖춘 일태극이 있지 않을 수 없다.5) 태극이 일에 있는 것을 의義라고 하고, 물에 있는 것을 본성이라고 한다. 물이 그 본성을 잃으면 물은 그 물이 아니며, 일이 의로움을 잃으면 일은 그 일이 아니다. 이에 우리 유생儒生들은 반드시 격물치지하여 이치를 궁구하고, 성의정심하여 덕을 세우고, 수신·제가·치국·평천하하여 그 도를 지극히 발휘한 뒤에야 사물의 이치를 극진히 다하여 사람의 사업을 마칠 수 있는 것이다.

---

5) 통체일태극은 근본이 되는 본체의 태극이다. 각구일태극은 물이 각기 보유하고 있는 낱개의 태극이다. 그러나 태극은 형이상자이므로 통체일태극과 각구일태극이 다르지 않다.

노년에 할 일【老人事業】

【소해제】

　「노인사업」이 언제 쓰였는지는 알 수 없으나, 이와 유사한 제목을 지닌 「노령인사老齡人事」 네 조목을 78세 되던 1631년에 앉는 자리의 벽에 써 붙이고 수양의 자료로 삼았다고 하니 이 무렵에 작성한 글이 아닐까 추측해 본다. 「노령인사」가 짧은 경구로 구성된 좌우명이라면, 이 글은 태어나서 늙고 죽어가는 일생의 의미를 전체적으로 조망하면서, 의미 있는 삶을 추구하는 사람이 노년에 할 일이 무엇인가를 산문으로 기술하고 있다. 그는 사람이 태어나고 성장하고 늙어가고 죽어가는 과정을 자연의 이법으로 인정한다. 이법이므로 따를 수밖에 없다고 포기하거나 허무주의에 빠지는 것이 아니라, 그런 가운데에서도 사람이 마땅히 가야 할 당위의 길이 있다고 주장한다. 어려서는 학문을 배우고, 장성해서는 도를 실천하지만, 기력이 떨어진 노년에는 도를 보존하는 길이 있다고 한다. 도를 실천하는 일이 자기 자신, 집안, 국가, 우주에 도를 펼치고자 발 벗고 나서는 것이라면, 도를 보존하는 일은 도에 맞게 처신하면서 정신을 놓지 않고 깨어 있는 상태를 유지하는 것이다. 죽는 순간까지 생생한 정신을 유지하였다고 한 옛사람들의 사례를 간혹 볼 수 있는데, 그것이 가능했던 것은 그러한 노력들이 있었기 때문이다. 수명이 늘어나면서 잘 늙고 잘 죽는 일이 관심사로 대두되고 있으나, 여전히 탐욕으로 점철되어 온 인생을 청산하는 일에 서투른 현대인에게 시사하는 바가 크다. 한자의 유와 무는 동사 또는 명사로 읽을 수 있고, 여헌이 사용하는 유와 무에는 두 용법이 모두 있다. 유는 유형의 존재이고, 무는 무형의 존재라는 뜻 외에도 있어지는 과정과 없어지는 과정의 뜻도 있다. 문맥에 따라 있음, 유, 있어짐과 없음, 무, 없어짐 등으로 해석한다.

【원문 및 번역】

蓋天地萬物, 其初皆從無中出來, 及其爲有, 然後乃天也地也萬物
也. 然其所謂無者, 無其形也, 有者, 有其形也. 若理之爲無極太極也,
則不拘於天地萬物之形之有無, 而常存不窮, 乃使天地萬物, 無而有有
而無於其中, 而其無其有, 亦爲之無窮者也. 然則無極太極之理, 有以
使天地萬物無而有有而無, 其無其有之爲無窮者, 非卽所謂合理氣而
爲道者乎.

하늘과 땅과 만물은 처음에 모두 무無에서 나왔는데, 유有가 된 후에야
하늘이 되고 땅이 되고 만물이 되었다. 그러나 이른바 무는 형체가
없음이요, 유란 형체가 있음이다. 이치가 무극인 태극이 되면, 천지만물의
형체가 있고 없음에 구애되지 않고 항상 존재하면서 무궁해서, 이에
천지만물로 하여금 그 가운데에서 무에서 유로, 유에서 무로 되게 하면서
무와 유가 무궁하도록 한다.[1] 그러니 무극태극의 이치가 천지만물로
하여금 없음(無)에서 있게 되고, 있음(有)에서 없게 되어, 없어짐과 있어짐이
무궁하도록 할 수 있는 것은 곧 이른바 리기를 합하여 도가 된다는
것이 아닌가?[2]

道便是事業之攸出也. 夫旣爲有焉, 而天地盡天地之事業, 萬物亦各盡
萬物之事業, 而爲有之道, 無所不至. 則於是必皆轉向衰薄, 畢竟都又歸
於無中矣. 此則理勢之自然也. 不是天地萬物意於有而有, 意於無而無
也. 其有也以理而有也, 其無也以理而無也. 其初雖欲不爲有, 而不得不
有也, 其終雖欲不歸無, 而不得不無也. 惟其所得之理氣, 有巨細厚薄之

---

1) 이치를 무형인 태극의 차원에서 보면, 무극인 만큼 형체가 없는 것이 이치라는 성질
   이 드러나므로 천지만물의 형체 유무에 관계없이 항상 있으면서 천지만물을 있게
   하기도 하고 없게 하기도 하면서 주재한다는 뜻이다.
2) 있다가 없고 없다가 있게 하는 원리는 이치이고, 있고 없는 현상의 실제적인 질료는
   기이다. 그런 현상이 일어남은 영원한 것이고 일정한 법칙에 따라 일어나므로 리기
   가 합하여 도가 된다고 하였다.

異, 所做之事業, 有大小輕重之差. 故其爲有也, 或貴或賤, 其歸無也, 或久
或速. 而其所以從無而有, 從有而無, 則無巨細貴賤皆同焉.

도는 사업이 나오는 곳이다.[3] 이미 유가 되면 천지는 천지의 사업을
다하고 만물 또한 제각기 만물의 사업을 다하여 자기 형체에 부여된
도를 다하지 않음이 없다.[4] 그러나 극에 이르면 반드시 방향을 바꾸어
쇠퇴의 길로 접어드니 마침내는 또 무의 가운데로 돌아간다. 이것이
자연스러운 이치의 형세이다. 하늘과 땅과 만물이 있겠다고 뜻을 가져서
있게 되고, 없어지겠다고 뜻을 가져서 없어지는 것이 아니다. 그 있음은
이치에 의해 있게 되고, 그 없음은 또한 이치에 의해 없어진다. 시초에
비록 있지 않겠다고 원해도 있지 않을 수 없고, 그 마지막에 비록 없음으로
돌아가지 않겠다고 원해도 없어지지 않을 수 없다. 오직 하늘과 땅에서
얻은 이치와 기에 크고 작고 도탑고 엷음의 차이가 있어, 하는 바의
사업에 크고 작고 가볍고 무거운 차이가 있다. 그러므로 그 유됨이
혹은 귀하고 혹은 천하며, 무로 돌아감에 혹 오래 걸리고 혹 빠르고
하는 차이가 있다. 그러나 없음으로부터 있게 되고 있음으로부터 없게
됨은 크고 작고 귀하고 천함에 관계없이 모두 동일하다.

然其自無而爲有也, 必有漸, 自有而歸無也, 亦必有漸. 無之爲有者,
氣之聚也, 有之歸無者, 氣之散也. 故氣之聚者, 始虛而漸實, 始軟而漸
堅, 始弱而漸强, 始微而漸盛, 始小而漸大. 氣之散者, 實衰而消, 堅衰而
敗, 强衰而㪍, 盛衰而乏, 大衰而縮. 凡其聚也, 日滋而就成焉, 此則從無
而爲有者也. 及其散也, 日耗而向盡焉, 此則從有而歸無者也.

그러나 없음에서 있음이 됨에는 반드시 점진적인 과정이 있고, 있음에서
없음으로 돌아감에도 반드시 점진적인 과정이 있다. 없음이 있음이

---

3) 앞의 여헌의 인생론을 참조.
4) 기가 모여 그 물(유)의 형체가 된다. 형체에는 이치가 내포되어 있다. 그 이치를 따라
   실천하는 것이 도이다.

됨은 기가 모임이며, 있음이 없음으로 되는 것은 기가 흩어짐이다. 그러므로 기가 모임은 처음에는 아무 것도 없다가 점차 형체를 갖추어 가고, 처음에는 부드럽다가 점차 굳어지고, 처음에는 약하다가 점차 강해지고, 처음에는 미미하다가 점차 성대해지고, 처음에는 작다가 점차 커지는 것이다. 기가 흩어짐은 형태가 있던 것이 소멸하고, 굳은 것이 쇠퇴하여 부서지고, 강한 것이 쇠퇴하여 피폐해지고, 성대한 것이 쇠퇴하여 결핍되고, 큰 것이 쇠퇴하여 위축되는 것이다. 기가 모일 때는 날로 자라나서 완성됨으로 나가니, 이것이 없음으로부터 있음이 되는 현상이다. 기가 흩어짐에 이르러서는 날로 소모되어 완전히 없어짐으로 나가니, 이것이 있음으로부터 없음으로 돌아가는 현상이다.

吾人也, 生於天地之間, 居於萬物之中, 其亦隨一理而有無者也. 始於幼稚, 中於壯成者, 乃其從無而爲有也. 極於壯成, 轉入衰老者, 乃其從有而歸無也. 然則人之衰老, 固其理也. 人惟動物, 亦血氣之類也. 其形質之盛衰, 皆係於血氣之盛衰. 故方其血氣之盛也, 內而六腑充完, 五臟貞固, 外而筋骨堅剛, 肢體健實, 腠理流通, 榮衛肥潤. 是以, 呼吸開利, 脈運平順, 魂魄凝定, 精神淸明, 性情中和, 思慮精專, 耳目聰明, 辭氣敏快, 步履捷疾, 動靜節適. 如此則其於大小事業用功用力, 無不如意也宜矣.

우리 인간은 하늘과 땅 사이에 태어나서 만물의 사이에서 살아가는데, 인간 또한 동일한 하나의 이치에 따라 있어졌다가 없어지는 존재이다. 처음에는 어리고 미숙하고 중간에는 장성해지는 것은 없음으로부터 있음이 되는 현상이다. 장성함이 극에 달하면 방향이 바뀌어 쇠약해지고 늙어가게 되는 것이 있음으로부터 없음으로 돌아감이다. 그러니 사람이 쇠약해지고 늙는 것은 진실로 이치상 그런 것이다. 사람은 동물이니 또한 혈기血氣를 지닌 존재의 하나이다. 그래서 형질形質(신체기관)의 성대하고 쇠함은 혈기의 성대하고 쇠함에 달려 있다. 그러므로 한창 혈기가 성대하면 안으로 육부는 충실하고 완전하며, 오장은 바르고 군건하며, 밖으로 힘줄과 뼈는 군세고 강건하며, 사지는 건강하고 튼튼하며, 살결(勝理)은 윤기가 흐르고, 영위(營衛)[5]는 살지고 윤택하다. 이 때문에 호흡은 순조롭고, 맥의 움직임은 온순하고, 혼백은 한곳으로 집중되어 안정되고, 정신은 맑고 밝으며,[6] 성정은 중화(中和)하고, 사려는 정밀하고 집중력이 있으며, 귀와 눈은 총명하고, 말하는 기운은 민첩하고 쾌활하며, 걸음걸이는 재빠르면서 움직이고 멈춤이 적절하다. 이와 같으니 크고 작은 사업에 정성을 들이고 힘을 쓰는 것이 뜻대로 되지 않음이 없는 것도 당연하다.

至於血氣旣衰, 則黑者白, 長者短, 密者疎, 毛髮之變也. 肌消而皮皺, 凍梨而浮垢, 骨節魂磊, 而軀體傴僂者, 形貌之變也. 唇舌牙齒喉五聲具, 然後音韻備而言語成矣, 及其牙脫齒落, 則五聲中二聲已失矣. 止用唇舌喉三聲, 亦皆微緩不敏, 則言語不成者, 聲音之變也. 如坐煙霧之暗, 莫察相對之顏面, 如負墻壁之隔, 莫聞辟咡之言語者, 耳目之變也. 喘促於堂階之陟降, 蹇躓於應接之拜揖者, 氣力之變也. 莫記舊聞, 無望新得, 都忘知舊之姓名, 昧失宿誦之文字者, 精神魂魄之變也. 雖千萬吾往之勇, 値盤錯不鈍之器, 負荷吾道, 經綸當世, 擔當宇宙, 把握天地之心膽, 不可得以奮振, 則志氣力量之變也.

혈기가 이미 쇠퇴하기에 이르면, 검은 것이 희어지고 길던 것이 짧아지고 빽빽했던 것이 듬성듬성해지는 것은 모발의 변화이다. 살은 빠지고

---

5) 營血과 衛氣. 몸을 保養하는 혈기로서 동맥혈과 정맥혈.
6) 정신혼백은 비물질적인 현상이 아니라 기현상의 일종이다. 천의 기와 지의 질이 합하여 사물이 형성되듯이, 오장이 생기고 이 오장에는 정신혼백이 있게 된다. 장기로서의 오장은 땅의 질이고, 그것에 존재하는 정신혼백은 하늘의 기이다. 장기가 일정한 형체를 지녀 변하지 않는 물질성을 갖는다면, 그 안에서 이루어지는 활동적인 기의 현상이 정신이다. 정·신·혼·백은 신장·심장·간장·폐에 존재하는데, 지각과 관련하여 상이한 역할을 담당한다. 神은 신체를 주재하고 지각 작용을 통합하며, 혼은 미래를 예측하며, 백은 기억하는 기능을, 정은 분별하는 기능을 가진다. 여기에 脾臟의 기능이 더해진다. 비장은 意와 智의 기능을 가진다. 의가 이해득실을 비교 계산하는 능력이라면, 지는 시비의 분별 능력이다.

피부는 주름이 생겨서 얼어터진 배나 때가 떠 있는 것 같으며 골절은 돌이 쌓인 것처럼 울퉁불퉁해지고 형체는 구부정해지는 것은 형모形貌의 변함이다. 입술과 혀와 어금니와 이빨과 목구멍에서 나오는 다섯 가지 소리가 갖추어진 뒤에 음운이 구비되고 언어가 이루어진다. 어금니가 빠지고 이빨이 빠지면 다섯 가지 소리 중 두 가지 소리가 없어져서 입술과 혀와 목구멍의 세 가지 소리만 쓰게 되는데, 또한 모두 가늘고 느려 재빠르지 못하니, 언어가 이루어지지 않는 것은 성음聲音의 변화이다. 연기와 안개로 가득차서 어두컴컴해진 가운데 앉아 있는 것처럼 상대의 안면을 살피지 못하고, 벽이 가로 막고 있는 것처럼 가까이에서 하는 말소리도 듣지 못하는 것은 귀와 눈의 변화이다. 계단을 오르내릴 때에 숨을 헐떡이고, 남을 응접하면서 절하고 읍하다가 넘어지는 것은 기력氣力의 변화이다. 옛날 들었던 것을 기억하지 못하고 새로 얻는 것을 바라지 못하며, 오래 알던 사람들의 이름을 모두 잊고 이전에 암송하였던 글들을 까맣게 잊는 것은 정신혼백의 변화이다. 비록 천만 명일지라도 내가 가서 대적하겠다던 용기와 처리하기 어려운 일에 부딪 치더라도 무디지 않는 기량으로 우리 유학의 도를 짊어지고 세상을 경륜하며 우주의 일을 담당하며 천지를 움켜지겠다던 담대한 마음을 더 이상 떨쳐 일으키지 못함은 지기志氣와 역량의 변화이다.

人到此境, 當何爲哉. 精神不足以究義理之微, 思慮不足以盡變化之 妙, 力量不足以致遠大之業, 視聽不足以察聲色, 言語不足以宣情意, 則其能復有人事於此時哉.

사람이 이 지경에 이르면 마땅히 무슨 일을 해야 할까? 정신은 미묘한 의미를 궁구하게 부족하고, 사려는 오묘한 변화를 모두 밝히기에 부족하고, 역량은 원대한 사업을 하기에 부족하고, 보고 들음은 소리와 모습을 살피기에 부족하고, 언어는 정서와 의지를 드러내기에 부족하니, 이때 다시 사람의 일을 할 수 있겠는가?

然而行道者, 身老則衰矣, 而存道者, 心老亦不可離矣. 衰固不可以
復盛, 而不可離者. 宜自若矣, 只合靜坐一室, 一切停事務止經營斷出
入絶往來小應接. 不可强用思慮, 强用視聽, 强用言語, 强用動作. 坐臥
以時, 飮食以節, 而所不可廢者, 尋繹舊所讀誦, 翫悅義理, 頤安性情,
有以補養心氣. 如是久久, 則所迷之魂魄, 有似復還, 所散之精神, 有似
復來, 前所忘失者, 或有所記得, 所不能透解者, 或有所覺得. 推而極之,
引而遠之, 其積也有以與天地造化流通焉, 所謂道通天地無形外, 思入
風雲變態中者, 此時此界, 亦可以驗得, 而無極太極之妙, 益可以認會
矣. 此焉而送了餘齡, 不亦好哉.

그러나 세상에 도를 실천하는 것은 몸이 늙으면 쇠퇴하지만, 도를 보존함
은 마음이 늙어도 떠날 수 없다.[7] 쇠약해진 것은 진실로 다시 성대해질
수 없으나, 도에서 떠날 수 없음은 마땅히 그대로 있다. 그러니 다만
한 방에 고요히 앉아 일체로 사무를 정지하고, 이리저리 경영하는 것을
그만두고, 문밖출입을 끊고 남과 오고감을 끊으며, 타인을 응접하는
일을 줄여야 한다. 억지로 사려를 쓰거나, 억지로 시력과 청력을 쓰거나,
억지로 말을 하거나, 억지로 움직이면 안 된다. 앉고 눕기를 때에 맞추어서
하고, 먹고 마심을 절도에 맞게 하는데, 그만두어서는 안 될 일이 이전에
읽고 암송했던 것을 실마리를 뽑듯 자세히 의미를 캐어서 심오한 의미를
즐기고 성정을 길러서 편안히 하면 심기心氣를 보양할 수 있다. 이와
같이 오래토록 하면 혼미해진 혼백도 다시 돌아오는 듯하고, 흐트러진
정신도 다시 돌아오는 듯하고, 앞에 잊어버렸던 것도 혹 기억해 내는
것이 있고, 투철하게 이해하지 못했던 것도 혹 깊이 깨달을 수 있다.
이를 미루어 극대화하고 이를 잡아 멀리 끌고 가면, 그 축적됨이 천지의
조화造化와 유통할 수 있으니, 정명도程明道가 노래한 "천지와 천지 밖의
무형함에 도통道通하고, 생각은 바람과 구름처럼 변화하는 현상의 가운데

---

7) 실천은 세상을 향해 도를 펼쳐 나가는 것이고, 보존은 나 자신의 일거수일투족을
   도에 맞게 하는 것이다.

에 들어간다"는 경지가 이때 이곳에서 체험할 수 있으며, 무극태극의 오묘함을 더욱 깊이 알 수 있다. 이러면서 남은 인생을 보낸다면 또한 좋지 않은가?

以此言之, 人之初生, 自無爲有也, 生而長長而成者, 爲有之極也. 大小人事業, 其在此時矣. 盛極則衰, 衰而老者, 自有而歸無, 未及於全無也. 氣盡而死, 則是全無矣. 其在未及全無之前, 頤補休安, 如上所道者, 非老人之事業乎. 卽無事之事, 無業之業也. 我今方到垂盡歸無之域矣. 其在盛極之時, 不能做吾人遠大事業, 一如古人所建立者焉, 則今此衰極時節, 其或能盡老人之事業乎. 姑述此意, 以爲後驗之地焉.

이로써 말하면 사람이 처음 생함은 없음으로부터 있음이 되는 것이요, 태어나 자라고, 자라서 성숙해지는 것은 있음이 극대화되는 것이다. 크고 작은 인간의 사업은 이때에 한다. 성대함이 극에 달하면 쇠퇴해지고 쇠퇴하면 늙는 것은 있음으로부터 없음으로 돌아가는 과정이지만 완전히 없어짐에는 이르지는 않은 상태이다. 기가 다하면 죽는 것이니 이것이 완전히 없어짐이다. 완전히 없어짐에 이르기 전에, 기르고 보양하고 쉬고 편안함을 위에서 말한 것처럼 하는 것이 노인의 사업이 아니겠는가? 곧 일(事) 없는 일이요, 업業 없는 업이다. 나는 이제 한창 기운을 다하여 없음으로 돌아가는 지점에 이르렀다. 성대함이 지극할 때에 우리 인간의 원대한 사업을 옛사람들이 해냈던 것처럼 하지 못하였는데, 지금 쇠약함이 지극해진 시절에는 혹시라도 노인의 사업을 다해 낼 수 있을까? 잠시 이 생각을 기술하여 후일 반성의 증거로 삼고자 한다.

앉는 자리 옆의 벽에다 써 놓은 좌우명【座壁所題】

【소해제】

심신을 변화시켜 덕과 지식을 충만하게 하고자 한 옛 선비들은 생활하는 자리 주변에 잠이나 명을 써 두고는 항상 반성하는 자료로 삼았다. 좌우명은 그런 명의 하나이다. 이미 고대로부터 이런 풍습이 있었는데, 성리학의 시대에 와서 한층 성행하였다. 퇴계退溪 이황李滉이 편집한 『고경중마방古鏡重磨方』은 예로부터 전해 내려오는 좋은 잠명만을 간추려 수양에 도움을 얻고자 한 책인데, 좌우명을 써서 자기 수양을 도모하는 일이 선비들에게는 일종의 풍습이었음을 알려 준다. 여헌 역시 여러 차례 잠명箴銘을 저술하고 있거니와, 본 좌우명은 노년에 작성한 것이다. 그의 「연보」에 의하면 여헌은 84세이던 1637년 3월에 「좌벽제성座壁題省」을 썼다. '앉은 자리의 옆에 있는 벽에 써 붙이고 관성觀省하는 글'이라는 뜻이다. 그해 8월 15일 병으로 자리에 누웠고, 9월 7일 만욱재晚勖齋에서 임종하였으니, 그가 생애의 마지막 시기까지도 자기성찰을 게을리하지 않았음을 알 수 있다. 마음을 다스리는 법을 심법心法이라고 하는데, 여헌의 심법이 나타난 글이다.

【원문 및 번역】

慈祥愷悌者, 隨其所處, 必常有敬畏恭謹之心, 隨其所觸, 必自有惻怛懇切之心. 此所謂吉人也. 天亦祐之, 宜勉之.

인자하고 자상하며 기상이 화락하고 단아한 사람은 처하는 바에 따라 반드시 항상 경건하고 두렵고 공손하고 삼가는 마음이 있으며, 접촉하는

66

바에 따라 반드시 저절로 몹시 슬퍼하고 정성을 다하는 마음이 있다. 이런 사람을 길인吉人이라고 말한다. 하늘 또한 그를 도울 것이니 마땅히 힘써야 한다.

險愿冥頑者, 其居常也, 必敢於褻天慢神而無所憚, 其有動也, 必至於傷人害物而有所忍. 此所謂凶人也. 神亦禍之, 宜戒之.

드러나지 않게 악행을 하는 자와 사리에 어둡고 완고한 사람들은 평상시에는 반드시 하늘을 더럽히고 귀신을 모욕하면서 꺼리는 바 없고, 한번 움직였다 하면 반드시 남을 상하게 하고 사물을 해치면서 잔인하게 행동하는 바가 있다. 이것을 흉인凶人이라고 말한다. 귀신 또한 화를 내릴 것이니 마땅히 경계해야 한다.

若夫聖人, 則太虛之虛也, 日月之明也, 四時之序也, 鬼神之吉凶也, 卽亦天地而已.

성인의 경우는 태허太虛(하늘)처럼 텅 비어 있고, 해와 달처럼 밝으며, 네 계절처럼 차례가 있으며, 귀신처럼 길흉을 하니, 곧 또 하나의 천지이다.

座壁題省

綱領
留心道德, 立心敬誠.

主宰
存心靜一, 遊心宇宙.

用功
治心謹愼, 操心堅貞.

模範

處心虛明, 持心正大.

補養

棲心淡白, 玩心高明.

機關

安心本分, 平心逆境.

以上十二目, 皆心法也. 綱領旣立, 則其下十目不須畢擧也, 而俱立各目者, 要以自省之功也. 又曰, 句必配擧者, 亦欲思趣之備悉也.

앉은 자리의 옆에 있는 벽에 써 붙이고 관성觀省하는 글

강령
마음을 도덕에 두고, 마음을 경敬과 성誠으로 세워라.[1]

주재[2]
마음을 고요하고 전일하게 보존하고, 마음을 우주에서 노닐게 하라.

용공[3]
마음을 삼감(謹愼)으로 다스리고, 마음을 굳고 바르게 가져라.

모범[4]
마음을 텅 비게 하여 공정하고 밝게 하고, 마음을 바르고 크게 가져라.

---

1) 강령은 마음 다스림의 큰 줄거리 즉 핵심이 무엇인가를 표현한다. 내용을 의역하면 다음과 같다. "공부의 목표는 도를 알고 실천하며 덕성을 기르는 데 있으니 마음을 도덕에 두고, 도덕을 달성하는 방법은 경과 성에 있으니 마음을 경과 성으로 세워라."
2) 마음이 추구해야 할 상태를 뜻한다.
3) 경과 성으로 마음을 세우고자 할 때 구체적으로 공부하는 요령 내지 방법을 말한다. 삼가면서도 굳세고 견고하게 마음을 가짐으로써 경망하지도 않고 외물의 유혹에 흔들리지도 않는 것이 그 방법이다.
4) 마음공부에서 모범으로 삼는 성현들이 보여 준 마음의 상태이다.

보양[5]

마음을 담백하게 먹고, 마음을 높고 밝게 써라.

기관[6]

마음을 본분을 지킴에서 편안하도록 하고, 마음을 역경에 처해서도 평화롭게 하라.

이상 열두 조목은 모두 마음을 다스리는 방법(心法)이다. 강령이 이미 서면 그 아래의 열 조목은 모두 들 필요가 없으나, 각 조목을 모두 세운 것은 스스로 살핌에 절실하고자 바랐기 때문이다. 또한 한 구에 반드시 짝이 되도록 만든 것은 또한 생각하는 방향이 모두 갖추어질 수 있게 하려 했기 때문이다.

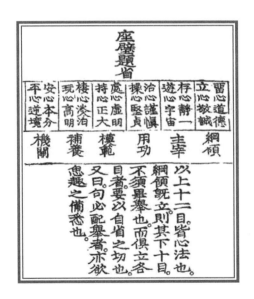

---

5) 경과 성으로 마음을 세움에 삼가면서 굳센 태도를 취하면서 이에 더해 심신을 기르는 보조적인 방법을 말한다.
6) 일상생활에서 늘 가져야 하는 마음가짐이다.

제1장 여헌의 인생관_김낙진 69

도통이란 무엇인가【道統說】

【소해제】

　도통은 도의 전수에 일정한 계통이 있다는 생각의 산물이다. 누구나 다 도통에 들어갈 수 있는 것이 아니며, 한 시대 한 세상의 사표가 될 만한 학문과 덕성이 있어야 도통을 계승하였다고 말해진다. 공자를 모신 문묘에 종사從祀될 수 있는 자격 여부를 가름하는 것이 도통이었으니, 조선 후기 당쟁사의 주요한 주제 중의 하나가 이것이었다. 자신들의 스승이 문묘에 종사될 만한 자격이 있다는 주장은 도통에 편입할 수 있는 인물이라는 주장의 다른 표현이었다. 이렇게 보면 도는 인간사를 벗어나 저 멀리에 초월해 있는 것처럼 보이지만, 유학의 도는 일상생활을 합당하게 영위하는 도이다. 그래서 여헌은 도란 '우리 사람이 일상에서 항상 행하는 도'라고 하였다.

　일상이 곧 도라는 것이 아니라 일상에서 실천해야 할 합당한 도리가 있다는 말이다. 물 긷고 나무하는 것이 도가 아니라, 물 긷고 나무하는 것을 합당하게 하도록 하는 것이 도이다. 그 도를 실천함에 있어서 '터럭만큼의 흠결도 없고 터럭만큼의 지나침도 없고 터럭만큼의 치우침도 없어야' 했으므로, 도를 실천하는 일은 쉽지 않았다. 그런 만큼 도통을 의식하는 사람들은 자기 가꿈에 전력을 다해 정진하지 않을 수 없었다. 여헌은 도통의식이 강했던 인물이었다. 그의 학문과 덕성은 타고난 재능에다 후천적인 노력이 더해진 결과였는데, 도통을 표준으로 삼는 의식이 남다른 노력을 촉진하였다고 할 수 있다. 그의 제자들이 스승을 추모하는 제문에서 한결같이 도통 계승을 암시하는 언어를 사용하였음은 우연한 일이 아니다.

道者, 吾人日用常行之道也. 何以謂之道乎. 蓋以吾人受形于天地之
形, 受德于天地之德, 受位乎天地之中, 斯焉以爲人也. 不有是形, 無以
載是德, 不有是德, 無以用其形, 不有載德之形, 用形之德, 無以責其任
矣. 形能載德, 故形不爲徒形, 德能用形, 故德得爲實德. 形德相準, 故便
是人矣. 然後形踐其所受乎天地之形, 德充其所受乎天地之德, 位塞其
所中乎天地之責任, 而可以謂之盡其道也, 所謂道者, 卽此道也.

도는 우리 사람이 일상에서 항상 행하는 도이다. 어찌하여 도라고 말하는
가? 우리 사람은 하늘과 땅의 형체에서 형체를 받고 하늘과 땅의 덕에서
덕을 받고[1] 하늘과 땅 사이의 중간 위치를 받아 이에 사람이 되었다.
이 형체가 있지 않으면 이 덕을 실을 수 없고, 이 덕이 있지 않으면
형체를 운용할 수 없으며, 덕을 싣는 형체와 형체를 운용하는 덕이
있지 않으면 인간의 임무를 다할 수 없다. 형체가 덕을 실을 수 있으므로
형체는 단지 형체가 아니며, 덕은 형체를 운영할 수 있으므로 덕은
진실한 덕이 될 수 있다. 형체와 덕이 서로 균형을 이루므로 인간이
된다. 그런 후에 하늘과 땅의 형체에서 받은 형체의 꼴값을 하고, 하늘과
땅의 덕에서 받은 덕을 충만하게 실현하고, 하늘과 땅의 중간에 위치한
존재로서의 책임을 다할 수 있는데, 이래야 사람의 도를 다하였다고
말할 수 있다. 도라고 이르는 것은 곧 이 도를 가리킨다.

所以謂之日用常行者, 何也. 固以人之爲人也, 內則有五臟六腑, 外則
有頭腹四體, 上則有目耳鼻口, 下則有手足指節, 皆各有所職, 必各有其
則. 內焉者主之, 外焉者承之, 上焉者察之, 下焉者供之. 然則內外百體之
無所不具, 無所不備, 而合之爲全形者, 卽其身也. 大小百體之各職其職,
各則其則, 而有日用事業者, 卽其道也. 此所以踐形充德修責任之謂也.

---

1) 「사람의 몸은 우주의 사물과 상응한다」(人身說)를 참고.

일상에서 항상 행한다고 말하는 까닭은 무엇인가? 진실로 사람이 사람 되면, 안으로는 오장육부가 있고, 밖으로는 머리·배·사지가 있고, 위로는 눈·귀·코·입이 있고, 아래로는 손·발·손가락·발가락·관절이 있으니, 각기 맡은 바의 직분이 있고 각기 지켜야 할 법칙이 있다. 안에 있는 것은 밖에 있는 것을 주재하고 밖에 있는 것은 안에 있는 것을 받들며, 위에 있는 것은 아래에 있는 것을 살피고 아래에 있는 것은 위에 있는 것에 이바지한다. 그러니 안팎으로 백체가 구비되지 않은 바가 없으니, 합하여 전체의 형체를 이룬 것이 곧 몸이다. 크고 작은 백체가 각기 직책을 수행하고 각기 그 법칙을 지켜서 날마다 쓰는 사업이 있게 되니 이것이 곧 도이다. 이는 꼴값을 하고 덕을 충만하게 하며 책임을 다함을 이른다.

責任者, 何業也. 卽宇宙內事也. 宇宙內許多事業, 都在吾人, 若非吾人責其事業, 則宇宙爲空器矣. 故夫旣爲人而有是身, 則自不得無其道焉. 身以道爲身, 道得身爲道, 合道與身爲之人. 人固不可離道者, 此也. 以其不得不常行而不可須臾離, 故曰道. 道者, 道路之借喩也. 借彼道路之道, 喩此道理之道, 則人當就認其固不可須臾離之妙矣.

책임이란 어떤 사업인가? 곧 우주 안의 사업이다. 우주 안의 수많은 사업이 모두 우리 인간에게 있으니, 만약 우리 인간이 그 사업을 하지 않으면 우주는 빈 그릇이 된다. 그러므로 이미 인간이 되어 이 몸이 있으면 저절로 그 도리가 없을 수가 없다. 몸은 도로써 몸이 되고, 도는 몸을 얻어 도가 되니, 도와 몸이 합쳐져서 사람이 된다. 사람이 진실로 도를 떠날 수 없다는 것이 이를 가리킨다. 항상 행해지지 않을 수 없어 잠깐이라도 떠날 수 없으므로 도라고 한다. 도는 도로의 도(길)에서 빌려 온 비유이다. 저 도로의 도를 빌려 이 도리의 도를 비유한 것이니, 사람은 도로의 도를 생각하면서 잠깐이라도 떠날 수 없는 오묘함을 알아야만 한다.

統之爲言, 有傳有承之謂也. 所謂傳所謂承者, 不必身傳面承而謂之統也. 其心法德業之相契, 則隔百世越千里而可以傳承矣. 惟非至聖至誠能有以參天地者, 其可謂之得此道之統耶.

통이라는 말은 전해줌이 있고 이음이 있음(이 있어 계통을 이룸)을 일컫는다. 전한다고 하고 잇는다고 하는 것은 굳이 몸소 전하고 얼굴을 맞대고 받아야 통이라고 일컫는 것이 아니다. 마음 다스리는 방법(心法)과 덕업이 서로 부합하면, 시간적으로 백세나 떨어지고 공간적으로 천리나 떨어져 있어도 전하고 이을 수 있다. 지극히 성聖스럽고 지극히 진실하면서 천·지의 사업에 참여하는 자가 아니면 이 도의 통을 얻었다고 말할 수 있겠는가?

然而是道也, 雖以在人者言, 而生吾人者天地, 則爲吾人者, 豈是自道其道哉. 道之原, 乃自有所出矣. 湯誥曰, 惟皇上帝, 降衷于下民, 若有恒性. 子思子曰, 天命之謂性, 率性之謂道, 修道之謂敎. 董子曰, 道之大原, 出於天, 天不亡, 道亦不亡. 此皆言道之原出於天也.

그러나 이 도는 비록 사람이 실천하는 것으로 말하지만, 우리 인간을 생한 것은 천지이니 우리 인간이 어찌 자의적으로 만드는 도를 도라고 하겠는가? 도가 나오는 본원은 별도로 있다. 『서경書經』의 「탕고湯誥」에서 "훌륭한 상제가 참된 마음(衷)을 아래의 백성(下民)에게 내려 주었으니 하늘을 따르는 떳떳한 본성을 가지고 있다"고 말하였다. 자사子思는 『중용中庸』에서 "하늘이 명한 것을 본성이라고 하고, 본성을 따르는 것을 도라고 하고, 도를 닦는 것을 교라고 한다"고 하였다. 동중서董仲舒는 "도의 큰 근원이 하늘에서 나왔으니, 하늘이 망하지 않으면 도 또한 망하지 않는다"고 하였다. 이것들은 모두 도가 나오는 근원이 하늘임을 말하고 있다.

然而生吾人者天地也, 而生天地者太極也, 則所謂太極者, 豈非道

之大原乎. 太極者, 此理最上原頭之稱也. 天地未有, 而此理自常有
焉. 此理自常有焉, 故遂爲之出元氣, 以生位上之天, 則天於是乎始有
矣. 天旣有矣, 以生位下之地, 則地於是乎始有矣. 天地旣皆有矣, 天
動于上, 地靜于下, 動焉資始, 靜焉資生, 而造化流行. 則於是乎吾人
與萬物, 亦皆各得其所稟, 而元元輩輩於兩間矣. 然則太極之理, 自有
爲天之理, 故天爲天也. 亦有爲地之理, 故地爲地也. 又須有爲人之
理, 故人爲人也. 雖至於萬物之微者, 亦莫非有其理, 故爲其物也. 特
皆爲造化之具, 吾人之用耳. 於是乎天順爲天之理者, 天之道也, 地順
爲地之理者, 地之道也, 人順爲人之理者, 人之道也. 其道卽一太極之
理也. 故天順其理, 而天常不失其爲天焉, 地順其理, 而地常不失其爲
地焉. 惟吾人者, 不能無氣質之雜, 物欲之誘, 而或不能自順其爲人之
理, 以盡其參三之道.

그런데 우리 사람을 낳은 것은 천지이지만 천지를 낳은 것은 태극이니,
태극이라고 말하는 것이 어찌 도의 큰 근원이 아니겠는가? 태극은 이
이치의 가장 위에 있는 근원(源頭)의 호칭이다. 천지가 아직 있지 않음에도
이 이치는 저절로 항상 있었다. 이치가 저절로 항상 있으므로 드디어
원기元氣를 내어 위에 위치하는 하늘을 낳으니 이에 하늘이 비로소
있게 되었다. 하늘이 이미 있게 되자 아래에 위치하는 땅을 낳으니,
이에 땅이 비로소 있게 되었다. 하늘과 땅이 이미 모두 있게 되자 하늘은
위에서 돌고 땅은 아래에서 정지하여 있으니, 하늘의 움직임에 의뢰하여
시작되고 땅의 정지함에 의뢰하여 생겨서 조화造化가 유행하게 되었다.
이에 우리 인간과 만물이 모두 품수하는 바를 각기 얻어서, 하늘과
땅 사이에서 사람과 만물로 존재하게 되었다. 그러니 태극의 이치에
하늘이 되는 이치가 있었으므로 하늘은 하늘이 되었다. 또한 땅이 되는
이치가 있었기에 땅은 땅이 되었다. 또 반드시 사람이 되는 이치가
있었기에 사람은 사람이 되었다. 비록 만물 중에 미미한 것일지라도
그 이치가 있지 아니한 것이 없기에 그 물이 되었다. 다만 만물은 모두

74

조화造化의 도구이자 우리 사람의 쓰임이 될 뿐이다.

이에 하늘이 하늘 되는 이치를 따르는 것이 하늘의 도이며, 땅이 땅 되는 이치를 따르는 것이 땅의 도이며, 사람이 사람 되는 이치를 따르는 것이 사람의 도이다. 그 도는 곧 한 태극의 이치이다. 그러므로 하늘은 그 이치를 따라서 항상 하늘 됨을 잃지 않고, 땅은 그 이치를 따라서 항상 땅 됨을 잃지 않는다. 오직 우리 사람은 기질의 잡박함과 물욕의 유혹이 없을 수 없어서, 혹 사람 되는 이치를 스스로 따르지 못하고 삼재에 참여하는 존재로서의 도를 다 실천하지 못한다.

故得此道之統者, 惟德爲至聖, 道爲至誠之人也, 則人而至聖至誠者, 其有幾哉. 此非天地之賦畀吾人者, 有不均焉, 生爲吾人, 自不能盡其道者居多. 故是道之統, 自有所歸, 而自古及今, 得其統者無幾也.

그러므로 이 도의 통을 얻는 사람은 오직 덕이 지극히 성스럽고 도가 지극히 진실한 사람뿐이니, 사람이면서 지극히 성스럽고 지극히 진실한 분은 몇이나 있는가? 이는 하늘과 땅이 우리 인간에 부여한 것에 균등하지 않음이 있기 때문이 아니며, 사람으로 태어나서 스스로 그 도를 다하지 못한다는 이유가 더 많다. 그러므로 도의 통은 돌아가는 바가 있으며, 예로부터 지금까지 그 통을 얻은 사람은 얼마 되지 않는다.

然則是道也. 以天地言之, 天有陰陽, 而陰陽又分爲大小. 地有剛柔, 而剛柔又分爲大小. 日月星辰之象于天, 水火土石之質於地, 晝夜寒暑之代行, 雨風露霤之時作, 春夏秋冬之有常, 生長收藏之必序者, 皆此道也. 以萬物言之, 性情形體之相因, 飛走草木之彙分, 弱壯老死之必然, 貴賤盛衰之不齊者, 皆此道也.

천지의 차원에서 이 도를 말하여 보자. 하늘에는 음양이 있고, 음양은 또 크고 작은 음양으로 나뉜다. 땅에는 강유剛柔가 있으며 강유는 또 크고 작은 강유로 나뉜다.[2] 해와 달과 별이 하늘에서 상을 드리우고 물·불·흙·돌이 땅에서 형질이 되니, 낮과 밤, 추위와 더위가 교대로 운행하고 비와 바람, 이슬과 우레가 때에 맞게 일어나며, 봄·여름·가을·겨울에 일정함이 있고 생하고 자라고 거두고 감추는 것에 반드시 차례가 있는 것이 모두 이 도이다. 만물의 차원에서 이 도를 말하면, 성정과 형체가 서로 말미암고, 나는 것 달리는 것, 풀과 나무가 무리로 나뉘며, 어렸다가 장성하고 늙어가고 죽는 것이 반드시 그렇게 되는 것, 귀하고 천하고 성대하고 쇠퇴하는 것이 같지 않은 것이 모두 이 도이다.

就以吾人言之, 性焉有五常, 仁義禮智信也, 發焉有七情, 喜怒哀樂愛惡欲也, 倫焉有五品, 父子之親, 君臣之義, 夫婦之別, 長幼之序, 朋友之信也. 世焉有四業. 家而齊, 國而治, 天下而平, 宇宙而繼往聖開來學也. 五常者, 斯道之體, 出於天者也, 七情者, 斯道之用, 機於心者也, 五倫者, 斯道之條理, 徧盡親疎也. 四業者, 斯道之功用, 準及近遠也. 吾人之道, 其有外於此乎.

우리 사람의 차원에서 이 도를 말하면, 본성에는 오상五常이 있으니 인의예지신이요, 본성이 발출하여 칠정이 있으니 희로애락애오욕喜怒哀樂愛惡欲이요, 윤리에는 다섯 가지 품목이 있으니 부모 자식의 친함과 임금과 신하의 의로움과 지아비 지어미의 구별됨과 어른과 아이에 차례 있음과 친구에게 믿음이 있음이 그것이다. 세상에는 네 가지 사업이 있다. 집에서는 집안을 가지런하게 하고, 나라에서는 나라를 다스리고, 천하에서는 천하를 고르게 하고, 우주에서는 지난 성인을 계승하고 오는 후학을 열어 주는 것이 그것이다. 오상은 이 도의 본체인데 하늘에서 나오며, 칠정은 이 도의 작용인데 마음에 근본을 두며, 오륜은 이 도의 세부적인 조목인데 친소 관계를 망라한다. 네 가지 사업은 이 도를

---

2) 강유는 땅의 질을 두 속성으로 나누는 개념이니, 굳세고 부드러움을 뜻한다. 하늘의 기를 두 속성으로 나누는 음양에 비교된다.

펼치는 사업으로서 가까운 것과 먼 것에 골고루 미친다. 우리 사람의 도가 이것 밖에 또 다른 것이 있겠는가?

所謂至聖至誠者, 不是此道之外, 別自有他道也. 聖以通此道而爲聖, 誠以純此道而爲誠, 則亦自是所性焉全之, 所情焉和之, 所倫焉惇之, 所業焉畢之, 而吾人之道, 自爾盡焉於此矣. 卽所謂與天地合其德, 與日月合其明, 與四時合其序, 與鬼神合其吉凶, 又所謂動而世爲天下道, 行而世爲天下法, 言而世爲天下則, 遠之則有望, 近之則不厭, 又所謂聰明睿知, 足以有臨, 寬裕溫柔, 足以有容, 發强剛毅, 足以有執, 齊莊中正, 足以有敬, 文理密察, 足以有別, 又所謂經綸天下之大經, 立天下之大本, 知天地之化育, 夫焉有所倚者, 爲可以得此統也.

지극히 성스럽고 지극히 진실하다고 하는 것은 이 도의 밖에 별도로 다른 도가 있는 것이 아니다. 성聖은 이 도에 통달하여 성이 되는 것이며, 진실함은 이 도에 순수하여 진실함이 되는 것이니, 또한 본성을 온전히 하고, 감정을 조화調和롭게 발휘하고, 윤리를 돈독하게 하고, 사업을 완전히 성취하기에 우리 인간의 도는 여기서 절로 극진해진다. 이른바 "천지와 더불어 그 덕이 합치되고, 일월과 더불어 그 밝음이 합치되며, 네 계절과 더불어 그 차례가 합치되며, 귀신과 더불어 길흉이 합치한다"[3]는 것, 또 이른바 "(군자는) 움직이면 대대로 천하의 도가 되고, 행하면 대대로 천하의 법이 되며, 말하면 천하의 법칙이 되니, 멀리 있으면 우러러보고 가까이 있으면 싫증내지 않는다"는 것, 또 이른바 "(성인의) 총명예지함이 족히 윗사람이 되어 아랫사람에 임할 수 있으니, 관대하고 온유함이 족히 남을 용납할 수 있고, 강직함이 족히 잡을 수 있으며, 엄숙하고 치우치지 않음이 족히 공경할 수 있으며, 문장의 조리를 상세히 살핌이 족히 분별할 수 있다"고 한 것, 또 이른바 "(지극히 진실한 사람이) 천하의 대도를 경륜하고, 천하의 대본을 세우고, 천지의 화육化育을

---

3) 『주역』, 건괘 「문언」.

알 수 있으니 어찌 의지할 것이 있으랴"[4]라고 한 것이 이 도통을 얻었음을 표현하고 있다.

昌黎韓子著原道之篇, 有曰堯以是傳之舜, 舜以是傳之禹, 禹以是傳之湯, 湯以是傳之文武周公, 文武周公傳之孔子, 孔子傳之孟軻, 軻之死, 不得其傳焉. 有宋諸先生, 皆以韓言爲得之也. 蓋自上古至後世, 達而居上位爲大君爲大臣者, 凡有幾何, 而在帝王獨擧堯舜禹湯文武, 在輔相獨擧周公. 若窮而在下位者, 亦幾君子也, 而獨擧孔孟, 則其得與於道統之傳者, 不常有矣. 必也藏於心而爲德性, 發於身而爲言行, 施於世而爲事業者, 一皆純於天理, 而無一毫之欠乏, 無一毫之踰過, 無一毫之偏倚, 然後乃可謂之道也. 此卽唐虞之厥中, 大學之至善, 中庸之至誠也.

한유韓愈[5]는 「원도原道」라는 글을 지었는데 "요는 이것(도)을 순에게 전하였고, 순은 이것을 우에게 전하였고, 우는 이것을 탕에게 전하였고, 탕은 이것을 문·무·주공에게 전하였고, 문·무·주공은 이것을 공자에게 전하였고, 공자는 이것을 맹가孟軻에게 전하였는데, 맹가가 죽고 나서 그 전함을 잃었다"고 말하였다. 송나라의 여러 선생들이 모두 한유의 말이 실제에 부합한다고 여겼다. 상고시대로부터 후세에 이르기까지 영달하여 높은 지위에 올라 큰 임금이 되고 큰 신하가 된 사람이 얼마나 많은데, 제왕 중에서는 오직 요·순·우·탕·문·무만을 들었고, 임금을 보필하는 신하된 사람 중에는 주공만을 들었다. 곤궁하게 낮은 지위에 있던 사람이 얼마나 많은데 공자와 맹자만을 들었으니, 도통의 전수에 참여할 수 있는 사람은 항상 있는 것이 아니었다. 반드시 마음에 간직하여 덕성이 되고 몸에서 발현하여 언행이 되고, 세상에 펼쳐 사업이 된 것이 한결같이 모두 천리에 순수하게 부합하여 터럭만큼의 흠결도

---

4) 『중용』 제29장, 제31장, 제32장.
5) 한유(768~824)는 당나라 때의 학자이자 문인이다. 당송팔대가의 한 사람이다.

없고 터럭만큼의 지나침도 없고 터럭만큼의 치우침도 없게 된 뒤에야 도라고 말할 수 있다. 이것이 곧 당우唐虞의 궐중厥中이요, 『대학』의 지선至善이요, 『중용』의 지성至誠이다.6)

然則道統之傳, 非有命世者而得之乎. 在書契以前之世, 則雖有君有臣有民, 而無從效知其德行事業焉. 只想其擧世上下, 無非眞性純德之人, 則道自在其中矣. 何可指言夫道統所在乎. 至于伏羲以降, 則八卦畫矣, 書契造矣, 禮法作矣, 名分等矣, 政事行矣, 吾人之道, 始闡明矣. 又至神農, 而生人之本業, 通貨之普規, 壽民之神方, 無不備矣. 又至于黃帝, 則天地之慳秘畢開矣, 造化之微隱畢發矣, 經綸之機軸畢設矣. 所以經天緯地格神化民之策, 無所不擧, 則吾人斯道之本, 大啓於三聖人之世也. 自不須言統, 而其道爲三才之宏綱, 萬世之通範, 亦不可以統字而盡之也.

그렇다면 천명을 받고 세상에 태어난 사람이 아니면 도통의 전함을 얻을 수 있겠는가? 글자가 만들어지기 이전 세상에는 비록 군주가 있고 신하가 있고 백성이 있었더라도 그들의 덕행과 사업을 상고할 방법이 없다. 다만 상상해 보면 그때는 온 세상의 위아래 사람들이 참된 본성과 순수한 덕을 지니지 않은 사람이 없었으니 도는 그 가운데에 저절로 있었을 것이다. 무엇을 가리켜 도통이 여기에 있다고 딱 집어 말할 수 있겠는가? 복희伏羲 이후로 내려와 팔괘가 그려지고 문자가 창조되고 예법이 만들어지고 명분에 등급이 생기고 정사가 행해졌으니, 우리 인간의 도가 비로소 천명되었다. 또 신농神農에 이르러 사람의 본업과 통화通貨의 규칙과 백성을 장수하게 하는 신묘한 의술이 갖추어지지 않음이 없었다. 또 황제黃帝에 이르러 하늘과 땅에 꽁꽁 숨겨 놓은 비밀이 모두 공개되었고, 조화造化의 은미함이 모두 드러났으며, 경륜의 근간이 모두 베풀어졌다. 그러므로 하늘과 땅을 경륜하고, 귀신과 감통하고,

---

6) 『書經』, 「大禹謨」; 『대학』 경1장; 『중용』 제22장 이후에 나오는 지성 개념을 가리킨다.

백성을 교화하는 대책이 거행되지 않은 것이 없었으니, 우리 사람이 사용하는 이 도의 근본은 세 성인(복희, 신농, 황제)의 시대에 크게 열렸다. 굳이 통을 말하지 않아도 그 도는 삼재의 큰 강령이 되고, 만세의 보편적인 규범이 되었으니, 또한 통이라는 글자로서도 다할 수 없다.

太極之爲道也者, 在天爲氣則曰陰與陽也, 在地爲質則曰柔與剛也, 在人爲德則曰仁與義也. 氣之爲氣, 亦此理也, 質之爲質, 亦此理也, 德之爲德, 亦此理也, 卽莫非此理也. 故皆謂之道. 不有氣, 無以爲造化之機. 故覆上之天, 必以氣爲之道也. 不有質, 無以成造化之功. 故載下之地, 必以質爲之道也. 不有德, 無以出參贊化育, 裁成輔相之事業. 故位中之人, 必以德爲之道也.

태극이 도가 됨은[7] 하늘에 있어서는 기가 되니 음과 양이라고 말하고, 땅에 있어서는 질이 되니 강과 유라고 말하며, 사람에서는 덕이 되니 인과 의라고 말한다. 기의 기됨은 또한 이 이치 때문이요, 질이 질됨 또한 이 이치 때문이요, 덕이 덕 됨 또한 이 이치 때문이니, 이 이치 아님이 없다. 그러므로 모두 도라고 말한다. 기가 있지 않으면 조화의 도구가 있을 수 없다. 그러므로 만물을 덮고 있는 하늘은 반드시 기로써 도를 삼는다. 질이 없으면 조화의 사업을 이룰 수 없다. 그러므로 아래에서 만물을 싣는 땅은 반드시 질로써 도를 삼는다. 덕이 있지 않으면 천지의 조화 육성하는 일에 참여하여 재량하여 성취하고 도와서 바로잡는(裁成輔相) 사업을 할 수 없다. 그러므로 천지의 사이에 위치한 사람은 반드시 덕으로써 도를 삼는다.

徒氣不得爲道也. 故有天必有地. 徒氣與質, 不得爲道也. 故有天地必有人. 然則三才之道, 必至於有吾人之德, 然後始備, 而天之爲天, 地

---

7) 태극에 근원을 두고 기질의 현상에 일정한 법칙 즉 도리가 생긴다. 도는 태극에서 나오므로 태극이 도가 된다고 하였다.

之爲地者, 得吾人然後乃可以爲覆載之大化, 而太極之理, 得盡其爲極之妙也. 此所以道統之責, 乃在于吾人, 人其可自輕其身, 而不自盡其爲人之道乎.

기만으로는 도가 될 수 없다. 그러므로 하늘이 있으면 반드시 땅이 있다. 기와 질만으로는 도가 될 수 없다. 그러므로 천지가 있으면 반드시 사람이 있다. 그렇다면 삼재의 도는 반드시 우리 사람의 덕이 있은 후에 비로소 모두 갖추어지고, 하늘과 땅은 우리 사람을 얻은 후에야 덮어 주고 실어 주는 위대한 조화를 이루어낼 수 있으며, 태극의 이치는 태극의 오묘함을 다 할 수 있다. 이것이 도통의 책임이 우리 인간에 있는 까닭이니, 사람이 스스로 그 자신을 가볍게 여겨 사람 되는 도리를 다하지 않을 수 있는가?

自有宇宙以來, 斯道之統, 承之者有其人, 則三綱以之綱, 五倫以之倫, 世得爲文明之世. 鳥獸咸若, 戎狄歸化, 日月光華, 四時順序, 陰陽調風雨時, 天不失爲高明之天, 地不失爲博厚之地焉, 斯道之功用, 其如是哉.

우주가 있은 이래로 이 도통을 이어받은 자가 있었으니, 삼강은 이로서 강령이 되고 오륜은 이로써 윤리가 되어 대대로 문명의 세상을 만들 수 있었다. 새와 짐승이 모두 함께 살고, 오랑캐가 귀화하며, 해와 달이 빛나며, 네 계절이 순서가 있고, 음양이 순조롭고, 바람과 비가 때에 맞아서, 하늘은 높고 밝은 하늘이 됨을 잃지 않고, 땅은 넓고 두터운 땅이 됨을 잃지 않았으니, 이 도의 사업이 이와 같다.

若道統無傳, 則綱不綱倫不倫, 世爲昏亂之世, 獸蹄鳥跡, 交於疆域, 戎馬蠻兵, 橫行中國, 三光晦蝕, 四時易氣, 陰陽乖戾, 風雨淫狂, 天降災沴, 地多變怪, 一與太平之世相反焉. 此豈非吾人之道, 有以致之哉.

만약 도통이 전하지 않았으면, 삼강은 삼강이 되지 않고 오륜은 오륜이 되지 않으며 대대로 혼란한 세상이 되어 짐승의 발자국과 새의 자취가 사람 사는 지역에서 뒤섞여 살고, 오랑캐의 말과 병사들이 중국을 횡행하여, 해와 달과 별(三光)이 어두워지고, 네 계절이 기후를 바뀌고, 음양이 어그러지며, 바람과 비가 무질서하여, 하늘은 재앙을 내리고 땅에는 변괴가 많아져서 태평한 세상과는 한결같이 상반되었을 것이다. 이것은 어찌 우리 사람의 도가 초래하는 것이 아니겠는가?

三代以上, 至聖至誠, 代出而在上, 體此道於心, 行此道於身, 明此道 於家國天下. 故其君則曰三皇五帝三王也. 其世則曰唐虞三代也. 自是 以降, 得斯道之統者, 孔孟也, 而窮而在下, 懷抱終身, 則人豈見至德之 世乎. 達而在上者, 雖或有一二近道之君, 不心帝王之心法, 不踵帝王 之軌範, 而皆以雜霸爲道, 則何可得以傳統言之哉. 嗚呼. 天一天也, 地 一地也. 天地未嘗亡矣, 則道豈嘗有亡哉. 人不能自人, 故統絶而莫之 續矣.

삼대 이전에는 지극히 성스럽고 지극히 진실한 사람이 대대로 출현하여 윗자리에 앉아서, 이 도를 마음에 체득하고 이 도를 몸에서 실천하였으며 이 도를 집과 나라와 천하에 밝혔다. 그러므로 그 군주는 삼황·오제·삼왕이라고 한다. 그때가 곧 당우삼대[8]이다. 이 이후로는 이 도의 통을 얻은 사람이 공자와 맹자이지만 곤궁하여 아랫자리에 있었고, 도덕을 실현하지 못하고 가슴에 품은 채로 세상을 마쳤으니 사람이 어찌 지극한 덕이 지배하는 세상을 볼 수 있었겠는가? 현달하여 위에 있는 사람들 중에 비록 혹 한둘이 도에 가까운 군주가 있었으나, 제왕의 심법을 마음에 두지 않았고 제왕의 규범을 따르지 않았으며, 모두 왕도에다가 패도를 뒤섞는 것을 도라고 여겼으니, 어찌 통을 전하였다

---

8) 三皇은 伏羲·神農·黃帝이다. 五帝는 少昊·顓頊·帝嚳·堯·舜이다. 三王은 하나라의 禹임금, 은나라의 湯임금, 주나라의 文임금과 武임금(부자이므로 하나로 본다)이다. 唐虞三代는 요·순·하·은·주를 가리킨다.

고 말할 수 있겠는가? 오호라! 하늘은 하나의 하늘이요, 땅은 하나의 땅이다. 하늘과 땅은 일찍이 아직 망하지 않았으니 도가 어찌 일찍이 없어졌겠는가? 사람이 스스로 사람이 되지 못하여 통이 단절되고 이어지지 않았다.

누워서 유람한다는 당의 이름에 대한 생각 【臥遊堂說】

【소해제】

박진경朴晉慶(1581~1665)의 호는 와유당臥遊堂 또는 소암巢巖이고, 명술明述은 자이다. 여헌의 문인이자 사위이다. 1634년(인조 12)에 영숭전참봉永崇殿參奉에 제수되었다고 하데, 아마 이때 즈음 이 글을 지은 것으로 보인다. 박진경의 당호인 와유당의 뜻을 풀이한 짧은 글이지만, 어릴 적부터 우주사업을 지향하면서 신변과 목적의 일에 매여 살고자 하지 않은 여헌의 생각이 압축되어 있다. 공부하는 선비는 경험을 크게 하고, 마음을 넓게 해야 함을 말하고 있는데, 정신이 섭렵할 대상은 모든 공간(우)과 모든 시간(주)이고, 방외方外마저도 내 마음의 영역으로 삼아야 한다고 가르치고 있다.

【원문 및 번역】

堂之主人, 卽朴君晉慶明述甫也. 主人身被齋郎之任, 任所在江都. 卜日發程, 余來奉別, 仍留攝疾于堂, 有孫兒輩數人, 在傍供藥餌. 余問汝等知堂號之義乎. 其以臥遊號之者, 何旨也. 孫兒等亦不能詳言, 余就思之. 則余亦臥於病席, 臥者豈有遊乎. 遊雖有遠近, 必須動身擧趾, 然後當有往焉, 此豈臥者所能哉. 臥遊之說, 出於何人. 而主人之取之以名堂者, 其意亦有在矣.

이 당堂의 주인은 곧 박군朴君 진경晉慶 명술明述 씨이다. 주인은 왕릉 재랑齋郎의 임무를 받았는데, 임지는 강화도에 있다. 날을 택해 여정을 떠나게 되어 내가 와서 작별하였고 이로 인해 이 당에 머물면서 질병을 치료하게 되었는데 손자 또래 아이들 몇이 곁에서 약과 식사를 받들었다.

내가 그들에게 물었다. "너희들은 당 이름의 뜻을 아느냐? 와유臥遊로 당호를 붙인 것은 무슨 뜻이냐?" 손자 아이들도 자세하게 말을 하지 못하여 나 스스로 생각해 보았다. 나 또한 병석에 누워 있는데, 누워 있는 사람이 어찌 유람할 수 있는가? 유람은 비록 멀고 가까운 차이는 있으나 반드시 몸을 움직이고 발을 들어 옮긴 뒤에야 갈 수 있는 것인데, 어찌 누워 있는 사람이 할 수 있는 일이겠는가? 누워서 유람한다는 말은 누구에게서 나왔을까? 주인이 그것을 취하여 당의 이름을 붙인 것은 그 뜻이 또한 있을 것이다.

吾人生爲男子於兩間, 旣幸矣. 豈可蟄伏匏繫於一隅閭閻間, 醉生夢死於一場, 鳥獸同羣, 草木同腐哉. 必也邈遠其耳目, 廣大其心胷, 得我心神, 無所不到於上下四方之宇, 古往今來之宙, 其所謂方外物外形外象外者, 無非我方寸中區域, 然後可以爲大遊大觀, 而爲不負生爲男子之志業矣. 嗚呼. 此豈可與拘人俗士, 論此遊此觀哉. 非至人, 誰得以盡此遊此觀哉. 以言其次, 則普天之下, 率土之濱, 其爲名山大川巨野長郊, 凡幾千也. 三皇五帝三王歷代之京都古址, 凡幾墟. 達人碩士名儒先哲之播芬遺芳之蹟, 凡幾所. 此莫非男子一遊一觀之不可不果者也.

우리가 하늘과 땅 사이에 남자로 태어났으니 이미 다행이다. 어찌 한 모퉁이 여염의 사이에 겨울잠 자는 벌레나 매달려 있는 박처럼 묶이고, 하나의 고정된 장소에서 취해 살고 꿈속에서 죽음으로써, 새나 짐승과 무리 짓고 풀과 나무와 함께 썩어 갈 것인가? 반드시 그 귀와 눈의 경험을 멀리 확대하고 마음을 넓고도 크게 해서 나의 정신이 모든 공간(우)과 과거로부터 미래까지의 시간(주)에 도달하지 않는 바가 없도록 하여, 이른바 방외方外, 물외物外, 형외形外, 상외象外가 내 마음의 구역 아님이 없게 한 뒤에야 크게 놀았다, 크게 보았다고 할 것이요, 남자로 태어난 자의 뜻과 사업을 저버리지 않음이 될 것이다. 아아! 이 어찌 구속된 사람이나 속된 선비와 더불어 이 노님과 이 구경을 논할 수 있을까? 지극한 사람이 아니면 누가 이 노님과 이 구경함을 극진히 할 수 있겠는가? 그다음 것을 말한다면, 하늘 아래 사해 안의 명산대천과 큰 평야와 긴 들(長郊)이 몇 천개인가? 삼황·오제·삼왕의 역대 도읍과 고적이 모두 몇 곳인가? 달인達人, 석사碩士, 명유名儒, 선철先哲이 도를 전파하고 향기를 남긴 유적은 모두 몇 곳인가? 이것들은 남자가 한 번 노닐고 한 번 보려고 하지 않을 수 없는 것들이다.

主人必嘗有志於斯焉, 而老且病矣. 知不可以遂焉, 則乃以臥遊名其堂, 其遊豈可恒人凡友之所可認得哉. 方其日暮客歸, 柴扉重掩, 諸子之侍傍者執卷, 各退于其所, 而主人餘醉未醒, 假睡於枕上者, 此其臥遊之辰乎. 想其遊也, 神千里於瞬息之間, 目萬古於須臾之頃者, 非其遊乎. 凡其可慕可尙可感可戒者, 無非興思懷想之地, 則其遊也亦不可一歸之於虛矣.

주인은 일찍이 이런 뜻을 가지고 있었음에 틀림없으나 늙고 또한 병들었다. 그 뜻을 이룰 수 없음을 알고는 이에 와유로써 그 당의 이름을 지었으니, 그 노닒의 뜻을 어찌 보통 사람이나 평범한 친구가 알 수 있겠는가? 날이 저물어 객이 돌아가고 사립문을 닫아걸면 옆에서 시중들던 여러 자식들도 책을 들고 자기 처소로 물러가는데, 주인이 남아 있는 취기가 아직 다 깨지 않아 퇴침을 베고 조는 때가 누워서 노는 때일 것이다. 그 유람을 상상컨대, 정신은 순식간에 천리 밖에 노닐고 눈은 잠깐 사이에 만고를 구경하는 것이 그 노님이 아닐까? 그 유람에서 얻는 사모할 만하고 숭상할 만하고 감격할 만하고 경계할 만한 것들이 생각을 일으키고 생각을 품게 하는 자리 아님이 없을 것이니, 이 유람은 또한 헛된 것이 되지 않을 것이다.

主人之方臥此堂也, 必以在外之退境爲遊矣, 今則邀赴江都之寂齋, 其能不以臥遊此堂, 爲席上之思耶. 堂前所覿物目, 余令孫兒輩, 錄諸幅緒, 遙想此等各種各卉, 無不掛在主人心目上也. 聊使孫兒, 把筆呼題, 以爲他日追省之地云. 崇禎甲戌季夏初旬, 旅翁呼稾.

주인이 이 당에 누워 있으면 반드시 밖으로 멀리 있는 경치를 구경하는 것을 유람이라고 여겼을 것인데, 지금은 저 멀리 강화도의 쓸쓸한 재실에 부임하였으니, 이 당에 누워 놀지 못함을 자리 위에서 생각하지 않을까? 당의 앞에 보이는 사물들의 목록을 나는 손자 아이들에게 한 폭의 비단에 기록하게 하였으니, 멀리서 주인의 마음을 헤아려 보면, 이러한 각종의 화훼가 주인의 마음과 눈 위에 아른거리지 않음이 없을 것이다. 손자들에게 붓을 잡게 하고 글을 불러 쓰게 하였으니, 다른 날에 반성의 자료로 삼고자 한다. 숭정 갑술년(1634) 계하(음력 6월) 초순에 여헌 노인이 불러 쓰다.

세속과 함께하는 이유【同塵錄】

【소해제】

　「동진록」은 여헌이 피난하는 와중에 쓴 글인 것으로 보인다. 이리저리 부평초처럼 타향을 떠도는 신세인 그는 타향 사람들에게 양반행세를 하거나 예법을 강요할 수 없었다. 그들의 비위를 맞추면서 영합하는 태도로 살지 않으면 안 되었다. 이런 와중에도 그는 자신이 공자가 말한 향원鄕愿과 같은 사이비 선비가 되는 것이 아닌지 두려움을 느끼고 자신을 돌아본다. 그러고는 상황에 따라 바꿀 수 있는 것은 외면적인 행태이지만, 한시라도 바꿀 수 없는 것은 마음에 간직한 도리임을 상기한다. 즉 비록 평상시와는 다른 언어와 행동을 하고 있지만 도리를 지키고자 하는 자기 마음은 변치 않고 있다는 것이며, 또한 그러해야 한다는 다짐이기도 하다. 그런 변치 않는 마음으로 변화하는 상황에 맞게 대응하는 것이 도라고 한다. 어려운 처지에서도 원대한 기상과 드넓은 시야를 지니고 도리를 다하고자 한 여헌의 성향과 인품을 보여 준다. 여헌의 곤경이 충분히 표현되면서도 해학이 묻어나는 재미있는 글이다.

【원문 및 번역】

　余性鄙下庸拙, 本無厓岸峻絶之行, 其於智愚賢不肖貴賤富貧, 隨所遇而應之, 隨其人而待焉. 凡有貴與富者, 非在所嘗親厚與夫有誠意相見, 則固不敢自有板附之意矣. 至於所謂賢智者, 若不自察其果賢果智, 則不敢趨走要見, 雖或遇之, 亦不敢輕爲之心許也. 貧與賤者, 如不以其道而取之, 則固無與於性分之內也, 余不敢以自外者而輕之. 至於愚不肖也, 亦未嘗區而別之, 卑以傲之. 或與之容遇焉, 或與之接語焉.

나는 성품이 비루하고 졸렬하여 본래 우뚝하니 위엄 있는 행실이 없어서 지혜로운 사람과 어리석은 사람, 어진 사람과 어질지 못한 자, 귀한 사람과 천한 사람, 부유한 사람과 가난한 사람들에게 경우에 따라 응접하고 사람에 따라 대접하였다. 귀하고 부유한 자라도 일찍부터 매우 친했거나 성의를 다해 만나자는 사람이 아니면 정말로 감히 그와 교제하려고 마음먹지 않았다. 어질고 지혜로운 사람이라고 남들이 말하는 사람이라도 과연 어질고 과연 지혜로운지를 내 스스로 살피지 않으면 감히 달려가서 만나자고 하지 않았으며, 혹시 우연히 만나게 되더라도 또한 감히 가볍게 마음으로 허여하지 않았다. 가난하고 천한 자라도 만약 그가 법을 어겨 도에 의해 처벌받음으로써 가난하고 천해진 것이 아니라면, 진실로 본성의 내면에 관계되지 않으므로, 나는 감히 방외인이라고 여겨 가볍게 대하지 않았다. 어리석고 현명하지 못한 자라도 또한 일찍이 차별하거나 그를 낮추어 보면서 오만한 태도를 취하지 않았다. 혹은 그들과 더불어 용납하고, 혹은 그들과 더불어 대화하곤 하였다.

故尙余者, 有或比之以展禽之和, 譏余者, 有或方之以鄕愿之行, 余猶不能改其度也. 一自亂離來, 世道益以昏濁, 人心益以悖惡, 當此時也, 雖守正道躬禮義者, 其在鄕曲, 不可一切以規矩繩墨律之. 況余流離旅寄于異鄕異閭者, 豈可無隨俗自韜之道哉.

그래서 나를 높이는 사람들은 간혹 전금展禽의 온화함[1]에 비유하기도 하고, 나를 조롱하는 사람들은 혹은 향원鄕愿의 행실[2]에 비유하기도

---

1) 展禽은 춘추시대 魯나라 大夫를 지낸 사람이다. 展은 성이고, 禽은 자인데, 이름은 獲이다. 柳下는 食邑이고, 惠는 시호이다. 마음이 온화하였다고 하는데, 『논어』「衛靈公」과 『맹자』「萬章下」에 나온다.
2) 공자는 "鄕愿은 덕의 敵이다"(『논어』, 「陽貨」)라고 하였는데, 사이비 군자를 가리킨다. 맹자는 그 까닭을 이렇게 설명하였다. "비난하려 해도 들어서 비난할 것이 없고 풍

하였으나, 나는 오히려 나의 태도를 고칠 수 없었다. 난리가 일어난 이후로는 세도世道가 더욱 혼탁해지고 인심은 더욱 패악해졌는데, 이런 시절을 당하여 비록 바른 도를 지키고 예의를 실천하는 사람일지라도 시골구석에서는 일체를 법도에 맞게 다스릴 수 없었다. 하물며 나는 이리저리 떠돌면서 타향에 나그네로 붙어사는 자인데, 어찌 그 마을의 풍속에 따르면서 자기를 감추지 않을 수 있었겠는가?

於是, 勉爲和柔之色, 務去剛勁之容, 雖遇奴隸僕妾兒童下愚, 必與之和顏以接, 溫語以待. 況於陵駕閭里, 敢生氣勢者乎. 非獨慮其遇悍夫, 値驕漢, 慢語觸怒, 頑容致辱而然也. 縣俗朴野, 民無知識, 只可以忠信質直而相交, 不當以禮法揖讓而從事, 故不得不爲之變常改度焉.

이에 온화하고 부드러운 안색을 갖고자 힘쓰면서 굳센 모습을 없애려고 애써서, 비록 하인이나 아동, 하우下愚와 마주치더라도 반드시 그들과 온화한 얼굴로 마주하고 따뜻한 말로 응접하였다. 하물며 마을 사람들을 업신여기면서 기세를 올리는 자에게는 어떠하였겠는가? 이는 사나운 자나 교만한 자에게 거만하게 말을 하다가 그들의 노여움을 부르고 완고한 모습을 보이다가 욕을 당할까 싶어 그렇게 한 것일 뿐만이 아니다. 고을의 풍속은 질박하고 백성들에게는 지식이 없으니 단지 정성스럽고 믿음성 있으며 질박하고 정직한 마음으로 서로 사귈 수 있을 따름이지, 예법을 지키면서 절하고 사양함을 일삼을 수 없었기 때문이니, 항상 된 법도를 변경하지 않을 수 없었다.

余拙於言, 未嘗能爲心外之言, 今或有強談者. 余拙於貌, 未嘗能爲不喜之笑, 今或有勉笑者. 局以戲者有之, 射而玩者有之, 或同漁者於

자하려 해도 풍자할 것이 없이, 흘러가는 세속과 함께 하고 더러운 세상에 영합하여. 집에 거함에 충직하고 신의 있는 듯 하고 행동함에 청렴결백한 듯하니, 뭇 사람들이 좋아하고 스스로도 옳다고 여기지만 요순의 도에 함께 들어갈 수 없다. 그래서 덕을 해치는 자라고 하였다."(『맹자』「盡心下」)

前溪, 或從獵夫於後山, 或伴箕踞於阡陌, 或和戲謔於街路, 或談干戈, 或話農桑. 隨問隨答, 不敢爭是非也, 隨言隨聽, 不敢辨得失也. 如此而度日, 如此而卒歲.

나는 말을 잘 못해서 마음에 없는 이야기를 일찍이 하지 못하였는데, 지금은 간혹 억지로 마음에 없는 말을 하기도 한다. 나는 용모를 꾸미는 데 졸렬하여 기쁘지 않은데도 웃는 짓을 일찍이 하지 못하였는데, 지금은 간혹 애써 웃는 일도 있다. 바둑을 두면서 즐기는 경우도 있고, 활을 쏘면서 노는 일도 있고, 혹은 앞 시내에 고기 잡는 자와 같이 가기도 하고, 혹 뒷산에 사냥꾼을 따라가기도 하고, 혹은 밭두둑에서 다리를 버릇없이 쭉 뻗고 함께 앉아 있기도 하고, 혹은 길거리에서 농담을 나누기도 하며, 혹은 전쟁이야기를 하기도 하고, 혹은 농사짓는 이야기를 한다. 묻는 바에 따라 대답을 하면서 감히 시비를 다투지 않으며, 말하는 대로 들어주면서 감히 득실을 구별하지 않는다. 이와 같이 하면서 세월을 보내고, 이와 같이 하면서 해를 보낸다.

時自思之曰, 余之處亂世隨末俗, 其爲自保計則得矣. 顧無乃同流合汚, 日與染化而不自覺者耶. 旋自解之曰. 徇於外者, 跡也, 守於中者, 心也. 不可變者, 道也, 有所變者, 事也. 吾一其中心之守而已, 其何傷於外跡之徇乎. 吾不變其不可變者而已, 又何害於變其可變者乎. 能大能小, 然後可以見龍之神也, 能屈能伸, 然後可以見鬼神之妙也. 夫道豈可一向爲其高者遠者深者大者哉. 雖至德之人, 有時乎爲其卑近淺小者而不以嫌焉. 此其所以成其高遠深大之道者也.

때로는 스스로 "내가 어지러운 세상에 대처하고자 말속을 따름은 자기를 보전하기 위한 계책이라면 옳다. 그러나 세상 흐름에 휩쓸리고 더러운 세속과 영합하면서 날로 더러움에 감염되는데도 자각하지 못하는 것이 아닐까?"라고 반성해 본다. 그리고는 곧바로 이렇게 스스로 해명한다. "밖으로 남을 따라하는 것은 자취이고 내면에서 지키는 것은 마음이다.

변경할 수 없는 것은 도이고 변경할 수 있는 것은 밖으로 드러나는 행위이다. 나는 내면의 마음을 한결같이 지킬 뿐이니, 그것이 어찌 바깥의 자취를 따름에 의해 손상되겠는가? 나는 변경할 수 없는 것을 변경하지 않을 뿐이니, 변경할 수 있는 것을 변경하는 것이 어찌 해가 될 것인가? 커질 수도 있고 작아질 수도 있는 연후에 용의 신묘함을 볼 수 있고, 굽힐 수도 있고 펼 수도 있은 연후에 귀신의 신묘함을 볼 수 있다. 도가 어찌 한결같이 높고 멀고 깊고 큰 것이기만 하겠는가? 지극한 덕을 지닌 사람일지라도 때로는 낮고 가깝고 천하고 작은 일을 하면서 꺼리지 않는다. 이것이 높고 멀고 깊고 큰 도를 이루는 까닭이다.

斯道也, 豈獨在人而然哉. 廣大高厚如天地, 至明如日月, 深遠如風雨, 而亦無不然也. 試言之. 天之所覆, 地之所載者, 飛禽而鳳凰, 走獸而麒麟, 魚蟲而龜龍, 草而芝蘭, 木而松柏, 土而金玉, 山而五嶽, 水而四瀆, 人而聖賢, 國而帝王, 皆其所有, 則其有也不其大且貴乎.

이 도리가 어찌 사람에게 있어서만 그러하겠는가? 광대하고 고후함이 천지와 같고, 지극히 밝음이 해와 달과 같고, 깊고 넓이 바람과 구름과 같은 것일지라도 또한 그렇지 않음이 없다. 시험 삼아 말해보자. 하늘이 위에서 덮어 주고 땅이 아래에서 실어 주는 것들에는 날짐승으로는 봉황이 있고, 달리는 짐승에는 기린이 있고, 물고기와 벌레에는 거북이와 용이 있고, 풀에는 지초芝草와 난초蘭草가 있고, 나무에는 소나무와 잣나무가 있고, 땅에는 쇠와 옥이 있고, 산에는 오악五岳이 있고, 물에는 사독四瀆이 있고, 사람에는 성인과 현인이 있고, 나라에는 황제와 임금이 있는데, 그것들은 모두 있어야 해서 있는 것이니 그 존재가 크고도 귀하지 않은가?

至於鶬鶊, 禽之微也, 犬豕, 獸之微也, 蝦蟆, 蟲之微也, 蒿荻, 草之微也, 枳棘, 木之微也, 沙礫, 土之微也, 丘陵, 山之微也, 溝渠, 水之微也,愚夫愚婦, 人之微也, 黎庶, 國之微也, 而此亦莫非覆載之所包容, 則何獨大者貴者見包於覆載, 而微者細者乃爲所遺哉.

뱁새는 새 중에서 작은 것이요, 개와 돼지는 짐승 중에서 작은 것이며, 새우와 두꺼비는 벌레 중에서 작은 것이며, 쑥과 갈대는 풀 중에서 작은 것이며, 탱자나무와 가시나무는 나무 중에서 작은 것이며, 모래와 자갈은 토양을 구성하는 것 중에서 작은 것이고, 언덕은 산 중에서 작은 것이며, 도랑과 개천은 물 중에서 작은 것이고, 어리석은 남자와 여자는 사람 중에서 작은 것이며, 백성은 나라를 구성하는 인적 요소 중에서 작은 것이지만, 이것들도 하늘과 땅이 포용하는 바 아님이 없으니, 어찌 크고 귀한 것만 천지에 포용되고 작고 미세한 것은 버려지는 것이 되겠는가?

不但包容於物者, 兼貴賤大小巨細也, 其運行施化之道, 亦莫不有隆微淺深焉. 寒之深則重裘燠室者, 尙不能暖矣, 而其微也微細之蟲, 亦得發生. 此則寒不恒於深也, 有時乎微焉. 暑之盛則山爲之焦, 川爲之沸矣, 而其歇也塊土不乾, 潢潦不涸. 此則暑不恒於盛也, 有時乎歇焉. 豈有長隆不微, 長盛不歇者乎.

사물의 범주에 들어가는 것에는 귀하고 천하고 크고 작고 거대하고 미세한 것들을 겸할 뿐만 아니라, 그 운행하고 조화造化를 베푸는 도에도 높고 작고 얕고 깊음이 있다. 추위가 심하면 갖옷을 겹쳐 입고 따뜻한 방에 들어 앉아 있는 사람도 도리어 따뜻하게 느껴지지 않으나, 추위가 약해지면 조그만 벌레도 알을 까고 나온다. 추위가 항상 심하지만은 않아 약해지는 때도 있다. 더위가 심하면 산이 마르고 냇물이 끓어오르지만, 더위가 덜해지면 덩어리 흙도 마르지 않고 길가 빗물도 마르지 않는다. 더위가 항상 무덥기만 한 것이 아니어서 덜해지는 때도 있다. 어찌 길이 융성하기만 하고 미약해지지 않으며, 길이 성대하기만 하고 덜해지지 않는 일이 있겠는가?

日月之光物也亦然. 不但光於美大而不光於微細也. 風雨之潤物也亦然. 不但潤於巨貴而不潤於賤小也. 故至高大至廣厚者, 不擇物而容圍焉, 至明, 不擇物而照焉, 至澤, 不擇物而潤焉.

해와 달이 만물을 비춤 또한 그러하다. 아름답고 큰 것만을 비추고 미약하고 작은 것은 비추지 않는 일은 없다. 바람과 비가 만물을 윤택하게 함도 그렇다. 크고 귀한 것만을 윤택하게만 하고, 천하고 작은 것을 윤택하게 하지 않는 일은 없다. 그러므로 지극히 높고 큰 것과 지극히 넓고 도타운 것들은 사물을 가려서 포용하지 않으며, 지극히 밝은 것은 사물을 가려서 비추지 않으며, 지극히 윤택하게 하는 것은 사물을 가려서 윤택하게 하지 않는다.

聖人之道, 亦猶是也. 言其高大深遠, 則流通乎天地, 出入乎陰陽, 齊吉凶於鬼神, 同光明於日月, 繼前聖於旣往, 開來學於萬世矣. 而言其卑小淺近, 則化被於一草一木, 德及於愚夫愚婦, 道行於閭閻畎畝, 身安於窮巷僻野. 此所以能大能小, 變化屈伸之道也.

성인의 도도 또한 이와 같다. 그것의 높고 크고 깊고 먼 것으로 말하면 천지에 두로 통하고, 음양에 출입하고, 귀신과 길흉을 함께하고, 일월과 광명을 함께하며, 이미 지나간 성인을 잇고 후대의 학자들을 열어 준다. 낮고 작고 천하고 가까운 것으로 말하면 교화는 풀 한 포기 나무 한 그루에도 입혀지고, 덕은 평범한 남녀에게도 미치며, 도는 촌마을과 논두렁 밭두렁에도 행해져서 궁벽한 마을과 외떨어진 들에서도 몸이 편안하다. 이것이 커지기도 하고 작아지기도 하는, 변화하고 굴신하는 도이다.

薦之於天而天受之, 暴之於民而民歸之, 以匹夫而禪堯之位, 則大舜之聖如何也. 而其飯糗茹草也, 雷澤而作漁夫, 河濱而作陶人, 歷山而作耕民, 則當是時也, 大舜其敢自異於野人乎.

하늘에 바치면 하늘이 그것을 받고 백성에 드러내면 백성이 귀의하여 일개 필부로서 요임금의 제위를 선양받았으니 위대한 순임금의 성스러움이 어떠한가? 그가 죽을 먹고 채소나 먹을 때에는, 뇌택雷澤이라는 연못에서는 어부가 되었고 황하 가에서는 도기 굽는 사람이 되고, 역산歷山에서는 밭 가는 백성이 되었으니, 이런 때라면 위대한 순임금이라도 감히 야인野人과 달라지려고 스스로 노력하였겠는가?

道冠百王, 賢於堯舜遠矣, 則孔子之聖如何也. 而魯人獵較而與之獵較, 見南子, 見陽貨, 畏於匡, 絶糧於陳, 栖栖遑遑, 轍環天下, 則當是時也, 孔子其敢以一善成名乎.

도가 모든 왕 중에서도 으뜸이고 요순에 비교해도 현명함이 아득하게 뛰어났으니 공자의 성스러움은 어떠했는가? 그러나 노나라 사람들이 사냥한 것의 많고 적음을 비교하자 그들과 더불어 사냥한 것을 비교하였고, 음란한 남자南子를 보고 포악한 양화陽貨를 만났으며, 광匡이라는 곳에서는 두려움을 느꼈으며, 진陳나라에서는 양식이 떨어지는 고통을 당하면서 허둥지둥 온 천하를 돌았으니, 이런 때라면 공자라도 감히 한 가지 잘하는 일을 가지고 이름을 이룰 수 있었겠는가?

此聖人之所以不可及而變化如神龍, 屈伸如鬼神, 覆載光明, 有以幷乎天地日月者也. 余之同塵於今日, 亦此意也. 姑以錄之, 以俟他日之自考也.

이것이 성인을 우리가 따라갈 수 없으며, 변화함이 신비한 용과 같고, 굽히고 폄이 귀신과 같고, 천지에 빛이 나서 천지일월과 나란히 할 수 있는 까닭이다. 내가 오늘 세속과 함께하는 것도 이런 뜻이다. 잠시 이 생각을 기록하여 다른 날에 스스로를 돌아볼 때를 기다린다.

취한 듯 취하지 않는 마을에 관한 이야기 【似醉不醉鄕記】 _____

【소해제】

　　인생은 유와 무의 사이에서 방황하는 나그네와 같다고 여헌은 생각한다.
유와 무의 사이에 대한 통찰은 그의 인생철학 전반에 영향을 준다. 유에
집착하면 시야가 좁아져서 신변과 목전의 사리사욕을 추구하고, 무에 집착
하면 시야는 넓어지지만 허무주의에 빠진다. 여헌이 바라본 유와 무의
사이는 무상하지만 영원한 의미를 지닌 존재자들의 연쇄로 구성된 우주였
고, 그 우주에는 도리가 있었다. 하나의 인생을 살지만 그것에서 무엇을
보고 체험하는가에 따라 삶의 의미는 천양지차로 달라지는 것이다. 이
글에서 말하는 술에 취함은 분별하지 않는, 무를 체험하는 정신 상태를
뜻한다. 분별하지 않음은 세상의 잡다한 자질구레한 일에 무관심하다는
말이고, 여헌이 자주 사용하는 얽매임이 없다는 뜻이다. 그러나 그는 이런
가운데에서도 인간의 도리를 생각한다. 세상이 어떻게 흘러가든지 나는
나이고 내가 해야 할 일이 있다고 한다. 오륜으로 대표되는 인간의 기본적인
관계에서 지키면서 살아야 할 것이 있다는 것이다. 따라서 그는 취한 것
같지만 취하지 않았다.

【원문 및 번역】

　　此歲何歲耶. 癸耶甲耶. 此時何時耶. 花盡而葉茂也. 此日何日耶. 旣
朝而欲暮也. 此辰何刻也. 主眠而賓樂也. 以此歲以此時以此日以此辰
也, 而有此主有此賓, 主與賓皆是醉鄕人也. 不問其年, 不問其時, 不問其日, 而自有陶然之樂, 而不自止者焉. 其樂何樂歟. 問之主則不知, 問之賓則不答. 熙熙乎嘷嘷乎. 主亦不知, 客亦不知, 旣兩不知, 復有何語. 其終不知也已.

이 해는 무슨 해인가? 계년癸年인가 갑년甲年인가? 이 계절은 무슨 계절인가? 꽃이 다 지고 잎이 무성한 계절이다. 이 날은 무슨 날인가? 이미 아침이 지나가고 저물려 한다. 이 시각은 무슨 시각인가? 주인은 누워서 쉬는데 손님은 즐거워한다. 이 해 이 계절 이 날 이 시각에 이러한 주인이 있고 이러한 손님이 있으니 주인과 손님이 모두 취향醉鄕1) 사람이다. 그 해를 묻지 않고 그 계절을 묻지 않고 그 날을 묻지 않으면서 도연陶然의 즐거움2)이 절로 있으니 스스로 멈추지 않는다. 그 즐거움은 무슨 즐거움인가? 주인에게 물으니 알지 못하고, 손님에게 물으니 대답하지 않는다. 화락하고 기쁠 뿐이다! 주인도 모르고 손님도 몰라 둘 다 모르니 다시 무슨 말이 필요한가? 끝내 알지 못할 뿐이다.

欲語則有事焉. 上有天當事之, 下有地當履之, 其間處焉, 非吾也歟. 吾其吾而已. 吾之所爲者何事. 有父子有君臣有夫婦有長幼有朋友而已. 此乃戴天履地者之事也. 如有暇焉, 則江湖焉舟之, 山嶽焉車之. 舟之車之, 其或倦焉, 爵而醉之, 詠而詩之. 此其主與賓之事也. 酒罷興罷, 無所爲焉, 則就枕而眠者, 其人也, 假夢而書焉, 此其文也.

말을 하고자 한다면 해야 할 일에 대해 할 말이 있다. 위에는 하늘이 있으니 마땅히 섬겨야 하고, 아래로는 땅이 있으니 마땅히 밟고 다녀야 하는데, 그 하늘과 땅 사이에 거처하는 자는 내가 아닌가? 나는 나일 뿐이다. 내가 하는 일은 무슨 일인가? 어버이와 자식이 있고, 임금과 신하가 있고, 지아비와 지어미가 있고, 어른과 아이가 있고, 친구가 있을 따름이다. 이것이 하늘을 이고 땅을 밟는 자가 하는 일이다.3)

---

1) 唐나라 학자인 王績(590?~644)이 '醉鄕記'에서 설정한 가상의 세계.
2) 술에 취하여 흥이 돋음.

그러다가 한가한 겨를이 생기면 강과 호수에 배를 띄우고 산에 수레를 타고 간다. 배를 띄우고 수레를 타다가 피곤하면 술을 따라 취하고는 노래를 부르고 시를 짓는다. 이것이 주인과 손님이 하는 일이다. 술자리를 파하고 흥이 다하여 할 일이 없으면 베개를 베고 잠을 자는 이가 그 사람(나)이고, 꿈속이라 가탁하여 쓴 글이 이 글이다.

---

3) 내가 할 일은 오륜을 지키는 일밖에 없다는 말이다.

참된 골육의 사랑 【骨肉相愛論】

【소해제】

　골육은 한 몸을 이루는 뼈와 살이다. 부모와 형제는 한 몸과 같기에 골육이라고 한다. 천륜의 정이 흐르는 만큼 가장 친밀하고 사랑해야 할 사람들이 골육이다. 그러나 정이 많은 만큼, 엄정한 도리가 적용되기보다는 상대가 원하는 대로 충족시켜 주는 것이 도리라고 생각할 위험이 큰 집단이 골육이 모여 사는 가족이다. 이것이 사회와 국가를 좀먹는 부정부패의 원인이 되기도 하여, 때로는 자신과 가족을 모두 패망시키는 원인이 됨을 우리는 자주 본다. 여헌은 골육 사이에도 의로움의 정신과 규율이 있어야 한다고 주장한다. 그래야 일시적인 만족이 아닌 지속적인 만족을 주고 번영할 수 있다고 한다. 세상 사람이 말하는 골육의 사랑과 여헌이 생각하는 골육의 사랑은 달랐다.

【원문 및 번역】

　論曰. 骨肉之愛, 天性也, 莫不以相愛爲善, 不愛爲不善, 然愛之有道. 愛必得其道, 然後可謂眞愛. 若徒知相愛之爲善, 而不知愛之必有道也, 旣曰愛矣, 而不以道愛之, 則其愛也畢竟爲不愛之甚者, 烏足謂之愛乎.

　나는 다음과 같이 논한다. 골육 사이의 사랑은 천성이니, 골육끼리 서로 사랑함을 선하다고 여기고 서로 사랑하지 않음을 선하지 않다고 여기지 않는 사람이 없다. 그러나 사랑함에는 도리가 있으니, 사랑함을 반드시 그 도리에 맞게 한 뒤에야 진정한 사랑이라고 말할 수 있다. 만약 서로 사랑함이 좋은 것임만을 알고 사랑함에 반드시 도리가 있어야 함을 몰라서, 사랑한다고 하지만 도리에 맞게 사랑하지 않는다면, 그 사랑함은 마침내 사랑하지 않음의 심한 것이 될 것이니, 어찌 사랑이라고 말할 수 있겠는가?

夫謂之骨肉者, 人之一身骨肉而已, 無骨肉則無是身, 其重也如何. 而子之於父, 弟之於兄, 一骨肉而分焉, 則其相視也, 宜無間於一身. 骨肉相合, 然後一身成, 父子兄弟相合, 然後一家成. 此所以名之曰骨肉, 而至情之所出也.

골육이라는 부르는 것은 사람의 몸에 있는 뼈와 살인데, 골육이 없으면 이 몸이 없을 것이니, 그 소중함이 어떠한가? 자식은 부모에게서 아우는 형에게서 하나의 골육이 나뉜 것이니, 서로 보기를 한 몸에 틈이 없는 것처럼 해야 마땅하다. 뼈와 살이 서로 합해진 후에 한 몸이 이루어지고, 부모와 자식 형과 아우가 서로 합해진 후에야 한 집안이 이루어진다. 이것이 부모형제를 골육이라고 이름을 붙인 까닭이며, 지극한 정情이 나오는 곳이다.

故人之於相愛也, 莫不欲其樂其心也, 安其身也, 壽其命也. 夫能樂之以當樂, 安之以當安, 則其心誠樂, 其身誠安, 有以順乎天地生我之理, 有以敦乎骨肉一體之道, 壽命之享, 亦可從而致矣. 是則愛之眞也, 其不爲福慶之基乎.

그러므로 골육끼리 서로 사랑함에 그 마음을 즐겁게 하고 몸을 편안하게 하며 오래 장수하게 하려고 하지 않음이 없다. 즐거워하되 마땅히 즐거워 야 할 것으로서 하고, 편안하되 마땅히 편안해야 할 것으로서 한다면, 마음은 진실로 즐겁고 그 몸은 진실로 편안하여 하늘과 땅이 우리 인간을 낳은 이치에 순응할 수 있고 골육이 한 몸이 되는 도리를 돈독하게 실천할 수 있으니, 장수도 이에 따라 누릴 수 있다. 이것이 참된 사랑이니, 행복과 경사가 생겨나는 터전이 되지 않겠는가?

如或樂之以非其道, 安之以非其理, 內而心汨天性, 外而身悖天則, 逆天地生我之理, 戕吾骨肉一體之道. 則此特行屍走肉而已, 是可謂父有子兄有弟乎. 然則不愛孰甚焉.

혹시라도 즐겁게 하되 도리가 아닌 것으로써 하고, 편안하게 하되 도리가 아닌 것으로써 하여, 안으로는 마음이 천성을 어지럽히고 밖으로는 몸이 하늘의 법칙을 거스르면, 천지가 나를 낳은 이치를 어기고 골육이 한 몸인 도리를 손상시킨다. 그렇다면 그런 사람들은 단지 돌아다니는 시체요 뛰어다니는 고깃덩어리일 뿐이니, 아비에게 자식이 있고 형에게 동생이 있다고 말할 수 있겠는가? 그러니 사랑하지 않음이 이보다 심한 것이 있겠는가?

余觀世人之於骨肉, 全然無愛者, 固不足言矣, 所謂愛之者, 亦未有能眞愛也. 莫不欲樂其心矣, 而其所以樂之者, 情欲之恣而已, 莫不欲安其身矣, 而其所以安之者, 逸豫之肆而已. 情欲有所不充, 則思有以充之, 逸豫有所不足, 則思有以足之, 父兄之愛其子弟者以此, 子弟之事其父兄者以此. 嗚呼. 世敎之廢也久矣. 此豈相愛之道乎.

내가 보니 세상 사람들 중에 골육에게 전혀 사랑함이 없는 경우는 정말 말할 필요도 없지만, 이른바 사랑한다는 자들도 참되게 사랑할 줄 아는 사람이 없었다. 마음을 즐겁게 해 주려고 하지 않음이 없으나, 그를 즐겁게 해 주는 것이 방자하게 정욕情欲을 충족시켜 주는 것뿐이었고, 몸을 편안하게 해 주려고 하지 않음이 없으나 그를 편안하게 해 주는 것이 멋대로 향락을 누리게 해 주는 것뿐이었다. 정욕이 충족되지 않음이 있으면 그것을 채울 수 있는 방법을 생각하고, 향락이 부족하면 그것을 충족시킬 방법을 생각하는데, 부형이 자제 사랑을 이것으로써 하고, 자제들이 부형 섬김을 이것을 한다. 아아! 세상의 교화가 행해지지 않은 지 오래되었다. 이것이 어찌 서로 사랑하는 도리이겠는가?

孔子曰, 人之生也直, 罔之生也幸而免. 夫相愛者之願, 莫切於生之道也, 而今之爲父兄子弟者, 其相愛之也, 以罔爲其道焉, 此可謂之愛之眞乎. 蓋直者, 天地所以生我之理也. 其理也正而不邪, 直而不曲, 存心不仁, 非直也, 處事無義, 非直也, 待人不恭, 非直也, 是非無別, 非直也. 如以情欲之樂爲樂, 則心失其直之理也, 以逸豫之安爲安, 則身失其直之理也, 恣而又恣, 肆而又肆, 無所忌憚, 無所不至, 小則自取羞辱, 見棄鄕黨, 大則身陷刑戮, 辱親敗家, 其故何哉. 特以其父兄子弟, 不能以道義相勉, 德行相引, 只相與長其情欲. 導其逸豫而然也, 如此則向之所以樂其心者, 唯以喪其心也, 所以安其身者, 唯以敗其身也. 其心已喪, 其身已敗, 而有能壽者乎. 然則欲其壽者, 乃所以促其亡也. 旣謂之相愛, 而引之以喪其心, 導之以敗其身, 以至於促其亡, 則不但爲不愛之甚, 其實骨肉而自相殘者也. 相愛之與相殘, 一何遠之甚也.

공자는 "사람이 살아가는 도리는 정직함이니, 정직하지 않으면서 살아 있는 것은 요행히 죽음을 면한 것이라"[1]고 말하였다. 서로 사랑하는 사람들이 바라는 것은 생명을 유지하고 살아가는 도리보다 절실한 것이 없는데, 지금 부형과 자제된 사람들은 서로 사랑함에 정직하지 않음을 방법으로 삼으니 진정한 사랑이라고 말할 수 있는가? 정직함은 하늘과 땅이 나를 낳은 이치이다. 그 이치는 바르되 사악하지 않으며, 곧되 굽지 않으니, 마음을 어질게 먹지 않음은 정직함이 아니요, 일을 처리함에 의롭지 않음은 정직함이 아니요, 남을 대함에 공손하게 하지 않음은 정직함이 아니며, 옳고 그름을 따질 때 분별하지 않음은 정직함이 아니다. 만약 정욕의 즐거움을 즐거움으로 여기면 마음은 정직함의 도리를 잃고, 향락의 편안함을 편안함으로 여기면 몸은 정직함의 도리를 잃고, 제멋대

---

1) 『논어』, 「雍也」, "子曰人之生也直, 罔之生也幸而免."

102

로인데 더욱 제멋대로 하고 거리낌 없는데 더욱 거리낌 없이 하여 꺼리는 것이 없어 하지 못하는 짓이 없으면, 작게는 부끄러움과 모욕을 스스로 초래하여 마을에서도 버림을 받고 크게는 형벌을 받고 죽임을 당하여 어버이를 욕되게 하고 집안을 패망시키니, 그렇게 되는 까닭은 무엇인가? 이것은 단지 부형과 자제가 도의로써 서로 권면하지 않고 덕행으로 서로 이끌어 주지 못하였고, 다만 서로 정욕을 길러주고 향락으로 인도하여 그럴 뿐이다. 이와 같으면 이전에 그 마음을 즐겁게 해 주려 한 것은 그 마음을 상실하게 해 준 것에 지나지 않고, 몸을 편안하게 해 주려 한 것은 그 몸을 패망시킨 것에 지나지 않는다. 그 마음을 이미 상실하고 그 몸을 이미 패망시켰는데 오래 살 수 있는 방법이 있는가? 그러니 장수하기를 바란 것이 망함을 재촉하는 것이 된다. 사랑한다고 말하면서도 그를 인도하여 마음을 상실하게 하고, 그를 인도하여 그 몸을 패망시키고 그 죽음을 재촉함에 이른다면 단지 사랑하지 않음의 심한 것에 그치지 않고, 실은 골육이면서도 서로 해친 것이다. 서로 사랑함과 서로 해침은 어찌 이리도 멀단 말인가?

此世人之所謂愛者, 非吾所謂愛也. 彼所謂愛, 相害之愛也, 吾所謂愛, 相保之愛也. 彼所謂愛, 姑息之愛也, 吾所謂愛, 久長之愛也. 彼所謂愛, 不愛之愛也, 吾所謂愛, 眞愛之愛也. 彼所謂愛, 禽犢之愛也, 吾所謂愛, 吾人之愛也.

세상 사람들이 서로 사랑한다고 말하는 것은 내가 말하는 사랑이 아니다. 저들이 사랑한다고 하는 것은 서로 해치는 사랑이요, 내가 말하는 사랑은 서로 보호해 주는 사랑이다. 저들이 말하는 사랑은 당장의 편안함을 취하는 사랑이요, 내가 말하는 사랑은 오래토록 보존해 주는 사랑이다. 저들이 말하는 사랑은 사랑하지 않음의 사랑이요, 내가 말하는 사랑은 참된 사랑의 사랑이다. 저들이 말하는 사랑은 금수의 사랑이요, 내가 말하는 사랑은 우리 인간의 사랑이다.

凡吾所謂愛者, 異於彼, 子有惡, 父正之, 父有惡, 子諫之, 弟有惡, 兄禁之, 兄有惡, 弟爭之, 所相與引之者道也, 所相與勸之者善也. 非禮之聲, 非禮之色, 非禮之食, 非禮之物, 父兄不敢近之於其子弟, 子弟不敢近之於其父兄. 此亦非不欲樂其心矣, 但不敢以喪性之道樂之, 樂之以德義之味. 此亦非不欲安其身矣, 但不敢以敗身之事安之, 安之以禮法之敎. 然後其樂也長樂, 其安也久安, 不得罪於鄕黨州閭, 不貽辱於父兄子弟. 鬼神佑之, 天地祥之, 有吉無凶, 有慶無殃, 愛孰大於此乎.

내가 말하는 사랑은 저들과 다르니, 자식이 악행을 하면 어버이가 바로잡고 어버이가 악행을 하면 자식은 충고하며, 아우가 악행을 하면 형이 못하게 하고, 형이 악행을 하면 아우가 다투어서, 서로 인도하는 것은 도리요 서로 권면하는 것은 선이다. 예가 아닌 소리와 예가 아닌 색과 예가 아닌 음식과 예가 아닌 물건을 부형은 감히 그 자제에게 가까이 못하게 하고, 자제는 감히 부형에게 가까이 못하게 한다. 이 또한 그 마음을 즐겁게 하려고 하지 않음이 아니요, 다만 감히 본성을 상실케 하는 도리로서 즐겁게 할 수 없어 덕德과 의義로움의 맛으로써 즐겁게 해 주는 것이다. 이 또한 그 몸을 편안하게 해 주려고 하지 않음이 아니요, 다만 감히 몸을 망치는 일로써 편안케 해 줄 수 없어 예법의 가르침으로써 편안케 해 주는 것이다. 이런 뒤에 그 즐거움은 오래 즐기는 즐거움이 되고 그 편안함은 오래 편안한 편안함이 되니, 동네와 지역사회에 죄를 짓지 않고 부형과 자제에게 모욕을 당하지 않게 한다. 그러면 귀신이 도와주고 하늘과 땅이 상서를 내려서 길함이 있되 흉함이 없고, 경사가 있되 재앙이 없으니, 사랑함이 어찌 이보다 큰 것이 있겠는가?

雖然, 世俗所以相愛而誤之者, 非固欲陷之於罪惡, 而使之滅亡也. 是乃己自無識, 曾不知爲善之吉, 爲惡之凶, 只以己所樂者, 樂其所愛, 己所安者, 安其所愛. 故相與同歸於禍敗之路, 而俱莫之覺也.

其亦可哀耳. 欲變此俗, 惟以明人倫而已. 人倫明於世, 自無禽犢之
愛矣.

비록 그러하나 세속에서 서로 사랑하여 그르치는 것은 본디 죄악에
빠뜨려 멸망시키고자 해서 그런 것이 아니다. 이는 앎이 없어서 선을
행하면 길하고 악을 행하면 흉함을 알지 못하여, 단지 자기가 즐기는
것으로써 사랑하는 사람들을 즐기게 하고, 자기가 편안해하는 것으로써
사랑하는 사람들을 편안하게 하는 것이다. 그리하여 서로 더불어 화를
당하고 패망하는 길로 함께 돌아가면서 아무것도 깨닫지 못하는 것이다.
또한 애처롭게 여길 뿐이다. 이 풍속을 바꾸고자 한다면 인륜을 밝히는
방법 밖에 없다. 세상에 인륜이 밝아지면 저절로 금수의 사랑이 없어질
것이다.

사람의 몸은 우주의 사물과 상응한다 【人身說】

【소해제】

'형체를 받음은 일곱 자(七尺)의 몸뚱이에 불과하고, 세상을 살아가는 시간은 백년의 사이를 넘지 못하고, 차지한 공간은 한 자리(席)에 지나지 않으니 작다고 할 수 있는' 인간의 모습은 하늘과 땅 사이에 붙어 있는 한 마리 좀벌레를 연상시킨다. 그런데 여헌은 이 모습에서 인간은 위대한 존재임를 발견한다. 둥근 하늘과 모가 난 땅의 모습처럼 머리는 둥글고 발은 모가 난 인간의 모양, 하늘은 위에 있고 땅은 아래에 있는 것처럼 머리는 위에 있고 다리는 아래에 있는 모습에서 그는 인간이 천지의 모습을 그대로 본떠 만들어진 것임을 직감한다. 또한 인체의 장기나 혈기의 배치에도 세상의 지리적 형세가 반영되어 있다고 본다. 인간은 하나의 천지인 것이다. 그는 이 모습에서 천지에 내포된 이치가 인간의 몸에도 그대로 반영되어 있다고 추론한다. 인간의 신체는 이치의 신체이다. 이치의 신체인 만큼 이치에서 근원하는 도리를 실천해야 한다는 책임이 이미 신체의 꼴에 책임으로 부여되어 있다고 그는 주장한다. 꼴값은 격에 맞지 않는 행동을 일컫는 말이 되었으나, 본래는 사람의 꼴을 하고 있으면 사람의 본성과 품위에 맞는 가치 있는 행동을 해야 함을 뜻한다.

【원문 및 번역】

吾人此身, 居兩間之位. 凡宇宙事物許多變化, 其道理無不相應於己身之上焉. 顧此身何從而得爲此身乎. 蓋此道之爲太極者, 本自有爲天爲地爲人之理. 故遂得其爲人之理, 而不得不有此身. 人身亦物也, 天地亦物之大也. 以物推物, 可以互認其理也. 頭圓象天, 圓者陽象也. 天於上, 故頭亦上也. 足方象地, 方者陰象也. 地於下, 故足亦下也. 血則應於水也, 肉則應於土也, 骨則應於金石也, 毛髮應於草木也. 耳目口鼻之麗於頭面, 應天象也, 背部之多骨, 應西北之多山也, 腹部之多水, 應東南之多水也. 臟腑之具於內, 手足之肢於外者, 無不與剛柔五行之質之具於天者相應也.

우리 인간의 이 몸은 하늘 땅 두 사이에 위치한다. 우주의 사물과 매우 많은 변화의 도리가 몸 위에 서로 감응하지 않음이 없다. 돌아보면 이 몸은 어떤 원인이 있어서 이 몸이 될 수 있었을까? 이 도는 태극이 되는데, 태극에는 본래 저절로 하늘이 되고 땅이 되고 사람이 되는 이치가 있다. 그러므로 드디어 사람이 되는 이치를 얻으면 이 몸이 있지 않을 수 없었다. 사람의 몸도 물이고, 하늘과 땅도 또한 물이되 큰 것이다. (같은 태극에서 나온 물들이므로) 물로써 물을 추리하면 서로 그 이치를 알 수 있다. 머리가 둥근 것은 하늘의 모양인데 원형은 양陽의 현상이다. 하늘이 위에 있으므로 머리도 위에 있다. 발이 네모난 것은 땅의 모양인데, 방형은 음陰의 현상이다. 땅이 아래에 있으므로 발도 아래에 있다. 피는 물에 상응하고, 살은 흙에 상응하며, 뼈는 쇠와 돌에 상응하고, 터럭은 초목에 상응한다. 귀·눈·입·코가 머리와 얼굴에 붙어 있음은 하늘의 형상에 상응하고, 등 부분에 뼈가 많은 것은 서북쪽에 산이 많은 현상에 상응하며, 배 부분에 물이 많은 것은 동남쪽에 물이 많은 현상에 상응한다. 오장육부가 내부에 갖추어지고, 손과 발의 사지가 밖에 있는 것은 강유剛柔와 오행의 질이 하늘과 땅에 갖추어진 것에 상응하지 않음이 없다.

耳收天下之聲而能辨五聲, 目收天下之色而能別五色, 鼻收天下之氣而能分五臭, 口收天下之味而能定五味. 臟必備五而腑係於臟, 手足趾指, 莫不有五. 蓋天地之道, 必待五行皆備, 然後造化之功成焉. 故五行之數, 其在吾人, 亦無體不具, 此相應之妙也.

귀는 천하의 소리들을 거두어들여 다섯 가지 소리를 구별할 수 있고, 눈은 천하의 색깔들을 거두어들여 다섯 가지 색깔을 구별할 수 있고, 코는 천하의 냄새들을 거두어들여 다섯 가지의 냄새를 구별할 수 있고, 입은 천하의 맛들을 거두어들여 다섯 가지 맛을 구별할 수 있다. 장기臟器는 반드시 다섯을 갖추는데 부腑(육부)는 오장에 매어 있으며, 손가락과 발가락은 다섯 개가 있지 않음이 없다. 천지의 도道는 반드시 오행이 모두 갖추어지기를 기다린 뒤에야 조화造化의 작업이 이루어진다. 그러므로 오행의 수가 우리 사람에 있어서도 신체기관에 갖춰지지 않음이 없으니, 이것이 상응하는 오묘함이다.

蓋天以氣爲體, 地以質爲體. 人則受生於天地之中, 稟氣於天, 得質於地, 合氣質而爲體. 則頭面背腹臟腑手足, 卽其質也. 耳目之司視司聽, 鼻口之出入吐納, 手足之運動作止, 血脈之上下周流, 臟腑之精神魂魄, 卽其氣也. 夫所謂氣也質也之所以爲氣質者, 莫非理也, 而天不得不以氣爲體, 地不得不以質爲體, 人不得不合氣質爲體. 故惟其道理之一焉者, 則無不隨體而滿足, 隨位而流行, 此乃相應之機也.

하늘은 기로써 몸을 삼고, 땅은 질로써 몸을 삼는다. 사람은 하늘과 땅의 가운데에서 생명을 받는데, 하늘에서 기를 받고 땅에서 질을 받아 기와 질을 합하여 몸이 된다. 그러니 머리와 얼굴, 등과 배, 오장과 육부, 손과 발은 곧 그 질이다. 귀와 눈이 보고 들음을 관장하고, 코와 입으로 숨이 나가고 들어오고 토하고 받아들이는 것, 손과 발이 움직이고 멈추는 것, 피와 맥이 위아래로 두루 유통하는 것, 오장육부에 정신혼백이 있는 것은 그 기이다.[1] 기와 질이 그것들이 되는 까닭은 이치 아님이

---

1) 정신혼백은 비물질적인 현상이 아니라 기현상의 일종이다. 천의 기와 지의 질이 합하여 사물이 형성되듯이 오장이 생기고 이 오장에는 정신혼백이 있게 된다. 장기로

없으니, 하늘은 기로써 몸을 삼지 않을 수 없고, 땅은 질로써 몸을 삼지 않을 수 없으며, 사람은 기와 질을 합하여 몸으로 삼지 않을 수 없다. 그러므로 그 도리는 하나이니, 몸에 따라서 만족하지 않거나 위치에 따라서 유행하지 않음이 없으니, 이것이 상응하는 근본 이유이다.

若以形而上者言之, 其所以爲人者, 本與爲天爲地者, 同其理焉. 則三才之道, 豈有間哉. 理之在於心曰性, 性之行於身曰道. 人之性, 卽天之性也, 在人之仁, 是在天之元, 在人之禮, 是在天之亨, 在人之義, 是在天之利, 在人之智, 是在天之貞, 則人之性, 果天之性也.

형이상자(곧 이치)로써 말하면, 사람이 되는 까닭은 본래 하늘이 되고 땅이 되는 것과 그 이치가 같다. 삼재의 도리에 어찌 차이가 있으랴? 이치가 마음에 있는 것을 본성이라고 하고, 본성이 몸에서 행해지는 것을 도라고 한다. 사람의 본성은 곧 하늘의 본성인데, 사람에서의 어짊은 하늘에 있어서의 원元이고, 사람에서의 예는 하늘에서의 형亨이고, 사람에서의 의는 하늘에서의 이利이고, 사람에서의 지는 하늘에서의 정貞이니,[2] 사람의 본성은 과연 하늘의 본성이다.

至於愛親之孝, 敬兄之悌, 盡己之忠, 以實之信, 當然之善, 自謙之恭, 主一之敬, 眞實之誠, 無非天理之充, 則人之道, 果天之道也. 其相應之妙, 有如是矣.

어버이를 사랑하는 효와 형을 공경하는 제悌와 자기를 극진히 다하는

서의 오장은 땅의 질이고, 그것에 존재하는 정신혼백은 하늘의 기이다. 장기가 일정한 형체를 지녀 변하지 않는 물질성을 갖는다면, 그 안에서 이루어지는 활동적인 기의 현상이 정신이다. 정·신·혼·백은 신장·심장·간장·폐에 존재하는데, 지각과 관련하여 상이한 역할을 담당한다. 神은 신체를 주재하고 지각 작용을 통합하며, 혼은 미래를 예측하며, 백은 기억하는 기능을, 정은 분별하는 기능을 가진다. 여기에 脾臟의 기능이 더해진다. 비장은 意와 智의 기능을 가진다. 의가 이해득실을 비교 계산하는 능력이라면, 지는 시비의 분별 능력이다.
2) 사람의 인의예지에 해당하는 천덕을 元亨利貞이라고 한다.

충忠과 믿음성 있게 하는 신信과 마땅히 그래야 하는 선善과 스스로 겸손해하는 공恭과 하나에 집중하는 경敬과 진실함의 성誠은 천리天理의 충만함 아닌 것이 없으니, 사람의 도는 과연 하늘의 도이다. 그 상응하는 오묘함이 이와 같다.

故其相通之理, 本無內外上下彼此遠近焉. 吾身在此一處, 吾心在我一身, 而聖人能使天地位焉, 萬物育焉, 繼往聖於萬古之上, 開來學於無窮之後, 此非一理一道而然者耶. 惟能盡性知命者, 可以知此妙也.

상통하는 이치는 본래 안과 밖, 위와 아래, 저것과 이것, 멀고 가까움이 없다. 내 몸은 이 한곳에 있고 내 마음은 나의 한 몸에 있으나, 성인은 하늘과 땅으로 하여금 제자리에 있게 하고 만물이 함께 자라도록 하며, 만고의 위에서 지나간 성인을 계승하고 무궁한 미래에 오는 학자들을 열어 줄 수 있었으니, 하나의 이치, 하나의 도가 아니면 그럴 수 있겠는가? 오로지 본성을 극진히 발휘하고 천명을 잘 아는 사람만이 이러한 오묘함을 알 수 있다.

若夫有生必有死, 此亦理之常也. 如或以情欲汨其性, 物撓戕其生者, 不足言矣. 至於生順死安者, 道固然也. 此乃理氣中有物之常道也. 物雖有大小, 其理一也, 則天地亦何得有始而無終乎.

태어남이 있으면 반드시 죽음이 있는 것이 항상 된 이치이다. 혹시라도 정욕으로 그 본성을 어지럽히고 외물로 생명을 손상시키는 자는 말할 것도 없다. 살아서는 천명에 순응하고 죽어서는 편안한 것은 도리가 진실로 그러하다. 이것이 리기의 가운데에 존재하는 물의 떳떳한 도리이다. 물에 비록 크고 작은 것이 있으나 그 이치는 하나이니, 하늘과 땅 또한 처음만 있고 마지막이 없으랴?

吾人稟二五之秀氣, 首贏族而特立, 頭冠足履, 上衣下裳, 所性者, 仁義禮智信也, 所倫者, 父子君臣夫婦長幼朋友也, 所食者, 粟米蔬果魚肉也, 所居者, 宮室第宅也. 能以一心通萬心, 一身通萬身, 一物通萬物, 一世通萬世. 有與天地合其德, 日月合其明, 四時合其序, 鬼神合其吉凶者也, 參贊化育, 其事業也. 嗚呼. 此身之最靈最貴, 旣自如此矣, 而不自知其靈貴, 至於行屍走肉, 乃禽乃獸, 醉生夢死者, 豈非可哀之甚者耶.

우리 사람은 이기오행의 빼어난 기운을 얻어 털 없는 나족贏族의 우두머리가 되어 우뚝 서서, 머리에는 관을 쓰고 발에는 신발을 신으며, 위에는 옷을 입고 아래에는 치마를 입으며, 본성으로 삼은 것은 인의예지신이며, 무리 짓는 것은 부자요 군신이요 부부요 장유요 붕우이며, 먹는 것은 곡식과 쌀, 채소와 과일, 물고기와 살코기이며, 사는 곳은 궁실과 제택이다. 자기 한마음으로 만 가지 마음에 통하고, 자기 한 몸으로 만 가지 몸에 통하고, 하나의 물로서 만 가지 물에 통하고, 한 세상을 살면서 만세에 통한다. 그래서 하늘·땅과 더불어 그 덕을 합하고, 일월과 더불어 그 밝음을 합하고, 사계절과 더불어 차례를 합하고, 귀신과 더불어 그 길흉을 합하는 존재이니, 천지에 참여하여 화육을 돕는 것이 인간의 사업이다. 오호라! 이 몸의 가장 신령하고 가장 고귀함이 이미 저절로 이와 같은데도 그 신령하고 고귀함을 스스로 알지 못하여 돌아다니는 시체나 달리는 고깃덩어리가 됨에 이르니, 이에 날짐승 길짐승처럼 살면서 취해 살고 꿈결에 죽는 자들을 어찌 깊이 슬퍼하지 않으랴?

제2장 여헌의 우주자연관

장숙필

태극설【太極說】

【해제】

　여헌의 『성리설』은 그의 『역학도설』과 긴밀한 관계에 놓여 있는 글들을 모아 묶은 것이다. 이 속에는 맨 먼저 하도낙서에 대해 서술한 「도서발휘편제圖書發揮篇題」와 「도서총수설圖書總數說」, 그리고 태극으로부터 양의, 사상, 팔괘, 64괘의 성립 이치와 역의 의미들을 설명한 「역괘총설易卦總說」, 그리고 「태극설」, 「경위설」, 「만학요회晩學要會」, 「우주설」 등이 포함되어 있다. 이것들은 68세에서 81세에 이르기까지 저술된 여헌의 만년저작이다. 이 가운데 「태극설太極說」은 여헌 79세에 지어진 것으로서 『성리설』 가운데 권1, 2의 하도낙서에 대한 설명에 이어 권3에 수록되어 있으며, 총 58장으로 이루어져 있다. 그리고 이 태극설과 관련된 것으로 「제설회통諸說會通」, 「무극태극설無極太極說」, 「태극설부록太極說附錄」이 이어짐으로써 태극에 대한 여헌의 이해를 자세히 보여 주고 있다.

　여헌은 조선 중기의 혼란 속에서 유가적인 도덕가치의 재정립과 그 실천문제에 관심을 집중했던 인물이다. 여헌이 생존했던 선조, 광해군, 인조 대는 임란과 호란이라는 미증유의 전란과 인조반정, 이괄의 난 등 국내정치의 혼란으로 인해 기존의 가치체계가 근본적으로 흔들리던 때였다. 당대의 대표적인 산림으로 인정받았던 여헌은 유가적인 도덕가치의 정당성을 밝힘으로써 이런 시대적인 문제를 근본적으로 해결하려 하였으며, 여기에서 역학에 대한 조예 및 리기경위설, 태극설 등으로 인해 조선 중기의 대표적인 산림이자 역학자로서의 위치를 확보하게 되었던 것이다.

　여헌의 태극설은 바로 유가적인 도덕가치를 재정립하기 위한 이론적인 근거를 확립하는 점에서 중요한 의미를 갖는 글로서 경위설과 더불어 여헌 성리설의 대표적인 주제이다. 여헌의 「태극설」은 주희의 "상천上天의 일은 소리도 없고 냄새도 없으나 실로 조화의 추뉴樞紐이며 품휘品彙의 근저根柢가 되는 것"이라는 말을 이어 "태극은 도덕의 두로頭顱"라는 말로써 시작함으로써 자신이 「태극설」을 지은 의도를 분명하게 제시하고 있다.

여헌은 성리학이야말로 현세 중심적이고 도덕중심적인 유가적 가치관을 가장 잘 계승한 것이라 여기고 이를 통해 당면한 시대적인 문제를 근본적으로 해결하려 하였던 인물이다. 그러나 여헌은 이런 가치관을 단순히 교조적으로 계승하지 않고 이 세계의 궁극적인 근원과 법칙을 밝힘으로써 도덕가치의 근거를 제시하고 이를 통해 인간이 지켜야할 인간 당위의 정당성을 확보하려 하였다. 여기에서 여헌은 「태극설」을 지어 공자, 주돈이, 주희의 태극설을 정리하고 이어 '태극은 도덕의 두로'라는 말을 첨가함으로써 태극이 단순히 천지만물의 소이연에 그치는 것이 아니라 인간도덕의 근원임을 분명히 하였던 것이다.

여헌 성리설의 궁극목표는 인간으로 하여금 사욕을 극복하고 천리를 온전히 실현할 수 있게 하려는 데에 있다. 그러므로 그가 천리에 대해 관심을 기울이는 핵심적인 이유는 인간으로 하여금 천리를 알고 천리에 순응하여 그것을 온전히 실현하게 하려는 데 있는 것이다. 여기에서 그는 태극으로서의 리의 속성을 유진무망有眞無妄, 유정무사有正無邪, 유선무악有善無惡, 유순무역有順無逆으로 제시하고, 이 때문에 온갖 변화의 주체가 되고 온갖 변화의 원천이 되며 만사의 종주가 되고 만물의 근본이 된다고 역설하였으며, 리의 개념을 소이연, 소당연, 소필연, 소자연에서 더 나아가 소고연所固然까지 확장함으로써 인간 당위의 근거를 보다 확고하게 하였다.

여헌에 따르면 유가의 도덕은 무극태극의 리에 근거한 것이다. 그는 바로 이 점이 유가적인 도덕가치를 절대시할 수 있는 근거이며, 공자가 만고의 성인이 되는 이유도 바로 이를 밝혀 사람들로 하여금 마음의 성性, 몸의 도道, 부자형제의 윤리를 알게 함으로써 우주에 가득차고 천지가 다하도록 무궁한 사업을 이루게 한 것에 있다고 주장하였다. 그리고 사람이 사람으로 되는 리를 따르는 것이 사람의 도이며, 이 도가 곧 태극의 리라고 주장한다. 그러므로 도의 큰 원천인 태극을 바르게 이해하는 것은 인간의 당위를 올바르게 파악하기 위한 근본이 된다는 것이다. 이런 문제의식이 여헌으로 하여금 만년에 이르러 63면에 이르는 방대한 분량의 태극설을 저술하게 하였던 것이다.

【원문 및 번역】

註 : ○ 太極, 十全是具一箇善. 若六十四卦, 三百八十四爻中有善有惡, 皆陰陽變化後方有. 右朱晦庵語, 出『易』「繫辭上傳」‘易有太極章’輯註.
　　　○ 右六十四卦四字, 乃愚加也而實三百八十四爻之所在也.

　　　○ 태극은 모든 것이 갖추어져 조금의 결점도 없는 완전한 것으로서 이것은 하나의 선善을 갖추고 있다. 64괘 같은 경우는 384효 가운데 선도 있고 악도 있으니 모두가 음양변화 이후에 비로소 있게 된 것이다. 이것은 주회암[1]의 말이니 『역』「계사상전繫辭上傳」의 ‘역유태극易有太極’장[2]의 소주小註에 있는 말이다.
　　　○ 위의 ‘64괘’라는 글자는 곧 내가 덧붙인 것이니 실로 384효가 있는 곳이다.[3]

孔子『周易』「繫辭傳」曰‘易有太極’.

공자[4]께서 『주역』「계사전」에서 말씀하시기를, “역에 태극이 있다” 하셨다.

---

1) 송대 리학의 집대성자인 朱熹(1130~1200)를 가리킴. 字는 元晦이고 號는 晦庵이다.
2) 『주역』, 「계사상」 11장.
3) 이 부분은 「太極說」이라는 제목에 관한 여헌의 주석으로, 여헌이 자신의 태극설은 주희의 "태극은 모든 것이 갖추어져 조금의 결점도 없는 완전한 것으로서 이것은 하나의 善을 갖추고 있다"는 것을 근본으로 하고 있다는 것을 보여 준다.
4) B.C.551~B.C.479, 춘추시대 말기의 대사상가이며 교육자, 儒家의 창시자이며 성인으로 일컬어진다. 孔은 성이고 子는 남자의 미칭으로 ‘선생님’이라는 뜻이며, 이름은 丘, 자는 仲尼이다. 은나라 왕족의 후예이며, 뛰어난 교육자로서 역사상 처음으로 私學을 연 인물로 알려져 있으며, 3천 명의 제자가 있었다고 전해진다. 『주역』「계사」

周濂溪「圖說」首句曰'無極而太極'.

주렴계5)는 「태극도설」의 첫 구절에서 말하기를, "무극이면서 태극이다"라 하였다.

朱晦庵註『易傳』曰'太極者, 象數未形而其理已具之稱, 形器已具而其理無眹之目'.

주회암은 「역전」주에서 말하기를, "태극이란 상象과 수數는 아직 드러나지 않았으나 그 리는 이미 갖추어져 있는 것을 말한 것이요, 형形과 기器는 이미 갖추어졌으나 그 리에 조짐이 없는 것을 지목한 것이다"6) 하였다.7)

1. 태극은 도덕의 두로頭顱.

註 : 註「圖說」曰'上天之載, 無聲無臭而實造化之樞紐, 品彙之根柢'. 愚今繼之曰'太極者道德之頭顱'. 是用朱子下兩句根柢樞紐之文法也.

「태극도설」의 주석에서 주회가 말하기를, "상천上天의 일은 소리도 없고 냄새도 없으나 실로 조화의 추뉴樞紐이며 품휘品彙8)의 근저根柢가 되는 것이다"라 하였다. 나는 지금 그것을 이어 말하기를, "태극이란 도덕의 두로頭顱9)"라고 한다.(이것은 주자가 '품휘의 근저, 조화의 추뉴'라고 한 두 구절의 문법을 차용한 것이다.)

는 공자가 저술한 것으로 전해지고 있으며, 『주역』은 이 계사로 인해 점서에서 철학서로 인정받게 된다. 『논어』는 그의 언행을 기록한 책이다.

5) 북송의 도학자 周敦頤(1017~1073)를 가리킴. 자는 茂叔이며 사람들이 濂溪先生이라 칭함. 대표적인 저술에 「태극도설」, 『通書』가 있다. 여기에서 여헌은 위의 공자에 대비하여 주돈이의 경우는 호를 칭하고 있다.

6) 周敦頤「太極圖說」의 "無極而太極"의 주자주. 『성리대전』 권26 「理氣一」 태극조에 이 말이 인용되어 있다.

7) 이곳까지의 세 구절이 「태극설」의 본문에 해당하고, 나머지는 이에 대한 여헌의 주석이라 할 수 있다.

8) 온갖 물건을 말함.

9) 머리 즉 사물의 가장 중요한 부분이라는 뜻.

2. 도덕의 두로는 태극이 삼재를 다 총괄하는 것으로 말한 것.

所謂'象數未形而其理已具之稱, 形器已具而其理無眹之目'者, 皆以太極之在『易經』者言之也. 所謂'造化之樞紐', 以太極之在天地者言之也. 所謂'品彙之根柢'以太極之在萬物者言之也. 至於愚所謂'道德之頭顱', 乃以太極之兼總三才者而言之也.

이른바 '상象과 수數는 아직 드러나지 않았으나 그 리는 이미 갖추어져 있는 것을 말한 것이며, 형形과 기器는 이미 갖추어졌으나 그 리에 조짐이 없는 것을 지목한 것'이라는 것은 모두 태극이 『역경』에 있는 것으로써 말한 것이다. 이른바 '조화의 추뉴'라는 것은 태극이 천지에 있는 것으로써 말한 것이요, 이른바 '품휘의 근저'라는 것은 태극이 만물에 있는 것으로써 말한 것이다. 그리고 내가 말한 '도덕의 두로'라는 것은 곧 태극이 삼재三才[10]를 다 총괄하는 것으로써 말한 것이다.

3. 무극의 미묘함이 있으므로 태극이라 한다.

孔子旣謂之太極, 則其爲無極之妙含在其中. 故止曰'太極'矣. 而濂溪須加無極於太極之上者, 非所以求多焉, 惟慮後人不及知夫太極之稱實自有無極之妙, 故曰'無極而太極', 所謂無極者卽所以明夫太極之妙者也, 此非太極之外別有無極之自爲一極也.

공자가 이미 그것을 태극이라고 말했다면 그것이 무극의 미묘함이 되는 것이 그 가운데에 포함되어 있다. 그러므로 단지 태극이라고 말한 것이다. 그런데 주렴계가 태극 위에 무극을 더한 것은 더 많기를 구한 것이 아니라 오직 후인이 저 태극이라는 호칭이 실로 무극의 미묘함이 되는 것이 있는 것으로부터 말미암은 것임을 알지 못할까 걱정하였기 때문에 "무극이면서 태극이다"라고 말한 것이다. 이른바 무극이란 곧 그것으로써 저 태극의 미묘함을 밝힌 것이지 태극의 바깥에 스스로 하나의 극이 되는 무극이 따로 있다는 것은 아니다.

---

10) 하늘과 땅과 사람을 합쳐 일컫는 말.

4. 태극은 소이연이며 소필연이며 소고연이며 소당연이며 소상연인 것.

在萬有未有之前, 爲萬有之所以然所必然; 在萬有方有之中, 爲萬有之所固然所當然; 在萬有旣盡之後, 亦自爲所常然又復爲所以然.

만유가 있기 전에는 만유의 소이연所以然과 소필연所必然이 되고, 만유가 바야흐로 있게 될 때에는 만유의 소고연所固然과 소당연所當然이 되며, 만유가 다 없어지게 된 이후에도 역시 스스로 소상연所常然이 되고 또다시 소이연이 된다.

5. 태극은 일리一理이면서 만리萬理인 것.

極之於旣往之前, 而莫知其所始; 極之於未來之後, 而莫知其所終. 最先於萬物者天地之始也, 而太極則天地未始而爲始; 最後於萬物者天地之終也, 而太極則天地已終而無終. 指其統體者而謂之一理, 指其各具者而謂之萬理; 爲之一而不見其不足, 爲之萬而不見其有餘. 散爲各具之萬, 而未嘗有統體者之耗損; 雖曰各具之萬, 而未嘗不爲統體者之該括.

이미 가 버린 극의 앞은 그 시작한 곳을 알 수가 없고, 아직 오지 않은 극의 뒤는 그 끝나는 곳을 알 수가 없다. 만물 가운데 가장 앞선 것은 천지의 시작이나 태극은 천지가 아직 시작하기 전을 시작으로 삼는다. 만물 가운데 가장 뒤의 것은 천지의 마지막이나 태극은 천지가 이미 끝난 다음에도 끝나는 것이 없다. 그 통체로서 하나의 태극인 것을 가리켜 일리一理라고 일컫고 각각의 사물이 하나의 태극을 갖춘 것을 가리켜 만리萬理라고 한다. 그것이 하나가 되어도 부족한 것을 볼 수 없고, 그것이 만 가지로 나누어져도 남음이 있는 것을 볼 수가 없다. 흩어져 각기 하나의 태극을 갖추어 만 가지로 나누어져도 일찍이 통체로서 하나의 태극인 것이 닳아 없어지는 것이 없으며, 비록 각기 하나의 태극을 갖춘 것이 만 가지라고 하더라도 일찍이 모든 것을 다 포괄하는 통체로서의 하나의 태극이 되지는 않는다.

6. 태극은 만사의 소이연.

無所不包, 無所不備, 無所不主, 無所不貫, 無時或間, 無處或外, 無事或欠, 無物或遺, 無方而無不在, 無爲而無不爲, 無行而無不行, 無變而出萬般之變, 無形而出萬殊之形, 無聲而出天下之聲, 無色而出天下之色, 無往來而所以使之有往來, 無盈縮而所以使之有盈縮, 無始終而所以使之有始終者太極也.

포함하지 않은 것이 없고 갖추지 않은 것이 없으며, 주관하지 않는 것이 없고 관통하지 않는 것이 없으며, 혹시라도 틈이 있는 때가 없고 혹시라도 바깥에 처하는 것이 없으며, 혹시라도 부족함이 있는 일이 없고 혹시라도 빠뜨리는 물건이 없으며, 일정한 처소가 없으나 있지 않은 곳이 없고, 함이 없으나 하지 않음이 없으며, 행함이 없으나 행하지 않음도 없고, 변함이 없으나 만 가지 변화가 나오며, 형체가 없으나 만 가지로 다른 형체가 나오고 소리가 없으나 천하의 소리가 나오며, 색이 없으나 천하의 색이 나오고, 왕래함이 없으나 그들로 하여금 왕래가 있게 하는 까닭이며, 가득차고 줄어듦은 없으나 그들로 하여금 가득 차고 줄어들게 하는 까닭이며, 시종은 없으나 그들로 하여금 시종이 있게 하는 까닭이 태극이다.

7. 태극은 선후, 명은明隱, 대소, 고비, 심천, 원근이 없다.

其先爲莫先, 其後爲莫後; 其明爲莫明, 其隱爲莫隱; 其大爲莫大, 其小爲莫小; 其高爲莫高, 其卑爲莫卑; 其深爲莫深, 其淺爲莫淺; 其遠爲莫遠, 其近爲莫近. 先言其無始也, 後言其無終也; 明言其無礙也, 隱言其無象也; 大言其無外也, 小言其無內也; 高言其無上也, 卑言其無下也; 深言其不可測也, 淺言其不可離也; 遠言其無際涯也, 近言其庸言行也.
先爲能後之先, 後爲能先之後; 明爲能隱之明, 隱爲能明之隱; 大爲能小之大, 小爲能大之小; 高爲能卑之高, 卑爲能高之卑; 深爲能淺之深, 淺爲能深之淺; 遠爲能近之遠, 近爲能遠之近.

태극의 앞은 태극보다 앞이 되는 것이 없고, 태극의 뒤는 태극보다 뒤가 되는 것이 없다. 그것의 밝음은 그것보다 밝은 것이 되는 것이 없고,

그것의 은미함은 그것보다 더 은미한 것은 없다. 그것의 큼은 그것보다 더 큰 것이 되는 것이 없고, 그것의 작음은 그것보다 더 작은 것이 되는 것이 없다. 그것의 높음은 그것보다 높은 것이 되는 것이 없고, 그것의 낮음은 그것보다 낮은 것이 되는 것이 없다. 그것의 깊음은 그것보다 더 깊은 것이 되는 것이 없고, 그것의 얕음은 그것보다 얕은 것이 되는 것이 없다. 그것의 먼 것은 그것보다 더 먼 것이 되는 것이 없고, 그것의 가까운 것은 그것보다 더 가까운 것이 되는 것은 없다.

앞은 그것이 시작이 없음을 말한 것이요, 뒤는 그것이 끝이 없음을 말한 것이다. 밝음은 그것이 가림이 없음을 말한 것이요, 은미함은 그것이 형상이 없음을 말한 것이다. 크다는 것은 그것의 밖이 없음을 말한 것이요, 작다는 것은 그것의 안이 없음을 말한 것이다. 높다는 것은 그것의 위가 없다는 것을 말한 것이요, 낮다는 것은 그것의 아래가 없다는 것을 말한 것이다. 깊다는 것은 그것을 측량할 수 없음을 말한 것이요, 얕다는 것은 그것을 떠날 수 없다는 것을 말한 것이다. 멀다는 것은 그것이 끝닿는 곳이 없다는 것을 말한 것이요, 가깝다는 것은 그것이 용언용행庸言庸行[11])에 있음을 말한 것이다.

앞선다는 것은 뒤의 앞이 될 수 있다는 것이요, 뒤진다는 것은 앞의 뒤가 될 수 있다는 것이다. 밝음은 은미함이 될 수 있는 밝음이요, 은미함은 밝음이 될 수 있는 은미함이다. 크다는 것은 작은 것이 될 수 있는 큰 것이요, 작다는 것은 큰 것이 될 수 있는 작은 것이다. 높음은 낮은 것이 될 수 있는 높음이요, 낮음은 높은 것이 될 수 있는 낮음이다. 깊음은 얕은 것이 될 수 있는 깊음이요, 얕음은 깊은 것이 될 수 있는 얕음이다. 멂은 가까운 것이 될 수 있는 멂이요, 가까움은 먼 것이 될 수 있는 가까움이다.

8. 태극은 일리一理의 이름이다.

太極卽一理之名也, 而極是爲一之旨也. 其爲一也自有五義: 一曰本底義也, 二曰統底義也, 三曰純底義也, 四曰專底義也, 五曰常底義也. 本故能

---

11) 평소에 쓰는 일상적인 말과 행위라는 뜻.

生萬, 有統故能主萬彙, 純故能出萬善, 專故能宰萬化, 常故能總萬變.
五者爲一之義, 皆無對之旨, 故曰太極.

태극은 곧 일리의 이름이니 '극極'이 일이 되는 뜻이다. 그 일一이 되는
것에 본래 다섯 가지 뜻이 있으니 첫째는 근본이라(本)는 뜻이요, 둘째는
통섭한다(統)는 뜻이며, 셋째는 순수하다(純)는 뜻이요, 넷째는 전일하다(專)
는 뜻이며, 다섯째는 항상되다(常)는 뜻이다. 근본이므로 만물을 생할 수
있고, 통섭하므로 온갖 무리를 주관할 수 있으며, 순수하기 때문에 온갖
선을 도출할 수 있고, 전일하기 때문에 온갖 변화를 주재할 수 있으며,
항상되기 때문에 온갖 변화를 총괄할 수 있다. 이 다섯 가지가 태극이
일이 되는 뜻이니 모두 상대되는 것이 없다는 의미이다. 그러므로 태극이라
고 한다.

9. 태극은 온갖 현상의 소이연이다.

凡於活處可以看理, 而活者氣之作也, 則所以活者理也. 明處可以驗理,
而明者氣之象也, 則所以明者理也. 神處可以認理, 而神者氣之機也, 則
所以神者理也. 妙處可以會理, 而妙者氣之變也, 則所以妙者理也. 精處
可以見理, 而精者氣之正也, 則所以精者理也. 秩處可以解理, 而秩者氣
之序也, 則所以秩者理也. 洽處可以觀理, 而洽者氣之至也, 則所以洽者
理也. 復處可以識理, 而復者氣之息也, 則所以復者理也.

살아 있는 모든 곳에서 리를 볼 수 있으나 살아 있는 것은 기의 작용이요,
살아 있게 하는 까닭이 되는 것이 리다. 밝은 곳에서 리를 징험할 수
있으나 밝은 것은 기의 상象이요, 밝게 하는 까닭이 되는 것이 리다. 신묘한
곳에서 리를 깨달을 수 있으나 신묘한 것은 기의 기틀이요, 신묘하게
되는 까닭이 리다. 미묘한 곳에서 리를 볼 수 있으나 미묘한 것은 기의
변화요, 미묘하게 되는 까닭이 리다. 정밀한 곳에서 리를 볼 수 있으나
정밀한 것은 기의 바른(正) 것이요, 정밀하게 되는 까닭이 리다. 질서 있는
곳에서 리를 이해할 수 있으나 질서 있는 것은 기의 차례요, 질서 있게
하는 까닭이 리다. 두루 미치는 곳에서 리를 관찰할 수 있으나 두루 미치는

것은 기의 지극함이요, 두루 미치게 하는 까닭이 리다. 되돌아오는 곳에서 리를 인식할 수 있으나 되돌아오는 것은 기가 쉬는 것이요, 되돌아오게 하는 까닭이 리다.

10. 형이상의 리는 지각과 성정性情으로써 말할 수 없으나 모든 형이하의 사물들
    에서 그것을 알 수 있다.

理固無體質, 無貌象, 無模範, 無方位, 無始終. 又不可以知覺性情言之, 則當何據而知得哉? 試以俯仰者觀察焉, 則天於上, 地於下, 萬物於兩間矣. 而成象于天者, 日月星辰也; 效法於地者, 山陵川澤也; 流行於宇內者, 二氣五行也; 往來迭運者, 晝夜寒暑也; 時布者, 風雷雨露也. 卽吾一身, 則臟腑氣血於內, 耳目口鼻四肢百體於外, 性情言行於日用之間者, 其孰使之然哉? 不有太極一理, 而天能天, 地能地, 人能人, 物能物, 各所其所, 各道其道耶? 其所以爲萬變萬化並育並行者, 夫豈一日無一理而有是哉? 此固有耳有目者, 皆可聞可覩也. 因其可覩可聞者而會得其莫覩莫聞之源, 則此非太極耶?

리는 본래 체질體質이 없고 모상貌象이 없으며 모범模範이 없고 방위가 없으며 시종이 없다. 또한 지각과 성정으로써 말할 수 없으니 마땅히 어느 곳에서 그것을 알 수 있겠는가? 시험 삼아 우러러보고 굽어보는 것으로써 관찰하면, 위에 하늘이 있고 아래에 땅이 있으며 천지 사이에 만물이 있다. 하늘에서 상을 이루는 것은 일월성신이요, 땅에서 본받는 것은 산릉山陵과 천택川澤이며, 상하사방 안에서 유행하는 것은 이기오행이요, 왕래하여 번갈아 운행하는 것은 주야와 한서寒暑이며, 때에 따라 펼쳐지는 것은 바람과 우뢰, 비와 이슬이다. 나의 한 몸에 나아가면 안에 있는 장부기혈과 밖에 있는 이목구비와 사지백체와 일용사이에 있는 성정과 언행은 그 누가 그렇게 시킨 것인가? 태극일리太極一理가 있지 않다면 하늘이 하늘일 수 있고, 땅이 땅일 수 있으며, 사람이 사람일 수 있고, 만물이 만물일 수 있어 각자 자기가 처할 곳에 처하며 각자 그 행해야 할 도를 도로 삼을 수 있겠는가? 그 만변만화가 되고 병육병행並育並行하는 것이 어찌 하루라도 일리가 없이 이런 일이 있을 수 있겠는가? 이것은

진실로 귀와 눈이 있는 자라면 모두 들을 수 있고 볼 수 있는 것이다. 그 볼 수 있고 들을 수 있는 것으로 인하여 그 볼 수 없고 들을 수 없는 것의 원천을 깨달을 수 있다면 이것이 태극이 아니겠는가?

11. 태극이 도덕사업이 되는 것은 스스로 그렇게 되지 않을 수 없는 태극의 본질이다.

夫宇宙之所以爲宇宙者, 以其有許多事物也. 所謂事者三才之生出, 乃事之最先也. 所謂物者三才體質之各成, 乃物之最大也. 事與物非自能事物也. 惟其所以使之必爲是事而斯有是事, 必爲是物而斯有是物者, 乃是一理之爲太極也. 然則事物之得爲得有者, 實唯太極之爲之有之也. 至於太極之理則孰使之爲焉? 孰使之有焉? 而作太極乎? 凡所謂爲也者, 必由造作者而爲之也, 凡所謂有也者, 必由排置者而有之也. 若理則不然也, 其爲也非由造作而爲焉, 則乃其自爲也, 其有也 非由排置而有焉, 則乃其自有也. 其爲也, 其有也本自如是, 故其用之出也, 亦不是逞巧致計而生變化也. 旣自爲理於無形無象之中, 而其爲道德事業, 自不得已也. 夫豈有有爲之迹, 而爲之也哉?

우주가 우주로 되는 까닭은 그것에 허다한 사事와 물物[12]이 있기 때문이다. 이른바 '사事'라는 것은 삼재三才가 생겨 나온 것이 곧 사 가운데 가장 앞선 것이다. 이른바 '물物'이라는 것은 삼재의 체질이 각기 이루어진 것이 물 가운데 가장 큰 것이다. 사와 물은 스스로 사와 물이 될 수 있는 것이 아니다. 오직 그것으로 하여금 반드시 이 사事가 되게 하여 이에 이 사가 있게 되고, 반드시 이 물이 되게 하여 이에 이 물이 있게 되는 까닭이 곧 일리一理가 태극이 되기 때문이다. 그렇다면 사가 될 수 있고 물이 있을 수 있는 것은 진실로 오직 태극이 그것을 되게 하고 있게 하기 때문이다. 그러나 태극의 리에 이르면 누가 그것으로 하여금 되게 하고 누가 그것으로 하여금 있게 하여 태극을 만드는가? 된다고 말하는

---

12) 예를 들어 '부자유친, 군신유의'에서 物은 구체성을 지닌 사물을 가리키므로 부자와 군신이 물이 되고 친애함과 의로움은 사가 된다.

모든 것은 반드시 조작하는 자로 말미암아 되게 되는 것이요, 있다고 말하는 모든 것은 반드시 배치하는 것으로 말미암아 있게 되는 것이다. 그러나 저 리는 그렇지 않다. 그 되는 것이 조작하는 것으로 말미암아 되는 것이 아니라면 곧 그것이 저절로 되는 것이요, 그 있는 것이 배치하는 것으로 말미암아 있는 것이 아니라면 곧 그것이 저절로 있는 것이다. 그것이 되고 그것이 있는 것이 본래 저절로 이와 같기 때문에 그 작용이 나오는 것도 또한 교묘함을 다하고 계획함을 지극히 하여 변화를 생하는 것이 아니다. 이미 저절로 형形이 없고 상象이 없는 가운데에서 리가 되었으니 그것이 도덕사업이 되는 것도 스스로 그렇게 되지 않을 수 없는 것이다. 어찌 유위의 자취가 있어 그렇게 되는 것이겠는가?

12. 리는 형이상자이므로 시종, 방위, 모범, 체질, 지취, 성정으로 궁구할 수 없다.

理也者, 不可以世代歲月究其始終, 不可以疆域區界求其方位, 不可以長短廣狹言其模範, 不可以剛柔輕重言其體質, 不可以聲色臭味言其趣㮣, 不可以知覺運動求其性情.

리라는 것은 세대와 세월로써 그것의 시종을 궁구할 수 없으며, 강역疆域과 방소方所로써 그것의 방위를 구할 수 없으며, 장단長短과 광협廣狹으로써 그것의 모범을 말할 수 없으며, 강유剛柔와 경중輕重으로써 그것의 체질을 말할 수 없으며, 성색聲色과 취미臭味로써 그것의 지취志趣를 말할 수 없으며, 지각과 운동으로써 그것의 성정性情을 구할 수 없다.

13. 리는 감각적 인식의 범위를 벗어난 것이나 경계를 나누고 조리와 맥락을 찾을 수는 있다.

又不可以耳目接, 而實不出吾見聞之中; 不可以梯航求, 而實不出吾心身之中; 不可以筹數計, 而實不出吾知覺之中; 不可以方所指, 而實不出諸形器之中. 不可以模範準, 而實有界限之可分; 不可以涯涘測, 而實有條脉之可尋.

또 이목으로 접할 수 없으니 진실로 우리의 견문 가운데로 나오지 않으며, 사다리로 산에 오르고 배로 바다를 건너 구할 수 없으니 진실로 우리 몸과 마음의 가운데로 나오지 않으며, 산수로 계산할 수 없으니 실로 우리의 지각 가운데로 나오지 않으며, 방소로써 가리킬 수 없으니 실로 형刑과 기器의 가운데로 나오지 않는다. 그렇지만 모범으로써 표준을 세울 수는 없으나 실로 경계를 나눌 수는 있고, 한계로써 측량할 수는 없으나 실로 조리와 맥락을 찾을 수는 있다.

14. 태극은 지무至無의 가운데에서 지유至有가 되고 지허至虛의 가운데에서 지실至實이 된다.

錯認此理者, 以其有太極之名, 而遂以此理爲有爲實, 則每擬之於體段模象之一物, 而不知其本不雜於形器焉; 以其有無極之稱而遂以此理爲無爲虛, 則每歸之於渺茫曠蕩之域, 而不知其實不離於形器焉. 此二者皆非得知夫太極之爲太極也.

夫天地以下之有, 莫有如太極之爲至有; 天地以下之實, 莫有如太極之爲至實焉. 盖形而下者之有, 有必歸無, 然後後有者繼有也, 而後有者非前有也; 形而下者之實, 實必歸虛, 然後後實者繼實也, 而後實者非前實也. 若形而上者之有, 則無前後卽一有也. 形而上者之實, 則無前後卽一實也. 豈不以爲至有於至無之中, 爲至實於至虛之中故也?

이 리를 착인錯認하는 자는 그것이 태극이라는 이름을 가지고 있기 때문에 드디어 이 리가 있게 되고 실제가 된다고 여겨 매번 구체적인 형태와 일정한 모습을 가진 하나의 사물에 비기고 그것이 본래 형기에 뒤섞이지 않는다는 것을 알지 못하거나, 그것이 무극이라는 이름을 가지고 있기 때문에 드디어 이 리가 무가 되고 허虛가 된다고 여겨 매번 아득하고 텅 빈 경지에 귀결시켜 그것이 진실로 형기를 떠날 수 없다는 것을 알지 못한다. 이 두 가지는 모두 태극이 태극으로 되는 이유를 알지 못한 것이다. 대저 천지 이하의 유有는 태극이 지유至有가 되는 것 만한 것이 없으며 천지 이하의 실實은 태극이 지실至實한 것 만한 것이 없다. 대개 형이하자의 유는 유가 반드시 무로 돌아간 연후에 뒤에 오는 유가 이전의 유를 계승하지

만 뒤에 온 유는 이전의 유가 아니다. 형이하자의 실은 실이 반드시 허로
돌아간 연후에 뒤에 오는 실이 이전의 실을 계승하지만 뒤에 온 실은
이전의 실이 아니다. 그러나 형이상자의 유 같은 경우는 앞이건 뒤이건
곧 동일한 유이며, 형이상자의 실은 앞이건 뒤이건 곧 동일한 실이다.
이것이 어찌 지무의 가운데에서 지유가 되고 지허 가운데에서 지실이
되기 때문이 아니겠는가?

15. 태극은 변두리와 한계가 없고 텅 비거나 결함이 없다.
惟其無際限矣, 天所不能覆得, 地所不能載得也; 惟其無空缺矣, 鬼神所
不能逃遁得也; 惟其無變易矣, 四時之所不能推移得也; 惟其無體質矣,
日月之所不能照分得也, 水所不能沒得, 火所不能滅得也.

오직 그것이 변두리와 한계가 없으므로 하늘이 덮을 수 없는 것이며,
땅이 실을 수 없는 것이요, 오직 그것이 텅 비거나 결함이 없으므로 귀신이
도망할 수가 없는 것이며, 오직 그것이 바뀌는 것이 없으므로 사시가
미루어 옮길 수 없는 것이요, 오직 그것이 체질이 없으므로 일월이 나누어
비출 수 없는 것이며, 물이 빠지게 할 수 없는 것이요, 불이 태워 없앨
수 없는 것이다.

16. 태극은 변화시키거나 거역하거나 가릴 수 없다.
其爲一定也, 欲損之而不可損也, 欲益之而不可益也, 欲毀之而不可毀
也, 欲破之而不可破也, 欲撓之而不可撓也, 欲累之而不可累也. 其爲至
正也, 欲欺之而不可欺也, 欲逆之而不可逆也, 欲蔽之而不可蔽也.

그것이 일정한 것이 되고 나면 덜어내려 해도 덜어낼 수가 없고, 더하고자
해도 더할 수가 없으며, 훼손하려 해도 훼손할 수가 없고, 깨뜨리려 해도
깨뜨릴 수 없으며, 휘려고 해도 휘게 할 수가 없고, 묶으려 해도 묶을
수 없다. 그 지극히 바른 것이 된 것은 속이고자 해도 속일 수 없고,
거역하려 해도 거역할 수 없으며, 가리고자 해도 가릴 수 없다.

17. 태극은 천지인물의 궁극적인 기준이다.

太極之於天地人物也, 如律呂之於聲音也, 規矩之於方圓也, 尺度之於長
短也, 斗量之於多寡也, 權衡之於輕重也. 天地人物之於太極也, 如日月
之不能離天也, 山川之不能離地也, 水族之不能離水也, 植物之不能離土
也, 動物之不能離氣也.

태극이란 천지인물에 있어 율려13)가 성음聲音에 대한 것, 규구規矩14)가
네모와 동그라미에 대한 것, 척도가 길고 짧음에 대한 것, 두량斗量15)이
많고 적음에 대한 것, 권형權衡16)이 가볍고 무거움에 대한 것과 같다.
천지인물은 태극에 대해 일월이 하늘을 떠날 수 없고, 산천이 땅을 떠날
수 없으며, 물에 사는 것들이 물을 떠날 수 없고, 식물이 땅을 떠날 수
없으며, 동물이 기를 떠날 수 없는 것과 같다.

18. 모든 현상적인 것의 원인이 태극으로서의 일리.

天高地卑, 而其位不易也; 日晝月夜, 而其象不易也; 春生秋殺, 而其道不
易也; 夏暑冬寒, 而其時不易也; 人貴物賤, 而其品不易也; 動者常動植者
常植, 而其類不易也; 往者必過來者必續, 而其化不窮也. 臟必具五, 腑必
備六, 九竅之竅於身, 四肢之肢於體, 五常之性於心, 七情之用於性而莫
不同然者, 非一理爲太極而有是乎?

하늘은 높고 땅은 낮으니 그 위치를 바꿀 수 없으며, 해는 낮에 있고
달은 밤에 있으니 그 법도를 바꿀 수 없다. 봄은 만물을 낳고 가을은
만물을 숙살肅殺17)하니 그 도를 바꿀 수 없으며, 여름은 덥고 겨울은 추우니

---

13) 律呂는 고대에 음악의 표준으로 삼았던 12종류의 음률. 옛날 黃帝시대 伶倫이 대나무
   를 잘라 통을 만들어서 통의 길이를 가지고 聲音의 淸濁과 高下를 구분하였는데, 악
   기의 음은 이것으로 기준을 삼는다. 陰陽을 각각 여섯으로 나누어 陽이 律이 되고
   陰이 呂가 되는데, 十二律呂에서 陽에 해당하는 六律은 黃鐘, 太簇, 姑洗, 蕤賓, 夷則,
   無射이며, 陰에 해당하는 六呂는 大呂, 夾鐘, 仲呂, 林鐘, 南呂, 應鐘이다.
14) 規는 동그라미를 그리는 그림쇠이며, 矩는 네모를 그리는 직각자이다.
15) 斗는 한 말 즉 10되를 재는 용기이며, 量은 한 되를 재는 용기이다.
16) 權은 저울 또는 저울추를 가리키고, 衡은 저울 또는 저울대를 가리키는 것으로 합쳐
   서 저울의 뜻으로 쓰인다.

그 때를 바꿀 수 없다. 사람은 귀하고 만물은 천하니 그 등급을 바꿀 수 없으며, 움직이는 것은 항상 움직이고 서있는 것은 항상 서있으니 그 종류를 바꿀 수 없으며, 가는 것은 반드시 지나가고 오는 것은 반드시 이어져서 그 변화가 무궁하다. 오장五臟18)은 반드시 다섯 가지가 갖추어져야 하고, 육부六腑19)는 반드시 여섯 가지가 갖추어져야 하며, 구규九竅20)가 몸의 구멍이 되고, 사지가 몸의 팔다리가 되며, 오상이 마음의 본성이 되고 칠정이 성의 작용이 되어 똑같이 그러한 바가 아님이 없는 것은 일리一理가 태극이 되어 이러한 현상이 있는 것이 아니겠는가?

19. 태극은 도와 덕에 의거하여 궁구할 수 있다.

愚嘗爲之說曰: "孔子曰'易有太極'則太極之稱始出於此也. 至宋濂溪, 周子因孔子始言之太極而著圖說, 首加無極於太極之上曰'無極而太極', 則無極之稱遂出於此焉. 然則太極乃是有文字以來, 名得此理之至矣盡矣者也. 理果何如也, 而以太極名之乎? 夫旣曰理則非氣也, 非器也, 非物也. 固是不氣不器不物矣, 則何所據而有以認會之乎?

嗚呼, 理誠難言矣. 難言而不言, 則畢竟何得以明之哉? 今始用文字言語, 敢欲說出此理, 則理是自然而莫見其然, 常完而莫見其完, 不可端倪, 不可貌象焉矣, 其何可容得說哉? 誠所謂不容說也, 惟當就認其驗焉爲德, 行焉爲道者, 而擬依說出, 然後庶可得形容其大槩也.

德亦理之德也, 道亦理之道也, 而若指德爲理, 指道爲理, 則不可也. 理固德之本矣, 而方其理焉未驗於爲德, 則卽不可謂德爲理. 理固道之原矣, 而方其理焉未著於爲道, 則亦不可謂道爲理也. 必須此理之爲大本大原者, 驗焉爲德著焉爲道, 然後可據其所驗之德, 所著之道而得認夫未驗未著之理也. 理之經常者爲德, 理之流行者爲道, 故道德皆出於理, 而理外

---

17) 가을의 차가운 기운이 초목을 말라죽게 하는 것.
18) 폐장, 심장, 비장, 간장, 신장이니 폐는 魄를 간직하고 심장은 정신을 간직하고 비장은 意를 간직하고 간은 혼을 간직하며 신장은 志를 간직함으로 臟이라 함.
19) 뱃속에 있는 여섯 가지 장부로서 대장, 소장, 담, 위, 방광, 삼초를 가리킴.
20) 사람의 몸에 있는 아홉 개의 구멍.

無道德, 則會太極之理者, 舍道德, 其何可究得其本原哉?"

내가 일찍이 그것을 설명하여 말하였다. "공자가 '역에 태극이 있다'(易有太極)고 하였으니 그렇다면 태극이라는 호칭은 여기에서 처음 나온 것이다. 북송의 주렴계에 이르러 공자가 처음으로 말한 태극을 계승하여 도설圖說을 지어 맨 앞에다가 무극을 태극위에 더하여 말하기를 '무극이면서 태극이다'(無極而太極)라 하였으니, 무극이라는 호칭이 드디어 여기에서 나오게 되었다. 그렇다면 태극은 문자가 있은 이래로 이 리가 지극하고 극진함을 얻은 것을 이름한 것이다. 리가 과연 어떠한 것이기에 태극으로써 그것을 이름한 것인가? 대저 이미 리라고 말했으면 기氣도 아니요 기器도 아니며 물物도 아니다.21) 진실로 기氣도 아니요 기器도 아니며 물物도 아니라면 어디에 근거하여 그것을 깨달아 알 수 있는가?

아! 리는 진실로 말하기 어렵다. 그러나 말하기 어렵다고 해서 말하지 않는다면 필경에는 어떻게 그것을 밝힐 수 있는가? 지금 처음으로 언어문자를 사용하여 감히 이 리를 말로써 표현하려 한다면, 리는 스스로 그러하나 그것이 그러한 것을 볼 수 없고, 항상 완벽하나 그 완벽함을 볼 수 없으며, 실마리를 볼 수가 없고 모상을 볼 수가 없으니 그것을 어떻게 말로 설명할 수 있겠는가? 진실로 이른바 말로 설명할 수 없는 것이라면 오직 마땅히 그것을 징험하여 덕이 되고 그것을 행하여 도가 되는데 나아가 인식하여야 하니, 견주어 보고 비유하여 말한 연후에 아마도 그 대개를 형용할 수 있을 것이다.

덕德도 역시 리의 덕이요 도道 또한 리의 도이다. 그러나 만약 덕을 가리켜 리라 하고 도를 가리켜 리라 한다면 옳지 않다. 리는 진실로 덕의 근본이지만

---

21) 理는 송대에 이르러 氣와 병칭되어 형이상자로서 만물의 궁극적 원인, 본원을 가리킨다. 기는 형이상자인 리에 대비되는 형이하자를 가리키는 것으로서 음양오행이 여기에 해당된다. 器는 도와 대비되어 말해지는 것으로 형이상자인 도는 규율, 원칙, 도리 등을 가리키며, 기는 형이하자로서 천지, 동식물 등 구체성을 지니게 된 것을 가리킨다.(『주역』, 「계사상」 12장) 송대의 程頤는 도와 器를 리와 기로 해석하여 器는 음양이며 도는 음양의 소이라 하였다. 그러나 여기에서 여헌은 氣와 器를 구별하여 氣는 음양오행, 器는 그 음양오행의 변화로 이루어진 구체적인 물을 지칭하는 것으로 구별하여 쓰고 있다.

바야흐로 그것이 리의 상태에 있어 아직 덕이 되는 것을 징험하지 못했다면 곧 덕이 리라고 말할 수 없다. 리는 진실로 도의 원천이지만 바야흐로 그것이 리의 상태에 있어 아직 도로써 드러나지 않았다면 또한 도가 리라고 말할 수 없는 것이다. 반드시 모름지기 이 리가 큰 근본과 큰 원천이 되는 것이 징험되어 덕이 되고, 드러나서 도가 된 연후에 그 징험한 바의 덕과 드러난 바의 도에 의거하여 아직 징험되지 않고 드러나지 않은 리를 인식할 수 있는 것이다. 리 가운데 불변적이고 항상된 것이 덕이 되고 리 가운데 유행하는 것이 도가 된다. 그러므로 도와 덕이 모두 리에서 나오는 것이니 리 밖에 도덕이 없다. 그렇다면 태극의 리를 이해하는데 도와 덕을 버려두고 어떻게 그 본원을 궁구할 수 있겠는가?"

20. 태극에 일강一綱과 15목目이 있으므로 조화의 추뉴, 품휘의 근저, 도덕의 두로가 될 수 있다.

試認其爲綱者, 有一曰: 善也. 其爲目者有十五曰: 眞也, 實也, 常也, 直也, 順也, 平也, 中也, 正也, 公也, 定也, 準也, 密也, 全也, 完也, 通也. 夫善之爲綱者何哉? 盖自是生生之原也, 不有此理, 其何以有天地人物哉? 以其經常者而認之, 則所以使之有吉而無凶也, 有利而無害也, 有成而無敗也, 有繼而無絶也, 有福而無禍也. 此乃太極之本旨也. 無非善底大義爲之主焉, 則以善爲太極之綱, 不爲得乎? 若夫常外之變, 非太極之所知也. 以其目認之, 眞則无僞也, 實則无妄也, 常則无變也, 直則无曲也, 順則无逆也, 平則无險也, 中則无偏也, 正則无邪也, 公則无私也, 定則无忒也, 準則无欠也, 密則无漏也, 全則无隙也, 完則无損也, 通則无塞也. 此一理之所以爲太極而樞紐於造化, 根柢於品彙, 頭顱於道德者也. 其謂之太極, 不以是耶?

或曰: "理之爲太極也, 本自是不形不器無聲無臭, 則不可作綱目言之, 而今乃綱之目之, 則其不爲未安者乎?" 曰: "固知曰綱曰目之爲未安矣. 而第欲發明其爲理, 不得不爲之假設焉. 盖以一理之中衆妙具焉, 衆妙之上必有一言以蔽之者焉. 此乃首善稱綱, 集十五字稱目, 以其善之一字足包十五字之義, 十五字之義, 亦不出善字之總故也. 然而所設一綱十五目者, 皆就此理之發於四變而爲氣爲才爲道爲德者, 而推而上之, 以認其理必如是也爾. 若於太極上欲求其爲綱之善爲目之十五言, 則豈容着得其綱焉目之爲定義哉? 此又不可不知其妙者也."

或曰: "『易』曰'書不盡言, 言不盡意'. 今此一字之綱, 十五字之目, 果可以盡太極之義乎?" 曰: "太極之理, 無從可據而會之, 若非文字, 無他術可以發明, 而必欲用文字說出, 則一綱十五目之中減一字不得焉. 此所以敢有此綱目之說也."

或又曰: "『易』又曰'聖人立象以盡意, 設卦以盡情僞'. 夫儀象卦三者, 乃可以立象數以盡其意與情僞, 則太極獨不可立象數以盡其義乎?" 曰: "兩儀以下至四象八卦者, 已屬于形而下之器, 故可得以立象數矣. 至於太極則乃是形而上之道也. 其得有象數之加乎?

或曰: "濂溪, 晦庵皆有太極之圖, 於陰陽兩儀之上而皆設一段空圍而圓之者, 非太極之象乎? 曰太極只是理耳, 豈果有方圓之可擬哉? 其所以設空圍一圈者, 乃所以明夫太極者其有則固有矣, 而本自無形無象, 故設空圍以擬之, 非謂太極之象有如空圍之圈也. 若然則太極便歸於有象也, 此豈周朱兩賢之意哉?

시험 삼아 알아보면 그 강령이 되는 것에 하나가 있으니 선善이요, 그조목이 되는 것에 15가지가 있으니 진眞, 실實, 상常, 직直, 순順, 평平, 중中, 정正, 공公, 정定, 준準, 밀密, 전全, 완完, 통通이다. 저 선이 강령(綱)이되는 것은 무엇 때문인가? 대개 본래 이 리가 생생의 원천이니 이 리가없으면 어떻게 천지인물이 있을 수 있겠는가? 리의 불변적이고 항상된것(經常)으로써 알아보면, 그것으로 하여금 길함이 있게 하고 흉함이 없게하며, 이익이 있게 하고 해가 없게 하며, 성공이 있게 하고 실패가 없게하며, 계승됨이 있게 하고 끊어짐이 없게 하며, 복이 있게 하고 화가없게 하는 것이니 이것이 곧 태극의 본지本旨이다. 선의 대의大義가 그것의주재가 되는 것이 아님이 없다면 선이 태극의 강령이 되는 것이 옳지않겠는가? 저 항상된 이치 밖의 변고變故 같은 것은 태극이 주재한 것이아니다.

리의 조목(目)으로써 알아보면 참(眞)되면 거짓이 없고, 실(實)하면 망령됨이 없으며, 항상(常)되면 변화가 없고, 곧으면(直) 굽은 것이 없으며, 따르면(順) 거역함이 없고, 평탄(平)하면 험난함이 없으며, 중앙(中)이면 치우침이 없으며, 바르면(正) 삿됨이 없으며, 공변(公)되면 사사로움이 없으며, 안정(定)되면 사특함이 없으며, 표준(準)이 되면 결함이 없으며, 치밀(密)하면 새는 것이 없으며, 온전(全)하면 틈이 없으며, 완전(完)하면 부족함이 없으며, 달통(通)하면 막힘이 없는 것이다. 이것이 일리가 태극이 되어 조화의 추뉴가 되고 품휘의 근저가 되며 도덕의 두로가 되는 까닭이 아니겠는가? 그것을 태극이라 부르는 것은 이 때문이 아니겠는가?

어떤 사람이 물었다. "리가 태극이 되었으니 본래 저절로 형(形)이 없고 기(器)가 없으며 소리도 없고 냄새도 없다. 그렇다면 강령과 조목을 지어 말해서는 안 되거늘 지금 여기에 강령을 말하고 조목을 말하니 어찌 미안한 것이 되지 않겠는가?" 대답하였다. "강령이라 하고 조목이라 하는 것이 미안한 것이 된다는 것은 진실로 잘 알고 있다. 그러나 다만 그것이 리가 됨을 밝히고자 하여 가설(假設)하지 않을 수 없었던 것이다. 대개 일리 가운데 수많은 미묘함이 갖추어져 있지만 많은 미묘함 위에서 반드시 한마디 말로써 그것을 다 포괄할 수 있는 것이 있다. 이것이 곧 선을 먼저 강령으로 칭하고, 15자를 모아 조목으로 칭하였으니, 그것은 그 선이라는 한 글자가 충분히 15자의 뜻을 포괄할 수 있으며 15자의 뜻도 또한 선이라는 글자를 총괄한 것을 벗어나지 않기 때문이다. 그러나 하나의 강령과 15조목을 가설한 것은 모두 이 리가 네 번 변한 것에서 발출하여 기가 되고 재(才)가 되며 도가 되고 덕이 된 것에 나아가고, 미루어 올라가서 그 리가 반드시 이와 같다는 것을 안 것일 뿐이다. 만약 태극 위에서 그것의 강령이 선이 되고 조목이 15가지가 되는 이유를 구해 보고자 한다면 어떻게 그것의 강령이 되고 조목이 되는 것이 정해진 뜻이 된다고 할 수 있겠는가? 이 또한 그것의 미묘함을 알지 않을 수 없다."

어떤 사람이 물었다. "『역』에서 말하기를, '글은 말을 다 표현할 수 없고 말은 뜻을 다 표현할 수 없다'[22]고 하였는데, 지금 이 한 글자의 강령과

---

22) 『주역』, 「계사상」 12장.

15자의 조목이 과연 태극의 뜻을 다할 수 있겠는가?" 대답하였다. "태극의 리는 어디에 근거하여 그것을 이해할 수 있는 실마리가 없으니 만약 문자를 사용하지 않는다면 그 이치를 밝힐 수 있는 다른 방법이 없다. 그리고 반드시 문자를 사용하여 말해 보고자 한다면 하나의 강령과 15조목 가운데 한 글자도 줄일 수 없는 것이다. 이것이 감히 이 강목의 설이 있는 까닭이다."

어떤 사람이 또 물었다. "역에서 또 말하기를, '성인이 상象을 세워 뜻을 다하고 괘卦를 만들어 실정과 거짓을 다하였다'²³⁾ 하였으니 저 양의, 사상, 팔괘의 세 가지가 이에 상과 수數를 세워 그 뜻과 실정과 거짓을 다할 수 있는 것이다. 그렇다면 태극만이 상과 수를 세워 그 뜻을 다할 수 없는 것인가?" 대답하였다. "양의兩儀 이하로 사상, 팔괘에 이르는 것은 이미 형이하의 기器에 속한다. 그러므로 상과 수를 세울 수 있다. 태극에 이르면 이것은 곧 형이상의 도인 것이니 그것에 상수를 더할 수 있겠는가?"

어떤 사람이 물었다. "주렴계와 주회암 모두에게 태극도가 있는데, 음양 양의의 위에 모두 일단의 텅 빈 것을 둘러싸 둥글게 한 것을 두었으니 이것이 태극의 상이 아닌가?" 대답하였다. "태극은 다만 리일 뿐이니 어찌 과연 방원方圓으로써 비길 수 있는 것이 있겠는가? 태극도에 텅 빈 것을 둘러싸 둥글게 한 하나의 권圈을 둔 까닭은 곧 이것으로써 저 태극이라는 것이 있다는 것으로 보면 진실로 있으나 본래 스스로 형상이 없다는 것을 밝히고자 한 것이다. 그러므로 텅 빈 것을 둘러싸 둥글게 한 것을 두어 태극에다 비긴 것이지 태극의 상에 텅 빈 것을 둘러싸 둥글게 한 하나의 권 같은 것이 있다고 말하는 것은 아니다. 만약 그렇다면 태극은 곧 상이 있는 것으로 돌아가게 되니 이것이 어찌 주렴계와 주회암 두 현인의 뜻이겠는가?

21. 선이 태극의 강령이 되는 이유.

善之爲綱也, 爲天地萬物之一原, 而不自有其尊焉; 出無窮造化, 而不自有其功焉; 產許多品彙, 而不自有其德焉. 先焉而非有意於先之, 後焉而

---

23) 『주역』, 「계사상」 12장.

非有意於後之也; 隱焉而非有意於爲隱, 明焉而非有意於爲明也. 極高深遠大, 而不自爲貴焉; 窮卑淺近小, 而不自爲賤焉. 不以混沌之暗而隨其暗, 不以開闢之明而加其明; 不以天地之始爲其始, 不以天地之終爲其終.

其爲目也, 一於眞无僞, 一於實无妄, 一於常无變, 一於直无曲, 一於順无逆, 一於平无險, 一於中无偏, 一於正无邪, 一於公无私, 一於定无忒, 一於準无欠, 一於密无漏, 一於全无隙, 一於完无損, 一於通无塞也.

선善이 강령이 되는 것은, 천지만물의 일원一原이 되나 스스로 존귀하다는 생각을 하지 않으며, 무궁한 조화를 내지만 스스로 그 공을 내세우지 않으며, 허다한 품휘를 만들어 내지만 스스로 그 덕을 내세우지 않으며, 앞서면서도 앞선다는 생각을 하지 않고, 뒤지면서도 뒤진다는 생각을 하지 않으며, 숨어있으면서도 숨는다는 생각을 하지 않고, 밝게 드러나면서도 밝게 드러나게 된다는 생각을 하지 않으며, 지극히 높고 깊고 멀고 크나 스스로 귀하다고 여기지 않으며, 낮고 얕고 가깝고 작은 것의 궁극에 달하여서도 스스로 비천하다고 여기지 않으며, 혼돈의 어두움으로 인해 그 어두움을 따르지 않고, 개벽의 밝음 때문에 그 밝음이 더해지지 않으며, 천지의 시작을 그 시작으로 삼지 않고 천지의 마침을 그 마침으로 삼지 않기 때문이다.

선이 조목이 되는 것은, 참되어 거짓이 없는 것에 전일함이요, 진실하고 망령됨이 없는 것에 전일함이요, 항상되어 변함이 없는 것에 전일함이요, 곧고 굽음이 없는 것에 전일함이요, 따르고 거스름이 없는 것에 전일함이요, 평탄하고 험난함이 없는 것에 전일함이요, 중이 되어 치우침이 없는 것에 전일함이요, 정당하고 사특함이 없는 것에 전일함이요, 공변되어 사사로움이 없는 것에 전일함이요, 안정되어 사특함이 없는 것에 전일함이요, 균등하여 결함이 없는 것에 전일함이요, 치밀하여 새는 것이 없는 것에 전일함이요, 온전하여 틈이 없는 것에 전일함이요, 완전하여 부족함이 없는 것에 전일함이요, 통하여 막힘이 없는 것에 전일한 것이다.

22. 15조목의 의미.

眞謂其本然也, 實謂其充足也, 常謂其亘永也, 直謂其必是也, 順謂其宜 穩也, 平謂其安固也, 中謂其恰當也, 正謂其貞確也, 公謂其均徧也, 定謂 其惟一也, 準謂其稱齊也, 密謂其備盡也, 全謂其咸渾也, 完謂其自若也, 通謂其變活也.

참됨은 태극의 본연을 일컬은 것이요, 진실함은 태극의 충족함을 일컬은 것이요, 항상됨은 태극의 영원히 뻗침을 일컬은 것이요, 곧음은 태극의 반드시 그러함을 일컬은 것이요, 따름은 태극의 마땅하고 온당함을 일컬은 것이요, 평탄함은 태극의 편안하고 견고함을 일컬은 것이요, 중中은 태극의 꼭 합당함을 일컬은 것이요, 정당함은 태극의 곧고 확고함을 일컬은 것이요, 공변됨은 태극의 두루 가지런함을 일컬은 것이요, 안정됨은 태극의 유일함을 일컬은 것이요, 균등함은 태극의 꼭 맞게 가지런함을 일컬은 것이요, 치밀함은 태극의 다 갖추어짐을 일컬은 것이요, 온전함은 태극의 두루 혼융渾融함을 일컬은 것이요, 완전함은 태극의 자약함을 일컬은 것이요, 통함은 태극의 변화가 살아있음을 일컬은 것이다.

23. 15조목의 구체적인 내용.

其爲眞也, 非假借, 非姑息, 自然而然, 當然而然, 不爲而爲, 不存而存. 其爲實也, 有天地人物之理, 必爲天, 必爲地, 必爲人, 必爲物也. 其爲常 也, 在古如是, 在今如是, 在此如是, 在彼如是. 其爲直也, 巧舌利口不能亂 夫是非邪正, 刀鉅鼎鑊不能屈夫亢節守義. 其爲順也, 火必炎上, 水必潤 下, 反道必敗, 悖德必亡. 其爲平也, 父慈子孝兄友弟恭, 非其性乎? 耳聞 目觀, 手持足步, 非其常乎? 其爲中也, 在物爲性, 在事爲義, 莫不一定而 不可易者, 非所謂中乎? 其爲正也, 千邪莫容邪, 百僞莫敢僞, 萬變萬化而 各則其則者, 非所謂正乎? 其爲公也, 賦畀之性, 無物不得, 生育之道, 無 物不被, 無古今無巨細者是也. 其爲定也, 當有必有, 當無必無, 當行必行, 當止必止, 水不爲火, 火不爲水者, 無改易也. 其爲準也, 當多必多, 當寡必 寡, 當巨必巨, 當細必細者, 無加減也. 其爲密也, 備條緖包倫類, 脉絡之分, 次第之明, 無紊錯也. 其爲全也, 無所不具, 無所不及, 百千萬億隨處充足. 其爲完也, 無衰歇, 無降殺. 其爲通也, 動極則靜, 靜極則動; 往必有來, 闔有闢.

그것이 참됨이 됨은 잠시 빌린 것이 아니며 고식적인 것도 아니요, 스스로 그러하여 그러하고[24] 마땅히 그러하여 그러하며,[25] 일부러 하지 않으나 저절로 하게 되는 것이며, 억지로 보존하지 않아도 보존되는 것이다. 그것이 진실함이 됨은 천지인물의 리가 있으면 반드시 하늘이 되고, 반드시 땅이 되며, 반드시 사람이 되고, 반드시 만물이 되는 것이다. 그것이 항상됨이 됨은 옛날에 있어서도 이와 같고 지금에 있어서도 이와 같으며, 여기에 있어서도 이와 같고 저기에 있어서도 이와 같은 것이다. 그것이 곧음이 됨은 교묘한 말솜씨와 좋은 언변도 저 시비是非와 사정邪正을 어지럽힐 수 없고, 큰 칼과 정확鼎鑊[26]도 저 큰 절개와 절의를 지키는 것을 굴복시킬 수 없는 것이다. 그것이 따름이 됨은 불은 반드시 위로 타오르고, 물은 반드시 아래로 내려가 적셔 주며, 도를 어기면 반드시 패배하고, 덕을 거스르면 반드시 망하는 것이다. 그것이 평탄함이 됨은 아버지는 자애롭고 자식은 효도하며, 형은 동생을 사랑하고 동생은 형을 공경하는 것이니, 그것이 본성이 아니겠는가! 귀로 듣고 눈으로 보며, 손으로 쥐고 발로 걷는 것이니, 그것이 일상(常)이 아니겠는가! 그것이 중中이 됨은 물物에 있어서는 본성이 되고, 사事에 있어서는 의義가 되어, 한번 정해지면 바꿀 수 없는 것이 이른바 중이 아니겠는가! 그것이 정당함이 됨은 천 가지 사악함이 그 사악함을 용납하지 못하고, 백 가지 거짓이 감히 거짓을 행하지 못하여, 온갖 변화가 각기 그 법칙을 법칙으로 삼는 것이 이른바 정당함이 아니겠는가! 그것이 공변됨이 됨은 하늘이 부여한 본성을 어떤 만물도 얻지 못한 것이 없고, 생육하는 도는 어떤 물도 입지 않은 것이 없어, 고금의 차별도 없고 크고 작은 차별도 없는 것이 이것이다. 그것이 안정됨이 됨은 마땅히 있어야 할 것은 반드시 있고, 마땅히 없어야 할

---

24) 自然而然을 번역한 것.
25) 當然而然을 번역한 것.
26) 죄인을 삶아 죽이는 큰 솥.

것은 반드시 없으며, 마땅히 행해야 할 것은 반드시 행하고, 마땅히 그쳐야
할 것은 반드시 그치며, 물은 불이 되지 않고 불은 물이 되지 않는 것이
고치거나 바뀌는 것이 없는 것이다. 그것이 균등함이 되는 것은 마땅히
많아야 할 것은 반드시 많고, 마땅히 적어야 할 것은 반드시 적으며,
마땅히 커야할 것은 반드시 크고, 마땅히 작아야 할 것은 반드시 작은
것이 더하거나 덜어 냄이 없는 것이다. 그것이 치밀함이 되는 것은 조리와
계통을 다 갖추고 무리를 포괄하며, 맥락이 나누어지고 차례가 분명하여
문란하거나 어긋남이 없는 것이다. 그것이 온전함이 됨은 갖추지 않은
것이 없고, 미치지 않은 것이 없어 백천만억의 사물이 곳에 따라 충족한
것이다. 그것이 완전함이 됨은 쇠약해지거나 쉬는 것이 없고, 강등하거나
줄이는 것이 없는 것이다. 그것이 통함이 됨은 움직임이 극에 이르면
고요해지고, 고요함이 극에 이르면 움직이게 되며, 가면 반드시 오는 것이
있고, 닫히면 반드시 열리는 것이 있는 것이다.

24. 15조목의 지극한 경지.

无僞者, 眞之至也. 无妄者, 實之至也. 无變者, 常之至也. 无曲者, 直之至
也. 无逆者, 順之至也. 无險者, 平之至也. 无偏者, 中之至也. 无邪者,
正之至也. 无私者, 公之至也, 无改者, 定之至也. 无欠者, 準之至也. 无漏
者, 密之至也. 无隙者, 全之至也. 无損者, 完之至也. 无塞者, 通之至也.

거짓됨이 없는 것이 참됨의 지극함이요, 망령됨이 없는 것이 진실함의
지극함이며, 변함이 없는 것이 항상됨의 지극함이요, 굽은 것이 없는 것이
곧음의 지극함이며, 거역함이 없는 것이 따름의 지극함이요, 험난한 것이
없는 것이 평탄함의 지극함이며, 치우침이 없는 것이 중의 지극함이요,
사악함이 없는 것이 정당함의 지극함이며, 사심이 없는 것이 공변됨의
지극함이요, 고치는 것이 없는 것이 안정됨의 지극함이며, 결함이 없는
것이 균등함의 지극함이요, 새는 것이 없는 것이 치밀함의 지극함이며,
틈이 없는 것이 온전함의 지극함이요, 덜어 냄이 없는 것이 완전함의
지극함이며, 막힘이 없는 것이 통함의 지극함이다.

25. 15조목 사이의 연관성.

眞也, 實也, 常也三言者, 其義相類也; 直也, 順也, 平也三言者, 其義相類
也. 右六者皆以德言之, 而道在其中矣. 中也, 正也, 公也三言者, 其義相類
也; 定也, 準也, 密也三言者, 其義相類也. 右六者皆以道言之, 而德在其中
矣. 全也, 完也, 通也三言者, 其義相類也. 此則兼道德言之, 而其上十二言
之會也.

참됨, 진실함, 항상됨이라는 세 말은 그 뜻이 서로 비슷하고, 곧음, 따름,
평탄함이라는 세 말은 그 뜻이 서로 비슷하다. 위의 여섯 가지는 모두
덕으로써 말하였으나 도가 그 가운데에 있다. 중中, 정당함, 공변됨이라는
세 말은 그 뜻이 서로 비슷하고, 안정됨, 균등함, 치밀함이라는 세 말은
그 뜻이 서로 비슷하다. 위의 여섯 가지는 모두 도로써 말하였으나 덕이
그 가운데에 있다. 온전함, 완전함, 통함이라는 세 말은 그 뜻이 서로
비슷하다. 이것은 도와 덕을 겸하여 말하였으니 그 위의 12가지 말을
모은 것이다.

26. 태극의 리와 기氣, 재才, 도, 덕의 관계.

理旣有矣, 不可徒自爲理而已. 必有以發出於大用, 然後乃得其爲理之實矣,
故斯爲之氣卽一變也, 斯爲之才卽二變也, 斯爲之道卽三變也, 斯爲之德卽
四變也. 氣者, 變化之機也; 才者, 作爲之具也. 道者, 流行之體也; 德者,
生成之驗也. 氣者, 理之輔佐也; 才者, 理氣之作用也. 道者, 理氣之發達也;
德者, 理氣之凝聚也. 有氣, 然後有才, 有才, 然後有道, 有道, 然後有德.
太極之理, 必須有四變, 然後事業畢矣. 其爲事業, 則有天地人物者是也.

리가 이미 있지만 자기 혼자만으로는 리가 될 수가 없다. 반드시 대용大用으
로 발출할 수 있는 연후라야 그 리가 되는 실질을 얻게 된다. 그러므로
이것이 기가 되는 것이 곧 첫 번째의 변화요, 이것이 재才가 되는 것이
곧 두 번째의 변화이며, 이것이 도가 되는 것이 곧 세 번째의 변화요,
이것이 덕이 되는 것이 곧 네 번째의 변화이다. 기라는 것은 변화의 기틀이요,
재라는 것은 작위하는 것이 갖추어진 것이요, 도라는 것은 유행의 체요,

덕이란 것은 생성의 효험이다. 기는 리의 보좌이며, 재는 리기의 작용이며, 도는 리기의 발달이며, 덕은 리기가 엉겨 모인 것이다. 기가 있은 다음에 재가 있고 재가 있은 다음에 도가 있고 도가 있은 다음에 덕이 있다. 태극의 리는 반드시 네 번의 변화가 있은 연후에 사업을 마치게 되니 그 사업이란 천지인물이 있는 것이 이것이다.

27. 리는 그렇게 되도록 하는 것(使之者)이요 태극은 그것을 주장하는 것(主張之者)이니, 리는 태극의 실질이요 태극은 이 리의 미묘함을 일컫는 것.

以理言之, 其綱也有善無惡. 其目之爲眞, 爲實, 爲常, 爲直, 爲順, 爲平, 爲中, 爲正, 爲公, 爲定, 爲準, 爲密, 爲全, 爲完, 爲通也者, 莫非其綱之常也. 而及其爲四變也, 氣不能無淸濁厚薄, 才不能無優劣, 道不能無正邪, 德不能無吉凶, 故善不能皆純, 惡不能皆無, 而必有反眞之僞, 反實之妄, 反常之變, 反直之曲, 反順之逆, 反平之險, 反中之偏, 反正之邪, 反公之私, 反定之忒, 反準之欠, 反密之漏, 反全之隙, 反完之損, 反通之塞者何也?

此盖理不能徒理, 而不得不以氣爲用, 則氣不得純於淸, 純於厚, 必有反淸之濁, 反厚之薄. 故稟其淸且厚者爲善類, 稟其濁且薄者爲惡類. 此豈太極之所知哉? 然則事之有是非, 物之有臧否, 生之有壽夭, 世之有治亂, 國家之有興亡者, 皆其所不能免者也?

或曰: "然則理亦不能常一焉, 而太極亦有不能極者耶?" 曰: "不然也. 常之不能無變者, 自氣以下之所必有也. 理何嘗不一, 而太極何嘗有不極者哉? 是故, 四變之不能無反常者, 畢竟莫不同歸於此理之一焉也. 惡必化於善者, 道之常也; 非必從於是者, 事之常也; 否必屈於臧者, 物之常也; 亂必有治, 世之常也; 亡必有興, 國之常也; 夭必見庇於壽, 人之常也. 豈可以一時之變, 致疑於經常之理哉? 此太極之所以爲太極者也.

然其所以創字爲理, 其所以立稱爲太極者何也? 盖宇宙以來, 其間所做者造化也. 造化中所造所化, 若以形而下者言之, 則始於氣, 次質, 次才, 次器也. 而其所謂氣也, 質也, 才也, 器也者, 非自能爲氣, 爲質, 爲才, 爲器, 必有所以使之爲氣質才器者焉. 以形而上者言之, 則始於命, 次性, 次道, 次德也. 而其所謂命也, 性也, 道也, 德也者, 非自能爲命, 爲性, 爲道,爲德, 必有所以使之爲命性道德者焉. 如不有所以使之者在其先, 則其何得而必爲形而下焉, 又必爲形而上焉, 各有條脉, 各有次第, 而得爲不可易之定形, 得爲所當然之彝則哉? 究其所以使之然者, 而創其字焉曰理是也. 至於莫高莫明者天也, 而天止爲天於上焉; 莫博莫厚者地也, 而地止爲地於下焉; 莫多莫備者萬物也, 而萬物止各爲物於覆載之中焉. 上者不能下, 下者不能上, 中者不能上下者, 豈非天地萬物雖有大小高下之不同, 而莫不各爲有形之一物故也?

若夫此理之爲太極也, 則上焉而不偏於上也, 下焉而不偏於下也, 中焉而不偏於中也, 自以無形無象, 無聲無臭之本體, 常在於不方不所, 不影不跡之處. 而所以主張之者, 當使之天爲天, 地爲地, 人爲人, 物爲物, 皆不得自已焉者, 非此理乎? 此所以立稱爲太極者也.

故求太極之實, 則此理是也. 求此理之妙, 則太極是也. 字理而不言太極者, 伏羲之知非不及於孔子; 稱太極於字理之後者, 孔子之見非有加於伏羲也. 字理, 而太極之妙在其中矣; 稱太極, 而理之實在其中矣. 先聖後聖之道, 同此理也, 同此太極也. 然則周濂溪'無極'之云, 其有出於伏羲, 孔子之旨外哉?

리로써 그것을 말하면, 그 강령은 선은 있고 악은 없다. 그 조목이 참됨이 되고, 진실함이 되고, 항상됨이 되고, 곧음이 되고, 따름이 되고, 평탄함이 되고, 중이 되고, 정당함이 되고, 공변됨이 되고, 안정됨이 되고, 균등함이 되고, 치밀함이 되고, 온전함이 되고 완전함이 되고, 통함이 되는 것은 그 강령의 상도常道가 아님이 없다. 그러나 그것이 네 번의 변화가 되는 것에 이르게 되면 기는 청탁후박이 없을 수 없고, 재는 우열이 없을 수가 없으며, 도는 정正과 사邪가 없을 수 없고, 덕은 길흉이 없을 수 없다. 그러므로 선이 모두 순수하게 선일 수가 없고, 악이 모두 없을 수가 없어서 반드시 참됨에 반대되는 거짓이 있고, 진실함에 반대되는 망령됨이 있으며, 항상됨에 반대되는 변함이 있고, 곧음에 반대되는 굽음이 있으며, 따름에 반대되는 거스름이 있고, 평탄함에 반대되는 험난함이 있으며, 중에 반대되는 치우침이 있고, 정당함에 반대되는 사악함이 있으며, 공변됨에 반대되는 사사로움이 있고, 안정됨에 반대되는 어긋남이 있으며, 균등함에 반대되는 결함이 있고, 치밀함에 반대되는 샘이 있으며, 온전함에 반대되는 틈이 있고, 완전함에 반대되는 덜어 냄이 있으며, 통함에 반대되는 막힘이 있으니 무엇 때문인가?

이는 대개 리가 단지 리만으로 존재할 수 없고 기를 쓰임(用)으로 삼지 않을 수 없기 때문이다. 그렇게 되면 기는 순수하게 맑을 수 없고, 순수하게 두터울 수 없어 반드시 맑음에 반대되는 탁함이 있고, 두터움에 반대되는 얇음이 있게 된다. 그러므로 맑고 두터운 기를 품부한 것은 선한 종류가 되고, 탁하고 얇은 기를 품부한 것은 악한 종류가 되는 것이니, 이것이 어찌 태극이 주재한 것이겠는가? 그렇다면 사事에 시비가 있고, 물物에 선악이 있으며, 생명에 장수와 요절이 있고, 세상에 치란이 있으며, 국가에 흥망이 있는 것은 모두 면할 수 없는 것이다.

어떤 사람이 물었다. "그렇다면 리 또한 항상되어 일정할 수 없으며 태극 또한 궁극적인 표준이 될 수 없는 것인가?" 대답하였다. "그렇지 않다. 항상됨이 변함이 없을 수 없는 것은 기로부터 그 아래에 필연적으로 있는 것일 뿐 리가 어찌 일찍이 일정함이 되지 않고, 태극이 어찌 일찍이 궁극적인 표준이 되지 않았겠는가? 이 때문에 네 번 변하여 항상된 것으로 되돌아가지 않을 수 없는 것이니, 필경에는 이 리의 일정함으로 함께 돌아가지 않을 수 없는 것이다. 악이 반드시 선에 교화되는 것이 도의 항상됨이요, 그른 것이 반드시 옳은 것을 따르는 것이 사事의 항상됨이며, 악이 반드시 선에게 굴복하는 것이 물物의 항상됨이요, 혼란이 있으면 반드시 다스려짐 이 있는 것이 세상의 상도이며, 망하는 것이 있으면 반드시 흥하는 것이 있는 것이 국가의 상도요, 요절한 자는 반드시 오래 사는 사람에게 의탁하는 것이 사람의 상도이니, 어찌 한때의 변화로 인해 항상 일정하여 변하지 않는 리를 의심하는 데 이르게 될 수 있겠는가? 이것이 태극이 태극으로 되는 까닭인 것이다.

그러나 글자를 만들어 리라 한 까닭과 그 칭호를 세워 태극이라 한 까닭은 무엇 때문인가? 대개 우주가 있은 이래로 그 사이에서 만들어진 것은 조화이다. 조화 가운데에서 만들어지고 변화한 것을 형이하자로써 그것을 말해 본다면, 기에서 비롯되어 다음에 질이 되고, 그다음은 재才가 되고 그다음이 기器가 된다. 그런데 이른바 기, 질, 재, 기器라는 것은 스스로 기가 되고 질이 되고 재가 되고 기器가 될 수 있는 것이 아니라 반드시 그것으로 하여금 기, 질, 재, 기器가 되게 하는 것이 있는 것이다. 그것을 형이상자로써 말해 본다면 명命에서 시작하여 다음에 성性이 되고 다음에 도가 되고 다음에 덕이 된다. 그러나 이른바 명, 성, 도, 덕이라는 것은 스스로 명이 되고 성이 되며 도가 되고 덕이 될 수 있는 것이 아니라 반드시 그것으로 하여금 명이 되고 성이 되며 도가 되고 덕이 될 수 있게 하는 것이 있다. 만약 그것으로 하여금 그것이 되게 하는 것이 그 앞에 있지 않다면 그것이 어떻게 반드시 형이하가 될 수 있으며 또한 반드시 형이상이 되어 각각 조리와 맥락이 있고 각각 차례가 있어 바꿀 수 없는 정해진 형체가 되고 소당연所當然의 떳떳한 법칙이 될 수 있겠는가? 그것으로 하여금 그렇게 되게 하는 원인을 궁구하여 그 글자를 새롭게 만들었으니 리라 한 것이 바로 이것이다.

그보다 더 높은 것이 없고 그보다 더 밝은 것이 없는 것이 하늘이지만 하늘은 위에서 하늘이 되는 것에 그치며, 그보다 넓은 것은 없고 그보다 두터운 것이 없는 것이 땅이지만 땅은 아래에서 땅이 되는 것에 그치며, 그보다 더 많은 것이 없고 그보다 더 갖추어진 것이 없는 것이 만물이지만 만물은 하늘이 덮고 땅이 실어 주는 가운데에서 각각의 물이 되는 데 그친다. 위에 있는 것은 아래로 내려올 수 없고, 아래에 있는 것은 위로 올라갈 수 없으며, 가운데에 있는 것은 올라갈 수도 내려갈 수도 없는 것이니 어찌 천지만물이 비록 대소와 고하가 같지 않으나 각각 형체를 가진 하나의 물이 되기 때문이 아니겠는가?

이 리가 태극이 되는 것 같은 경우는 위에 있어도 위에 치우치지 않고, 아래에 있어도 아래에 치우치지 않으며, 가운데에 있어도 가운데에 치우치지 않아 본래 스스로 형과 상이 없고 소리와 냄새가 없는 본체로써 항상 방소方所가 없고 그림자나 자취가 없는 곳에 있다. 그러나 그것이 주장하는 것은 항상 하늘은 하늘이 되게 하고, 땅은 땅이 되게 하며, 사람은 사람이 되게 하고, 만물은 만물이 되게 하여 모두 스스로 그만둘 수 없게 하는 것이니 이것이 리가 아니겠는가? 이것이 칭호를 세워 태극이라 한 까닭이다.

그러므로 태극의 실질을 구해 보면 이 리가 이것이요, 이 리의 미묘함을 구해 보면 태극이 이것이다. 리라고 이름하고 태극을 말하지 않은 것은 복희27)의 지혜가 공자에 미치지 못해서가 아니요, 리라는 이름 뒤에 태극을 칭한 것은 공자의 견해가 복희보다 더 나은 것이 있어서가 아니다. 리라고 이름하였지만 태극의 묘가 그 가운데에 있는 것이요, 태극이라 칭하였지만 리의 실재가 그 가운데에 있는 것이다. 선성先聖과 후성後聖의 도가 똑같이 이 리이며, 똑같이 이 태극인 것이다. 그렇다면 주렴계가 무극이라 말한 것은 그것이 복희와 공자의 뜻 바깥에서 나온 것이겠는가?

28. 리가 곧 태극이며 태극이 곧 리인 것.

理卽太極, 太極卽理也; 太極之實曰理, 理之特稱曰太極. 不是此理之外, 別有太極也. 理之爲字, 自伏羲造書契而始有焉. 太極爲稱, 自孔子作『易』傳而始出焉. 然而字雖始造於伏羲, 稱雖始出於孔子, 而惟其爲理爲太極之實, 則固自有於未有字, 未有稱之先矣. 其實爲固有, 故伏羲爲之造其字焉, 孔子爲之立其稱焉. 此豈無所據於其實, 而必造字, 必立稱哉?
然而本自無形無象, 無方無所, 不影不迹, 不聲不臭, 則聖人何從而知其爲固有焉, 而設其字立其稱哉? 蓋不過以上焉有天, 下焉有地, 中焉有萬物者而知之也? 若不有此理自爲太極於未有天地萬物之先, 則天地何得而爲天地哉? 萬物何得而爲萬物哉? 先有爲天之理, 故於是乎爲天於上. 先有爲地之理, 故於是乎爲地於下. 先有爲萬物之理, 故於是乎爲萬物於天地之中也. 此聖人所以觀天地萬物而知其爲天地萬物者, 莫非此理爲之本也. 此理之所以爲天地萬物之本者, 以其爲太極也, 太極之外, 豈有理哉? 理之外, 豈有太極哉?

리가 곧 태극이며 태극이 곧 리다. 태극의 실질을 리라 하고, 리를 특칭하여 태극이라 하니 이 리 외에 따로 태극이 있는 것이 아니다. 리라는 글자는

---

27) 복희는 중국 고대의 전설에 나오는 인류 문명의 창시자들인 三皇 가운데 한 사람이다. 성은 風, 자는 太昊인데, 희생을 키우고 부엌에서 제물을 만들었으므로 庖羲라고도 부른다. 황하에서 龍馬가 河圖를 지고 나타나므로 처음으로 八卦를 그어 도식화했고, 그물을 발명하여 고기 잡는 방법을 가르쳤다고 한다.

복희가 글자를 만들면서부터 비로소 있게 된 것이요, 태극이라는 명칭은 공자가 역전易傳[28]을 지으면서부터 비로소 나온 것이다. 그러나 리라는 글자가 비록 복희에게서 처음 만들어지고 태극이라는 호칭이 비록 공자에게서 처음으로 나왔으나 그러나 오직 그 리가 되고 태극이 되는 실질은 진실로 글자가 있고 호칭이 있기에 앞서 본래 있은 것이다. 그 실질이 본래 있었기 때문에 복희가 그것을 위해 그 글자를 만들었고 공자가 그것을 위해 그 호칭을 세운 것이니 어찌 그 실질에 근거한 바 없이 반드시 글자를 만들고 반드시 호칭을 세울 수 있겠는가?

그러나 본래 형상이 없고 방소[29]가 없으며 그림자나 자취가 없고 소리나 냄새가 없다면 성인이 무엇에 말미암아 그것이 고유한 것임을 알아 그 글자를 만들고 그 호칭을 세웠는가? 대개 위에는 하늘이 있고 아래에는 땅이 있으며 가운데에 만물이 있는 것으로써 그것을 알게 된 것에 지나지 않는다. 만약에 이 리가 스스로 태극이 되어 천지만물이 있기 전에 앞서 있지 않았다면 천지가 어찌 천지가 될 수 있었으며 만물이 어떻게 만물이 될 수 있었겠는가? 먼저 천이 되는 리가 있었으므로 이에 위에서 천이 되었고, 먼저 땅이 되는 리가 있었으므로 이에 아래에서 땅이 되었으며, 먼저 만물이 되는 리가 있었으므로 이에 천지의 가운데에서 만물이 된 것이다. 이것이 성인이 천지만물을 관찰하여 그 천지만물이 된 것은 이 리가 근본이 된 것이 아님이 없다는 것을 알게 된 까닭이다. 이 리가 천지만물의 근본이 되는 까닭은 그것이 태극이 되기 때문이니 태극의 밖에 어찌 리가 있으며 리의 밖에 어찌 태극이 있겠는가?

29. 이 리가 태극이 되는 까닭.

太極卽此理也. 而聖人之贊易也, 不曰'易有此理, 是生兩儀', 而必曰'太極生而儀'者何也? 盖以理稱理, 則人皆知此理之有微妙精密之萬目, 而

---

28) 『주역』의 十翼을 가리킴. 이 속에 「象傳」 상하편, 「象傳」 상하편, 「繫辭」 상하편, 「文言」, 「序卦」, 「說卦」, 「雜卦」가 포함되어 있으며 전통적으로 공자의 저작으로 알려져 있다.
29) 方所란 일정한 방향과 위치를 말함.

不知其於微妙精密之中爲自有統貫總會之一綱也. 如不有統實總會者, 爲綱之一焉, 則其所以有微妙精密者, 何從而爲目之萬乎? 然而爲綱之一者, 非別有一理也. 爲目之萬者, 非別有萬理也. 一自爲萬, 萬自爲一者, 卽此理之所以爲太極者也. 其在事物之前爲事物所以然者, 而不容已焉; 其在事物之中爲事物所當然者, 而不可易焉. 其在事物之後爲事物所已然者, 而不隨泯焉. 前之所以然者, 卽爲中之所當然也. 中之所當然者, 卽爲後之所已然也. 故以其不容已者, 而爲其不可易焉. 以其不可易者, 而爲其不隨泯焉. 出萬變萬化而一自如也. 產萬品萬彙而一自如也. 以一爲萬而一未嘗損焉, 以萬歸一而萬未嘗耗焉. 其爲一者合之極也, 其爲萬者分之極也; 合焉者非有事於合之也, 分焉者非有事於分之也. 合自分無所在, 而不極無所往而不極焉. 此孔子所以必曰太極以名此理者也. 夫旣取極以名之, 加太以崇之, 則孔子之稱此理, 固已且盡矣. 而周子爲之著說, 又必以'無極而'三字加之於其上者, 亦豈不爲深甚焉乎?

태극은 곧 이 리다. 그러나 성인이 역을 찬술贊述할 때에 '역에 이 리가 있으니 이것이 양의를 생했다'라 하지 않고 반드시 '태극이 양의를 생했다[30]'고 한 것은 무엇 때문인가? 대개 리라는 말로써 리를 칭하면 사람들은 모두 이 리에 미묘하고 정밀한 온갖 조목이 있는 것은 알지만 그 미묘하고 정밀한 가운데에 본래 통관統貫하고 총회總會하는 하나의 강령이 있다는 것을 알지 못하기 때문이다. 만약 통관하고 총회하는 것이 하나의 강령이 되어 있지 않다면 그 미묘하고 정밀한 것이 어디로부터 온갖 조목이 되겠는가? 그러나 태극이 하나의 강령이 되는 것에 따로 하나의 리가 있는 것이 아니며 온갖 조목이 되는 것에 따로 만 가지 리가 있는 것이 아니니, 하나(一理)가 저절로 만 가지(萬理)로 되고 만 가지가 저절로 하나가 되는 것이 곧 이 리가 태극이 되는 까닭이다.

그것이 사물이 있기 전에 있을 때에는 사물의 소이연자所以然者가 되어 없을 수 없으며, 그것이 사물 가운데에 있을 때에는 사물의 소당연자所當然者가 되어 바뀔 수 없으며, 그것이 사물이 있고 난 뒤에 있을 때에는 사물의

---

30) 『주역』, 「계사상」 11장, "是故易有太極, 是生兩儀."

소이연자所已然者가 되어 사물을 따라 없어지지 않는 것이니, 사물이 있기 전의 소이연자所以然者가 곧 사물 가운데의 소당연자가 되며 사물 가운데의 소당연자가 곧 사물 이후의 소이연자所已然者가 되는 것이다. 그러므로 그것이 없을 수 없는 것이기 때문에 그것이 바뀔 수 없는 것이 되는 것이요, 그것이 바뀔 수 없는 것이기 때문에 그것이 사물을 따라 없어지지 않는 것이니, 만 가지 변화를 내지만 하나는 스스로 그러한 것이요, 만품萬品31)과 만휘萬彙32)를 만들어 내지만 하나는 스스로 그러한 것이다.

하나가 만이 되지만 하나는 일찍이 줄어든 것이 없고, 만이 하나로 돌아가지만 만이 일찍이 소모된 것이 없으니, 그 하나가 된 것은 합해짐의 극치이며, 그 만이 되는 것은 나누어짐의 극치이다. 합해진 것은 그것을 합치려고 일삼은 것이 아니요, 나누어진 것도 그것을 나누려고 일삼은 것이 아니다. 저절로 합해지고 저절로 나누어져 어디에 있으나 지극하지 않음이 없고, 어딜 가나 지극하지 않음이 없는 것이다. 이것이 공자가 반드시 태극이라는 말로써 이 리를 이름한 까닭이다. 대저 이미 '극極'이라는 말을 취하여 그것을 이름하고 거기에다 '태太'를 더하여 높였다면 공자가 이 리를 칭한 것이 진실로 이미 지극하고 다한 것이다. 그러나 주렴계가 「태극도설」을 저술할 때에 또 반드시 '무극이無極而'라는 세 글자를 그 위에 더한 것도 또한 어찌 매우 깊은 뜻이 있지 않겠는가?

30. 태극은 지무至無이면서 동시에 지유至有인 것.

太極也者可謂之至無, 而可謂之至有焉. 以其無形象可擬, 故爲至無也, 以其有眞實至理, 故爲至有也. 其有也不是從産出而有也, 其成也不是由造作而成也. 其要都擧於一善綱之中, 其實詳具於十五目之中, 自無古今焉, 不可謂之古有而今無, 今有而古無也. 本無彼此焉, 不可謂之彼有而此無, 此有而彼無也. 合之爲統體, 而不見其大也, 散之爲各具, 而不見其多也. 天得之而爲天, 地得之而爲地, 人得之而爲人, 三才則皆得其全體者也. 物得之而爲物, 萬物則各得分數, 而爲萬物也. 三皇得之而爲三皇,

---

31) 온갖 종류의 물건.
32) 온갖 무리.

五帝得之而爲五帝, 三王得之而爲三王, 三世之聖, 皆得其全體者也. 五霸假之而爲霸, 自五霸以下, 則各得其分數, 而爲歷代也.

태극이라는 것은 지무至無라고도 말할 수 있고 지유至有라고도 말할 수 있다. 그것이 비길 만한 형상이 없기 때문에 지무가 되고, 그것이 진실하고 지극한 리이기 때문에 지유가 된다. 그러나 그 유는 무엇으로부터 산출됨으로써 있게 된 유가 아니요, 그것이 이루어진 것은 조작함으로 말미암아 이루어진 것이 아니다. 그 요체는 모두 하나의 선이라는 강령 가운데에 합쳐져 있고, 그 실질은 15조목 가운데에 상세하게 갖추어져 있으며, 본래 고금이 없으므로 옛날에는 있었으나 지금은 없다고 말할 수 없고, 본래 피차가 없으니 저것에는 있으나 이것에는 없다고 말할 수 없다. 합하여 통체統體가 되어도 그것이 크다는 것을 볼 수가 없고, 흩어져 각각의 개체에 갖추어진 것이 되어도 그것이 많다는 것을 볼 수가 없다. 하늘은 그것을 얻어서 하늘이 되고, 땅은 그것을 얻어 땅이 되며, 사람은 그것을 얻어 사람이 되니, 천지인 삼재三才는 모두 그것의 전체를 얻은 것이다. 만물은 그것을 얻어 만물이 되지만 만물의 경우는 각기 분수分數를 얻어 만물이 되는 것이다. 삼황은 그것을 얻어 삼황33)이 되었고, 오제34)는 그것을 얻어 오제가 되었으며 삼왕35)은 그것을 얻어 삼왕이 되었으니 삼세의 성인은 모두 그것의 전체를 얻은 것이다. 오패五霸36)는 그것에 가탁하여 패자가 되었으며 오패 이하로부터는 각자 그 분수를 얻어 역대의 왕이 된 것이다.

31. 리가 태극이며 태극이 무극인 이유.

名此理曰太極者, 又有說焉. 固以此理之爲理, 雖可認之以吾心, 會之以在我之天, 而實難以筆舌說出其微稱得其妙焉者也. 故孔子提擧兩字說

---

33) 三皇은 고대 전설상의 세 임금으로, 伏羲・神農・黃帝라는 설, 伏羲・神農・女媧라는 설, 燧人・伏羲・神農이라는 설 등이 있다. 수인씨는 불을 발명하고 火食하는 법을 알게 했으며, 복희씨는 사냥의 기술을 창안했고, 신농씨는 농경을 발명했다고 한다.
34) 五帝는 少昊・顓頊・高辛・唐堯・虞舜을 가리킨다.
35) 三王은 夏나라 禹王, 殷나라 湯王, 周나라 文王을 가리키는데, 문왕에는 武王을 포함시키기도 한다.
36) 五霸는 春秋時代 다섯 霸者로, 齊桓公, 晉文公, 秦穆公, 宋襄公, 楚莊王을 가리킨다.

148

出乎說不出之微稱得於稱不得之妙, 而遂謂之太極, 非謂此理之外, 又有
所謂太極者也. 凡爲物者莫不有形器也. 夫旣爲形器之物, 則大自爲大而
不能小, 小自爲小而不能大, 高自爲高而不能卑, 卑自爲卑而不能高, 至
如深也淺也遠也近也者, 莫不各自爲深爲淺爲遠爲近, 而不得互其妙焉.
先者不能後, 後者不能先, 彼者不能此, 此者不能彼, 皆然也. 若此理則旣
大又小, 旣小又大, 旣高又卑, 旣卑又高, 其爲深淺也遠近也先後也彼此
也者, 未嘗有一定之偏也. 然而自其有變有易者而觀之, 則其變千變也,
其易萬易也; 自其不變不易者而觀之, 則千變萬易之中, 乃自有不變不易
之常焉. 又自其有分有散者而觀之, 則其分無數也, 其散無筭也; 自其無
分無散者而觀之, 則無數無筭之中, 乃自有常全常完之一焉. 此其所以爲
理而以太極名之者也. 然則以無體爲體, 而至無之中至實者存焉. 以無象
爲象, 而至一之中至備者藏焉. 以無窮爲不範之範, 以無盡爲不限之限,
則無體之體其可得以摹擬耶? 無象之象其可得以言形耶? 不範之範其可
得以破壞耶? 不限之限其可得以容息耶? 此乃此理之所以爲太極, 而太
極之所以爲無極也. 故求觀太極之理者, 不可容耳目之聰明, 而必須用心
神自然之知覺, 欲養吾心之太極者, 亦須用戒愼恐懼之功, 於勿忘勿助之
地, 然後庶可以體會之也.

이 리를 이름하여 태극이라 한 것에 또 다른 설이 있다. 진실로 이 리가
리로 되는 것을 비록 내 마음으로 인식할 수 있고 나에게 있는 천부의
리로써 깨달을 수 있다 하더라도 필설로써 그 은미함을 말해내고 그 미묘함
을 칭하는 것은 실로 어렵다. 그러므로 공자께서 두 글자를 들어서 말해내지
못한 은미함과 칭할 수 없는 미묘함을 칭하여 드디어 그것을 일러 '태극'이라
하였으니 이 리 밖에 또 이른바 태극이라는 것이 있다고 말한 것은 아니다.
모든 만물이 된 것은 형形과 기器[37]를 가지고 있지 않음이 없다. 대저
이미 형과 기를 가진 사물이 되었으면 큰 것은 저절로 큰 것이 되어
작게 될 수가 없고, 작은 것은 저절로 작은 것이 되어 커질 수가 없으며,
높은 것은 저절로 높은 것이 되어 낮아질 수 없고, 낮은 것은 저절로

---

37) 형체와 그것이 지닌 재능, 그릇됨을 가리킨다.

낮은 것이 되어 높아질 수가 없다. 깊고 얕고 멀고 가까운 것 같은 것에
이르러서도 각자 저절로 깊게 되고 얕게 되며 멀게 되고 가깝게 되지
않음이 없어 그 미묘함을 바꿀 수 없다. 앞에 있는 것은 뒤가 될 수 없고,
뒤에 있는 것은 앞이 될 수가 없으며, 저것은 이것이 될 수가 없고, 이것은
저것이 될 수가 없으니, 모두가 그러한 것이다.

그러나 이 리 같은 경우는 이미 크나 또 작고, 이미 작으나 또 크며,
이미 높으나 또 낮고, 이미 낮으나 또 높으니, 그것이 깊은 것이 되고
얕은 것이 되며, 먼 것이 되고 가까운 것이 되며, 앞이 되고 뒤가 되며,
저것이 되고 이것이 되는 것이 일찍이 일정한 치우침이 있는 것이 아니다.
그러나 그것을 변화가 있고 바뀜이 있는 것으로부터 살펴본다면 그것의
변화도 천만가지이고 그것의 바뀜도 천만가지이다. 그러나 그것을 변하지
않고 바뀌지 않는 것으로부터 살펴본다면 천만가지로 변화하고 바뀌는
가운데 곧 스스로 변화하지 않고 바뀌지 않는 항상됨이 있는 것이다.
또 그것을 나누어지고 흩어짐이 있는 것으로부터 살펴본다면 그것이 나누
어짐도 헤아릴 수 없고 그것이 흩어지는 것도 계산할 수 없다. 그러나
그것이 나누어짐이 없고 흩어짐이 없는 것으로부터 본다면 헤아릴 수
없고 계산할 수 없는 가운데 저절로 항상 온전하고 항상 완전한 일자一者가
있는 것이니 이것이 리가 되는 까닭이며 태극으로써 그것을 이름한 까닭인
것이다.

그렇다면 체가 없는 것으로써 체로 삼아 지극히 아무것도 없는 가운데
지극히 알찬 것이 있으며, 상象이 없는 것으로써 상象으로 삼아 지일至一의
가운데에 지극히 갖추어진 것이 간직되어 있으며, 무궁으로써 한계가
없는 한계로 삼고, 무진無盡으로써 한도가 없는 한도로 삼는 것이니, 그렇다
면 체가 없는 체를 무엇으로써 본뜨거나 비길 수 있겠는가? 상이 없는
상을 말로써 형용할 수 있겠는가? 한계가 없는 한계를 파괴할 수 있겠는가?
한도가 없는 한도를 어찌 그치게 할 수 있겠는가? 이것이 곧 이 리가
태극이 되는 까닭이며 태극이 무극이 되는 까닭이다. 그러므로 태극의
리를 구해 보고자 한다면 이목의 총명으로는 담아낼 수 없고 반드시 모름지
기 심신心神의 자연스러운 지각을 써야 하는 것이요, 우리 마음의 태극을

기르려 하는 자도 또한 모름지기 마음에서 잊지도 말고 조장하지도 않는[38] 경지에서 계신공구(戒愼恐懼[39])의 공부를 한 연후에 아마도 체회(體會[40])할 수 있을 것이다.

32. 태극 위에 무극을 더한 까닭.

太極有兩義: 一爲宗主統一無上無外者是也; 一爲亘前亘後無始無終者是也. 其所以宗主統一無上無外者, 乃太極之所以無處不極也; 所以亘前亘後無始無終者, 乃太極之所以無時不極也. 惟其無處不極無時不極者, 卽所謂極焉, 而太也. 無極亦有兩義: 一爲無貌狀; 一爲無窮盡. 凡屬氣者必有淸濁, 屬形者必有方圓; 此理則不可以淸濁言, 不可以方圓言, 乃所以爲無貌狀也. 又屬氣者必有消長, 屬形者必有聚散; 此理則未嘗有消長, 未嘗有聚散, 乃所以爲無窮盡也. 惟其無貌狀無窮盡者, 卽所謂極焉, 而無也.

夫孔子所言'太極'之中, 實自含無極之妙焉, 非有所欠漏之義矣. 而周子必須發無極之言加之於句頭者, 果非贅說而求多者也, 便是闡明太極之妙, 以發孔子未發之蘊, 而爲後學重指掌者也. 著一而字於其間焉, '而'字亦有兩義: 一爲互備之義; 一爲連貫之義. 有無極之妙故, 爲太極之實, 有太極之實故, 爲無極之妙, 則置而字以間之者, 非所以互備乎? 太極自是無極, 無極卽是太極, 則置'而'字以接之者, 非所以連貫乎? 備五字成一句, 而不可得以加減一字, 則無極太極, 前聖後賢立言之要, 不已著乎?

태극에 두 가지 뜻이 있으니, 하나는 위도 없고 밖도 없는 것의 종주(宗主)가 되어 통일하는 것이 이것이요, 또 하나는 처음부터 끝에 이르기까지 시작도

---

38) 勿忘勿助를 번역한 것. 이는 맹자가 말한 浩然之氣를 기르는 방법으로 말한 것으로 "반드시 일삼는 바가 있되 미리 예기하지도 말고 마음에서 잊지도 말고 조장하지도 말라"(必有事焉而勿正, 心勿忘勿助長)는 것에서 인용한 것.(『맹자』, 「공손추상」 2)

39) 이 말의 출전은 『중용』, 「首章」의 "君子, 戒愼乎其所不睹, 恐懼乎其所不聞"이다. 이 말은 "도는 마음에 갖추어진 성의 덕이므로 어떤 사물도 이를 가지고 있지 않은 것이 없고 어느 때도 그렇지 않은 때가 없으므로 군자는 항상 경외심을 보존하여 비록 보고 듣지 못하는 곳에서도 감히 소홀히 하지 않는다"는 뜻이다.

40) 몸으로 깨닫는다는 것은 충분히 납득하여 자신의 것으로 만든다는 것이다.

없고 끝도 없는 것이 이것이다. 그것이 위도 없고 밖도 없는 것의 종주가 되어 통일하는 것이 곧 태극이 어느 곳에서나 극이 되지 않음이 없는 까닭이요, 처음부터 끝에 이르기까지 시작도 없고 끝도 없는 것이 곧 태극이 어느 때나 극이 되지 않음이 없는 까닭이니, 오직 어느 곳에서나 극이 되지 않음이 없고 어느 때나 극이 되지 않음이 없는 것이 곧 이른바 '극極'이면서 또 '태太'인 것이다.

무극 또한 두 가지 뜻이 있으니 하나는 모습과 형상이 없는 것이요, 또 하나는 다함이 없는 것이다. 무릇 기에 속하는 것은 반드시 청탁이 있고, 형에 속하는 것은 반드시 방원方圓이 있다. 그러나 이 리는 청탁으로 말할 수도 없고 방원으로도 말할 수 없으니 이것이 곧 모습과 형상이 없는 것이 되는 까닭이다. 또 기에 속한 것은 반드시 소장消長[41]이 있고 형에 속하는 것은 반드시 취산이 있다. 그러나 이 리는 일찍이 소장이 있은 적도 없고 일찍이 취산이 있은 적도 없으니 이것이 곧 다함이 없는 것이 되는 까닭이다. 오직 그것이 모습과 형상이 없고 다함이 없는 것이 곧 이른바 '극'이면서 '무'인 것이다.

공자가 말한 바의 태극이라는 것 가운데 진실로 저절로 무극의 미묘함 포함되어 있으니 부족하거나 빠진 바가 있는 것은 아니다. 그러나 주렴계가 반드시 무극이라는 말을 드러내어 「태극도설」의 첫 구절에 더한 것은 진실로 쓸데없는 말을 덧붙여 많기를 구한 것이 아니요 곧 태극의 미묘함을 천명하여 공자가 발출하지 못한 온축蘊蓄을 발출함으로써 후학을 위하여 거듭 손바닥 을 가리켜 보인 것[42]이다. 그리고 하나의 '이而' 자를 무극과 태극 사이에 넣었으니 '이'자에도 두 가지 뜻이 있다. 하나는 서로 갖추어진다는 뜻이 되고 하나는 연결하여 이어진다는 뜻이 된다. 무극의 묘가 있기 때문에 태극의 실질이 되고, 태극의 실질이 있기 때문에 무극의 묘가 되니, 그렇다면 '이' 자를 무극과 태극 사이에 둔 것은 그것으로써 서로 갖추어지게 한

---

41) 줄어듦과 자라남.
42) 이는 『논어』 「팔일」편 11장에 나오는 말로서, "어떤 사람이 禘祭祀의 의의를 물으니 공자께서 말씀하시기를, '모르겠다. 그 뜻을 아는 사람이 천하를 다스린다면 마치 이것을 보는 것처럼 쉬울 것이다' 하면서 자기 손바닥을 가리켰다"는 것에서 인용한 것이니, 쉽게 이해할 수 있도록 했다는 뜻.

것이 아니겠는가? 태극이 스스로 무극이며 무극이 곧 이 태극이라면 '이'
자를 무극과 태극 사이에 두어 그것을 연결한 것은 그것으로써 연결하여
이어지게 한 것이 아니겠는가? 다섯 글자를 갖추어 한 구절을 만들었으나
한 글자도 더하거나 덜 수 없는 것이라면 무극과 태극이 전성과 후성이
입언한 요체라는 것이 이미 분명히 드러나지 않았는가?

33. 태극은 곧 리요, 천지는 태극이 생한 것 가운데 가장 먼저 나왔으며 가장
　　큰 것.

或曰: "周子旣曰'太極本無極', 則太極固是無形質, 無方位, 無彼此, 無古
今矣. 然則人謂天地之上下四方曰宇, 古往今來曰宙, 其不可以宇宙爲太
極乎? 天地與太極, 固不得不分, 而不可謂之爲一乎?"

曰: "天地雖大, 亦一有形之物也. 旣各爲一物矣, 則何得謂之太極乎? 太
極卽理也. 理旣爲之太極矣, 於是乎爲其所先有者, 元氣也. 其爲元氣亦
不得不分陰陽故, 其輕淸者圓而爲天, 重濁者方而爲地. 以易書言之, 卽
其兩儀也. 而乃是太極之所生, 則天地豈非與太極爲一哉? 故邵子之言曰
'能造萬物者天地也, 能造天地者太極也'. 然則天地非太極中有形之一
巨物乎? 而況宇宙卽天地間之別號也. 豈可以天地之別號, 擬之爲無極之
太極乎? 但天地爲有形之首出爲器之最大, 而以生成萬物爲其道, 則太極
之爲太極, 都在於天地之爲天地也. 若不有天地, 則安知夫天地之所出
者, 爲太極乎? 至於宇宙中萬物, 則孰非稟受乎天地之化, 而爲太極之各
具者哉?"

或又曰: "先儒旣曰'萬物各具一太極', 則物之微者, 不可得以數悉矣. 其
所以爲各具之太極者, 果可驗究於物物之中乎?

曰: "雖微之至賤之甚者, 旣爲一物, 旣有其形, 則必有所以爲物爲形之理,
必有一偏合用之道, 又必有各分當在之所矣. 天下豈有理外之物乎? 此所
謂太極之各具者也."

어떤 사람이 물었다. "주렴계가 이미 '태극은 본래 무극이다'라고 하였다면
태극은 진실로 형질이 없고 방소가 없으며 피차가 없고 고금이 없는 것이다.
그렇다면 어떤 사람이 이르기를, '천지의 상하사방을 우宇라 하고 옛날이

가고 지금이 오는 것을 주宙라고 한다'[43]라 하였으니 우주를 태극이라 할 수 없는 것인가? 천지와 태극이 진실로 나누어지지 않을 수 없는 것이어서 하나가 된다고 말할 수 없는 것인가?"

대답하였다. "천지가 비록 크나 또한 하나의 형체를 가진 물건이다. 이미 각기 하나의 물건이 되었다면 어떻게 그것을 일러 태극이라 할 수 있겠는가? 태극은 곧 리다. 리가 이미 태극이 되면 여기에서 가장 먼저 있게 되는 것은 원기元氣[44]이며, 그것이 원기가 되면 또한 음양으로 나누어지지 않을 수가 없다. 그러므로 그것 가운데 가볍고 맑은 것은 둥글어 하늘이 되고 무겁고 탁한 것은 네모지게 되어 땅이 되니 역서易書로써 말하면 곧 양의兩儀[45]이다. 그러나 이것은 곧 태극이 생한 것이니 천지가 어떻게 태극과 더불어 하나가 될 수 있겠는가? 그러므로 소강절[46]의 말에 이르기를, '만물을 만들어낼 수 있는 것은 천지요 천지를 만들어낼 수 있는 것은 태극이다'라 하였으니 그렇다면 천지는 태극 가운데에서 형체를 가진 하나의 커다란 물건이 아니겠는가? 하물며 우주란 천지 사이를 부르는 별호別號이니 어찌 천지의 별호로써 극이 없는 태극에 비길 수 있겠는가? 다만 천지는 형체를 가진 물건 가운데 맨 먼저 나와 기器[47] 가운데 가장 큰 것이 되어 만물을 생성하는 것으로써 자신의 도로 삼는다. 그렇다면 태극이 태극으로 되는 것은 모두 천지가 천지로 되는 것에 있는 것이다. 만약 천지가 있지 않다면 저 천지를 만들어 낸 것이 태극이라는 것을 어찌 알겠는가? 심지어 우주 가운데 있는 만물의 경우 어느 것이 천지의 조화로부터 품수하여 태극을 각기 갖춘 것이 아니겠는가?"

어떤 사람이 또 물었다. "선유가 이미 '만물이 각기 하나의 태극을 갖는다'[48]

43) 『회남자』 「原道訓」에 나오는 우주라는 말에 대해 高誘가 주석한 말로서, 상하사방을 우라 한다는 것은 우주의 무한한 공간을 말한 것이고, 옛날이 가고 지금이 온다는 것은 우주의 무한한 시간을 가리키는 것.
44) 천지가 나누어지기 이전의 혼돈한 기운.
45) 음과 양을 가리킴.
46) 북송대의 성리학자로서 北宋五子 가운데 한 명인 邵雍을 가리킴. 자는 堯夫이며 諡號가 康節이다. 저서에 『皇極經世』, 『伊川擊壤集』이 있다.
47) 형체가 있는 구체적인 사물.
48) 주렴계 「태극도설」 주희의 주석. 『성리대전』 권26 「理氣一」 '태극'조 참조.

154

고 말하였으니 그렇다면 만물 가운데 미미한 것은 모두 다 헤아릴 수 없지만 그것이 각기 하나의 태극을 갖춘 것이 되는 것을 만물 가운데에서 경험적으로 궁구할 수 있는가?"

대답하였다. "비록 지극히 미천한 것일지라도 이미 하나의 사물이 되어 형체가 있게 되었다면 반드시 사물이 되고 형체가 되는 리가 있으며, 반드시 한쪽으로 쓰임에 합당한 도가 있으며, 또한 반드시 각자의 분수에 마땅히 있어야 할 곳이 있는 것이니 천하에 어찌 리를 벗어난 사물이 있겠는가? 이것이 이른바 태극을 각기 갖춘 것이다."

34. 소이연의 리가 없으면 만사만물이 존재할 수 없다.

凡所謂然者, 乃指夫事物之旣成方存者也. 有體質, 有形象, 有聲色, 有方所, 爲性情, 爲才技, 爲道德, 爲事業, 然後可以謂之旣成方存也. 天於上, 地於下, 人物於其間者, 皆爲然也. 若所謂理者, 乃是究指其所以使之必然者也. 天之所以天, 地之所以地, 人物之所以人物者, 卽其有所以然之理也. 如不有所以然之理在事物俱然之先焉, 則萬事萬物之俱然者, 何得而爲俱然之事業乎?

무릇 이른바 '그러하다'(然)는 것은 곧 사물이 이미 이루어져 바야흐로 존재하게 된 것을 가리킨 것이니; 체질이 있고 형상이 있고 성색이 있고 방소가 있으며, 성정이 되고 재기才技가 되고 도덕이 되고 사업이 된 연후에 그것을 일러 이미 이루어져 바야흐로 존재하게 되었다고 할 수 있다. 하늘은 위에 있고 땅은 아래에 있으며 사람과 만물은 그 사이에 있는 것이 모두 그러하게 된 것이니, 저 '리'라고 하는 것은 곧 그것으로 하여금 반드시 그러하게 한 까닭을 추구하여 가리킨 것이다. 하늘이 하늘로 된 까닭과 땅이 땅으로 된 까닭과 사람과 만물이 사람과 만물이 된 까닭은 곧 그 소이연의 리가 있기 때문이다. 만약 소이연의 리가 사물이 모두 그러하게 존재하기 이전에 있지 않았다면 만사만물이 모두 그러한 것이 어떻게 모두 그러한 사업이 될 수 있었겠는가?

35. 천지, 사람, 만물은 도와 덕이 아니면 존재할 수 없으므로 태극은 도덕의 두로인 것.

道與德非二理也. 就道而指其至善, 則謂之德; 就德而指其至誠, 則謂之道. 至善則無偏私也, 至誠則無間斷也. 德之行於日用而不可須臾離者, 謂之道; 道之常於中正而不以古今變者, 謂之德. 不可須臾離者, 非其爲中乎? 不以古今變者, 非其爲正乎? 故言道而德在道中, 言德而道在德中矣. 天地人物非道則不能爲天地人物於古今也, 非德則不得爲天地人物於須臾也. 然其所以爲之道, 爲之德者, 實惟太極之一理, 則太極固非道德之頭顱乎? 故曰無極而太極.

도와 덕은 두 개의 리가 아니다. 도에 나아가 그것의 지선至善한 점을 가리켜 말하면 덕이라 일컫고, 덕에 나아가 그것의 지성至誠한 점을 가리켜 말하면 도라고 일컫는 것이다. 지선하면 치우치거나 사심이 없고, 지성하면 끊어짐이 없다. 덕이 일용에서 행해져서 잠시도 떠날 수 없는 것을 일러 도라고 하고, 도가 항상 중정中正하여 때의 고금으로 인해 변하지 않는 것을 일러 덕이라 한다. 잠시도 떠날 수 없는 그것이 중中이 되는 것이 아니겠는가? 때의 고금으로 인해 변하지 않는 그것이 정正이 되는 것이 아니겠는가? 그러므로 도를 말하면 덕이 그 가운데에 있고, 덕을 말하면 도가 그 가운데에 있는 것이다. 천지와 사람과 만물은 도가 아니면 고금에 걸쳐 천지와 사람과 만물이 될 수 없고, 덕이 아니면 잠시라도 천지와 사람과 만물이 될 수가 없다. 그러나 그것이 도가 되고 덕이 되는 까닭은 실로 오직 태극의 일리一理이니 그렇다면 태극이 진실로 도덕의 두로頭顱가 아니겠는가? 그러므로 무극이면서 태극이라고 말하는 것이다.

36. 하루, 한 순간도 태극이 없이는 천지만물이 있을 수 없다.

大哉至哉! 無極太極之爲極也. 未有天地萬物之初, 若不有此理爲之本焉, 天地萬物其何從而得之爲天地萬物乎? 旣有天地萬物之後, 不有此理爲之主焉, 天地萬物又何據而得之能天地萬物乎? 然則天地固不得離此理而爲天地, 萬物亦不得離此理而爲萬物. 天地萬物之不得離此理而爲天地萬物者, 有若陸產之物不得離陸入水而能爲物, 水產之物不得離水登陸而能爲物也. 其故何歟? 天地萬物既莫不本此理, 而爲天地萬物. 故不得一日違此理, 而能天, 能地, 能人, 能物也.

試以所常覩大小有形體者言之, 天何得以如許其高大, 而確然在上, 無所不覆; 地何得以如許其廣厚, 而隤然在下, 無所不載乎? 日月星辰之象懸者, 何得以有其光明, 有其躔次行度而不相錯焉? ; 山嶽川瀆之質成者, 何得以必峙必流, 經緯地勢 而不曾易焉乎?; 二氣五行, 晝夜寒暑之不失其常者, 孰使之然乎? 造化之流行無時窮焉, 品彙之爲物無不備焉者, 孰使之然乎? 吾人中立天地, 具五臟六腑於內, 備九竅四肢於外, 筋骸毛髮之必同, 聲音貌象之惟均者, 其何以有是哉?

至於萬物之在兩間動而橫首者, 凡幾類? 植而下首者, 亦幾種? 而莫不生其生, 莫不形其形, 莫不所其所, 莫不分其分者, 亦何以得之哉? 有常形者無一物或虧其形, 有常數者無一物或欠其數, 孰爲之致工致悉而然哉? 又以貴賤性情所常驗者言之, 天地以健順爲性情, 而四德皆備, 故其所以出造化產品彙者, 流行古今充滿兩間, 皆是也. 四德之必備, 其亦有畀之者歟? 性情之健順, 其亦有命之者歟? 造化之無窮, 孰爲之樞紐; 品彙之畢具, 孰爲之根柢歟?

人以藐然之一身, 稟全天地之四德, 元必爲仁, 亨必爲禮, 利必爲義, 貞必爲智者, 孰爲之條賦歟? 其能自盡其性, 又能盡人物之性, 至有以贊天地之化育者, 何由而致之乎? 物之有形質, 有血氣而爲動類者, 自有動類之性情; 有形質, 無血氣而爲植類者, 自有植類之性情. 動物之中, 又有飛類走類, 而水陸異族; 植物之中, 又有草類木類, 而山野異族. 然其類族雖別, 而莫不有性情者, 則未嘗不同焉. 其所以各有形質, 各有性情者, 則同矣. 而形質, 皆各有一定之形質; 性情, 皆各有一定之性情. 不以古今而變改, 不以彼此而換易, 大不能兼其小, 強不能奪於弱, 貴不得無其賤, 精不能廢其粗, 爲生育之一物, 無非致用於分內者, 孰秉其機而有以生生, 有以化化歟? 此莫非太極爲之極, 而使之大大小小, 貴貴賤賤, 彼彼此此, 先先後後, 無所紊錯, 無所欠缺者也.

若不有天地, 不得以生育萬物, 覆載萬物, 故於是乎必先有天地焉. 既有天地矣, 不有萬物, 不得以應生生化化之道, 盡天地之事功, 故於是乎必有萬物焉. 有天地有萬物矣, 而不有吾人以中乎天地, 以首乎萬物, 則不得以效裁成輔相之業, 致參贊化育之道, 故於是乎必畀吾人, 以最靈最貴之才德, 有以會天地萬物之極責, 宇宙三才之託焉.

然則有天地, 有吾人, 有萬物者, 卽太極之功用事業也. 故曰: "天地人物未有之前, 不有太極爲之極焉, 則天地人物何從而生乎? 天地人物既有之後, 不有太極爲之極焉, 則天地人物豈得一日一刻能爲天地人物乎?" 此非無極太極之爲之大樞紐, 大根柢者乎? 唯能大吾之心目, 精吾之思慮, 然後庶可得以究極認會乎此理矣.

然則太極無形象, 而宇宙內凡爲有形象者之所以爲形象者, 無非其本於無形象之理也. 太極無體質, 而凡爲有體質者之所以爲體質者, 無非其本於無體質之理也. 太極無聲色, 而凡爲有聲色者之所以爲聲色者, 無非其本於無聲色之理也. 太極無情意, 而凡爲有情意者之所以爲情意者, 無非其本於無情意之理也. 豈不以太極無形象之中, 有爲形爲象之理; 無體質之中, 有爲體爲質之理; 無聲色之中, 有爲聲爲色之理; 無情意之中, 有爲情爲意之理?

惟其無形象, 無體質, 無聲色, 無情意者, 理之本然也; 有形象, 有體質, 有聲色, 有情意者, 涉氣爲物也. 有理然後爲氣爲物, 則爲氣爲物之有形象, 有體質, 有聲色, 有情意者, 無其所本之理, 而能有之乎?

此乃太極之所以爲天地萬物之太極也. 設如太極自有形象, 自有體質, 自有聲色, 自有情意, 則其何以爲天地萬物許多形象, 許多體質, 許多聲色, 許多情意者之太極哉? 既自是無其形象, 無其體質, 無其聲色, 無其情意, 而自有爲形象爲體質, 爲聲色, 爲情意之理, 故有形象, 有體質, 有聲色, 有情意者, 莫不於理乎取則焉.

以形象言之, 自天圓地方, 以至萬物之大小長短, 無非其自然之形象也; 以體質言之, 自天輕清地重濁, 以至萬物之貴賤精粗, 無非其自然之體質也; 以聲色言之, 自天玄地黃日月風雷, 以至萬物之號呼搏擊五色姸醜, 無非其自然之聲色也; 以情意言之, 自天地生物之心, 人之四端七情, 以至禽獸蟲魚之愛雛喜侶好生惡死, 草木雨暘之感霜露之應, 亦無非自然之情意也. 豈有一氣, 一物, 一變, 一化, 一感, 一應之不自太極中來者乎? 然而有形象者, 或失其形象之則, 有體質者或失其體質之則, 有聲色者或失其聲色之則, 有情意者或失其情意之則焉, 則便非太極之理矣. 孰有失太極之理, 而能爲物者乎? 就以在人者言之, 父子有親父子之理也, 君臣有義君臣之理也, 夫婦之有別, 長幼之有序, 朋友之有信, 各皆其理也. 父子而失有親之理, 則父不父子不子矣; 君臣而失君臣之理, 則君不君臣不臣矣. 其爲夫婦長幼朋友者, 未有失其理, 而能爲夫婦長幼朋友也. 至以一身言之, 心失其理, 則爲下愚, 身失其理, 則爲棄人. 至於一視聽言動之失其理者, 不但千里之外違之, 有可以動天地者矣. 無極太極之難誣也, 有如是哉? 收吾人於『易』書中一卦爻之間, 不可不觀玩其理, 而順應之; 其於日用間, 一事一物之微, 亦不可不究察其理, 而處接之. 然後爲不負乎孔周之訓, 而天祐之吉无不利也.

위대하고 지극하도다. 무극태극이 극이 됨이여! 천지만물이 있기 이전의 처음에 만약 이 리가 근본이 됨이 있지 않았다면 천지만물이 무엇으로부터 천지만물이 되는 것을 얻었겠는가? 이미 천지만물이 있고 난 다음에 이 리가 그것의 주재가 됨이 있지 않았다면 천지만물이 또 무엇에 근거하여 천지만물이 될 수 있는 것을 얻었겠는가? 그렇다면 천지는 진실로 이 리를 떠나서는 천지가 될 수 없고, 만물 또한 이 리를 떠나서는 만물이 될 수가 없다. 천지만물이 이 리를 떠나 천지만물이 될 수 없는 것은 육지에서 생겨난 사물은 육지를 떠나 물에 들어가서는 그러한 사물이 될 수 없고, 물에서 생겨난 사물은 물을 떠나 육지로 올라가서는 그러한 사물이 될 수 없는 것과 같다. 그 까닭은 무엇인가? 천지만물은 이미 이 리에 근본하여 천지만물이 되지 않음이 없다. 그러므로 하루라도 이 리를 어기고서는 하늘이 되고, 땅이 되고, 사람이 되고, 만물이 될 수가 없는 것이다.

시험 삼아 우리가 항상 보고 있는 크고 작은 형체를 가진 것으로써 말해 보면, 하늘은 어떻게 이와 같이 그 높고 큰 모습으로 확연(確然49))하게 위에

---

49) 확실하고 견고한 모양.

있으면서 덮어 주지 않는 것이 없으며, 땅은 어떻게 이와 같이 그 넓고 두터운 모습으로 퇴연隤然[50]하게 아래에 있으면서 실어 주지 않는 것이 없는 것인가? 매달린 형상을 한 일월성신이 어떻게 그 광명을 갖고 그 궤도와 운행의 도수를 가져 서로 어긋나지 않을 수 있으며, 질로써 이루어진 산악山嶽과 천택川澤이 어떻게 반드시 우뚝 솟으며 반드시 흘러내려가 땅의 형세를 바르게 다스려 일찍이 뒤바뀌지 않게 할 수 있는가? 이기오행과 주야한서晝夜寒暑가 그 상도를 잃지 않는 것은 누가 그렇게 되게 한 것인가? 조화의 유행이 다하는 때가 없고 만물의 온갖 종류가 갖추어지지 않음이 없는 것은 누가 그렇게 되게 한 것인가? 우리 사람이 천지의 가운데에 서서 안으로는 오장육부를 갖추고 밖으로는 구규九竅[51]와 사지를 갖추어 근육과 뼈와 모발이 반드시 같고 목소리와 모습이 균일한 것은 무엇 때문에 이와 같을 수 있는가?

천지 사이에 있는 만물에 이르면 동물로서 머리를 옆으로 하고 있는 것이 모두 몇 종류이며, 식물로써 머리를 아래로 하고 있는 것 또한 몇 종류나 되는가? 그러나 그 생명을 살아가지 않는 것이 없고, 그 형체를 형체로 가지지 않은 것이 없으며, 그 처소를 처소로 삼지 않은 것이 없고, 그 분수를 분수로 삼지 않은 것이 없으니 또한 어떻게 그럴 수 있는가? 항상된 형체를 가지고 있는 것은 한 물건도 혹 그 형체에 이지러진 것이 없고, 항상된 수를 가지고 있는 것은 한 물건도 혹 그 수에 부족한 것이 없으니 누가 그것으로 하여금 교묘함을 다하고 남김없이 다하게 하여 그런 것인가? 또 귀천과 성정으로써 평상시에 징험하는 것으로써 말해 보면, 천지는 건순健順을 성정性情으로 삼고 원형이정元亨利貞의 사덕四德을 모두 갖추고 있다.[52] 그러므로 그것이 조화를 내고 만물을 생산하는 것이니 고금에

---

50) 유순하고 부드러운 모양.
51) 사람의 몸에 있는 아홉 개의 구멍이니 곧 눈, 코, 귀 6개와 입, 항문, 尿道를 가리킴.
52) 『주역』 건곤괘의 정자 주석에 따르면, 健은 꾸준하여 쉼이 없는 것을 일컫는 말로서 乾의 성정을 가리키며 順은 유순함을 가리키니 坤의 성정이다. 또 「說卦傳」에서는 "건은 꾸준함이며 곤은 유순함이다"(乾健也, 坤順也)라 하였다. 원형이정은 『주역』에서 말하는 건곤의 네 가지 덕으로서 元은 만물의 시작이요 亨은 만물이 자라나는 것이며 利는 만물이 이루어지는 것이요 貞은 만물이 완성되는 것이다. 계절로는 봄,

유행하여 천지사이에 충만한 것이 모두 이것이다. 그렇다면 사덕을 모두 갖춘 것도 또한 그에게 주는 자가 있는 것인가? 건순의 성정도 그에게 내려준 자가 있는 것인가? 조화가 무궁한 것은 누가 그것의 추뉴樞紐[53]가 되며, 품휘를 다 갖추는 것은 누가 근거가 되는 것인가?

사람은 조그마한 한 몸으로써 천지의 사덕을 온전하게 품부하였으니 원元의 덕은 반드시 인이 되고, 형亨의 덕은 반드시 예가 되며, 리利의 덕은 반드시 의가 되고, 정貞의 덕은 반드시 지智가 되는 것은 누가 그를 위해 조목조목 부여한 것인가? 그가 스스로 자신의 본성을 다할 수 있고, 또 다른 사람과 사물의 본성을 다할 수 있으며, 심지어 천지의 화육까지도 돕는 것이 있는 것[54]은 무엇에 말미암아 그렇게 될 수 있는가? 사물 가운데 형질이 있고 혈기가 있어 동물의 종류가 된 것은 저절로 동물 종류의 성정이 있고, 형질은 있으나 혈기는 없어 식물의 종류가 된 것도 저절로 식물 종류의 성정이 있다. 동물 가운데에는 또 날아다니는 종류와 뛰어다니는 종류가 있고, 물과 육지에 다른 부류가 있으며, 식물 가운데 또 풀 종류와 나무 종류가 있고 산과 들에 다른 부류가 있다.[55] 그러나 그 종류와 부류가 비록 구별되나 성정이 있지 않음이 없는 것은 일찍이 다름이 없으며, 그것들이 각기 형질을 가지고 있고 각기 성정을 가지고 있는 것은 같다. 그러나 형질은 모두 각기 일정한 형질이 있고 성정은 모두 각기 일정한 성정이 있다. 그러므로 고금의 변화에 따라 변개變改하지 아니하고, 피차의 차이로 말미암아 바뀌지 않아 큰 것이 작은 것을 겸병할 수 없고, 강한 것이 약한 것을 빼앗을 수 없으며, 귀한 것이 천한 것을 없앨 수 없고, 정미한 것이 거친 것을 없앨 수 없어 모두가 생육生育하는 한 물건이 되어 자신의 분수 내에서 그 쓰임을 지극히 하지 않음이 없으니, 이것은 누가 그 기틀을 잡아 생겨나게 하고 생겨나게 하며 변화하고 변화하게

여름, 가을, 겨울의 차례가 되고 사람의 사덕에 배속하면 인, 예, 의, 지가 된다.
53) 추는 문의 지도리이며, 뉴는 끈의 매듭이니, 사물의 가장 중심이 되는 요긴한 곳을 가리킨다.
54) 『중용』 22장, "唯天下至誠, 爲能盡其性, 能盡其性, 則能盡人之性, 能盡人之性, 則能盡物之性, 能盡物之性, 則可以贊天地之化育, 可以贊天地之化育, 則可以與天地參矣."
55) 종류는 '類'를 번역한 것이고, 부류는 '族'을 번역한 것.

하는 것인가? 이것은 태극이 표준이 되어 그들로 하여금 큰 것은 크게 하고 작은 것은 작게 하며, 귀한 것은 귀하게 하고 천한 것은 천하게 하며, 저것은 저것이 되게 하고 이것은 이것이 되게 하며, 앞서야 할 것은 앞서게 하고 뒤에 있어야 할 것을 뒤에 있게 하여 문란하거나 어긋남이 없게 하고 빠지거나 부족함이 없게 하는 것이 아님이 없다.

만약 천지가 있지 않으면 만물을 생육할 수 없고 만물을 덮어 주거나 실어 줄 수 없다. 그러므로 여기에서 반드시 먼저 천지가 있게 된 것이다. 이미 천지가 있는데 만물이 있지 않다면 생겨나게 하고 또 생겨나게 하며 변화하고 또 변화하는 도에 부응하여 천지의 직무와 사업을 다할 수 없다. 그러므로 여기에서 반드시 만물이 있게 된 것이다. 그러나 천지가 있고 만물이 있으나 우리 사람이 천지 가운데에서 만물의 으뜸이 되는 것이 있지 않다면 재성보상裁成輔相[56]의 사업을 다하여 천지의 운행에 참여하여 천지의 화육을 돕는[57] 도를 다할 수 없다. 그러므로 여기에서 반드시 우리 사람에게 가장 신령하고 가장 귀한 재능과 덕을 주어 천지만물의 지극함을 깨달을 수 있게 함으로써 우주내의 삼재로서의 책임을 맡긴 것이다.

그렇다면 천지가 있고 우리 사람이 있으며 만물이 있는 것은 곧 태극의 직무이며 사업인 것이다. 그러므로 말하기를 "천지와 사람과 만물이 있기 전에 태극이 그것의 극이 되지 않았다면 천지와 사람과 만물이 무엇으로부터 생겨날 것이며, 천지와 사람과 만물이 있고 난 다음 태극이 그것의 표준이 되지 않는다면 천지와 사람과 만물이 어찌 하루나 한 순간이라도 어떻게 천지와 사람과 만물로서 존재할 수 있겠는가?"라고 한 것이다.

---

56) 『주역』泰卦 象傳에 "하늘과 땅이 사귐이 泰이니, 군주가 이것을 보고서 하늘과 땅의 도를 재성하고 하늘과 땅의 마땅함을 보상하여 백성을 도와준다"(天地交, 泰, 后以, 財成天地之道, 輔相天地之宜, 以左右民) 하였다. 주희의 주석에 따르면, 재성은 지나친 것을 억제하는 것이고, 보상은 부족한 것을 보태는 것이다.

57) 參贊化育은 '천지의 운행에 참여하여 천지의 화육을 돕는다'(參天地贊化育)의 줄임말로서 至誠의 덕을 갖춘 성인이 되면 개인의 완성에 그치는 것이 아니라 천지의 화육까지도 돕게 된다는 말. 『중용』22장, "唯天下至誠, 爲能盡其性, 能盡其性, 則能盡人之性, 能盡人之性, 則能盡物之性, 能盡物之性, 則可以贊天地之化育, 可以贊天地之化育, 則可以與天地參矣" 참조.

이것이 무극태극이 그것들의 대추뉴大樞紐와 대근저大根柢가 되는 것이 아니겠는가? 오직 나의 심목心目을 크게 하고 나의 사려를 정밀하게 할 수 있은 연후에야 아마도 이 리를 끝까지 추구하여 깨달을 수 있을 것이다. 그렇다면 태극은 형상이 없으나 우주 내의 모든 형상이 있게 되는 것들에게 형상이 만들어지는 까닭은 형상이 없는 리에 근본하지 않음이 없고, 태극은 체질이 없으나 모든 체질을 가진 것이 되는 것들에게 체질이 만들어지는 까닭은 체질이 없는 리에 근본하지 않음이 없으며, 태극은 성색聲色이 없으나 모든 성색을 가진 것이 되는 것들에게 성색이 있게 되는 까닭은 성색이 없는 리에 근본하지 않음이 없고, 태극은 정의情意가 없으나 모든 정의를 가진 것이 되는 것들에게 정의가 있게 되는 까닭은 정의가 없는 리에 근본하지 않음이 없는 것이다. 그러니 어찌 태극이 형상이 없는 가운데 형상이 되는 리가 있고, 체질이 없는 가운데 체질이 되는 리가 있으며, 성색이 없는 가운데 성색이 되는 리가 있고, 정의가 없는 가운데 정의가 되는 리가 있기 때문이 아니겠는가?

생각건대 리가 형상이 없고 체질이 없으며 성색이 없고 정의가 없는 것은 리의 본연이요, 형상이 있고 체질이 있으며 성색이 있고 정의가 있는 것은 기와 관계되어 사물이 된 것이다. 리가 있은 연후에 기가 되고 물이 된다. 그렇다면 기가 되고 물이 된 것들에 형상이 있고 체질이 있으며 성색이 있고 정의가 있는 것은 그것이 근본한 리가 없다면 그것들을 가질 수 있겠는가? 이것이 곧 태극이 천지만물의 태극이 되는 까닭이다. 만약 태극에 본래 형상이 있고 체질이 있으며 성색이 있고 정의가 있다면, 그것이 어떻게 천지만물의 허다한 형상과 허다한 체질과 허다한 성색과 허다한 정의를 가진 것의 태극이 될 수 있겠는가? 이미 스스로 형상이 없고 체질이 없으며 성색이 없고 정의가 없으나 본래 형상이 되고 체질이 되며 성색이 되고 정의가 되는 리를 가지고 있으므로 형상이 있고 체질이 있으며 성색이 있고 정의가 있는 것들이 리에서 그 법칙을 취하지 않음이 없는 것이다.

형상으로써 그것을 말하면, 하늘은 둥글고 땅은 모난 것으로부터 만물의 대소 장단에 이르기까지 그것의 자연스런 형상이 아님이 없다. 체질로써 그것을 말하면, 하늘은 가볍고 맑으며 땅은 무겁고 탁한 것으로부터 만물의 귀천과 정조精粗에 이르기까지 그것의 자연스런 체질이 아님이 없다. 성색으로써 그것을 말하면, 하늘은 검고 땅은 누런 것과 해와 달, 바람과 우뢰로부터 만물이 부르짖고 후려치는 소리와 오색의 아름답고 추한 것들이 모두 그것의 자연스런 성색이 아님이 없다. 정의로써 말하면, 천지가 만물을 생하는 마음과 사람의 사단칠정으로부터 금수와 벌레와 물고기가 새끼를 사랑하고 반려伴侶를 좋아하며 살기를 좋아하고 죽기를 싫어하는 것과 초목이 비와 햇볕, 서리와 이슬에 감응하는 것에 이르기까지 또한 자연스런 정의가 아님이 없다. 그러니 어찌 하나의 기氣와 하나의 사물, 한번 변變하고 한번 화化하는 것, 한번 감感하고 한번 응應하는 것이 태극으로부터 나오지 않은 것이 있겠는가?

그러나 형상을 가진 것이 혹시라도 그 형상의 법칙을 잃게 되고, 체질을 가진 것이 혹시라도 그 체질의 법칙을 잃게 되며, 성색을 가진 것이 간혹 그 성색의 법칙을 잃게 되고, 정의를 가진 것이 간혹 그 정의의 법칙을 잃게 되는 경우가 있다. 그렇게 되면 곧 태극의 리가 아닌 것이니, 어느 것이 태극의 리를 잃고서 능히 물이 될 수 있겠는가? 사람에게 있는 것에 나아가 말해 보면, 부자 사이에 친애함이 있는 것은 부자 사이의 리요, 군신 사이에 의로움이 있는 것은 군신 사이의 리며, 부부사이에 구별함이 있고 장유 사이에 차례가 있으며 붕우 사이에 믿음이 있는 것은 각자 모두가 그 리인 것이다. 부자 사이인데도 친애함이 있는 리를 잃게 되면 아버지는 아버지가 아닌 것이 되고, 자식은 자식이 아닌 것이 된다. 군신 사이인데도 군신간의 리를 잃게 되면 군주는 군주가 아닌 것이 되고, 신하는 신하가 아닌 것이 된다. 부부가 되고 장유가 되고 붕우가 된 자도 그 리를 잃고서 능히 부부, 장유, 붕우가 될 수 있었던 사람은 아직까지 없었다.

심지어 한 몸으로써 말해 보면, 마음이 그 리를 잃으면 하우下愚[58]가 되고

---

58) 『논어』 「陽貨」편에서 "오직 상지와 하우는 옮겨가지 않는다"(唯上知與下愚不移)에서 나온 말. 하우는 程子에 따르면 비록 선한 본성은 똑같이 가지고 있으나 자포자기함으로써 선으로 옮겨 가지 못하므로 가장 어리석은 사람이라는 것이다.

몸이 그 리를 잃으면 폐인[59]이 된다. 그리고 한번 보고 듣고 말하고 행동하는 것에서 그 리를 잃게 된 사람은 비단 천리의 밖에 있는 사람도 어길 뿐만 아니라 천지까지도 움직이게 할 수 있을 것이니, 무극태극을 속일 수 없는 것이 이와 같은 것이 아니겠는가? 그러므로 우리 사람이 『역』이라는 책 가운데의 한 괘와 한 효의 사이에서 그 리를 관찰하고 완미하여 순응하지 않을 수 없으며, 일용 사이의 한 가지 일과 한 가지 사물의 미미한 것에 이르러서도 또한 그 리를 궁구하고 자세히 살펴 대처하고 응접하지 않을 수 없는 것이다. 그런 연후에 공자와 주렴계의 가르침을 저버리지 않게 되고, 하늘로부터 도와주어 길하여 이롭지 아니함이 없게 되는 것[60]이다.

37. 태극은 리를 높이고 숭상하며 아름답게 하고 찬미한 것일 뿐 일용 사이의 이륜 가운데를 벗어나는 것이 아니며, 우주 사이의 어떤 사물도 태극을 벗어날 수 없다.

先儒有謂'太極是天地人物萬善至好底表德', 斯言近之矣. 竊思之, 表德之云, 似猶未足以盡夫立名太極之義也. 其於此理也, 何可以表其德而已哉? 理也者, 生物之本也, 衆善之原也. 凡世間擧其所宗要而稱之者, 必曰綱領也, 樞紐也, 根柢也, 頭顱也, 骨髓也. 然而爲綱領, 爲樞紐, 爲根柢, 爲頭顱, 爲骨髓者, 亦不過爲一物中之宗要耳, 不能兼於他物也. 故其所屬之物旣盡, 則其綱領, 其樞紐, 其根柢, 其頭顱, 其骨髓, 亦從而亡矣. 若此理之爲大本, 爲大原, 爲大宗, 爲大要也, 則旣在一物而爲極, 又在億物而皆爲極, 旣在一時而爲極, 又在億時而皆爲極. 此所以爲太極也, 則不可以一德字而盡之也, 不可以一道字而盡之也, 不可指其恩而稱量之也, 不可指其功而稱量之也, 又何可以表字而闡盡得哉? 愚則以爲以太極名此理者, 乃所以無可得名, 而名之以不名之名焉, 止自是尊其稱也, 徽其號也.

蓋古人之立別名也, 有以尊尙之義而號之者, 有以徽贊之義而稱之者. 於天以位稱之曰上天, 以尊嚴稱之曰皇天, 以廣大稱之曰昊, 天以仁覆稱之曰旻天, 以主宰稱之曰上帝. 於地以博厚稱之曰后土, 於聖人有曰元聖, 曰大聖, 曰至聖. 於人之德, 仁曰廣居, 曰安宅, 禮曰正位, 義曰正路等稱, 皆是也. 然則以理爲太極者, 亦豈非尊尙之號, 徽贊之稱哉? 人於此理, 苟非認會得窮盡者, 其何能契此太極之名哉?

其爲眞也莫可得以罔焉, 欲罔此理者, 是自亡也. 其爲實也, 莫可得以僞焉, 欲僞此理者, 是自汨也. 其爲常也, 莫可得以害焉, 欲害此理者, 是自戕也. 其爲直也, 莫可得以撓焉, 欲撓此理者, 是自敗也. 其爲順也, 莫可得以犯焉, 欲犯此理者, 是自喪也. 其爲平也, 莫可得以疵焉, 欲疵此理者, 是自桎也. 其爲中也, 莫可得以欺焉, 欲欺此理者, 是自覆也. 其爲正也, 莫可得以阻焉, 欲阻此理者, 是自折也. 其爲公也, 莫可得以悖焉, 欲悖此理者, 是自陷也. 其爲定也, 莫可得以抗焉, 欲抗此理者, 是自殞也. 其爲準也, 莫可得以隙焉, 欲隙此理者, 是自損也. 其爲密也, 莫可得以礙焉, 欲礙此理者, 是自窮也. 其爲全也, 莫可得以毀焉, 欲毀此理者, 是自壞也. 其爲完也, 莫可得以間焉, 欲間此理者, 是自絕也. 其爲通也, 莫可得以破焉, 欲破此理者, 是自滅也. 此皆此理之所以爲太極也. 其爲太極也, 不是極於左而不極於右, 極於右而不極於左也, 又不是極於前而不極於後, 極於後而不極於前也. 唯其無大無小無事不極, 無貴無賤無物不極, 無內無外無處不極, 無始無終無時不極, 此又太極之所以無極也.

嗚呼, 此理不是外此天地人物, 日用彝倫之中也, 而旣曰太極, 則人皆以爲高遠難攀, 而莫知可以求之於切近焉. 又曰無極, 則人皆以爲渺茫難尋, 而莫知可以會之於實地焉. 其於聖賢之旨, 不已遠乎? 太極何嘗遠乎? 有一事, 自有一事之理, 理在事中矣; 有一物, 自有一物之理, 理在物中矣. 我之爲我, 亦此理也, 則理在我也; 人之爲人, 亦此理也, 則理在人也. 今日卽此理中今日, 則理在今日也; 明日亦此理中明日, 則理在明日也. 自我一身之微, 至于天地之大, 自今一日之內, 推而上之, 至于此天地未有之前, 推而究之, 至于此天地已盡之後, 亦皆此一理也. 則理果爲遠乎? 理果有窮乎?

此理流行古今曰道, 則道亦太極之道也. 此理之中萬善具焉曰德, 則德亦太極之德也. 此理之眞實无妄曰誠, 則誠亦太極也. 此理之妙用莫測曰神, 則神亦太極也. 此理爲之主宰曰心, 則心亦太極也. 此理賦予萬物曰性, 則性亦太極也. 理不得無愛曰仁, 理不得無制曰義, 理不得無序曰禮, 理不得無別曰智, 則仁義禮智之四德, 皆太極之理也, 三綱五倫皆在其中. 易中之爲兩, 爲四, 爲八, 爲六十四卦, 爲三百八十四爻者, 無非此一理之條貫, 則宇宙間事物, 孰有外於太極者哉? 設令此宇宙之前, 積有已過之宇宙, 此宇宙之後, 後有無窮之宇宙, 此理之爲太極, 則其亦一而已矣. 不然聖賢其曰太極無極乎哉?

선유先儒들의 말에 '태극은 천지인물의 온갖 선과 지극히 좋은 것의 표덕表德이다'라는 것이 있으니 이 말이 태극의 본질에 가까운 것 같다. 그러나 내가 생각하기에 '표덕'이라 말한 것은 오히려 태극이라는 이름을 지은 뜻을 다하기에는 충분하지 못한 듯하다. 태극이 이 리에 있어 어찌 그 덕을 드러낸 것일 뿐이겠는가? 리라는 것은 만물을 생하는 근본이요 온갖 선의 원천이다. 무릇 세간에서 그 근원과 요체가 되는 것을 들어 그것을 칭할 때에 반드시 말하기를 강령綱領, 추뉴樞紐, 근저根柢, 두로頭顱, 골수骨髓라고 한다. 그러나 강령이 되고 추뉴가 되며 근저가 되고 두로가 되며 골수가 되는 것은 또한 한 사물 가운데의 근원과 요체가 되는 것에 지나지 않을 뿐이요 다른 사물을 겸할 수는 없다. 그러므로 그것이 속해 있는 사물이 다하고 나면 그 강령과 그 추뉴, 그 근저, 그 두로, 그 골수도 또한 그것을 따라 없어지는 것이다.

그러나 이 리가 대본大本이 되고 대원大原이 되며 대종大宗이 되고 대요大要가 되는 것 같은 경우는 이미 한 사물에 있어 극이 되었으나 또 억만의 사물에 있어서도 모두 극이 되며, 이미 한 때에 있어 극이 되었으나 또 억만의 시간에 있어서도 모두 극이 된다. 이것이 태극이 되는 까닭이니 하나의 덕이라는 글자로 그 뜻을 다할 수 없고, 하나의 도라는 글자로 그 뜻을 다할 수 없으며, 그 은혜를 가리켜 헤아릴 수 없고, 그 공로를 가리켜 헤아릴 수 없다. 그러니 또한 어찌 '표表'라는 글자로써 그 의미를 다 드러낼 수 있겠는가? 내가 생각하기에 태극으로써 이 리를 이름한 것은 곧 이름할 수 있는 것이 없어 이름이 아닌 이름으로써 이름 지은 것이니 다만 본래 그 칭호를 높이고 아름답게 하려는 것일 뿐이다. 대개 옛사람이 별명을 지은 까닭은 그것으로써 높이고 숭상하려는 뜻이 있어서 부르는 것이 있으며 그것으로써 아름답게 하고 찬미하려는 뜻이 있어 그것을 칭하는 것이 있다. 하늘에 대해 그 위치로써 이름하면 상천上天이라 하고, 존엄함으로써 이름하면 황천皇天이라 하며, 광대함으로써 이름하면 호천昊天이라 하고, 인仁으로써 덮어 주는 것으로써 이름하면 민천旻天이라 하며, 주재하는 것으로써 이름하면 상제上帝라고 한다. 땅의 경우 박후博厚한 것으로써 이름하면 후토后土라 한다. 성인에 대해서는 원성元聖이라 하고 대성大聖이라 하며 지성至聖이라 하는 것이 있다. 사람의 덕에 대해서는, 인을 광거廣居[61]라 하고 안택安宅이라 하며 예를 정위正位라 하고 의를 정로正路[62]라고 칭하는 것들이 모두 이것이다. 그렇다면 리를 태극이라 하는 것도 또한 어찌 그것을 높이고 숭상하는 이름이며 아름답게 여겨 찬미하는 칭호가 아니겠는가? 사람이 이 리에 대해 진실로 끝까지 궁구하여 깨닫지 못했다면 어떻게 이 태극의 이름에 계합할 수 있겠는가? 그것의 진眞으로서의 특성은 어떤 것도 속게 할 수 없으니 이 리를 속이고자 하는 자는 스스로 망하게 된다. 그것의 실實로서의 특성은 어떤 것도 거짓되게 할 수 없으니 이 리를 거짓되게 하고자 하는 자는 스스로 혼란되게 된다. 그것의 상常으로서의 특성은 어떤 것도 해칠 수 없으니 이 리를 해치고자 하는 자는 스스로를 해치게 된다. 그것의 직直으로서의 특성은 어떤 것도 그것을 휘게 할 수 없으니 이 리를 휘게 하려는 자는 스스로 무너지게 된다. 그것의 순順으로서의 특성은 어떤 것도 범할 수 없으니 이 리를 범하고자 하는 자는 스스로를 잃게 된다. 그것의 평平으로서의 특성은 어떤 것도 흠잡을 수 없으니 이 리를 흠잡으려 하면 스스로 속박된다. 그것의 중中으로서의 특성은 어떤 것도 속일 수 없으니 이 리를 속이고자

---

61) 맹자가 대장부를 논하여 "천하의 광거에 거처하며, 천하의 정위에 서며, 천하의 대도를 행한다"(居天下之廣居, 立天下之正位, 行天下之大道)고 하였는데, 『주자집주』에서 "광거는 인이요, 정위는 예며, 대도는 의"라고 하였다.(『맹자』, 「등문공하」)

62) 맹자는 인을 사람의 安宅이라 하고, 의를 사람의 正路라고 하였다.(『맹자』, 「이루상」, "仁, 人之安宅也, 義, 人之正路也.")

하는 자는 스스로 넘어지게 된다. 그것의 정正으로서의 특성은 어떤 것도 막을 수가 없으니 이 리를 막고자 하는 자는 스스로 꺾이게 된다. 그것의 공公으로서의 특성은 어길 수 없으니 이 리를 어기고자 하는 자는 스스로 함정에 빠지게 된다. 그것의 정定으로서의 특성은 어떤 것도 그것에 대항할 수 없으니 이 리에 대항하고자 하면 스스로 무너지게 된다. 그것의 준峻으로서의 특성은 어떤 것도 그것을 틈이 벌어지게 할 수 없으니 이 리에 틈이 벌어지게 하고자 하면 스스로 상하게 된다. 그것의 밀密로서의 특성은 어떤 것도 막을 수 없으니 이 리를 막고자 한다면 스스로 곤궁하게 된다. 그것의 전全으로서의 특성은 되면 어떤 것도 훼손시킬 수가 없으니 이 리를 훼손하고자 한다면 스스로 무너지게 된다. 그것의 완完으로서의 특성은 어떤 것도 그 사이에 끼어들 수 없으니 이 리에 끼어들고자 하면 스스로 끊어지게 된다. 그것의 통通으로서의 특성은 어떤 것도 부술 수가 없으니 이 리를 부수고자 한다면 스스로 멸망하게 된다. 이것이 모두 이 리가 태극이 되는 까닭이다. 그것이 태극이 되어서는 왼쪽에서 극이 되나 오른쪽에서는 극이 되지 못하는 것이 아니며 오른쪽에서 극이 되나 왼쪽에서 극이 되지 못하는 것이 아니요, 또 앞에서는 극이 되나 뒤에서는 극이 되지 못하는 것이 아니며 뒤에서 극이 되나 앞에서는 극이 되지 못하는 것이 아니며, 오직 그것은 크건 작건 어떤 일에서도 극이 되지 않음이 없으며, 귀하거나 천하거나 어떤 사물에도 극이 되니 않음이 없으며, 안이건 밖이건 어떤 곳에서나 극이 되지 않음이 없으며, 시작이나 끝이나 어떤 때에도 극이 되지 않음이 없으니, 이것이 또 태극이 무극이 되는 까닭이다.

아! 이 리는 이 천지와 인물의 일용 사이에 있는 이륜彛倫의 가운데를 벗어나는 것이 아니다. 그러나 이미 태극이라고 말하고 나면 사람들은 모두 고원하여 오르기 어렵다고 여겨 가깝고 절실한 곳에서 구할 수 있다는 것을 알지 못하고, 또 무극이라고 말하고 나면 사람들은 모두 아득하여 찾기 어렵다고 생각하여 실제적인 자리에서 깨달을 수 있다는 것을 알지 못하니 성현의 뜻과는 너무 멀지 않은가? 태극이 어찌 멀리 있겠는가? 한 가지 일이 있으면 본래 한 가지 일의 리가 있으니 리가 일 가운데에 있으며, 한 가지 물건이 있으면 본래 한 가지 물건의 리가 있으니 리가 그 물건 가운데에 있다. 내가 나로 되는 것도 이 리니 그렇다면 리가 나에게 있는 것이요, 사람이 사람으로 되는 것도 이 리니 그렇다면 리가 사람에게 있는 것이다. 오늘은 곧 이 리 가운데의 오늘이니 그렇다면 리가 오늘에 있는 것이요, 내일 또한 이 리 가운데의 내일이니 그렇다면 리는 내일에 있는 것이다. 내 한 몸의 미미함으로부터 천지의 큼에 이르고, 지금 하루 안으로부터 미루어 올라가 이 천지가 있기 이전에 이르며, 미루어 추구하여 이 천지가 이미 다한 이후에 이르러도 또한 모두 이 하나의 리인 것이다. 그렇다면 리가 과연 멀리 있는 것이겠는가? 리에 과연 다함이 있겠는가?

이 리가 고금에 유행하는 것을 도라고 하니 그렇다면 도 역시 태극의 도이다. 이 리 가운데에 온갖 선을 갖춘 것을 일러 덕이라 하니 그렇다면 덕도 또한 태극의 덕이다. 이 리의 진실무망眞實無妄함을 일러 성誠[63]이라고 하니 그렇다면 성도 또한 태극이다. 이 리의 미묘한 작용을 헤아릴 수 없는 것을 일러 신神이라고 하니 그렇다면 신 또한 태극이다. 이 리가 사람의 주재가 되는 것을 일러 심心이라고 하니 그렇다면 심 또한 태극이며, 이 리가 만물에 부여된 것을 성이라고 하니 그렇다면 성 또한 태극이다. 리에 사랑함이 없을 수 없는 것을 일러 인仁이라 하고, 리에 제재制裁함이 없을 수 없는 것을 일러 의義라고 하며, 리에 차례가 없을 수 없는 것을 일러 예禮라고 하고, 리에 변별함이 없을 수 없는 것을 일러 지智라고 한다. 그렇다면 인의예지의 사덕四德이 모두 태극의 리이니 삼강오륜이 모두 그 가운데에 있다. 역 가운데에서 음양이 되고 사상이 되며 팔괘가 되고 64괘가 되며 384효가 되는 것이 이 일리一理의 맥락이 아님이 없다. 그렇다면 우주 사이의 사물 가운데 어느 것이 태극을 벗어난 것이 있겠는가? 가령 이 우주 이전에 이미 지나간 우주가 쌓여 있고, 이 우주 이후에 다시 무궁한 우주가 있더라도 이 리가 태극이 되는 것은 그 또한 동일한 것일 뿐이다. 그렇지 않다면 성현이 어떻게 태극이 곧 무극이라고 말했겠는가?

---

63) 『중용』 19장, "성이란 하늘의 도요, 성하려는 것은 사람의 도이다"(誠者, 天之道也, 誠之者, 人之道也)의 주석에서 주자는 誠이란 진실무망을 일컫는 것이라 함.

38. 태극은 형이상의 리이므로 수數가 있을 수 없다.

凡爲氣爲物於宇宙間者, 未有無其數者也. 而若太極, 則無數焉. 盖有氣
有物, 然後其數從而有焉. 故理實不與於數也. 理固無形象, 故曰太極.
不可以始終際限言, 不可以廣狹長短言, 則其計得圍徑等第耶? 其用得尺
度步里耶? 其記得世代年齡耶? 是何可著得數, 幾於其爲無極之極哉?
夫一爲最初之義. 則太極在天地萬物之先, 似可以最初之一爲太極之數,
而太極雖在天地之先, 而無其始, 又在天地之後, 而無其終焉. 則此不可
以最初之一爲太極之第者也. 一爲統體之義. 則太極爲天地萬物之極, 似
可以統體之一爲太極之數, 而太極不但爲天地萬物之統體, 又散爲天地
萬物各具之太極焉. 此又不可以統體之一爲太極之數也. 一爲無對之義,
則太極亦無對之稱, 似可以無對之一爲太極之數, 而但可以心會其無對
之妙, 而莫得見其無對之象. 則亦何可以無對之一加之於無象之極哉?

우주 사이에서 기가 되고 물이 된 모든 것은 그 수數가 없는 것이 없다.
그러나 태극 같은 경우는 수가 없으니, 대개 기가 있고 물이 있은 연후에
그 수가 따라서 있게 되는 것이다. 그러므로 리는 실로 수에 관계되지
않는다. 리는 진실로 형상이 없다, 그러므로 태극이라 하는 것이니 시작과
끝의 한계로써 말할 수 없으며, 넓고 좁음과 길고 짧음으로써 말할 수
없다. 그렇다면 그것을 계산하는데 둘레와 길이, 등급이나 차례로써 할
수 있으며, 그것을 쓰는데 척도와 보리步里[64]로써 할 수 있으며, 그것을
기록하는데 세대와 연령으로써 할 수 있겠는가? 어찌 수를 붙일 수 있어야
그것이 무극의 극이 되는데 거의 가깝게 될 수 있겠는가?
저 일一은 최초라는 뜻이 된다. 그렇다면 태극은 천지만물의 앞에 있으니
최초의 일이 태극의 수가 될 수 있을 것 같다. 그러나 태극은 비록 천지의
앞에 있어도 그 시작이 없고, 또 천지의 뒤에 있어도 그 마침이 없다.
그렇다면 이것은 최초의 일로써 태극의 차례로 삼을 수 없는 것이다.
일一은 통체統體라는 뜻이 된다. 그렇다면 태극은 천지만물의 극이 되니

---

64) 발걸음으로써 멀고 가까움을 재는 단위가 步인데, 주대에는 8척을 1보라 하고, 360보
를 里라 하였다.

통체의 일로써 태극의 수로 삼을 수 있을 것 같다. 그러나 태극은 비단 천지만물의 통체가 될 뿐만 아니라 또한 흩어져서 천지만물이 각구各具한 태극이 된다. 그러니 또한 통체의 일로써 태극의 수로 삼을 수 없는 것이다. 일一은 무대無對의 뜻이 된다. 그렇다면 태극 또한 무대를 일컬은 것이니 무대의 일로써 태극의 수로 삼을 수 있을 것 같다. 그러나 단지 마음으로 그 무대의 미묘함을 깨달을 수 있을 뿐이요 그 무대의 상象을 볼 수 없다. 그렇다면 어떻게 무대의 일로써 상이 없는 극에 더할 수 있겠는가?

39. 태극은 리일 뿐이니 생성으로써 말할 수 없다.

老子說'有物混成, 先天地生'. 夫所謂混成者, 卽何物歟? 如謂理也, 則理不可以混成言也. 如謂氣也, 則豈有先天地而旣成者乎? 成者爲物之謂也. 物之大者, 無若天地, 則成形之莫始者天也. 次於天者地也, 豈有先天地而成之者乎? 若以太極言之, 則固當謂之先天地而有矣. 然而太極則理而已矣, 不可以成與未成言之也. 又何可以著得混字乎? 果可以著得'混成'二字, 則便是氣矣. 其言也不已錯乎?

노자가 말하기를, "혼연히 이루어진 어떤 물이 있는데 천지에 앞서 생겨났다"[65] 하니 이른바 '혼연히 이루어졌다'는 것은 곧 어떤 물건인가? 만약 리를 일컫는 것이라면 리는 혼연히 이루어진 것으로써 말할 수 없으며, 만약 기를 일컫는 것이라면 어떻게 천지보다 앞서 이미 이루어진 것이 있겠는가? '이루어진다'(成)는 것은 물이 되는 것을 말하는 것이다. 물 가운데 큰 것으로 천지만한 것이 없으니 형체가 이루어지는 것에 더 앞서는 것이 없는 것은 하늘이요 하늘에 다음가는 것은 땅이니 어떻게 천지에 앞서 이루어지는 것이 있겠는가? 만약 태극으로써 말한다면 진실로 마땅히 그것을 천지에 앞서 있었다고 해야 한다. 그러나 태극은 리일 뿐이니 이루어진 것과 아직 이루어지지 않은 것으로써 말할 수 없다. 그러니 또한 어떻게 혼混이라는 글자를 붙일 수 있겠는가? 과연 '혼성混成'이라는

---

65) 『도덕경』 25장, "혼연히 이루어진 어떤 물이 있는데 천지에 앞서 생겨났다."(有物混成, 先天地生.)

두 글자를 붙일 수 있다면 곧 이것은 기이니 그 말이 이미 어긋난 것이 아니겠는가?

40. 도와 태극이 나누어져 둘이 되거나 앞이 되고 뒤가 될 수 없다.
莊子又謂'道在太極先'. 其所謂道者何道也, 而謂在太極先乎? 其所謂太極者何太極也, 而謂在道後乎? 道與太極其可分, 而二之爲先爲後乎? 此不知道之爲道, 太極之爲太極, 而自不過以氣之在先在後者分之爲道爲太極耳. 非能眼及此理者也.

장자莊子가 또 이르기를, "도는 태극에 앞서 있었다"[66]고 하니, 그가 말하는 도라는 것은 어떤 도이기에 태극에 앞서 있다고 말하며, 그가 말하는 태극이라는 것은 어떤 태극이기에 도의 뒤에 있다고 말하였는가? 도와 태극이 나누어져 둘이 되어 앞이 되고 뒤가 될 수 있는가? 이것은 도가 도로 되고 태극이 태극으로 되는 이유를 알지 못하고 본래 기가 앞에 있고 뒤에 있는 것으로써 그것을 나누어 도로 삼고 태극으로 삼은 것에 지나지 않을 뿐이니 이 리에 이르러서는 알 수 있는 자가 아니다.

41. 혼륜渾淪이란 기를 가리킨 것이요 태극은 리다.
『漢志』所謂'太極函三爲一者, 乃是渾淪未判底物也'. 則渾淪未判者, 亦自是氣之聚也. 理雖在其中, 其爲之渾淪者, 不是理也. 豈可以太極名之哉? 旣以函三爲一者, 爲太極, 則是指氣爲太極也, 非以理爲太極也.

『한서漢書』「예문지藝文志」에서 말하기를, "태극은 셋을 포용하여 하나가 된 것이니 곧 이것은 혼륜渾淪하여 아직 구체적으로 나누어지지 않은 물物이다"라 하였다. 그렇다면 혼륜하여 아직 구체적으로 나누어지지 않았다는 것은 또한 본래 이것은 기가 모인 것이다. 리가 비록 그 가운데에 있더라도 그것이 혼륜한 것이 되는 것은 리가 아니니 어찌 태극으로써 이름 할 수 있겠는가? 이미 셋을 포용하여 하나가 된 것을 가지고 태극이라 했다면

---

66) 『장자』「大宗師」 "夫道, 有情有信, 無爲無形, 可傳而不可受, 可得而不可見, 自本自根, 未有天地, 自古以固存, 神鬼神帝, 生天生地, 在太極之先."

이것은 기를 가리켜 태극이라 한 것이요 리를 태극으로 여긴 것이 아니다.

42. 자신의 주장이 소강절의 설과 배치되는 것이 아니다.

邵子所謂'道爲太極'者, 以此理之在流行中者言之也; 所謂'心爲太極'者, 以此理之在統會中者言之也. 所指者雖異, 而無非以理爲太極, 則豈別爲一說哉? 若其所謂'無極之前, 陰含陽也. 有象之後, 陽分陰也', 此無極則對有象而言. 有象者指「先天圓圖」, 自復至乾而謂也, 無極者指自姤至坤之謂. 則此無極正指一陰收斂閉藏者而言, 非周子所云之無極也.

소강절이 말한 바의 "도가 태극이 된다"라는 것은 이 리가 유행 가운데에 있는 것으로써 말한 것이요 이른바 "심이 태극이 된다"[67]는 것은 이 리가 통회統會 가운데에 있는 것으로써 말한 것이니 가리킨 바가 비록 다르나 리를 태극으로 여긴 것이 아님이 없다. 그렇다면 어찌 따로 한 가지의 설說을 만든 것이겠는가? 그가 말한 "무극의 앞에서는 음이 양을 포함하고 있고, 상象이 있은 이후에 양이 음과 나누어진다"[68]라는 것 같은 경우, 이 무극은 상과 상대하여 말한 것이다. 상이 있다는 것은 선천원도先天圓圖를 가리킨 것이니 복괘로부터 건괘에 이르는 것을 일컬은 것이요, 무극이라는 것은 구괘姤卦로부터 곤괘坤卦에 이르는 것을 말한 것이다. 그렇다면 이 무극은 바로 일음一陰이 수렴收斂하여 폐장閉藏[69]한 것을 가리켜 말한 것이니 주렴계가 말한 바의 무극이 아니다.

43. 태극과 무극은 비유로써 말한 것이 아니다.

後儒之解無極太極者, 其說多矣, 而或有未的其立言之旨焉. 豈不以理固難言, 而或見其似不見其眞, 或見其偏不見其全, 至或靠其先聞, 自無實見而然哉?

彼以加無極於太極爲架屋上之屋, 疊牀上之牀者, 不知本說中'太極本無

---

67) 『皇極經世書』五, 「觀物外篇」上, "心爲太極, 又曰道爲太極."
68) 『皇極經世書』五, 「觀物外篇」上, "無極之前, 陰含陽也, 有象之後, 陽分陰也."
69) 닫아 감춤.

極’之義也. 若以無極別爲一極, 而加之於太極之上, 則其謂之屋上屋牀
上牀者宜矣. 說無極所以明太極之爲極, 則豈可謂之疊極哉? 不然, 何以
曰‘太極本無極’乎? ‘本無極’者所以明其爲一極也.

又或以爲‘太極之外, 果有所謂無極者, 而太極之爲太極, 便是自無極而
爲太極’云, 則此不知本說首句‘無極而太極’之義也. 設以太極爲氣也, 則
其謂之氣前曾有氣, 氣外復有氣者, 猶或可以擬之矣. 太極本自是一理
焉. 則豈於一理之外, 乃又有所自而爲此理者哉? 太極是就天地萬物之所
以爲天地萬物, 旣推至其最初最上底原頭而名之, 則豈於太極之前, 復有
爲初爲上之原頭, 而可以立別名者哉?

又有以爲比喩, 而爲之解者. 則曰是謂‘無其物而有其道也.’ ‘無其物’者解
無極之義也, 謂其無極之形也. ‘有其道’者解太極之義也, 謂其有極之道
也. 夫極者屋棟之名也. 以其棟之爲物也, 爲一屋衆材之所會, 而是統是
總者也. 夫惟道理之於天地人物, 其所以統之總之者, 亦猶一極之統總於
屋上也. 故取屋極之有形可覩者, 以喩天地人物中道理之無形無象, 而實
有以統總乎天地人物焉.

太極旣是取屋極而比喩矣, 則其曰‘無極而太極’者, 謂其初非極也, 而卽
爲太極也. 觀此語意似涉粗淺, 果是孔子周子立言之本義乎? 孔子發太極
於易傳者, 何得知其必取於屋脊之極, 而名此理乎? 或是‘極’字本以其凡
於事物上統焉主焉至矣盡矣, 無以復加之, 名目旣行於從前, 故孔子就加
‘太’字而始揭之者哉? 周子之加無極於圖說之首者, 又何得知其必以太
極爲初, 非有形之屋極, 故就加無字於極以明, 此極非有形之極者哉? 聖
賢言法必精必深, 不同於文人之措語, 必不如是之粗且淺矣. 況於朱晦庵
解文, 未嘗言及於‘極’字之爲比蹂也, 後儒之解此言, 無乃過於曲索乎?
且夫初無形象, 而必借有形有象之物, 以名之者, 道亦是也, 理亦是也.
道之名出於道路之道, 盖以道之爲道, 乃天地人物之古今所共由, 而不可
須臾離者, 有似於人物之往來於兩間者, 以有道路之周通於四方遠近, 不
可一日不由而行也. 故取於是, 而名天地人物之道焉. 理之名出於玉膚之
理. 盖以理之爲理, 一分爲萬, 萬會爲一, 旣未始不有所分, 又未始不有所
會, 毫分縷析自不可紊者, 有似於玉膚之理, 自有條脉不相雜亂, 而無不

見統於一膚之理也. 故取於是而名天地人物之理焉.

然其所取以名之者, 雖因於可形可象, 而旣作道理之道, 則聖賢言道之際, 必以形而上者言之, 未嘗惹著於道路之道焉. 旣作道理之理, 則其於言理之際, 必以在大本者言之, 未嘗惹著於玉膚之理焉. 設令太極之極, 果是比喩, 而實出於屋極之極, 其於釋太極之義, 便用粗淺之詞, 以爲'本無其極而爲此太極'云乎哉?

況此太極之稱爲何等名目, 而始出於何等聖人乎? 卽乃正正當當, 不壞不破, 至純至一, 不窮不易, 以大以小, 以古以今之道理, 而千聖之所未言, 孔子之所始發者也. 濂溪周子又是何等的見也, 而斯乃特發興義於孔子所道出莫精莫大名言之上乎? 決不可以粗淺俚俗之思, 猥當其潔淨精微十分至到之本旨也.

就以屋極言之, 隨屋有極, 屋各其極, 故如有千萬屋, 其極亦當爲千萬矣. 然而不能爲合千萬爲一之極, 則止自爲各屋之極而已. 非有統體之極也. 若此理之爲極也, 則易書中儀象卦爻, 造化中天地萬物, 莫不以此理爲極, 故以太字加之. 蓋以宇宙間之爲極者, 無有大於此極也. 且屋極之爲極也, 屋亡而極亦亡矣. 不但屋極隨屋亡而俱亡, 至於皇極之爲極也, 其亦大矣而皇不能皇焉, 則極亦隨而墜矣. 如所謂辰極, 以下民極四方之極, 凡以極稱之者, 皆不能無變易之期. 而惟太極之爲極也, 天地萬物雖皆盡矣, 而此理則無時有盡焉, 故萬物旣盡, 而又復有萬物, 天地旣盡, 而又復有天地, 蓋以此理則常存而無盡故也. 此非太極之本無極者耶? 然則加無極於太極者, 周子豈爲是比喩而言之也哉?

후세의 유학자들이 무극태극을 해석한 것에 그 설이 많으나 혹 그것을 입언한 뜻에 적합하지 못한 것이 있다. 이는 어찌 리라는 것은 진실로 말로 표현하기 어려운 것이기 때문에 혹은 그 비슷한 것은 보았으나 그 진면목은 보지 못하였거나, 혹은 그 한쪽만을 보고 그 전체를 보지 못하였거나, 심지어 혹은 이전에 들은 지식에 의지할 뿐 스스로 실견實見이 없어 그러한 것이 아니겠는가?

저들은 태극에다 무극을 더한 것은 집 위에 집을 가설한 것이고 평상 위에 평상을 중첩한 것이라 하니 이는 「태극도설」 가운데에서 '태극은 본래 무극이다'라고 한 뜻을 알지 못한 것이다. 만약에 무극이 따로 하나의 극이 된다고 여겨 태극의 위에 놓았다면 그것을 일러 집 위의 집이고 평상 위의 평상이라고 일컫는 것이 마땅하다. 그러나 무극을 말한 것이 태극이 극이 되는 까닭을 밝히고자 한 것이라면 어떻게 극을 중첩했다고 말할 수 있겠는가? 그렇지 않다면 무엇 때문에 '태극은 본래 무극이다'라고 말했겠는가? '본래 무극'이라는 것은 무극과 태극이 하나의 극임을 밝힌 것이다.

또 어떤 사람이 '태극의 밖에 과연 이른바 무극이라는 것이 있어 태극이 태극으로 되는 것은 곧 이 무극으로부터 된 것'이라고 한다면 이는 「태극도설」의 첫 구절인 '무극이면서 태극이다'라는 것의 뜻을 알지 못한 것이다. 가령 태극을 기라고 한다면 그것을 일러 기 앞에 일찍이 기가 있고, 기 밖에 다시 기가 있다고 하는 말로써 그래도 혹 견주어 볼 수 있을 것이다. 그러나 태극은 본래 스스로 하나의 리다. 그렇다면 어찌 일리一理의 밖에 또 그것으로부터 말미암아 나와 이 리가 된 것이 있겠는가? 태극이란 천지만물이 천지만물로 되는 소이에 나아가 그것의 최초이며 최상의 원두原頭가 되는 데까지 이미 미루어 가서 그것을 이름한 것이다. 그렇다면 어찌 태극의 앞에 다시 최초가 되고 최상이 되는 원두가 있어 다른 이름을 세울 수 있겠는가?

또 비유로써 그것을 해석할 수 있는 것이 있다. 곧 이것은 '그러한 사물은 없으나 그 도는 있다'고 말한 것이다. '그러한 사물이 없다'는 것은 무극의 뜻을 해석한 것이니, 그것이 극의 형체가 없다는 것을 말한 것이요 '그 도는 있다'는 것은 태극의 뜻을 해석한 것이니, 극의 도가 있다는 것을 말한 것이다. 저 극이란 것은 용마루70)의 이름이다. 그 용마루란 물건은 한 집의 뭇 재목이 모이는 곳이니 이것은 통솔하는 것이요 합치는 것이다. 오직 천지인물에 있어 도리가 통솔하고 합치는 것도 또한 하나의 용마루가 집의 위에서 통솔하고 합치는 것과 같다. 그러므로 집의 용마루가 볼 수 있는 형체를 가진 것을 취하여 천지인물 가운데에 있는 도리가 형상은

---

70) 屋脊을 가리킴.

없으나 실로 천지인물을 통솔할 수 있는 것에 비유한 것이다.

태극이 이미 집의 용마루를 취하여 비유한 것이라면 주렴계가 '무극이면서 태극이다'라고 한 것은 그것이 애초에 극은 아니나 곧 태극이 된다는 것을 말한 것이다. 이 말의 뜻을 살펴보면 너무 거칠고 천근한 것에 이른 것 같으니 과연 이것이 공자와 주렴계가 입언한 본의이겠는가? 공자가 역전易傳71)에서 태극을 말한 것이 반드시 집의 용마루라는 '극'에서 뜻을 취하여 이 리를 이름한 것이라는 것을 어찌 알 수 있겠는가? 혹 이 '극'자는 본래 그것이 모든 사물 위에서 통솔하고 주재하여 지극하고 다한 것이어서 다시 더할 것이 없으나 극이라는 명목이 이미 이전부터 행해지고 있었으므로 공자가 '태太' 자를 더하여 처음으로 그것을 들어 보인 것이 아니겠는가? 그리고 주렴계가 「태극도설」의 첫머리에 무극을 더한 것은, 그것이 반드시 태극으로써 시초를 삼은 것이요 형체가 있는 집의 용마루가 아니라는 것을 알 수 있었으므로 '무無' 자를 극에 더하여 이 극이 유형의 극이 있는 것이 아니라는 것을 밝힌 것이 어찌 아니겠는가? 성현이 법을 세운 것은 반드시 면밀하고 깊이가 있어 문인들이 글자를 짜 맞추어 만든 것과 다르니 반드시 이와 같이 거칠고 천근하지는 않을 것이다. 하물며 주회암72)이 그 문장을 해석함에 극자가 비유라는 것을 한 번도 언급하지 않았으나 이후의 학자들이 이렇게 해석한 것은 어찌 지나치게 자세하게 찾아 구하려 한 것이 아니겠는가?

또한 애초에 형상이 없으나 반드시 형상이 있는 한 물건을 차용하여 이름을 지은 것은 도道 또한 이러한 것이요 리理 또한 이러한 것이다. 도라는 이름은 도로의 도에서 나온 것이다. 대개 도가 도로 되는 까닭은 곧 천지인물이 고금에 걸쳐 함께 말미암는 것으로써 잠시도 떠날 수 없는 것이기 때문에 마치 사람과 사물이 천지 사이에서 왕래하는 것이 도로가 사방원근에 두루 통하는 것이 있어 하루라도 그것에 말미암지 않고는 길을 갈 수 없는 것과 같은 것이 있기 때문이다. 그러므로 이것을 취하여 천지인물의 도라고 이름한 것이다. 리라는 이름은 옥 표면의 결에서 나온 것이다.

---

71) 『주역』, 「계사상」 11장.
72) 주희를 가리킴. 晦庵은 주희의 호.

대개 리가 리로 되는 것이 하나가 나뉘어 만이 되고 만이 모여 하나가 되어 일찍이 나누어진 바가 있지 않음이 없고 또 모인 바가 있지 않음이 없으니, 호분누석毫分縷析[73]하더라도 스스로 어지러울 수 없는 것이 옥 표면의 결이 스스로 조리와 맥락이 있어 서로 뒤섞이지 않아 하나의 결로 통합됨을 보여 주지 않음이 없는 것과 같은 것이 있기 때문이다. 그러므로 이것을 취하여 천지인물의 리라고 이름한 것이다.

그러나 그것을 취하여 이름한 것이 비록 형상이 될 수 있는 것에 말미암은 것이지만 이미 도리의 도라고 하였다면 성현이 도를 말할 때에 반드시 형이상 자로써 말하는 것이지 일찍이 도로의 도를 끌어당겨 나타내려는 것이 아니요, 이미 도리의 리를 만들었다면 성현이 리를 말할 때에 대본大本에 있는 것으로 말한 것이지 일찍이 옥 표면의 결을 끌어당겨 나타내려는 것은 아니다. 설령 태극의 극이 과연 비유이며 실제로 집의 용마루라는 극에서 나왔더라도 그것이 태극의 뜻을 해석할 때에 곧 조잡하고 천근한 말을 사용하여 '본래 그 극이 없으나 이 태극이 된다'고 말한 것이겠는가?

하물며 이 태극의 명칭이 어떤 명목이 되며 어떤 성인으로부터 처음 나온 것인가? 곧 정정당당하여 무너지지도 부서지지도 않으며, 지순至純하고 지일 至一하여 다하지도 않고 바뀌지도 않아 이것으로써 크게 되고 이것으로써 작게 되며, 이것으로써 옛날이 되고 이것으로써 지금이 되는 도리인 것이니, 수많은 성인이 말하지 않은 것이나 공자가 비로소 말로 표현한 것이다. 주렴계는 또 어떤 적견的見[74]이 있었기에 공자가 더 이상 정밀하고 큰 것이 없는 이름을 드러내어 말한 것 위에다가 특별히 심오한 뜻을 드러내어 말하였 는가? 결코 조잡하고 천근하며 비속한 생각으로써는 외람되이 그 정결하고 정미하여 십분 지극하게 도달한 본지를 감당할 수 없었을 것이다.

집의 용마루로써 말한 것에 나아가 보면, 집마다 용마루가 있으나 집은 각자 그 집의 용마루가 있으므로, 천만 개의 집이 있으면 그 용마루도 또한 응당 천만 개가 될 것이다. 그런데 천만 개의 용마루를 합하여 하나의 용마루로 만들 수 없으니 그렇다면 다만 스스로 각자 집의 용마루가 될

---

73) 가는 터럭을 나누고 가는 실을 다시 쪼갠다는 것이니 아주 세밀하게 나눈다는 뜻.
74) 조금도 어김없이 정확한 견해.

뿐이요 통체統體의 용마루가 있는 것이 아니다. 이 리가 극이 되는 것 같은 경우는 『역』이라는 책 가운데의 양의와 사상, 팔괘와 64괘, 384효와 조화의 가운데에 있는 천지만물이 이 리를 극으로 삼지 않음이 없다. 그러므로 '태太' 자를 그것에 더한 것이니 대개 우주 사이에서 극이 되는 것에 이 극보다 더 큰 것이 없기 때문이다. 또한 집의 용마루가 극이 되는 것은 집이 없어지면 용마루도 역시 없어지는 것이다. 비단 집의 용마루가 집이 없어짐에 따라 함께 없어질 뿐만 아니라 심지어 황극이 극이 되는 것도 그 극이 또한 크지만 황이 황노릇을 할 수 없게 되면 극도 또한 그것을 따라 추락하게 된다. 예를 들면, 이른바 신극辰極 이하로 민극民極, 사방지극四方之極 등 모든 극으로써 칭하는 것들도 모두 변하여 바뀌는 기한이 없을 수 없다. 그러나 오직 태극이 극이 됨은 천지만물이 비록 모두 다 없어지더라도 이 리는 다함이 있는 때가 없는 것이다. 그러므로 만물이 이미 다하였더라도 또 다시 만물이 있고, 천지가 이미 다하였더라도 또 다시 천지가 있는 것은 대개 이 리의 경우는 항상 존재하여 다하는 때가 없기 때문이다. 이것이 태극이 본래 무극인 것이 아니겠는가? 그렇다면 주렴계가 태극 위에 무극을 더한 것이 어찌 이것을 비유로 하여 말한 것이겠는가?

44. 태극이 통체가 되고 각구가 되는 것은 곧 하나의 리이니 체용으로 나눌 수 없다.

朱子之『解』有曰'中也仁也感也, 所謂陽也, 太極之用所以行也; 正也義 也寂也, 所謂陰也, 太極之體所以立也.' 此特就動靜, 而分體用爾. 若太極 之本體, 則自是無形狀, 無方位, 無限際矣. 其何得以陰陽寂感, 仁義中正 分其體用哉? 太極之體未嘗不立於陰陽寂感, 仁義中正之上, 而太極之用 未嘗不行於陰陽寂感, 仁義中正之中, 此太極之所以爲太極, 而又以無極 加其上以示人者也. 若其爲一動一靜者, 便是氣也. 雖本於理, 而即非理 矣. 動而陽亦氣也, 靜而陰亦氣也, 皆當謂之太極之用也, 不可獨以陽動 爲太極之用, 而指陰靜爲太極之體也.

或曰:"太極理也. 常自以無體爲體, 而其有動靜陰陽者氣耳. 氣便是太極之用也. 故以陰陽而自分體用, 則可矣, 而若以陰爲太極之體, 以陽爲太極之用, 則後學安知太極無體之體, 而又安知陰陽二氣實皆太極之用也哉?' 此則然矣, 而太極有以統體者言, 有以各具者言, 則統體者豈非太極之體, 而各具者豈非太極之用乎?"

曰: "爲統體爲各具, 便是一理也. 統體之理卽各具之理, 而各具之理卽統體之理也, 一理之中, 豈可分體用哉? 以萬化之原頭, 萬類之總會, 觀此理, 則認其爲統體焉; 以萬化之攸則, 萬類之所性, 觀此理, 則認其爲各具焉. 統體非別爲統體也, 自是各具中統體也. 各具非別爲各具也, 自是統體中各具也. 統體爲各具者之統體. 各具爲統體者之各具, 非統體則各具不得爲各具, 非各具則統體不得爲統體, 是則統體各具, 雖其隨時隨處, 而異其稱目, 其爲一理, 則常自若矣, 固非分大爲小而爲各具也, 收小爲大而爲統體也. 合觀之而自是理也, 分觀之而自是理也, 大觀之而自是理也, 細觀之而自是理也, 此豈可以體用言之哉? 大觀之則爲大體, 細觀之則爲細體, 上觀之而體於上, 下觀之而體於下, 無時無處, 而不爲體焉, 此卽此理之爲太極無極者也."

주렴계 「태극도」의 주에서 주회암이 말하기를, "중中과 인仁과 감感은 이른바 양이니 태극의 용이 행해진 것이요, 정正과 의義와 적寂은 이른바 음이니 태극의 체가 세워진 것이다"[75]라 하였으니 이것은 다만 동정에 나아가 체용을 나눈 것일 뿐이다. 태극의 본체는 본래 형상이 없고 방위가 없으며 한계가 없다. 그러니 어떻게 음양陰陽, 적감寂感, 인의仁義, 중정中正으로써 태극의 체용을 나눌 수 있겠는가? 태극의 체는 일찍이 음양, 적감, 인의, 중정의 위에 세워지지 않음이 없고, 태극의 용은 음양, 적감, 인의, 중정의 가운데에서 행해지지 않음이 없으니 이것이 태극이 태극이 되는 까닭이요, 또 무극을 그 위에 더하여 사람에게 보여 준 까닭이다. 저 태극이 한번 동하고 한번 정하는 것은 곧 기이다. 그것이 비록 리에 근본하고 있으나 곧 리는 아닌 것이다. 동하여 양이 되는 것도 기이요, 정하여 음이 되는 것도 기이니, 모두 마땅히 그것을 일러 태극의 용이라고 해야지

---

75) 『성리대전』, 권1, 「태극도」의 주희주.

단지 양동陽動만을 가리켜 태극의 용이라 하고 음정陰靜만을 가리켜 태극의 체라고 할 수는 없다.

어떤 사람이 물었다. "태극은 리니 항상 스스로 체가 없는 것으로써 체를 삼는 것이요 태극에 동정음양이 있는 것은 기일 뿐이다. 기는 곧 태극의 용이다. 그러므로 음양으로써 스스로 체용을 나누는 것은 옳지만 만약 음을 태극의 체로 삼고 양을 태극의 용으로 삼는다면 후학들이 어떻게 태극이 체가 없는 체임을 알 수 있으며 또 어떻게 음양의 두 기가 실로 모두 태극의 용임을 알 수 있겠는가?' 하니 이 말은 그럴듯하다. 그러나 태극은 통체자統體者[76)로써 말한 것이 있고, 각구자各具者[77)로써 말한 것이 있으니 어찌 통체자가 태극의 체가 아니며 각구자가 태극의 용이 아니겠는가?"

대답하였다. "통체가 되고 각구가 되는 것은 곧 하나의 리이니 통체의 리가 곧 각구의 리이고 각구의 리가 곧 통체의 리인 것이다. 하나의 리 가운데에서 어찌 체용을 나눌 수 있겠는가? 온갖 변화의 원두原頭와 온갖 품류의 총회總會로써 이 리를 살펴보면 그것이 통체가 됨을 인식할 수 있고, 온갖 변화가 법칙으로 삼는 것과 온갖 품류가 본성으로 삼는 것으로써 이 리를 살펴보면 그것이 각구가 됨을 알 수 있다. 통체는 따로 통체가 되는 것이 아니라 본래 각구 가운데의 통체요, 각구는 따로 각구가 되는 것이 아니라 본래 통체 가운데의 각구인 것이다. 통체가 각구자의 통체가 되고 각구가 통체자의 각구가 되니 통체가 아니면 각구가 각구로 될 수 없고, 각구가 아니면 통체가 통체가 될 수 없다. 이렇다면 통체와 각구가 비록 때와 장소에 따라 그것을 칭하는 조목이 다르지만 그것이 일리가 됨은 항상 자약한 것이니, 진실로 큰 것을 나누어 작은 것을 만들어 각구가 되는 것이 아니요, 작은 것을 모아 큰 것을 만들어 통체가 되는 것이 아니다. 합하여 그것을 보아도 스스로 리요, 나누어 그것을 보아도 스스로 리며, 크게 보아도 스스로 리요, 작게 보아도 스스로 리이니 이것을 어찌 체용으로써 말할 수 있겠는가? 크게 보면 큰 체가 되고, 작게 보면 작은 체가 되며, 위로 보면 위에서 체가 되고 아래로 보면 아래에서 체가 되어

---

76) 전체로써 하나의 태극이 된 것이니 곧 理—의 리를 가리킨다.
77) 만물이 각기 하나의 태극을 갖춘 것이니 곧 分殊의 리를 가리킨다.

어느 때 어느 장소에서건 체가 되지 않음이 없으니 이것이 곧 이 리가
태극무극이 되는 까닭이다."

45. 주렴계가 말한 태극의 동정은 기의 동정의 원인이 곧 리에 있다는
    것.

或曰: "「說」又曰'太極動而生陽, 靜而生陰.' 夫太極者理也, 動靜者氣也.
今以氣之動靜爲理之動靜, 則理果有動靜者乎? 理自能動靜, 則何必待有
氣, 然後致用乎?" 余曰: "所謂理者氣之理也. 所謂氣者理之氣也. 不是理
外有氣, 氣外有理也. 理以出氣, 氣由理出, 則氣之動便是理之動也, 氣之
靜便是理之靜也. 氣之能動能靜, 非自能動靜也, 卽以理而動靜, 則周子
所謂太極之動靜者, 豈不以氣之動靜, 卽理之動靜故也."

어떤 사람이 물었다. "「태극도설」에서 또 말하기를, '태극이 동하여 양을
생하고 정하여 음을 생한다'고 하였는데, 저 태극이라는 것은 리요 동정하는
것은 기다. 그런데 지금 기의 동정을 리의 동정이라 하니 그렇다면 리에
과연 동정하는 것이 있는가? 리가 스스로 동정할 수 있다면 어찌 반드시
기가 있기를 기다린 연후에 쓰임(用)에 이르겠는가?" 내가 대답하였다.
"이른바 리라는 것은 기의 리요, 이른바 기라는 것은 리의 기이니, 리
밖에 기가 있고 기 밖에 리가 있는 것이 아니다. 리가 기를 나오게 하고
기는 리로 말미암아 나오는 것이니 그렇다면 기의 동함은 곧 리의 동이요,
기의 정은 곧 리의 정이다. 기가 동할 수 있고 정할 수 있는 것은 스스로
동정할 수 있는 것이 아니요 곧 리로 인해 동정할 수 있는 것이다. 그렇다면
주렴계가 말한 바의 태극의 동정이라는 것은 어찌 기의 동정이 곧 리의
동정이기 때문이 아니겠는가?"

46. 태극과 성은 두 개의 리가 아니다.

或又曰: "『說』又曰'五行一陰陽也, 陰陽一太極也. 太極本無極也, 五行之
生也, 各一其性.' 夫旣曰'五行一陰陽, 陰陽一太極也', 則二氣五行本皆一
太極也, 而又曰五行各一其性, 則太極與性其果爲二理, 而不相統耶?"

余曰: "太極之外豈有性乎? 性豈有外太極而爲性者乎? 理固有所統體者
焉, 又有所各具者焉. 統體者總萬理而爲一者也, 各具者隨其所物而各自
爲性者也. 不有統體之一, 則各具之萬無所從而宗主焉; 不有各具之萬,
則統體之一無所總而致用焉. 備五行之各性, 然後可以盡陰陽之二氣也,
並陰陽之二氣, 然後可以盡太極之一理也. 此所以有太極, 則不得無陰
陽, 有陰陽, 則不得無五行也. 故太極而陰陽, 陰陽而五行, 然後造化流行,
而品彙畢備矣. 然則陰陽之爲異氣, 五行之爲各性, 無非一太極爲之極
也. 旣爲之性焉, 則其有外於太極之理者乎?"

어떤 사람이 또 물었다. "「태극도설」에서 또 말하기를, '오행은 하나의
음양이요 음양은 하나의 태극이며 태극은 본래 무극이다. 오행이 생겨남에
각기 그 성을 하나씩 갖추게 된다'고 하였다. 대저 이미 '오행은 하나의
음양이요 음양은 하나의 태극'이라고 하였다면 리기와 오행은 본래 모두
하나의 태극이다. 그러나 또 말하기를 오행이 '각기 그 성을 하나씩 갖추게
된다'고 하였으니, 그렇다면 태극과 성은 과연 두 개의 리가 되어 서로
통섭하지 못하는 것인가?"

내가 대답하였다. "태극의 밖에 어찌 성이 있겠는가? 성에 어찌 태극을
벗어나 성이 된 것이 있겠는가? 리는 진실로 통체자가 되는 것이 있고
또 각구자가 되는 것이 있으니 통체자는 온갖 리를 총괄하여 하나가 된
것이요, 각구자는 그 물이 된 바에 따라 각기 스스로 성이 된 것이다.
통체의 하나가 없으면 각구의 만 가지가 좇아 종주로 삼을 것이 없고,
각구의 만 가지가 없으면 통체의 하나가 그것을 총괄하여 쓰임에 이르게
할 수 없으니, 오행의 각 성을 갖춘 연후에 음양의 두 기를 다할 수 있고
음양의 두 기를 아우른 연후에 태극의 일리를 다할 수 있는 것이다. 이것이
태극이 있으면 음양이 없을 수 없고, 음양이 있으면 오행이 없을 수 없는
까닭이다. 그러므로 태극이 음양이 되고 음양이 오행이 된 연후에 조화가
유행하며 품휘가 다 갖추어지는 것이다. 그렇다면 음양이 다른 기가 되고
오행이 각기 성을 달리하는 것이 하나의 태극이 그것이 극이 되는 것이
아님이 없으니, 이미 그것의 성이 되었다면 그것이 태극의 리를 벗어날
수 있겠는가?"

47. 리와 기는 하나이면서 둘이고 둘이면서 하나인 것.

或又曰: "「說」又曰'無極之眞, 二五之精, 妙合而凝' 眞以理言也, 精以氣言也, 而謂之合焉. 是則理與氣本自二物也, 而今爲之合焉者也. 然則何以謂之氣出於理, 理以氣行歟?"

余曰: "周子之意非果以爲理是一物, 氣是一物也, 而兩物於是乎合之者也. 盖理以氣爲用, 氣以理爲主, 理存而氣斯存, 氣行而理斯行, 無嘗間隙, 故曰'合而', 自非以理而合之於氣, 又非以氣而合之於理也. 直是理在氣中, 氣在理中, 所以謂之合也. 大槩曰理曰氣, 不能無體用之分, 經緯之別焉. 旣謂之合, 則體用之不能無分, 經緯之不能無別也. 又謂之'妙', 則體用之所以一原, 經緯之所以無間也. 眞在精中, 精自眞出, 亦所謂一而二, 二而一者也."

어떤 사람이 또 물었다. "「태극도설」에서 또 말하기를, '무극의 진眞과 음양오행의 정精이 묘합하여 응결된다'[78]라 하니 진은 리로써 말한 것이요 정은 기로써 말한 것이다. 그러나 그것을 합한다고 말하니 이것은 이와 기가 본래 두 개의 물이나 지금 그것을 합친다는 것이다. 그렇다면 어떻게 기는 리에서 나오고 리는 기로써 행해진다고 말할 수 있겠는가"

내가 대답하였다. "주렴계의 뜻은 정말로 리가 하나의 물이고 기도 하나의 물이니 두 개의 물이 여기에서 합쳐졌다고 여긴 것은 아니다. 대개 리는 기로써 용을 삼고, 기는 리로써 종주를 삼으니 리가 있으면 기가 이에 있게 되고, 기가 행해지면 리가 이에 행해져 일찍이 간격이 없는 것이다. 그러므로 말하기를, '합이合而라고 말한 것이니 리로써 기에다 합치는 것이 아니요, 또 기로써 리에다 합치는 것도 아니다. 다만 리는 기 가운데에 있고 기는 리 가운데에 있으므로 그 때문에 그것을 일러 합한다고 하는 것이다. 대개 리라 하고 기라고 하였으면 체용의 구분과 경위經緯의 분별이 없을 수 없으며, 이미 그것을 합친다고 말하였다면 체용을 구분하지 않을 수 없고 경위를 분별하지 않을 수 없다. 또 그것을 일러 '묘妙'라고 하였으니 그렇다면 체용이 일원一原이 되는 것이요, 경위가 틈이 없는

---

78) 주렴계, 「태극도설」, "無極之眞, 二五之精, 妙合而凝."

것이다. 무극의 진眞은 음양오행의 정精 가운데에 있고, 음양오행의 정은 무극의 진으로부터 나오니, 또한 이른바 하나이면서 둘이고 둘이면서 하나인 것이다[79).]."

48. 인간의 본성은 본래 순선하지만 기의 차이로 인해 악이 있을 수 있다. 그러므로 수양이 필요한 것.

或又曰: "「說」又曰'五性感動, 而善惡分, 萬事出矣.' 夫善之本於五性, 則固然矣, 今與惡並言之者, 何歟?"

余曰: "五性之理則固善而已, 以其出於太極之理也. 理之賦於人者爲性, 則人之所禀之氣, 自不能無淸濁正偏之殊焉. 理在其中, 隨其氣質之淸且正者, 而得其全焉; 隨其濁且偏者, 而不得無欠焉. 理得其全者, 善斯純矣; 理不得無欠者, 惡或雜矣. 所謂'感動'者, 性發爲情也. 情之中節者, 卽所謂善也; 不能中節者, 卽所謂惡也. 此聖人所以必定之以中正仁義, 而立人極焉, 君子修之而吉, 小人悖之而凶者也. 然則氣之不齊者, 非性之罪也."

어떤 사람이 또 물었다. "「태극도설」에서 또 말하기를, '다섯 가지 본성이 외물에 감응되어 움직여 선과 악이 나누어지며 만사가 생겨나게 된다'[80)]고 하니 저 선이 다섯 가지 본성에 근본하였다는 것은 진실로 그러하나 지금 악과 더불어 나란히 말한 것은 무엇 때문인가?

내가 대답하였다. "다섯 가지 본성의 리는 진실로 선일 뿐이니 그것이 태극의 리에서 나왔기 때문이다. 리가 사람에게 부여된 것이 성이 되었지만 사람이 품수한 기는 본래 맑고 탁하며 바르고 치우친 차이가 없을 수 없으며, 리는 그러한 기 가운데에 있으니 그 기질이 맑고 바른 것에 따른 것은 리의 온전함을 얻지만, 탁하고 치우친 것을 따른 것은 리에 결함이 없을 수 없는 것이다. 리가 그 온전함을 얻은 것은 선이 여기에서 순수하게

---

79) 一而二, 二而一은 주자학에서 리기의 관계를 설명하는 말로써 리기는 서로 떨어질 수도 없고 동시에 서로 뒤섞어 혼동할 수도 없는(不離不雜) 관계에 있다는 것을 표현한 것.

80) 주렴계, 「태극도설」, "五性感動而善惡分, 萬事出矣."

186

보존되나 리에 결함이 없을 수 없는 것에는 악이 혹 섞이게 되는 것이다. 이른바 '외물에 감응되어 움직인다'는 것은 성이 발출하여 정이 된 것[81]이니, 정이 절도에 들어맞은 것이 곧 이른바 선이요, 절도에 들어맞을 수 없었던 것이 곧 이른바 악이다. 이것이 성인이 반드시 중中, 정正, 인仁, 의義로써 마음을 안정시켜 사람의 표준을 세운 까닭이며, 군자는 중, 정, 인, 의를 실현하기 위해 수양하기 때문에 길하게 되고, 소인은 이것을 거스르기 때문에 흉하게 되는 것이다. 그렇다면 기가 고르지 않은 것은 성의 죄가 아니다."

49. 「태극도설」에서 밝힌 리는 『역』에 포함된 리와 동일한 것.
或又曰: "「說」之終必引『易』文, 而贊其大哉至矣者何歟?"
余曰: "『易』中所包之理, 不出乎「說」中所言, 而「說」中所明, 皆『易』中所包之理, 故引以證之也. 引而贊之者, 其旨豈不深且遠哉?"

어떤 사람이 또 물었다. "「태극도설」의 마지막에 반드시 『역』의 문장을 인용하여 '위대하구나! 『역』이여, 이것이 그 지극함이로다'라고 찬탄한 것은 무엇 때문인가?"
내가 대답하였다. "『역』 가운데 포함된 리는 「태극도설」 가운데에서 말한 것을 벗어나지 않고, 「태극도설」 가운데에서 밝힌 리는 모두 『역』 가운데 포함된 리다. 그러므로 그것을 인용하여 증명한 것이니, 『역』을 인용하고 또 그것을 찬탄한 것은 그 뜻이 어찌 심원하지 않은가?"

50. 『역』에 있는 그림과 「태극도」의 그림에 차이가 있는 이유.
或又曰: "周子所圖所說之太極, 卽伏羲所會, 孔子所發之太極也. 而『易』中排置, 「圖」中模範, 大不相似者何歟?"
余曰: "『易』之所主者, 卽象數加倍之法也. 「圖」之所主者, 卽造化流行之妙也. 故卦畫自下而上有, 如樹木之根而幹, 幹而枝, 枝中梢葉花實畢備而止焉. 「圖說」自上而下有, 如貫珠之一而二, 二而三, 三而四, 四而五者,

---

81) 성이 발한 것을 정이라 한다.(性發爲情)

次第而盡焉. 然則『易』之卦畫, 卽所謂法象也; 周子「圖說」卽所謂道理也. 卦畫之法象, 卽「圖說」中道理之所形也; 「圖說」之道理, 卽卦劃中法象之所蘊也. 法象爲道理之所形, 故有目者皆可以觀其法象, 而會其道理; 道理爲法衆之所蘊, 故有心者皆可以會其道理, 而驗其法象. 是故以卦畫之法象, 求之於「圖說」之道理, 則無不符焉; 以「圖說」之道理, 求之於卦畫之法象, 則無不準焉. 此其所以伏羲之卦畫, 周子之「圖說」, 有相發明, 而不容相無者也. 孔子之所以生于伏羲之下, 居于周子之上, 而發太極之名於易傳之中者, 豈非明伏羲之旨, 而啓周子之義者也哉?"

어떤 사람이 또 물었다. "주렴계가 그림을 그리고 설명을 붙인 태극은 곧 복희가 깨닫고 공자가 말로 드러낸 태극이다. 그러나 『역』에서 괘를 배치한 것과 「태극도」 가운데에서 그려진 것이 크게 다른 것은 어째서인가?" 내가 대답하였다. "『역』에서 주로 삼는 것은 곧 상수를 배로 더해 가는[82] 방법이요, 「태극도」에서 주로 삼는 것은 곧 조화가 유행하는 것의 미묘함이다. 그러므로 『역』에서 괘를 그은 것은 아래로부터 위로 올라가니 마치 수목의 뿌리에서 줄기가 나오고, 줄기에서 가지가 생기며, 가지 가운데에 곁가지가 없는 긴 가지와 잎, 꽃, 열매가 다 갖추어져야 그치는 것과 같다. 「태극도설」은 위로부터 아래로 내려가니 구슬을 꿰는 것과 같아 하나로부터 둘이 되고, 둘에서 셋이 되며, 셋에서 넷이 되고, 넷에서 다섯이 되어 차례대로 다하게 되는 것이다. 그렇다면 『역』에서 괘를 그은 것은 곧 이른바 음양의 상을 본뜬 것이요, 주렴계의 「태극도설」은 곧 이른바 도리道理이다. 괘를 긋는 것이 상을 본뜬 것은 곧 「태극도설」 가운데의 도리가 형상화한 것이요, 「태극도설」의 도리는 곧 괘를 그리는 것 가운데의 상을 본뜬 것이 온축된 것이다. 상을 본뜬 것은 도리가 형상화한 것이므로 눈이 있는 자는 모두 그 상을 본뜬 것을 살펴봄으로써 그 도리를 이해할 수 있고, 도리는 상을 본뜬 것이 온축된 것이므로 마음을 가지고 있는

---

82) 이는 소강절이 태극으로부터 64괘가 형성되는 과정을 설명하여, "하나가 나누어져 둘이 되고, 둘이 나누어져 넷이 되며, 넷이 나누어져 8이 되고, 8이 나누어져 16이 되며, 16이 나누어져 32가 되고, 32가 나누어져 64가 된다"고 한 말을 가리키는 것으로 정명도는 이를 加一倍法이라 칭하였다.

자는 모두 그 도리를 이해함으로써 그 상을 본뜬 것을 징험할 수 있다. 이 때문에 괘를 그리는 것이 상을 본뜬 것을 「태극도설」의 도리에서 구해보면 부합되지 않음이 없고, 『태극도설』의 도리를 괘를 그리는 것이 상을 본뜨는 것에서 구해보면 똑같지 않음이 없다. 이것이 복희가 괘를 그은 것과 주렴계의 도설이 서로 발명함이 있어 서로 없을 수 없는 까닭이다. 공자가 복희 이후에 태어나고 주렴계보다 먼저 살면서 역전易傳 속에서 태극이라는 이름을 드러낸 것이 어찌 복희의 본지를 밝혀 주렴계의 뜻을 열어 준 것이 아니겠는가?"

51. 「태극도설」은 공자의 뜻을 계술繼述하여 그 온축蘊蓄을 드러낸 것.

孔子稱此理爲太極者, 特是贊此理, 立此至尊至大之號也. 至周子著「圖說」, 加無極於太極者, 所以明太極爲理之妙也. 盖以太極之稱, 人或錯認, 則似乎尙有形象, 似乎尙有界, 至似乎尙有窮盡矣, 遂未必不以太極爲一物者然, 故周子乃以'無極'二字加之於其上, 又以'而'之一字, 置之於其間者, 其意以爲孔子所稱太極者, 自含無極之義焉矣, 而後學心眼, 或不能通明至到, 則未必不致疑於有形象有界, 至有窮盡者. 故遂加'無極而'三字於太極之上者, 乃周子之繼述孔子, 而發其蘊者也. 然則謂之無極者, 以太極自有無極之妙, 故爲太極也. '而'雖虛字, 乃所以合無極太極而一之者也. 如曰無極底太極也, 周子之義可謂至矣盡矣.

夫理也者一定而不易, 必然而不遷, 常存而不亡, 固有而不破, 無時加減, 無處空缺, 旣無所不爲之本焉, 又無所不爲之主焉. 此理不有以爲之本焉, 則造化何所自而生也; 此理不有以爲之主焉, 則事物何所統而則焉乎? 故固不係宇宙之始終, 天地之開闢, 萬物之死生萬變之飜覆, 而其爲理者, 恒自若也. 若一日無此理, 則無宇宙矣, 無天地矣, 無萬物矣. 無萬變矣, 然則孰有大於此理? 孰有完於此理者哉? 其所以爲極之太, 爲極之無者, 便是無形象也, 無界至也, 無窮盡也, 其大也如許, 其完也如許也. 而至於一事之微, 一物之賤, 莫不有所本之理, 所主之理. 故在事者曰事理, 在物者曰物理. 夫卽曰事理也, 物理也, 則人必以事之微, 物之賤者, 止認此理亦微焉賤焉而已矣, 而不識其爲大本者. 則自無窮焉其爲統者,則固莫測焉. 故前後聖賢特爲之立太極之號, 又爲之加無極之語焉. 若止有無極之語, 而不有太極之稱, 則人不知其爲極之實也; 止有太極之稱, 而不有無極之語, 則人不知其爲極之妙也. 然則孔子說太極, 周子說無極, 前聖後賢之說此理者, 至此而無復餘蘊焉.

又以此推而會之, 則凡爲形者無大小皆圍於氣中; 凡爲氣者無大小皆圍於理中矣. 夫卽形圍於氣中, 則形有盡而氣無盡也; 氣圍於理中, 則氣有盡而理無盡也. 此乃大小先後之所以有分也. 然而理雖生氣與形, 而又未嘗不在於爲氣爲形之中焉; 氣雖生形, 而又未嘗不在於爲形之中焉. 則此又大小先後, 畢竟同歸於一道也. 此乃此道之合理氣形器而爲名者也. 吾人苟能原其始, 而有以知夫大小先後之自有其分, 又能要其終, 而有以識夫大小先後之必歸於同, 則其爲理氣之體用, 無不在吾人心目中矣.

공자가 이 리를 태극이라고 칭한 것은 다만 이 리를 찬미하여 이 리의 지존至尊하고 지대至大한 이름을 세운 것이다. 주렴계가 「태극도설」을 저술함에 이르러 태극에다가 무극을 더한 것은 그것으로써 태극이 리의 미묘함이 됨을 밝힌 것이다. 대개 태극이라는 명칭을 사람들이 혹시 잘못 이해하면 아직도 형상이 있는 것 같고, 아직도 경계가 있는 것 같으며, 아직도 다하여 없어짐이 있는 것 같아 마침내 반드시 태극을 하나의 사물로 여기지 않음이 없게 된다. 이런 까닭에 주렴계가 여기에 '무극'이라는 두 글자로써 그 위에 더하고 또 '이而'라는 한 글자를 그 사이에 둔 것이니, 그 뜻은 공자가 칭한 태극이라는 것이 본래 무극의 뜻을 포함하고 있으나 후학들이 혹 심안心眼이 밝게 통하여 지극한 곳까지 이를 수 없으면 반드시 형상이 있고 경계가 있으며 다하여 없어짐이 있는 것이라고 의심하는데 이르지 않을 수 없다고 여긴 것이다. 그러므로 드디어 '무극이無極而'라는 세 글자를 태극의 위에 더하였으니 곧 이것은 주렴계가 공자를 계술繼述[83]하여 그 온축蘊蓄[84]을 드러낸 것이다. 그렇다면 그것을 일러 무극이라고 하는 것은 태극에 본래 무극의 미묘함이 있기 때문에 그러므로 태극이

---

83) 이전 사람이 하던 일이나 뜻을 이어감.
84) 깊이 간직한 심오한 뜻.

된다는 것이다. 그러니 '이而'가 비록 허사虛辭[85]이나 이에 무극과 태극을 합하여 하나가 되게 하는 것으로서 마치 '무극의 태극'이라고 말하는 것과 같으니 주렴계의 뜻이 가히 지극하고 극진하다고 할 수 있다.

저 리라는 것은 일정하여 바뀌지 않으며, 반드시 그러하여 옮겨가지 않으며, 항상 존재하여 없어지지 않으며, 본래부터 있는 것이어서 깨뜨릴 수 없으며, 더하거나 덜어낼 수 있는 때가 없고, 텅 비거나 부족한 곳이 있을 수 없으니, 이미 하지 못하는 바가 없는 근본이요, 하지 못하는 바가 없는 주재인 것이다. 이 리가 그것의 근본이 됨이 있지 않다면 조화가 어느 곳으로부터 말미암아 생겨나며, 이 리가 그것의 주재가 됨이 있지 않다면 사물이 어디에서 통섭되어 본받을 수 있겠는가? 그러므로 그 리가 됨은 진실로 우주의 시종과 천지의 개벽과 온갖 사물의 사생死生과 온갖 변화의 번복飜覆[86]에 관계되지 않고 항상 자약한 것이다. 만약 하루라도 이 리가 없으면 우주도 없고 천지도 없으며, 온갖 사물도 없고 온갖 변화도 없을 것이다. 그렇다면 어느 것이 이 리보다 큰 것이 있으며, 어느 것이 이 리보다 완전한 것이 있겠는가? 그것이 극의 태가 되고 극의 무가 되는 까닭인 것이니, 곧 형상이 없고 경계가 없으며 다하여 없어짐이 없어 그 큼이 이와 같고 그 완전함이 이와 같은 것이다.

그러나 미미한 한 가지의 일과 미천한 한 가지의 사물에 이르러서도 근본이 되고 주재가 된 리가 있지 않음이 없다. 그러므로 리가 일에 있는 것을 사리事理라 하고 사물에 있는 것을 물리物理라 하는 것이다. 그런데 이미 사리라 하고 물리라 하면 사람들은 반드시 일의 미미함과 사물의 미천함으로 인해 이 리도 역시 다만 미천할 것이라고 인식할 뿐이요, 그것이 대본이 됨을 알지 못하게 된다. 그렇게 되면 무궁으로부터 그것의 통체가 된 것을 진실로 헤아릴 수가 없다. 그러므로 전성前聖과 후현後賢이 단지 그것을 위하여 태극의 호칭을 세우고 또 그것에다 무극이라는 말을 더한 것이다. 만약 단지 무극이라는 말만 있고 태극이라는 호칭이 없다면 사람은

---

85) 직접적인 의미가 없이 문장에서 일정한 어법을 만드는 것으로 介詞, 접속사, 助詞 등을 가리킴.
86) 이리저리 뒤집힘.

그것이 극이 되는 실질을 알지 못할 것이요, 단지 태극이라는 호칭만 있고 무극이라는 말이 없다면 사람들은 그것이 극의 미묘함이 되는 것을 알지 못할 것이다. 그렇다면 공자가 태극을 말하고 주렴계가 무극을 말함으로써 전성과 후현이 이 리를 설명한 것이 이에 이르러 다시 남은 온축이 없게 된 것이다.

또 이것을 미루어 이해해 보면 형상을 가진 모든 것은 크건 작건 모두 기 가운데에 둘러싸여 있고, 기를 가진 모든 것은 크건 작건 모두 리 가운데에 둘러싸여 있다. 이미 형상이 기 가운데에 둘러싸여 있으면 형상은 다함이 있으나 기는 다함이 없으며, 기가 리 가운데에 둘러싸여 있으면 기는 다함이 있으나 리는 다함이 없다. 이것이 대소와 선후가 나누어지게 되는 까닭이다. 그러나 리가 비록 기와 형상을 생하지만 또한 일찍이 기가 되고 형상이 된 것 가운데 있지 않음이 없으며, 기가 비록 형상을 생하지만 또한 일찍이 형상이 된 것 가운데 있지 않음이 없다. 그렇다면 이 또한 대소선후가 마침내 함께 하나의 도에 돌아가는 것이다. 이것이 곧 이 도가 이와 기, 형상과 기器를 합하여 이름이 된 까닭이다. 우리 사람이 진실로 그 시원을 추구할 수 있어서 대소선후가 본래 그 분수가 있는 것을 알 수 있으며, 또 그 끝을 요약할 수 있어 대소선후가 반드시 동일한 데로 돌아간다는 것을 알 수 있다면 그 리기의 체용이 되는 것이 우리 사람의 마음 가운데에 있지 않음이 없게 될 것이다.

52. 태극이란 본래 상하사방도 없고 고금도 없으니 우주와 천지는 모두 태극 가운데 있다. 그러나 또한 태극은 우주 가운데의 천지와 인물을 벗어나 있는 것도 아니다.

解宇宙者謂'上下四方曰宇, 古往今來曰宙.' 上下四方, 豈但天地兩間之謂乎? 古往今來, 豈但吾人聞見之所及哉? 若果以上下四方爲宇, 以古往今來爲宙, 則宇之爲宇也, 必不可以此天地之大而盡之矣, 宙之爲宙也, 亦不可以此天地之久而盡之矣. 何以言之? 天地雖大且久, 便是有形之物也. 凡爲物者旣爲有形, 則不得無其上下四方也. 旣有其形外之上下四方, 則天地何得而盡宇之大哉? 又有形者之古今, 卽以其有形以來之古今爲古今矣, 不可以其有形之前後爲其古今, 則天地何得而盡宙之久哉? 然則宇宙之上下四方及宇宙之古往今來, 其果孰可以盡之乎? 此不過曰一太極之理也.

太極者固自是無上下四方, 又無古今. 故謂之太極, 則宇宙天地都在其中焉. 宇宙爲太極中之宇宙, 而天地又爲宇宙中之天地, 宇宙天地都在太極之中, 則太極之常爲太極, 而未或一日一刻一隅一隙容得無者, 可知也. 惟太極乃可以盡宇宙之大, 盡宇宙之久, 則宇宙之爲宇宙者, 非太極乎? 宇宙之爲宇宙者, 卽以太極, 則宇宙其可一日無太極, 而得爲宇宙乎? 宇宙亦不可一日無太極, 而得爲宇宙, 則況爲宇宙中之物者, 其可一日一刻無太極, 而得爲宇宙中之物乎?

然則理果何如模範也, 而其爲太極也者, 至於此極乎? 此非天地人物之外, 別自爲一種根苗者也, 只自是天地人物之一理焉而已. 以吾人推究之者, 豈有出於所耳目之形器, 所思慮之要妙哉? 天焉爲天之理, 地焉爲地之理, 人焉爲人之理者, 無非此一太極也. 此所以命之不可違者也, 性之不可易者也, 道之不可離者也, 德之不可悖者也, 千萬人之心所同得者也, 千萬人之情所同悅者也, 千萬人之知覺所同然者也, 千萬人之公論所同是者也. 夫豈外此而有理哉? 其謂之太極也者, 以此也.

우주라는 말을 해석한 자가 말하기를, "상하사방을 우宇라 하고 옛날이 가고 지금이 오는 것을 주宙라 한다"[87]고 하니 상하사방이 어찌 다만 천지 사이를 말한 것이겠는가? 옛날이 가고 지금이 오는 것이 어찌 다만 우리 사람의 견문이 미치는 것에만 한정되겠는가? 만약에 과연 상하사방을 우라 하고 옛날이 가고 지금이 오는 것을 주라고 한다면 우가 우로 되는 것은 반드시 이 천지의 큰 것으로써 다할 수 없을 것이요, 주가 주로 되는 것도 또한 이 천지의 장구함으로써 다할 수 없을 것이다. 무엇으로써 그렇게 말할 수 있는가? 천지가 비록 크고 오래되었으나 곧 이것은 형체를 가진 사물이다. 모든 사물이 된 것은 이미 형체가 있으면 그것의 상하사방이 없을 수 없으며, 이미 그 형체 바깥에 상하사방이 있다면 천지가 어떻게

---

87) 『회남자』 「原道訓」에 나오는 '우주'라는 말에 대한 高誘의 주석.

우宇의 큼을 다할 수 있겠는가? 또한 형체를 가지고 있는 것의 고금은 곧 그것이 형체를 가진 이래의 고금을 고금으로 삼는 것이니 형체를 가지기 이전과 이후의 고금을 고금으로 삼을 수 없다. 그렇다면 천지가 어떻게 주宙의 장구함을 다할 수 있겠는가? 그렇다면 우주의 상하사방과 우주의 옛날이 가고 지금이 오는 것을 과연 누가 그것을 다할 수 있겠는가? 이것은 하나의 태극의 리라고 말할 수밖에 없을 것이다.

태극이란 본디 스스로 상하사방이 없고 또 고금이 없다. 그러므로 그것을 태극이라 일컫는 것이니, 그렇다면 우주와 천지는 모두 그 가운데에 있다. 우주는 태극 가운데의 우주가 되고 천지 또한 우주 가운데의 천지가 되니, 우주와 천지는 모두 태극 가운데에 있다. 그렇다면 태극은 항상 태극이 되어 혹 하루나 한 순간의 짧은 시간과 한 모퉁이 한 틈의 작은 공간도 이 태극이 없는 것을 용납하지 않는다는 것을 알 수 있다. 오직 태극이라야 곧 우주의 큼을 다할 수 있고 우주의 장구함을 다할 수 있으니, 그렇다면 우주가 우주로 되게 하는 것은 태극이 아니겠는가? 우주가 우주로 되는 것이 곧 태극 때문이라면 우주가 하루라도 태극이 없이 우주가 될 수 있겠는가? 우주 또한 하루라도 태극이 없이는 우주가 될 수 없다면 하물며 우주 가운데의 사물이 된 것이 하루나 한 순간이라도 태극이 없이 우주 가운데의 사물이 될 수 있겠는가?

그렇다면 리는 과연 어떠한 모범이기에 그것이 태극이라는 것이 된 것이 이와 같은 지극함에 이르렀는가? 이는 천지인물의 밖에서 따로 스스로 일종의 뿌리나 싹이 되는 것이 아니요, 단지 본래 천지인물과 동일한 리일 뿐이다. 그러니 우리 사람으로써 그것을 추구하는 것이 어찌 귀와 눈이 보고 듣는 것의 형기形器와 사려한 것의 미묘한 요체를 벗어난 것이 있겠는가? 하늘에서는 하늘의 리가 되고, 땅에서는 땅의 리가 되며, 사람에게서는 사람의 리가 되는 것이 이 하나의 태극이 아님이 없다. 이것이 천명을 어길 수 없는 까닭이요, 본성을 바꿀 수 없는 까닭이며, 도를 떠날 수 없는 까닭이요, 덕을 어그러지게 할 수 없는 까닭이며, 천만인의 마음이 함께 얻은 것이요, 천만인의 정이 함께 기뻐하는 것이며, 천만인의 지각이 함께 그렇다고 여기는 것이요, 천만인의 공론이 함께 옳다고 여기는 것이다. 어찌 이것을 벗어나 리가 있겠는가? 그것을 일러 태극이라 일컫는 것은 바로 이 때문이다.

53. 리기의 미묘함은 반드시 그 심흉을 크게 하고 그 총명을 넓힌 연후에 헤아릴 수 있다.

太極自是理也, 固不可以先後彼此言之矣. 至於二氣五行, 亦豈是有天地然後, 始有於天地之中哉? 萬物之始終, 曾不出於天地之中, 則吾人皆可得而知之矣. 至於天地之始終, 人未得以見之, 則其有能知之者乎? 然而天地亦圍於理氣之中, 則烏得以無始終哉? 二氣有闔闢屈伸, 五行有各德各運, 相生相序焉. 天地之前, 曷甞無二氣五行哉? 天地之始便是陽之闢也, 伸也; 天地之終, 便是陰之闔也, 屈也. 天地之前, 必有先天地之無窮, 天地之後, 又必有後天地之無窮, 則五行之運五行之德其容有間乎? 然則二氣之爲氣, 五行之爲行, 豈但在於此天地之間哉? 吾人不可以吾耳目之所得及者爲理氣之限也, 必須大其心胷, 擴其聰明, 然後庶有以測理氣之妙也.

태극은 본래 리이므로 선후피차로써 그것을 말할 수 없다. 음양의 두 기와 오행도 또한 어찌 천지가 있은 연후에 비로소 천지의 가운데 있게 되었겠는가? 만물의 시종이 일찍이 천지의 가운데를 벗어나지 않았다면 우리 사람이 모두 알 수 있었을 것이다. 그러나 천지의 시종에 이르러서는 사람이 볼 수 없다. 그렇다면 그것을 알 수 있는 자가 있겠는가? 그러나 천지 또한 음양의 두 기 가운데에 둘러싸여 있으니 어떻게 시종이 없을 수 있겠는가? 음양의 두 기는 합벽闔闢[88]과 굴신屈伸[89]이 있고, 오행은 각기 다른 덕과 각기 다른 운행이 있어 서로 생하기도 하고 서로 차례를 이루기도 하니[90], 천지 이전에 어찌 일찍이 음양의 두 기와 오행이 없었겠는

---

88) 열리고 닫힘.
89) 굽히고 펴짐.
90) 오행의 덕은 水는 적셔 주고 火는 타오르며 木은 뻗어 나가고 金은 수렴하며 土는 살찌우는 것이다. 또한 오행은 相生相剋의 관계에 있는데, 상생은 수는 목을 생하고 목은 화를 생하며 화는 토를 생하고 토는 금을 생하며 금은 다시 수를 생하는 것이다. 상극은 수는 화를 극하고 화는 금을 극하며 금은 목을 극하고 목은 토를 극하며

가? 천지의 시작은 곧 양이 열린 것이요 펴진 것이며, 천지가 끝나는 것은 곧 음이 닫히는 것이요 굽히는 것이다. 이 천지의 앞에 반드시 선천지先天地의 무궁함이 있고 이 천지의 후에 반드시 후천지의 무궁함이 있을 것이니, 그렇다면 오행의 운행과 오행의 덕에 틈이 있을 수 있겠는가? 그렇다면 음양의 두 기가 기가 되고, 오행이 행이 되는 것이 어찌 다만 이 천지 사이에만 있겠는가? 우리 사람이 우리의 이목으로써 미칠 수 있는 것으로 리기理氣를 한계 지으려 해서는 안 되는 것이니 반드시 모름지기 그 심흉心胸을 크게 하고 그 총명을 넓힌 연후에 비로소 리기의 미묘함을 헤아릴 수 있을 것이다.

54. 리와 태극은 인식하거나 측량할 수 없는 것이 아니니, 그것이 우리의 일상을 벗어나 있지 않기 때문이다.

理者太極之實名也, 太極者理之別稱也. 理與太極非二種也. 但謂之理, 則人疑其爲深微, 而難於認得也; 謂之太極, 則人疑其爲高大, 而難於測取也. 是乃皆被其爲名爲稱之所掩蔽也. 其所以爲名爲稱者, 實非有掩蔽之患也, 而人之所見自不能精密, 故不察其立名設稱之本義, 而妄生疑惑故也.

夫所謂理也者, 何嘗偏於深微, 而不可認得哉? 所謂太極也者, 何嘗過於高大, 而不可測取哉? 聖人造書契以來, 指此理爲太極之實, 而隨其妙立其目者, 非特曰理曰太極之謂焉而已. 如所謂誠也, 命也, 心也, 性也, 道也, 德也, 善也, 仁也, 義也, 則也, 秉彝也, 人倫也, 天秩也, 天叙也等目, 無非此一理, 一太極之變號也, 則其可以此理之爲太極者, 別作一種於各項等目之外, 而玄玄妙妙然者乎?

以其至實無妄者而謂之誠, 以其隨物賦予者而謂之命, 以其主宰神明者而謂之心, 以其受命爲理者而謂之性, 以其日用常行不可須臾離者而謂之道, 以其可好可悅無所厭射者而謂之德, 以其惻怛隱痛不自耐遏者而謂之仁, 以其至順至正無所乖戾者而謂之善, 以其事事合宜者而謂之義,

---

토는 수를 극하는 것이다. 오행의 순서는 수가 제일 먼저이고 다음이 화, 목, 금, 토의 차례가 된다.

以其物物具理者而謂之則, 以其所性之常而謂之秉彝, 以其隨接盡道而謂之人倫, 以其有自定之序而不可亂者謂之天秩, 以其有自定之倫而不可易者謂之天叙. 然則所立各目, 夫孰有外於太極之理也哉? 此其大者也. 至於晝焉, 各從其事, 夜焉各息其穴, 渴焉必飲於水, 飢焉必求其食, 以至一動一靜, 一語一默, 莫不有其時其義者, 有非太極之理者乎?

리라는 것은 태극의 실명實名[91]이요 태극이라는 것은 리의 별칭別稱[92]이다. 리와 태극은 애초에 두 가지 종류가 아니다. 다만 그것을 리라고 말하면 사람들이 그것이 심오하고 은미하여 알기가 어렵다고 의심하고, 그것을 태극이라고 말하면 사람들이 그것이 높고 커서 헤아려 알기가 어렵다고 의심하니, 이것이 곧 모두 그것의 이름을 만들고 별칭을 만든 것으로 인해 리의 본모습이 가려진 것이다. 그것의 이름을 짓고 별칭을 만든 것이 실로 그것의 실상을 가리게 될 근심이 있는 것은 아니었지만 사람의 소견이 스스로 정밀할 수 없었으므로 그것의 이름을 세우고 별칭을 만든 본의를 살피지 못하고 망령되게 의혹을 만들어 내었기 때문이다.

저 이른바 리라는 것이 어찌 일찍이 심오하고 은미한 데 치우쳐 인식할 수 없는 것이겠으며, 이른바 태극이라는 것도 어찌 일찍이 지나치게 높고 커서 측량할 수 없는 것이겠는가? 성인이 문자를 만든 이래로 이 리를 가리켜 태극의 실명으로 삼고, 그 미묘함에 따라 그 조목을 세운 것은 비단 리라 하고 태극이라 일컫은 것 뿐 만이 아니다. 예를 들면, 성誠이라 하고, 명命이라 하며, 심心, 성性, 도道, 덕德, 선善, 인仁, 의義, 칙則, 병이秉彝, 인륜人倫, 천질天秩, 천서天叙[93] 등의 조목이 이 하나의 리, 하나의 태극의 변호變號[94]에 지나지 않는 것이다. 그렇다면 이 리를 태극이라 하는 것이 위에서 말한 각 항목의 외에 따로 일종의 현현묘묘玄玄妙妙한 것을 만든 것이라 할 수 있겠는가?

---

91) 실제 이름, 본래 이름.
92) 달리 부르는 이름, 별명.
93) 천서는 하늘이 부여한 자연적인 차례이며 천질은 하늘이 부여한 자연적인 품질과 등급이라는 뜻으로, 『서경』「皐陶謨」에 따르면, 천서는 君臣·父子·兄弟·夫婦·朋友의 倫序이고, 천질은 尊卑·貴賤의 등급과 높이고 줄이는 品秩이다.
94) 바뀐 이름.

그것이 지극히 진실하고 망령됨이 없기 때문에[95] 성誠이라 이르고, 그것이 사물에 따라 부여되었으므로 명命이라 이르고, 그것이 몸을 주재하며 신명神明한 것이기 때문에 심心이라 이르고, 그것이 천명을 받아 리가 되었기 때문에 성性이라 이르고, 그것이 날마다 쓰는 가운데 항상 행해져서 잠시도 떠날 수 없는 것이기 때문에 도道라고 이르고, 그것이 좋아할만 하고 기뻐할만 하여 싫증내는 것이 없기 때문에 덕德이라 이르고, 그것이 불쌍히 여기고 마음 아파하는 것을 스스로 막을 수 없기 때문에 인仁이라 이르고, 그것이 지순至順하고 지정至正하여 어기는 바가 없기 때문에 선善이 라 이르고, 그것이 일마다 마땅함에 합치되기 때문에 의義라 이르고, 사물마 다 리를 갖추었기 때문에 법칙(則)이라 이르고, 그것이 항상된 성품이기 때문에 병이秉彝[96]라고 이르고, 그것이 만난 바에 따라 도를 다하기 때문에 인륜人倫이라 이르고, 그것이 저절로 정해진 차례가 있어 어지럽힐 수 없기 때문에 천질天秩[97]이라 이르고, 그것이 저절로 정해진 윤서倫序가 있어 바꿀 수 없기 때문에 천서天叙라고 하는 것이다. 그렇다면 세워진 각 조목들 가운데 어느 것이 태극의 리를 벗어날 수 있겠는가? 이것이 리가 큰 이유이다. 심지어 낮에는 각자 자신이 해야 할 일에 종사하고, 밤에는 각자 그 집에서 쉬며, 목마르면 반드시 물을 마시고, 배고프면 반드시 먹을 것을 구하며, 한번 움직이고 한번 고요히 있으며, 한번 말하고 한번 침묵하는 데 이르기까지 그 때와 그 의義가 있지 않음이 없는 것이 태극의 리가 아닌 것이 있겠는가?

55. 인간의 도덕과 윤리는 본래 무극태극의 리로부터 주어진 것.

先儒說理曰'無極而太極', 太極者以此理爲天地萬物之元頭, 無所復加 之謂也; 無極者以此理亘前亘後無所窮盡之謂也. 夫其無所復加, 無所窮

---

95) 『중용』 20장, "성이란 천의 도이다"(誠者天之道也)의 주석에서 주희는 "성이란 진실무 망을 일컫는 것이다"라 하였다.
96) 『시경』「大雅 蒸民」에서 "民之秉彝, 好是懿德"이라 하였는데, 주희는 이를 '불변의 상도 를 잡아 지킨다'는 뜻으로 해석함으로써 이후 '사람이 항상 잡고 있는 떳떳한 이치' 라는 뜻으로 쓰이게 됨.
97) 하늘이 부여한 자연적인 品秩과 等級이니 예법과 제도를 가리킨다.(『서경』,「皐陶謨」)

盡者, 非異旨也, 自是無所復加, 故乃能無所窮盡; 惟其無所窮盡, 故遂爲無所復加也. 此所以謂之無極而太極也.

氣也者出於理矣, 而配乎理者也. 理乘氣而爲理, 氣承理而爲氣, 故有理則不可無氣, 爲氣則不得無理, 此固理氣之不可離者, 而氣必準乎理也. 理固無極也, 故氣不得不準乎理之無極, 而與之無極也; 理爲太極也, 故氣不得不準乎理之太極, 而與之太極也. 此乃氣之所以必準乎理焉, 而自古及今必須合稱曰理氣也.

然而理則無始終無大小, 而氣則有始終有大小; 理則無盈虛無盛衰, 而氣則有盈虛有盛衰, 然則以其有始終有大小之氣, 何以能準夫無始終無大小之理? 以其有盈虛有盛衰之氣, 何以能準夫無盈虛無盛衰之理哉? 盖氣之所以必有始終, 必有大小, 必有盈虛, 必有盛衰者, 卽莫非此理之使之然也. 惟其必有始終, 必有大小, 然後乃可以得準夫此理之無始終, 無大小者也; 必有盈虛, 必有盛衰, 然後乃可以得準夫此理之無盈虛, 無盛衰者也. 此乃理氣合一之妙也.

夫氣有爲無極太極之理, 又有準無極太極之氣, 則理不徒理, 氣不徒氣, 必須有理氣之大事業焉. 旣爲理爲氣, 而若不有大事業, 則爲理氣何用哉? 此所以旣有理氣矣, 又必有能有爲之大機也. 所謂能有爲之大機者, 卽所以做辦大事業之機關也. 豈非理氣之大用, 而從無極太極之本體中出者哉? 然則大機之作用焉, 而其所辦做之大事業者, 何謂歟? 盖其無極太極, 無時不然, 無處或外, 而及其爲大用也, 必須隆束元氣爲天爲地, 然後爲造化之大局, 大局者專功就事之處所也. 惟其有天機之發動也, 故元氣之隆束者, 渾淪於上下, 而卽爲天矣, 聚結者磅礴於中間, 而卽爲地矣, 有天有地, 卽爲造化之大局. 則於是乎造化之功用, 遍滿於覆載之中, 而生生焉, 化化焉, 林林焉, 總總焉者皆是, 則理氣之大事業, 不已畢乎? 此所以爲此理之無極太極, 而氣之承準乎此理者, 果如是也.

天不可徒窂窂焉, 故日月星辰於上, 然後宇內明矣; 地不可徒膴膴焉, 故山嶽川瀆於下, 然後氣相應矣. 水族之育於水, 陸物之產於陸者, 不待種而繁矣; 草木之生於土地, 蟣虱之化於衣裳, 其果由於栽植資養乎? 聲色臭味之入, 必有竅孔, 腐爛穢惡之出, 亦各有途者, 豈是爲物物焉賜備哉?

四端七情之發, 五倫百行之行, 豈是爲人人而教喩哉? 孩提之童無不知愛
親敬長, 三尺童子拱而趨市, 暴夫悍卒莫敢狎焉, 此豈矯僞而然者乎? 至
於天地人物, 形體性情, 古今焉不易其常, 陰陽五行, 晝夜四時, 古今焉不
失其序者, 非此理之爲無極太極而然乎? 爲吾人者無不性此理之全體於
其心, 則無極太極之妙, 自不外于方寸中知覺也.

선유先儒[98]가 리를 말하여 '무극이면서 태극이다'라 하니, 태극이라는
것은 이 리가 천지만물의 원두元頭가 되어 다시 더할 것이 없는 것을
일컬은 것이요, 무극이라는 것은 이 리가 처음부터 끝에 이르기까지
다하는 바가 없는 것을 일컬은 것이다. 다시 더할 것이 없는 것과 다하는
바가 없다는 것은 다른 뜻이 아니라 스스로 다시 더할 것이 없기 때문에
이에 다하는 바가 없을 수 있고, 오직 다하는 바가 없기 때문에 드디어
다시 더할 것이 없는 것이다. 이것이 그것을 일러 무극이면서 태극이라고
하는 까닭이다.

기라는 것은 리에서 나와 리와 짝이 되는 것이니, 리는 기를 타고 리가
되고 기는 리를 계승하여 기가 되는 것이다. 그러므로 리가 있으면 기가
없을 수 없고, 기가 되면 리가 없을 수 없다. 이것이 진실로 리기가 서로
떨어질 수 없고 기는 반드시 리를 표준으로 하는 것이다. 리는 진실로
무극이다. 그러므로 기는 리의 무극을 표준으로 삼지 않을 수 없으니
리와 더불어 무극이 된다. 리는 태극이 된다. 그러므로 기는 리의 태극을
표준으로 하지 않을 수 없어 그와 더불어 태극이 된다. 이것이 곧 기가
반드시 리를 표준으로 하는 것이요, 예부터 지금에 이르기까지 반드시
모름지기 리기라고 합쳐 부르는 까닭이다.

그러나 리는 시종이 없고 대소가 없으나 기는 시종이 있고 대소가 있으며,
리는 영허盈虛[99]가 없고 성쇠盛衰[100]가 없으나 기는 영허가 있고 성쇠가
있다. 그렇다면 시종이 있고 대소가 있는 기가 어떻게 저 시종이 없고
대소가 없는 리를 표준으로 삼을 수 있으며, 영허가 있고 성쇠가 있는

---

98) 주렴계를 가리킴.
99) 가득 차는 것과 텅 비는 것.
100) 성대해지고 쇠미해짐.

기가 어떻게 저 영허가 없고 성쇠가 없는 리를 표준으로 삼을 수 있는가? 대개 기가 반드시 시종이 있고, 반드시 대소가 있으며, 반드시 영허가 있고, 반드시 성쇠가 있는 까닭은 곧 이 리가 그것으로 하여금 그렇게 되도록 한 것이 아님이 없다. 그런데 오직 그것이 반드시 시종이 있고 반드시 대소가 있은 연후에 곧 이 시종이 없고 대소가 없는 리를 표준으로 삼을 수 있는 것이며, 반드시 영허가 있고 반드시 성쇠가 있은 연후에 곧 이 영허가 없고 성쇠가 없는 리를 표준으로 삼을 수 있으니 이것이 곧 리기합일理氣合一의 미묘함이다.

무릇 기에 무극태극이 되는 리가 있고 또 무극태극을 표준으로 하는 기가 있으면 리는 하릴없이 리이기만 한 것이 아니고 기는 하릴없이 기이기만 한 것이 아니어서 반드시 모름지기 리기의 대사업이 있다. 이미 리가 되고 기가 되었으나 만약 대사업이 있지 않다면 리기가 된 것이 무슨 쓸모가 있겠는가? 이것이 이미 리기가 있고 또 반드시 유능有能하고 유위有爲한 큰 기틀이 있는 까닭이다. 이른바 유능하고 유위한 큰 기틀이라는 것은 곧 그것으로써 대사업을 만들어갈 수 있는 기관機關이다. 그러니 어찌 리기의 대용大用이 무극태극의 본체 가운데로부터 나온 것이 아니겠는가? 그렇다면 큰 기틀의 작용이라는 것과 그것이 만들어간 대사업이라는 것은 무엇을 말하는 것인가? 대개 그 무극태극은 어느 때도 그렇지 않은 때가 없고, 어느 곳에서도 혹 밖이 없다. 그러나 그것이 대용이 되는데 이르러서는 반드시 원기元氣를 크게 묶어 천지를 만들기를 기다린 연후에 조화의 큰 국면이 만들어지니 큰 국면이란 사업에 전념하여 일에 나아가는 처소이다. 오직 그것에 천기天機의 발동이 있기 때문에 원기를 크게 묶은 것이 위아래에서 혼륜하여 곧 하늘이 되고, 원기가 모여 맺힌 것이 중간에 가득하여 곧 땅이 되니 하늘이 있고 땅이 있는 것이 곧 조화의 큰 국면이 된다. 그렇게 되면 여기에서 조화의 공용이 하늘이 덮고 땅이 실은 것 가운데에 가득 차게 되니 만물을 낳고 낳으며, 변화하고 변화하며, 떼 지어 모이며, 많이 모인 것이 모두 이것이다. 그렇다면 리기의 대사업을 이미 다하지 않았는가? 이것이 이 리가 무극태극이 되는 까닭이요 기가 이 리를 표준으로 삼아 리를 따른 것이 과연 이와 같은 것이다.

하늘은 부질없이 느릿느릿 움직일 수만은 없다. 그러므로 일월성신이 그 위에 있은 연후에 천하가 밝게 된다. 땅은 부질없이 기름지고 아름답기만 할 수는 없다. 그러므로 산악과 시내와 큰 강이 있은 연후에 기가 서로 응하게 되어 물에 사는 족속들은 물에서 길러지고, 육지에서 살아가는 것들은 육지에서 태어나 종류를 기다리지 않고 번식하는 것이다. 초목이 토지에서 생겨나고 옷엣니와 머릿니가 옷에서 화하는 것도 과연 재배하고 길러 주는 데 말미암은 것인가? 소리와 빛, 냄새와 맛이 사람 속으로 들어오는 것에 반드시 구멍이 있으며, 썩어 문드러지고 더러운 것이 밖으로 나가는 것에도 또한 각기 길이 있는 것이니 어찌 이것을 만물마다 갖추어지도록 한 것이겠는가? 사단칠정의 발출과 오륜의 온갖 행실을 실행하는 것을 어찌 이것을 사람마다 가르쳐 깨우치도록 한 것이겠는가? 두세 살 된 어린아이도 어버이를 사랑하고 어른을 공경하는 것을 알지 못함이 없으며, 삼척동자가 두 손을 맞잡고 시장에서 종종걸음을 하면 난폭한 사내와 사나운 군졸도 감히 친압하지 못하니 이것이 어찌 인위적으로 바로잡아 그렇게 된 것이겠는가?[101] 심지어 천지와 인물의 형체와 성정이 고금에 있어 그 항상됨을 바꾸지 않고 음양오행과 밤낮과 사계절이 고금에 있어 그 차례를 잃지 않는 것도 이 리가 무극태극이 되어 그러한 것이 아니겠는가? 우리 사람이 된 자에 이 리의 전체를 그 마음속에 본성으로 삼지 않은 자가 없으니, 그렇다면 무극태극의 미묘함은 본래 방촌 가운데의 지각을 벗어나지 않는 것이다.

56. 변화의 품휘가 만 가지로 될 수 있는 까닭이 리이므로 태극이라 존칭하고 휘호한 것.

太極者乃此理之尊稱也, 徽號也, 正如稱天而曰上帝者也. 一是天也, 而若言其主宰出命之道, 則稱之爲上帝焉. 「大傳」亦將言大易之大業, 故孔子於易之理, 尊其稱徽其號曰太極, 若不曰太極, 而惟曰理生兩儀, 則人

---

101) 여기에서 여헌은 태극으로서의 리가 만물의 소이연이라는 것을 근거로 맹자의 성선설을 정당화하고 인간의 타고난 본성은 악하고 선이란 오직 인위적으로 꾸민 것이라는 순자의 성악설을 비판하고 있다.(『맹자』, 「진심상」 15장 참조)

必以尋常看過於恒言爾, 孰認其有無窮無盡之實乎? 此所以不曰理, 而曰太極也. 豈是於理之外, 別有所謂太極者乎?

然則其必謂之太極者何也? 夫理之爲理, 其在事物之前, 爲事物所以然者, 而不容無焉; 其在事物之中, 爲事物所當然者, 而不可易焉. 前之所以然者, 卽後之所當然; 後之所當然者, 卽前之所以然, 乃一理也. 出萬變萬化, 而一常如也; 生萬品萬彙, 而一自若也. 以一爲萬, 而一未嘗損焉; 以萬歸一, 而萬未嘗耗焉. 其爲一者, 合之極也; 其爲萬者, 分之極也. 言其大, 則極其大; 言其小, 則極其小. 言其遠, 則極其遠; 言其近, 則極其近. 其爲高卑也, 極其高卑; 其爲深淺也, 極其深淺. 爲隱顯, 爲精粗, 無所不極焉, 故乃以'極'稱之, 而又加'太'焉. 惟其'極'焉, 而'太'矣, 則凡其變化品彙之所以爲萬者, 孰有外於此理者哉? 此孔子所以必首之于儀, 象, 卦之上, 而尊徽其稱號者也.

夫旣曰太極, 則理之爲, 理盡其實矣. 而濂溪周子又以'無極而'三字, 復加之於太極之上者何也? 固以'極'之一字, 旣有宗主統一之義, 又有至到窮盡之義. 其爲宗主統一也, 則似乎有形象方所之可擬; 其爲至到窮盡也, 則似乎有終畢減熄之時節, 此安可必保其竟無錯認之患乎? 周子盖慮乎此者也. 惟其所以爲宗主統一之義者, 正以其不自爲形, 而使萬形各形其形, 不自爲象, 而使萬象各象其象, 不自有方, 而使萬事各方其方, 不自有所而使萬物各所其所, 則理果安有形象? 果安有方所哉? 其所以爲至到窮盡之義者, 正以其無時不在, 無處不有, 無其上, 無其下, 無其內, 無其外, 無其先, 無其後, 至爲不形之至, 到爲不地之到, 窮爲無窮之窮, 盡爲無盡之盡, 縱焉亘古今, 橫焉通上下四方, 則又安有終畢之時乎? 又安有減熄之期乎?

於是乎加'無極'字, 以明太極之無形象方所, 無終畢減熄也. 太極之常爲太極者, 不以其無極故耶? 然則無極者, 所以明夫太極者也. 而太極自是無極也, 豈無極自爲一極, 太極自爲一極, 而爲有兩般極者乎? 故置一'而'字於其間, 而通續之, 以明其爲一極焉耳. 此周子加無極於太極者, 乃所以發孔子之蘊, 而俾後學無誤認之患者也. 嗚呼! 言極, 而理之妙盡焉矣, 言太言無, 而極之義又盡焉矣. 朱子所謂'萬古開羣蒙'者此也.

태극이란 이 리의 존칭이며 휘호徽號[102]이니 바로 하늘을 칭하여 상제上帝라 하는 것과 같다. 똑같은 하늘이지만 그것이 주재하여 명령을 내리는 도를 말할 경우에는 그것을 칭하여 상제라 한다. 『역』대전大傳[103]에서도 장차 대역大易의 큰 사업을 말하려 하였기 때문에 공자께서 역의 리에 대해 그 칭호를 높이고 그 이름을 아름답게 하여 태극이라 한 것이다. 만약 태극이라 말하지 않고 오로지 '리가 양의를 생한다'고 했다면 사람들은 반드시 항상 하는 말을 듣듯이 예사롭게 지나쳤을 것이니 누가 리에 무궁무진한 실질이 있다는 것을 알 수 있었겠는가? 이것이 리라고 말하지 않고 태극이라 말한 까닭이니, 어찌 리 밖에 따로 이른바 태극이라는 것이 있겠는가?

그렇다면 그것을 반드시 태극이라 일컬은 까닭은 무엇인가? 저 리가 리가 됨은 그것이 사물이 있기 이전에 있을 때에는 사물의 소이연자가 되어 없을 수 없고, 그것이 사물의 가운데 있을 때에는 사물의 소당연자가 되어 바뀔 수 없는 것이니, 앞의 소이연자는 곧 뒤의 소당연자요 뒤의 소당연자는 곧 앞의 소이연자이다. 그러므로 곧 하나의 리(一理)인 것이니, 온갖 변화를 내지만 그 하나는 항상 그러하며, 온갖 만물을 생하지만 그 하나는 항상 자약自若한 것이다. 하나로써 만 가지가 되지만 그 하나는 일찍이 덜어진 것이 없고, 만 가지로써 하나에 돌아가지만 만 가지가 일찍이 소모된 것이 없다. 그것이 하나가 되는 것은 합쳐지는 것의 지극함이요, 그것이 만 가지로 되는 것은 나누어짐의 지극함이다. 그 큰 것을 말하면 그 큰 것을 다하고, 그 작은 것을 말하면 그 작은 것을 다하며, 그 먼 것을 말하면 그 먼 것을 다하고, 그 가까운 것을 말하면 그 가까운 것을 다하며, 그것이 높고 낮은 것이 되면 그 높고 낮음을 다하고, 그것이 깊고 얕은 것이 되면 그 깊고 얕음을 다한다. 은미함과 드러남이 되며 정미함과 거친 것이 됨에 그 지극함을 다하지 않음이 없다. 그러므로 이에 '극極'으로써 그것을 칭하고 또 '태太' 자를 더한 것이다. 오직 그것이 '극'이면서 '태'라면 온갖 만물이 변화하는 것이 만 가지로 나누어지는

---

102) 높이고 찬미하여 붙이는 이름.
103) 『주역』「계사」를 가리킴.

까닭이 이 리 외에 무엇이 있겠는가? 이것이 공자가 반드시 양의, 사상, 팔괘의 위에 이것을 맨 먼저 놓아 그 칭호를 높이고 아름답게 한 까닭이다. 이미 태극이라 말하였다면 리가 리로 되는 것이 그 실질을 다한 것이다. 그러나 주렴계가 '무극이無極而'라는 세 글자를 다시 태극의 위에 더한 것은 무엇 때문인가? 진실로 '극'이라는 한 글자는 이미 종주宗主가 되고 통일統一하는 뜻이 있으며, 또 지극함에 도달하고 끝까지 다하였다는 뜻이 있다. 그것이 종주가 되고 통일하는 뜻이 된다면 마치 형상과 방소에 비길 만한 것이 있는 것 같으며, 그것이 지극함에 도달하고 끝까지 다하였다면 마치 다 끝마치게 되어 다 없어지게 되는 때가 있는 것 같으니 이것이 어찌 반드시 끝내 잘못 이해하는 근심이 없으리라고 보장할 수 있겠는가? 대개 주렴계는 이것을 염려한 것이다. 오직 종주가 되고 통일하는 뜻이 되는 까닭은 바로 그것이 스스로는 형체가 되지 않으나 만 가지 형체로 하여금 각자 그 형체가 되게 하고, 스스로는 형상이 되지 않으나 만 가지 형상으로 하여금 각기 그 형상이 되게 하며, 스스로는 향하는 바가 없으나 만사로 하여금 각기 그 향할 바에 향하게 하고, 스스로는 처하는 곳이 없으나 만물로 하여금 각기 그 처할 곳에 처하게 하기 때문이다. 그렇다면 리에 과연 어떻게 형체와 형상이 있으며 과연 어떻게 향할 곳과 처할 곳이 있겠는가? 그것이 지극함에 도달하고 끝까지 다한 뜻이 되는 까닭은 바로 그것이 어느 때나 있지 않은 때가 없고, 어느 곳이나 있지 않은 곳이 없으며, 그것의 위도 없고 그것의 아래도 없으며, 그것의 안도 없고 그것의 밖도 없으며, 그것의 앞도 없고 그것의 뒤도 없기 때문이니, 이르는 것도 형체가 없이 이르는 것이 되고, 도달하는 것도 도달하는 곳이 없는 도달함이 되며, 끝도 끝이 없는 끝이요, 다하는 것도 다함이 없는 다함인 것이어서 고금에 걸쳐 관통하고 상하사방에 다 통하는 것이다. 그렇다면 또한 어찌 끝이 나서 마치는 때가 있겠으며, 또 어찌 다 사라져 없어지는 시기가 있겠는가?

이에 '무극'이라는 글자를 더하여 태극은 형상과 방소가 없고 끝나고 사라져 없어지는 것이 없다는 것을 밝힌 것이다. 태극이 항상 태극이 되는 것은 그것이 무극이기 때문이 아니겠는가? 그렇다면 무극이라는 것은 저 태극이라는 것을 밝히는 소이가 되는 것이다. 태극이 스스로 무극이니 어찌 무극이 스스로 하나의 극이 되고, 태극이 스스로 하나의 극이 되어 두 개의 극이 있는 것이 되겠는가? 그러므로 하나의 '이而' 자를 그 사이에 두어 태극과 무극을 통하여 연결시켜 그것이 하나의 극이 됨을 밝힌 것일 뿐이니, 주렴계가 태극에다 무극을 더한 것은 곧 공자의 깊은 뜻을 드러내어 후학으로 하여금 태극에 대해 오인誤認하는 근심이 없게 한 것이다. 아! 극을 말하여 리의 미묘함을 다하였고, 태를 말하고 무를 말하여 극의 뜻을 또 다하였으니 주자가 말한바 "만고의 뭇 몽매한 사람을 열어 주었다" 는 것은 이 때문이다.

57. 도道와 기器는 다른 사물이 아니다.

孔子『易』大傳曰'形而上者謂之道, 形而下者謂之器', 夫以道器之別, 分一形之上下而目之, 則道器何嘗相離而爲道器哉? 器焉而道在其上, 道焉而器在其下, 道爲器之所載, 器爲道之所寓, 道器果非異物也. 何謂器? 卽兩儀以下是也. 儀而象, 象而卦, 至爲六十四卦, 三百八十四爻, 則宇宙間許多事物之變, 未有不在其中者也. 此非所謂形而下之器乎? 宇宙間一事一物之微, 莫不有自然之常理, 乃其所以爲事爲物之則焉, 則此非所謂形而上之道乎? 然則天地人物, 卽太極之所寓之器也, 太極, 卽天地人物所載之道也. 夫其所以爲之氣, 爲之質, 爲之才, 爲之器者, 卽非所謂形而下者乎? 其所以爲之命, 爲之性, 爲之道, 爲之德者, 卽非所謂形而上者乎?

공자가 『역』 대전에서 말하기를, "형이상자를 일러 도라 하고 형이하자를 일러 기器104)라 한다"105)고 하였으니 저 도와 기를 따로 하나씩 나누어 형상의 상하로 지목한 것이다. 그렇다고 해서 도와 기가 어찌 일찍이 서로 떨어져서 도와 기가 되겠는가? 기이면 도가 그 위에 있고 도이면 기가 그 아래에 있으니, 도는 기가 싣고 있는 것이 되고 기는 도가 깃든 곳이 된다. 그러니 도와 기는 과연 다른 사물이 아닌 것이다. 무엇을

---

104) 형이상의 도와 상대되는 것으로 형상을 가진 구체적인 사물을 가리킴.
105) 『주역』, 「계사상」 11장, "形而上者謂之道, 形而下者謂之氣."

기라고 하는가? 곧 양의 이하가 이것이다. 양의가 사상이 되고 사상이 팔괘가 되어 64괘 384효가 되는데 이르면 우주 사이의 허다한 사물의 변화가 그 가운데에 있지 않음이 없으니, 이것이 이른바 형이하의 기가 아니겠는가! 우주 사이에 있는 하나의 일이나 하나의 사물의 미미함도 자연의 항상된 이치를 가지고 있지 않음이 없어 곧 그것이 일과 사물의 법칙이 되니, 그렇다면 이것이 이른바 형이상의 도가 아니겠는가! 그렇다면 천지와 사람과 만물은 곧 태극이 깃들어 있는 기요, 태극은 곧 천지와 사람과 사물이 싣고 있는 도인 것이다. 그것의 기가 되고, 그것의 질이 되며, 그것의 재才가 되고, 그것의 기器가 되는 것이 곧 이른바 형이하자가 아니겠는가? 그것의 명命이 되고, 그것의 성이 되며, 그것의 도가 되고, 그것의 덕이 되는 것이 곧 이른바 형이상자가 아니겠는가?

58. 도道와 기器는 체용일원體用一原, 현미무간顯微無間한 것.

形而上者謂之道也, 而道不徒行, 須得形而下之器, 然後乃有以行焉. 所謂器者兩儀以下, 皆是也. 儀而象, 象而卦, 至爲六十四卦三百八十四爻者, 無非所以象 宇宙間無窮之變, 則道何嘗離此而爲之道乎? 器非道, 則無以爲之器; 道非器, 則無以爲之道焉. 此固體用一原, 顯微無間, 而不相離者也. 爲之氣, 爲之質, 爲之才, 爲之器者, 即其形而下者也; 爲之命, 爲之性, 爲之道, 爲之德者, 即其形而上者也. 然則天地人物, 孰有不爲氣質才器, 而能有其形哉? 又孰有不得命性道德, 而能踐其形哉? 此無非太極之理之使之然也.

或曰: "道器之不相離, 固如是矣, 有天地人物之後, 太極之理, 以天地人物爲之器, 而寓之矣. 其在天地人物未有之前, 太極之理, 以何物爲器, 而自爲形而上之道哉?

余曰: "不雜於陰陽者, 太極之體也; 不離於陰陽者, 太極之用也. 方其不雜於陰陽也, 自爲其理而已矣, 夫何待於器乎? 及其體不徒體, 而必出於用然後, 爲天爲地, 而道在於天地; 爲人爲物, 而道在於人物. 夫其在天地人物之道, 非他道也, 便自是太極之理也. 此理無時不在, 無物不在. 故曰太極, 若求[106]道於器外, 則器外寧有道哉? 又況天地人物之爲器者, 雖有巨細之不同焉, 而莫非太極中別得理氣之各禀者, 而爲之器也. 人物得天地之理氣, 而爲人物也, 天地者又得夫未有天地前之理氣, 而爲天地也. 天地之前, 旣有其爲天地之理, 則亦自有爲天地之氣矣, 亦豈非道器之相備也哉?

형이상자를 일러 도라고 하나 도는 혼자서 행해질 수 없고 모름지기 형이하의 기器를 얻은 연후에 이에 행할 수 있는 것이다. 이른바 기器라는 것은 양의 이하가 모두 이것이다. 양의에서 사상이 되고, 사상에서 팔괘가 되며, 64괘 384효가 되는 것에 이르기까지 우주 사이의 무궁한 변화를 상징한 것이 아님이 없다. 그렇다면 도가 어찌 일찍이 이것을 떠나 도가 될 수 있겠는가? 기는 도가 아니면 그것의 기가 될 수가 없고, 도는 기가 아니면 그것의 도가 될 수가 없다. 이것이 진실로 체용이 일원一原이며, 현미顯微가 틈이 없어107) 서로 떨어질 수 없는 것이다. 그것의 기氣가 되고, 그것의 질이 되며, 그것의 재才가 되고, 그것의 기器가 되는 것은 곧 형이하자이다. 그것의 명命이 되고, 그것의 성性이 되며, 그것의 도가 되고 그것의 덕이 되는 것은 곧 형이상자이다. 그렇다면 천지인물 가운데 어느 것이 기와 질, 재와 기가 되지 않고 그 형을 가질 수 있는 것이 있겠는가? 또 어떤 것이 명과 성, 도와 덕을 얻지 않고 천형踐形108)할 수 있겠는가? 이것은 태극의 리가 그렇게 되도록 하지 않음이 없다.

어떤 사람이 물었다. "도와 기가 서로 떨어질 수 없는 것은 진실로 이와 같으나 천지인물이 있은 연후에 태극의 리가 천지인물을 그것의 기로 삼아 깃드는 것이다. 천지인물이 있기 전에 있을 때에는 태극의 리가 어떤 물을 기로 삼아 스스로 형이상의 도가 되는 것인가?"

내가 대답하였다. "음양과 뒤섞이지 않는 것은 태극의 체요, 음양과 떨어지

---

106) 원문에는 '未'로 되어있는데 文理로 보아 '求'로 교정하였다.
107) 體用은 본체와 작용, 또는 원리와 응용을 가리키는 말이다. 정이는 「易傳序」에서 "지극히 은미한 것은 리요, 지극히 현저한 것은 상이니 체용은 一原이요 현미는 틈이 없다"라 하였는데, 즉 체는 감각적으로 인식할 수 없는 은미한 리이고, 용은 현상계에 현저하게 드러난 상이지만 양자는 동시적으로 합일되어 있다는 뜻이다.
108) 사람이 하늘로부터 부여받은 성품을 체현하는 것.(『맹자』, 「진심상」, "形色, 天性也, 惟聖人然後家以踐形.")

지 않는 것은 태극의 용이다. 바야흐로 그것이 음양과 뒤섞이지 않았을 때는 스스로 리가 될 뿐이니 어찌 기를 기다리겠는가? 그 체가 한갓 체에 그치지 않고 반드시 용으로 나온 이후에 하늘이 되고 땅이 되면 도가 천지에 있는 것이요, 사람이 되고 만물이 되면 도가 사람과 만물에 있는 것이니, 저 천지인물에 있는 도는 다른 도가 아니라 곧 본래 태극의 리인 것이다. 이 리는 어느 때고 있지 않은 때가 없고, 어느 물에도 있지 않은 곳이 없다. 그러므로 태극이라 하는 것이니, 만약 기 밖에서 도를 구한다면 기밖에 어찌 도가 있겠는가? 또한 하물며 천지인물이 기器가 되는 것이 비록 크고 작은 다름이 있으나 태극 가운데에서 따로 리와 기를 각기 품수한 것이 그것의 기器가 되지 않음이 없다. 사람과 만물이 천지의 리기를 얻어 사람과 만물이 되고, 천지라는 것도 저 천지가 있기 이전의 리기를 얻어 천지가 되는 것이다. 천지의 앞에 이미 천지가 되는 리가 있다면 또한 본래 천지가 되는 기도 있을 것이니 또한 어찌 도기가 서로 갖추어진 것이 아니겠는가?"

우주설【宇宙說】

【해제】

　「우주설宇宙說」은 여헌 78세 때 쓴 것으로 여헌 『성리설』 제8권에 실려 있다. 이는 크게 세 단락으로 나누어져 있는데, 첫째는 리기의 체용이 무궁한 묘리를 논한 것이며, 둘째는 온갖 만물이 서로 갖추어진 이치를 논한 것이며, 셋째의 것은 따로 제목이 붙어 있지 않다. 그리고 각 단락은 다시 문장의 흐름에 따라 절을 나누고 있는데, 첫째는 26절로 나누어져 있고 둘째는 절의 구분이 없으며 셋째는 6절로 나누어져 있다.

　여헌은 18세에 이미 「우주요괄宇宙要括」 10첩帖을 저술하여 인간의 책무가 우주사업에 있음을 밝힌 바 있다. 「우주요괄」은 여헌의 학문방향과 목표 그리고 그 범위를 분명하게 보여주는 것으로서 마지막 반궁첩反躬帖에서 "천하에 제일가는 사업을 할 수 있어야 바야흐로 천하에 제일가는 인물이 된다"고 하여 자신의 포부를 명시하면서 그 사업의 내용이 박문약례博文約禮로부터 시작하는 수양공부의 완성에 있음을 분명히 하고 있다.

　여헌의 우주설은 서양의 우주설과 근본적으로 다르다. 서양의 경우 우주를 과학적, 또는 철학적으로 존재하는 모든 것의 총체, 즉 무한한 시간과 만물을 포함하고 있는 끝없는 공간의 총체로 인식하고 이러한 우주의 구성요소는 무엇이며 이 우주의 기원과 구조는 어떠한가를 객관적으로 탐구하려 한다. 그러나 여헌 우주설의 핵심은 현세 속에서의 인간당위를 밝혀 인간으로 하여금 그 인간이 마땅히 실천해야할 법칙을 실천하게 하려는 데 있다. 여기에서 여헌은 이 제한된 시공속의 인간 삶을 지배하는 인간법칙의 근거가 되는 무한한 시공인 우주의 법칙을 밝힘으로써 인간으로서의 당연한 당위의 법칙을 밝히려 한다. 이것이 서양의 우주론과 여헌의 우주설이 갖는 근본적인 차이점이다.

여헌이 말하는 우주는 전통적인 동양의 우주로서 인간의 삶이 펼쳐지는 공간과 시간을 합쳐 부르는 이름이다. 즉 "우는 상하사방이니 위로는 위의 끝까지 이르고 아래로는 아래의 끝까지 이르며 사방으로는 동서남북의 끝까지 이르는 것을 일컫는 말이며, 주는 옛것이 가고 지금이 오는 것이니 천지의 시작으로부터 천지의 마지막을 다한 것을 일컫는 것"이다. 이런 시공간 속에서 살아가는 인간은 마땅히 우주 사이에 존재하는 사물의 이치를 알아야 하며 그렇지 못할 경우 인간으로서의 당위를 제대로 알 수 없다고 역설한다.

그에 따르면 이 우주의 궁극적인 원인은 태극의 리다. 그러므로 이 우주가 비록 크나 또한 태극 가운데 둘러싸여 있으며 이 태극의 리를 벗어날 수 없는 것이다. 그리고 이 우주의 만물가운데 사람만이 태극지리의 전체를 얻었으므로 천지 사이에 중립하여 천지와 더불어 삼재가 된다. 그러므로 만물의 으뜸이 되며 우주를 담당하고 천지를 움켜쥐어 고금에 통하고 만사의 변화에 통달하여 형체가 없는 데서 보고 소리가 없는 데서 들으며 사려가 미치지 못하는 곳이 없고 역량이 할 수 없는 것이 없는 존재이므로 천지와 사람과 만물이 생겨난 이치를 사람이 모두 깨달아 알 수 있는 것이다.

이에 1장에서는 우주의 시간적인 변화는 천지의 대수인 일원一元의 음양의 변화라는 것, 무극태극의 리가 소이연이 되어 기가 우주를 생성하는 것이며 천지 바깥의 대원기大元氣는 무극태극의 리 가운데에서 나온 것이므로 다하는 때가 없는 것이라는 것, 천지의 개벽과 폐합은 어제와 오늘이 이어지듯 자연스럽게 변화하는 것이라는 것, 보통 사람과 성인의 차이, 리선기후理先氣後의 의미, 만물생성의 구체적 법칙, 시대가 내려갈수록 사람과 정치의 수준이 떨어지는 까닭, 10간干과 12지支의 배합규칙, 천지와 우주의 관계 등을 논하였으며, 2장에서는 무극태극의 리로부터 기화氣化와 형화形化를 통해 온갖 만물이 갖추어지는 이치를 논하였고, 3장에서는 천지의 도를 드러내어 밝힌 역의 이치와 천지 사이에 살고 있는 인간의 당위 및 인간의 성정과 윤리 등을 논하고 있다.

【원문 및 번역】

1장 리기의 체용이 무궁한 묘리를 논함(論理氣體用無窮之妙)

1) 上下四方曰宇, 則上焉至于上之極, 下焉至于下之極, 四方焉至于東西南北之極者四宇也. 古往今來曰宙, 則從天地之始盡天地之終者是宙也. 然而形於上者, 天也; 形於下者, 地也. 天地亦有形之物也, 而特爲有形之大也. 雖其爲物之大, 而旣爲有形, 則有形者豈無其際限乎? 上下四方皆不能無極, 而旣極則有其外也. 又旣有其始, 則其未始也, 必有前矣. 旣有其終, 則及其終也, 復有後矣. 然則天地之六極, 皆當有外也. 始亦有前也, 終亦有後也.

夫其所以有天, 有地, 爲之宇, 爲之宙, 爲之宇宙之內, 爲之宇宙之外, 爲之宇宙之前, 爲之宇宙之後者, 孰有以總領之? 孰有以包圍之歟? 此卽所謂太極之理也. 理之所以爲太極者, 以其爲無極. 無極之中自有許多大小變化之無窮焉者, 所以謂之無極而太極也. 然則宇宙雖大, 亦圍於太極之中矣. 惟吾人者得此理之全體, 中立於天地之間, 其受形也, 不過爲七尺之軀, 其生世也不過爲百年之間, 其占地也不過爲一席之上, 則可謂小矣, 而其爲道也乃得以參三才, 首萬物, 擔當宇宙, 把握天地, 通古今, 達事變, 視於無形, 聽於無聲, 思慮無所不及, 力量無所不能, 則宇宙間模範之大者, 孰有過於吾人之道哉?

然而其道之所藏, 則方寸之心而已. 孰謂方寸之心有以括宇宙, 而籠天地哉? 若聖人又得丈秀之秀, 全之全者, 則聖人之智, 其於此理之所在, 非有所未違處也. 而聖人亦未嘗言及於宇宙之外者, 聖人必以道理之人所共可以知得, 共可以行得者, 言之. 故雖有其心思之所獨透徹者, 不曾爲衆人說破焉者, 是也. 然則人所不可得知, 不可得行者, 固不當求知求行矣. 如其所不可不知, 所不可不體者, 或有未通焉, 則又豈非可恥之甚乎? 夫所謂人所不可不知, 不可不體者, 即非宇宙間事物之理乎?

상하사방을 우宇라 한다. 그렇다면 위로는 위의 끝까지 이르고 아래로는 아래의 끝까지 이르며 사방으로는 동서남북의 끝까지 이르는 것이 우이다. 옛것이 가고 지금이 오는 것을 주宙라 한다. 그렇다면 천지의 시작으로부터 천지의 마지막을 다한 것이 주이다.[1] 그러나 위에서 형체를 갖춘 것은 하늘이요 아래에서 형체를 갖춘 것은 땅이니, 천지 또한 형체가 있는 사물이지만 다만 형체를 가진 것 가운데 큰 것이 될 뿐이다. 비록 그것이 만물 가운데 큰 것이 되었으나 이미 형체가 있는 것이 되었으니 그렇다면 형체가 있는 것이 어찌 한계가 없겠는가?[2] 상하사방은 모두 끝이 없을 수가 없으며, 이미 끝이 있다면 그것은 바깥이 있는 것이다. 또한 이미 시작이 있다면 그것이 시작되기 전에 반드시 앞선 것이 있었을 것이며, 이미 마지막이 있다면 그 마지막에 이르러 다시 뒤가 있을 것이다. 그렇다면 천지의 상하와 사방은 모두 마땅히 그것의 바깥이 있을 것이며, 시작 또한 이전이 있을 것이요, 마침 또한 이후가 있을 것이다.

하늘이 있고 땅이 있어 우가 되게 하고 주가 되게 하며, 우주의 안이 되게 하고 우주의 밖이 되게 하며, 우주의 이전이 되게 하고 우주의 이후가 되게 하는 것은 누가 그것을 다 통솔할 수 있으며 누가 그것을 다 총괄할 수 있는가? 이것이 곧 이른바 태극의 리인 것이다. 리가

---

1) "상하사방을 宇라하고 古往今來를 宙라 한다"는 것은 『淮南子』 「原道訓」에 나오는 '우주'라는 말에 高誘가 붙인 주석으로서 上下四方의 공간과 古往今來의 시간을 합친 것을 宇宙라고 한다는 것이다. 이 말은 이후 우주에 대한 대표적인 해석으로서 우리가 살고 있는 세계의 시간과 공간을 함께 표현한 것이다. 이에 대해 여헌은 그 해석대로 따른다면 우주자체는 유한한 것임을 밝히고 있다.

2) 邵雍은 물 가운데 큰 것으로 천지만한 것이 없지만 그러나 천지 또한 다하는 것이 있다고 하여 천지는 유한한 것이라 말하고 있다.(『皇極經世書』 三, 「觀物」 內篇 一) 여헌도 이런 입장을 계승하고 있다.

태극이 되는 까닭은 그것이 무극이 되기 때문이다. 그러나 무극의 가운데 저절로 허다한 크고 작은 무궁한 변화가 있으니 그래서 그것을 일러 '무극이면서 태극'(無極而太極)[3]이라 하는 것이다. 그렇다면 우주가 비록 크나 또한 태극의 가운데에 둘러싸여 있는 것이다. 오직 우리 사람만이 태극의 리의 전체를 얻어 천지의 사이에 중립中立하고 있다. 그러나 사람이 형체를 받은 것은 칠척七尺의 몸이 되는데 지나지 않고, 세상에서 살아가는 기간은 백년의 사이에 지나지 않으며, 땅을 점유하는 것은 돗자리 하나 위를 지나지 않으니 가히 작다고 할 수 있다. 그러나 사람의 도는 곧 능히 삼재三才[4]에 참여하여 만물의 으뜸이 되며, 우주를 담당하고 천지를 움켜쥐어 고금에 통하고 만사의 변화에 통달하여 형체가 없는 데서 보고 소리가 없는 데서 들으며 사려가 미치지 못하는 곳이 없고 역량이 할 수 없는 것이 없다. 그렇다면 우주 사이에서 큰 모범이 되는 것에 어느 것이 우리 사람의 도를 넘어설 수 있겠는가?

그러나 그 도를 간직한 곳은 사방 한 촌寸이 되는 마음일 뿐이니 누가 사방 한 촌의 마음이 우주를 총괄하고 천지를 포괄할 수 있다고 말했던가? 성인 같은 경우는 빼어난 가운데 빼어난 것과 온전한 것 가운데 온전한 것을 얻은 사람이다. 그렇다면 성인의 지혜는 이 리가 있는 곳에 도달하지 못한 곳이 없다. 그러나 성인 역시 일찍이 우주의 바깥에 대해 언급하지 않은 까닭은 성인은 반드시 도道와 리理를 가진 사람이 함께 알 수 있고 함께 행할 수 있는 것으로써 말하기 때문이다. 그러므로 비록 자신의 심사心思가 홀로 투철하게 깨달은 바가 있으나 일찍이 중인衆人[5]들을 위해 설파하지 않은 것이다. 그렇다면 사람들이 알 수 없고 행할 수 없는 것은 본디 마땅히 알기를 구하지 말고 행하기를 구하지 말아야 한다. 그러나 만약 그것이 알지 않을 수 없고 체득하지 않을 수 없는

---

3) 주렴계 「태극도설」의 첫 구절, 이 번역은 주희의 주석에 따른 것이다.
4) 하늘과 땅과 사람이 이 세상에서 가장 중요한 세 가지 존재라는 뜻에서 三才라 한다.
5) 중인이란 아직 천지의 궁극적인 이치를 깨닫지 못한 보통 사람들을 가리키는 말이다.

것인데 혹 통하지 못한 것이 있다면 어찌 심히 부끄러워할 만한 것이 아니겠는가? 저 이른바 알지 않을 수 없고 체득하지 않을 수 없다는 것은 곧 우주 사이에 존재하는 사물의 이치가 아니겠는가?

2) 天地大數爲一元. 一元有十二會, 一會有一萬八百年. 十二會猶一 日之十二時也. 自子會至亥會, 卽其始終也, 而十二會中, 前六會爲陽, 後六會爲陰. 子爲陽之始, 卯爲陽之中, 巳爲陽之極. 午爲陰之始, 酉爲 陰之中, 亥爲陰之極. 自子半之後至卯半之前, 爲陽之稚, 自卯半之後 至午半之前, 爲陽之盛. 自午半之後至酉半之前, 爲陰之稚. 自酉半之 後至子半之前, 爲陰之盛. 陰陽之在稚, 不能用事, 而至盛方得作主. 故 自卯會至酉會, 屬于陽明, 猶一日之晝也; 自酉會至卯會, 屬于陰暗, 猶 一日之夜也. 然而子會則新陽已作, 而寅半以後陽已用事, 戌半以前陽 猶未盡, 而亥會舊陽乃盡矣. 此盖一元, 陰陽稚盛衰窮之大槩也.

천지의 대수大數가 일원이 된다. 일원은 12회이며 일회는 일만 팔백년이 다.[6] 12회는 하루의 12시간과 같으니 자회子會로부터 해회亥會에 이르는 것이 곧 그것의 처음과 끝이다.[7] 그리고 12회 가운데 앞의 6회가 양이 되고 뒤의 6회가 음이 된다.[8] 자회는 양의 시작이 되고, 묘회卯會는 양의 중간이 되며, 사회巳會는 양의 극한이 된다. 오회午會는 음의 시작이 되고, 유회酉會는 음의 중간이 되며 해회는 음의 극한이 된다. 자회반子會半 의 뒤로부터 묘회반卯會半의 앞까지가 어린 양이 되고, 묘회반의 뒤로부터 오회반午會半의 앞까지가 왕성한 양이 되며, 오회반의 뒤로부터 유회반酉

---

6) 元會運世說은 우주의 흥망성쇠에 관해 邵康節이 만들어 낸 이론이다. 1元은 세상이 열린 뒤부터 소멸되기까지의 한 주기를 말하는 것으로, 1원은 12會이고 1회는 30運 이며, 1운은 12世이고 1세는 30年이므로, 1원은 12만 9600년이며 1회는 1만 8백년이 다. 이에 의하면 堯의 시대는 총 360運 가운데 180운에 속하고 會로 보면 午會로서 陽이 가장 盛한 때로서 이 시기는 총 1만8백 년 동안 지속된다고 하였다.(『皇極經世』, 觀物篇)

7) 十二會의 명칭은 十二支의 명칭에 따라 자회로부터 해회까지 열 두회로 나눈 것이다.

8) 즉 子, 丑, 寅, 卯, 辰, 巳會가 양회이며, 午, 未, 申, 酉, 戌, 亥會가 음회이다.

會牛의 앞까지가 어린 음이 되고, 유회반의 뒤로부터 자회반의 앞까지가 왕성한 음이 된다. 음양이 어린 상태에 있을 때는 용사用事할 수가 없고 왕성함에 이르러야 바야흐로 주체로 작용할 수 있다. 그러므로 묘회로부터 유회에 이르기 까지는 양의 밝음에 속하니 하루의 낮과 같고, 유회로부터 묘회에 이르기까지는 음의 어두움에 속하니 하루의 밤과 같다. 그러나 자회에 새로운 양이 이미 일어났고, 인회반寅會牛 이후에는 양이 이미 용사하며, 술회반戌會牛 이전까지는 양이 아직도 다하지 못하다가 해회가 되어야 구양舊陽이 비로소 다하게 되는 것이다. 이것이 대개 일원이니, 음양이 어린 상태에서 왕성해지고 다시 쇠약해져서 다하게 되는 것의 대체적인 것이다.

3) 先天地之終卽此天地之始也. 天地有始終, 而天地之外, 又必有大大元氣之常盈滿充塞者, 未嘗有乏盡, 故天地始終於其中, 而天地之始終, 自爲天地之始終, 而非大元氣之始終也. 故有天地, 則天地自有天地之元氣; 有萬物, 則萬物各自有一物之元氣. 然則所謂元氣者, 亦不可以一樣言也. 故萬物之始終各, 自係於物中之元氣, 非係於天地之元氣也; 天地之始終, 自係於天地之元氣, 亦非係於天地外之大元氣也. 然則所謂天地外之大元氣者, 其爲限量也, 果如何哉? 卽所謂稱此理之大小, 爲無限之限無量之量者也. 理焉而曰無極太極, 則其爲大元氣之限量也者, 蓋亦稱無極太極之理也哉? 然而氣之小者, 必資於氣之大者, 氣之萬者, 必本於氣之一者, 則萬物雖各自有其元氣, 自有其始終, 而萬物之元氣, 必從天地元氣中來也. 天地之元氣, 又從天地外大元氣中來也. 若夫天地外之大元氣, 則卽是無極太極之理中出者也. 理自是無極太極, 而氣於是乎稱之, 其果有窮乎?

선천지先天地의 끝이 곧 이 천지의 시작이다. 천지에는 시작과 끝이 있으나 천지의 바깥에는 또 반드시 불변의 대대원기大大元氣가 가득 차 꽉 채워진 것이 있어 언제나 다 없어지는 때가 없다. 그러므로 그 가운데에서 천지가 시작되고 끝나는 것이지만 천지의 시작과 끝은 스스로 천지의 시작과 끝이 될 뿐이요 대원기의 시작과 끝은 아니다. 그러므로 천지가 있으면 천지에는 저절로 천지의 원기가 있고, 만물이 있으면 만물은 각자 한 사물의 원기가 있다. 그렇다면 원기라고 일컫는 것도 또한 한가지로 말할 수는 없다. 그러므로 만물의 시작과 끝은 각자 스스로 만물 가운데의 원기에 매인 것이요 천지의 원기에 매인 것이 아니며, 천지의 시종은 본디 천지의 원기에 매인 것이요 천지 바깥의 대원기에 매인 것은 아니다. 그렇다면 이른바 천지 밖의 대원기라는 것은 그 한계와 분량이 과연 어떠하겠는가? 곧 이른바 이 리의 크고 작음에 맞추어 무한의 한계와 무량의 분량이 되는 것이다. 리이지만 또 '무극이면서 태극'이라 하니 그렇다면 대원기의 한계와 분량이 되는 것은 아마도 또한 무극이면서 태극인 리와 일치하지 않겠는가? 그러나 기가 작은 것은 반드시 기가 큰 것에 의지하며, 만 가지로 다른 기는 반드시 하나의 기에 근본하는 것이다. 그렇다면 만물이 비록 각자 스스로 자신의 원기가 있고 스스로 그 시작과 끝이 있으나 만물의 원기는 반드시 천지의 원기로부터 온 것이요, 천지의 원기는 또 천지 밖의 대원기로부터 나온 것이며, 저 천지 밖의 대원기는 곧 무극태극의 리 가운데서 나온 것이다. 리는 스스로 무극이면서 태극이오 기가 여기에서 이것과 일치하니 기에 과연 다함이 있겠는가?

4) 夫謂天地之外, 又必有大元氣者, 盖以大地之厚重, 其能悠久不墜者, 以周天大氣旋運不息, 故扛得大地而能不墜也. 其爲大氣之能常運不息者, 又必有大殼子盛載得大氣持住, 然後當得堅固不散也. 然則其大殼子又豈無所造爲而得成? 又豈無所藉持而得存乎哉? 故知天地之外必有最大元氣, 有以造得天地, 而使之始終於其中也. 於是又欲推得其天地外大元氣之所極, 則茫然邈然, 無從可究其端倪焉. 故曰無極大極之理中出也. 此乃莫容探究之言也. 然理外無氣, 則其所以能大能小, 能始能終, 而生生不窮者, 果非無極太極之理, 而能然乎?

이른바 천지의 바깥에 또 반드시 대원기가 있다고 말하는 것은 다음과 같다. 대개 대지가 두텁고 무거우나 능히 오래토록 떨어지지 않을 수 있는 것은 하늘을 둘러싸고 있는 대기大氣가 그치지 않고 빙글빙글 돌기 때문에 대지를 마주 들어서 떨어지지 않게 할 수 있는 것이다. 그 대기가 항상 운행하여 그치지 않을 수 있는 것은 또 반드시 큰 외피(大殼子)가 있어 대기를 담아 싣고 잡아 지켜 머무르게 할 수 있기 때문이니, 그런 연후에 마땅히 견고함을 얻어 흩어지지 않는 것이다. 그렇다면 그 큰 외피는 또한 어찌 그것을 만든 것이 없이 이루어질 수 있겠으며, 또 어찌 의지하여 유지하는 것이 없이 보존될 수 있겠는가? 그러므로 천지의 바깥에 반드시 가장 큰 원기가 있어 그것으로써 천지를 만들어 천지로 하여금 그 가운데에서 시작되고 마치게 한다는 것을 알 수 있다. 여기에서 또 그 천지 바깥의 대원기가 다한 곳을 미루어보고자 한다면 아득하고 아득하여 그 시작과 끝을 궁구할 수 있는 것이 없다. 그러므로 말하기를 '무극태극의 리 가운데서 나온다'고 하는 것이니 이것은 곧 탐구할 수가 없다는 말이다. 그러나 리 밖에는 기가 없다. 그렇다면 클 수 있고 작을 수 있으며, 시작할 수 있고 끝마칠 수 있어 생하고 생하여 다함이 없는 소이가 되는 것이 과연 무극태극의 리가 아니라면 능히 그럴 수 있겠는가?

5) 有曰天開於子地闢於丑人生於寅. 則子會之前, 卽前天地大□所謂成會玄會也. 當其時也, 天未開地未闢焉, 則不天下地爲何□氣象歟. 成會玄會之終其後一萬八百年, 而天始開矣, 則卽有天無地之始也. 其時氣常亦荷如哉. 其後一萬八百年而地始開矣, 則卽有天有地之人未生之時也. 日月星三光自何時而騰乎, 風兩雷□自何時而行乎. 水火後何之而生乎, 莫木衆直後何世而萌生乎. 豈非吾人開可得以理會者也.

하늘은 자회子會에서 열리고 땅은 축회丑會에서 열리며 사람은 인회寅會에서 생겨났다는 말이 있다. 그렇다면 자회 이전은 곧 이전의 천지가

218

크게 닫힌 때이니 곧 이른바 술회戌會와 해회亥會이다. 그때에는 하늘은
열리지 않았고 땅도 열리지 않았으니 그렇다면 하늘도 아니고 땅도
아닌 것은 어떤 모습이었을까? 술회와 해회가 끝나고 그 이후 1만 8백년이
지난 다음에 하늘이 비로소 열렸으니 그렇다면 곧 하늘은 있으나 땅은
없는 때이다. 그때의 모습은 또 어떠했을까? 그 후 1만 8백년이 지나
땅이 비로소 열렸으니 곧 하늘도 있고 땅도 있으나 사람은 생겨나기
이전의 때이다. 해와 달과 별의 삼광三光은 어느 때로부터 하늘 위로
올라갔으며 바람과 비, 천둥과 번개는 어느 때로부터 움직였는가? 물과
불은 어느 곳으로부터 생겨났으며 초목 등의 많은 식물들은 어느 시대로
부터 싹이 생겨났는가? 이 어찌 우리 사람이 모두 깨달아 알 수 있는
것이 아니겠는가?

6) 開闢者一元之陽, 開闔者一元之陰也. 陽之作必由於, 陰之積陽之
盛, 必終於陰之□前元後元猶昨日今日也分言之則前元自爲. 前元後
元者爲, 後元通言之. 則前元之陰, 則後元之陽之所由本也, 後元之陽
卽前元之陰之所胚胎也.　故前天地自酉至玄爲閉闔之陰者不唯有以
成終乎, 前天地開闢之陽焉, 又乃所以胚胎乎, 後天地一元之陽也, 然
則天開於子子豈是値子□開地闢於丑者, 豈是値丑□闢者哉. 正如昨
日今日之相因, 而一晝一夜　自然之變也.

개벽이란 일원一元의 양이요 폐합閉闔[9]이란 일원의 음이다. 양이 일어나
는 것은 반드시 음이 쌓인 것에 말미암고, 양의 왕성함은 반드시 음이
간직된 곳에서 마치는 것이니, 전원前元과 후원後元은 어제와 오늘과
같다. 나누어서 말하면 전원은 스스로 전원이 되고 후원은 스스로 후원이
된다. 통틀어 말하면 전원의 음은 곧 후원의 양이 근본으로 삼는 것이요,
후원의 양은 곧 전원의 음에서 배태胚胎한 것이다. 그러므로 전천지는
유회로부터 해회에 이르기까지가 폐합의 음이 되니 이것은 비단 전천지

---

9) 닫힌다는 뜻이니 한 시기가 끝나는 것을 가리킴.

에서 개벽한 양의 끝을 이룰 뿐만 아니라 또한 그것으로써 후천지의 일원의 양을 배태하는 것이다. 그렇다면 하늘이 자회에서 열린다는 것이 어찌 자회를 만나면 하늘이 갑작스럽게 열리고, 땅이 축회에서 열린다는 것이 어찌 축회을 만나면 땅이 갑작스럽게 열리는 것이겠는가? 이는 바로 어제와 오늘이 서로 원인이 되어서 한번 낮이 되고 한번 밤이 되어 자연스럽게 변하는 것과 같은 것이 아니겠는가?

7) 開闢後又, 一萬八百年是寅會也. 人從何地始生出也. 而無父母之前執胎孕而爲形體乎. 執育養而得生長乎, 雖自有知覺無君無師, 執爲之敎導而使之事其事業其乎. 有聲無言何以相通情乎. 無言各姓名因何識別爲執其乎. 禽獸忠魚與人同時而生乎. 抑先人而生以待人出而爲其用乎. 則吾一身一心之中, 而天地古今萬物萬事之理□具焉, 體而會之察而由之無不通焉. 此固吾人之所以爲最靈最貴者也.

하늘과 땅이 열린 이후 또 1만 8백년이 인회이다. 사람은 어느 곳에서 처음으로 태어났는가? 그리고 부모가 있기 전에 누가 잉태하여 형체를 만들었으며, 누가 양육하여 생장할 수 있었는가? 비록 스스로 지각할 수는 있지만 군주도 없고 스승도 없다면 누가 그를 가르치고 인도하여 그로 하여금 자기가 마땅히 해야 할 사업을 하게 하겠는가? 소리는 있으나 말이 없으면 어떻게 서로 뜻을 통하겠는가? 각자의 성姓과 이름이 없으면 무엇으로써 식별하여 누가 누구인지 알겠는가? 금수와 벌레, 물고기도 사람과 같은 때에 생겨났는가? 아니면 사람보다 먼저 생겨나서 사람이 나오기를 기다려 사람의 쓰임이 되었는가? 곧 나의 한 몸과 한 마음의 가운데에 천지고금과 만물만사의 이치가 다 갖추어져 있으니 그것을 체득하여 깨닫고 자세히 살펴 미루어 가면 통하지 않음이 없다. 이것이 진실로 우리 사람이 만물 가운데 가장 영묘靈妙하고 가장 귀한 까닭이 되는 것이다.

220

8) 有氣, 然後氣聚而成質, 故大開, 然後地得以闢焉. 二氣分形, 兩儀相配, 然後遊氣儲造化行, 而萬物生焉. 故經子丑二會至寅會, 而人生焉. 得天地之正氣者, 爲人得其餘氣者, 爲物也. 氣無不周化無不徧, 故淸濁粹雜精粗厚薄, 咸具畢備, 而物不得不萬焉. 唯人也稟其淸粹精厚, 而生爲萬物之首, 故萬物莫不爲人之用焉. 聖人則又得夫最淸最粹最精最厚, 而又以首乎首萬物之人焉. 故其心無所不知, 其耳無所不聞, 其目無所不見, 其鼻無所不嗅, 其口無所不言, 其手無所不爲, 其足無所不行, 其身無所不責. 故凡有血氣者, 莫不宗仰, 而歸戴之. 此所以爲天皇, 地皇, 人皇也. 其爲皇之道, 則想不過民其民, 使之無不性其性, 職其職焉, 物其物, 使之無不生其生, 所其所焉而已.

기기氣가 있은 연후에 기가 모여 질질質을 이룬다. 그러므로 하늘이 열린 연후에 땅이 열릴 수 있는 것이다. 천지의 두 기가 형체를 나누어 음양의 양의가 서로 짝이 된 연후에 유기遊氣10)가 쌓이고 조화가 행해져서 만물이 생겨난다. 그러므로 자회와 축회의 두 회를 거치고 인회에 이르러 사람이 생겨나는 것이니, 천지의 정기正氣를 얻은 것은 사람이 되고 그 나머지의 기를 얻은 것은 만물이 된다. 기는 두루 통하지 않음이 없고 조화도 두루 미치지 않음이 없다. 그러므로 맑고 탁하고 순수하고 잡된 것(淸濁粹雜)과 정미하고 거칠고 두텁고 얇음(精粗厚薄)이 모두 다 갖추어지지 않음이 없어 품물品物이 만 가지로 나누어지지 않을 수 없는 것이다. 오직 사람만이 그 기 가운데에서 맑고 순수하며 정미하고 두터운 기를 받아 태어나 만물 가운데 으뜸이 된다. 그러므로 만물은 사람의 쓰임이 되지 않음이 없는 것이다. 성인은 또 가장 맑고 가장 순수하며 가장 정미하고 가장 두터운 기를 얻어 만물의 으뜸이 되는 것 가운데 다시 으뜸이 된다. 그러므로 그 마음은 알지 못하는 것이 없고, 그 귀는 듣지 못하는 것이 없으며, 그 눈은 보지 못하는 것이 없고, 그 코는 맡지 못하는 냄새가 없으며, 그 입은 말하지 못하는 것이 없고,

---

10) 유행하는 기.(『장자』, 「正蒙」)

그 손은 하지 못하는 것이 없으며, 그 발은 가지 못하는 곳이 없고, 그 몸은 책임을 다하지 못하는 것이 없다. 그러므로 혈기를 가지고 있는 모든 사람이 우러러 받들고 귀의하여 추대하지 않음이 없으니, 이것이 천황天皇, 지황地皇, 인황人皇[11])이 된 까닭인 것이다. 그 황이 되는 도는 생각건대 그 백성을 백성으로 여겨 그들로 하여금 그들의 본성을 본성으로 여기게 하고 그들의 직분을 직분으로 여기지 않음이 없게 하며, 만물을 만물로 여겨 그들로 하여금 그들의 생명을 살아가게 하고 그들이 있어야할 곳에 있게 하는데 지나지 않을 뿐이다.

9) 其曰天皇, 地皇, 人皇者, 盖皆是有書契後推稱之號也. 當其三皇之時, 則未有文字, 豈有天地人曰皇曰氏之名目乎? 其稱皇氏而必以天地人別之者, 豈不以天先開, 故以最先爲君, 而曰天皇氏, 地次天而闢, 故代天皇而爲君, 曰地皇氏, 人次地而生, 故代地皇而爲君曰人皇氏, 若曰君于子會者, 爲天皇, 君于丑會者, 爲地皇, 君于寅會者, 爲人皇則非也. 方其有天未地, 有天地未生人之前, 何得有君乎? 然則天地人三皇, 必皆在寅會以後乎? 旣有天有地, 而又有人於其間, 人之類殆千萬億兆之衆多, 然後於是有夫婦, 有父子, 有君臣, 有長幼, 有朋友, 則聖人因物思, 則隨倫察理, 必使之敦其有別, 有親, 有義, 有序, 有信之道, 而不知者, 敎令知之不行者, 導令行之, 是君長之責也. 然則任君長之責者, 必須自盡其性, 自盡其道, 有以首出庶物, 表擧天下, 然後天命於以屬之人心, 於以歸之, 而乃作萬姓之宗主, 裁成天地之道, 輔相天地之宜. 故三才之事業, 於是乎立矣. 此卽天地人三皇之所以爲皇, 而其性則不過爲五常之性其, 道則不過爲五倫之道也. 其爲治之術, 亦不過以心感心, 自近及遠而已.

---

11) 전설상의 상고시대 세 사람의 제왕으로서 통틀어 三皇이라 한다. 『藝文類聚』 권11에 따르면, 천황, 지황, 인황은 형제가 아홉 명이며 9주를 나누어 천하의 우두머리가 되었다고 하였다. 그러나 여헌은 삼황을 천, 지, 인을 상징화한 것이라고 본다.

천황, 지황, 인황이라고 칭한 것은 아마도 모두 문자가 있고난 이후에 미루어 칭한 이름일 것이다. 그 삼황의 시대에는 문자가 있지 않았으니 어찌 하늘과 땅과 사람에게 황皇이라 하고 씨氏라 하는 명목名目이 있었겠는가?12) 그들을 황이라 칭하고 씨라고 칭한 것은 반드시 하늘과 땅과 사람을 구별한 것이니 어찌 하늘이 먼저 열렸기 때문에 가장 앞선 것을 임금으로 삼아 천황씨라 한 것이 아니겠는가? 또한 땅이 하늘 다음으로 열렸기 때문에 천황을 대신하여 임금으로 삼아 지황씨라 하고, 사람이 땅 다음으로 생겨났기 때문에 지황을 대신하여 임금으로 삼아 인황씨라 한 것이 아니겠는가? 만약에 자회에 군주가 된 자를 천황이라 하고 축회에 군주가 된 자를 지황이라 하며 인회에 군주가 된 자를 인황이라 한다면 이는 잘못된 것이다. 바야흐로 하늘은 있으나 땅은 아직 있지 않고, 하늘과 땅은 있으나 사람은 생겨나기 이전이라면 어떻게 군주가 있을 수 있겠는가? 그렇다면 천, 지, 인의 삼황三皇은 반드시 모두 인회 이후에 있지 않겠는가? 이미 하늘이 있고 땅이 있으며, 또 그 사이에 사람이 있어 인류가 거의 천만억조千萬億兆만큼 많아진 다음 여기에 부부가 있게 되고, 부자가 있게 되며, 군신이 있게 되고, 장유가 있게 되며, 붕우가 있게 되는 것이다. 그렇게 되면 성인이 그 사물에 따라 법칙을 생각하고 윤리에 따라 이치를 살펴 반드시 그들로 하여금 부부사이에는 구별이 있고, 부자사이에는 친애함이 있으며, 군신사이에는 의가 있고, 장유사이에는 차례가 있으며, 붕우사이에는 믿음이 있는 도를 돈독하게 행하게 하는 것이다. 그리고 그 도를 알지 못하는 사람에게는 가르쳐 그것을 알게 하고, 그 도를 실천하지 않는 사람은 이끌어 실천하게 하니 이것이 군장君長의 책임이다. 그렇다면 군장의 책임을 맡은 사람은 반드시 모름지기 스스로 그 본성을 다하고 스스로 그 도를 다하여 만물 가운데에서 으뜸이 될 수 있고 천하의 본보기가 될 수 있어야 한다. 그런 연후에 이로 인해 천명이 그에게 천하를 맡기고

---

12) 삼황을 천황, 지황, 인황이라 하고 혹은 천황씨, 지황씨, 인황씨라고도 한다.

이로 인해 인심이 그에게 귀의하는 것이니 이에 온갖 성姓의 종주宗主가
되어 천지의 도를 마름질하여 완성하고 천지의 마땅함을 돕게 된다.
그러므로 삼재의 사업이 여기에서 세워지는 것이다. 이것이 곧 천황,
지황, 인황의 삼황이 황이 되는 까닭이다. 그리고 그 본성은 오상五常의
본성이요, 그 도는 오륜의 도에 지나지 않는 것이며, 그가 다스리는
방법도 또한 마음으로써 마음을 감동시키고 가까운 것으로부터 먼 것에
이르는 것에 지나지 않을 뿐이다.

10) 外史又有於天皇氏之前, 盤古氏之號焉. 未知何所據而說出者也.
夫謂之氏而尊之, 則必是君長, 天下導養萬民者也. 其果有焉先天皇而
君長之, 則古又古矣, 質加質矣. 必未若三皇之爲皇, 稍有皇之之紀也.
用五德之運, 立歲起之月者, 盖亦未有其事也. 其居處衣服飮食與衆人
同之, 而民自化於至德之深, 物自孚於至道之中, 故取其寬平廣大之
象, 而謂之盤古耶? 抑在寅會之世, 人物雖已產育, 而三皇未皇, 洪荒朴
畧, 猶自若也. 戶牖開鑿猶未肇也. 當時有聰明睿知出類超群之神聖
者, 作於其間, 自能通天地陰陽之理, 知寒暑晝夜之變, 會彝倫性命之
道, 秉中和位育之機, 躬行以先之, 立極以統之, 不言而信, 不令而順,
則雖君位未設, 君號未立, 而凡有血氣者, 莫不戴之如天, 仰之如日, 親
之如父母, 敬之如神明者, 而其事或傳於書契之後, 故遂承其傳來者,
而號之耶? 盤古者豈非混元厖全之稱? 而氏之者, 乃所以尊尙之者耶?

외사外史13)에는 또 천황씨 이전에 반고씨盤古氏14)의 호칭이 있었다고

---

13) 演義體 또는 傳奇體의 역사, 즉 소설같이 쓴 역사를 가리킴. 稗史라고도 한다.
14) 천지가 개벽할 당시에 맨 먼저 나와서 세상을 다스렸다는 중국 신화 속의 인물로,
   최초의 인간인 동시에 세상을 창조하는 조물주의 역할을 수행했다고 하는데, 일명
   混沌氏라고도 한다. 『五運曆年記』에 따르면, 반고가 죽을 때에 숨기운은 풍운이 되고,
   목소리는 雷霆이 되고, 좌우의 눈은 각각 해와 달이 되고, 사지와 오체는 각각 四極과
   五嶽이 되고, 근육의 맥은 땅의 맥리가 되고, 살은 田土가 되고, 머리카락과 수염은
   星辰이 되고, 피부와 터럭은 초목이 되고, 치아와 뼈는 금석이 되고, 精髓는 珠玉이
   되고, 땀은 비와 못이 되었다고 한다.

하니 무엇에 근거하여 나온 말인지 모르겠다. 저 '씨氏'라고 일컫는 것이 높이는 것이라면 반드시 천하의 군장이 되어 만민을 인도하고 길러주는 자일 것이다. 반고씨가 과연 있었다면 천황보다 앞서 군장이 되었을 것이니 그렇다면 오래되고 또 오래되었으며 질박하고 또 질박할 것이다. 그렇다면 반드시 삼황이 황이 되는 것에 약간의 황이 되는 법도가 있는 것만 못할 것이니, 오덕五德15)의 운행하는 이치를 가지고 일 년과 열두 달을 세운 것은 아마도 없었을 것이며, 그의 거처와 의복과 음식은 보통 사람들과 더불어 같았을 것이다. 그러나 백성들은 심원한 지덕至德에 저절로 감화되고 만물은 지도至道의 가운데에서 저절로 길러 짐이 있었을 것이다. 그러므로 그의 관대하고 평탄하며 광대한 상象을 취하여 반고라고 일컫지 않았겠는가!

아니면 인회의 시대에 사람과 만물이 비록 이미 태어나 길러졌으나, 삼황은 황이 되지 못하고 천지는 질박하고 소략한 것이 오히려 옛 그대로여서 창과 문을 만들고 길을 내거나 막힌 내를 파 넓히는 것은 아직 시작되지 않았지만, 당시에 총명예지하여 무리 가운데 빼어난 신성神聖한 사람이 그 사이에 일어나 스스로 천지음양의 이치에 통할 수 있고, 춥고 더움과 밤낮의 변화를 알며 이륜彝倫과 성명性命의 도를 깨달아 중화위육中和位育16)의 기틀을 잡아 몸소 실천함으로써 솔선수범 하여 표준을 세워 통솔하니, 말하지 않아도 믿고 명령하지 않아도 따르게 되었으므로 비록 군주의 지위를 설립하지 않았고 임금이라는 이름을 세우지는 않았으나 혈기를 가진 모든 존재가 그를 하늘처럼 추대하지 않음이 없고 해와 같이 우러러 보며 부모처럼 친애하며 공경하기를 신명처럼 한 사람이 있었는데, 그 일이 혹 문자가 만들어진 이후에 전해졌으므로 드디어 그 전래된 것을 계승하여 부르게 된 것인가? 아마도 '반고'라는 것은 혼원混元하여 전체가 뒤섞여 있는 것을 칭하는 것이며,

---

15) 수화목금토의 오행을 가리킴.
16) 『중용』 首章의 "중과 화를 지극히 하면 천지가 제자리에 안착하게 되고 만물이 잘 길러지게 된다"(致中和, 天地位焉, 萬物育焉)는 것의 줄임말이다.

'씨'라는 것은 그것을 높이고 숭상하는 것이 아니겠는가?

11) 書契之作在伏羲之世, 則其前之事跡, 何從而攷得哉? 其五德之用, 歲首之起, 兄弟之幾, 人歷年之幾, 何果有可據而推知者歟?

문자가 만들어진 것이 복희伏羲[17]의 시대에 있었다면 복희 이전에 일어났던 일들의 자취는 무엇으로부터 상고할 수 있을 것인가? 오덕五德의 쓰임과 세수歲首가 시작되는 것과 형제는 몇 명이며 역년歷年은 얼마나 되는지에 대해 과연 근거하여 미루어 알만한 것이 있는가?

12) 人生於寅, 則寅會以前未嘗有人矣. 其生也必是氣化而生也. 厥初所生者, 凡機人? 乾道成男, 坤道成女, 則男女必並生矣. 九州之中何地始生歟? 抑九州之人生於一時歟?

其生之或山或野, 皆不可知也. 當時所生之人, 豈非多聖賢之徒哉? 是時也萬物無名, 歲月日時無紀, 人無職事, 物未致用, 貴賤無分, 禽獸雜處, 有聲非言, 情不得以通焉, 有衆無統, 法不得以施焉, 于于居居而已, 其何爲哉?

盖惟首出之聖人, 俯仰天地, 以觀以察, 通晝夜寒暑之有常, 達昆虫草木之性情, 雖無所傳述, 而自會其道理, 乃相有以開曉之, 有以敎導之, 有事有業, 各職各所焉. 此乃三皇之事業也.

사람이 인회에 생겨났다면 인회 이전에는 사람이 있지 않았을 것이다. 사람이 생겨난 것은 반드시 기화氣化로써 생겨났을 것이니 그 처음 생겨난 자는 몇 명인가? 건도乾道가 남자를 이루고 곤도坤道가 여자를 이루는 것이라면[18] 남녀는 반드시 함께 생겨났을 것이다. 그렇다면

---

17) 고대 전설상의 임금인 三皇 중 한 명인 太昊伏羲氏. 처음으로 백성들에게 농경과 목축 등을 가르치고 八卦와 문자 등을 만들었다고 한다.
18) 『주역』 「계사상」 1장에서 "건도가 남자를 이루고 곤도가 여자를 이룬다"(乾道成男, 坤道成女)라 하였다.

구주九州19) 가운데의 어느 지역에서 처음으로 생겨났는지, 아니면 구주의 사람이 동시에 생겨났는지, 그들이 생겨날 때 혹 산에서 태어났는지 아니면 혹 들에서 태어났는지 모두 알 수 없다.

당시에 태어난 사람은 어찌 모두 성현의 무리가 아니겠는가! 이때에는 만물은 이름이 없고, 연월일시는 기록이 없으며, 사람들은 맡은 바의 일이 없고, 사물은 쓰임에 이르지 못하며, 귀천의 구분이 없고, 금수와 뒤섞여 거처하며, 소리는 있으나 말이 되질 않아 정을 통할 수 없으며, 많은 무리가 있지만 통솔하는 자가 없어 법을 시행할 수가 없어 그냥 우우거거于居居20)할 뿐이었으니 무엇을 하였겠는가?

대개 맨 먼저 나온 성인이 하늘을 우러러보고 땅을 굽어보아 그것으로써 이치를 살펴보고, 그것으로써 이치를 자세히 살펴 밤과 낮이 바뀌고 추위와 더위가 번갈아 이르는 것에 항상된 법칙이 있는 것에 통하였으며, 곤충과 초목의 성정性情을 꿰뚫었으니21) 비록 전해진 가르침은 없었으나 스스로 그 도리를 깨달아 이에 서로 열어 깨우치고 가르쳐 인도할 수 있어 사업이 있게 되고 각자의 직분과 각자의 자리가 있게 된 것이다. 이것이 곧 삼황의 사업이다.

13) 二氣五行之流行於宇宙間者, 未嘗有刻分之或息, 而頭緒條脉不容相亂, 故不失其序, 無違其時, 相生相克, 互代互濟, 而造化行, 品彙遂

---

19) 고대에 중국을 9州로 나누었으므로, 후세에 이르러서도 중국 전토를 9州라 한다.

20) 于居居는 상고시대의 순박한 사람들이 편안하고 조용하게 유유자적하는 모습을 가리킨다. 『資治通鑑』 「外紀」 권1 '包義氏'에, "상고시대에는 사람과 물건에 구별을 두지 않고 삼강오륜과 衣食, 器用이 없었다. 사람들은 단지 어머니만 알고 아버지는 모르며 누우면 呿呿하고 일어나면 吁吁하며, 배고프면 먹을 것을 찾고 배부르면 남은 음식을 버렸다" 하였으며, 『莊子』 「應帝王」에서 "泰氏는 누우면 徐徐하고 깨어나면 于于하였다" 하였으며, 「盜跖」에서 "신농씨 시대에는 누우면 居居하고 일어나면 于于하였다" 하였는데, 成玄英은 于于는 자득한 모습이며, 居居는 안정된 모습이라 하였다.

21) 『주역』 「계사하」 2장, "옛날에 包犧氏가 천하의 왕 노릇을 할 때에 우러러 보아 하늘의 象을 관찰하고 굽어보아서는 땅의 법을 관찰하며, 새와 짐승의 무늬와 천지의 마땅함을 관찰하여 가까이는 자신에게서 취하고 멀리 사물에서 취하여 비로소 팔괘를 만들어 그것으로써 신명의 덕에 통하고 만물의 실정을 유추하였다."

矣. 其爲運行者, 有大有小, 自至大之運, 分而又分以至於至小之運, 自
至小之運積而又積以至于至大之運, 其序必順其行必信焉. 惟吾人事
在於其間, 必須順承而趁就之, 然後萬事惟, 則參贊化育之業立矣. 此
古昔聖神之必重必愼於此事者也. 夫陽數十, 陰數十二, 五行各有陰
陽, 而其數卽十矣. 六氣又各有陰陽, 而其數卽十二矣. 陰陽相配, 以十
爲干, 以十二爲支, 而陽不能獨行, 陰不能獨成. 故又必合干支, 而序配
之, 則干十而盡, 支十二而盡, 干盡則復從首干引而續之, 支盡則復從
首支引而續之. 至於干六盡, 支五盡, 而配數逐窮, 則首干首支還相遇
焉. 此六十爲一紀也. 如環無端終, 則復始, 莫非理數之自然也. 二五之
綱紀, 造化之樞紐寔在乎是, 故聖人默契而妙會之, 立目以別之, 循序
以次之, 固非强排布置之爲耳. 實乃理氣不可易之常也. 大而元會運
世, 小而歲月日辰, 未有違此而得序也. 推而上之, 以至于子會之甲子,
推而下之, 必至於亥會之癸亥, 無差忒也. 天皇氏歲起攝提, 則攝提格
卽寅也. 然則天皇之世, 亦已有干支之紀也. 第未知當初肇紀之時, 何
以知夫所當之會, 所當之運, 所當之世與所當之歲月日辰各値何干支?
而因此推上推下, 得不有紊, 於已往之世, 與將來之世而罔不符合歟?
聖人蓋必有契會諧得之妙法, 而今不可據識矣.

　음양의 두 기와 오행이 우주 사이에서 유행하는 것은 일찍이 일각
일분22)의 짧은 순간도 혹 그친 적이 없으며, 두서나 조리와 맥락이
서로 혼란됨이 없었다. 그러므로 그 차례를 잃지 않으며 그때를 어기지
않으니 오행이 상생상극相生相克23)하여 서로 번갈아들고 서로 이루어주
어 조화가 행해지고 다양한 만물이 완성되는 것이다. 그것이 운행하는
것에 큰 것이 있고 작은 것이 있으니, 지극히 큰 운행으로부터 나누어지고
또 나누어져서 지극히 작은 운행에 이르고, 지극히 작은 운행으로부터

---

22) 一刻은 一辰의 30분의 1이요 (一分은 일각의 12분의 1이다. 하루는 12辰, 일신은 30刻,
　　일각은 12分이니 지금시간으로 환산하면 일각은 4분이요, 일분은 20초다.
23) 오행의 상생은 木生火, 火生土, 土生金, 金生水, 水生木을 말하고 상극은 서로 이기는
　　것이니 金剋木, 木剋土, 土剋水, 水剋火, 火剋金을 이른다.

쌓이고 또 쌓여서 지극히 큰 운행에 이르니 그 순서는 반드시 차례에 맞고 그 운행은 반드시 믿음이 있는 것이다. 오직 우리 사람의 일이 그 사이에 있으니 반드시 모름지기 그 순서에 따라 좇아간 연후에 만사가 오직 법칙에 맞게 되어 천지의 운행에 참여하여 천지의 화육을 돕는[24] 사람의 사업이 세워지게 될 것이다. 이것이 옛날의 성스럽고 신묘한 사람들이 반드시 이 일에 신중한 까닭인 것이다.

대저 양수는 10이요 음수는 12이다. 오행은 각기 음양이 있으니 그 수는 곧 10이다. 육기六氣[25] 또한 각기 음양이 있으니 그 수는 곧 12다. 음양이 서로 짝을 이루어 10이 천간天干[26]이 되고 12가 지지地支[27]가 된다. 그런데 양은 홀로 행해질 수 없고 음은 홀로 완성될 수 없다. 그러므로 또한 반드시 간지를 합하여 차례대로 배열하면 천간은 10에서 다하고 지지는 12에서 다하니, 천간이 다하면 다시 맨 처음의 천간으로부터 끌어당겨 그것에 잇고, 지지가 다하면 다시 맨 처음의 지지로부터 끌어당겨 그것을 잇는데, 천간은 여섯 번이 다하고 지지는 다섯 번이 다하여야 짝을 이룬 수가 드디어 다하게 되어 맨 처음의 천간과 맨 처음의 지지가 다시 서로 만나게 되니 이것이 60이 일기一紀가 되는 까닭이다.[28] 이는 마치 고리가 끝이 없어 끝나면 다시 시작하는 것과 같으니 이수理數의 자연이 아님이 없으며, 음양오행의 강기綱紀와 조화의 추뉴樞紐가 진실로 여기에 있다. 그러므로 성인이 묵묵히 이치에 계합하고 신묘하게 깨달아 조목을 세워 그것을 구별하고 순서에 따라 차례를 지었으니, 이는 진실로 억지로 배열하여 펼쳐놓아 만든 것이 아니요 실로 리기理氣에 있어 없을 수 없는 상도인 것이다. 크게는 원회운세와 작게는 연월일시가 이것을 어기고 순서를 얻은 것은 없으니, 위로 미루어

---

24) 『중용』 首章.
25) 천지간의 여섯 가지 기운으로서, 陰·陽·風·雨·晦·明을 말한다.
26) 천간은 10간이라고도 하니 甲, 乙, 丙, 丁, 戊, 己, 庚, 辛, 壬, 癸이다.
27) 지지는 12지라고도 하니 子, 丑, 寅, 卯, 辰, 巳, 午, 未, 申, 酉, 戌, 亥이다.
28) 10개의 천간과 12개의 지지를 각각 아래위로 연결하여 천간은 6번, 지지는 5번 반복하면 60갑자가 성립되는 것을 설명한 것.

가면 자회의 갑자甲子에 이르고 아래로 미루어 가면 반드시 해회의 계해癸亥에 이르러 어긋남이 없는 것이다.

천황씨의 세차歲次가 섭제攝提에서 시작하였으니 섭제격은 곧 인寅이다.29) 그렇다면 천황씨의 시대에도 또한 이미 간지의 법도가 있는 것이다. 다만 당초 이러한 법도가 비롯될 때에 어떻게 해당되는 회會와 해당되는 운運과 해당되는 세世 및 해당되는 연월일신歲月日辰에 각기 어떤 간지가 해당되는지를 알았는지 알 수가 없다. 그러나 이로써 위로 미루어 가고 아래로 미루어 가면 이미 지나간 시대와 앞으로 올 시대에 문란함이 없어 부합되지 않을 수 없을 것이다. 성인은 아마도 반드시 묵묵히 계합하여 이해하고 깨달아 얻는 묘법妙法이 있었을 것이나 지금은 알 수 있는 근거가 없다.

14) 夫宇宙雖大, 旣囿於理氣之中, 則先宇宙而存者, 理氣也. 然則理氣亦有所從出. 而其乃有先於理氣, 後於理氣, 上於理氣, 下於理氣, 四外於理氣者, 亦猶理氣之爲先後, 上下, 四外於宇宙焉乎? 竊以爲理氣本自無其先, 無其後, 無其上, 無其下, 無其四外, 何得有先之, 後之, 上之, 下之, 四外之者哉? 推而先之, 卽此理氣也; 推而後之, 亦此理氣也. 推而上下之, 亦此理氣也; 推而四極之, 亦皆此理氣也. 若就此理氣二者之中而求其先後, 則當曰理先而氣後也. 然而氣不離, 理必準於理焉. 則未嘗有獨理未氣之時矣. 但以氣出於理, 故曰理先而氣後也. 非曰理氣判別, 而時先時後者也. 然則宇宙之大, 果不是外理氣, 而爲大也, 只是自形, 自物, 自始, 自終於理氣之中也. 然則理氣之所以必有此宇宙者何也? 盖理之爲理, 乃所以爲有物之理也. 理之有氣乃所以爲造物之資也. 理固爲有物之理, 故曰理也. 氣卽爲造物之資, 故曰氣也. 理也者太極之謂也. 氣也者陰陽之謂也. 旣有此理氣矣, 於是不得不有天焉; 旣有天矣, 於是不得不有地焉; 旣有天地矣, 於是不得不有萬物焉.

---

29) 섭제는 古甲子인데 12지 가운데 寅에 해당하고 오행으로는 목에 해당한다.

人者物中之最貴最靈, 而參天地, 一萬物, 主參贊化育之事業者也. 然則太極之有以致用, 陰陽之有以成功者, 到於人而極矣; 宇之所以爲宇, 宙之所以爲宙者, 此也. 而宇宙間之事業, 都萃於吾人身上矣. 此從古聖賢必以宇宙間事業爲己責, 而要畢其能事者也. 所謂能事者何謂也? 君臣而盡君臣之道, 父子而盡父子之道, 夫婦而盡夫婦之道, 長幼而盡長幼之道, 朋友而盡朋友之道, 家有家之道, 國有國之道. 人盡人之性, 物盡物之性, 有以位天地, 有以貫古今者, 非能事乎? 理之所以爲理者, 此焉果盡其用矣. 氣之所以爲氣者, 此焉果極其功矣. 此固宇宙之得爲宇宙也.

저 우주가 비록 크나 이미 리기理氣 가운데 둘러싸여 있다면 우주보다 앞서 존재하는 것은 리기이다. 그렇다면 리기도 또한 말미암아 나오게 된 곳이 있을 것이다. 그러나 리기보다 먼저 있었고, 리기보다 뒤에 있으며, 리기보다 위에 있고, 리기보다 아래에 있으며, 리기의 사방 바깥에 있는 것도 또한 리기가 우주의 선후, 상하와 사방 바깥이 되는 것과 같은 것인가? 내가 생각건대 리기는 본래 스스로 그보다 앞서는 것이 없고, 그보다 뒤서는 것이 없으며, 그것의 위가 되는 것이 없고, 그것의 아래가 되는 것이 없으며, 그것의 사방 바깥이 되는 것이 없다. 그러니 어떻게 앞서고 뒤서며, 위가 되고 아래가 되며, 사방 바깥이 되는 것이 있을 수 있겠는가? 미루어 가서 앞서는 것도 곧 이 리기이며, 미루어 가서 뒤서는 것도 또한 이 리기이며, 미루어 가서 위가 되고 아래가 되는 것도 또한 이 리기이며, 미루어 가서 사방의 끝이 되는 것도 모두 이 리기이다.

만약 이 리기 둘 가운데에 나아가 그 선후를 구한다면 마땅히 리가 앞서고 기가 뒤따른다고(理先氣後) 해야 한다. 그러나 기는 리를 떠날 수 없고 반드시 리에 준거해야만 하니 리만 있고 아직 기가 없는 때는 있을 수 없는 것이다. 다만 기가 리에서 나오기 때문에 리가 앞서고 기가 뒤따른다고 하는 것이지 리기가 판연히 구별되어 시간적으로 앞서고 시간적으로 뒤선다는 말하는 것은 아니다. 그렇다면 우주가 크지만 결코 이 리기의 바깥에서 크게 되는 것은 아니요, 다만 리기 가운데에서 스스로 형상을 드러내고 스스로 만물을 이루며 스스로 시작하고 스스로 끝마치는 것이다.

그렇다면 리기가 반드시 이 우주를 갖게 되는 까닭은 무엇인가? 대개 리가 리로 되므로 곧 만물의 리가 있게 되는 것이며, 리에 기가 있으므로 곧 만물을 만드는 바탕이 되는 것이다. 리에는 진실로 만물이 되는 리가 있다. 그러므로 리라고 하는 것이요, 기는 곧 만물을 만드는 바탕이 된다. 그러므로 기라고 하는 것이다. 리라는 것은 태극을 일컫는 것이요 기라는 것은 음양을 일컫는 것이다. 이미 이 리기가 있게 되니 이에 하늘(天)이 있지 않을 수가 없다. 이미 하늘이 있게 되니 이에 땅(地)이 있지 않을 수가 없다. 이미 천지가 있게 되니 이에 만물이 있지 않을 수가 없다. 사람이란 만물 가운데 가장 귀하고 가장 영묘하니 천지의 운행에 참여하여 만물의 으뜸이 되며, 천지의 운행에 참여하여 만물의 화육을 돕는 사업을 주관하는 존재인 것이다. 그렇다면 태극이 그 쓰임(用)을 지극하게 할 수 있고 음양이 그 일을 이룰 수 있는 것은 사람에 이르러 그 지극한 경지에 도달하게 되는 것이니, 우宇가 우로 될 수 있는 까닭과 주宙가 주로 될 수 있는 까닭은 이 사람에게 있는 것이니, 우주사이의 사업은 모두 우리 사람에게 모여 있는 것이다. 이것이 예부터 성현들이 반드시 우주사이의 사업을 자신의 책임으로 삼아 반드시 그 능사能事30)를 다하게 하고자 한 까닭이다.

이른바 능사란 무엇을 말하는 것인가? 군주와 신하는 군주와 신하의 도를 다하고, 부모와 자식은 부모와 자식의 도를 다하며, 남편과 아내는 남편과 아내의 도를 다하고, 어른과 어린이는 어른과 어린이의 도를 다하며, 붕우 사이에서는 붕우의 도를 다하는 것이다. 이렇게 되면 집안에서는 집안에서 행해야 할 도가 행해지고, 나라에서는 나라에서 행해야

---

30) 할 수 있는 일.

할 도가 행해지며, 사람은 사람의 본성을 다하고 만물은 만물의 본성을
다함으로써 천지를 제자리 잡히게 할 수 있고 고금을 꿰뚫을 수 있는
것이다. 그러니 능사가 아니겠는가? 리가 리로 되는 까닭은 여기에서
진실로 그 쓰임을 다하는 것이며, 기가 기로 되는 까닭도 여기에서
진실로 지극하게 되는 것이니 이것이 진실로 우주가 우주로 될 수
있는 까닭인 것이다.

15) 嗚呼! 理此理也, 氣此氣也, 非有外此理之理, 外此氣之氣也. 而後
人之所謂善者, 漸不及於古之聖人, 後世之所謂治者, 漸不及於古之至
治. 至於善寡惡多, 而惡必倍於古之所謂惡也. 治鮮亂頻, 而亂必浮於
古之所謂亂也. 此何理歟? 其以宇宙之大化, 其氣漸薄而然耶? 抑亦天
地之生也, 久矣, 大數不可以復回旣往之隆旺歟? 奈之何三代之盛, 亦
猶未及於唐虞之盡善盡美, 至於漢而唐, 唐而宋, 皆似未及於前代, 此
非可怚, 而可長吁者乎?

아! 리는 이 리이고 기는 이 기이니 이 리 밖의 리와 이 기 밖의 기가
따로 있는 것이 아니다. 그러나 후세 사람들이 선하다고 일컫는 사람은
점차 옛날의 성인에 미치지 못하고, 후세에 다스려졌다고 일컫는 것은
점차 옛날의 지치至治[31]에 미치지 못한다. 심지어 선한 사람은 적고
악한 사람은 많으며, 게다가 악은 옛날의 이른바 악하다는 것의 배가
되고, 다스려진 날은 적고 혼란한 날은 빈번하며 게다가 혼란이 반드시
옛날의 이른바 혼란하다는 정도를 넘어서니 이것은 무슨 이치인가?
그것은 우주의 대화大化[32]로 인해 그 기가 점차 엷어져서 그런 것인가?
아니면 또한 천지가 생겨난 것이 오래되어 천지의 대수大數[33]가 이미

---

31) 지치란 유가적인 이상정치를 가리키는 표현가운데 하나로써 '가장 지극한 정치'라는
뜻. 우리나라에서는 중종대의 조광조가 이 말을 가지고 이상정치를 실현을 강조하
기도 하였다.
32) 一元의 변화를 가리킴.
33) 一元의 수를 가리킴.

가버린 성대하고 왕성한 기를 회복할 수 없기 때문인가? 어찌하여 삼대의 융성함은 또한 당우시대唐虞時代[34]의 진선진미盡善盡美함에 미치지 못하며, 심지어 한대에서 당대가 되고 당대에서 송대가 되면 모두 전대에 미치지 못하는 것 같은가? 이것이 어찌 괴이하게 여길 만하며 길이 탄식할 만한 것이 아니겠는가?

16) 唐虞以上, 卽一元之上半也, 三代以後已屬一元之下半也. 以一日觀之, 午前之氣候, 殊覺其亨旺; 而午後之氣候, 便覺其弛緩. 午前之人事, 各能其健實; 而午後之人事, 多涉於疲解. 一歲之中亦然. 故一元亦上半以前之氣像, 淸明純一, 而物情皆爲之眞淳和順; 下半以後之氣像, 散漫沉暗, 而物情亦爲之流蕩乖薄. 然則果不可得見夫太古之世耶? 夫一世如一日也, 一元如一歲也, 上半以上爲方進之氣也, 下半以下爲方退之氣也. 其氣像物情之不同, 其勢所不得不然也. 而淳澆質喪巧僞者, 不得不滋, 世降代積辯詐者, 不得不肆, 此所以後人後世之漸不及古者也. 然而大道之原無時或泯, 一元之運無刻或息, 在一日不以朝暮而有間, 在一歲不以早晩而異. 則其在一元豈以上半而有餘, 豈以下半而不足哉? 況一日一歲之內, 其健慢勤倦之有變者, 乃恒衆人之弊習也. 若夫聖人則不然, 與天地合其德, 純亦不已至誠無息, 終日乾乾夕猶惕若, 元亨利貞貞而復元, 則夫豈有間斷時刻哉? 是故聖人則法天地, 凡人則當法聖人而已矣. 且夫一日之事功至晩暮而成焉, 一歲之事功至秋冬而就焉, 盖興作之功必力於上半, 而成就之業須效於下半則, 一元中大化之盛, 雖在於旣往之上古, 而畢竟成就之要, 豈不在於將來之後世乎? 一理非不一也, 元氣非失元也. 意者此後亦必有聖人者出, 而亦當以宇宙間事業爲己責, 道三皇之道, 德五帝之德, 居九五之位, 建咸覩之極振, 發委微之風, 收擧解散之俗, 刪落枝葉之繁華, 革盡乖戾之陋習, 一切掃去滌新夫秦漢以下荒新浮誕之積弊, 而回眞復初

---

34) 陶唐氏와 有虞氏의 시대 즉 요순시대를 가리킴.

返朴歸淳, 使斯民皷舞春臺之上, 引囿壽域之中, 則唐虞三代不獨爲上
古已往之唐虞三代, 而今亦爲之唐虞三代矣.

天一天也, 地一地也, 宇宙卽一宇宙也, 通天地而一理, 貫宇宙而一
道, 則理外寧有物乎? 道外寧有世乎? 惟此宇宙前, 旣有唐虞以上上半
之事業則, 今雖中微, 又豈無下半之事業, 有如唐虞以上, 上古之世淳
厖朴厚淸明亨泰之風化乎?

당우시대 이전은 곧 일원의 상반기이다. 삼대[35] 이후는 이미 일원의
하반기에 속한다. 하루로써 살펴보면, 오전의 기후는 매우 형통하고
왕성한 것을 느낄 수 있고 오후의 기후는 곧 느슨해진 것을 느낄 수
있으며, 오전에 하는 일은 각자 그 일을 건실健實하게 할 수 있으나
오후에 하는 일은 많이 피로하고 게으르게 되는 것을 경험할 수 있다.
일 년의 경우도 마찬가지다. 그러므로 일원 또한 상반기 이전의 기상은
청명하고 순일純一하여 만물의 상태도 모두 그 때문에 진실하고 순박하며
화순하게 되고, 하반기 이후의 기상은 산만하고 가라앉으며 어두워
만물의 상태 또한 그 때문에 흘러 옮겨가 천박하게 되는 것이다.
그렇다면 정말로 저 태고의 순박한 세상을 다시 볼 수 없는 것인가?
대저 일세一世는 일일一日과 같고 일원은 일 년과 같으니, 상반기 이전의
기는 바야흐로 나아가는 기가 되고, 하반기 이하는 바야흐로 물러나는
기가 된다. 그러므로 그 기상과 만물의 상태가 같지 않은 것은 그 형세가
그렇게 되지 않을 수 없는 것이다. 그러니 순후함이 경박해지고 질박함을
잃게 되어 교묘하게 거짓을 꾸미는 사람이 많아지지 않을 수 없으며,
시대가 내려와 이런 것이 번갈아 쌓이게 되니 말만 잘하여 남을 속이는
사람이 제멋대로 행동하지 않을 수 없다. 이것이 하반기 이후의 사람들과
세상이 점점 옛날에 미치지 못하는 까닭이다.
그러나 대도大道의 원천은 어느 한 때라도 없어질 수 없으며, 일원의
운행은 일각이라도 혹 그칠 수가 없으니 하루에 있어서는 아침과 저녁에

---

35) 고대 하, 은, 주의 세 왕조시대.

틈이 있을 수 없으며, 일 년에 있어서는 빠르고 늦은 것 때문에 혹시라도 차이가 있을 수 없다. 그렇다면 그 일원에 있어서도 어찌 상반기라고 남음이 있고 하반기라고 부족하겠는가? 하물며 하루와 일 년 속에서 꾸준하고 해이하며 근면하고 게으른 것은 곧 언제나 중인들의 폐습이다. 저 성인 같은 경우는 그렇지 않으니 천지와 더불어 그 덕을 합하고[36] 순수하게 천도 그대로이어서 그치지 않으며,[37] 천도는 지극한 성誠이어서 쉼이 없는 것과 같으니,[38] 종일토록 쉼 없이 힘쓰고 저녁이 되어서도 오히려 두려워하는 것이다.[39] 원元하고 형亨하며 이利하고 정貞[40]하여 정이 되면 다시 원으로 돌아가니 그렇다면 어찌 잠시라도 끊어지는 시각이 있을 수 있겠는가? 이 때문에 성인은 천지를 본받고 범인은 마땅히 성인을 본받아야 하는 것이다.

또한 하루의 일은 저녁에 이르러야 이루어지고 일 년의 일은 가을과 겨울이 되어야 성취되는 것이니, 대개 일을 시작하는 노력은 반드시 상반기에 힘을 쓰지만 성취하는 업적은 모름지기 하반기에 공적이 나타나는 것이다. 그렇다면 일원 가운데에서 대화大化가 성대하게 일어나는 것은 비록 이미 지나간 상고시대에 있지만 마침내 성취하는 요점은 어찌 앞으로 올 후세에 있지 않겠는가? 일리一理는 언제나 동일하지 않은 것이 아니요 원기는 그 원元을 잃는 것이 아니다. 생각건대 이 이후에도 또한 반드시 성인이 나와 마땅히 우주간의 사업으로써 자기의 책임으로 삼아 삼황의 도와 오제의 덕을 가지고 군왕이 되어[41] 모든

---

36) 『주역』「乾卦」九五의 爻辭에서 "夫大人者, 與天地合其德,……"이라 하였다.
37) 『중용』26장의 "純亦不已"를 번역한 것. 정자는 이 구절을 해석하여 "천도가 그침이 없는데 문왕이 순수하게 천도 그대로이어서 또한 그침이 없다"라고 하였다.
38) 『중용』, 26장, "故至誠無息."
39) 『주역』, 「건괘」九三爻의 효사.
40) 『주역』에서 말하는 건괘의 네 가지 덕. 곧 事物의 근본 원리를 가리킨다. 元은 만물의 시작(始)으로 계절로는 봄에 속하고 사덕 가운데 인에 해당되며, 亨은 만물의 자라남(長)으로 계절로는 여름에 속하고 사덕 가운데 예에 해당되며, 利는 만물이 이루어지는(遂) 것으로 계절로는 가을에 속하고 사덕 가운데 의에 해당되며, 貞은 만물이 완성되는(成) 것으로 계절로는 겨울에 속하고 사덕 가운데 智에 해당된다.

사람이 바라보는 표준을 세워 쇠약한 기풍을 진작시키고, 풀어지고 흩어진 풍속을 거두어들이며, 지엽의 번화함을 깎아 없애고, 법도에 어긋난 비루한 습속을 전부 다 개혁하여 쓸어버리며, 저 진한 이래로 난잡하고 부박하며 허황된 폐단이 쌓인 것을 깨끗이 씻어내어 최초의 진실한 상태로 회복시켜 질박하고 순박한 것으로 되돌아가게 하여 이 백성으로 하여금 춘대春臺42) 위에서 춤추고 노래하게 하며 수역壽域43)으로 이끌어 들인다면 당우삼대는 비단 상고시대의 이미 지나가버린 삼대가 될 뿐만 아니라 지금 또한 당우삼대가 될 수 있을 것이다. 하늘은 동일한 하늘이며, 땅은 동일한 땅이며, 우주는 곧 동일한 우주이니 천지를 관통하여 동일한 리이며 우주를 꿰뚫어 동일한 도인 것이다. 그렇다면 리 밖에 어찌 만물이 있으며 도 밖에 어찌 시대가 있겠는가? 오직 이 우주의 앞 시기에 이미 당우시대 이전의 상반기의 사업이 있었다면 지금 비록 쇠미한 중기이지만 또한 어찌 하반기의 사업에 당우시대 이전 상고시대의 순박하고 두터우며 질박하고 후덕하며 청명하고 형통하며 태평한 풍화風化44)가 있을 수 없겠는가?

17) 所謂古籍者有曰『三墳』謂伏羲, 神農, 黃帝之書也. 有曰『五典』典謂少昊, 顓頊, 高辛, 唐虞之書也. 有曰『八索』謂八卦之說也. 有曰 『九丘』謂九州之志也. 墳大也, 則伏羲, 神農, 黃帝之大道, 當載於『三墳』矣.

---

41) 원문은 九五의 위치에 거한다는 것이니, 건괘 九五의 위치에 거한다는 것은 군왕이 되어 세상에 뜻을 펼 수 있는 자리를 얻은 것을 말한다.

42) 춘대는 따스한 봄날의 높은 누대를 말한 것으로, 『老子』제12장에 "세속의 중인들은 화락하여 마치 푸짐한 잔칫상을 받은 듯, 따스한 봄날 높은 누대에 올라 사방을 조망한 듯 즐거워한다"(衆人熙熙, 如享太牢, 如登春臺)라고 한 데서 온 말인데, 전하여 태평성대의 화락한 기상을 의미한다.

43) 仁壽之域의 준말로, 사람마다 천수를 누리는 태평성대를 뜻한다. 仁壽는 원래 『논어』 「옹야」의 "인자는 장수한다"(仁者壽)는 대목에서 온 말인데, 이를 원용하여 『한서』 권22 「禮樂志」에 "舊禮를 찬술하고 王制를 밝혀서 온 세상의 백성들을 이끌어 인수의 지역에 오르게 하면, 풍속이 어찌 주나라 成王과 康王 때의 태평시절 같지 않겠으며 수명이 어찌 은나라 高宗 때와 같지 않겠습니까"라고 하였다.

44) 교육이나 정치의 힘으로 풍속을 잘 교화시키는 것.

典常也, 則少昊, 顓頊, 高辛之常道, 畢備於二典之上矣. 索求也, 則八卦之義盖無所不闡於『八索』, 而求其義者無外於其說也. 丘聚也, 則九州土地之所生, 風氣之所宜, 無所不聚於『九丘』, 而究知覆載中品彙者, 旣具於其書也. 籍而記之者, 亦必聖人也. 而要以垂示於後世也, 而今所存者, 唐虞二典而八卦之說, 亦止有『周易』, 而其餘則未有存者, 豈非大可恨惜哉? 楚左史倚相能讀四籍, 則周末猶有之矣. 豈非俱火於秦焚之日哉?

옛 전적에 『삼분三墳』이라는 것이 있으니 복희, 신농, 황제의 책을 일컫는 것이요, 『오전五典』이라는 것이 있으니 소호少昊[45], 전욱顓頊[46], 고신高辛[47], 요, 순의 책을 일컫는 것이며, 『팔삭八索』이라는 것이 있으니 팔괘를 설명한 것을 일컫는 것이요, 『구구九丘』라는 것이 있으니 구주九州의 지지地誌이다. 분墳은 크다는 뜻이다. 그렇다면 복희, 신농, 황제의 대도를 적은 것이니 마땅히 『삼분』에 실려야 할 것이다. 전典은 항상되다는 뜻이다. 그렇다면 소호, 전욱, 고신의 상도常道가 이전二典[48]의 위에 다 갖추어져 있을 것이다. 삭索은 구한다는 뜻이다. 그렇다면 팔괘의 뜻이 『팔삭』에 다 드러나지 않은 바가 없을 것이니, 팔괘의 뜻을 구하는 사람은 『팔삭』의 설을 벗어날 수 없을 것이다. 구丘는 모였다는 뜻이니, 구주의 땅에서 생산되는 것과 풍속의 마땅함이 『구구』에 모이지 않은 것이 없을 것이며, 천지 사이에 있는 만물들에 대해 궁구하여 알게 된 것들이 이미 그 책속에 다 갖추어져 있었을 것이다. 책으로 만들어 기록한 사람은 또한 반드시 성인일 것이니, 요컨대 그것을 후세에 남겨

---

45) 五帝의 한사람으로 黃帝의 妃 女節이 무지개처럼 생긴 별이 내려와 華渚로 흐르는 것을 보고서, 그 무지개와 교감하는 꿈을 꾸고 임신이 되어 아들 少昊氏를 낳았다는 전설이 있다. 이름은 摯이며 金德으로 나라를 다스려 호를 金天氏라 하였다.

46) 오제의 한 사람으로 顓頊高陽氏이다. 少昊를 이어 즉위하였으며, 북방에 위치하여 겨울을 주관하였다.

47) 오제의 한 사람으로 이름은 嚳이다. 그가 처음으로 봉해진 곳이 辛이었으므로 즉위 후에 帝嚳高辛氏라 하였다.

48) 『서경』의 「堯典」과 「舜典」을 가리킨다.

보여주려 한 것이다. 그러나 지금 남아있는 것은 「요전」과 「순전」[49] 이전二典 밖에 없고, 팔괘의 설도 또한 단지 『주역』만 있으며 그 나머지는 남아있는 것이 없으니 어찌 크게 유감스럽고 애석할 만하지 않겠는가! 초나라의 좌사左史 의상倚相이 네 가지의 옛 전적을 읽었다 하니, 그렇다면 주나라 말기까지도 오히려 남아 있었던 것인데 진나라가 분서焚書하던 날에 다 타버린 것이 아니겠는가!

18) 有謂人皇起寅會, 箕一度至午會, 星一度四萬五千六百年, 正唐堯起甲辰之時也. 有謂禹卽位後八年, 得甲子初入午會也, 如前說則唐虞皆在午會時, 如後說則唐虞皆在巳會之末也.

인황씨人皇氏가 인회寅會에 일어났다[50]고 말하는 자가 있으니, 기성箕星[51]이 한 바퀴 돌아 오회午會에 이르고 성성星星[52]이 한 바퀴 돌면 45,600년이 되니 바로 당요唐堯[53]가 일어난 갑진년의 때라는 것이다. 또 말하기를 우임금 즉위 후 8년에 갑자가 처음으로 오회에 들어갔다고 하니, 앞의 설대로라면 요순은 모두 오회의 때에 있었고 뒤의 설대로라면 요순은 모두 사회巳會의 끝에 있었다고 할 수 있다.

19) 歲年干支之錄, 帝王始終之詳, 自黨堯始焉. 然則其前皇帝之享

---

49) 『서경』의 편명.

50) 고대의 제왕들인 天黃・地黃・人皇 가운데 마지막 인물이다. 여헌은 앞에서 천황, 지황, 인황이라고 칭한 것은 반드시 하늘과 땅과 사람을 구별한 것으로서 하늘이 먼저 열렸기 때문에 가장 앞선 것을 임금으로 삼아 천황씨라 하고, 땅이 하늘 다음으로 열렸기 때문에 천황을 대신하여 임금으로 삼아 지황씨라 하고, 사람이 땅 다음으로 생겨났기 때문에 지황을 대신하여 임금으로 삼아 인황씨라 한 것이지 만약에 자회에 군주가 된 자를 천황이라 하고 축회에 군주가 된 자를 지황이라 하며 인회에 군주가 된 자를 인황이라 한다면 이는 잘못된 것이라 하였다.

51) 이십팔수의 일곱째 별. 靑龍七宿의 맨 끝 성수로서 별 넷으로 이루어져 있다.

52) 이십팔수의 25번째 별. 朱鳥七宿의 넷째 성수로서 남방에 속하여 별 일곱으로 이루어져 있다.

53) 요임금.

國及享壽, 何由而考知哉? 其或載於『三墳』,『五典』之書乎? 有云自唐
堯至元順帝, 通計三千七百二十四年, 至我大明洪武 甲子初入午會之
第十一運.

세년歲年과 간지干支의 기록과 제왕의 시종이 상세한 것은 당요시대로부
터 시작되었다. 그렇다면 그 이전의 황제가 제위에 있은 기간과 장수를
누린 것은 무엇으로써 상고하여 알 수 있는가? 그것이 혹시 『삼분』과
『오전』의 책에 실려 있는가? 어떤 사람이 말하기를 당요로부터 원나라
순제順帝에 이르기까지를 전부 계산하면 37,024년이며, 우리 대명大明
홍무洪武54) 갑자년55)에 처음 오회의 제 11운運에 들어갔다고 한다.

20) 造書契以後, 隨世代當有記籍, 其相傳之際, 雖或有錯誤, 然必不
如書契未造之前 全然無記載? 只憑口舌相傳者而已. 以此言之, 盖伏
羲之世, 亦非最古矣. 其前所過之會, 其有幾世, 幾代, 幾聖君賢臣之事
業乎?

문자를 만든 이후 세대에 따라 마땅히 기록한 문서가 있게 되었으니,
그것들이 서로 전해지는 사이에 비록 간혹 착오가 있다하더라도 반드시
문자가 만들어지기 이전에 전혀 기록한 것이 없어 단지 구설에 의존하여
서로 전해질 뿐이었던 것과는 다를 것이다. 이로써 보면 대개 복희의
시대 또한 가장 오래된 시대가 아니요, 그 이전 지나간 회會의 때에
얼마나 많은 세世와 대代56)가 있었으며 얼마나 많은 성군聖君과 현신現身의
사업이 있었겠는가?

21) 書契旣造之後, 上下猶能性性存存, 由道而生, 由道而死, 非若後

---

54) 명태조의 연호. 고려 공민왕 17년(1368)이 홍무 1년이다.
55) 홍무 17년(1384)이다.
56) 30년을 1世라 하고, 한 사람이 생존하는 동안 혹은 한 왕조가 계속하는 동안을 代라
한다.

世事變之紛紜文字之煩碎. 故記傳者僅有而無幾矣. 如今萬軸千箱, 手
不可勝閱, 目不可勝經者, 無非近數千載間大家小家之云爲耳.

　　문자가 만들어진 이후에도 상하의 사람들이 오히려 이루어진 성품을
보존하고 또 보존하여[57] 도에 따라 살고 도에 따라 죽어 후세에 사변事變이
어지럽게 일어나고 문자가 번쇄한 것과 같지 않았다. 그러므로 기록하여
전하는 것이 겨우 조금 있었을 뿐이지 얼마 되지 않았다. 지금처럼
기록된 것들이 만축萬軸과 천상千箱[58]이 되어 손으로도 다 헤아릴 수
없고 눈으로도 다 볼 수 없는 것은 근래 천여 년 사이에 대가大家와
소가小家들이 한 짓일 뿐이다.

　　22) 十干本於陽儀, 十二支本於陰儀, 而干之中亦自有陰陽, 支之中
亦自有陰陽, 故相配相序之際, 陽干必與陽支配, 陰支必與陰干配, 莫
不有條理之不相紊者焉. 而干支之配不得不相須者, 以造化之道獨陽
不生, 獨陰不成故也. 然則干得支爲干, 支得干爲支者, 非人強配之也,
乃理氣之自然, 而聖人因其理而目之耳. 故其所以序行於歲月日時者,
其式一矣. 而十與十二之配, 必窮於六十者, 在大小之運, 皆不可加減
其一也. 運世與歲月日辰, 則皆爲大數中所分之數, 故運有三百六十,
而干支之配亦當爲三十六周也. 其在世與歲月日辰, 雖其愈分愈多者
不同, 而若其配之序之之例, 則未有不畢周而復始者矣.

　　至於會數止於十二, 則甲爲子配, 癸爲酉配, 戌會而又配甲, 亥會而
又配乙而已. 其後則會數已窮, 當於後元之子會配丙以始, 而後元之干
支其在今元, 而筮得及乎? 以此言之, 此元之前爲元者, 凡過幾何哉?
此元之後爲元者, 亦復幾何哉? 方知一元不止爲今元而已, 前元後元其
無窮哉? 一元不止爲今元, 而今元前後果後有無窮之一元, 則干支之運

---

57)『주역』「계사」7장에, "천지가 제자리를 잡게 되면 역이 그 가운데에서 행해지는 것
　　이니, 이루어진 본성을 보존하고 또 보존하는 것이 도의의 문이다"(天地設位, 易行乎
　　其中矣, 成性存存, 道義之門)라 하였다.
58) 만개의 두루마리와 천개의 상자이니 아주 많다는 뜻.

共亦在於前後元之相繼, 而爲元者乃在干支之中乎? 但莫容言數於一元之外也.

盖有二氣五行, 則必當有干支之理矣. 然則曰干而排數於十, 曰支而排數於十二者, 其名目雖在於書契之後, 而其理則在元前之元, 元後之元, 所必有而不得無者也. 元之積也雖至於千萬, 而此理則何嘗不一哉? 若其書契之造不造與其文字之同不同, 自甲至癸之名, 自子至亥之目, 則未知其每元必如今元否矣. 如理之爲理, 氣之爲氣, 則豈有前元後元之異哉?

10간干은 양의陽儀에 근본하였고 12지支는 음의陰儀에 근본하였다. 그러나 10간 가운데에도 본래 음과 양이 있고, 12지 가운데에도 또한 본래 음과 양이 있다. 그러므로 서로 짝이 되어 서로 차례를 지을 때에 양의 10간은 반드시 양의 12지와 더불어 짝이 되고, 음의 12지는 반드시 음의 10간과 짝이 되어 서로 문란할 수 없는 조리가 있지 않음이 없다. 간지가 짝을 이루어 서로 따르지 않을 수 없는 것은 조화의 도에 양陽만으로는 만물을 생할 수 없고 음陰만으로는 만물을 완성할 수 없기 때문이다. 그렇다면 10간은 12지를 얻어서 10간이 되고 12지는 10간을 얻어서 12지가 되는 것이니 사람이 억지로 짝을 지은 것이 아니라 곧 리기가 스스로 그러한 것이요, 성인은 그 이치에 따라 그것을 지목한 것일 뿐이다.

그러므로 그 간지의 차례가 세歲, 월月, 일日, 시時 속에서 행해지는 것은 그 규칙이 동일한 것이다. 그리고 10과 12가 짝이 되는 것이 반드시 60에서 다하는 것도 크고 작은 수가 돌고 도는 것에 있어 모두 그 하나도 가감할 수 없기 때문이다. 운運과 세世 그리고 세歲, 월月, 일日, 신辰은 모두 대수大數 가운데에서 나누어진 수이다. 그러므로 운에 360이 있으며 간지의 배합도 또한 당연히 36바퀴를 도는 것이 된다. 그 세世와 세, 월, 일, 신에 있어서는 비록 그것이 더욱 나누어져 더욱 많아지게 된 것은 다르지만 그것이 배합된 차례의 경우는 한 바퀴를 다 돈 연후에 다시 시작하는 것이 아님이 없다.

회會의 수에 이르면 12에 그치니, 갑甲은 자子의 짝이 되고 계癸는 유酉의 짝이 되며, 술회戌會에 또 갑과 짝하고 해회亥會에 또 을과 짝하는 것이다.[59] 그 이후에는 회의 수가 이미 다하여 마땅히 후원後元의 자회에서 병에 짝하여 시작하니 후원의 간지는 지금 원에서 계산하여 이를 수 있지 않겠는가? 이로써 말해보면, 지금 이 원의 전에 원이 된 것이 무릇 몇 번이나 지나갔겠는가? 이 원의 이후에 원이 되는 것도 또한 몇 번이나 되풀이 되겠는가? 바야흐로 일원은 지금의 원이 되는데 그치지 않는다는 것을 알았으니, 그렇다면 이전의 원과 이후의 원이 무궁한 것인가? 일원이 지금의 원이 되는데 그치지 않고 지금 원의 전후에 과연 다시 무궁한 일원이 있다면 간지가 도는 것도 또한 전후의 원이 서로 이어지는 것에도 있을 것이니, 원이 되는 것도 곧 간지 가운데에 있는 것인가? 다만 일원의 밖에 있는 수에 대해서는 말을 할 수가 없다. 대개 음양과 오행이 있으면 반드시 마땅히 간지의 이치가 있다. 그렇다면 간이라고 하여 10의 수에 배열하고, 지라고 하여 12의 수에 배열한 것은 그 명목은 비록 문자가 만들어진 이후에 있으나 그 이치는 지금의 원 이전의 원과 지금의 원 이후의 원에도 반드시 있어서 없을 수 없는 것이다. 그렇다면 원이 쌓이는 것이 비록 천만번에 이르더라도 이 이치는 어찌 동일하지 않겠는가? 문자를 만들고 만들지 않았으며 문자가 같고 다르므로 갑으로부터 계에 이르는 이름과 자로부터 해에 이르는 조목이 매번의 원에서 반드시 지금의 원과 같은지 아닌지는 알 수 없다. 그러나 리가 리로 되고 기가 기로 되는 것은 어찌 이전의 원과 이후의 원의 다름이 있겠는가?

23) 又曰一元者, 自開闢至閉闔之謂, 如人物之自胎生至死亡之間也, 卽天地之壽也. 謂之一元者, 特指其大數也, 自有許多分數, 積在其間,

---

59) 10干과 12支가 배합하여 60갑자를 이루는 순서를 말한 것.

如人之一瞬一息之頃, 無非數也. 元分爲會, 會分爲運, 運分爲世, 世又分爲歲, 以至爲月爲日爲辰爲刻爲分爲釐爲毫爲絲爲忽爲妙爲沒至於不可分焉, 此則自至大至至細之數也. 沒積而妙, 妙積而忽, 忽積而絲, 絲積而毫, 毫積而釐, 釐積而分, 分積而刻, 刻積而辰, 辰積而日, 日積而月, 月積而歲, 歲積而世, 世積而運, 運積而會, 會積而元, 至於無可究焉. 此則自至細至至大之數也. 不有大數之爲統, 細數無所自而分焉; 不有細數之有積, 大數無所從而立焉. 此大小數之不得不相因者也. 其所以相因者, 必有三其十與十零二之二數爲之機關, 然後爲分爲積者, 自有莫容紊, 莫容隙之妙焉. 三其十者陽數也, 十零二者陰數也, 此又陰生陽, 陽生陰, 自然之理也. 惟其大小數相因分積之際, 又必有盈虛消息升降盛衰之機爲之錯行者焉. 此又一元之間, 否泰往來之無窮者也. 大盈虛之中又有小盈虛, 大消息之中又有小消息, 至於升降盛衰之相仍者, 莫不皆然. 惟聖人爲能達其必然之理, 而默行其人事變通之權, 不使之窮焉. 若操人事之柄者, 或不能隨時變通, 有違於自然相濟之理, 則召災致禍之機, 亦莫不在是矣. 旣往治亂之跡, 可以鑑焉. 然則處一元之間, 吾人事業不爲大乎?

또 말하였다. 일원이라는 것은 개벽으로부터 폐합에 이르기까지를 일컫는 것으로서 인물이 태어나면서부터 사망에 이르는 사이와 같은 것이니 곧 천지의 수명이다. 그것을 일러 일원이라고 하는 것은 다만 그것의 대수大數를 가리킨 것일 뿐이니, 스스로 허다한 분수分數가 그 사이에 쌓인 것이 있어 사람이 한번 눈을 깜박이고 한번 숨 쉬는 순간도 수가 아님이 없는 것과 같은 것이다. 원이 나누어져서 회가 되고, 회가 나누어져서 운이 되며, 운이 나누어져서 세가 된다.[60] 세가 또 나누어져서 세歲가 되고, 월이 되고, 일이 되고, 신이 되고, 각刻이 되고, 분分이 되고, 리釐가 되고, 호毫가 되고, 사絲가 되고, 홀忽이 되고, 묘妙가 되고, 몰沒[61]이 되는데 이르면

---

60) 一元은 12會, 一會는 30運, 一運은 12世, 一世는 30歲이다. 그러므로 一元은 12會, 360運, 4320世, 129,600년이 된다. 이것은 또 일 년의 12달, 360일, 4320辰에 해당된다.

더 이상 나눌 수 없는 데에 이르게 되니, 이것은 지극히 큰 수로부터 지극히 세미한 수에 이르는 것이다. 몰이 쌓여 묘가 되고, 묘가 쌓여 홀이 되며, 홀이 쌓여 사가 되고, 사가 쌓여 호가 되며, 호가 쌓여 리가 되고, 리가 쌓여 분이 되며, 분이 쌓여 각이 되고, 각이 쌓여 신이 되며, 신이 쌓여 일이 되고, 일이 쌓여 월이 되며, 월이 쌓여 세가 되고, 세歲가 쌓여 세世가 되며, 세가 쌓여 운이 되고, 운이 쌓여 회가 되며, 회가 쌓여 원이 되어 더 이상 궁구할 수 없는 데까지 이르게 되니, 이것은 지극히 세미한 수로부터 지극히 큰 수에 이르는 것이다.

큰 수가 강기綱紀가 되는 것이 있지 않으면 세미한 수가 어디에 말미암아 나누어질 곳이 없고, 세미한 수가 쌓이는 것이 있지 않으면 큰 수가 어디에 말미암아 세워질 데가 없다. 이것이 크고 작은 수가 서로 원인이 되지 않을 수가 없는 것이다. 그것이 서로 원인이 되는 것에 반드시 그 십을 셋으로 하는 것62)과 12라는 두 개의 수가 기관機關이 된 연후에 나누어지고 쌓이게 되는 것에 저절로 문란함을 용납하지 않고 틈이 있음을 용납하지 않게 되는 미묘함이 있게 된다. 그 십을 셋으로 하는 것은 양수요 12는 음수니, 이는 또 음이 양을 생하고 양이 음을 생하는 자연의 이치이다. 오직 그 크고 작은 수가 서로 원인이 되어 나누어지고 쌓일 때에 또한 반드시 영허盈虛하고 소식消息하며, 승강升降하고 성쇠盛衰63)하는 기틀이 있어 그것들을 갈마들며 운행하게 하는 것이다. 이것이 또 일원의 사이에 비색하고 태평함이 왕래하는 것이 무궁한 까닭이다. 큰 영허 가운데에 작은 영허가 있고 큰 소식 가운데에 또 작은 소식이 있으며, 승강과 성쇠가 서로 인하는 것에 이르러도 모두 그렇지 않음이 없다.

---

61) 하루는 12辰이며 1辰은 30刻, 1刻은 12分이다. 1分은 10釐, 1釐는 10毫, 1毫는 10絲, 1絲는 10忽이니 1分은 10,000忽이다. 왕필은 "妙는 微의 極"(노자왕필주)이라 하였다. 『孫子算經』卷上에서는 "度之所起, 起於忽, 欲知其忽, 蠶吐絲爲忽, 十忽爲一絲, 十絲爲一毫, 十毫爲一釐, 十釐爲一分"이라 하였다.

62) 30을 가리킴.

63) 영허는 가득차고 텅 빔, 소식은 사그라들고 불어남, 승강은 오르고 내림. 성쇠는 성대해지고 쇠미해짐을 가리킨다.

오직 성인만이 그 필연의 이치에 통달하여 인사의 변통하는 권도를 묵묵히 행할 수 있어 그것으로 하여금 다함이 없게 하는 것이다. 만약 인사의 자루를 잡고 있는 사람이 혹시라도 수시변통할 수 없어 자연스럽게 서로 이루어주는 이치를 어김이 있다면 재앙을 불러들이고 화패禍敗에 이르게 하는 것도 또한 여기에 있지 않음이 없을 것이니, 이미 지나간 시대의 치란의 자취에서 비추어 볼 수 있을 것이다. 그렇다면 일원의 사이에 처해 있는 우리의 사업이 크지 않겠는가?

24) 生天地之間者, 有一日之物, 有一月之物, 有一歲之物, 有數十歲之物, 有百歲之物焉. 百歲之物卽人也, 一日之物卽蜉蝣也. 以一日觀百歲, 固遠矣; 以百歲觀一元, 豈不遠甚矣哉? 然以無極觀一元, 一元亦不能爲無比之遠矣. 此一元之前, 必有已往無窮之元; 此一元之後, 又必有未來無窮之元. 元之前後, 必皆當有無窮之元, 則今此一元亦豈得獨爲元於無窮之中乎? 此元子會之前當是前元之亥會, 此元亥會之後當是後元之子會, 會何嘗十二而止哉? 十二會之往來如循於環之無窮者, 必有如一歲之十二月相仍於前後歲之月焉, 則元得爲一元而止乎元? 固不得爲一元而止, 則安知此天地之外, 復有他天地者? 固如此天地, 而其數又無窮焉. 如此天地中, 萬國之並此兩間也哉? 然而雖有百千萬億之天地, 其理則卽此一理也. 其數則卽此一數也. 何則? 此理之外, 無他理也. 理無他理, 故數亦此數也. 此理何理也, 卽所謂'無極而大極'也. 理自是無極而太極, 故氣之出於理者, 亦隨而無窮焉. 惟其理之無極者, 一焉而無極, 氣之無窮者, 變易而無窮. 其所以變易而無窮者, 實亦一焉, 而無極者使之然也.

　　或曰:"理之無極, 氣之無窮者, 人則何從而知得其爲無極無窮也歟?"
　　曰:"以吾心之知覺, 而可以能究極其無極, 窮到其無窮也."
　　曰:"人心之知覺有以能通乎無極無窮者何歟?"
　　曰:" 理自是一定公共之理也. 有物之所同得也, 而人則氣淸而秀. 故

能不爲情慾之所蔽, 則其明也當無所不通, 而無極太極之理, 自無擬於
心目之間矣. 噫, 安得遇聖神, 而聞此理哉?"

천지의 사이에 생겨난 것에 하루를 사는 종류가 있고, 한 달을 사는
종류가 있으며, 일 년을 사는 종류가 있고, 수십 년을 사는 종류가
있으며 백년을 사는 종류가 있다. 백년을 사는 종류는 곧 사람이요,
하루를 사는 종류는 곧 하루살이이다. 하루를 사는 하루살이의 관점으로
백년을 사는 것을 보면 진실로 아득히 멀다. 그러니 백년을 사는 사람의
관점으로 일원을 보면 어찌 더욱 아득히 멀지 않겠는가? 그러나 무극으로
써 일원을 보면 일원 또한 비교할 수 없이 먼 것이 될 수가 없다. 이
일원의 앞에 반드시 이미 지나간 무궁한 원이 있었을 것이며, 이 일원의
뒤에 또 반드시 앞으로 올 무궁한 일원이 있을 것이니, 원의 전후에
반드시 모두 무궁한 원이 있을 것이다.

그렇다면 지금 이 일원 또한 어찌 무궁한 시간 속에서 홀로 원이 될
수 있겠는가? 이 원의 자회 이전은 당연히 이전의 원의 해회였을 것이며,
이 원의 해회 이후는 당연히 이후의 원의 자회일 것이니 회가 어찌
열두 개에만 그치겠는가? 12회의 왕래는 고리의 순환이 무궁한 것과
같아 반드시 일 년의 열 두 달이 전후의 해에서 서로 이어지는 것과
같을 것이다. 그렇다면 원이 일원만으로써 그칠 수 있겠는가? 원이
진실로 일원으로써 그칠 수 없다면, 이 천지의 바깥에 다시 다른 천지라는
것이 있어 진실로 이 천지와 같으면서 그 숫자 또한 무궁하여 이 천지
가운데 만국이 하늘과 땅 사이에 병립한 것과 같으리라는 것을 어찌
알 수 있지 않겠는가?

그러나 비록 백천만억의 천지가 있다 하더라도 그 리는 곧 이 하나의
리理이며, 비록 백천만억의 일원이 있다 하더라도 그 수는 곧 이 하나의
수數인 것이다. 무엇 때문인가? 이 리 이외에 다른 리가 없으니, 리에
다른 리가 없으므로 수 또한 이 수인 것이다. 이 리는 어떤 리인가?
곧 이른바 '무극이면서 태극'(無極而太極)이다. 리가 본디 무극이면서 태극

이므로 기가 리에서 나오는 것도 또한 그것을 따라 무궁한 것이다. 오직 그 리가 무극인 것은 동일하면서 무극이요, 기가 무궁한 것은 변역變易하면서 무궁한 것이니, 그것이 변역하면서 무궁한 까닭은 진실로 또한 동일하면서 무극인 것이 그렇게 되게 하는 것이다.

어떤 사람이 물었다. "리는 무극이요 기는 무궁하다는 것을 사람은 무엇으로 말미암아 그것이 무극이며 무궁이 된다는 것을 알 수 있는가?" 대답하였다. "내 마음의 지각으로써 그 무극의 끝까지 추구할 수 있고 그 무궁의 끝까지 도달할 수 있다." 또 물었다. "사람 마음의 지각이 무극과 무궁에 통할 수 있는 것은 무엇 때문인가?" 대답하였다. "리는 스스로 일정한 공공公共의 리요 만물이 똑같이 얻은 것이다. 그리고 사람은 맑고 빼어난 기를 받았으므로 능히 정욕이 가리는 바가 되지 않을 수만 있다면 그 밝음이 마땅히 통하지 않는 바가 없어 무극태극의 리가 저절로 심목心目의 사이에서 막힘이 없는 것이다. 아! 어떻게 신묘한 성인을 만나 이 리에 대해 들을 수 있겠는가?"

25) 甕中之虫只以甕中爲世界, 豈知甕外之乾坤乎? 池內之魚只以池內爲區域, 豈知池外有江淮河漢, 四極之海乎? 然則居天地之間者, 惟知天地之間而已, 亦何能知夫天地之外哉? 凡爲氣中物者, 必皆有始有終有內有外矣. 而理則無始無終無內無外焉. 天地雖大, 亦氣中一物也. 旣有始有內, 則又豈無其終無其外哉? 以理而思之, 蓋無窮也.

항아리 속에 있는 벌레는 단지 항아리 속을 세계라고 여기니 어찌 항아리 바깥에 있는 하늘과 땅을 알겠는가? 연못 속에 있는 물고기는 단지 연못 안이 자기가 살고 있는 구역이 될 뿐이니 어찌 연못밖에 양자강, 회수, 황하, 한수 및 사방 끝에 이르는 바다와 같은 큰 사물이 있다는 것을 알겠는가? 그렇다면 천지의 사이에 살고 있는 자는 오직 천지의 사이만 알 뿐이니 또한 어찌 저 천지의 바깥에 대해 알 수 있겠는가? 기 가운데에 있는 모든 만물은 반드시 모두 시작이 있고 끝이 있으며, 안이 있고 밖이 있다. 그러나 리는 시작과 끝이 없고 안과 밖이 없다. 천지가 비록 크나 또한 기 가운데 있는 하나의 사물이니, 이미 시작이 있고 안이 있다면 또 어찌 그 끝과 그 밖이 없겠는가? 리로써 그것을 생각해보면 아마도 무궁할 것이다.

26) 分上下而號之曰天地, 合覆載而稱之曰宇宙. 不是天地之外, 別有宇宙, 便是宇宙爲天地之統名也. 吾人立乎一世之間俯仰, 則天地宇宙而傍觀者, 皆萬物品彙也. 夫其所以大焉爲宇宙, 中焉爲萬物者, 一是道而已矣.

宇宙以下卽所謂形而下者也. 其道卽所謂形而上者也. 形而下者必有始有終, 有內有外矣. 而形而上者則自無始無終, 又無內無外焉. 無始極於往也, 無終極於來也, 無外極於大也, 無內極於小也. 故推而上之, 則宇宙未生而道在其前矣; 推而下之, 則宇宙有窮, 而道則無窮矣.

或曰: "謂天地有始終, 則猶爲可據矣. 若謂宇宙有始終, 則其不爲近於誕乎?"

曰: "宇宙之爲宇宙, 乃以有天地, 而有其稱焉. 則豈有天地有盡, 而宇宙不盡之理哉? 理所無盡者, 惟道而已. 若謂道爲宇宙, 則仍謂之無盡可也. 旣是指天地爲宇宙, 則宇宙豈得爲無盡哉? 然則天地之窮其不爲宇宙之窮乎? 此乃宇宙爲道中之一巨物, 而始於道中, 終於道中者也. 道之包圍宇宙者, 如許其爲無外之大, 而至於宇宙間至微之物, 至細之事, 莫不有一理藏焉, 一氣存焉, 則其小也容有內乎? 然則爲之器而形而下者, 處于形而上之道之中, 雖以宇宙之大且悠久, 尙不免其有始有終, 況在宇宙中之萬物乎? 物之有萬, 無非此道之所界, 則其有能逃於道, 而無始終者哉? 夫萬物之始終, 人皆可得以見之, 可得以聞之矣. 此物之前固有已往之物, 此物之後又有將來之物, 而其始其終亦無盡矣. 至於宇宙之始終, 非吾人可得以見之聞之. 則其始之前卽何如爲器爲物也? 其終之後亦何如爲器爲物也? 蓋其形而上無始無終, 無外無內之道, 固自是一道焉. 則此宇宙之前, 卽旣往之宇宙也, 此宇宙之後, 卽亦將來之宇宙也. 其爲宇宙也, 雖萬始而萬終, 又何異於此宇宙哉? 然則凡其曾爲宇宙於此宇宙之前者, 幾始終於已往, 而復爲宇宙於此宇宙之後者, 亦幾始終於將來乎? 然則始終萬物者, 宇宙也; 始終宇宙者, 道也. 道是何如其範圍, 何如其延袤也, 而旣有以始終宇宙, 又令宇宙始終萬物於其中乎?

夫所謂道乃是合理氣兼體用, 而常一常存者也, 以理爲範圍, 以理爲延袤, 故不可以範圍延袤言, 而實自有無象之範圍, 無形之延袤, 不可得以際焉, 不可得以窮焉矣. 盖其必有而不容無, 當然而不容易, 全不容虧, 常不容間者, 理之爲經也, 而卽所謂無極太極者也. 準其理之必有而遂有之, 準其理之當然而遂然之, 全準其理之全, 常準其理之常者, 氣之爲緯也, 而卽所謂二氣五行者也. 其所以經之緯之合而成之者, 非道乎?

惟其以理爲經, 以氣爲緯, 常存而無窮盡之時, 常完而無損欠之處, 于前于後而一焉, 于彼于此而一焉, 在大在小而一焉, 在精在粗而一焉者, 體之全也. 而卽理氣之無時無, 無處無者也. 必有分限之別, 必有節度之定, 不得無前後, 不得無彼此, 不得無大小, 不得無精粗者, 用之具也. 而卽理氣之千條萬遍者也. 其所以立體爲用, 致用爲體, 兼而統之者, 非道乎? 然則造萬物爲品彙者, 天地也, 造天地爲宇宙者道也. 然而造天地之道, 非別有天地外之一道也; 天地造萬物之道, 亦非有別於造天地之道也. 旣有以造天地, 又有以造萬物, 卽一道也, 豈容二之哉?

道固是合理氣, 兼體用, 而爲道. 故萬物未造, 而必也先造天地; 天地旣造, 而必也遂造萬物矣, 無間可容息也, 無隙可容缺也. 方其天地未造, 則道在天地之先; 天地旣造, 則道在天地; 萬物旣造, 則道在萬物. 此乃隨時隨處而無不自足者也. 故道在天地, 而其在天地之先者, 本自若也; 道在萬物, 而其在天地者, 亦自若也. 至於萬物俱盡, 天地亦盡, 而道之全體亦自若也. 故天地雖盡, 而復生天地, 萬物雖盡而復生萬物, 此豈非生生不窮之道哉?

或曰: "道之在宇宙者, 其全體之常一常存, 既如此; 其大用之常運常行, 又如此. 則其在人者爲何如也?"

曰: "卽一道也, 卽一理氣也. 天得此道而覆幬爲天, 則資始萬物者, 其事也; 地得此道, 而持載爲地, 則資生萬物者, 其事也; 人得此道而中立爲人, 則性天地之德, 會事物之理, 窮理盡性, 修身立極, 應宇內之事, 接宇內之物, 以之參贊天地代育萬物, 至於繼往聖開來學者, 其事也. 然則其身卽七尺之軀也, 其位卽一席之上也, 其世卽百歲之間也, 其心卽方寸之中也, 而天地宇宙升降否泰之機, 萬事萬物旣往將來之變, 無不係於吾人之道焉. 則無始無終無內無外之全體, 千條萬遍許多節度之大用, 其有出於吾心方寸中之性情者乎? 『易』曰'立天之道曰陰與陽, 立地之道曰柔與剛, 立人之道曰仁與義'. 陰陽氣也, 剛柔質也, 仁義德也. 不有陰陽之氣, 無以立造化之機; 不有剛柔之質, 無以成造化之功; 不有仁義之德, 無以致裁成輔相之業, 盡陰陽剛柔之道也. 然則吾人道雖本於天地之道, 而天地之道實開於吾人之道. 三皇之所以皇者, 此道也; 五帝之所以帝者, 此道也; 三王之所以王者, 此道也; 孔孟之所以繼開者, 此道也. 三皇用之而不盡, 故五帝又用之; 五帝用之而不盡, 故三王又用之; 三王用之而不盡, 故孔孟又傳之. 然則孔孟雖歿, 而道則何曾歿哉? 今若有三皇, 五帝, 三王之君, 則便自有三皇, 五帝, 三王之道矣; 又若有孔孟之聖, 則便自有孔孟之道矣. 宇宙雖盡而道則未盡, 故宇宙之後當復有宇宙焉; 前聖雖亡而道自不亡, 後聖有作道不在是耶?"

상하를 나누어 그것을 일컬어 천지라고 하고, 위에서 덮어주고 아래에서 실어주는 것을 합쳐서 그것을 칭하여 우주라고 한다. 그러니 천지의 밖에 따로 우주가 있는 것이 아니요 곧 우주가 천지의 전체를 일컫는 이름이 된다. 우리 사람이 한 세상 사이에 서서 굽어보고 우러러 보는 것은 천지우주이며, 옆으로 보는 것은 모두 만물의 여러 가지 종류들이다. 대저 그것이 큰 것은 우주가 되고 중간에 있는 것이 만물이 되는 까닭은 한결같이 도일뿐이다.

우주이하는 곧 이른바 형이하자이며, 그 도는 곧 이른바 형이상자이다. 형이하자는 반드시 시작이 있고 끝이 있으며 안이 있고 밖이 있다. 그러나 형이상자는 본래 시작과 끝이 없고 또 안과 밖이 없다. 시작이 없는 것은 이미 지나간 것의 지극한 것이며, 끝이 없는 것은 앞으로 올 것의 지극한 것이며, 밖이 없는 것은 큰 것의 지극한 것이며, 안이 없는 것은 작은 것의 지극한 것이다. 그러므로 미루어 앞으로 올라가면 우주가 아직 생기기 이전에 도가 그 앞에 있고 미루어 뒤로 내려가면 우주는 다함이 있으나 도는 무궁한 것이다.

어떤 사람이 물었다. "천지가 시종이 있다고 말하는 것은 그래도 근거할 만한 것이 있지만 만약 우주에 시종이 있다고 한다면 그것은 허탄한 것에 가깝지 않겠는가?" 내가 대답하였다. "우주가 우주로 되는 것은 곧 천지가 있기 때문에 그 칭호가 있게 되는 것이다. 그렇다면 어찌 천지는 다함이 있는데 우주가 다하지 않는 이치가 있겠는가? 이치에 다함이 없는 것은 오직 도일뿐이다. 만약 도가 우주가 되었다고 한다면 이로 인하여 우주가 다함이 없다고 말할 수 있으나 이미 천지를 가리켜 우주라고 한다면 우주가 어찌 다함이 없을 수 있겠는가? 그렇다면 천지가 다하는 것은 우주가 다하는 것이 되기 때문이 아니겠는가?

이것이 곧 우주는 도 가운데에 있는 하나의 거대한 물건이지만 도 가운데에서 시작하고 도 가운데에서 마치는 것이다. 도가 자신의 구역 속에 우주를 포함하는 것이 이와 같으니, 그것이 밖이 없는 큰 것이 된다. 그리고 우주사이의 지극히 미미한 물건과 지극히 미세한 사건에 이르기까지 하나의 리가 간직되어 있지 않음이 없으며 하나의 기가 보존되어 있지 않음이 없다. 그렇다면 그 작은 것은 안이 있는 것을 용납하겠는가? 그렇다면 그것의 기器가 되는 형이하자는 형이상의 도 가운데에 처하는 것이니, 비록 우주처럼 크고 유구悠久한 것으로서도 오히려 시작과 끝이 있는 것을 면할 수 없는데 하물며 우주 가운데 있는 만물은 어떠하겠는가?

사물이 만 가지로 다른 것은 이 도가 준 것이 아님이 없다. 그렇다면 도에서 도망하여 시작과 끝이 없는 것이 있을 수 있겠는가? 저 만물의 시작과 끝은 사람들이 모두 볼 수 있고 들을 수 있다. 이 만물의 이전에 진실로 이미 지나간 만물이 있었고, 이 만물의 이후에 또 앞으로 올 만물이 있으니, 그 시작과 끝 또한 다함이 없는 것이다. 우주의 시작과 끝에 이르면 우리 사람들이 볼 수 있고 들을 수 있는 것이 아니다. 그렇다면 우주가 시작하기 전에는 곧 어떻게 기氣가 되고 물이 되었으며, 우주가 끝난 이후에는 또한 어떻게 기가 되고 물이 되었는가? 대개 시작도 없고 끝도 없으며 안도 없고 밖도 없는 그 형이상의 도는 진실로 본래 하나의 도이다. 그렇다면 이 우주의 이전은 곧 이미 지나간 우주요, 이 우주의 뒤는 곧 또한 앞으로 올 우주이니 그 우주가 되는 것이 비록 만 번 시작하고 만 번 끝나더라도 또한 어찌 이 우주와 다르겠는가? 그렇다면 일찍이 이 우주의 이전에 우주가 된 것이 몇 번이나 시작과 끝이 지나갔으며, 이 우주의 뒤에 다시 우주가 된 것은 또한 몇 번이나 시작과 끝이 앞으로 올 것인가? 그렇다면 만물을 시작하고 끝마치게 하는 것은 우주요, 우주를 시작하고 끝마치게 하는 것은 도다. 그러니 도는 그 범위가 얼마이며 그 동서남북의 길이는 얼마이기에 이미 그것으로써 우주를 시작하고 끝마치게 할 수 있고 또 우주로 하여금 그 속에서 만물을 시작하고 끝마치게 할 수 있는가?

저 이른바 도라는 것은 리기를 합하고 체용을 겸하였으며 항상 동일하고 항상 존립하는 것이니 리로써 범위로 삼고 리로써 동서남북의 길이로 삼는 것이다. 그러므로 범위와 동서남북의 길이로써 말할 수 없으며, 진실로 스스로 상象이 없는 범위가 있고 형체가 없는 동서남북의 길이가 있으니 끝이 있을 수 없으며 다할 수 없는 것이다. 대개 그것이 반드시 있어 없을 수 없고, 마땅히 그러하여 바꿀 수 없으며, 온전하여 이지러질 수 없고, 항상되어 끊어짐이 없는 것이 리가 경經이 되는 까닭이니 곧 이른바 무극태극인 것이다. 그 리가 반드시 있는 것을 본받아 있게 되고, 그 리의 마땅히 그러함을 본받아 그러하게 되며, 온전함은 그

리의 온전함을 본받고, 항상됨은 그 리의 항상됨을 본받는 것은 기가 위緯가 되는 까닭이니 곧 이른바 이기오행[64]인 것이다. 그리고 그것이 경이 되고 위가 되게 하여 합하여 사물을 이루는 것은 도가 아니겠는가? 오직 그 리가 경이 되고 기가 위가 되어 항상 존립하여 다하는 때가 없고, 항상 완전하여 부족한 곳이 없으며, 앞에서나 뒤에서나 동일하며, 여기서나 저기서나 동일하며, 큰 것에 있으나 작은 것에 있으나 동일하며, 정미한 것에 있으나 거친 것에 있으나 동일한 것은 체의 온전함이다. 이것이 곧 리기가 없는 때가 없고 없는 곳이 없는 것이다. 반드시 분수와 한계의 구별이 있고, 반드시 절도가 정해진 것이 있으며, 전후가 없을 수 없고, 피차가 없을 수 없으며, 대소가 없을 수 없고, 정미하고 거친 것이 없을 수 없는 것은 용이 다 갖추어진 것이다. 이것이 곧 리기가 천만갈래로 나누어져 두루 퍼져 있는 것이다. 그리고 그 체를 세워 용을 행하고, 용을 지극히 하여 체가 됨으로써 체용을 겸하여 그것을 통섭하는 것은 도가 아니겠는가? 그렇다면 만물을 만들어 온갖 종류의 물건이 되게 하는 것은 천지이며, 천지를 만들어 우주가 되게 하는 것은 도다. 그러나 천지를 만드는 도는 따로 천지 밖에 있는 하나의 도가 아니요, 천지가 만물을 만드는 도 역시 천지를 만드는 도와 다른 도가 따로 있는 것이 아니다. 이미 천지를 만들 수 있고 또 만물을 만들 수 있으니 곧 하나의 도인 것이지 어찌 둘이 될 수 있겠는가? 도는 진실로 리기를 합하고 체용을 겸하여 도가 된다. 그러므로 만물이 만들어지기 전에 반드시 먼저 천지를 만들고, 천지가 만들어지고 나면 반드시 만물이 만들어지는 것이니, 잠시도 쉴 사이가 없으며 조그마한 흠결이 있을 틈도 없는 것이다. 천지가 만들어지기 전에는 도가 천지의 앞에 있고, 천지가 만들어지고 나면 도가 천지에 있으며, 만물이 만들어지고 나면 도가 만물에 있으니, 이것이 곧 때와 장소에 따라 자족自足하지 않음이 없는 것이다. 그러므로 도가 천지에 있으나 그것이 천지의 앞에

---

64) 음양의 두 기와 오행.

있는 것도 본래 스스로 그러하며, 도가 만물에 있으나 그것이 천지에 있는 것도 또한 스스로 그러하며, 만물이 다 없어지고 천지 또한 다하더라도 도의 전체는 역시 스스로 그러한 것이다. 그러므로 천지가 비록 다하더라도 다시 천지를 생하고 만물이 비록 다하더라도 다시 만물을 생하니 이것이 어찌 생하고 생하여 변화가 무궁한[65] 도가 아니겠는가? 어떤 사람이 물었다. "도가 우주에 있는 것이 그 전체가 항상 동일하고 항상 존립하는 것이 이미 이와 같고 그 대용大用이 항상 운행하는 것도 또한 이와 같다면, 그것이 사람에게 있는 것은 어떠한가?" 대답하였다. "그것 또한 곧 동일한 도요 동일한 리기이다. 하늘은 이 도를 얻어 덮어주어 하늘이 되니 만물이 이것에 힘입어 시작되는 것이 그 일이다. 땅은 이 도를 얻어 실어주어 땅이 되니 만물이 이것에 힘입어 생겨나는 것이 그 일이다. 사람은 이 도를 얻어 천지 사이에 서서 사람이 되니 천지의 덕을 본성으로 삼고, 사물의 이치를 모아 이치를 궁구하고 본성을 다하며, 몸을 닦아 표준을 세워 우주안의 일에 응하고, 우주안의 사물과 접하여 그것으로써 천지의 운행에 참여하여 천지의 화육을 도우며, 지나간 성인을 계승하여 앞으로 올 학문을 여는 것이 그 일이다. 그렇다면 그 몸은 곧 7척의 몸이요, 그 자리는 돗자리 한 장 위에 있으며, 그 수명은 곧 백 년 안에 있으며, 그 마음은 곧 방촌 가운데 있으나 천자우주의 승강升降과 비태否泰[66]의 기틀과 만사만물의 이미 지나간 것과 앞으로 올 변화가 우리 사람의 도에 매여 있지 않음이 없는 것이다. 그렇다면 시작도 끝도 없으며, 안도 밖도 없는 전체가 천 갈래 만 갈래로 나누어져 허다한 절도의 대용이 되는 것이 우리 마음의 방촌 가운데 있는 성정性情에 서 나오는 것이 아니겠는가? 『역』에서 이르기를, '하늘의 도를 세워 음과 양이라 하고, 땅의 도를 세워 유柔와 강剛이라 하며, 사람의 도를

---

65) 이는 '生生不窮'의 번역인데, 『주역』「계사상」 5장의 "生生之謂易"에 대해 주희가 "음이 양을 생하고 양이 음을 생하여 그 변화가 무궁하다"한 것에서 나온 것.

66) 주역의 두 괘의 이름이니 하늘과 땅이 서로 교류하지 않고 만물이 서로 막힌 것을 否라 하고 하늘과 땅이 서로 교류하고 만물이 서로 통하는 것을 泰라고 하여, 만물의 성쇠와 운명의 順逆을 표현한다.

세워 인과 의라 한다'[67] 하였으니 음양은 기요, 강유는 질이며, 인의는 덕이다. 음양의 기가 없으면 조화의 기틀이 세워질 수가 없고, 강유의 질이 없으면 조화의 공이 이루어질 수 없으며, 인의의 덕이 없으면 재성보상裁成輔相[68]의 사업을 이룰 수 없어 음양강유의 도를 다할 수 없다. 그렇다면 우리 사람의 도가 비록 천지의 도에 근본하고 있으나 천지의 도는 실로 우리 사람의 도에서 열리는 것이다. 삼황[69]이 황이 된 까닭은 이 도이며, 오제[70]가 제가 된 까닭도 이 도이며, 삼왕[71]이 왕이 된 까닭도 이 도이며, 공맹이 앞으로 올 학문을 연 것도 이 도이다. 삼황이 그 도를 썼으나 다 없어지지 않았으므로 오제가 또 그 도를 썼고, 오제가 그 도를 썼으나 다 없어지지 않았으므로 삼왕이 또 그 도를 썼으며, 삼왕이 그 도를 썼으나 다 없어지지 않았으므로 공맹이 또 그 도를 전하였다. 그렇다면 공맹은 비록 죽었으나 도가 어찌 없어지겠는가? 지금 만약 삼황, 오제, 삼왕과 같은 군주가 있으면 곧 저절로 삼황, 오제, 삼왕의 도가 있게 될 것이요, 또 만약 공맹과 같은 성인이 있으면 곧 저절로 공맹의 도가 있게 될 것이다. 우주는 비록 다하더라도 도는 다함이 없다 그러므로 우주의 뒤에 당연히 다시 우주가 있는 것이요, 전성前聖이 비록 죽어 없어졌으나 도는 스스로 없어지지 않으니 후성後聖이 일어나면 도가 여기에 있지 않겠는가?"

2장 품휘品彙가 서로 갖추어진 이치를 논함(論品彙互備之理)

又曰: "自天地至萬物皆有也. 有天故謂之天, 有地故謂之地, 有萬物故各謂之物焉. 凡爲有者何從而出乎?" 曰: "出於氣化也."

---

67) 『주역』, 「계사상」 5장.
68) 재성보상은 『주역』 泰卦 象辭에 나오는 말로, 지나친 것을 억제하고 모자란 것을 보충해서 천지간에 조화가 이루어지도록 돕는 성인 혹은 임금의 일을 말함.
69) 삼황은 天皇氏, 地皇氏, 人皇氏를 가리킴. 혹은 燧人氏, 伏羲氏, 神農氏라고도 함. 天皇·地皇·人皇, 삼왕은 禹임금·湯임금·文武王이다.
70) 오제는 少昊金天氏, 顓頊高陽氏, 帝嚳高辛氏, 唐堯, 虞舜을 가리킴.
71) 夏殷周 三代를 연 세 임금, 곧 우왕, 탕왕, 문왕무왕.

“氣化何從而作乎?” 曰: “作於理也.”

“理者何時而在,何所而在乎?” 曰: “無時不在, 無所不在, 卽所謂無極太極者也.”

“然則理之爲有, 卽異於天地萬物之爲有也耶?” 曰: “理之爲有, 則天地萬物未有之前, 爲天地萬物之所以然, 天地萬物旣有之後, 爲天地萬物之所當然者, 是也. 天地萬物之爲有, 則乃各爲有形之物, 而天之所然地之所然, 萬物之所皆然者, 是也. 故有理, 然後有氣; 有氣, 然後有萬化; 有萬化, 然後爲萬有矣. 理者, 萬化之本也; 氣者, 萬化之機也. 氣爲之機, 故其爲萬化也, 無所不盡焉; 理爲之本, 故其爲萬有也, 無所不備焉, 精粗備矣, 正偏備矣, 貴賤備矣, 大小備矣. 自至精至至粗, 自至正至至偏, 自至貴至至賤, 自至大至至小, 凡幾什百千萬, 其品彙哉? 然而精者恒寡, 而粗者恒多; 正者恒寡, 而偏者恒多; 貴者恒寡, 而賤者恒多; 大者恒寡, 而小者恒多. 此實理氣流行之分數, 自不得不然者也.

盖造化之道, 固不唯不能爲皆精, 皆正, 皆貴, 皆大, 而亦不可以無粗, 無偏, 無賤, 無小也. 又不唯不能爲多精, 多正, 多貴, 多大, 而亦不可以寡粗, 寡偏, 寡賤, 寡小也. 何則? 精役粗, 粗役於精; 正役偏, 偏役於正; 貴役賤, 賤役於貴; 大役小, 小役於大者, 道之常也. 役之者, 勞心者也; 爲役者, 勞力者也. 勞心者爲上, 而統下者也; 勞力者爲下, 而事上者也. 統下者, 不須多也; 事上者, 不可寡也. 其理如此, 故凡在理氣造化之中者, 爲精爲正爲貴爲大之物, 所以必寡; 而爲粗爲偏爲賤爲小之物, 所以恒衆也. 故精正貴大者, 必爲粗偏賤小者之宗主也; 粗偏賤小者, 必爲精正貴大者之使用也. 然而精正貴大之中, 亦有最精最正最貴最大者焉. 若其不能爲最者, 雖未得爲宗主, 而猶可爲最者之輔佐也. 粗偏賤小之中, 亦有甚粗甚偏甚賤甚小者焉. 甚則全無用者也. 若不至於甚, 則猶有分數之用者也.

竊觀天下之事務術業, 亦莫不有精粗正偏貴賤大小之不一者. 故精正貴大之術業, 唯其有精正貴大之才器者, 能幹之; 粗偏賤小之事務,唯其爲粗偏賤小之徒衆者, 當力之也. 天下若止有精正貴大之才器, 而不有粗偏賤小之徒衆, 則精正貴大之事務術業, 固有主管之者, 而其餘粗偏賤小之術業事務, 其誰供之哉? 此所以獨精無粗, 獨正無偏, 獨貴無賤, 獨大無小, 皆不可也. 其何得以成天下之事務, 盡天下之術業哉? 此天地生物之必備, 而道自有一本萬殊之用也.

以上地言之, 可居可耕之處不多, 而不可居不可耕之處爲甚多焉. 九州爲中國, 而其在九州之外, 四海之涯, 天之所覆, 地之所載, 日月所照, 霜露所墜, 舟車所不到, 人力所不通處, 爲棄土. 棄地者何可量哉? 至其九州之內, 山林川澤, 不知其幾何? 而皆非所居所耕, 則土地之無用者, 居多也. 以植物言之, 百穀百菜百果百材之外, 其不可用之草木, 何可量哉? 以動物言之, 六畜及魚鼈鹿麞之外, 凡水陸昆虫不可用之類, 何可量哉? 不惟是也, 星文之象于天者, 北極以下, 凡有名之星, 五星二十八宿, 可以察時變, 可以知休祥哉? 咎之應者自有數矣, 而其餘無名之星, 布滿九野者, 不可數焉. 則其何足爲有無於天象哉? 山於中國者, 封爲五嶽稱爲州鎮, 凡見於『山經』者, 自有數矣, 而其餘爲峯嶂爲丘陵, 不可得以名稱者, 亦無數也.

水於宇內者, 四海四瀆之外, 凡爲川澗湖澤以流以瀦者, 亦豈可數哉? 然則覆載之間, 凡爲有用者, 不論精粗正偏貴賤大小, 固皆不可無者也. 至其爲無用者, 似不必有者也, 然而莫非理氣之所當有, 造化之所當備, 則豈可謂之不必有哉? 旣是理氣之當有, 而不得不有, 則皆不可無也, 旣是造化之當備, 而不得不備, 則皆不可去也.

不唯造化之道然也, 聖人之制作, 亦有不得不備者焉. 作算數者始於一生十, 十生百, 百生千, 千生萬, 萬生億, 億生兆, 兆生京, 京生秭, 秭生垓, 垓生壤, 壤生境, 境生澗, 澗生正, 正生載, 而終曰'載地之所不能載'矣. 世間所用之數, 止於千萬者多矣, 至於億兆則罕及焉. 況以至於京而秭, 秭而垓, 垓而壤, 壤而境, 境而澗, 澗而正, 正而載者, 有幾數哉?

造書契者有以載宇宙事物於文字上, 隨物立名, 盡天下之物, 而後已隨事設目, 盡天下之事, 而後已, 則事之端緒不啻千萬物之品彙, 不啻千萬矣, 其爲文字幾千萬乎? 然而彝倫日用間云爲, 事變, 器物, 名目, 九經, 諸史, 百家所用之外, 凡字書所載, 奇奇怪怪者, 不可盡識, 亦不可盡用, 則豈非事物之變, 有不可窮, 故隨變設文自不得不爾者乎? 亦可以此而知萬有之必備必盡矣.

萬物之中唯人最靈最貴, 則邵子所謂'爲一一之物, 當兆物之物, 而爲至物'者, 非人乎? 此爲精正貴大之品者也. 衆人之中唯聖人爲能盡己之性, 盡人之性, 盡物之性, 贊天地之化育, 而與天地參, 則邵子所謂'爲一一之人, 當兆人之人而爲至人'者, 非聖人乎? 此爲精正貴大之最者也. 然則人之衆也, 唯億唯兆, 而亦不是爲人之邪者, 皆人也. 唯能盡人之道者, 爲人, 則人中之實能爲精正貴大之才器者, 亦無幾矣, 而其爲粗偏賤小之徒者, 自不可數焉. 此聖人立極於上, 分人類爲四民, 而唯士爲精正貴大之術業, 所以使之窮理盡性, 修己治人, 明五倫, 立三綱, 馴致治平位育之極功焉. 其次農也, 使之出粟米麻絲焉; 其次工也, 使之作器皿焉; 其次賈也, 使之通貨財焉. 三者皆所以備粗偏賤小之業, 而有以事精正貴大之人, 得盡夫吾人事業者也. 於土地就其可居可耕之地, 而使之宅其宅, 田其田; 於植物取其可穀, 而穀之, 可榮而榮之, 果其可果, 材其可材, 至取其根葉花實之可爲藥餌者, 亦不遺焉; 於動物取其可畜者, 而畜之, 可獵可漁者而獵漁之, 至取其皮角筋骸之可爲器篩者, 而無棄焉. 是故人無可捐之人物, 無不收之物, 而所謂粗偏賤小之人, 粗偏賤小之物, 無不致其用焉. 此聖人所以體理氣造化之道, 而盡裁成輔相之業者也.

凡爲物於理氣中者, 無非所以有用於宇宙內也. 天不徒天, 而有爲天之用; 地不徒地, 而有爲地之用; 人不徒人, 而有爲人之用; 物不徒物, 而有爲物之用, 唯其爲物也不齊, 故其爲用也遂不得不異焉. 天地之用固不容言也, 而爲人與物之用, 皆可見矣. 有能爲全體十分之用者, 其次有許多分數不一之用者, 其下則有全於無用者. 若全體十分之用, 卽

有宇宙來不可無此人者, 是也, 非所謂至物中至人乎? 若許多分數之用
者, 凡人物品類自九分至一分, 雖其輕重優劣之各殊, 而無非入用者
也. 若全於無用者, 則無一分可取者也. 然則其在有用之中者, 雖小皆
不可無也. 至於全無用也, 而得與有用之物, 並生並育, 則造化之生物
不爲徒費, 而聖化之容物不爲太汎乎?"

曰: "物之不齊, 物之理也, 夫旣有有用之物, 則不得無無用之物, 亦所
以致備者也. 如實外不得無虛, 白外不得無黑, 實得虛而爲實, 白得黑
而爲白, 物之有無用者, 豈非所以成有用之物乎? 共生包容之中, 共在
並育之間, 備爲一物, 亦守天分, 擁衞元氣, 保合大化者, 非無用之用乎?
人能見得此道理, 則可以知造化之情, 識聖人之心也."

曰: "若子之言, 則並生並育者, 雖至無用, 皆在不可去矣. 然而聖人亦
必有陰兌去惡之道焉. 此則何爲也?"

曰: "此一道也. 今我所謂無用之亦不容無者, 謂其雖在無用之中, 亦
自守其無用之分, 無所敢干化者也. 如此則並育於並生之中, 固無絕去
之理也. 若夫亂道悖理, 戕人害物者, 則惡可一日相容於並生並育之
地, 使之驕慠, 搆禍於同胞, 吾與哉? 此聖人不免有誅戮放流之典者也.
容無用者仁也, 去有害者義也, 仁義非二道也."

또 물었다. "천지로부터 만물에 이르기까지 모두 있는 것(有)이다. 하늘이
있으므로 하늘이라 이르고, 땅이 있으므로 땅이라 이르며, 만물이 있으므
로 각각 물이라고 이르는 것이다. 모든 있는 것이 되는 것은 어디로부터
나왔는가?" 대답하였다. "기화氣化[72]에서 나온 것이다."

또 물었다. "기화는 어디로부터 일어났는가?" 대답하였다. "리에서 일어
난 것이다."

또 물었다. "리는 어느 때 어느 곳에 있는가?" 대답하였다. "어느 때도

---

72) 천지음양의 기운이 뭉쳐 만물이 생성되는 것으로 우주의 만물은 그 시초에는 이러한
   기화를 통해 생성된다. 그리고 이와 대립하는 것이 形化로서 기화에 의해 일단 형체
   를 갖춘 만물은 종자를 통해 그 형질이 유전된다는 것이다.

있지 않은 때가 없고 어느 곳도 있지 않은 곳이 없으니 곧 이른바 '무극태극'인 것이다."

또 물었다. "그렇다면 리가 있게 되는 것은 곧 천지만물이 있게 되는 것과 다른 것인가?" 대답하였다. "리가 있게 되는 것은 천지만물이 있기 전에는 천지만물의 소이연이 되고, 천지만물이 있고난 이후에는 천지만물의 소당연이 되는 것이 이것이다. 천지만물이 있게 된다는 것은 이에 각기 형체를 가진 물이 되는 것이니, 하늘이 그러한 바와 땅이 그러한 바와 만물이 모두 그러한 바가 이것이다. 그러므로 리가 있은 연후에 기가 있고, 기가 있은 연후에 온갖 변화가 있고, 온갖 변화가 있은 연후에 온갖 존재가 있게 되는 것이다. 리라는 것은 온갖 변화의 근본이요 기라는 것은 온갖 변화의 기틀이다. 기가 그것의 기틀이 되기 때문에 그것이 온갖 변화가 되어 다하는 바가 없으며, 리가 그것의 근본이 되기 때문에 그 온갖 존재가 되는 것에 갖추어지지 않음이 없는 것이니, 정미한 것과 거친 것이 갖추어지고 바른 것과 치우친 것이 갖추어지며 귀한 것과 천한 것이 갖추어지고 큰 것과 작은 것이 갖추어 지는 것이다. 지극히 정미한 것으로부터 지극히 조악粗惡한 것에 이르기까지, 지극히 바른 것으로부터 지극히 치우친 것에 이르기까지, 지극히 귀한 것으로부터 지극히 천한 것에 이르기까지, 지극히 큰 것으로부터 지극히 작은 것에 이르기까지 무릇 그 종류가 얼마나 되겠는가? 그러나 정미한 것은 항상 적고 조악한 것은 항상 많으며, 바른 것은 항상 적고 치우친 것은 항상 많으며, 귀한 것은 항상 적고 천한 것은 항상 많으며, 큰 것은 항상 적고 작은 것은 항상 많으니 이것은 실로 리기유행의 분수가 스스로 그렇지 않을 수 없는 것이다.

대개 조화의 도는 진실로 오직 모두 정미하고 모두 바르며 모두 귀하고 모두 큰 것이 될 수 없을 뿐만 아니라 또한 조악한 것이 없고 치우친 것이 없으며 천한 것이 없고 작은 것이 없을 수 없다. 또한 오직 정미한 것이 많고 바른 것이 많으며 귀한 것이 많고 큰 것이 많게 될 수 없을 뿐만 아니라 또한 조악한 것이 적고 치우친 것이 적으며 천한 것이 적고 작은 것이 적을 수도 없다. 무엇 때문인가? 정미한 것은 조악한 것을 부리고 조악한 것은 정미한 것에 부림을 당하며, 바른 것은 치우친 것을 부리고 치우친 것은 바른 것에 부림을 당하며, 귀한 것은 천한 것을 부리고 천한 것은 귀한 것에 부림을 당하며, 큰 것은 작은 것을 부리고 작은 것은 큰 것에 부림을 당하는 것이 도의 항상된 이치이다. 부리는 사람은 마음을 쓰는 사람이요 부림을 받는 사람은 힘을 쓰는 사람이다.73) 마음을 쓰는 사람은 윗사람이 되어 아랫사람을 통솔하고 힘을 쓰는 사람은 아랫사람이 되어 윗사람을 섬기니, 아랫사람을 통솔하는 사람은 많을 필요가 없고 윗사람을 섬기는 사람은 적을 수가 없다. 그 이치가 이와 같으므로 리기의 조화 속에 있는 모든 것 가운데 정미하고 바르며 귀하고 크게 되는 물은 반드시 적게 되고, 조악하고 치우치며 천하고 작은 물은 항상 많게 되는 것이다. 그러므로 정미하고 바르며 귀하고 큰 것은 반드시 조악하고 치우치며 천하고 작은 것의 종주宗主가 되고 조악하고 치우치며 천하고 작은 것은 반드시 정미하고 바르며 귀하고 큰 것이 부려 쓰는 것이 되는 것이다. 그러나 정미하고 바르며 귀하고 큰 것 가운데에도 또한 가장 정미하고 가장 바르며 가장 귀하고 가장 큰 것이 있으니, 만약 최고가 될 수 없는 자는 비록 종주가 될 수는 없다하더라도 오히려 최고가 된 사람의 보좌輔佐는 될 수 있다. 조악하고 치우치며 천하고 작은 것 가운데에도 또한 매우 조악하고 매우 치우치며 매우 천하고 매우 작은 것이 있으니 심한 경우에는 전연 쓸모가 없으며, 만약 심한 데까지 이르지는 않았다면 그래도 분수에 따른 쓰임이 있는 것이다.

천하의 일들을 가만히 살펴보니 술업術業 또한 정미하고 조악하며, 바르고 치우치며, 귀하고 천하며, 크고 작은 것이 똑같지 않은 것이 있지 않음이 없다. 그러므로 정미하고 바르며 귀하고 큰 술업은 오직 정미하고 바르며

---

73) 『맹자』 「滕文公上」 4, "그러므로 말하기를, 어떤 사람은 마음을 쓰고 어떤 사람은 힘을 쓰니 마음을 쓰는 사람은 다른 사람을 다스리고 힘을 쓰는 사람은 다른 사람에게 다스림을 받는다."(故曰, 或勞心, 或勞力, 勞心者治人, 勞力者治於人)

귀하고 큰 재기가 있는 자가 주관할 수 있고, 조악하고 치우치며 천하고 작은 사무는 오직 조악하고 치우치며 천하고 작은 것이 된 무리들이 마땅히 힘써야 하는 것이다. 천하에 만약 단지 정미하고 바르며 귀하고 큰 재기가 있는 자만 있고 조악하고 치우치며 천하고 작은 재기를 가진 무리들이 없다면 정미하고 바르며 귀하고 큰 사무와 술업은 진실로 주관하는 자가 있으나 그 나머지 조악하고 치우치며 천하고 작은 술업과 사무는 누가 그것을 받들겠는가? 이것이 정미한 것만 있고 조악한 것은 없으며, 바른 것만 있고 치우친 것은 없으며, 귀한 것만 있고 천한 것은 없으며, 큰 것만 있고 작은 것은 없는 것이 모두 있을 수 없는 까닭이니, 그것이 어찌 천하의 사무를 이룰 수 있으며 천하의 술업을 다할 수 있겠는가? 이것이 천지가 만물을 생함에 반드시 모든 것을 다 갖추는 것이며 도에 본래 일본만수一本萬殊[74]의 쓰임이 있는 것이다. 이런 이치를 땅으로써 말해보면, 거처할 수 있고 경작할 수 있는 곳은 많지 않고 거처할 수 없고 경작할 수 없는 곳은 매우 많다. 구주九州[75]는 중국이 된다. 그러나 구주의 바깥 사방 바다의 물가에 하늘이 덮고 땅이 실으며, 해와 달이 비치고 서리와 이슬이 내리며, 배나 수레가 도달하지 못하고 사람의 힘이 통하지 않는 곳으로서 버려진 땅이 된 곳을 어찌 다 헤아릴 수 있겠는가? 구주의 안에 이르러 산림과 천택이 얼마인지 알 수 없으나 모두 거처하거나 경작하는 곳이 아니니 그렇다면 토지 가운데 쓸모없는 것이 대부분이다. 식물로써 말해보면, 온갖 곡식과 온갖 채소, 온갖 과일과 온갖 재목 이외에 쓸 수 없는 초목을 어찌 헤아릴 수 있겠는가? 동물로써 말해보면, 여섯 가지의 가축[76]과 생선, 자라, 사슴, 노루 이외에 물과 육지에 사는 곤충으로서 쓸 수 없는 종류를 어찌 헤아릴 수 있겠는가? 비단 이 뿐만이 아니라 하늘에 있는

---

74) 도의 근본은 하나이지만 그 작용에 이르게 되면 만 가지로 다르게 된다는 것.
75) 고대에 중국 전역을 아홉 지역으로 나누어 명명하였는데, 『서경』 「禹貢」에서는 冀州·兗州·青州·徐州·揚州·荊州·豫州·梁州·雍州라고 하였고, 『주례』 「夏官 職方」에서는 이 중 徐州·梁州를 빼고 幽州·并州를 더하였다.
76) 집에서 기르는 소, 말, 돼지, 양, 닭, 개 등 여섯 가지의 가축.

별자리의 상象에 북극성 이하로 이름 있는 별로서 오성五星[77])과 이십팔수[78])가 당시의 변괴를 관찰 할 수 있고 상서와 재앙에 응하는 것을 알 수 있는 것은 본래 헤아릴 수가 있으나 나머지 이름 없는 별들이 구야九野[79])에 가득 퍼져 있는 것은 헤아릴 수 없다. 그렇다면 그것이 어찌 하늘에 있는 별자리의 상에 있어 충분히 있고 없음이 되겠는가? 중국에 있는 산을 봉하여 오악[80])이라 하고 칭하여 그 지역의 진산鎭山[81])이라 하니 『산경山經』[82])에 보이는 것들은 본래 헤아릴 수 있으나 그 나머지 봉우리가 되고 구릉이 되었으나 이름으로써 칭할 수 없는 것 또한 무수한 것이다.

천하에 있는 물은 사해四海[83])와 사독四瀆[84]) 외에 시내가 되고 계곡이 되며 호수가 되고 못이 되어 흘러가고 웅덩이가 된 모든 것들도 또한 어찌 헤아릴 수 있겠는가? 그렇다면 하늘이 덮어주고 땅이 실어주는 사이에 쓸모 있는 것이 되는 모든 것들은 정미하고 조악하며, 바르고 치우치며, 귀하고 천하며, 크고 작은 것을 막론하고 본래 모두 없을 수 없는 것이다. 그것이 쓸모없는 것이 된 것에 이르면 마치 있을 필요가

---

77) 五星은 金星(太白星), 木星(歲星), 水星(辰星), 火星(熒惑), 土星(塡星)의 다섯 별인데 이들은 한곳에 붙어 있지 않고 떠돌아다닌다.

78) 스물여덟 개의 별자리로, 角·亢·氐·房·心·尾·箕의 일곱 별은 동방에 있고 모양이 용과 같다 하여 蒼龍七宿라 하고, 斗·牛·女·虛·危·室·壁의 일곱 별은 북방에 있고 그 모양이 거북이나 뱀과 같다 하여 玄武七宿라 하고, 奎·婁·胃·昴·畢·觜·參의 일곱 별은 에 있고 그 모양이 범의 모양과 같다 하여 白虎七宿라 하고, 井·鬼·柳·星·張·翼·軫의 일곱 별은 남방에 있고 그 모양이 새와 같다 하여 朱雀七宿라고 한다. 또 각 방위의 일곱 별을 서로 연결하여 12방위에 배치하기도 한다.

79) 하늘을 아홉 방위로 나눈 하늘의 分野를 말한다. 즉, 중앙을 鈞天, 동방을 蒼天, 동북방을 旻天, 북방을 元天, 서북방을 幽天, 서방을 昊天, 서남을 朱天, 남방을 炎天, 동남방을 陽天이라고 한다.

80) 五嶽은 중국의 오대 명산으로 북악 恒山은 山西에 있고, 서악 華山은 陝西에 있고, 중악 嵩山은 河南에 있고, 동악 泰山은 山東에 있고, 남악 衡山은 湖南에 있다.

81) 그 지역을 鎭護하는 主山을 말함.

82) 『산해경』 또는 산맥을 기록한 지리책을 범칭하기도 한다. 한유의 「南山」에 『산해경』과 『地理志』를 '산경과 지지'(山經及地志)라 하였다

83) 사방의 바다.

84) 중국에 있는 네 개의 큰 강, 즉 揚子江, 黃河, 淮水, 濟水.

없는 것 같으나 리기의 법칙에 따라 마땅히 있어야 할 바가 아님이 없으며, 천지의 조화에 있어 마땅히 갖추어져야 할 바가 아님이 없다. 그렇다면 어찌 있을 필요가 없다고 말할 수 있겠는가? 이미 리기의 법칙에 따라 마땅히 있어야 하여 없을 수가 없다면 모두 없을 수가 없는 것이요, 이미 천지의 조화에 있어 마땅히 갖추어져야 할 바여서 갖추지 않을 수 없다면 모두 없앨 수 없는 것이다.

비단 조화의 도만 그러한 것이 아니라 성인이 제작한 것도 또한 다 갖추지 않을 수 없는 것이 있다. 수를 헤아리는 것을 만든 것도 1이 10을 생하는 것에서 시작하여 10이 백百을 생하며, 백이 천千을 생하고, 천이 만萬을 생하며, 만이 억億을 생하고, 억이 조兆를 생하며, 조가 경京을 생하고, 경이 제秭를 생하며, 제가 해垓를 생하고, 해가 양壤을 생하며, 양이 경壤을 생하고, 경이 간澗을 생하며, 간이 정正을 생하고, 정이 재載85)를 생하며, 마지막에 가서 말하기를, '재는 땅이 실을 수 없는 바이다'라 하였다. 세간에서 소용되는 수는 천만에 그치는 것도 많은 것이요 억조에 이르면 언급하는 것이 드문 것인데, 하물며 경에서 제가 되고, 제에서 해가 되며, 해에서 양이 되고, 양에서 경이 되며, 경에서 간이 되고, 간에서 정이 되며, 정에서 재가 되는데 이르는 것은 얼마나 되겠는가?

문자를 만든 사람이 우주간의 사물을 문자위에 실어 물건에 따라 이름을 세워 천하의 물건을 다한 연후에 그만두고, 일事에 따라 조목을 만들어 천하의 일을 다한 연후에 그만두니 일의 단서가 천만뿐이 아니요 물건의 종류가 천만뿐이 아니니 그 문자가 된 것이 몇 천만이 되겠는가? 그러나 이륜과 일용사이에서 말하고 행동하는 것과 일의 변화와 기물器物의 명목들과 구경九經86) 및 역사서와 백가百家에서 사용하는 것 외에 자서字書

---

85) 억은 만의 만 배, 조는 억의 만 배, 京은 조의 만 배, 秭는 京의 만 배, 垓는 京의 만 배, 壤은 해의 만 배, 境은 양의 만 배, 澗은 경의 만 배, 正은 간의 만 배, 載는 正의 만 배의 수이다.

86) 아홉 가지의 경서. 즉 『주례』, 『의례』, 『예기』, 『춘추좌전』, 『춘추곡량전』, 『춘추공양전』, 『역경』, 『서경』, 『시경』, 혹은 『역경』, 『서경』, 『시경』, 『예기』, 『춘추』, 『효경』,

에 실려 있는 모든 기기괴괴한 것들을 다 알 수 없고 또한 다 쓸 수도 없다. 그렇다면 사물의 변화를 다 궁구할 수 없는 것이 있음이 아니겠는가? 그러므로 변화에 따라 문자를 만드는 것은 본래 그렇지 않을 수 없는 것이 아니겠는가? 또한 이로써 만유가 반드시 다 갖추어져야 하고 반드시 다 써야 함을 알 수 있다.

만물 가운데 오직 사람이 가장 신령하고 가장 귀하다. 그렇다면 소자邵子[87]가 말한 '하나하나의 물이 된 것이 억조의 사물을 주관하여 지극한 물이 된다'는 것은 사람을 가리킨 것이 아니겠는가? 이것은 사람이 정미하고 바르며 귀하고 큰 종류이기 때문이다. 중인衆人 가운데 오직 성인만이 자신의 본성을 다할 수 있고 다른 사람의 본성을 다할 수 있으며 사물의 본성을 다할 수 있어 천지의 화육을 도와 천지와 나란히 삼재가 될 수 있다. 그렇다면 소자가 말한 '하나하나의 사람이 억조의 사람을 주관하여 지극한 사람이 된다'는 것은 성인이 아니겠는가? 이것은 정미하고 바르며 귀하고 큰 것 가운데 가장 뛰어났기 때문이다. 그렇다면 사람 가운데 중인이 되는 자는 억조나 되어 셀 수 없으나 또한 사람의 형체가 되었다고 모두 사람인 것은 아니요 오직 사람의 도를 다할 수 있어야 사람이 되는 것이다. 그러니 사람 가운데 실로 정미하고 바르며 귀하고 큰 재기才器가 되는 자는 또한 얼마 되지 않으나 조악하고 치우치며 천하고 작은 것이 되는 무리는 본래 헤아릴 수 없이 많은 것이다. 이것이 성인이 위에서 표준을 세워 인류를 나누어 사민四民[88]으로 만들어 오직 사士만이 정미하고 바르며 귀하고 큰 학문을 하게하여 그로 하여금 이치를 궁구하고 본성을 다하며, 자신을 수양하고 남을 다스려 오륜을 밝히고 삼강을 세우게 함으로써 점차 천하가 평안하게

『논어』, 『맹자』, 『주례』를 가리킴.
87) 송나라 학자 邵雍(1011~1077)으로, 자는 堯夫, 호는 安樂窩, 시호는 康節이다. 河南 사람으로 象數學에 능통하였다. 벼슬에 나아가지 않고 蘇門山 百泉에서 독서하며 사는 집을 安樂窩라 하고 자호를 安樂先生이라 하였다. 또한 낙양에 살 때에는 空中樓閣을 지어 자호를 無名公이라고 하기도 하였다. 저서에 『擊壤集』, 『皇極經世書』 등이 있다.
88) 士, 農, 工, 商의 네 가지 신분의 백성.

다스려지고 만물을 제자리 잡히게 하고 길러주는 지극한 공효에 이르게 한 것이다. 그 다음 농부에게는 곡식과 마와 면을 내게 하고, 그 다음 공인에게는 그릇을 만들게 하며, 그 다음 상인에게는 재화를 유통하게 하니 세 신분의 사람은 모두 조악하고 치우치며 천하고 작은 일을 갖춤으로써 정미하고 바르며 귀하고 큰 사람을 섬겨 우리 사람의 사업을 다할 수 있게 하는 것이다. 토지에 있어서는 살 수 있고 경작할 수 있는 땅으로 나아가 그들로 하여금 그 집에서 살게 하고 그 밭에서 농사짓게 하며, 식물에 있어서는 곡식이 될 만한 것을 취하여 곡식으로 삼고, 채소가 될 만한 것을 취하여 채소로 삼으며, 과일로 먹을 만한 것을 과일로 삼고, 재목이 될 만한 것을 재목으로 삼으며, 심지어 그 뿌리와 잎과 꽃과 열매가운데 약이 될 만한 것을 취하는 것도 또한 빠뜨리지 않는다. 동물에 있어서는 가축으로 기를 만한 것을 취하여 가축으로 삼고, 사냥할 만하고 고기잡이할 만한 것은 사냥하고 고기 잡으며, 심지어 그 가죽과 뿔, 근육과 뼈 가운데 그릇이나 장식이 될 만한 것도 버리는 것이 없이 다 취한다. 이 때문에 사람에게는 버릴 수 있는 사람이 없고, 물에는 취할 수 없는 물이 없는 것이니 이른바 조악하고 치우치며 천하고 작은 사람과 조악하고 치우치며 천하고 작은 물도 그 쓰임을 다하지 않음이 없는 것이다. 이것이 성인이 리기조화의 도를 체득하여 재성보상裁成輔相의 사업을 다한 것이다.

리기 가운데에서 물이 된 모든 것은 우주 내에서 쓸모가 있는 것이 되지 않음이 없다. 하늘은 단지 쓸모없는 하늘이 아니라 하늘이 된 쓰임이 있고, 땅은 단지 쓸모없는 땅이 아니라 땅이 된 쓰임이 있으며, 사람은 단지 쓸모없는 사람이 아니라 사람이 된 쓰임이 있고, 물은 단지 쓸모없는 물이 아니라 물이 된 쓰임이 있으니, 오직 그 물이 됨이 가지런하지 않기 때문에 그 쓰임이 되는 것도 다르지 않을 수 없는 것이다. 천지의 쓰임은 진실로 말로 다할 수 없으나 사람과 사물의 쓰임이 되는 것은 모두 볼 수 있으니, 능히 전체를 십분 다 쓸 수 있는 것이 있고, 그 다음에는 허다한 분수가 있어 똑같은 쓰임이 아닌 것이 있으며, 그 아래에는 전연 쓸모가 없는 것도 있다. 전체를 십분 다 쓰는 것 같은 경우는 곧 우주가 있은 이래로 이러한 사람이 없을 수 없는 것이 이것이니 이른바 지극한 물 가운데 지극한 사람이 아니겠는가? 허다한 분수에 따른 쓰임이 있는 것 같은 경우는, 모든 사람과 사물의 품류에 9분으로부터 1분에 이르기까지 비록 경중과 우열이 각기 다른 것은 있으나 쓰임에 들어오지 않는 것은 없다. 전혀 쓸모없는 것 같은 경우는 1분도 취할 만한 것이 없는 것이다. 그렇다면 유용한 것 가운데 있는 것은 비록 작으나 모두 없을 수 없는 것이다. 전혀 쓸모없는 것에 이르러서도 유용한 물과 더불어 함께 생겨나고 함께 자랄 수 있다. 그렇다면 천지의 조화가 만물을 생하는 것이 헛되이 낭비하는 것이 되지는 않으나 성인의 교화가 만물을 용납하는 것이 너무 넓은 것이 되지 않겠는가?"

대답하였다. "사물이 가지런하지 않은 것은 사물의 이치이니 이미 유용한 사물이 있다면 무용의 사물이 있지 않을 수 없으니 또한 그것으로써 지극히 갖추어지는 것이다. 예를 들면, 가득 찬 것 바깥에는 비어 있는 곳이 없을 수 없고 흰색 바깥에는 검은 것이 없을 수 없으니, 가득 찬 것은 빈 것을 얻어 가득 찬 것이 되고, 흰색은 검은 것을 얻어 흰 것이 되니 사물에 무용한 것이 있는 것이 어찌 유용한 사물을 이루는 까닭이 아니겠는가? 포용하는 가운데에서 함께 살아가며 함께 자라는 가운데 함께 있어 다 갖추어져서 일물一物이 되며, 또한 타고난 분수를 지켜 지나친 기운을 막아 지키고 태화를 보합[89]하는 것이 무용의 쓰임이 아니겠는가! 사람이 능히 이 도리를 볼 수 있으면 가히 조화의 실정과 성인의 마음을 알 수 있을 것이다."

물었다. "만약 그대의 말과 같다면 함께 살아가며 함께 자라나는 것이 비록 무용한 것에 이르더라도 모두 없앨 수 없는 것이 있다. 그러나

---

89) 『주역』 乾卦 象傳, "乾道變化, 各正性命, 保合太和, 乃利貞."(건도가 변하여 化함에 각각 성명을 바르게 하나니 태화 곧 음양이 會合한 沖和의 기를 보합하여 이에 이롭고 貞하니라.)

성인에게도 또한 반드시 흉악한 자를 제거하는 도가 있으니 이것은 무엇 때문인가?" 대답하였다. "이것도 하나의 도다. 지금 내가 말한 바의 무용한 것도 또한 없을 수 없다는 것은 그것이 비록 무용한 가운데에 있으나 또한 스스로 무용의 분수를 지켜 감히 천지의 변화를 어지럽히는 것이 없다는 것이다. 이와 같으면 함께 생겨나는 가운데에서 함께 자라나 본래 끊어버릴 이치가 없는 것이다. 만약 저 도를 어지럽히고 이치를 거스르며, 사람을 죽이고 물을 해치는 것은 어찌 하루라도 함께 생겨나고 함께 자라나는 곳에서 서로 용납하여 그로 하여금 사람과 만물에게 재앙을 펴게 하고 화를 짓게 할 수 있겠는가? 이것이 성인에게 죽이고 추방하는 법이 있는 것을 면하지 못하는 까닭이다. 무용한 것을 용납하는 것은 인이요 해로움이 있는 것을 제거하는 것은 의니 인과 의는 두 개의 도가 아니다.

3장

1) 易書之太極, 兩儀, 四象, 八卦之序, 造化之陰陽, 五行, 寒暑, 晝夜之變, 無非此天地中見在之道也. 而推以通之, 則其在此天地之先, 幾億萬古者, 固此道也; 其在此天地之後, 幾億萬世者, 亦此道也. 惟知太極之理者, 可以通得此道之無窮者也. 天地有易世代幾變, 而此道則何嘗有易有變哉?

역서易書에 있는 태극, 양의, 사상, 팔괘의 차례와 조화의 음양오행, 차고 더움과 밤낮의 변화는 이 천지 가운데에 나타나 있는 도가 아님이 없다. 그러나 이것을 미루어 통하면 그것이 이 천지에 앞선 몇 억만의 옛날에 있어서도 진실로 이 도이며, 그것이 이 천지 이후의 몇 억만 세대에 있어서도 또한 이 도이니 오직 태극의 리를 아는 사람만이 이 도가 무궁하다는 것에 통달할 수 있다. 천지가 바뀌는 것이 있고 세대가 몇 번이나 변해도 이 도는 어찌 일찍이 바뀌거나 변하는 것이 있겠는가?

2) 圍三全用曰三, 三者天圓之陽數也. 圍四用半曰二, 二者地方之陰數也. 三而十之, 則爲三十也, 二而六之則爲十二也. 三必十之者, 陽數常贏, 故其衍也, 過於九而至於十, 十其三, 卽三十也. 陰必六之者, 陰數常縮, 故其衍也, 在十強半而止於六, 六其二, 卽十二也. 盖陰生陽, 陽生陰, 故十二與三十, 互爲紀焉. 然而其所謂互爲紀者, 非謂爲十二於前者, 還爲三十於後, 爲三十於前者, 還爲十二於後也, 卽以其分大爲小者而言也, 大數卽母數, 小數卽子數也.

如一元爲母數, 則十二會爲子數也. 安知夫元之爲元者, 亦自有大數之三十, 而此一元乃其三十中之一元哉? 元分爲會者旣爲十二, 則一會又分爲運者, 卽爲三十也, 通十二會之運, 則三十其十二爲三百六十運也. 會分爲運者旣爲三十, 則一運又分爲世者, 卽爲十二也, 通三十運之世, 則十二其三十爲三百六十世也. 又通其三百六十運之世, 則爲四千三百二十世也. 運分爲世者旣爲十二, 則一世又分爲歲者, 卽爲三十也, 通十二世之歲, 則三十其十一爲三百六十歲也. 又通其四千三百二十世之歲, 則爲十二萬九千六百歲也. 以至於歲月日辰刻分釐毫絲忽妙沒, 莫非此二數之互紀, 而流行者矣. 但愈分愈繁, 殆不容數悉, 而筭盡焉. 若曆家則雖言刻分之數, 而不用此數, 只用捷法爲說而已, 故元以上之數濶大, 而不可驗知也. 刻分以下之數, 微細而難於窮盡也. 而二數之互紀者, 則不以大小而異, 久近而殊也. 然此則縱行之數也, 數之旁行, 而橫延者, 亦莫不有自然之用焉, 亦在乎推以通之也耳.

둘레 3을 전부 쓰는 것을 3이라 하니 3이라는 것은 천원天圓의 양수이다. 둘레 4를 반만 쓰는 것을 2라 하니 2라는 것은 지방地方의 음수이다. 3에다 10을 곱하면 30이 되고 2에다 6을 곱하면 12가 된다. 3에다가 반드시 10을 곱하는 것은 양수는 항상 퍼지기 때문에 그것이 흘러갈 때에 9를 지나 10에 이르니 그 3에다 10을 곱하면 곧 30이다. 음은 반드시 6을 곱하는 것은 음수는 항상 줄어들기 때문에 그것이 흘러갈 때에 10에서 절반이 넘는 6에 머무르니 그 2에다 6을 곱하면 곧 12이다.

대개 음은 양을 생하고 양은 음을 생한다. 그러므로 12와 30이 서로 토대가 되는 것이다. 그러나 이른바 서로 토대가 된다는 것은 앞에서 12가 된 것이 다시 뒤에서 30이 되고, 앞에서 30이 된 것이 다시 뒤에서 12가 된다고 말하는 것은 아니요 곧 그 대수大數를 나누어 소수小數가 된 것을 말한 것이다. 대수는 곧 모수母數요 소수는 곧 자수子數다. 예를 들면, 일원이 모수가 되면 12회는 자수가 되니, 저 원이 원이 되는 것에 또한 저절로 대수의 30이 있어 이 일원은 곧 그 30 가운데의 일원이라는 것을 어찌 알겠는가? 원이 나누어져 회가 되는 것이 이미 12가 된다면 일회가 또 나누어져 운이 되는 것은 곧 30이 되니, 12회의 운을 통산하면 그 12에다 30을 곱하여 360운이 된다. 회를 나누어 운이 되는 것이 이미 30이 되었다면 1운이 또 나누어져 세가 되는 것은 곧 12가 되니, 30운의 세를 통산하면 그 30에 12를 곱하여 360세가 된다. 운을 나누어 세가 된 것이 이미 12가 된다면 1세世를 또 나누어 세歲가 된 것은 곧 30이 되니, 12세世의 세歲를 통산하면 그 12에 30을 곱하여 360세歲가 된다. 또 그 4320세世의 세歲를 통산하면 129,600세가 되는 것이다. 그것으로써 세월일신歲月日辰과 각분리호刻分釐毫, 사홀묘몰絲忽妙沒에 이르면 이 음양의 두 수가 서로 실마리가 되어 유행하는 것이 아님이 없다. 다만 더 나눌수록 더욱 번잡하여 거의 수를 전부 다 계산할 수가 없게 된다. 역가曆家90)같은 경우 비록 각, 분의 수를 말하기는 하지만 이 수를 쓰지는 않고 단지 간단한 방법을 사용하여 말할 뿐이다. 그러므로 원 이상의 수는 너무 넓고 커서 징험하여 알 수가 없고 각, 분 이하의 수는 미세하여 다 궁구하기가 어렵다. 그러나 음양의 두 수가 서로 실마리가 되는 것은 대수, 소수라 해서 다르지 않고 멀고 가깝다고 해서 다르지 않다. 그러나 이것은 종행縱行의 수이니 수가 옆으로 나아가 좌우로 늘여가는 것은 자연의 쓰임이 있지 않음이 없으니 또한 미루어 통달하는 데 있을 뿐이다.

---

90) 曆家는 曆數家인데 역법을 연구하는 유파이다.

3) "夫生成萬物者, 天地之所以莫大也; 始終萬物者, 天地之所以莫久也. 而又能生成莫大之天地, 始終莫久之天地, 則大於天地, 久於天地者, 何等名號? 何等模象歟?"

曰: "理而已矣. 天地則可以大與久言之者, 以其有形質故也. 惟理則不可以大與久言之者, 以其無形質故也. 天地則可以大與久言之, 故其大有際, 其久有限. 惟理則指何象爲大乎? 指何期爲久乎? 故'曰無極而太極', 此所以生成天地, 始終天地者也. 其所以生成天地, 始終天地者, 亦豈非數也哉? 然而天地果有外矣, 則其外如何一元之上果有數矣, 則其數幾何? 窮到于此, 只當象之以莫象, 數之以莫數, 知之以莫知, 言之以莫言而已可也. 吾人方寸中之所可以會得者, 惟是理也. 而理亦無象無數, 故曰'無極而太極' 所謂無極太極者, 卽是無象無數之稱也. 惟其無象無數 而尚可會得者, 以在我無窮之理, 通宇宙無窮之理, 本無彼此遠近故也. 然則天地之外一元之上, 亦當曰理而已矣. 其可象乎? 其可數乎?"

"저 만물을 생성하는 것이 천지가 그보다 더 큰 것이 있을 수 없는 까닭이요, 만물을 시작하고 끝마치게 하는 것이 천지가 그보다 더 오래될 수 없는 까닭이다. 또한 그보다 더 큰 것이 있을 수 없는 천지를 생성할 수 있고 그보다 더 오래될 수 있는 것이 없는 천지를 시작하게 하고 끝마치게 할 수 있다면 천지보다 크고 천지보다 오랜 것은 무엇으로 이름하며 무엇으로 본떠 형상하겠는가?"

대답하였다. "리라고 말할 수 있을 뿐이다. 천지의 경우 '크다'와 '오래다'라는 것으로 말할 수 있다는 것은 그것이 형질이 있기 때문이다. 오직 리는 '크다'와 '오래다'라는 것으로 말할 수 없다는 것은 그것이 형질이 없기 때문이다. 천지는 '크다'와 '오래다'라는 것으로 말할 수 있기 때문에 그 크기에 끝이 있고 그 오래됨도 한계가 있다. 그러나 오직 리는 어떤 형상을 가리켜 크다고 하며 어떤 기간을 가리켜 오랜 시간이라고 하겠는가? 그러므로 말하기를, '무극이태극'이라고 하니 이것이 천지를 생성하고 천지를 시작하고 끝마치게 하는 까닭이다. 그 천지를 생성하고 천지를 시종하는 까닭이 되는 것은 또한 어찌 수가 아니겠는가? 그러나 천지에 과연 밖이 있다면 그 밖은 어떠하며, 일원의 앞에 과연 수가 있다면 그 수는 얼마이겠는가? 끝까지 궁구하여 여기에 도달하면 다만 형상할 수 없는 것으로 그것을 형상하고, 헤아릴 수 없는 것으로 그것을 헤아리며, 알 수 없는 것으로 그것을 알며, 말할 수 없는 것으로 그것을 말할 수 있을 뿐이다. 우리 사람의 방촌 가운데에서 깨달아 알 수 있는 것은 오직 리이다. 그러나 리는 또한 상象도 없고 수數도 없다. 그러므로 '무극이태극'이라 하는 것이니 이른바 무극, 태극이라는 것은 곧 상이 없고 수가 없는 것을 일컬은 것이다. 오직 그것이 상이 없고 수가 없으나 오히려 깨달아 알 수 있는 것은 나에게 있는 무궁한 리가 우주의 무궁한 리와 통하여 본래 피차와 원근이 없기 때문이다. 그렇다면 천지의 밖과 일원의 앞에도 또한 마땅히 리일 뿐이라고 해야지 어떻게 그것을 형상할 수 있으며 헤아릴 수 있겠는가?

4) 上而天, 下而地, 天地自有天地之太虛, 自有天地之元氣, 吾人處其中, 皆可得以測知之也. 吾人亦自有胷中之太虛, 自有胷中之元氣, 我可自認其爲太虛元氣於一身焉. 而外人則莫得以測識之也. 然則在吾人胸中之太虛元氣, 止自爲吾人之太虛元氣, 而吾人事業之所從以做出者矣. 天地之太虛元氣, 止自爲天地之太虛元氣, 而兩間之人與萬物之所從以產出者矣. 然則兩間人物之所以出者, 天地之太虛元氣有以出之也. 至於天地之所以出者, 卽何從以出乎? 必亦天地之外自有無窮之太虛, 無窮之元氣, 故天地得之而爲天地, 而亦自往過來續於無窮太虛, 無窮元氣之中也. 然則其所以爲無窮之太虛, 無窮之元氣者, 又何從而得之乎? 此不過曰無極太極之理而已矣. 太虛之不得不虛, 元氣之不得不氣者, 非實理之自然者乎?

위로는 하늘이요 아래로는 땅이니 천지는 저절로 천지의 태허가 있고 저절로 천지의 원기가 있으며, 우리 사람은 천지가운데에 살고 있으니 그것을 모두 추측하여 알 수 있다. 우리 사람 또한 저절로 가슴속의 태허가 있고 저절로 가슴속의 원기가 있으니 내가 한 몸 속에서 그 태허와 원기가 됨을 스스로 알 수 있다. 그러나 사람 바깥에 있는 것은 그것을 추측하여 알 수가 없다. 그렇다면 우리 사람의 가슴속에 있는 태허와 원기는 다만 저절로 우리 사람의 태허와 원기가 될 뿐이요, 우리 사람의 사업이 그것으로 말미암아 나오는 것이 되는 것이다. 천지의 태허와 원기는 다만 저절로 천지의 태허와 원기가 될 뿐이요, 천지 사이에 있는 사람과 만물이 그것으로 말미암아 산출되는 것이다. 그렇다면 천지 사이의 사람과 사물이 나오게 되는 까닭은 천지의 태허와 원기가 그것을 나오게 할 수 있는 것이다. 천지가 나오게 되는 까닭에 이르면 곧 무엇으로 말미암아 그것이 나오는가? 반드시 또한 천지의 밖에 저절로 무궁한 태허와 무궁한 원기가 있기 때문에 천지가 그것을 얻어 천지가 된다. 그리고 또한 저절로 무궁한 태허와 무궁한 원기 가운데에서 지나간 것은 가고 오는 것이 이어지는 것이다. 그렇다면 그것이 무궁한 태허가 되고 무궁한 원기가 되는 까닭은 또 무엇으로부터 그것을 얻게 되는가? 이것은 무극태극의 리라고 말할 수 있는데 지나지 않을 뿐이니 태허가 허하지 않을 수 없고 원기가 기가 아닐 수 없는 것은 실리實理가 스스로 그러하기 때문이 아니겠는가?

5) 人居天地之間, 無不知夫上爲天, 下爲地矣, 而能知其爲天, 爲地. 有形之外, 無窮之妙者, 則鮮矣. 地之博厚磅礴, 有以載華嶽而不重, 振河海而不洩者也. 以如許博厚磅礴之莫重, 而見扛於渾淪之元氣. 則氣虛地實, 以虛扛實, 其不有萬萬分力量, 而能之乎? 然則其爲元氣也者, 其積也幾何? 其健也如何? 而乃能扛得大地爲如許哉? 惟其扛大地之元氣, 其爲力量者如許也? 而數周天之度者, 旣曰三百六十五度四分度之一, 則其一日之行, 一歲之運, 自有一定之常, 故名之曰度. 度者定式之目也. 自覆載之內而觀之, 其周之度數自有定式, 則其積之厚亦必有一定自然之常

274

度矣. 其所積厚旣有一定之常度, 則又必自有際限之常度矣. 然則天地際限之外, 卽何等區域? 爲何等範象也歟? 思之至此, 但想其玄玄渺渺茫茫焉而已. 然其玄玄渺渺茫茫者, 亦不過此理之中矣. 以理而地, 以理而天, 以理而天地之外, 則夫豈有理外之區域, 理外之範象哉? 不可區域而強求其區域, 不可範象而強索其範象, 亦非理之自然也. 此理卽我方寸中所固有之常理也. 然則吾人所當做者, 何道理歟? 何事業歟? 只當順自然之常而已. 戴天履地, 而爲吾人, 則飢食渴飮, 寒裘暑葛, 日出而作, 日入而息, 在親親之地而篤親親之恩, 在仁民之地而敦仁民之道, 在愛物之地而盡愛物之義者, 卽我道理也, 事業也. 知其當知, 不知其不當知, 何害於知乎? 行其當行, 不行其不當行, 何害於行乎? 易大傳曰'夫易聖人所以崇德, 而廣業也, 知崇禮卑, 崇效天, 卑法地', 然則不可不崇者知也, 而不可不卑者禮也. 效天效地之道, 其不在是耶?

사람이 천지의 사이에 살고 있으니 위가 하늘이 되고 아래가 땅이 되는 것을 알지 못함이 없어 그것이 하늘이 되고 땅이 되는 것을 알수 있다. 그러나 형체가 있는 것의 바깥에 무궁한 묘리가 있는 것에 대해서는 알 수 있는 자가 드물다. 땅은 넓고 두터우며 광대무변廣大無邊하여 화악華嶽91)을 실어도 무겁지 않을 수 있고 하해河海92)를 다 수용하여도 새지 않을 수 있는 것이니, 이러한 막중한 넓이와 두께와 광대무변함으로써 혼륜한 원기에 들려 있는 것이다. 그렇다면 기는 허하고 땅은 실하여 허로써 실을 들고 있는 것이니 그것이 만만분萬萬分의 역량이 있지 않다면 가능하겠는가? 그렇다면 그 원기가 되는 것은 그 쌓인 것이 얼마이며 그 군건함은 어떠하여 이에 능히 대지를 들어 이와 같이 될 수 있는가? 오직 그 대지를 들어 올리는 원기의 역량이 되는 것이 이와 같은 것이다.

---

91) 오악 가운데 하나로, 중국의 서쪽에 있는 華山을 가리킨다.
92) 河海는 큰 강과 바다를 가리킨다. 『중용장구』 제26장에 "지금 저 땅은 한 줌의 흙이 많이 모인 것인데, 그 넓고 두터운 것으로 말하면 화악을 싣고 있으면서도 무겁게 여기지 않고, 하해를 다 수용하여 있으면서도 새지 않으며, 만물이 실려 있다"(今夫地 一撮土之多, 及其廣厚, 載華嶽而不重, 振河海而不洩, 萬物載)라 하였다.

그리고 주천周天의 도수를 헤아린 것이 이미 365도 4분의 1이라 하였다면 그것이 하루를 가는 것과 일 년의 운행에 저절로 일정한 항상됨이 있는 것이다. 그러므로 그것을 이름하여 도度라고 하니 도라는 것은 정해진 법식을 지목한 것이다. 하늘이 덮고 땅이 싣고 있는 안으로부터 살펴보면 그 주천의 도수에 저절로 정해진 법식이 있으니 그렇다면 그 쌓인 것이 두터운 땅에도 또한 반드시 일정한 자연의 상도常度가 있을 것이다. 그 쌓인 바의 두터움에 이미 일정한 상도가 있다면 또한 반드시 저절로 끝이 되고 한계가 되는 상도가 있을 것이다. 그렇다면 천지의 끝과 한계의 바깥은 곧 어떠한 구역이며 어떠한 범위와 형상이 되는가? 생각이 여기에 이르면 단지 현현玄玄93)하고 묘묘渺渺94)하며 망망茫茫95)할 뿐이다. 그러나 현현하고 묘묘하며 망망한 것도 또한 이 리 가운데에 있을 뿐이다. 리로써 땅이 되고 리로써 하늘이 되며 리로써 천지의 바깥이 되었으니 그렇다면 어찌 리 밖의 구역과 리 밖의 범위와 형상이 있을 수 있겠는가? 구역을 정할 수 없으나 억지로 구역을 구하고 범위와 형상이 있을 수 없으나 억지로 그 범위와 형상을 찾는 것은 또한 리의 자연이 아니다. 이 리는 곧 우리 방촌 가운데 본래부터 있는 상리常理이다. 그렇다면 우리 사람이 마땅히 해야 할 바는 어떤 도리이며 어떤 사업인가? 다만 마땅히 자연의 상도에 순응할 뿐이다.

하늘을 이고 땅을 밟으며 우리 사람이 되었다면 배고프면 밥 먹고 목마르면 물마시며, 추우면 갖옷을 입고 더우면 갈포를 입으며, 해가 뜨면 일어나고 해가 지면 쉰다. 친친親親의 자리에 있으면 친친의 은혜를 돈독하게 하고, 백성을 인애해야 할 자리에 있으면 백성을 인애하는 도를 돈독하게 하며, 만물을 사랑해야 할 자리에 있으면 만물을 사랑하는 의리를 다하는 것이 곧 나의 도리이요 사업이다. 마땅히 알아야 될 것을 알고 마땅히 알지 않아야 할 것은 알지 못한다면 올바른 지식에

---

93) 헤아릴 수 없을 정도로 깊고 오묘함.
94) 한없이 넓은 모양.
95) 넓고 멀어 아득한 모양.

무슨 방해가 되겠는가? 마땅히 행해야 할 것을 행하고 마땅히 행해서는 안 될 것을 행하지 않는다면 올바른 행실에 무슨 해로움이 있겠는가? 역대전易大傳96)에 말하기를, "저 역은 성인이 덕을 높이고 사업을 넓히는 것이니, 지혜는 높고 예는 낮으니 높은 것은 하늘을 본받고 낮은 것은 땅을 본받는다"라 하였다. 그렇다면 높이지 않을 수 없는 것은 지혜요 낮추지 않을 수 없는 것은 예니, 하늘을 본받고 땅을 본받는 도가 여기에 있지 않겠는가?

6) 年準於十二萬九千六百, 世準於四千三百二十, 運準於三百六十, 會準於十二者, 卽一元也. 今日亦此一元之中矣, 以康節之數計之, 盖在午會也. 以已往自子至巳六會之事跡, 可以推知夫自未至亥六會之將來矣, 仍又推之於此元之前, 而知有已往無窮之元, 又推之於此元之後, 而亦知有將未無窮之元, 其會運世年之數, 有何異哉? 然則前已往, 後將來之元, 其大槩則當不過此元中之故而已矣. 夫其理之爲太極者, 固未嘗隨元而有易, 則前之爲已往之元, 後之爲將來之元者, 皆不出此一太極中也. 其爲太極也一而已矣. 故從太極而出者, 亦未始不相同也. 其爲陰陽五行, 而有造化也, 其爲兩儀四象八卦, 而有生生之易也者, 便自爲一定之理, 常行之道, 一與此元無異焉矣. 輕淸而上者必爲天也, 重濁而下者必爲地也, 生於兩間而爲萬物者, 亦必如此元中萬物也. 首乎萬物參乎三才者, 亦必如此元中之人也. 其爲人所生長之地方所, 生死之年歲, 所禀受之貌象, 未知其果與此元之人一一相似也. 然其頭面背腹之爲身, 四肢百骸之爲體, 則必不異於此元中之爲人也; 萬物之有動植飛走水陸昆虫者, 亦必如此元中萬物之爲物也. 人之性必是仁義禮智信也, 情必是喜怒哀樂愛惡欲也, 其倫必是父子有親, 君臣有義, 夫婦有別, 長幼有序, 朋友有信也. 人爲萬物之首, 故耳能收天下之聲, 目能收天下之色, 鼻能收天下之臭, 口能收天下之味, 手能爲天下之事, 足能走天下之路, 心能盡事物之理,

---

96) 『주역』「계사」를 가리킴.

身能責三才之道. 然則有天地, 有萬物, 豈可無吾人乎哉? 其爲最靈最貴也者, 在前後元必無不同也.

其始也必有聖人焉, 唱明之教化之也, 必有如三皇之爲皇, 而創三皇之事業也; 必有如五帝之爲帝, 而立五帝之事業也. 書契文字未知其一一果如此元中書契文字, 而其爲不得不造也. 則必然. 其爲載道之文, 明理之書, 廣布傳後之經傳, 則必皆不得無作也. 其爲有天子諸侯, 有士農工商, 有邦國朝野, 有都邑城郭, 有憲章法度, 有禮樂文物, 有名分等級, 有器用簿籍, 凡所以治民之具, 教人之方, 防姦之具, 禦寇之備, 皆所不得闕也. 其爲治亂興亡, 善惡得失, 吉凶禍福, 亦豈無紛紜變遷之事哉? 此盖理所必有, 勢所必同, 而其所以開閉始終, 無不如此元中之事跡也. 豈非前已往之元, 後將來之元, 皆此一太極中變化故也哉? 然則吾人之生于其間, 而或貴或賤或壽或夭者, 當如何? 而各盡其道哉? 自不過乎性其性, 職其職, 順天之命, 安吾之分, 以畢一世而已. 夫其生此一元中者, 自寅會有物以來至戌會, 物盡之世者, 無非此元所產之人物也. 而今之人物不得見, 古之人物則況得見, 此後所生之人物未來之世變乎? 況又以生于此元者, 何得知未旣往無窮之元與未來無窮之元中事物乎? 人若曰'我能知之', 此乃非狂則妄也. 今余所謂其道理, 其人物, 其事變之必與此元無異云者, 惟以此理爲一太極者, 而推之也. 此太極之外豈復有他太極哉? 旣往者固是此理, 將來者必亦此理, 故曰太極. 如非此一理焉, 而旣此之, 又彼之, 旣前之, 又後之, 則何以曰太極無極哉?

연年은 129,600을 준칙으로 삼고 세世는 4,320을 준칙으로 삼으며 운運은 360을 준칙으로 삼고 회會는 12를 준칙으로 삼으니 곧 일원이다. 오늘날도 또한 이 일원 가운데에 있으니 소강절의 수로써 계산하면 대개 오회午會에 있다. 이미 지나간 자회子會로부터 사회巳會에 이르는 여섯 회의 일의 자취로써 앞으로 올 미회未會로부터 해회亥會의 여섯 회의 일도 미루어 알 수 있으며, 이로 인하여 또 미루어 가면 이 원의 앞에 이미 지나간 무궁한 원이 있음을 알게 되고 또 이를 미루어 이 원의 뒤에도 역시 앞으로 올 무궁한 원이 있음을 알 수 있으니, 그 회, 운, 세, 년의 수도 어찌 다름이 있겠는가? 그렇다면 앞에 이미 지나간 것과 뒤에 장차 올 원도 그 대개는 당연히 이 원 가운데의 일에 지나지 않을 뿐이다. 그러나 그 리가 태극이 되는 것은 진실로 일찍이 원을 따라서 바뀜이 있는 것은 아니다. 그렇다면 이전의 이미 지나간 원이 되는 것과 이후의 장차 올 원이 되는 것이 모두 이 하나의 태극가운데를 벗어나지 않으니 그 태극이 되는 것도 동일할 뿐인 것이다 그러므로 태극으로부터 나오는 것도 또한 일찍이 서로 같지 않을 수가 없으니, 그 음양오행이 되어 조화가 있는 것과 양의, 사상, 팔괘가 되어 '생하고 생하는 역'[97]이라는 것이 있는 것도 곧 저절로 일정한 리와 상행常行의 도가 되어 한결같이 이 원과 다름이 없는 것이다. 가볍고 맑아 위로 올라가는 것은 반드시 하늘이 되고, 무겁고 탁하여 아래로 내려가는 것은 반드시 땅이 되며, 천지 사이에서 만물이 되는 것도 또한 반드시 이 원의 만물과 같을 것이요, 만물 가운데 으뜸이 되어 삼재에 참여하는 것도 또한 반드시 이 원의 사람과 같을 것이니, 사람이 되어 생장한 바의 지방과 죽고 사는 수명과 품수한 바의 모습과 형상이 과연 이 원의 사람과 일일이 서로 같은지는 알 수 없으나 그러나 그 머리와 얼굴, 등과 배가 몸이 되고 사지와 백해[98]가 몸체가 되는 것은 이 원에서 사람이 된 것과 다르지 않을 것이다. 만물에는 동물과 식물, 나르는 새와 달리는 짐승이 있고 물과 육지에 사는 곤충이 있는 것도 또한 반드시 이 원 가운데에서 만물이 물이 된 것과 같을 것이다.

사람의 본성은 반드시 인의예지신이요 정은 반드시 희노애락애오욕[99]이며 그 윤리는 반드시 부자유친, 군신유의, 부부유별, 장유유서, 붕우유신[100]일 것이다. 사람은 만물의 으뜸이 된다. 그러므로 귀는 천하의

---

97) 『주역』, 계사상 5장, "生生之謂易."(생하고 생하는 것을 일러 易이라 한다; 음이 양을 생하고 양이 음을 생하여 그 변화가 무궁한 것을 역이라 한다.)

98) 몸을 이룬 모든 뼈.

99) 『예기』, 「禮運」에 "何謂人情, 喜怒哀懼愛惡欲七者, 不學而能……"이라 함.

100) 『맹자』, 「등문공상 4」, "使契爲司徒하여 敎以人倫하시니 父子有親, 君臣有義, 夫婦有別,

소리를 다 들을 수 있고, 눈은 천하의 색을 다 볼 수 있으며, 코는 천하의 냄새를 다 맡을 수 있고, 입은 천하의 맛을 다 맛볼 수 있으며, 손은 천하의 일을 다 해낼 수 있고, 발은 천하의 길을 다 달릴 수 있으며, 마음은 사물의 이치를 다 알 수 있고, 몸은 삼재의 도를 다 책임질 수 있다. 그렇다면 천지가 있고 만물이 있으면 어찌 우리 사람이 없을 수 있겠는가? 그가 가장 영묘하고 가장 귀한 존재가 되는 것도 전후의 원에 있어 반드시 같지 않음이 없을 것이다.

그 처음에는 반드시 성인이 있어 창도하여 밝히고 교화하였을 것이니, 반드시 삼황이 황이 되어 삼황의 사업을 시작한 것과 같은 것이 있었을 것이며, 반드시 오제가 제가 되어 오제의 사업을 세운 것과 같은 것이 있었을 것이다. 서계書契[101]와 문자는 이 원 가운데의 서계와 문자와 그것이 과연 일일이 같은지는 알 수 없으나 그것을 만들지 않을 수는 없었을 것이다. 그렇다면 필연적으로 그 도를 싣고 있는 문장[102]과 이치를 밝히는 글을 지어 널리 펴서 전후의 경전을 반드시 모두 짓지 않을 수가 없었을 것이다. 거기에 천자와 제후가 있고 사농공상이 있으며, 제후의 나라와 천자의 나라고 있고 조정과 민간이 있으며, 도읍과 성곽, 헌장과 법도가 있고 예악문물이 있으며, 명분과 등급이 있고 기용器用과 부적簿籍이 있게 되어 그것으로써 백성을 다스리는 법도를 갖추고, 사람을 가르치는 방법과 간사함을 막는 방법을 구비하며, 적을 막는 방법을 다 갖추는 모든 것들을 모두 빠뜨릴 수 없는 것이다. 그 치란과 흥망, 선악과 득실, 길흉과 화복도 또한 어찌 어지럽게 변천하는 일이 없겠는가? 이는 대개 리에 반드시 있는 것이며 형세가 반드시 같은 것이니 그것이 개폐하고 시종하는 까닭은 이 원 가운데의 일의 자취와 같지 않음이

長幼有序, 朋友有信하니……"라 함.

101) 문자를 가리키는 말이다. 陸德明은 『經典釋文』卷3 尚書音義上에서 "書契의 書는 문자를 가리키고, 契란 나무를 파서 그 옆에 쓰는 것이다"라고 하였다. 신농씨는 노끈을 묶어 의사를 표현하였는데, 伏羲氏 때에 이르러 서계를 만들어서 이를 대체하였다고 한다.(『周易』, 「繫辭傳下」)

102) 문장은 도를 싣기 위한 것이라는 文以載道論은 성리학자들의 기본적인 문장론이다.

없을 것이다. 이것이 어찌 앞의 이미 지나간 원과 뒤의 장차 오게 될 원이 모두 이 하나의 태극가운데의 변화이기 때문이 아니겠는가? 그렇다면 우리 사람이 그 사이에서 태어나 혹은 귀하고 혹은 천하며 혹은 장수하고 혹은 요절하는 자가 마땅히 어떻게 하여야 각자 그 도를 다할 수 있겠는가? 스스로 그 본성을 본성으로 삼고, 그 직분을 직분으로 여겨 천명에 순응하고 나의 분수를 편안히 여김으로써 일생을 마치는 것일 뿐이다.

대저 이 일원 가운데에서 나고 죽는 것은 인회寅會로부터 만물이 있게 된 이후로 술회戌會에 만물이 다 없어지게 되는 때에 이르기까지 이 원이 만들어 낸 사람과 만물이 아님이 없다. 그러나 지금의 사람과 만물이 옛날의 사람과 만물을 볼 수 없으니 하물며 이 이후에 생겨나는 사람과 만물 및 미래의 세상변화를 볼 수 있겠는가? 하물며 또 이 원에서 태어난 사람이 어떻게 이미 지나간 무궁한 원과 미래의 무궁한 원 가운데의 사물을 알 수 있겠는가? 사람이 만약 '나는 알 수 있다'라고 말한다면 이는 곧 미친 것이 아니면 망령된 것이다. 지금 내가 말한 바의 그 도리와 그 인물과 그 일의 변화가 반드시 이 원의 그것과 더불어 다름이 없다고 말하는 것은 오직 이 리가 동일한 태극이 된다는 것으로써 추론한 것일 뿐이니, 이 태극 이외에 어찌 다시 다른 태극이 있겠는가? 이미 지나간 것이 진실로 이 리요, 앞으로 올 것도 반드시 또한 이 리이므로 태극이라 말하는 것이다. 만약 이 하나의 리가 아니요 이미 이것이었는데 또 저것이고, 이미 앞이었는데 또 뒤가 된다면 어떻게 태극무극이라고 말할 수 있겠는가?

부록 동자의 질문에 답함【答童問】

【해제】

「답동문」은 「우주설」의 끝부분에 다시 동자와의 문답을 가설하여 무궁한 우주에 대해 궁구하는 것은 인간을 정확하게 알기 위한 것이며, 이를 통해 인간의 바른 당위를 실천하게 하려는 것임을 다시 강조한 것이다. 이것은 크게 3장으로 나누어져 있는데, 1장에는 5개의 질문과 답이 있고, 2장에는 6개의 질문과 답이 있으며, 3장은 여헌이 동자에게 해주는 말이다.

1장의 질문은 첫째, 천지를 둘러싼 구각이 있는가? 또한 천지 밖의 큰 허공은 무엇으로 한계를 삼는가? 하는 것이며, 둘째, 성인은 천지의 바깥에 대해 알 수 있으나 다만 견문에 구애된 사람들에게 허탄한 습속을 열게 될까 두려워하여 말하지 않은 것이 아닌가? 셋째, 선천지와 후천지가 있다는 것은 어떻게 알았는가? 넷째, 천지의 구각이 있다는 것은 어떻게 알았는가? 다섯째, 형이상의 리는 비록 형상으로써 가리켜 비길 수는 없겠지만 천지의 바깥에 존재하는 리에 대해 말할 수 있지 않겠는가? 하는 것이다.

2장의 질문은 첫째, 천지의 개벽은 유有에서 유로 바뀌는 것인가? 둘째, 천지가 끝나 무로 돌아간다는 것은 어떤 것인가? 셋째, 천지가 완전한 무로 돌아간다면 신천지는 어디로부터 생겨나는가? 넷째, 높은 산의 돌 속에 있는 조개껍질은 어느 때에 있던 물건인가? 다섯째, 조개가 생겨날 때 사람도 함께 생겨났는가? 여섯째, 우리가 사는 천지 외에 다른 천지가 병립하고 있는가? 하는 것이다.

그리고 마지막 3장은 다시 한 번 동자에게 우주에 대한 궁리가 결국에는 나에게 되돌아와야 하는 것임을 강조한 것이다.

여헌에 따르면, 궁리라는 것은 텅 비어 아무것도 없는 허무의 경지에 마음을 노닐고 뜻을 내달려 무형無形의 형과 무상無象의 상을 인식하는 것이 아니라 사물에 이르러 사물의 이치를 궁구하는 것이다. 그러므로 천지의 바깥에 대해서는 앎이 미치지 않는다. 이는 성인도 마찬가지이니 천지를 벗어나 그의 지각을 쓰지는 않는다. 그러므로 선후의 천지가 있다는 것을 아는 것은 이 천지에 나아가 추론한 것일 뿐이며, 이는 천지의 구각도 마찬가지다.

무궁이란 태극의 가운데에 있는 것이 아님이 없다. 그러므로 이러한 태극을 알기 위해서는 지광至廣, 지대至大, 지고至高, 지심至深의 미묘함을 간직한 나의 방촌方寸 가운데로 돌아가야 하는데, 이를 위해 나의 마음이 가지고 있는 본래의 능력을 막아 버리고 가라앉아 어둡게 하는 인욕을 제거해야 하는 것이니 만약 인욕이 깨끗이 없어져서 적자赤子의 마음으로 돌아갈 수 있게 되면 본연의 전체를 얻을 수 있을 것이라 말하고 있다.

【원문 및 번역】

1장

1) 童子問於余曰, 夫所謂窮理者, 須無所不知然後, 可以謂之窮矣, 如有所未及知者, 不可謂之窮也. 惟此天地間事, 無非古今人之所共目見, 所共耳聞也, 吾亦可得以知之矣. 至於天地無外則已, 若有其外, 則人而不知可乎? 凡有物者, 其初皆從無物中出來, 乃爲是物, 其終又歸於無物, 物之聚散有無於宇宙之間者, 如浮雲興滅於太空之中也. 就以理言之, 天地雖大, 亦物也. 理是無窮, 固未嘗有限際也, 而天地則爲有形氣焉, 有形氣者, 必須有限際矣. 然則理非天地之所得以包盡, 而天地則實見包於理中耳. 理旣不以天地之限際爲限際, 而自是無限際, 則天地當有外焉, 而理則無外矣. 理惟無外, 則窮理之學, 其可不究乎天地之外哉? 先儒有曰, 天依形, 地附氣. 又曰, 天包地外, 地在天中. 又曰,氣外必須有軀殼, 以固其氣. 然則天是氣, 地是質, 地雖成質於中, 而所見包者, 天之氣也, 氣以持之, 故質得不墜. 其爲氣也, 即運淪元氣也, 强猛勁健, 自爲一大, 故能勝擧得大地之厚重. 然氣自以輕虛爲體者也, 中雖有地可依, 外邊何得無依著無盛載, 而能常完常運, 久長其爲道哉? 盡其輕淸精健, 充塞積厚, 覆幬無欠, 旋繞不息者, 其勢必有儲持蓄護之防焉, 則其曰必須有軀殼以固其氣者, 理當然矣. 所謂軀殼者, 作何樣體質, 爲何等模範, 而遂能包持得包地之天乎? 地之大, 天之大氣, 有以擧之, 又復有固其大氣之軀殼, 則其爲軀殼也者, 又寄著于何所歟? 亦有氣以擧之歟? 或有地可據歟? 大氣之積也何許, 而其爲建也如許歟,? 軀殼之厚也何許, 而其爲固也如許歟? 其爲軀殼之外, 亦必有上下四方, 即何如其區域, 亦何如其氣像?, 其亦明乎暗乎? 有氣乎無氣乎? 有物乎無物乎? 有界至乎無界至乎? 如其有氣也, 則亦復有何軀殼以固之乎? 其有物也, 則亦似此天地之爲物者乎? 抑空空窣窣, 渺渺茫茫, 愈往愈無窮乎? 愈往愈無窮, 則其亦天地外之大虛矣. 人居天地之間, 遂以天地兩間爲大虛, 有以見萬物之往過來續者, 而不知天地外之大虛, 即爲天地所處之大虛也. 天地兩間之大虛, 猶不可量, 況天地外之大虛, 其如何也? 天地間之大虛, 以天地爲限際矣, 未知天地外之大虛, 以何等地頭爲限際歟? 理固無時無處而際焉, 虛之所際, 氣之所極, 將何得以窮之哉? 窮而窮之, 終不可窮矣. 吾聞達於理者, 知無所不通, 子可試言之, 以豁愚蒙之知覺乎?

동자가 나에게 물었다. "이른바 '이치를 궁구한다'(窮理)는 것은 모름지기 알지 못하는 것이 없게 된 연후에 그것을 일러 이치를 다 궁구했다고 할 수 있으니 만약 아직 알지 못한 것이 있다면 이치를 다 궁구했다고 할 수 없습니다. 오직 이 천지 사이의 일은 고금의 사람들이 함께 눈으로 보고 함께 귀로 듣는 것이 아님이 없으니 나도 또한 그것을 알 수가 있습니다. 그러나 천지에 이르면, 천지가 밖이 없다면 그만이지만 만약 천지의 밖이 있다면 사람이 몰라서 되겠습니까? 천지 사이에 존재하는 모든 만물은 그 처음에는 모두 아무런 사물이 없는 가운데로부터 나와 이 만물이 되고 마지막에는 또 아무런 사물이 없는 곳으로 돌아가는 것이니 만물이 우주 사이에서 취산하여 있다가 없다가 하는 것은 뜬구름이 허공 가운데에서 일어났다가 없어지는 것과 같습니다.

리에 나아가서 말해 보면, 천지가 비록 크나 또한 만물 가운데 하나입니다. 리는 무궁하여 본래 한계나 끝이 없으나 천지는 형기가 있는 것이니 형기가 있는 것은 반드시 모름지기 한계와 끝이 있는 것입니다. 그렇다면 리는 천지가 능히 다 둘러쌀 수 있는 것이 아니요 천지가 실로 리 가운데에 둘러싸이게 될 뿐입니다. 리가 이미 천지의 한계와 끝으로서 한계와 끝으로 삼지 않고 스스로 한계와 끝이 없다면 천지는 당연히 밖이 있는 것이요 리는 밖이 없는 것입니다. 오직 리가 밖이 없다면 이치를 궁구하는 공부에 있어 천지의 밖에 대해 궁구하지 않을 수 있겠습니까?

선유가 말하기를, '하늘은 형形에 의지하고 땅은 기氣에 붙어 있다' 하였고, 또 말하기를, '하늘은 땅의 바깥을 둘러싸고 땅은 하늘 가운데에 있다' 하였으며, 또 말하기를, '기 바깥에 반드시 모름지기 구각軀殼[1]이 있어 그 기를 견고하게 한다' 하였습니다. 그렇다면 하늘은 기요 땅은 질質이니 땅이 비록 가운데에서 질을 이루었으나 그것을 둘러싸고 있는 것은 하늘의 기이니, 기가 그것을 잡아 지키기 때문에 질이 추락하지 않을 수 있습니다. 천의 기가 된 것은 곧 혼륜한 원기元氣이니 강하고 맹렬하며 군세고 굳건하여 스스로 유일하며 가장 큰 것이 되는 것[2]이므로 능히 대지의 후중厚重함을 들어 올릴 수가 있습니다.

그러나 기는 스스로 가볍고 텅 빈 것으로 체를 삼는 것이니, 가운데에는 비록 땅이 의지할 만한 것이 있으나 바깥의 가장자리는 어떻게 의지하여 붙어 있을 곳도 없고 가득 실어 줌도 없이 항상 완전하며 항상 돌아서

---

1) 軀殼이란 어떤 사물의 형태를 이루는 껍데기를 가리킨다.
2) 양촌은 『입학도설』「천인심성분석지도」에서 天字를 破字하여 一과 大의 의미가 합쳐진 것이라 하였다.

오래토록 그것이 도가 될 수 있는 것입니까? 대개 그것이 가볍고 맑으며 정미하고 굳건한 것이 가득 채워져 두텁게 쌓여 있으며 빠짐없이 덮어주어 둘러싸고 돌아 쉬지 않는 것은 그 형세에 반드시 쌓아 두고 잡아 지켜 보호하는 제방이 있는 것이니 그렇다면 곧 그것을 일러 반드시 모름지기 구각이 있어 그 기를 견고하게 한다고 하는 것이 이치상 당연한 것입니다.

이른바 구각이란 어떤 모양의 체질을 만들고 어떤 모범이 되어 드디어 둘러싸서 잡아 지켜 땅을 둘러쌀 수 있는 하늘이 될 수 있습니까? 땅의 크기를 하늘의 큰 기가 들 수 있고, 또다시 그 큰 기를 견고하게 할 수 있는 구각이 있다면, 그 구각이라는 것이 된 것은 또한 어느 곳에 붙어 있는 것입니까? 그리고 또한 기로써 들어 올리는 것이 있습니까? 아니면 혹 땅에 근거할 수 있는 것이 있습니까? 대기가 쌓인 것이 얼마나 되며 그 굳건함은 어느 정도이며, 구각의 두터움은 얼마나 되며 그 견고함이 되는 것은 어느 정도입니까? 그 구각이 된 바깥에도 또한 반드시 상하사방이 있을 것이니 그렇다면 그 구역은 어떠하며 또한 어떠한 기운의 형상입니까? 그것도 또한 밝은 것입니까 어두운 것입니까? 기가 있습니까 없습니까? 만물이 있습니까 없습니까? 한계가 있습니까 없습니까? 만약 그것에 기가 있다면 그것 역시 다시 어떤 구각이 그것을 견고하게 하는 것입니까? 그것에 만물이 있다면 그것 역시 이 천지가 만물이 되는 것과 같은 것입니까? 아니면 공공(空空3)하고 솔솔(窣窣4)하며 아득하고 아득하여 나아갈수록 더욱 무궁한 것입니까? 나아갈수록 더욱 무궁하다면 그것 역시 천지 밖의 큰 허공일 것입니다.

사람은 천지의 사이에 살고 있으니, 천지 둘 사이를 큰 허공으로 삼아 만물이 옛것은 지나가고 새로운 것이 와서 이어지는 것을 볼 수는 있으나 천지 밖의 큰 허공이 곧 천지가 처하는 큰 허공이 되는 것은 알지 못합니다. 천지 둘 사이의 큰 허공도 오히려 헤아릴 수 없는데

---

3) 텅 빈 모양.
4) 느릿느릿한 모양.

하물며 천지 밖의 큰 허공을 어떻게 알 수 있겠습니까? 천지 사이의 큰 허공은 천지로써 한계를 삼으나 천지 밖의 큰 허공은 어떤 장소가 한계가 되는 것입니까? 리는 진실로 어느 때 어느 곳에서도 제한이 없으니 허의 끝과 기의 궁극은 장차 어떻게 궁구할 수 있겠습니까? 이것은 궁구하고 또 궁구하여도 끝내 궁구할 수 없을 것입니다. 내가 듣건대 리에 통달한 사람은 지혜가 통하지 않는 곳이 없다 하니 선생님께서는 시험 삼아 그것을 말하여 어리석고 몽매한 나의 지각을 열어 줄 수 있겠습니까?"

余答曰, 凡所謂窮理者, 不是遊心馳意於曠蕩虛無之域, 認取無形之形, 無象之象, 而謂之窮理也. 大學曰, 致知在格物, 若不從有物而格之, 其何因而知可致乎? 仰觀有天, 故據是蒼蒼者, 而可窮其爲天之理, 俯觀有地, 故據是膴膴者, 而可窮其爲地之理. 至於日月星辰, 水火土石, 寒暑晝夜, 風雲雷雨, 山嶽川瀆, 飛走草木, 莫不因吾目力之所及, 而窮盡其理. 其於目所未及者, 則有耳無所不聞, 故卽可因其所聞, 而事無不可窮者矣. 以此而推諸旣往, 則前萬古, 可以今而知之, 以此而推諸將來, 則後萬世, 亦以今而知之. 此乃聖賢致知之道, 必由於格物也. 旣不可離物而求理, 則天地之外, 其何據而窮之, 其何驗而知之哉? 凡生於天地之間者, 都皆局於覆載之中, 故耳目所及, 止於覆載之內而已, 吾人孰不有精神魂魄, 能知覺思慮? 然亦須用其耳目, 憑其聞見, 參驗於聲色之著, 氣候之變, 然後有以尋究其故, 推得其實矣. 若天地之外, 則其吾耳聞目見之可及乎? 何從而聲色之, 何從而氣候之, 又何從而準範之哉? 況儒者學術, 必兼知行, 知以明其行, 行以實其知. 故知至至之, 始條理之事, 知終終之, 終條理之業也. 知必行之, 行必知之, 固未有不知之行, 又豈有無行之知乎? 然則天地之外, 非吾人行得到者也, 豈可以知得及哉? 雖知得及焉, 無所用焉, 況無知驗之路乎? 知之盡行之盡者, 莫如聖神之人也. 然而聖神踐履設施之道理, 參賢化育之功用, 必

止於天地之內耳. 然則其知思所及, 果有到於道理之所未通, 功用之所
未及, 而能外乎天地者乎? 聖神誠明之事業, 所未及到, 而下學者, 其可
求知耶?

　　내가 답하였다. "이른바 궁리라는 것은 텅 비어 아무것도 없는 허무의
경지에 마음을 노닐고 뜻을 내달려 무형無形의 형과 무상無象의 상을
인식하는 것을 궁리라고 하는 것이 아니다. 『대학』에 이르기를, '앎을
지극히 하는 것은 사물에 이르러 사물의 이치를 궁구하는 데 있다'5)고
하였으니, 만약 사물이 있는 것으로 말미암아 그 이치를 궁구하지 않는다
면 무엇에 말미암아 앎을 이르게 할 수 있겠는가? 우러러보아 하늘이
있으므로 이 창창蒼蒼6)한 것에 의거하여 그 하늘이 되는 이치를 궁구할
수 있고, 굽어보아 땅이 있으므로 이 무무膴膴7)한 것에 의거하여 그
땅이 되는 이치를 궁구할 수 있는 것이다. 일월日月과 성신星辰, 수화水火와
토석土石, 한서寒暑와 주야晝夜, 풍운風雲과 뇌우雷雨, 산악山嶽과 천독川瀆,
비주飛走와 초목草木에 이르기까지 내 눈의 힘이 미치는 바에 말미암아
그 이치를 다 궁구하지 않음이 없으며, 그 눈이 미치지 못하는 것에
대해서는 귀가 있어 듣지 못하는 것이 없다. 그러므로 곧 자기가 들은
것에 말미암아 궁구하지 못하는 일이 없는 것이다. 이로써 이미 지나간
것에 미루어 가면 이전의 만고의 일에 대해 지금의 일을 미루어서
그것을 알 수 있고, 이로써 앞으로 올 것에 미루어 가면 앞으로 올
만세萬世의 일도 또한 지금의 일을 미루어 알 수 있다. 이것이 곧 성현이
앎을 지극히 하는 도가 반드시 사물에 이르러 사물의 이치를 궁구하는데
말미암는 까닭이다.

　　이미 사물을 떠나서 리를 구할 수 없다면 천지의 바깥에 대해서는
무엇에 근거하여 그것을 궁구하며 어떻게 징험하여 그것을 알겠는가?
천지의 사이에 생겨난 모든 것은 모두 하늘이 덮고 땅이 싣고 있는

---

5) 『대학』 경1장, "致知在格物."
6) 푸르고 푸른 하늘의 색.
7) 땅이 기름지고 아름다운 모양.

가운데에 국한되어 있다. 그러므로 이목이 미치는 것이 하늘이 덮고 땅이 싣고 있는 것 안에서 그칠 뿐이다. 우리 사람은 어느 누가 정신과 혼백이 있어 지각하고 사려할 수 있지 않겠는가? 그러나 또한 모름지기 그의 이목을 사용하여 그가 듣고 본 것에 의지하며, 말소리와 얼굴빛에 드러난 것과 기후의 변화에서 경험한 것을 참고한 연후에 그 까닭을 찾아 그 실제를 미루어 알 수 있는 것이다. 저 천지의 바깥에 있는 것 같은 경우에는 내가 귀로 듣고 눈으로 보는 것이 미칠 수 있겠는가? 무엇으로부터 소리와 얼굴빛이 나타나게 하며, 무엇으로부터 기후의 변화를 살피며, 또 무엇으로부터 준칙과 법도로 삼을 수 있겠는가? 하물며 유자의 학술은 반드시 지행을 겸하는 것이니 지로써 그 행실을 밝히고 행실로써 그 지를 실증하는 것이다. 그러므로 이를 곳을 알아 그것에 이르는 것은 시조리始條理의 일이요 마칠 곳을 알아 그것을 마치는 것은 종조리終條理[8]의 사업(業)[9]이다. 알면 반드시 그것을 행하고 행하면 반드시 그것을 아는 것이니 진실로 알지 못하면서 행하는 것은 있는 적이 없다. 그러니 또한 어찌 행함이 없는 앎이 있겠는가? 그렇다면 천지의 바깥은 우리 사람의 행실이 도달할 수 있는 곳이 아니니 어찌 앎이 미칠 수 있겠는가? 비록 앎이 미칠 수 있더라도 소용되는 바가 없는데 하물며 아는 것을 징험할 길이 없음에 있어서랴? 아는 것을 다하고 행하는 것을 다하는 사람은 성스럽고 신묘한 사람만한 자가 없다. 그러나 성스럽고 신묘한 사람은 스스로 실천하고 남에게 베푸는 도리와 천지의 운행에 참여하여 천지의 화육을 돕는 공용이 반드시 천지의 안에 그칠 뿐이다. 그렇다면 그의 지혜와 사려가 미치는 바가 과연 도리가 아직 통하지 않는 곳과 공용이 아직 미치지 않는 곳에

---

8) 始條理는 조리를 시작하는 것이고 終條理는 조리를 끝마치는 것이니, 조리는 맥락과 같은 말로, 음악을 연주할 때 처음에 종이나 징 따위를 쳐서 소리를 시작하는 것을 시조리라 하고, 음악이 끝날 때에 石磬을 쳐서 음악을 끝마치는 것을 종조리라 하니, 곧 사업의 시작과 끝마침을 말한다.

9) 『주역』에 따르면, "음양의 이치를 들어 천하의 백성에게 적용하는 것을 사업이라 한다"(居而措之天下之民, 曰事業)고 하였다.(「계사상」 12장)

도달함이 있어 천지를 도외시할 수 있겠는가? 성스럽고 신묘하며 성실하고 밝은 사람의 사업이 아직 도달하지 못한 곳에 대해 하학下學의 공부[10]를 하는 자가 알기를 구할 수 있겠는가?"

2) 童子曰, 子謂天地之外, 聖神亦不知之, 吾不信也. 聖神之所以爲聖神, 以其知衆人所不能知, 識衆人所不能識, 蓋其知識出於耳目聞見之外也. 況即內知外, 即近知遠, 即卑知高, 即淺知深, 達理者之常也. 聖神也, 而豈有不知之事乎? 其雖知之, 只慮夫拘於見聞者, 反生疑怪, 遂鼓其荒誕忝僞之習, 故守之以不知, 而終不之? 所謂氣外必須有軀殼者, 其亦臆度理推, 而知其必有也, 實非有所考驗者. 故其爲大氣之際限, 軀殼之圍經, 則亦無從而測度焉, 況其外乎? 事有必可知者焉, 又有必不可知者焉. 其必可知者, 在我之精神魂魄, 有可通之路也, 其必不可知者, 精神魂魄, 無可通之路也. 聖人亦人也, 人之精神魂魄, 所不可通者, 則雖聖人, 亦何得以知之哉? 此非以理所不在而不通者也, 特以人之精神魂魄, 局於形氣之中, 故乃有所不通也. 凡窮理者, 以在我之理, 照彼天地萬物之理, 即可以認會, 得無餘蘊也. 其所以隨照便會者, 理之在此在彼, 爲一本原也. 此所以格物而物無不格, 致知而知無不至也. 然而理之爲一原大本者, 雖無窮盡無邊際也, 而其分賦於物, 而寓諸形氣之中者, 則不得不隨形氣之各定, 而知覺之用, 有通塞大小之不同焉. 土石則形質而已, 草木有生氣, 而全無知覺, 禽獸血氣之類也, 而知覺莫通於義理. 人則最靈也, 而衆人之知覺, 偏滯而莫偏, 惟聖人, 爲能知得其盡, 行得其全. 然而聖人, 亦不出乎天地萬物之理而已, 天地之外, 非所通也. 此豈一原大本之理, 有窮盡有邊際而然乎? 理果不免隨形氣而廣狹也, 形氣之所隔, 理亦莫得以行焉. 吾人即天地中人也, 何能外天地, 而用其知哉? 聖人特能先知人之所當知, 先覺人之所必

覺, 故爲人之聖焉, 其所知所覺者, 不過乎天地所以天, 地之所以地, 人之所以人, 物之所以物, 彝倫日月之常, 經綸繼開之業, 古今之變, 義理之奧耳. 豈嘗用不耳之聰, 不目之明, 思想於不可模範之地, 端度於不可準的之域, 必知人所不得知, 要識人所不得識者, 以爲敎哉? 故古之聖人, 未當有一言, 或及於天地外之事者, 不是可知而不知, 可言而不言, 固道理自如是也. 康節邵子之言曰, 天地之外, 別有天地, 吾不得而知之, 非惟吾不得而知之, 聖人亦不得而知之. 然則聖人之所不知, 而以凡人知之乎? 聖人於其必不可知者, 不用吾智也, 若其必不可知, 而求必知之, 不當用智, 而必欲用之, 是則妄人也已矣. 設令曰, 吾智有以知之, 作爲無稽之言, 人孰信其爲智哉?

동자가 물었다. "선생님께서 천지의 바깥에 대해서는 성스럽고 신묘한 성인도 알지 못한다고 말씀하시니 나는 믿을 수 없습니다. 성스럽고 신묘한 성인이 성스럽고 신묘한 성인이 되는 까닭은 그 지혜가 보통 사람이 알 수 없는 바이며, 그 인식이 보통 사람이 인식할 수 없는 것이니 그것은 그 지혜와 인식이 이목으로 보고 듣는 것 밖에서 나오기 때문입니다. 하물며 안으로 나아가 바깥을 알고, 가까운 것에 나아가 먼 것을 알며, 낮은 것에 나아가 높은 것을 알고, 얕은 것에 나아가 깊은 것을 아는 것은 이치에 통달한 사람의 항상된 모습입니다. 성스럽고 신묘하면서 어떻게 알지 못하는 일이 있겠습니까? 그가 비록 그것을 알지만 단지 저 견문에 구애된 사람들이 도리어 의심하고 괴이하게 여기는 마음을 생하여 드디어 그 허탄虛誕하고 거짓된 습속을 열게 될 것을 염려하였으므로 그것을 알지 못하는 것으로 지켜 끝내 말하지 않은 것이 아니겠습니까?"

내가 대답하였다. "그렇지 않다. 성인이 어찌 알면서 말하지 않았겠는가? 이른바 기 바깥에 반드시 모름지기 구각이 있다는 것은 또한 이치로 미루어 추측하고 헤아려 그것이 반드시 있을 것이라는 것을 안 것이지 실제로 살펴보고 징험한 것이 있는 것은 아니다. 그러므로 그것이 대기의 끝이 되어 구각이 둘러싼 경계를 한정짓는다는 것은 무엇에 말미암아 측량할 길이 없으니 하물며 그 바깥은 어떠하겠는가? 일에는 반드시 알 수 있는 것이 있고, 또 반드시 알 수 없는 것이 있다. 반드시 알 수 있는 것은 나의 정신혼백에 있어 통할 수 있는 길이 있는 것이요, 반드시 알 수 없는 것은 정신혼백에 통할 수 있는 길이 없는 것이다. 성인도 역시 사람이니 사람의 정신혼백이 통할 수 없는 것은 비록 성인이라도 또한 어떻게 그것을 알 수 있겠는가? 이것은 리가 있지 않는 것이어서 통하지 않는 것이 아니요 다만 사람의 정신혼백이 형기의 가운데에 국한되기 때문에 이에 통하지 않는 것이 있는 것이다.

무릇 이치를 궁구한다는 것은 나에게 있는 리로써 저 천지만물의 리를 비추어 봄으로써 곧 남김없이 깨달을 수 있는 것이다. 내가 나에게 있는 리로써 비추어 봄으로써 곧 깨달을 수 있는 까닭은 리가 여기에 있거나 저기에 있거나 본원이 동일하기 때문이다. 이것이 사물에 이르러 사물의 이치를 궁구하면 사물의 이치가 궁구되지 않음이 없고, 앎을 지극히 하면 앎이 지극해지지 않음이 없는 까닭이다. 그러나 일원一原이며 대본大本이 되는 리는 비록 다함이 없고 한계가 없으나 그것이 만물에 나누어져 부여되어 형기 가운데 깃들게 되면 각기 정해진 형기에 따라 지각의 쓰임에 통하고 막히며 크고 작은 차이가 없을 수 없다.

토석은 형질만 있을 뿐이요, 초목은 생기는 있으나 전혀 지각이 없고, 금수는 혈기를 가진 종류이지만 지각이 의리에는 통하지 않는다. 사람은 가장 신령한 존재이지만 중인衆人의 지각은 치우치고 막혀 두루 다 통할 수 없고, 오직 성인이라야 아는 것을 다할 수 있고 행하는 것을 온전히 할 수 있는 것이다. 그러나 성인도 또한 천지만물의 리를 벗어나지 않으니 천지의 바깥은 통하는 곳이 아니다. 이것이 어찌 일원대본의 리에 다함이 있고 한계가 있어 그러하겠는가? 리가 과연 형기에 따라 넓고 좁게 되는 것을 면할 수 없다면 형기가 막힌 곳은 리 또한 행해질 수 없는 것이다.

우리 사람은 곧 천지 가운데에서 살고 있는 사람이니 어찌 천지를 벗어나 그 지각을 쓸 수 있겠는가? 성인은 다만 사람이 마땅히 알아야 할 바를 먼저 알고, 사람이 반드시 깨달아야 할 바를 먼저 깨달음으로써 사람 가운데 성인이 된 것이니, 그가 알고 깨달은 것은 하늘이 하늘인 까닭과 땅이 땅인 까닭과 사람이 사람인 까닭과 만물이 만물인 까닭과 일용 사이의 이륜의 상도와 천지를 경륜하고 지나간 성인을 계승하여 앞으로 올 학문을 여는 사업과 고금의 변화와 의리의 심오한 뜻일 뿐이다. 그러니 어찌 일찍이 귀와 눈으로 보고 들을 수 없는 총명함을 쓰며, 모범이 될 수 없는 곳에서 사고하고 생각하며, 법도가 될 수 없는 지역에서 헤아리며, 반드시 다른 사람들이 알 수 없는 것을 알며 다른 사람들이 인식할 수 없는 것을 인식하려 하여 그것으로써 가르침으로 삼겠는가? 그러므로 옛날의 성인이 일찍이 천지 바깥의 일에 대해 혹 한마디라도 언급하지 않은 것은 알 수 있는데 알지 못하고 말할 수 있는데 말하지 않은 것이 아니라 본래 도리가 스스로 이와 같은 것이다.

소강절의 말에 이르기를, '천지의 바깥에 또 다른 천지가 있다는 것은 나는 알 수가 없다. 비단 나만 알 수 없는 것이 아니라 성인도 역시 알 수가 없는 것이다'[11] 하였다. 그렇다면 성인이 알지 못하는 것을 범인으로써 알 수 있겠는가? 성인은 반드시 알 수 없는 것에 대해서는 나의 지혜를 쓰지 않는 것이다. 만약 그 반드시 알 수 없는 것에 대해 반드시 알기를 구하여 마땅히 지혜를 쓸 곳이 아닌데도 반드시 지혜를 쓰고자 한다면 이는 망령된 사람일 뿐이다. 설령 나의 지혜는 그것을 알 수 있다 하더라도 다른 사람들이 헤아릴 수 없는 말을 지어낸다면 사람들이 누가 그를 지혜롭다고 믿겠는가?"

3) 童子曰, 子嘗不曰, 此天地之先, 必有先天地, 此天地之後, 必有後天地乎? 先後天地, 非此天地之外乎?

余又答曰, 前所謂先後天地者, 固以爲天地旣爲有形氣之一物, 則必

---

11) 소강절, 『皇極經世書』, 「觀物內篇 二」.

有所始, 又必有所終, 有所始則必有其先, 有所終則必有其後. 故知此天地之前, 其必有天地, 此天地之後, 亦必有天地. 此則就此天地而推之, 有以知天地之在先在後也, 非謂別有他天地, 同時並存於此天地之外也.

동자가 말하였다. "선생님께서는 일찍이 이 천지의 앞에 반드시 선천지가 있고 이 천지의 뒤에 반드시 후천지가 있다고 말씀하시지 않으셨습니까?" 내가 또 대답하였다. "앞에서 말한 바의 선후천지라는 것은 진실로 천지가 이미 형기가 있는 하나의 물건이 되었다면 반드시 시작하는 바가 있고 또 반드시 끝나는 바가 있을 것이니 시작하는 바가 있다면 반드시 그보다 앞선 것이 있고 끝나는 바가 있다면 반드시 그 뒤를 따르는 것이 있는 것이다. 그러므로 이 천지의 앞에 반드시 천지가 있고 이 천지의 뒤에도 또한 반드시 천지가 있다는 것을 아는 것이다. 이것은 이 천지에 나아가 추론하여 천지의 앞이 있고 뒤가 있다는 것을 알 수 있는 것이지 따로 다른 천지가 있어 이 천지의 바깥에 동시에 병존한다고 말하는 것은 아니다."

4) 童子曰, 天地之外, 固聖人之所不言. 若其固大氣之軀殼, 先儒已言其必有, 則其爲軀殼之體質, 其不可據, 此天地之形質, 而推知之耶? 余答曰, 不見不知而言, 妄矣. 但以見在之常道言之, 血氣之類, 有羽毛鱗介以護之, 植物果穀之類, 有皮甲以裹之, 莫不因其本物之質而成焉. 然則大氣之所以有軀殼爲所固者, 亦不過大氣之粗粕於外邊者, 仍爲其殼矣, 豈別有他造物者, 用他氣造爲之哉? 氣莫非二五之本, 則是氣之在天地之先者, 随其自然之理, 而凝結以成質者也

동자가 말하였다. "천지의 바깥은 진실로 성인이 말하지 않은 것입니다. 그러나 저 대기를 견고하게 하는 구각 같은 것에 대해서는 그것이 반드시 있다고 선유가 이미 말하였습니다. 그렇다면 그 구각의 체질이 되는 것은 증거로 삼을 수 있는 것이 없는데, 이 천지의 형질을 가지고 미루어 그것을 안 것입니까?"

내가 대답하였다. "보지 못하고 알지 못하면서 말하는 것은 망령된 것이다. 다만 나타나 있는 상도로써 말하는 것이니, 혈기를 가진 종류는 깃털, 터럭, 비늘, 등껍질이 있는 것으로써 다 통괄할 수 있고, 식물의 과일과 곡식 종류는 얇은 껍질과 단단한 껍질이 있어 쌀 수 있으니 그 본래 물건의 바탕으로 말미암아 이루어진 것이 아님이 없다. 그렇다면 대기가 구각이 있어 견고하게 될 수 있는 것도 또한 대기의 외변에 있는 찌꺼기가 곧 그 구각이 된 것이지 어찌 따로 다른 조물자가 있어 다른 기를 사용하여 그것을 만들었겠는가? 기는 음양오행의 근본이 아님이 없으니 그렇다면 천지보다 앞서 있었던 이 기는 그 자연의 리에 따라 응결하여 질을 이룬 것이다."

5) 童子曰, 子謂天地有限際, 而理無限際, 有限際者有外, 無限際者無外. 然則天地之外, 只可謂之天地之外, 而不可謂之理之外也. 旣不是理之外, 則雖不可以形象之指擬之矣, 而理則不以天地內外而有虧闕焉, 理之無虧闕者, 其在天地之外, 亦豈無可言者乎?

余答曰, 所謂理無窮盡無際限者, 以其無形體, 無方所也. 所以謂之理者, 有而爲不有之有, 無而爲不無之無, 不隨虛而泯, 不隨實而滯. 著於形而下者, 則人皆可覩可聞, 又可言說以明之. 藏於形而上者, 則不端不倪, 莫聲莫臭, 又不可容其言說. 故曰無極而太極. 如其可言, 則豈可謂之理哉? 抑有說焉. 學者窮理之道, 誠不可不知其本末先後也. 吾人以宇宙內事爲吾之責, 則凡在天地之間者, 不論大小精粗, 皆吾所當知也. 然其當先之本, 則在吾一身, 此身之於天地, 其爲微細, 則大倉梯米也, 其所以貴於萬物, 參爲三才者, 何道歟? 厥初稟受於天地者, 在品彙中, 極秀且全也. 秀故生爲最靈, 道通天地, 全故心具衆理, 事應萬變. 苟人而自小則已矣, 若欲爲大人, 何事而不爲我當之, 何知而不爲我當有哉? 天地萬物之理, 本自具於吾一心之中, 而吾一心之理, 卽天地萬物之理, 惟其所分者萬殊耳. 苟能反諸吾身, 而自盡其理, 知所當知, 行所當行, 則天地萬物之理, 有外於吾一身之理者乎? 顧乃不自知吾身之理, 而五臟之所以臟, 六腑之所以腑, 耳目口鼻之所以具備, 四肢百骸之所以肢骸, 五常七情之不可闕一, 三綱五倫之不可暫廢者, 既不能明得盡, 又不能行得篤, 則其可懸想於性分職分之外哉? 況乎天地之外哉? 童子其歸焉, 姑從灑掃應對進退之節, 而始事焉, 則明誠之業, 實本於是, 而知在其中, 一本萬殊之理, 皆不外是矣.

동자가 말하였다. "선생님께서는 천지는 한계가 있으나 리는 한계가 없으니 한계가 있는 것은 바깥이 있고 한계가 없는 것은 바깥이 없다고 하셨습니다. 그렇다면 천지의 바깥은 다만 천지의 바깥이라고 말할 수 있을 뿐이지 리의 바깥이라고 말할 수는 없습니다. 이미 리의 바깥이라 할 수 없다면 비록 형상으로써 가리켜 비길 수는 없겠지만 그러나 리는 천지의 안이거나 밖이거나 간에 이지러지거나 부족함이 있을 수 없으니 이지러지거나 부족함이 없는 리라는 것은 그것이 천지의 바깥에 있더라도 또한 어찌 말할 수 있는 것이 없겠습니까?"

내가 대답하였다. "이른바 리는 다함이 없고 한계가 없다는 것은 그것이 형체가 없고 방소도 없기 때문이다. 그래서 그것을 일러 리라고 하는 것이니, 유有이지만 유가 아닌 유가 되고 무無이지만 무가 아닌 무가 되어 허虛를 따라 없어지지 않고 실實을 따라 머물러 고착되지 않는다. 형이하에 드러난 것에 대해서는 사람들이 모두 볼 수 있고 들을 수 있으며, 또 언설로써 그것을 밝힐 수 있다. 그러나 형이상자에 감추어진 것은 실마리도 없고 끝도 없으며, 소리를 들을 수도 없고 냄새를 맡을 수도 없으며, 또 언설로써 형용할 수 없다. 그러므로 말하기를 '무극이면서 태극이다'라고 하는 것이다. 만약 그것을 말로써 형용할 수 있다면 어찌 리라고 할 수 있겠는가?

또한 그 이치에 대해 설명해 보겠다. 배우는 자가 이치를 궁구하는 도는 진실로 그 본말과 선후를 알지 않을 수 없다. 우리 사람이 우주

내의 일을 나의 책임으로 삼는다면 천지 사이에 있는 모든 것에 대해 대소와 정조를 막론하고 모두 내가 마땅히 알아야 하는 것이다. 그러나 그 가운데에서 마땅히 근본을 먼저 알아야 하니 곧 그것은 내 한 몸에 있는 것이다. 이 몸을 천지에 비하면 그 미세한 정도는 큰 창고 속에 돌피가 하나 있는 것과 같으나 만물보다 귀한 존재가 되어 천지에 참여하여 삼재가 되는 까닭은 무슨 도인가? 그것이 처음 천지로부터 기를 받은 것이 만물 가운데 가장 빼어나고 온전하기 때문이다. 빼어나기 때문에 태어나 가장 신령하게 되어 도가 천지에 통하며, 온전하기 때문에 마음이 뭇 이치를 갖추어 일의 만 가지 변화에 응하는 것이다. 진실로 사람이 스스로를 작게 여긴다면 그만이지만 만약 대인이 되고자 한다면 어떤 일인들 내가 마땅히 알아야 할 것이 되지 않으며, 어떤 지식인들 내가 마땅히 가져야 할 것이 아니겠는가?

천지만물의 리는 본래 저절로 나의 한 마음 가운데에 갖추어져 있고, 나의 한 마음의 리는 곧 천지만물의 리이지만 오직 그것이 나누어진 것이 만 가지로 다를 뿐이다. 진실로 내 몸에 되돌이켜 스스로 그 리를 다할 수 있어 마땅히 알아야 할 것을 알고 마땅히 행해야 할 것을 행한다면 천지만물의 리에 내 한 몸의 리를 벗어나는 것이 있겠는가? 다만 내 몸의 리를 스스로 알지 못하여 오장五臟이 장이 되는 까닭과 육부六腑가 부가 되는 까닭과 이목구비가 갖추어진 까닭과 사지백체가 사지백체로 되는 까닭과, 오상五常과 칠정 가운데 한 가지도 빠뜨릴 수 없으며 삼강오륜을 잠시도 폐할 수 없다는 것을 이미 분명하게 다 알 수 없고 또 돈독하게 행할 수 없는 것이다. 그렇다면 사람의 성분과 직분의 바깥에 생각을 매달아 둘 수 있겠는가? 하물며 천지의 바깥에 생각을 매달아 둘 수 있겠는가? 동자는 돌아가 잠시 물 뿌리고 비질하며 응하고 대답하며 앞으로 나아가고 뒤로 물러나는 절도에서부터 공부를 시작한다면 지혜가 밝아져서 성실해지는 사업12)이 실로 여기에

---

12) 『중용』 20장에서는 "不明乎善, 不誠乎身矣"라 하였고, 21장에서는 "自誠明, 謂之性, 自明誠, 謂之敎, 誠則明矣, 明則誠矣"라 한 것을 가리킨 것.

근본하며 지식도 그 가운데에 있게 될 것이니 일본만수一本萬殊13)의 리가 모두 이것을 벗어나지 않을 것이다."

2장

1) 童子又問曰, 或有問於先儒曰, 天地會壞了? 曰不會壞, 只是相將人無道極了, 便一齊打合, 混沌一番, 人物都盡, 又重新起來. 又曰, 一氣太息, 震蕩無垠, 海宇變動, 山勃川湮, 人物消盡, 舊跡大滅, 是謂洪荒之世. 嘗見高山有螺蚌殼, 或生石中, 此石即舊日之土, 螺蚌即水中之物, 下者却變而爲高, 柔者却變而爲剛, 此事思之至深, 有可驗者云云, 此說然乎?

余答曰, 果如是說, 則所謂混沌者, 舊天地尙不會壞, 其大質, 即舊時之本質也, 而特打合改成, 以新之而已. 是如鐵工, 便將舊器之餘鐵, 仍復打造出新器之爲耳, 天地大化之道, 恐不如是也. 蓋常存不易者, 惟無極太極之理而已. 若爲氣爲形, 則旣有其始, 必有其終焉. 氣無大小, 必有時而盡, 形無巨細, 必有時而壞. 但其爲氣爲形者, 有大小巨細之分, 故其盡其壞不能無久速之異矣. 然則有氣之必盡, 有形之必壞, 理之常也. 天地雖大, 亦形氣也, 果安有不盡不壞之理? 凡物之稟氣成形者, 皆可驗其有盡有壞之必然矣. 以血氣之類言之, 惟人爲最壽, 而人之壽者, 不過百歲, 雖或過之, 槩無幾矣. 植物之壽者, 亦未有數百年者, 雖金石之堅久, 亦不得不爲之壞敗焉, 此固其氣盡, 則其形必壞者矣. 夫無大小巨細, 屬于形氣者, 皆其爲有者也. 凡爲有者, 其初必皆從無中生來. 故其終也, 又必歸於無焉. 豈有常仍其有, 而不歸無者哉? 從無而有, 從有而無, 此乃物理之自然也. 天地固繫於形氣, 則其可逃於有始有終之理乎?

동자가 또 물었다. "어떤 사람이 선유에게 묻기를, '천지가 생겨났다

---

13) 理一分殊와 같은 말.

없어졌다하는 것입니까?' 하니 대답하기를 '생겨났다 없어졌다 하지 않고 다만 장차 사람의 무도함이 극에 달하게 되려는 것을 보면 곧 일제히 한 덩어리로 합쳐져서 혼돈이 되어 사람과 사물이 모두 없어졌다가 다시 새롭게 일어나게 된다' 하였습니다. 또 말하기를, '일기一氣의 한숨이 진동하여 움직임이 끝이 없어 육지가 변동하여 산이 일어나고 냇물이 막히며, 사람과 만물이 다 없어져 옛 자취가 다 없어지게 되면 이를 일러 홍황洪荒14)의 시대라고 한다. 일찍이 높은 산에서 고동과 조개가 있는 것과 곡식이 돌 가운데에 생겨 있는 것을 보았으니 이 돌은 곧 옛날의 흙이며 고동과 조개는 물속에서 사는 사물인데 아래에 있는 것이 모두 변하여 높은 것이 되었고 부드러운 것이 도리어 변하여 강한 것이 된 것이다. 이 일을 매우 깊이 생각하면 징험할 수 있는 것이 있다'고 하였습니다. 이 설이 그럴 듯한 것입니까?"

내가 대답하였다. "과연 이 설과 같다면 이른바 혼돈이라는 것은 옛 천지가 아직도 다 부서지지 않아 그 큰 바탕은 곧 옛 시대의 본질이지만 다만 한 덩어리로 합쳐졌다가 다시 이루어져 새로워진 것일 뿐이다. 이는 마치 철을 다루는 공인이 낡은 기구의 남은 쇠를 가지고 다시 두드려 새로운 그릇을 만드는 것과 같을 뿐이다. 천지가 대화大化15)하는 도는 아마도 이와 같지는 않을 것이다. 대개 상존常存하여 바뀌지 않는 것은 오직 무극태극의 리일 뿐이다. 만약 기가 되고 형이 되면 이미 그것의 시작이 있으니 반드시 그 끝이 있게 된다. 기는 크거나 작거나 간에 반드시 다하는 때가 있고, 형체는 거대하거나 미세하거나 간에 반드시 부서지는 때가 있다. 다만 그 기가 되고 형이 된 것에 크고 작으며 거대하고 미세한 구분이 있기 때문에 그것이 다하게 되고 부서지게 되는 것에 빠르고 늦은 차이가 있는 것이다. 그렇다면 기가 있는 것이 반드시 다하게 되는 것과 형이 있는 것이 반드시 부서지는 것은

---

14) 洪荒은 넓고 텅 비었다는 뜻으로 아직도 세상이 개명되지 않은 태고의 시대를 가리키는 말.
15) 큰 변화 곧 개벽을 가리킨다.

리의 상도이다. 천지가 비록 크나 역시 형기이니 과연 어떻게 다하지 않고 부서지지 않는 이치가 있겠는가?

만물 가운데 기를 품부하여 형체를 이룬 것은 모두 필연적으로 그것에 다함이 있고 부서짐이 있다는 것을 징험할 수 있다. 혈기를 가진 종류로써 말해 보면 오직 사람이 가장 오래 살지만 사람의 수명은 백년을 넘지 않으며, 식물의 수명이라는 것도 또한 수백 년을 사는 것이 없다. 비록 금석처럼 견고하고 오래가는 것도 또한 부서져 내리지 않을 수 없으니 이것은 진실로 그 기가 다하면 그 형은 반드시 부서지는 것이다. 무릇 크건 작건 거대하건 미세하건 간에 형기에 속한 것은 모두 유有가 된 것이다. 모든 유가 된 것은 그 처음에는 반드시 모두 무無 가운데에서 생겨 나온다. 그러므로 그 마지막에는 또 반드시 무로 돌아가는 것이다. 어찌 항상 그 유로 있고 무로 돌아가지 않을 수 있겠는가? 무로부터 유가 되고, 유로부터 무가 되니 이것은 곧 사물의 이치가 스스로 그러한 것이다. 천지가 진실로 형기에 매여 있다면 그것이 시작이 있고 끝이 있는 이치에서 벗어날 수 있겠는가?"

2) 童子曰, 有氣之必有盡, 有形之必有壞, 則然矣. 血氣之類, 氣盡而死, 則其體質從而腐盡矣. 植物之類, 氣盡而姑, 則其體質從而朽盡矣. 其腐盡朽盡者, 莫不歸於無也. 若天地之終, 其歸於無者, 可得而聞耶?

曰, 人雖不得見天地之終, 亦可以理推而知之矣. 邵子分天地一元之數, 爲會者十二矣. 十二會之中, 子丑二會, 天地之未及成也, 自寅至酉八會, 則天地之已成而由盛至衰也, 戌亥二會, 則天地之旣老而終盡者也. 舊天地纔終, 而新天地必生, 其生也有漸故, 其盡也亦有漸, 必經二會而始成, 又必經二會而後終也. 想其元氣之衰薄也, 運行者漸緩, 緩則不能力焉, 充滿者漸耗, 耗則不能實焉, 陰不能翕聚, 陽不能發散, 而二氣無其常矣. 木失其開暢之性, 金失其收斂之性, 水失其潤下之性, 火失其炎上之性, 土失其寄旺之性, 而五行廢其道矣. 二氣不氣, 五行不行, 而造化之功息矣, 品彙之產停矣. 於是, 凝者解, 聚者散, 堅硬者消爛, 三光失其光, 四時不能時, 五嶽崩墜, 四瀆湯涸, 大氣不能舉大地, 而大地莫得以自持, 則天地其得爲天地乎? 當是時也, 天不能天, 地不能地, 無以爲覆載, 則豈容有所覆所載中之一物乎? 下者, 安得復爲之高, 柔者, 安得復爲之剛乎? 高者下者, 剛者柔者, 一齊都盡於無中矣. 其得有些小舊質之留存者乎? 雖欲留泊, 何所依而留泊哉?

동자가 말하였다. "기가 있는 것은 반드시 다함이 있고 형이 있는 것은 반드시 부서짐이 있다는 것은 그런 것 같습니다. 혈기를 가진 종류가 기가 다하여 죽으면 그 체와 질이 따라서 썩어 없어지며 식물의 종류도 기가 다하여 말라 죽으면 그 체와 질이 따라서 썩어 없어지니 그 썩어 없어지는 것은 무로 돌아가는 것이 아님이 없습니다. 그런데 저 천지가 끝나 무로 돌아가는 것은 어떤 것인지 들을 수 있겠습니까?"

대답하였다. "사람이 비록 천지의 끝을 볼 수는 없으나 또한 이치로써 미루어 그것을 알 수 있다. 소강절선생은 천지 일원의 수를 나누어 12회로 만들었으니, 12회 가운데 자회와 축회 두 회는 아직 천지가 완성되지 않았고, 인회로부터 유회에 이르는 여덟 회는 천지가 이미 완성되어 왕성함으로부터 쇠미함에 이른 것이며, 술회와 해회의 두 회는 천지가 이미 늙어 끝마치는 것이다. 옛 천지가 끝나자말자 새 천지가 반드시 생기니 그것이 생겨나는 것이 점차적으로 생겨나므로 그것이 끝나는 것도 또한 점차적으로 끝나게 되는 것이니, 반드시 두 회를 거쳐 비로소 이루어지고 또 반드시 두 회를 거친 이후에 끝마치게 되는 것이다. 생각건대, 그 원기가 쇠박衰薄해지면 운행하는 것이 점차 느려지게 되니 느려지면 힘을 쓸 수 없으며, 충만한 것은 점차 줄어들게 되니 줄어들면 꽉 찰 수 없어 음은 합하여 모을 수 없고 양은 발산할 수 없어 음양의 두 기에 항상된 도가 없게 될 것이다. 그리하여 목기木氣가 개창開暢하는 성질을 잃고, 금기金氣가 수렴하는 성질을 잃으며, 수기水氣가 윤택하게 하고 내려가는 성질을 잃으며, 화기火氣가 위로 타오르는 성질을 잃고, 토기土氣가 기왕寄旺[16]하는 성질을 잃어 오행은 그 도가 없어지게 될 것이요,[17] 음양의 두 기가 음양이 아니게 되고 오행이 오행이 아니게 되면 조화의 공이 그치게 될 것이며 온갖 사물이 생겨나는 것이 정지될 것이다. 이에 엉긴 것이 풀어지고 모인 것이 흩어지며, 굳고 단단한 것이 녹아 문드러지고 삼광三光[18]이 그 빛을 잃으며, 사시四時가 사시로 될 수 없고 오악이 무너져 내리고 사독四瀆[19]이 고갈되며, 대기大氣는 천지를 들어 올릴 수 없고 대지大地는 스스로를 유지할 수가 없게 된다. 그렇게 되면 천지가 천지로 될 수 있겠는가? 이때를 당하여 하늘이 하늘의 역할을 할 수 없고 땅이 땅의 역할을 할 수 없어 덮어 주거나 실을 수 없다면 어떻게 덮어 주고 실어 주는 가운데에 있는 한 물건이라도 용납할 수 있겠는가? 아래에 있는 것이 어떻게 다시 높은 것이 될 수 있으며, 부드러운 것이 어떻게 다시 강한 것이 될 수 있겠는가? 높은 것과 낮은 것, 강한 것과 부드러운 것이 똑같이 모두 무 가운데에서 없어지게 될 것이니 조그마한 옛날의 질이라도 남아 있는 것이 있을 수 있겠는가? 비록 찌꺼기라도 남고자 하나 어디에 의지하여 찌꺼기가 남아 있겠는가?"

3) 童子曰, 然則, 不惟覆載中之萬物消盡無餘, 至於覆載之天地, 畢竟亦歸盡於無矣, 則新天地之生, 其何從而生乎? 生萬物之天地, 亦不能無從盡之時, 則其復有以造得新天地者, 又何物也? 天地之外, 乃復有莫大之大化, 而司之者, 又何樣大化工歟?

曰, 此所謂太極也, 而太極之以無極號之者, 此也. 此理也, 無極而太

---

16) 오행 가운데 토는 정해진 위치가 없으므로 하도낙서의 경우 중앙에 위치시키고 있다. 그러나 나머지 수화목금의 네 기는 이 토의 5를 얻어 비로소 구체성을 지닌 기로 될 수 있으므로 이를 寄旺, 즉 붙이어 왕성하게 한다고 하는 것이다.

17) 오행의 성질은 목기는 개창하는 것이며, 금기는 수렴하는 것이며, 수기는 만물을 윤택하게 하고 내려가는 것이며, 화기는 위로 타오르는 것이다.

18) 해와 달과 별.

19) 나라에서 해마다 제사를 지내던 네 개의 큰 강.

極, 故天地有盡, 而太極者常存, 卽又有以主張夫大化外之大化, 而是
用元氣外之元氣, 以生新天, 以生新地, 而卽爲今天地也. 人皆知天地
中之元氣大化, 能造萬物, 而不知能造天地之元氣大化, 在天地之外,
其實則一太極者爲之主. 而自無極也, 故先天地自爲先天地, 隨其終而
盡焉, 後天地自爲後天地, 隨其始而有焉. 豈是後天地, 因於先天地之
舊質, 而轉變以新之者也? 然則混沌者, 在先天地之終, 後天地之始,
而成終成始之機, 實在於其間也. 惟其先後天地, 同一太極之理也, 故
其爲天爲地爲萬物者, 亦必無不與之同焉. 然卽是新氣之嗣續者, 以新
化而生也, 非先天地之已解已散者,有未消盡, 遂復凝聚而成後天地也.

동자가 말했다. "그렇다면 비단 하늘과 땅 사이에 있는 만물만이 소진하여
남은 것이 없을 뿐만 아니라 만물을 덮어 주고 실어 주는 천지도 필경에는
역시 무로 다 돌아가게 될 것입니다. 그렇다면 신천지가 생겨나는 것은
어디로부터 생겨나는 것입니까? 만물을 생하는 천지도 또한 끝내 다
없어지게 되는 때가 없을 수 없다면 다시 신천지를 만드는 것은 또한
어떤 물건입니까? 천지의 바깥에 다시 그보다 더 큰 것이 없는 대화大化가
있다면 그것을 관리하는 자는 또한 어떤 모습의 대화공大化工입니까?"
대답하였다. "이것이 이른바 태극이라는 것이니 태극을 무극이라 부르는
까닭은 이 때문이다. 이 리는 '무극이태극'이다. 그러므로 천지가 다함이
있으나 태극이란 것은 항상 존재하니 곧 또 저 대화 밖의 대화를 주장할
수 있어 이것이 원기 밖의 원기를 사용하여 새로운 하늘을 만들고
새로운 땅을 만들어 곧 지금의 천지가 된 것이다. 사람들이 모두 천지
가운데의 원기와 대화가 만물을 만들 수 있는 것은 아나 천지의 원기와
대화를 만들 수 있는 것이 천지의 바깥에 있는 것은 알지 못한다. 그러나
그것은 실제로 하나의 태극이란 것이 그것의 주재가 되는 것이다. 그런데
태극은 스스로 무극이므로 선천지는 스스로 선천지가 되어 그 끝마치는
것을 따라 없어지고 후천지는 스스로 후천지가 되어 그 후천지가 시작되
는 것에 따라 있게 되는 것이다. 어찌 후천지가 선천지의 옛 바탕으로

말미암아 전변하여 새로운 것이 되겠는가? 그렇다면 혼돈이란 것은 선천지의 끝과 후천지의 시작에 있으니, 끝을 이루고 시작을 이루는 기틀은 실로 선천지와 후천지의 사이에 있는 것이다. 오직 그 선후의 천지가 동일한 태극의 리이므로 하늘이 되고 땅이 되며 만물이 되는 것도 또한 반드시 서로 같지 않을 수 없는 것이다. 그렇다면 이 새로운 기를 이어가는 것은 새로운 대화로서 생겨난 것이지 선천지에 이미 풀어지고 흩어진 것에 소진되지 않은 것이 있어 드디어 다시 응취하여 후천지를 이루는 것은 아니다."

4) 童子曰, 然則, 所謂高山石中之螺蚌殼, 卽何時所有之物歟?
曰, 此固不可必知其某時物也, 以理料之, 則此乃此天地始闢, 而未成之時之所有也. 此天地之初, 亦氣而已, 氣之作也, 始微而漸厚, 旣厚而積久, 則其積氣之中, 液聚而爲水, 水積之久, 氣升而燥, 則爲火矣. 水火旣交, 水得火而生滓, 滓積爲土. 土積博厚, 則乃地也. 方其水土未分之際, 先得水土之氣, 而化生於其間者, 是螺蚌之屬乎? 及旣水土旣分, 石之泥滓, 堅凝高出者爲山, 則螺蚌之昔在水中者, 有或爲石中之殼耶?

동자가 말했다. "그렇다면 이른바 높은 산의 돌 속에 있는 조개껍질은 어느 때에 있던 물건입니까?"
대답하였다. "이것은 진실로 그것이 반드시 어느 때 물건인지 알 수가 없다. 이치로써 헤아려 보면 이것은 곧 이 천지가 처음 열려 아직 완성되기 전에 있던 것이다. 이 천지의 처음은 기일 뿐이니 기가 일어나는 것은 처음에는 미미하다가 점차 두터워지고 두터워진 다음 오래 쌓이게 되면 그 기가 쌓인 가운데 액체가 모여 수水가 되고 수가 쌓이는 것이 오래되어 기가 위로 올라가 마르게 되면 화火가 되는 것이다. 수화가 서로 만나게 되면 수가 화를 얻어 침전물을 만드니 침전물이 쌓여 토가 된다. 토가 쌓인 것이 두터워진 것이 곧 땅地이다. 바야흐로 수와 토가 아직 나누어지기 전에 먼저 수토의 기를 얻어 그 사이에서 화생化生한 것이 조개의 종류일 것이다. 수토가 이미 나누어지고 나면 돌의 침전물들이 견고하게 엉긴 것이 높이 솟아올라 산이 되니 그렇게 되면 지난날 물속에 있던 조개들이 혹 돌 가운데 있는 조개껍질이 된 것이 아니겠는가!"

5) 童子曰, 螺蚌方生於水土, 則卽是造化行矣, 其時也, 血氣之類, 亦有並生者, 而吾人者, 亦生乎未生乎?

曰, 凡品彙之生, 有什百千萬之不齊, 其得偏氣而生者, 萬物也. 萬物之生, 亦非一種, 水中之物, 得水便生, 陸上之物, 得陸便生, 皆不須同時而生矣. 氣化之中, 其得全氣而生者, 吾人也. 得偏氣而生者, 天地未成之前, 而或有焉, 水虫之生水, 百卉之生土, 莫不隨處隨時而出焉. 今夫甕豬之水, 豬不甚久而虫成, 積土之上, 無種而難草俱萌, 所謂天道敏生, 地道敏樹, 是也. 然則螺蚌之有生於水土未分之際者, 亦未怪也, 以其得偏氣而生, 故其生也最在先矣. 若吾人, 則異於偏氣之物矣. 必待天地定位, 山澤通氣, 雷風相薄, 水火不相射, 二氣迭運, 四時順序, 鼓之以雷霆, 潤之以風雨, 日月運行, 一寒一暑, 儲精之極, 會淑之久, 然後就其旣全之氣, 得其秀而生焉. 故其品最貴, 其心最靈, 首乎萬物, 參乎三才, 耳察天下之聲, 目辨天下之色, 鼻收天下之氣, 口吞天下之味, 而心通天地萬物之理, 古今變化之跡, 此固所以爲人也, 其與萬物同生死可乎? 以此觀之, 所謂天地不會壞, 但以其大氣震蕩, 山勃川湮, 高下變易, 爲混沌, 而螺蚌之在高山石中者, 謂之混沌前之物, 則似非往過來續, 有無相代之理也. 意者, 此說非出於先儒, 而不知理好奇論者, 有以託之也.

동자가 말했다. "조개가 바야흐로 수토에서 생겨났다면 이는 조화가 행해진 것이니 그 때에 혈기를 가진 종류들도 함께 생겨난 것이 있을 것입니다. 그렇다면 그때 우리 사람도 생겨났습니까? 아니면 아직 생기지 않았습니까?"

대답하였다. "온갖 종류의 물건이 생겨난 것에 십백천만 가지로 다른 다양함이 있으니 치우친 기를 얻어 생겨난 것이 만물이다. 만물이 생겨난 것도 또한 한 가지 종류가 아니니 물속에서 사는 물건은 물을 얻으면 생겨나고, 육지에서 사는 물건은 땅을 얻어야 생겨나니 모두 반드시 동시에 생겨나는 것이 아니다. 기화氣化 가운데 전기全氣를 얻어 생겨난 것이 우리 사람이다. 편기偏氣를 얻어 생겨난 것은 혹은 천지가 완성되기 이전에도 있었으니, 물벌레가 물에서 생겨난 것과 온갖 초목이 흙에서 생겨나는 것은 때와 장소에 따라 나오는 것이 아님이 없다. 지금 항아리에 고여 있는 물은 아주 오래되지 않아도 벌레가 생겨나고, 흙이 쌓인 곳에 잡초가 함께 싹이 트니 이른바 '천도天道는 만물을 생하는 데 빠르고 지도地道는 초목을 자라게 하는 데 빠르다'는 것이 이것이다. 그렇다면 조개가 수토가 나누어지기 전에 생겨난 것은 또한 괴이한 일이 아니니, 그것이 편기를 얻어 생겨났기 때문에 그 생겨난 것이 가장 앞선 것이다. 우리 사람 같은 경우는 편기를 얻어 생겨난 사물과 다르다. 그러므로 반드시 천지가 제자리를 정하고 산과 못이 기를 통하며 우레와 바람이 서로 부딪치고 수화가 서로 싫어하지 않으며 음양의 두 기가 번갈아 운행하고 사시가 차례를 따르며 천둥벽력으로 고무하고 풍우로써 윤택하게 하며 일월이 운행하여 한번 춥고 한번 더우며 오행의 정精이 쌓인 것이 극에 달하여 맑은 기운이 모인 것이 오래된 것을 기다린 연후에 그 이미 온전한 기운에 나아가 그 빼어난 것을 얻어 생겨나는 것이다. 그러므로 그 자품이 가장 귀하고 그 마음이 가장 신령하여 만물 가운데 우두머리가 되어 삼재에 참여하니, 귀는 천하의 소리를 자세히 듣고 눈은 천하의 색을 분변하며 코는 천하의 냄새를 맡는 것을 다 거두어들이며 입은 천하의 맛을 다 삼키고 마음은 천지만물의 이치와 고금변화의 자취에 다 통하니 이것이 진실로 사람이 되는 까닭이다. 그러니 만물과 더불어 생사를 함께할 수 있겠는가? 이로써 살펴보면 이른바 천지가 모였다가 부서지는 것이 아니라 다만 그 대기大氣가 진탕함으로써 산이 갑자기 일어나고 내가 빠져 파묻히며 높고 낮은 것이 바뀌어 혼돈스럽게 되는 것이다. 그러니 조개가 높은 산의 돌 가운데에 있는 것을 일러 혼돈이전의 물건이라 한다면 지나간 것은 가버리고 오는 것이 이어져 유무가 상대하는 이치가 아닌 것 같다. 생각건대 이 설은 선유로부터 나온 것이 아니요 리를 알지 못하고 기이한 것을 좋아하는 자가 가탁한 것 같다."

6) 童子曰, 子謂天地有際限, 有始終, 旣有始終, 故乃有先天地後天地矣. 又果有際限, 則此天地際限之外, 當必有無窮之太虛矣, 其無窮太虛之中, 無乃有他天地之並立者, 亦自各有其區域, 其爲天於上, 爲地於下, 爲萬物於中, 一如此天地之爲也, 而此天地之人, 不知有彼天地, 彼天地之人, 不知有此天地也乎?

曰, 理雖無窮, 而形氣則有限, 吾人知覺, 出於形氣之中, 則知覺之所及, 固不過此天地中之事物而已, 其可外此天地, 而求知覺得乎? 今此天地間之事業, 人莫能盡知盡行, 況可外此天地, 而致事業乎? 然則, 爲吾人者, 惟能認會得此理之無窮, 有非形氣之可楲者, 是太極之無極也, 則凡其有形有氣之外, 不可見不可聞者, 都在其中矣.

동자가 말했다. "선생님께서 말씀하시기를 '천지에 가장자리가 있고 시종이 있으며, 이미 시종이 있기 때문에 선천지후천지가 있다'고 하셨습니다. 또 과연 가장자리가 있다면 이 천지의 가장자리 바깥에 마땅히 반드시 무궁한 태허가 있을 것이니, 그 무궁한 태허 가운데에 어찌 다른 천지가 병립한 것이 없겠습니까? 또한 본래 각기 그 구역을 가지고 있어 그것이 위에는 하늘이 되고 아래로는 땅이 되며 가운데에는 만물이 되어 한결같이 이 천지가 된 것과 같을 것이나 이 천지에 있는 사람들이 저 천지가 있는 것을 알지 못하고 저 천지에 있는 사람들이 이 천지가 있는 것을 모르는 것이 아니겠습니까?"
대답하였다. "리는 비록 무궁하나 형기는 유한하니 우리 사람의 지각이 형기 가운데에서 나온다면 지각이 미치는 것은 진실로 천지 가운데의 사물에 지나지 않을 뿐이다. 그러니 이 천지를 벗어난 것에 대해 지각하기를 구하는 것이 가능하겠는가? 지금 이 천지 사이의 사업도 사람이 다 알고 다 행할 수가 없는데 하물며 이 천지를 벗어나 사업을 이룰 수 있겠는가? 그렇다면 우리 사람이 된 자가 오직 이 리가 무궁하여 형기로써 움켜쥘 수 있는 것이 아닌 것이 있으니 이것이 태극이 무극인 까닭이라는 것을 깨달을 수 있다면 형체가 있고 기가 있는 모든 것의 바깥에 있는 볼 수 없고 들을 수 없는 것이 모두 그 가운데에 있게 될 것이다."

3장

又謂童子曰, 今欲窮天地宇宙於無窮, 而試致思焉, 則有外又有, 大外又大, 高上又高, 深下又深, 固無窮又無窮, 又無窮矣. 其何得以窮之哉? 又何必空馳妄想於無微無據之域, 而勞費吾之精神哉? 豈若反而求之於吾方寸之中乎? 夫無窮者, 無不圍於太極之中矣, 而能會得太極者吾方寸中也. 然則藏至廣至大至高至深者, 孰如吾方寸乎? 吾方寸之中, 有如許廣大高深之妙矣, 而蔽塞之, 汨昧之者, 非人欲乎? 若人欲淨盡, 而天理復明, 則便是依舊本然之全體矣. 童子其能不失赤子之心, 則可以得之矣.

또 동자에게 일러 말하였다. "지금 천지우주의 무궁함을 궁구하고자 하여 시험 삼아 생각을 다한다면 유有 밖에 또 유가 있고 큰 것 밖에 또 큰 것이 있으며 높은 것 위에 또 높은 것이 있고 깊은 것 아래 또 깊은 것이 있어 진실로 무궁하고 또 무궁하며 또 무궁할 것이니 어떻게 다 궁구할 수 있겠는가? 또 하필이면 징험도 없고 근거도 없는 곳으로 헛되이 망상을 내달리게 하여 나의 정신을 피로하게 하고 허비하겠는가? 이 어찌 되돌이켜 나의 방촌 가운데에서 구하는 것만 하겠는가? 저 무궁한 것도 태극 가운데에 둘러싸이지 않은 것이 없으니 내 방촌 가운데에서 태극이라는 것을 깨달을 수 있다. 그렇다면 지극히 넓고

지극히 크며 지극히 높고 지극히 깊은 것을 간직한 것에 어느 것이
나의 방촌만한 것이 있겠는가? 나의 방촌 가운데에 이와 같이 넓고
크고 높고 깊은 미묘함이 있으나 가리어 막아 버리고 골몰시켜 어둡게
하는 것은 인욕이 아니겠는가? 만약 사람이 인욕을 깨끗이 다 없애고
천리를 다시 밝히면 곧 그대로 본연의 전체인 것이다. 동자가 적자赤子의
마음을 잃지 않을 수 있다면 그것을 얻을 수 있을 것이다."

제3장 여헌의 학문관

유 권 종

【해제】

여헌은 주자학을 기반으로 해서 유교의 위기지학爲己之學의 성취를 그의 인생사업의 목표로 삼고 이를 꾸준히 추구한 결과 매우 높은 경지를 성취한 유학자이다. 그는 위기지학을 인생 전반에 걸쳐서 추구해야 하는 사업으로 이해하였고, 그 사업을 다시 도덕사업道德事業 혹은 우주간사업宇宙間事業이라고 규정하였다. 그에 의하면 사업이란 무엇인가 도모하여 일삼아 하고(事) 그 일을 성취할 때까지 지속하는 것(業)을 말한다. 따라서 우주간사업이란 천명이 본성에 부여한 이치(性命之理)를 실현하여서 천지사이의 모든 것이 이 이치에 따라서 운행하도록 인간의 역할을 다하는 것이다. 또 이런 과정을 통해서 모든 일이 순하고 상서롭게 되도록 하고 모든 사람의 마음이 선하게 되도록 하는 도덕사업을 성취하는 것이다. 우주간사업이란 목표를 세워서 여헌은 사업의 영역을 충실하게 채워가고 또한 그 규모를 확실하게 설정하였으며, 그것을 실천하는 과정에서 얻은 사업의 성취와 관련된 중요한 내용과 감회를 진술하는 글을 남겼다. 이에 해당하는 글들은 「만활당부」, 「방촌지존법」, 「표제요어」, 「역학도설서」, 「인심도심설」, 「심설」, 「문설」 등이다. 그리고 성인으로서 공자의 위대함이 우주간사업의 극치를 보여 주는 데 있음을 칭송하고 그것을 통해서 유학적 사업의 궁극적 모델로 삼을 수 있다는 자신의 견해를 보여 주는 글로서 「공성」을 남겼다. 아울러 이전의 다른 성인들이 제帝와 왕王의 지위가 있었던 것과 다르게 공자는 지위가 없었기 때문에 오히려 다른 어느 성인보다도 높은 지위에 있고 가장 부유하고 귀한 인물이었음을 논한 「공자부득위론」을 지었다. 또 「문무일체론」은 문文과 무武는 한 나라를 지키는 데 합하여 일체가 되지 않으면 아니 된다는 이치를 밝힌 글이다.

사실 여헌은 17세부터 『우주요괄첩宇宙要括帖』을 지어서 자신의 학문 목표를 "천하의 으뜸가는 사업을 해서 천하의 으뜸가는 인물이 되는 것"으로

312

설정하고 위기지학의 방법을 통해서 궁극적인 목표에 도달하고자 성실하게 노력한 학자이다. 그 천하의 으뜸가는 인물이 공자와 같은 성인이다. 『우주요괄첩』을 통해서 그가 제시한 위기지학의 방법과 영역을 특히 역학易學을 대체大體로, 다른 모든 학문들을 용用으로 삼는 구도로 재구성하여 만변만화와 만사만물의 이치를 체득하고 성인의 지혜를 얻는 방법을 체계화한 것이 바로 『역학도설』이고 그러한 입장을 피력한 글이 「역학도설서」이다. 여헌은 위기지학을 성취한 모델로서 공자를 극히 존중했고, 공자와 같은 경지에 들어가기 위해서는 무엇보다도 마음의 극極을 잘 세우는 것이 핵심임을 「심설」에서 강조하였다. 극이란 다른 모든 것을 조화시키고 질서를 부여하는 역할이나 기능을 의미한다. 이 글에서 드러나는 여헌의 마음이해에는 마음이 몸의 여러 장부臟腑나 사지백체와 동떨어진 독립된 작용이라고 보지 않고, 마음은 심장의 특수한 작용과 기능이지만 다른 장부의 협조를 얻고 사지백체를 다스리는 군주와 같은 존재라고 설명하는 점이 특징이다. 그리고 「인심도심설」에서는 형기形氣(몸)가 성명性命에 근원하고 성명은 형기에 담겨서 함께 협조하여 작용한다는 점을 근거로 인심과 도심이 실은 한 마음의 두 갈래의 다른 작용이지만, 도道를 떠나서 사私로 나아가는 마음인 인심을 경계하고 정리正理를 따라가는 도심을 추구하는 것이 성학의 가장 중요한 요점임을 밝혔다. 그러므로 곧 인심의 경향을 잠재우고 늘 정밀하게 내면을 살펴서 항상 도심이 자신의 생활을 주도하도록 하며 결과적으로는 우주를 관통하는 이치를 체득하는 길로 나아가는 것이 그의 학문의 주요 방법인 것이다. 이를 위해서 그는 마음을 잘 지키고 간직하는 방법을 「방촌지존법」, 「표제요어」 속에서 밝혔다. 그리고 「문설」에서는 문文이란 도道에 근본한 것으로서 특히 인문人文은 유교의 도에 의한 것이어야 하며, 그것을 통해서야 세상이 질서를 갖추고 궁극적으로는 경천위지經天緯地가 가능하다고 설명한다.

이러한 여헌의 학문은 천지간의 만사만물의 다양한 현상과 실재로 구현

되고 있는 일리―理를 체득하였음을 독백한 「만활당부」에서 그가 성취한 위기지학의 경지를 잘 보여 준다. 「만활당부」의 글은 그가 일리―理를 체득함으로써 마음 자체가 활물이 되었음을 스스로 드러낸 것이며, 이 글을 통해서 그의 학문, 위기지학의 성취를 알 수 있다. 이렇게 보면 여헌은 만년에 이르러 초년에 목적한 천하의 으뜸가는 사업을 성취한 것으로 볼 수 있으며, 그것을 향해 가는 그의 여정을 다양한 기록을 통해서 보여 주었다.

만활당부와 그 서문【萬活堂賦并序】

【소해제】

　『여헌선생문집』권1에 수록되어 있는 이 글은 천지를 가득 채운 만사만물의 현상과 작용은 어느 것도 일리一理의 작용 아닌 것이 없다는 것과 자신의 마음이 그것을 체득함으로써 자신의 마음 역시 활발발活潑潑한 작용을 끊임없이 하는 활물活物이 되었다는 감회를 표출하였다. 여기서 핵심은 자신의 마음이 천지의 일리를 마음의 체로 삼고 그것을 바탕으로 만사만물의 작용과 현상과 소통하는 상태가 되었다는 고백이다. 이는 위기지학의 공부의 결과로서 성취한 경지를 보여 준다.

【원문 및 번역】

　嘗見中庸費隱章, 引鳶飛魚躍之詩而曰, 言其上下察也, 程子以爲子思喫緊爲人處活潑潑地. 所謂活潑潑者, 乃是一本萬殊, 流動充滿, 不容自無, 不容自已, 無空缺無停息者是也. 然此理之在宇宙間者, 何物不然, 何時不然哉. 詩人特以一時所見者, 上有戾天之鳶, 下有躍淵之魚, 故取鳶魚言之也. 而在上者何獨鳶, 在下者何獨魚. 又豈但動物血氣之類, 得是理哉. 凡飛凡潛, 若動若植, 無非此也. 又豈但萬物之類乎. 象於天而爲三光, 形於地而爲五嶽四瀆, 流行於兩間而爲寒暑晝夜風雲雷雨者, 亦無非此也. 然則所謂活潑潑者, 滿天地間皆是也, 顧人不能察其理耳. 人之所以不能察夫是理者, 無他, 自梏於形氣之小, 不能通於理氣之大故也. 不然則棲心空寂, 擬道虛無者, 不知吾心實與天地萬物相爲流通, 而天地萬物之理, 皆具於吾方寸之中, 則其心旣自不能爲活物, 又安知夫盈宇宙者, 皆是此理之活哉. 吾今僻處於山齋, 此身雖是塊然一物, 而其心則實理無所不通, 物無所不括. 故遂以萬活名堂, 而爲自省之地. 苟有以知夫此道之在天地者旣如此, 則在吾身者亦如此, 認在外之活, 反在我之活, 體在我之活, 驗在外之活. 靜而涵動之理, 動而行靜之用, 靜不淪於虛無, 動不流於情欲, 則庶乎不偏不倚, 無過不及, 可上可下, 可行可止, 而中庸之道, 其在是矣. 第不知衰老昏墜者, 其果能否. 遂爲之辭,

最靈吾人, 得血氣而有身, 非枯木之無生. 能知覺而爲心, 豈死灰之無情. 戴無往而非天, 履無適而非地, 目無觸而非物, 手無爲而非事. 惟在在焉皆理, 故見見其都活. 盍可驗於靜觀, 堂用是而揭目. 察夫上下察者, 巖何爲而常立, 澗何爲而不息, 山何爲而高低, 壑何爲而橫直, 林孰使之榮枯, 鳥孰使之飛止, 風何心而往來, 雲何情而滅起, 松千歲於巖角, 菌朝生而不夕. 苟非太極之爲極, 烏能物物兮, 各形其形, 各色其色. 若乃爛錦屛於四圍, 敷化工之妙蘊. 虩驚霅於屯雲, 沛百彙之競奮. 爽涼飇之入牖, 已玉宇之寥廓. 恍洞天之迷茫, 見松崖之騰六. 月纔盈而必虧, 日旣南而復北. 夫何一理之宰運, 紛萬變之迭作. 山中旣云幽邃, 堂自爲之閴寂. 塊對案而窮年, 剩堯夫之觀物. 探鬼神之能事, 翫造化之奇迹. 以言其常兮, 歷萬古而如昨. 以言其變兮, 雖一日而莫測. 自其異者而觀之, 幾巨細之類族. 自其同者而觀之, 孰非性夫天則. 見得及乎所以然之妙兮, 手舞足蹈之不覺. 主人翁飢喫山蔬, 渴飮泉寒, 晝伴黃卷, 夜聽鳴湍. 一今古於閒中, 心乾坤於靜裏, 道已通於形外, 思亦窮乎物始. 卷參三之事業, 付一室之佔畢, 會貫萬之道理, 爲方寸之獨樂. 夫孰知, 窮山裏一茅堂坐臥, 有可以與天地萬物相爲流通, 恒浩浩而洋洋. 到此地頭, 吾堂爲天地耶, 天地爲吾堂耶, 萬物爲我耶, 我爲萬物耶, 今日爲太古耶, 太古爲今日耶. 形分大小, 質分彼此, 時分前後者, 殊之謂兮. 天地自天地, 吾堂自吾堂, 我自我物自物, 今自今古自古也. 大小皆此理, 彼此皆此理, 前後皆此理者, 一之謂兮. 吾堂而天地, 吾身

316

而萬物, 今日而太古也. 此旅翁之假主乎玆堂, 取萬活爲其契活, 曾不自知其貧窶者也. 銘曰,

天地之大德曰生, 生之理流行曰活. 此理一日不流行, 天地不能爲天地, 萬物況得爲萬物. 然則立此天地之中, 首此萬物之上, 盍思有以體會夫此理. 體之伊何, 曰敬而已. 放之則彌六合, 卷之則退藏於密者, 由一敬之終始, 一日不敬, 心死一日, 一刻不敬, 心死一刻. 其心死兮, 生之理息, 勖哉主人, 常令此心活也.

내가 일찍이 『중용中庸』의 비은費隱장을 보니, 연비어약鳶飛魚躍의 시詩[1]를 인용하고 "상하上下의 이치가 잘 드러난 것이다."라고 설명하였는데, 정자程子는 "자사子思가 사람을 위해 긴요하게 깨우친 것으로 활발발活潑潑(생동감이 넘침)한 부분이다" 하였다. 이른바 '활발발'이란 것은 바로 일본만수一本萬殊(하나의 근본으로부터 나와서 온갖 다른 것으로 변화하는 것)로서 흘러 다니면서 가득 채우니 사라지려야 사라질 수 없고 그만두려해도 그만둘 수 없어서 빈틈도 없고 멈춤도 없는 것이다. 그러나 이 이치는 우주 사이에 있는 것이니 어느 물건인들 그렇지 않으며 어느 때인들 그렇지 않겠는가. 시인詩人이 다만 한때에 본 것이 위에는 높이 날아 하늘에 이르는 솔개가 있고, 아래에는 연못에서 수면 위로 뛰어오르는 물고기가 있었다. 그러므로 솔개와 물고기를 취하여 말한 것이다. 그러나 위에 있는 것이 어찌 홀로 솔개뿐이며, 아래에 있는 것이 어찌 홀로 물고기뿐이겠는가. 또 어찌 동물로서 혈기血氣를 지닌 무리만이 이 이치를 얻었겠는가. 모든 날짐승과 물속에 잠겨 있는 종류와 모든 동물과 식물이 이 이치를 얻지 않은 것이 없는 것이다. 또 어찌 다만 만물의 무리뿐이겠는가. 하늘에 모습을 드러내 삼광三光[2]

---

1) 鳶飛魚躍의 詩 : 『시경』 「大雅」 旱麓에 "솔개는 날아 하늘에 이르는데 물고기는 연못에서 뛰논다"(鳶飛戾天, 魚躍于淵)라는 구절이 있다. 이는 곧 솔개는 위로 하늘에 날고 물고기는 아래로 물속에서 뛰놀기 때문에 말한 것이다.
2) 三光 : 세 가지 빛나는 것으로, 곧 日·月·星辰을 가리킨다.

이 되고 땅에 형성되어서 오악五嶽과 사독四瀆[3]이 되며, 천지 사이에 유행하여 추위와 더위, 낮과 밤, 바람과 구름, 우레와 비가 된 것 또한 모두가 그것이다.

그렇다면 이른바 '활발발'하다는 것은 천지 사이를 가득채운 것이 모두 다 그것이다. 다만 사람이 그 이치를 살피지 못할 뿐이다. 사람이 이 이치를 살피지 못하는 까닭은 딴 이유가 있는 것이 아니요, 자신의 작은 몸形氣에 구속되어 리기理氣의 큰 것을 통하지 못하기 때문이다. 그렇지 않은 다른 경우라면 마음을 텅 비고 적막한 곳(空寂)에 깃들게 하여서 도道를 허무虛無한 것으로 여기는 사람들이 자신의 마음이 실로 천지만물과 서로 유통하여 천지만물의 이치가 모두 자신의 마음 속에 갖추어 있음을 알지 못한다. 그렇다면 그 마음이 이미 스스로 살아 움직이는 물건(活物)이 되지 못하니, 또 어찌 우주에 가득한 것이 모두 이 이치의 움직임임을 알겠는가.

내 이제 궁벽하게 산채山齋에 거처하여 이 몸이 비록 흙덩이 같은 한 물건에 불과하나 그 마음은 진실한 이치에 통하지 않음이 없고 사물들 역시 포괄하지 않음이 없다. 그러므로 이런 생각 끝에 집(堂)의 이름을 '만활'이라 하여 스스로 성찰하는 자리로 삼는다.

만일 이 도가 천지에 있는 것이 이와 같음을 안다면 내 몸에 있는 것도 또한 이와 같을 것이니, 밖에 있는 사물의 활발한 이치를 인식하여 자신에게 있는 활발한 이치를 알고, 자신에게 있는 활발한 이치를 체행하여 밖에 있는 사물의 활발한 이치를 징험한다. 정靜할 때에 동動의 이치를 간직하고, 동할 때에 정靜의 용用을 행하여, 정하더라도 허무에 빠지지 않고 동하더라도 정욕에 흐르지 않으니, 편벽되거나 기울지 않으며 과過하지 않고 불급不及하지도 않게 될 터이니, 위로 올라가도 되고 아래로 내려가도 되고, 행하여도 되고 그쳐도 되니, 중용中庸의 도가

---

3) 五嶽과 四瀆 : 다섯 가지 큰 산과 네 가지 큰 물을 가리키는데, 중국에서는 東嶽인 泰山, 西嶽인 華山, 南嶽인 霍山, 北嶽인 恒山, 中嶽인 衡山을 오악이라 하였으며, 揚子江, 黃河, 淮水, 濟水를 사독이라 하였다.

(어떻게 하든 간에) 항상 함께할 것이다. 다만 늙어서 기운이 쇠하고 혼미해진 자가 과연 이것을 잘할지 알 수 없지만 생각 끝에 다음과 같은 사辭를 짓는다.

가장 영특한 우리 인간은 / 最靈吾人
혈기를 얻어 몸을 소유하니 / 得血氣而有身
마른 나무처럼 생명이 없는 것이 아니며 / 非枯木之無生
알고 깨달아 마음을 쓰니 / 能知覺而爲心
어찌 꺼져버린 재처럼 아무런 마음이 없겠는가 / 豈死灰之無情
머리 위에 이고 있는 것은 하늘 아닌 것이 없으며 / 戴無往而非天
발로 밟고 있는 것은 가는 곳마다 땅이라오 / 履無適而非地
눈으로 보는 것마다 물건 아닌 것이 없으며 / 目無觸而非物
손으로 하는 것마다 일 아닌 것이 없다오 / 手無爲而非事
오직 존재하는 곳마다 다 이치이니 / 惟在在焉皆理
이 때문에 보는 것마다 모두 활발하다오 / 故見見其都活
고요히 살펴보아야 더욱 체험할 수 있으니 / 益可驗於靜觀
당호를 이것으로 걸어놓았네 / 堂用是而揭目
저 "위와 아래에 잘 드러났다"는 구절을 음미하라 / 察夫上下察者
바위는 어이하여 항상 서 있으며 / 巖何爲而常立
시냇물은 어이하여 쉬지 않고 흐르는가 / 澗何爲而不息
산은 어찌하여 높고 낮으며 / 山何爲而高低
골짝은 어찌하여 옆으로 뻗고 높이 위로 솟았는가 / 壑何爲而橫直
숲의 나무는 누가 꽃피고 시들게 하며 / 林孰使之榮枯
새는 누가 날고 멈추게 하는가 / 鳥孰使之飛止
바람은 무슨 마음으로 오고 가며 / 風何心而往來
구름은 무슨 정으로 사라졌다 피어나나 / 雲何情而滅起
소나무는 바위 모서리에 천년을 버티고 / 松千歲於巖角
버섯은 아침에 났다가 저녁에 없어지네 / 菌朝生而不夕

만일 태극이 법이 되지 않는다면 / 苟非太極之爲極

어찌 물건이 물건이 되어서 / 烏能物物兮

각자의 모습을 나타내고 / 各形其形

각자의 색깔을 발하는 것일까 / 各色其色

(봄이면) 사방에 찬란한 비단을 둘러쳐서 / 若乃爛錦屛於四圍

조화의 오묘함 다 펼치며 / 敷化工之妙蘊

(여름이면) 뭉친 구름 속의 우렛소리에 놀래키고 / 虩驚雷於屯雲

온갖 물건 다투어 분발하게 하네 / 沛百彙之競奮

(가을이면) 서늘한 바람 불어넣어 시원하게 해 주고 / 爽涼飈之入隔

하늘을 고요하고 넓게 해 준다오 / 已玉宇之寥廓

(겨울이면) 골짝의 아득함은 더욱 아득하여 / 恍洞天之迷茫

소나무 우뚝한 절벽에 눈발 날리는 것을 보여 주네 / 見松崖之騰六[4]

달은 차고 나면 바로 이지러지고 말며 / 月纔盈而必虧

해는 남쪽으로 가면 북쪽으로 돌아오지 / 日旣南而復北

저 어떤 하나의 이치가 운행을 주관하여 / 夫何一理之宰運

여기저기 온갖 변화가 번갈아 일어나지만 / 紛萬變之迭作

산중이 이미 그윽하니 / 山中旣云幽邃

당은 절로 조용하네 / 堂自爲之闃寂

우두커니 책상 마주하고 한 해를 보내며 / 塊對案而窮年

소옹[5]이나 된 듯 사물을 관찰하네 / 剩堯夫之觀物

귀신이라야 해내는 일을 탐구하며 / 探鬼神之能事

조화의 기이한 자취 찾아보네 / 覘造化之奇迹

그로써 떳떳한 이치를 말하면 / 以言其常兮

만고를 지나도 어제와 같이 변함없고 / 歷萬古而如昨

그로써 변하는 이치를 말하면 / 以言其變兮

---

4) 滕六 : 전설에서 말하는 눈의 신(雪神) 이름. 唐 牛僧孺, 『玄怪錄』 「蕭志忠」 참조.

5) 邵雍(1011~1077) : 북송시대 유학자, 字는 堯夫. 「觀物篇」, 「漁樵問答」, 『伊川擊壤集』, 「先天圖」, 「皇極經世」 등의 저술을 남김.

비록 하루처럼 짧은 시간이라도 측량할 수 없구나 / 雖一日而莫測

각기 다르다는 것으로부터 관찰하면 / 自其異者而觀之

큰 것과 작은 것의 부류를 세어보고 / 幾巨細之類族

모두 같다는 것으로부터 관찰하면 / 自其同者而觀之

어느 것인들 그 성이 하늘의 법칙 아니겠나 / 孰非性夫天則

소이연6)의 묘한 이치까지 알게 되니 / 見得及乎所以然之妙兮

자신도 모르게 손으로 춤추고 발로 뛴다오 / 手舞足蹈之不覺

주인옹은 배고프면 산나물 먹고 / 主人翁飢喫山蔬

목마르면 차가운 샘물 마시며 / 渴飮泉寒

낮에는 서책을 대하고 / 晝伴黃卷

밤이면 여울물소리 듣는다오 / 夜聽鳴湍

한가로운 가운데 예와 지금 하나로 꿰어서 / 一今古於閒中

고요한 속에 건곤의 이치 생각하니 / 心乾坤於靜裏

도는 이미 형체의 밖을 통하고 / 道已通於形外

사물의 시초까지 생각해 보네 / 思亦窮乎物始

삼재三才에 참여하는 사업7) 거두어 / 卷參三之事業

한 방의 도서圖書에 부쳐 두며 / 付一室之佔畢

만 가지를 꿰뚫는 도리 모아 / 會貫萬之道理

나만이 아는 마음의 즐거움으로 삼으니 / 爲方寸之獨樂

그 누가 알겠는가 / 夫孰知

궁벽한 산속 한 초가에 앉았다가 누우면서 / 窮山裏一茅堂坐臥

천지 만물과 서로 유통할 수 있어서 / 有可以與天地萬物相爲流通

항상 너르고 충만하다는 것을. / 恒浩浩而洋洋

이러한 경지에 이르면 / 到此地頭

나의 집이 천지인가 / 吾堂爲天地耶

---

6) 所以然 : 성리학에서 만물의 존재와 생성의 근원적 이유를 가리키는 개념.

7) 삼재의 사업은 하늘과 땅과 사람의 사업이며, 이는 만물을 낳고 기르는 천지의 사업에 인간이 참여하는 것을 말함.

천지가 나의 집인가 / 天地爲吾堂耶

만물이 나인가 / 萬物爲我耶

내가 만물인가 / 我爲萬物耶

금일이 태고인가 / 今日爲太古耶

태고가 금일인가 알 수 없네 / 太古爲今日耶

형체가 크고 작음으로 나뉘고 / 形分大小

바탕이 저것과 이것으로 나뉘며 / 質分彼此

때가 앞뒤로 나뉘는 것을 / 時分前後者

수殊라고 이른다 / 殊之謂兮

하늘과 땅은 각자 하늘과 땅이요 / 天地自天地

나의 집 역시 나의 집이라 / 吾堂自吾堂

나는 나이고 물건은 물건이며 / 我自我物自物

지금은 지금이고 옛날은 옛날이라오 / 今自今古自古也

크고 작은 것이 모두 한 이치이고 / 大小皆此理

저것과 이것이 모두 한 이치이며 / 彼此皆此理

앞과 뒤가 모두 한 이치인 것을 / 前後皆此理者

일一이라고 이른다 / 一之謂兮

나의 집이 바로 천지이고 / 吾堂而天地

나의 몸이 바로 만물이며 / 吾身而萬物

금일이 바로 태고라오 / 今日而太古也

이는 여헌노인旅軒老人이 이 집에 임시 주인이 되고 / 此旅翁之假主乎玆堂

'만활'을 취해 깊은 뜻을 두어 / 取萬活爲其契活

일찍이 스스로 가난함을 모르는 이유라오 / 曾不自知其貧妻者也

다음과 같이 명한다 / 銘曰

천지의 큰 덕은 물건을 낳는 것이며 / 天地之大德曰生

낳는 이치가 유행함을 '활活'이라 하네 / 生之理流行曰活

이 이치는 하루만 유행하지 않으면 / 此理一日不流行

천지가 천지가 되지 못하니 / 天地不能爲天地

하물며 만물이 만물이 될 수 있겠는가 / 萬物況得爲萬物

그렇다면 이 천지의 가운데에 서서 / 然則立此天地之中

이 만물의 우두머리가 되어 / 首此萬物之上

이 이치 알고 체행할 것을 생각하지 않겠는가 / 盍思有以體會夫此理

체행은 어떻게 하여야 하는가 / 體之伊何

경敬 한 가지 뿐이라오 / 曰敬而已

풀어놓으면 육합에 가득하고 / 放之則彌六合

거두면 은밀한 이치에 감추어진다 / 拳之則退藏於密者

한 경으로 말미암아 공부의 시작과 끝이 이루어지니 / 由一敬之終始

하루라도 공경하지 않으면 / 一日不敬

하루 동안 마음이 죽게 되고 / 心死一日

한 시각이라도 공경하지 않으면 / 一刻不敬

한 시각 동안 마음이 죽으니 / 心死一刻

마음이 죽으면 / 其心死兮

낳는 이치가 종식되는 법 / 生之理息

주인은 부디 노력하여 / 勖哉主人

항상 이 마음 살아 있게 하라 / 常令此心活也

방촌지존법【方寸持存法】

【소해제】

『여헌선생속집』권5에 수록된 글이다. 여헌의 공부는 마음이 사욕에 물들지 않고 얽매이지 않도록 하고 또 사사로운 생각을 조금이라도 지니지 않도록 하는 것이다. 대신 만사를 종합하고 꿰뚫어 온갖 묘한 이치를 통하여 만사의 맥락에 통하도록 하는 것이다. 이를 위해서는 사려와 지각의 능력을 최대한 기르는 것, 그리고 그것을 통해서 지혜를 얻는 것이 필요하다. 그리고 그러한 궁극적 상태를 그는 마음의 태허太虛라고 표현한다.

【원문 및 번역】

淨淨瑩瑩, 無籤毫私累, 廓廓浩浩, 絶一端邪思, 綜綜貫貫, 萬妙無不通矣, 條條脈脈, 萬緒無不備矣. 其於事物, 則不隨其旣往而復有所留滯, 不逆其未來而先有所期待, 至其方到, 則又不隨其當前而偏繫. 其於道理, 則思慮所及者, 必極於無始, 無始之前, 其有始乎. 知覺所該者, 必極於無終, 無終之後, 其有終乎. 至於上下四方, 則明睿所達者, 又必極於無際, 無際之外, 其有際乎. 此乃吾必中一太虛也.

깨끗하고 깨끗하며 밝고 밝아 사욕私慾에 얽매임이 털끝만큼도 없고, 넓고 넓으며 트이고 트여 한 가닥의 사사로운 생각이라도 모두 끊어버리며, 만사를 종합하고 꿰뚫어 온갖 묘한 이치(妙理)를 통하지 않음이 없고, 만사의 가닥과 맥락脈絡을 확보하니 온갖 단서를 갖추지 않음이 없다. 마음이 사물에 대해서는 지나가 버린 것을 뒤쫓아 가서 다시 마음속에 집착(留滯)하지 않고 아직 오지도 않은 미래를 헤아려 실제에 앞서서 기대하는 바를 갖지 않는다. 사물이 다가오게 되면 또 그 전에 담당한 방식을 따르다가 편벽되게 얽매이지 말아야 한다. 마음이 도리에 대해서는 사려思慮로써 헤아릴 수 있는 것은 반드시 무시無始(시작이 없음)까지 도달하여야 한다. 시작이 없는 상태의 앞에 어찌 시작이 있겠는가. 지각知覺으로써 포괄할 수 있는 것은 반드시 무종無終(더 이상 마무리가 없음)까지 포괄하여야 한다. 더 이상 마무리가 없는 상태의 뒤에 어찌 또 다른 마무리가 있겠는가. 상하上下와 사방四方에 이르러서는 밝은 지혜로 도달할 수 있는 것은 또 반드시 무제無際(한이 없음)에까지 극하여야 하니, 한이 없는 것의 밖에 어찌 또 다른 한계가 있겠는가. 이것이 바로 나의 마음 속의 한 태허太虛1)인 것이다.

---

1) 태허란 마음이 어느 것에도 이끌리거나 방해받지 않고 자유로운 상태, 즉 거울같은 명징한 상태를 의미함.

표제요어【標題要語】

【소해제】

　　남아로서 추구해야 할 사업을 성취하고자 할 때 핵심적 방법들을 열거하
고 그 중요한 의미를 풀이하여 참고하도록 한 글로, 『여헌선생속집』 권5에
실려 있다. 이 글은 진실(眞), 비움(虛), 고요함(靜), 곧음(貞), 맑음(淸), 겸손(謙),
검소(儉), 경敬과 성誠, 체행體行, 도덕道德, 어버이에 대한 사랑과 공경, 아랫사람
에 대한 자애와 위엄, 마음의 주재, 계신戒愼과 공구恐懼 및 중화中和 등을
원리와 방법으로 삼아서 우주간사업을 지속해야 함을 간략하게 밝혔다.

【원문 및 번역】

　　眞爲萬善之宗, 一爲萬數之首, 虛爲萬實之府, 靜爲萬化之基, 貞爲
萬事之榦, 淸爲萬物之高, 謙爲萬益之柄, 儉爲萬福之原.

　　如山不動. 不動之中, 有不息之功, 不動則不息者益强.

　　如川不息.. 不息之際, 有不動之體, 不息則不動者益確.

　　敬敵千邪, 誠消萬僞.

　　博學反躬, 深體服膺.

　　凝道, 順理之謂道, 凝非口耳之所到. 畜德, 積善之謂德, 畜非朝夕之可能.

　　奉親, 愛敬兩至, 御下, 慈嚴竝施.

　　通天地, 契造化, 一古今, 貫事物, 格鬼神, 化木石, 其機都在方寸中靜
一虛明眞宰, 是戒愼恐懼而謹獨, 中和位育爲能事.

326

學問道德日通透, 事業文章月成就, 災殃妖蠱霜見暘, 毁謗怨咎燎逢雨.

男兒生於天地, 當以宇宙間事業爲己任, 不可以身邊眼前際之, 又不可以一日一歲一世限之. 嗚呼, 爲此兩間之男兒者, 亦幾人哉, 爲斯人而能察得及此理者, 有幾人哉.

진眞은 모든 선善의 으뜸이 되고 일一은 모든 수數의 머리가 되며, 허虛는 온갖 진실實이 모여드는 곳府庫이 되고 고요함靜은 모든 조화가 발생하는 터전이 된다. 곧음貞은 모든 일을 지탱하는 줄기가 되고 맑음淸은 온갖 사물을 고상하게 해 주며, 겸손함謙은 온갖 유익함을 낳는 자루柄가 되고 검소함儉은 모든 복의 근원이 된다.

산山처럼 움직이지 않아야 한다. 움직이지 않는 가운데 그치지 않는 공부가 있어야 하니, 움직이지 않으면 그치지 않는 것이 더욱 강해진다. 냇물처럼 그치지 않아야 한다. 그치지 않는 시간에 움직이지 않는 체體가 있으니, 그치지 않으면 움직이지 않는 것이 더욱 확고해진다.

경敬은 온갖 사악함을 대적하고, 성誠은 온갖 거짓을 소멸한다.

널리 배워서 자기 자신이 배운 대로 하는가 살피며, 깊이 몸소 행하여體行 가슴속에 새겨 둔다.

도道를 응집하고, 이치대로 함을 도라 이르니, 도를 응집함은 귀로 듣고 입으로 말한다고 완성되는 것이 아니다.

덕德을 쌓는다. 선한 일을 지속하여 누적하는 것을 덕이라 하니, 덕을 쌓음은 일조일석에 가능한 것이 아니다.

어버이를 받들 적에 사랑과 공경을 양자를 모두 지극하게 하고, 아랫사람을 통솔할 적에 자애와 위엄을 아울러 베푼다.

천지天地에 통하고 조화의 이치를 알며 고금古今의 온갖 사물을 하나의 이치로 꿰며 귀신을 오게 하고 목석木石을 감화함은 그 기틀이 모두 방촌方寸 가운데 고요하고 전일專一하고 허虛하고 밝은 가운데 발휘되는 참다운 주재主宰에 달려 있으니, 경계하고 삼가며(戒愼), 걱정하고 두려워하면서(恐懼), 홀로 아는 것에 대해서 삼가며 중中·화和를 이루어 천지가 제자리를 잡고 만물이 그 안에서 자라도록 하는 것을 마음이 잘하는 일(能事)로 삼는다.

학문과 도덕이 날로 통달하고 사업과 문장이 다달이 성취되면 재앙과 요얼妖孼은 서리가 햇볕을 본 것처럼 사라지고 훼방과 원망은 불이 비를 만난 것처럼 사라진다.

남아가 천지에 태어나면 마땅히 우주 사이의 사업을 자신의 임무로 삼아야 하니 신변身邊과 목전의 일로 국한하지 말고 또 하루나 일 년이나 한 대代로 한정하지 말아야 한다. 아, 천지 사이에 남아가 된 자가 또 몇 사람이겠는가. 그리고 이 사람이 되어, 이 이치를 살필 수 있는 자가 또 몇 사람이나 되겠는가.

공성【孔聖】

【소해제】

이 글은 명나라에서 이전의 공자에게 부여했던 모든 관작을 제거하고 다만 선사선성先師先聖이라는 칭호만을 위판에 쓴 것을 기리는 글이다. 『여선선생문집』 권7에 실려 있으며, 공자가 가장 위대한 성인으로 존경받는 이유를 공자의 사업성취라는 의미에서 논하고 있다. 여헌은 공자를 삼황오제보다도 위대한 성인으로 간주한다. 그 이유는 인간의 본성을 극진히 발휘하고 천명에 도달하여 천지의 도에 맞추어 살도록 하는 가르침을 만세에 영원하게 전할 수 있는 사업을 했다는 점에 있다. 공자 사후 천백 년이 지난 여헌의 시대에도 사람들이 마음으로 삼아야 하는 성이 있고 몸으로 삼아야 하는 도가 있음을 알아서 인륜도덕을 잃지 않도록 해 준 것이 바로 공자의 위대한 업적임을 이 글은 잘 밝힌다.

【원문 및 번역】

天生孔子, 旣隆大其道德, 而乃不畀之以其位者, 豈偶然而然哉. 固以理有不得不然者也. 何以言之. 蓋此理之爲太極者, 本自無極焉, 而氣之出於此理者, 必有以配乎此理, 準乎此極, 則於是乎, 理而氣, 氣而形者. 又必有以天於上, 地於下, 人於其中, 而三才具矣. 才者, 合理氣爲造化致事業之謂也. 事業者, 行盡其道之謂也. 故三才莫不有其事業, 然後三才之道盡矣. 然則天有天之事業, 地有地之事業, 人有人之事業矣. 而三才闕一才, 則宇宙不宇宙矣. 故天地雖盡其在天在地之事業, 而必待吾人能盡其在人之事業, 然後天地事業, 得成其事業, 而宇宙得

爲宇宙焉, 則吾人事業, 大參三才, 重貫三才者, 爲如何哉. 所謂吾人事
業者, 便是盡性至命, 裁成輔相, 參贊位育之道也. 其事業, 卽三皇之所
皇, 五帝之所帝, 三王之所王者是也, 故有天地人物矣. 而上古無三皇
不得也, 中古無五帝不得也, 唐虞以下, 無三王不得也. 無三皇則孰盡
夫此道之爲性者乎, 無五帝則孰盡夫此道之爲德者乎, 無三王則孰盡
夫此道之爲權者乎. 三王去而入于霸, 則道非心出, 而事業不得不卑
矣. 此道之爲性爲德爲權, 使宇宙爲宇宙者, 不幾於亡乎. 若於此時, 不
有孔子, 則宇宙間三才之道, 孰爲之扶植闡明, 萬世如一日哉. 此所以
太極之不得不生孔子於三王之後者也. 然則三皇亡而三皇之道得不
亡者, 有五帝以傳之也, 五帝亡而五帝之道得不亡者, 有三王以傳之
也, 三王亡而三王之道得不亡者, 畢竟有孔子以傳之也. 設孔子不生於
三王之後, 則後世誰知三王之道, 本於五帝, 五帝之道, 本於三皇, 三皇
之道, 本於太極哉. 夫以此道行之當世, 乃有道有位者事業也. 然而有
位者之事業, 止於一時. 故三皇之道, 行於三皇之世而止, 五帝之道, 行
於五帝之世而止, 三王之道, 行於三王之世而止焉. 止者, 謂其規模條
例也. 道之在性者, 則非止也. 此皆一時之事業. 若以此道揭示流行於
萬世者, 惟有道無位者能之也. 有道無位者, 固亦心三皇之心, 德五帝
之德, 道三王之道, 而顧其身不居三皇五帝三王之位, 則此道無從可行
於一世. 故必爲之著書立言, 以垂於後世. 惟其所著之書, 皆三皇五帝
三王之道之所載也, 所立之言, 皆三皇五帝三王之聖之心法也. 三皇五
帝三王之所心所德所道, 卽無極太極之理也. 然則孔子之道流行於萬
世者, 不但三皇之所以皇, 五帝之所以帝, 三王之所以王之道也, 卽亦
天所以天, 地所以地, 太極之所以無極者也. 此乃大聖事業, 實乃滿宇
宙終天地而無窮者也. 夫如是則其道德其事業, 卻是三皇之所不能盡
於皇, 五帝之所不能盡於帝, 三王之所不能盡於王, 天所不能盡覆, 地
所不能盡載者矣. 其爲弘大永久, 不可言形, 不可記盡者, 其果有可譬
者乎. 此當與天同其高明, 與地同其博厚, 日月同其光, 四時同其常. 至

今千百載之下, 人知有所心之性, 所身之道, 父父子子, 兄兄弟弟, 夫夫婦婦, 朋友爲朋友者, 其誰之敎化歟. 此乃無位之位, 不業之業. 非可以人爲而酬其萬一也, 況可爵之名之乎. 有誰得以任其口而稱之, 用其手而陞之哉. 多見其不自量也. 嗚呼盛哉, 乃至我大明朝, 始發此理, 始建此議, 痛革前古所加之爵, 而止以先師先聖之號, 題于位版, 則此豈非萬古之一快哉.

하늘이 공자孔子를 낳은 뒤 그의 도덕道德을 높고 크게 하였으나 그에 합당한 높은 지위를 주지 않은 것은 어찌 우연히 그러한 것이겠는가. 진실로 이치에 그렇게 하지 않을 수 없음이 있었기 때문이다. 어째서 이렇게 말하는가? 이 리理가 태극太極이 된 것은 본래 무극無極으로부터 왔는데, 기氣가 이 리理에서 나온 것은 반드시 이 리理에 배합함이 있고 이 극極에 맞음이 있어서이니, 이에 리理이면서 기氣가 되고 기이면서 형形이 되는 것이다.

그리고 또 반드시 위에 하늘이 있고 아래에 땅이 있고 그 가운데에 사람이 있어 삼재三才가 갖추어진다. 재才라는 것은 리기理氣를 합하여 조화를 이루고 사업事業을 성취함을 말한다. 사업이란 그 도를 남김없이 모두 행함을 말한다. 그러므로 삼재는 각각 자기의 사업을 가지지 않은 것이 없으니, 각각의 사업을 한 뒤에야 삼재의 도를 다하는 것이다. 그렇다면 하늘은 하늘의 사업이 있고 땅은 땅의 사업이 있고 사람은 사람의 사업이 있는 것이다. 그러나 삼재 중에 하나의 재라도 빠지면 우주는 실상 우주가 되지 못한다. 그러므로 하늘과 땅이 각각 하늘에 있어서의 사업과 땅에 있는 사업을 다한다 하더라도 반드시 우리 인간이 사람이 해야 할 사업을 다하여야만, 하늘과 땅의 사업이 자신들의 사업을 이루고 우주가 우주로 될 수 있는 것이다. 그러하니 우리 인간의 사업이 규모의 크기로는 삼재에 참여하고 소중하기로는 삼재를 꿰뚫고 있는 것이니 어떠한 것이 그만한 것이 있을까?

이른바 우리 인간의 사업이란 것은 곧 본성本性을 극진히 발휘하고 천명天命에 도달하여, 천지의 도에 맞추어 넘치는 것을 마름질(裁成)하고 모자란 것을 보완(輔相)함으로써,[1] 천지가 제자리를 잡고 만물을 그 사이에서 기르는 사업(位育)[2]에 참여하고 돕는 도이다. 그 사업은 곧 삼황三皇이 삼황이 되고 오제五帝가 오제가 되고 삼왕三王이 삼왕이 된 것[3]이 이것이니, 때문에 하늘과 땅과 사람과 물건이 존재하였던 것이다. 그러나 상고上古에 삼황이 없었으면 그렇게 되지 못하였을 것이고 중고中古에 오제가 없었으면 그렇게 되지 못하였을 것이고 당우唐虞 이후에는 삼왕이 없었으면 그렇게 되지 못하였을 것이다.

삼황이 없었으면 누가 이 도가 성性이 되도록 극진히 실천하였을 것이며, 오제가 없었으면 누가 이 도가 덕德이 되도록 극진히 실천하였을 것이며, 삼왕이 없었으면 누가 이 도가 권도權道가 되도록 극진히 실천하였을 것인가. 삼왕의 시대가 지나가고 오패五霸[4]의 시대에 들어와서는 도가 진심에서 나오지 아니하여 사업이 비속하게 되지 않을 수 없었으니, 이 도가 성性이 되고 덕德이 되고 권도가 되어 우주로 하여금 우주가 되게 하는 사업은 거의 없어지려고 하였다.

만약 이러한 때에 공자가 없었더라면 우주 사이에 삼재의 도를 누가 붙잡아 세우고 천명闡明하여 만세萬世처럼 장구한 시간을 마치 하루가 지나는 것처럼 하였겠는가. 이것이 태극이 삼왕의 뒤에 공자를 세상에 내지 않을 수 없었던 이유인 것이다.

그러므로 삼황이 죽었으나 삼황의 도가 망하지 않은 것은 오제가 그것을

---

1) 천지의 도를 輔相하며 : 『周易』泰卦 象傳에 보이는 내용으로, 裁成은 지나친 것을 억제하는 것이며, 보상은 부족한 것을 보충하는 것이다.

2) 천지의 位育 : 位는 천지가 자리를 편안히 하는 것이며 育은 만물이 잘 길러지는 것으로, 『中庸』에 "中과 和를 지극히 하면 천지가 자리를 편안히 하고 만물이 잘 길러진다"(致中和, 天地位焉, 萬物育焉) 하였다.

3) 三皇이…… 삼왕이 된 : 모두 옛날의 훌륭한 군주로 삼황은 伏羲·神農·黃帝이고, 五帝는 少昊·顓頊·帝嚳·帝堯·帝舜이며, 삼왕은 夏의 禹王, 商의 湯王, 周의 文王·武王이다.

4) 五霸 : 春秋時代 다섯 명의 霸者로 齊의 桓公, 晉의 文公, 宋의 襄公, 秦의 穆公, 楚의 莊王을 가리킨다.

전할 수 있었기 때문이요, 오제가 죽었으나 오제의 도가 망하지 않은 것은 삼왕이 그것을 전할 수 있었기 때문이요, 삼왕이 죽었으나 삼왕의 도가 망하지 않은 것은 필경 공자가 그것을 전할 수 있었기 때문이다. 설령 공자가 삼왕의 뒤에 태어나지 않았더라면 후세에 누가 삼왕의 도가 오제에 근본을 두었고 오제의 도가 삼황에 근본을 두었고 삼황의 도가 태극에 근본을 두었음을 알겠는가.

이 도를 당세에 실행하는 것은 도가 있고 지위가 있는 자의 사업이다. 그러나 지위가 있는 자의 사업은 한때에 그치고 만다. 그러므로 삼황의 도는 삼황의 시대에만 행하고 그쳤고, 오제의 도는 오제의 시대에만 행하고 그쳤고, 삼왕의 도는 삼왕의 시대에만 행하고 그쳤다. 그쳤다는 것은 그 규모規模와 조례條例가 그쳤다는 것이지 성性에 있는 도가 그치는 것은 아니니, 이는 모두 한때의 사업이다. 만약 이 도를 만세에 높이 들어 보여 주어 유행하게 하는 것은 오직 도가 있으나 지위는 없는 자만이 할 수 있는 것이다.

도가 있으나 지위는 없는 자는 역시 본디 삼황의 마음을 자신의 마음으로 삼고, 오제의 덕을 자신의 덕으로 삼고, 삼왕의 도를 자신의 도로 행하지만, 다만 그 몸이 삼황, 오제, 삼왕의 지위에 있지 않은 까닭에 이 도를 자신이 사는 세상에 행할 길이 없음을 알게 된다. 그러므로 반드시 이를 위하여 글을 짓고 말씀을 세워서 후세에 가르침을 전하는 것이다. 오로지 그가 지은 책은 모두 삼황, 오제, 삼왕의 도를 실은 것이요, 세운 말씀은 모두 삼황, 오제, 삼왕이라는 성인聖人의 마음쓰는 법(心法)이니, 삼황, 오제, 삼왕이 마음으로 삼고 덕으로 여기고 도로 여긴 것은 바로 무극과 태극의 이치인 것이다.

그러므로 공자의 도가 만세에 유행하는 것은 비단 삼황이 삼황이 되고 오제가 오제가 되고 삼왕이 삼왕이 되는 도일 뿐만이 아니라 바로 하늘이 하늘이 되고 땅이 땅이 되고 태극이 무극이 되는 까닭이다. 이것이 곧 대성인大聖人의 사업으로서 실로 우주를 가득 채우고 천지가 끝나도록 해도 끝없이 계속되는 것이다.

이와 같다면 그의 도덕과 그의 사업은 도리어 삼황이 삼황으로서 다하지 못하고 오제가 오제로서 다하지 못하고 삼왕이 삼왕으로서 다하지 못한 것이며, 하늘도 다 덮지 못하고 땅도 다 싣지 못하는 것이다. 그 대단히 크고 영구함은 말로 형용할 수도 없고 모두 기록할 수도 없으니, 어느 것이 과연 여기에 비유할 만한 것이 있겠는가. 이는 마땅히 하늘과 그 높고 밝음(高明)이 똑같고 땅과 그 너르고 두터움(博厚)이 똑같으며 일월日月처럼 그 광채가 빛나고 사시四時가 순환하는 것처럼 한결같은 것이다.

지금 천백 년이 지난 뒤에도 사람들이 마음으로 삼아야 하는 성性과 몸으로 삼아야 하는 도가 있음을 알아서, 아버지는 아버지 노릇을 하고 자식은 자식 노릇을 하며, 형은 형 노릇을 하고 아우는 아우 노릇을 하며, 남편은 남편 노릇을 하고 부인은 부인 노릇을 하며, 벗이 벗이 되는 것이 그 누구의 교화이겠는가. 이것이 바로 지위가 없는 지위이자 사업삼아 하는 사업이 아닌 것이다. 사람이 하는 경우에는 만에 하나라도 제대로 응할 수 있는 것이 아니니, 하물며 작위爵位를 주고 이름을 붙일 수 있는 것이겠는가. 어느 누가 입에서 나오는 대로 작위를 칭하며 손을 써서 높이 들어 올릴 자가 있겠는가. 이는 다만 스스로 분수를 헤아리지 못함을 드러낼 뿐이다.

아! 훌륭하다. 마침내 명明나라에 이르러 처음으로 이 이치를 발명하고 처음으로 이 의논을 세워서, 전고前古에 공자에게 가하였던 관작을 통렬히 없애고 다만 선사선성先師先聖이라는 칭호만을 위판位版에 썼으니, 이 어찌 만고에 영원히 기분 좋은 일이 아니겠는가.

공자부득위론【孔子不得位論】

【소해제】

이 글은 『여헌선생문집』 권10에 수록된 글로, 삼황오제들이 제왕의 지위를 지닌 것과는 다르게 공자는 그러한 지위가 없음에도 불구하고 만세의 지위를 얻었다고 하는 이유를 밝힌다. 특히 공자는 춘추시대의 어지러운 세상에 나서 천하에 인륜의 도리를 밝히고, 그것을 만세에 영원토록 지속되도록 한 공이 다른 어느 성인의 공보다도 위대한 것이라고 여헌은 논한다. 아울러 공자 이전의 성인들의 사업과 공적이 공자로 인하여 빛나게 되었다는 점도 그렇게 보는 중요한 이유임을 그는 밝힌다.

【원문 및 번역】

論曰; 天之生聖人也, 必有意焉, 蓋將以行其道施其德, 致位育之事業, 使天下得以爲天下也. 設令有天地萬物, 而不有聖人者生乎其間, 以盡其能事, 則天不得爲天, 地不得爲地, 萬物不得爲萬物, 何獨斯人不得爲人而已哉. 然則天之所以生聖人者, 乃可知矣. 夫旣有聖人, 而聖人之所以得盡其能事者, 以其有位也. 故有聖人則必有其位者, 豈非常道也哉. 然而有宇宙來, 天地間大勢, 自有古今前後之不同者焉. 其勢有必可以位一時之天地, 育一時之萬物, 使一時之天下, 得爲天下者, 則天必生聖人於此時, 乃畀之以一時之位, 使盡夫一時之能事焉. 其勢或有必可以位萬世之天地, 育萬世之萬物, 而使萬世之天下, 得不失爲天下者, 則天又必生聖人於此時, 不畀之以一時之位, 而乃畀之以萬世之位, 使盡夫萬世之能事焉. 其所以或得一時之位, 或得萬世之位者, 卽莫非天之爲之也. 人徒知一時之位之爲位, 而不知萬世之位之爲大位也. 又徒知一時之位之可榮, 而不知萬世之位之爲至榮也. 故有位之位, 其高可測, 其大可限也, 無位之位, 其高也莫測, 其大也不限. 此豈非宇宙間無窮莫大之位乎. 惟吾夫子, 乃得有是位焉, 其可以不得位言之哉. 若以一時之位考之, 則三代以前之聖人, 莫不有是位焉. 生三皇於上古之世, 使之位上古之天地, 育上古之萬物, 而使上古之天下, 得以爲上古之天下焉. 生五帝於上古以後三代以前之世, 使之位上古以後之天地, 育上古以後之萬物, 而使上古以後之天下, 得以爲上古以後之天下焉. 生三王於三代之世, 使之位三代之天地, 育三代之萬物, 而使三代之天下, 得以爲三代之天下焉. 豈非三代以前, 則宇宙之大氣數, 方大旺於其時, 而陽明之氣長盛, 陰濁之氣鮮發. 故聖人代作, 或一時而並生, 或繼世而生焉, 久不過五百年而生焉. 天地間大勢, 止可以位一時之天地, 育一時之萬物, 使一時之天下, 得爲天下則足矣. 此乃三代以前, 天之所以生一聖人, 必畀之以一時之位, 而俾盡一時之能事焉者也. 至於春秋之世, 則宇宙之大氣數, 已衰歇矣. 陽明之氣, 不復得長盛, 而陰濁之氣, 反爲之大旺, 則萬世之天地, 自是而將否塞矣, 萬世之萬物, 自是而將殘滅矣, 而萬世之天下, 將不復得爲天下矣. 然則天於是時, 只念夫一時之天下, 而不念夫萬世之天下乎. 旣念夫萬世之天下, 而欲令萬世之天下, 得不失爲天下於萬世, 則不有天縱之大聖而其能之乎. 此天之所以必生前古所未有之夫子於春秋之世, 畀之以前古所未有之位於夫子之身, 而使之做前古所未有之事業於萬世, 則天之意, 不亦遠且深乎. 使夫子不得一時之位, 而得萬世之位, 故萬世之下, 天得而爲天, 地得而爲地, 人得而爲人, 物得而爲物, 而天下至今爲天下矣. 使夫子而止得一時之位, 則一時之天地, 固可位焉, 而萬世之天地, 其得爲天地乎. 一時之萬物, 固可育焉, 而萬世之萬物, 其得爲萬物乎. 天下之不得爲天下, 其已久矣. 或曰, 子以夫子爲得萬世之位, 夫天子之位者, 居天下之上, 有四海之富, 享至尊之貴. 其服則袞冕也, 其居則宮殿也, 百僚爲其臣, 萬姓爲其民, 朝宗者萬國, 貢獻者梯航. 所謂夫子之位, 果能有天子位之所享者乎. 飯疏洙泗之間, 枕肱闕里之居, 躬發已矣之歎, 人有德衰之譏, 則是果可謂之有位乎. 余應之曰, 無高之高, 夫子之高也, 無富之富, 夫子之富也, 無貴之貴, 夫子之貴也. 此夫子不位之位, 其富也至富, 其貴也至貴, 其尊也至尊也. 萬世尊之, 孰如一時之尊, 萬世榮之, 孰如一時之榮. 道行萬世之敎化, 孰擬其貴哉, 德被萬世之人物, 孰擬其富哉. 天地同其悠久, 夫子之位所以長也, 日月同其光明, 夫子之位所以顯也. 不土乎地而土乎萬世, 不位乎位而位乎無位, 此其所以爲孔子也. 至於號之以文宣王, 祀之以大牢之享者, 亦末也已. 前乎萬古之上, 羣聖之位, 得夫子之位, 而增其光焉. 後乎萬古之下, 百王之位, 賴夫子之位而享其榮焉, 夫子之位, 其不亦兼羣聖百王之位者乎. 稱聖人之得位者, 孰不曰三皇也五帝也三王也, 而三皇皆止爲一時之三皇, 五帝皆止爲一時之五帝, 三王皆止爲一時之三王, 而三皇不能兼五帝之事業, 五帝不能兼三王之事業. 惟吾夫子則道三皇之道, 德五帝之德, 功三王之功, 而道行乎萬世, 德被乎萬世, 功流乎萬世, 則惟吾夫子, 乃萬世之三皇也五帝也三王也. 兹非萬世之位之所做者乎. 而況有得之得, 得或有失而不得之得, 其得也無失, 有位之位, 其位有終, 而無位之位, 其位也無極. 此夫子之不得位於一時者, 乃所以終得位於萬世者也. 或曰, 夫子之位則然矣, 其位之事業, 何從而見焉. 曰, 詩書禮樂易春秋是已. 謹論.

다음과 같이 논한다.

"하늘이 성인聖人을 낳음은 반드시 그 일에 뜻을 둔 것이니, 장차 그 도道를 행하고 그 덕德을 베풀어 천지天地가 자리를 잡고 만물萬物을 기르는 사업을 이룩하여 천하로 하여금 올바른 천하가 되도록 하려는 것이다. 설령 천지와 만물이 있더라도 성인聖人이 그 사이에 태어나 성인만이 할 수 있는 일(能事)을 다하지 않는다면 하늘이 하늘의 역할을 못하고 땅이 땅의 역할을 못하고 만물이 만물답게 자라지 못하는 것이니,

어찌 다만 우리들 사람이 사람답게 되지 못하고 마는 것이겠는가. 그러므로 하늘이 성인을 낳은 까닭을 알 수 있다.

이미 성인이 있었으니 성인이 성인만이 할 수 있는 일을 빠짐없이 하였던 이유는 그들이 지위를 지니고 있었기 때문이다. 그러므로 성인이 있으면 반드시 그에 상응하는 지위를 지니는 것이 어찌 떳떳한 도가 아니겠는가.

그러나 우주宇宙가 있어 온 이래로 천지간의 커다란 흐름(大勢)에는 저절로 고금古今과 전후前後에 차이가 있게 마련이다. 그 흐름에는 반드시 한 시대의 천지가 제자리를 잡게 하고 한 시대의 만물을 기르고 한 시대의 천하로 하여금 (그 시대의) 천하가 되도록 하는 것이 있으니, 하늘이 반드시 이 시대에 성인을 낳고 그에게 그 시대의 (높은) 지위를 주어서 (그로 하여금) 그 한 시대에 (성인만이) 할 수 있는 일을 빠짐없이 하도록 하는 것이다.

그리고 어떨 때는 그 흐름이 반드시 만세萬世의 천지를 편안히 하고 만세의 만물을 기르고 만세의 천하로 하여금 천하다움을 잃지 않게 하는 것이 있으니, 하늘이 또 반드시 성인을 이 시대에 탄생시키되 한 시대에만 적합한 지위를 주지 않고 만세에 불변하는 지위를 주어서 영원토록 그만이 할 수 있는 일을 빠짐없이 하도록 한다. 성인이 한 시대의 지위를 얻기도 하고 혹은 만세에 불변하는 지위를 얻기도 하는 것은 하늘이 하지 않는 것이 없다.

사람은 한갓 한 시대의 지위만이 지위인 줄 알 뿐 만세의 지위가 큰 지위가 됨을 알지 못한다. 또 다만 한 시대의 지위만이 즐길 만하다고 알 뿐 만세의 지위가 지극히 즐길 만한 것임을 알지 못한다. 그러므로 지위가 있는 지위는 그 높음을 측량할 수 있고 그 크기를 한정지울 수 있으나, 지위가 없는 지위는 그 높음을 측량할 수 없고 그 크기를 한정할 수 없으니, 이것이 어찌 우주 사이에 무궁하고 더 큰 것은 있을 수 없는 지위가 아니겠는가. 오직 우리 선생님(夫子)[1]이라야 이 지위를 소유할 수 있으니, 어찌 지위를 얻지 못했다고 말할 수 있겠는가.

만약 한 시대의 지위로써 고찰해 보면 삼대三代2) 이전의 성인들은 이 지위를 소유하지 않은 분이 없었다. 삼황三皇을 상고上古시대에 낳아서 상고시대의 천지를 편안하게 자리 잡도록 하고 상고시대의 만물을 길러 상고시대의 천하로 하여금 상고시대의 천하가 될 수 있게 하였다. 오제五帝를 상고 이후 삼대 이전의 세대에 낳아서 상고 이후의 천지를 편안케 자리 잡도록 하고 상고 이후의 만물을 길러 상고 이후의 천하를 상고 이후의 천하가 되게 하였으며, 또 삼왕三王을 삼대의 시대에 낳아서 삼대의 천지를 편안케 자리 잡도록 하고 삼대의 만물을 길러 삼대의 천하로 하여금 삼대의 천하가 되게 하였다.

이 어찌 삼대 이전에는 우주의 큰 운수(氣數)3)가 그 시대에 바야흐로 크게 왕성하여 따뜻하고 밝은(陽明) 기운이 길이 성하고 어둡고 탁한(陰濁) 기운이 드물게 나온 까닭이 아니겠는가. 그러므로 성인聖人이 번갈아 태어나는데 어떤 경우에는 한 시대에 함께 탄생하고 어떤 경우에는 세대를 이어 탄생하였으며, (그 사이가) 오래 가더라도 5백 년이 지나기 전에 탄생하였다.

천지 사이의 큰 흐름이 다만 한 시대의 천지를 편안케 자리 잡도록 하고 한 시대의 만물을 육성하여 한 시대의 천하로 하여금 천하가 되게 하면 충분한 것이다. 이것이 바로 삼대 이전에는 하늘이 한 사람의 성인을 낳고 반드시 한 시대를 다스릴 지위를 주어 한 시대의 성인만이 할 수 있는 일을 다하게 한 이유이다.

그러나 춘추春秋시대에 이르러는 우주의 큰 기수가 쇠하였다. 따뜻하고 밝은 기운이 다시는 길이 성하지 못하고 어둡고 탁한 기운이 도리어 크게 왕성하니, 만세의 천지가 이로부터 장차 비색否塞4)해지고 만세의 만물이 이로부터 잔멸殘滅5)하여 만세의 천하가 장차 다시 천하가 될

---

1) 공자를 가리킴.
2) 중국 고대의 夏, 商, 周 삼대의 왕조를 말함.
3) 기수란 기운이 흐르면서 변화하는 과정을 말하며 운수와 유사한 의미.
4) 운수가 꽉 막힘.
5) 쇠잔하여 다 없어짐.

수 없게 되었다.

그러므로 하늘이 이 시대에 다만 한 시대의 천하를 생각하기만 하고 저 만세의 천하를 염려하지 않았겠는가. 저 만세의 천하를 염려하여 만세의 천하로 하여금 만세에 천하가 되지 못하는 경우가 없도록 하고자 할진댄 하늘이 특별히 내는 큰 성인이 없이 어찌 이 일을 해낼 수 있었겠는가. 이것이야말로 하늘이 반드시 과거(前古)에 유례가 없었던 선생님(夫子)을 춘추시대에 낳고 과거에 유례가 없었던 지위를 선생님의 몸에 주어서 그로 하여금 과거에 유례가 없었던 사업을 만세를 대상으로 하게 한 것이니, 하늘이 실로 멀리 내다보고 또 깊게 생각한 것이 아닌가. 선생님으로 하여금 한 시대의 지위는 얻지 못했으나 만세의 지위를 얻게 하였다. 그러므로 만세가 지나도록 하늘은 하늘의 역할을 제대로 하고, 땅은 땅의 역할을 제대로 하고, 사람은 사람의 할 일을 제대로 하고, 물건들은 물건들의 역할을 제대로 하여서 온 세상(천하)이 오늘에 이르도록 살 만한 세상이 된 것이다. 만약 선생님이 단지 한 시대의 지위를 얻는 데 그쳤더라면 그의 시대의 천지는 진실로 편안히 할 수 있었겠으나 만세의 천지가 어찌 편안할 수 있었겠는가. 그의 시대의 만물은 진실로 만물로 기를 수 있었겠으나 만세의 만물을 만물로 기를 수 있었겠는가. 천하가 살 만한 세상이 되지 못한 것이 이미 오래 전이었을 것이다."

누군가는 다음과 같이 말하였다.

"그대는 선생님이 만세의 지위를 얻었다고 말하는데, 저 천자天子의 지위라는 것은 천하의 모든 자리의 위에 있고 사해四海의 부유함을 소유하여 지존至尊의 귀함을 누린다. 그 복식服飾은 곤룡포袞龍袍와 면류관 冕旒冠이고 그 거처는 궁전宮殿이며, 백관百官들이 그의 신하가 되고 갖가지 성을 가진 사람들이 그의 백성이 되어, 조회 오는 자가 만국萬國이고 공물貢物을 바치는 자들이 사다리를 타고 산을 넘어오고 배를 타고 바다를 건너온다.

그런데 이른바 선생님의 지위라는 것은 과연 천자의 지위가 누리는 바를 소유할 수 있었는가. 수수洙水와 사수泗水 사이6)에 살면서 거친 밥을 먹고 궐리闕里7)의 거주하는 곳에서 팔을 베개 삼아 누웠었다. 그리하여 자신은 '어쩔 수 없다'는 한탄을 발하였고 사람들은 '덕德이 쇠했다'는 비난이 있었으니, 이 과연 지위를 소유하였다고 이를 수 있겠는가."

이에 나는 다음과 같이 대답하였다.

"더 이상 올라갈 데 없는 높음이 부자의 높음이며 더 이상 부유할 바 없는 부유함이 선생님의 부유함이며 더 이상 귀할 바 없는 귀함이 선생님의 귀함이다. 이것이 선생님의 지위를 한정할 수 없는 지위이니, 그 부유함은 가장 부유하고 그 귀함은 가장 귀하고 그 높음은 가장 높다. 만세가 가도록 그를 높임이 어찌 한 시대의 높임과 같으며, 만세에 그를 영광스럽게 여기는 것이 어찌 한 시대에 영광스럽게 여김과 같겠는가. (선생님의) 도道가 만세의 교화를 행하도록 하니 누가 그 귀함을 흉내 낼 것이며, (선생님의) 덕이 만세의 사람과 물건을 덮으니 누가 그 부유함을 흉내 내겠는가.

천지가 그 유구悠久함을 함께해 주니 부자의 지위가 장구한 까닭이요, 일월日月이 그 광명을 함께해 주니 선생님의 지위가 세상에 뚜렷한 이유이다. 한 시대 한 지역에만 살지 않고 만세에 살아 있으며, 세상의 지위에 자리하지 않고 지위 없는 것을 지위로 여기니, 이것이 그가 공자가 되는 이유이다.

그를 호칭하여 문선왕文宣王이라고 하고 그를 제사하면서 태뢰大牢8)의 음식을 올리는 것에 해당하는 일들은 다만 사소한 것일 뿐이다. 아득한 먼 과거에 계셨던 여러 성인의 지위가 부자의 지위로 인하여 그 광채를

---

6) 수수와 사수는 모두 옛 물 이름으로서 현재 중국 산동성 곱부현 부근을 흐르는 물줄기를 말한다. 공자의 사후 이 수수 옆에 묻었다고 해서 공자의 학문을 洙泗學이라고도 부른다.

7) 공자가 거주하며 제자들을 가르치던 마을 이름. 현재 중국 산동성 曲阜현에 있다.

8) 大牢의 제향 : 태뢰는 소, 양, 돼지의 세 가지 犧牲으로 성대한 제수이다. 漢高祖는 일찍이 魯 지방을 지나면서 태뢰로 공자에게 제사하였는데, 이후로 역대 제왕들이 모두 태뢰로 성대히 제사하였다. 『史記』, 卷47, 「孔子世家」.

더하고, 아득한 먼 미래에 올 모든 통치자들(百王)의 지위가 부자의 지위에 기대어 그 영광스러움을 누리게 될 터이니, 부자의 지위야말로 과거의 여러 성인과 미래의 모든 통치자의 지위를 겸한 것이 아니겠는가. 성인으로서 지위를 얻은 자를 칭할 적에 그 누가 삼황三皇이라든가 오제五帝라든가 삼왕三王이라고 말하지 않겠는가. 그러나 삼황은 모두 다만 한 시대의 삼황이었고, 오제는 모두 다만 한 시대의 오제였고, 삼왕은 모두 다만 한 시대의 삼왕이었던 것이다. 그리고 삼황은 오제의 사업을 겸할 수 없었고 오제는 삼왕의 사업을 겸할 수 없었으나, 오직 우리 선생님은 삼황의 도를 자신의 도로 행하고 오제의 덕을 자신의 덕으로 삼고 삼왕의 일(功)을 자신의 일로 삼았으니 (그의) 도는 만세에 통행하고 (그의) 덕은 만세를 덮고 (그의) 일은 만세에 지속한다. 그렇다면 우리 부자는 만세의 삼황이요, 만세의 오제요, 만세의 삼왕인 것이다. 이것이 만세의 지위를 지닌 사람이 하는 바가 아니겠는가.

더구나 얼음이 있는 얼음은 얼음에 잃음이 있을 수도 있으나 얼지 않는 얼음은 그 얼음에 잃음이 없으며, 지위가 있는 지위는 그 지위가 언젠가는 끝나는 것이지만 지위가 없는 지위는 그 지위가 무한한 것이니, 이는 부자가 한 시대에 지위를 얻지 못한 것이 바로 만세에 지위를 얻게 되는 이유이다."

누군가는 다음과 같이 말하였다.

"부자의 지위는 그렇다 하거니와 그 지위의 사업은 무엇을 따라서 볼 수 있는가?"

이에 나는 다음과 같이 말하였다.

"『시경詩經』, 『서경書經』, 『예경禮經』, 『악경樂經』, 『주역周易』, 『춘추春秋』가 그것이다."

삼가 논한다.

역학도설서【易學圖說序】

【소해제】

　『역학도설』의 서문에 해당하는 이 글은『여헌선생문집』권8에 실려 있다. 역학이『주역周易』의 경전經傳으로부터 매우 많은 학문적 갈래가 발생하고 아울러 역의 이치에 대한 다양한 해석과 도상이 전하여 오는 상황에서 초학자들이 역의 이치를 분명히 파악하고 이해할 수 있도록 역학과 관련된 도상과 학설들을 망라하여 편찬한 것이『역학도설』임을 설명한 글이다.

【원문 및 번역】

　夫易, 卽天地也, 天地焉而萬變萬化萬事萬物, 在其中矣. 易豈外此而別自有道理者乎. 然則天地固自有天地矣, 萬變萬化, 固自有萬變萬化矣, 萬事萬物, 固自有萬事萬物矣, 是乃天地自是易也. 觀固有之天地, 固有之變化, 固有之事物, 則易斯有矣, 易不必復作爲書也, 而聖人所以必有易之書, 何也. 乃爲吾人作之也. 人固莫不有其身, 其至近者, 莫此身若也. 而能知其耳目口鼻之所以爲耳目口鼻, 四肢百骸之所以爲四肢百骸, 五臟六腑之所以爲五臟六腑者鮮矣. 況仰渾淪而知爲天之理, 俯磅礴而知爲地之理, 處蠢蠢之中而知萬物之理者, 幾何人哉. 見形而知理, 見器而知道, 見物而知則, 見顯而知微者, 非聖人能之乎. 惟人也而不識此道理, 則其亦禽獸而已, 草木而已. 立不識當立之地, 行不識當行之路, 其如參三之道, 何哉. 聖人是憂之, 不得已而作易, 模象出方册上天地. 然後神明之德以之通焉, 萬物之情以之類焉. 凡宇宙之間所謂萬變萬化萬事萬物, 都擧爲此易之所包所冒, 而無古今無幽明無遠近無巨細, 皆莫之逃焉. 此誠易之爲書, 果有以能稱乎大哉至哉之實者也. 人始可以書中之易, 知天地之易, 以模象之天地, 知固有之天地, 而吾人事業, 從此而定矣. 則人文得之而昭耳, 物則得之而盡耳, 彝倫得之而敍耳, 到此而此易功用, 其可量乎. 宜乎天地存則此書與之俱存, 當與天地同始終者矣. 然而八卦爲六十四卦而大備矣, 而文王立卦辭, 以明六十四卦之義, 周公設爻辭, 以明三百八十四爻之義, 孔子著十傳, 以明此易之在天地者, 與在書中者, 必反覆詳盡而後已, 何也. 蓋易之理, 本自具於天地萬物. 故其在三皇以前, 止可俯仰天地, 傍觀萬物, 而咸得其理焉, 伏羲以後, 文王以前, 止看卦爻之象, 而亦咸得其理焉, 此非聰明睿智神武不殺之聖人乎. 聖人知夫大朴旣散, 世變日降, 開物成務之方, 不可不設, 則以爲有天地人物矣, 不可無卦爻而有易學. 故於是, 畫卦爻, 有卦爻矣, 不可無繫辭而爲易學, 故於是, 有繫辭, 旣卦爻矣, 而至于繫辭焉, 則易之敎成矣. 伏羲則發天地之所未發, 文王周公則發伏羲之所未發, 孔子則發文王周公之所未發, 是固卦之畫, 辭之繫者, 皆非聖人之得已也. 四聖旣遠, 左道紛興, 千載歸來, 易道幾晦矣, 又幸程子有傳, 朱子有本義啓蒙等書, 以發四聖之餘蘊, 則所以羽翼乎此易者, 盡而又盡矣. 至於程朱之外, 前後諸儒, 因旣備之易, 著疣加贅, 摹枝效葉, 費詞爲說, 剩墨爲圖, 自以爲明易之旨者, 凡幾家. 而于今傳者無幾, 而不足輕重於有無者也. 如是而今乃復有此纂集, 何也. 竊嘗思之, 卦爻奧矣, 辭亦隱矣, 後乎古而生者, 各出己見, 擬有以闡其奧啓其隱, 則轉加推衍, 輾滋論解, 圖後有圖, 圖至幾般樣, 辭後有辭, 辭至幾卷, 衮乎愈降愈繁, 愈繁愈雜, 則其所以瀆亂經旨者, 固十八九矣. 然其間, 或有一圖一說之透得乎一義者, 亦在所當取焉. 何則, 理固無精粗矣, 無大小矣, 縱橫焉, 錯綜焉, 千條萬脈, 該貫畢括, 其妙無窮, 而易之妙, 所以無窮也. 人之所得於易者, 或精或粗, 或大或小, 果相什百焉, 其能通盡乎十分地頭者, 固不常有而有能窺取乎, 千條中一條, 萬脈中一脈, 則亦莫非此理也. 所以爲圖爲說者, 有或可助於學易者矣, 俱收幷集, 比而類之, 以爲參互考觀之資者, 亦初學之所切也. 故積成一袠, 彙分序列, 而源流首末, 悉在其中矣. 見者未必不以屋上之屋, 牀上之牀爲疑, 而若能詳翫而細會之, 則皆各有所主之義, 雖不免於重複, 而實不可厭斁者也. 其或同源而異派者, 異旨而同宗者, 亦取而載諸袠末, 以驗夫此易之理, 無所不囿. 而仍以爲援石證玉, 據彼明此之地耳. 摠而名之曰易學圖說. 其圖其說, 幷因於已成之本矣, 而間或以賤見妄撰, 或圖或說以附之者, 亦非一二, 又於纂玩之際, 自有推得之餘義, 不敢以糟粕而捐之, 篇置最末. 然必本於先儒之說, 又契於固然之理, 非全臆揣也, 且非鑿空也. 初爲昏鈍自閱之便者也, 而復欲開示一家之蒙, 則遂道其纂集之由, 寫諸卷首焉.

역易은 바로 천지天地이니, 천지가 있음으로 말미암아 만변만화萬變萬化와 만사만물萬事萬物이 그 가운데에 있게 되었다. 역易이 어찌 이것을 벗어나 별도로 자체의 도리가 있겠는가. 그러므로 천지는 자체에 천지가 고유하고, 만변만화는 자체에 만변만화가 고유하고, 만사만물은 자체에 만사만물이 고유한 것이니, 이것이 바로 천지 스스로 역인 것이다.

고유한 천지와 고유한 변화變化와 고유한 사물事物을 관찰하면 역은 여기에서 생기는 것이니, 역을 군이 다시 책으로 만들 필요가 없다. 그런데도 성인聖人이 반드시 역의 책을 만든 것은 어째서인가? 이는 바로 우리 인간을 위하여 만든 것이다.

사람은 본디 누구나 몸을 가지고 있으니 사람에게 지극히 가까운 것은 이 몸보다 더한 것이 없다. 그러나 이耳, 목目, 구口, 비鼻가 이, 목, 구, 비가 된 이유와 사지四肢, 백해百骸가 사지, 백해가 된 이유와 오장五臟, 육부六腑가 오장, 육부가 된 이유를 아는 자는 드물다.

하물며 혼륜渾淪[1]한 하늘을 우러러보고 하늘이 된 이치를 알며, 방박磅礴[2] 한 땅을 굽어보고 땅이 된 이치를 알며, 만물이 각각 무리지어 사는

---

1) 모두가 뒤섞여서 구분이 안 되는 모양.
2) 온갖 다양한 물건들이 가득한 모양.

가운데에 처하면서 만물의 이치를 아는 자가 몇 사람이나 되겠는가. 모습을 보고 이치를 알며 쓰임새를 보고 도를 알며 사물을 보고 법칙을 알며 드러난 것을 보고 그 속에 숨어서 작용하는 것을 아는 것은 성인이라야 할 수 있는 것이 아니겠는가.

생각건대, 사람이면서 이 도리를 알지 못한다면 그 역시 새와 짐승일 뿐이요 풀과 나무일 뿐이다. 자신을 세우려고 하면서 마땅히 세워야 할 자리를 알지 못하고 자신이 가려고 하지만 마땅히 가야 할 길을 알지 못한다면 어찌 삼재三才의 도에 참예하겠는가. 성인이 이것을 걱정하여 부득이 역易을 만들어서 방책方冊의 위에 천지의 모습을 모방하여(模象) 내놓았다. 그 뒤에 신명神明의 덕德을 역으로써 통하고 만물萬物의 정情을 역으로써 유추할 수 있게 되었다.

무릇 우주宇宙 사이의 이른바 만변만화, 만사만물이 모두 이 역의 포괄하는 바가 되어 과거와 오늘, 숨은 것과 밝게 드러난 것, 멀리 있는 것과 가까이 있는 것, 큰 것과 작은 것의 차이를 가리지 않고 어느 것도 역을 피해 갈 수 없게 되었다. 이 점이 진실로 역이란 책이 정말로 위대하고 지극하다고 칭할 수 있는 진실이 될 수 있는 점이다.

사람들은 이에 비로소 책 속에 있는 역을 가지고 천지의 역을 알고 모방한 모습의 천지를 가지고 본래의 천지를 알게 되었으니, 우리 인간의 사업이 이로부터 정해지게 되었다. 그리하여 인문人文이 역을 얻어 밝게 드러나고 사물의 법칙이 역을 얻어 빠짐없이 갖추어지고 이륜彝倫이 역을 얻어 펴지는 것이니, 이에 이르면 이 역의 공용功用을 어찌 다 측량할 수 있겠는가. 마땅히 천지가 존재하면 이 책도 천지와 더불어 함께 존재하여 천지와 더불어 시작하고 끝나는 것을 함께할 것이다. 그러나 팔괘八卦를 64괘로 만들어 역의 체제가 더 크게 갖춰졌는데도, 문왕文王이 괘사卦辭를 지어 64괘의 뜻을 밝히고, 주공周公이 효사爻辭를 지어 3백 84효爻의 뜻을 밝혔으며, 공자孔子가 십익十翼3)을 지어 이 역이

---

3) 十翼 : 『주역』에 대한 열 편의 부연 설명서로 象傳 上·下, 象傳 상·하, 繫辭傳 상·하, 文言傳, 說卦傳, 雜卦傳, 序卦傳을 이른다. 공자는 『주역』을 좋아하여 단전, 상전, 계사

천지에 있는 역과 책 속에 기록된 역을 밝히고 반드시 반복하여 자세히 성찰하기를 완벽하게 한 뒤에야 끝마친 것은 어째서인가?

역의 이치는 본래 천지와 만물에 갖추어져 있다. 그러므로 삼황三皇 이전에는 다만 천지를 굽어보고 우러러보며 주변의 만물을 관찰하여 그 이치들을 모두 알아냈고, 복희(伏羲)[4] 이후와 문왕文王 이전에는 다만 괘효卦爻의 상象을 보고서도 그 이치를 모두 알았으니, 이들이야말로 총명하고 지혜로우며(聰明叡智) 뛰어난 무덕(神武)을 지녀서 사람을 죽이지 않는 성인聖人이 아니겠는가.

성인은 세상에 큰 질박함이 이미 흩어져[5] 세상이 나날이 수준이 낮은 쪽으로 변함에 사물의 이치를 깨우쳐서 인간의 업무를 성취하는 방법을 알려주지 않으면 아니 됨을 알았으므로, 천지와 사람과 물건이 있으면 괘卦와 효爻가 없이 역학易學이 성립될 수 없다고 여겼다. 그러므로 이에 괘와 효를 그어서 괘와 효를 두게 되었다. 또 설명을 달지(繫辭) 않으면 역학을 할 수 없다고 여겼으므로 이에 계사[6]를 둔 것이다. 괘와 효가 마련된 뒤 거기에 설명을 달자 역의 가르침이 이루어졌다.

복희는 천지가 아직 발명하지 않은 것을 발명하였고 문왕과 주공은 복희가 미처 발명하지 못한 것을 발명하였고 공자는 문왕과 주공이 미처 발명하지 못한 것을 발명하였으니, 이는 진실로 괘를 긋고 설명을 단 것이 모두 성인이면 그만둘 수 있는 일이 아니었다.

복희, 문왕, 주공, 공자 네 성인이 이미 오래 전에 사라지자 그릇된 도(左道)가 어지럽게 일어나서 천 년의 세월을 거치면서 역의 도(易道)가 거의 사라질 지경이었는데, 다시 다행히 정자程子가 『역전易傳』을 짓고

전, 설괘전, 문언전 등을 지었다 한다. 『史記』, 卷47, 「孔子世家」.

4) 중국 상고시대의 성인으로서 包犧라고도 한다. 당나라 때 편찬된 역경에서는 팔괘를 제작한 인물로 간주된다.

5) 마치 老子가 온 세상의 근원을 대단한 질박함으로 묘사하였듯이 여헌도 문명 이전의 단계를 대박이라고 규정한 것으로 보인다.

6) 繫辭란 周易의 십익 가운데 하나로서 괘효의 의미를 해설하지만 전반적인 주역의 철학적 원리와 실천 방법 등에 대한 해설을 담고 있다.

주자朱子가 『본의本義』와 『계몽啓蒙』 등의 책을 지어 네 성인이 밝히지 않고 남겨 두었던 남은 진리를 발명하니, 이 역易의 도를 세상에 널리 펴도록 보탬(羽翼)이 극진하고 또 극진하였다.

정자程子, 주자朱子 이외에 전후의 여러 학자들이 이미 완비된 역을 따라서 군더더기들을 덧붙이고 가지를 모사摸寫하고 잎새를 흉내 내면서 소용없는 말씀들로 논설하고 남는 먹으로 도식圖式을 만들고는 스스로 역의 뜻을 밝힌다고 여긴 자가 무릇 몇 사람이었던가. 그러나 지금 전하는 자가 몇 되지 않아서 남아 있는 것과 전하지 않는 것들 사이에 경중을 비교하기에 충분하지 못하다. 이와 같은데도 내가 지금 다시 이 책을 엮어 편집함은 어째서인가?

내 일찍이 생각해 보니, 괘, 효의 이치는 심오하고 설명한 내용 또한 은미隱微하다. 후세에 태어난 자가 각자 자신의 견해를 내어 심오한 이치를 밝히고 은미한 말을 열어 놓으려고 생각하니 한결 더 미루어 부연하고 더욱 논설과 해석을 붙이게 되었고, 도식 뒤에 도식을 덧붙이니 도식이 여러 가지 모양에 이르고, 설명 뒤에 설명을 달아 설명이 몇 권에 이르러, 세상이 내려올수록 서책이 더욱 많아지고 서책이 더욱 많아질수록 역리易理가 더욱 혼잡하게 되었다. 그러하니 경經의 본지本旨를 모독하고 혼란시킨 것이 진실로 십중팔구十中八九라 할 것이다. 그러나 그 사이에 혹 한 도식이나 한 말이라도 한 가지 뜻을 통달한 것이 있으면 또한 마땅히 취해야 할 것이다. 왜냐하면 이치는 진실로 정精한 것과 거친 것의 차이가 없고 큰 것과 작은 것의 구별이 없어, 위아래로 연결되고 옆으로도 연결되며(縱橫) 서로 섞이고 합쳐서 천 가지 조목條目과 만 가지 맥락脈絡이 두루 꿰이고 남김없이 포괄되어 그 묘함이 끝이 없으니, 역易의 묘리가 무궁한 까닭이다.

사람이 역에서 얻는 것이 정밀하거나 거칠며 크거나 작은 차이가 있어서 결과적으로 상호간에 십 배, 백 배의 차이가 난다. 역의 모든 이치를 빠짐없이 두루 통달한 자가 늘 언제나 존재하는 것은 아니니, 천 가지 조목 중에 한 가지 조목을 엿보아 알고 만 가지 맥락 중에 한 가지

348

맥락을 엿보아 앎이 있으면 이 또한 이 이치 아닌 것이 없다. 도식을 만들고 해석을 보태는 이유는 혹시라도 역을 배우는 자에게 도움을 주고자 하는 것이다. 이들을 모두 함께 수집하여 종류대로 순서를 매겨서 참고하여 살펴보는 자료로 삼는 것은 또한 초학자들이 매우 절실하게 여기는 것이다. 그러므로 글과 그림들을 모아서 한 질帙의 책을 만들고 분류分類하여 차례로 나열하니, 역리의 근원과 분파分派, 처음과 끝이 모두 이 안에 들어 있다. 보는 자는 반드시 지붕 위에 다시 지붕을 올려놓고 상 위에 다시 상을 올려놓은 것이라고 의심하는 자가 없지 않을 것이다. 그러나 만약 자세히 보고 세밀하게 이해한다면 모두 각기 주장하는 바의 뜻이 있어 비록 중복됨을 면치 못하더라도 실로 싫어할 것이 없다.

그 중에 혹 근원이 같으나 분파가 다르고 뜻이 다르나 종지宗旨가 같은 것을 또한 취하여 책 끝에 실어서 이 역의 이치가 포함하지 않는 바가 없음을 징험하였다. 그리하여 돌을 끌어다가 옥을 증거하고 저것에 근거하여 이것을 밝히는 자료로 삼게 하였을 뿐이다. 이들을 총괄하여 이름 짓기를 『역학도설易學圖說』이라 하였다.

그 그림과 해설은 모두 이미 이루어 놓은 것을 그대로 따랐으나, 간혹 천박한 나의 소견으로 망녕되이 도식과 해설을 만들어 붙인 것도 한두 가지가 아니며, 또 편찬하고 보는 즈음에 스스로 미루어 안 뜻이 있으면 감히 보잘것없는 것(糟粕)이라 해도 버리지 않고 책의 맨 끝에 기록하여 놓았다.

그러나 이들은 반드시 선유先儒들의 학설에 근본하고 본래의 이치에 부합하게 한 것이지, 전연 나의 억측으로 헤아린 것이 아니요 또 억지로 천착穿鑿한 것이 아니다. 처음에는 어둡고 둔한 나 자신이 보기에 편리한 자료로 삼으려고 했었는데, 다시 한 집안의 몽매한 자들을 열어 보이고자 하였으므로 마침내 이 책을 편찬하게 된 이유를 말하여 책머리에 쓰는 바이다.

문무일체론【文武一體論】

【소해제】

이 글은 문文과 무武의 관계를 경위經緯의 관계, 표리表裏의 관계에 비유하여 그 둘이 상호의존적이며 상호보완적인 것임을 논한 글로, 『여헌선생문집』 권10에 실려 있다. 여헌에 의하면 문과 무는 하늘의 도에 근본하는 것으로서 문은 양에 속하고 무는 음에 속하는 관계이다. 마치 충의의 절개를 마음에 간직하면서 간성干城의 책임을 자신의 일로 여기는 것이 진정으로 문과 무가 조화를 이룬 것이라고 그는 밝힌다. 따라서 나라를 견고하게 지키면서 안정과 평화를 이룩하기 위해서는 문과 무를 겸비해야 함을 여헌은 강조한다.

【원문 및 번역】

論曰; 天下之道, 固無單行之理, 必有經緯焉, 又必有表裏焉. 經以始之, 緯以終之, 裏以主之, 表以應之, 經緯非二道也, 表裏非二原也. 以輕重言, 則固是經重而緯輕, 以本末言, 則又是裏本而表末. 然經待緯而成, 裏待表而立, 則誠不可徒經而無緯, 徒裏而無表. 勢必相須, 用必相濟, 此文武所以一體也. 文者經也裏也, 武者緯也表也, 苟非深知天下之道者, 安知經緯之不可相無, 表裏之不可相闕哉. 以健順言文武, 則文者以健爲體, 以順爲用, 武者以順爲體, 以健爲用也. 以剛柔言文武, 則文者以剛爲體, 以柔爲用, 武者以柔爲體, 以剛爲用也. 體剛健而用柔順, 故爲武之統體, 而道立於平常之時, 體柔順而用剛健, 故爲文之功用, 而事行於急難之日, 此健順剛柔之道, 因文武而並行互見者

也. 求之於天, 而文屬陽武屬陰, 文屬春夏, 武屬秋冬. 蓋陽舒而陰慘,
春夏主生, 而秋冬主殺也. 然則文武之道, 本於天也. 推之於人, 而仁禮
屬文, 義智屬武, 心肝屬文, 肺腎屬武, 耳目屬文, 手足屬武. 蓋以動靜
生克之分, 有所殊也. 然則文武之理, 具於人也. 況爲天下國家者, 豈可
區文武而二之哉. 是故, 眞文必有其武, 眞武必本於文. 旣無文外之武,
又無無武之文, 無武之文, 非眞文也, 離文之武, 非眞武也, 玆非一道而
然乎. 地水之卦, 有師衆之象, 火澤之卦, 具弧矢之象, 則庖犧之武也.
干戈之用, 始於阪泉之戰, 兵陣之法, 成於力牧之將, 則軒轅之武也.
四凶之誅, 虞舜之武也. 干羽之舞, 夏禹之武也. 建中之商湯, 一德之伊
尹有十一征無敵之武, 建極之周武, 丹書之大老, 有恭行天命之武, 至
於思戢用光之古公, 不殄厥聞之西伯, 罪人斯得之周公, 沐浴請討之
孔子, 莫非眞文眞武之並行者也. 至於後世文與武, 歧爲二道, 文自文
武自武, 其所謂文, 豈眞文也, 其所謂武, 豈眞武也. 章句是業, 詞藻是
事, 則其與窮事物之理, 抱經綸之道者, 其文異矣. 馳馬爲能, 善射爲
才, 則其與心忠義之節, 身干城之責者, 其武異矣. 文是文而居廟堂之
上, 武是武而寄閫外之任, 以之而動失事體, 日紊朝政, 則掌文敎者,
每爲武夫之所譏, 以之而墜損國威, 但積軍怨, 則任武功者, 恒被文人
之所駁. 嗚呼, 今之文武, 吾未見其人也. 文爲眞文, 能兼於武, 武爲眞
武, 能本於文者, 誠不可易得, 豈可以兼才望於人人哉. 居廟堂者, 得一
伊尹, 則庶可以革徒文之輕習, 處閫外者, 得一仲山甫, 則庶可以變徒
武之陋弊. 然後文與武可合爲一道, 而文爲武之根本, 武爲文之功用.
徒文者可以推心於武, 徒武者可以歸重於文, 文不自文, 取人之武, 以
爲己武, 武不自武, 取人之文, 以爲己文. 合一國文武, 共作一體, 則以
之禦賊, 何劻不破, 以之守城, 何弱不保. 於是, 武士有功, 文人若己有
之, 文人守常, 武士歸而重之, 此豈非磐石國家, 躋世治平之道乎. 大抵
一國, 猶一身也. 以一身言之, 心腹肺腸, 亦吾體也, 股肱爪牙, 亦吾體
也, 內以謀之, 外以順之, 心腹肺腸, 唱之於中, 而股肱爪牙, 和之於外,

股肱爪牙, 效功於外, 而心腹肺腸, 樂成於內, 處內者不以處內而輕其外, 居外者不以居外而猜其內. 然後元氣自壯, 血脈無滯, 而一身安矣. 不然而內外不相應, 臟體不相協, 則身欲爲身, 其可得耶. 若在一國, 則守文於內者, 心腹肺腸也, 效武於外者, 股肱爪牙也, 其不合爲一體而有能國者乎. 故必得眞文而兼武者, 以處於內, 必得眞武而兼文者, 以居於外, 然後能體其一道之義, 而始可以言興邦之務矣. 余歎文與武相二, 斯著一體之論.

다음과 같이 논한다.

"천하의 도道는 진실로 한 가지만 행해지는 이치가 없어, 반드시 경經(날줄)과 위緯(씨줄)가 있고 또 반드시 겉과 속이 있다. 그리하여 경으로 시작하고 위로써 마치며 속으로 주장하고 겉으로써 응하니, 경과 위가 두 길이 아니며 겉과 속이 두 근원이 아니다.

경중輕重을 가지고 말하면 진실로 경이 중하고 위가 가벼우며, 본말本末을 가지고 말하면 또 속이 근본이고 겉이 끝이다. 그러나 경은 위를 기다려 이루어지고 속은 겉을 기다려 확립되니, 진실로 한갓 경만 있고 위가 없을 수 없으며 한갓 속만 있고 겉이 없을 수 없는 것이다.

세勢는 반드시 서로 필요하고 용用은 반드시 서로 구제하니, 이 때문에 문文과 무武가 일체가 되는 것이다. 문은 경이고 속이며 무는 위이고 겉이니, 만일 천하의 도를 깊이 아는 자가 아니면 경과 위가 서로 없을 수 없고 겉과 속이 서로 결여될 수 없음을 어찌 알겠는가.

건健과 순順을 가지고 문과 무를 말하면, 문은 건을 체體로 삼고 순을 용用으로 삼으며 무는 순을 체로 삼고 건을 용으로 삼는다. 강剛과 유柔를 가지고 문과 무를 말하면, 문은 강을 체로 삼고 유를 용으로 삼으며 무는 유를 체로 삼고 강을 용으로 삼는다.

문은 강과 건을 체로 삼고 유와 순을 용으로 삼기 때문에 무의 통체統體(본체)가 되어 도가 평상시에 확립되며, 무는 유와 순을 체로 삼고 강과 건을 용으로 삼기 때문에 문의 공용功用이 되어 위급하고 어려울 때에 일이 행해지는 것이니, 이는 건과 순, 강과 유의 도가 문과 무를 따라서 아울러 행해지고 서로 나타나는 것이다.

이것을 하늘에서 찾아보면, 문은 양陽에 속하고 무는 음陰에 속하며 문은 봄과 여름에 속하고 무는 가을과 겨울에 속한다. 양은 퍼지고 음은 얼어붙으니, 봄과 여름은 물건을 낳는 것을 주장하고 가을과 겨울은 물건을 죽이는 것을 주장한다. 그러므로 문무의 도가 하늘에서 근본한 것이다.

이것을 사람에게 미루어 보면, 인仁과 예禮는 문에 속하고 의義와 지智는 무에 속하며, 심心과 간肝은 문에 속하고 폐肺와 신腎은 무에 속하며, 귀와 눈은 문에 속하고 손과 발은 무에 속하니, 이는 동動하고 정靜하며 상생相生하고 상극相剋하는 구분으로 서로 다름이 있기 때문이다. 그러므로 문과 무의 이치는 사람의 몸에 갖추어져 있는 것이다.

더구나 천하와 국가를 다스리는 자가 어찌 문과 무를 구별하여 다른 것으로 대할 수 있겠는가. 이 때문에 참다운 문은 반드시 무가 있고, 참다운 무는 반드시 문에 근본한다. 이미 문 밖의 무가 없고 또 무가 없는 문이 없으니, 무가 없는 문은 참다운 문이 아니며 문을 떠난 무는 참다운 무가 아니다. 문과 무가 하나의 도가 아니고도 그렇겠는가. 지수地水의 괘卦에 군대의 상象이 있고 화택火澤의 괘卦에 활과 화살의 상이 갖추어져 있으니 이는 포희庖犧의 무武이며,[1] 방패와 창을 사용한 것이 판천阪泉의 싸움에서 시작되었고 군대의 진법陣法이 역목力牧이라는 장수에게서 이루어졌으니 이는 황제헌원씨黃帝軒轅氏의 무이며, 사흉四凶을 처벌한 것은 우虞나라 순舜임금의 무이고 방패와 깃털로 춤을 춘

---

1) 地水의……武이며 : 지수의 괘는 師卦를 가리키며, 火澤의 괘는 睽卦를 가리킨다. 사괘는 땅을 상징하는 坤과 물을 상징하는 坎이 합하여 이루어졌으며, 규괘는 불을 상징하는 離와 못을 상징하는 兌가 합하여 이루어졌는바, 師는 군대의 象이며, 睽는 불과 못이 만나 서로 反目하고 헤어지는 상이다. 庖犧는 『周易』의 八卦를 처음 그었다는 伏羲氏를 가리킨다. 『주역』 「繫辭下」에 "옛날 포희씨가 천하를 다스릴 적에 나무를 휘어 활을 만들고 나무를 깎아 화살을 만들어 활과 화살의 예리함으로 천하에 위엄을 보여 복종시켰으니, 이는 규괘에서 그 뜻을 취한 것이다" 하였으므로 말한 것이다.

것은 하夏나라 우왕禹王의 무이다.

중中을 세운 상商나라의 탕왕湯王과 한결같은 덕을 간직한 이윤伊尹은 열한 번 정벌하였으나 감히 대적하는 자가 없는 무가 있었고, 극極을 세운 주周나라의 무왕武王과 단서丹書를 지은 대로大老(姜太公을 가리킴)는 천명天命을 공손히 행한 무가 있었으며, 창과 방패를 거두어 국가를 빛낼 것을 생각한 고공단보古公亶父2)와 자신의 훌륭한 명성을 떨어뜨리지 않은 서백西伯(文王을 가리킴)과 죄인을 이에 잡은 주공周公과 목욕하고 역신逆臣을 토벌할 것을 청한 공자孔子3)에 이르러도 또한 모두 참다운 문과 참다운 무를 아울러 행한 자들이다.

후세에 문과 무가 나뉘어 두 길이 됨에 이르러 문은 따로 문이 되고 무는 따로 무가 되었으니, 이른바 문이 어찌 참다운 문이며 이른바 무가 어찌 참다운 무이겠는가. 장구章句만을 공부하고 문장文章만을 일삼으니, 그렇다면 사물의 이치를 연구하고 경륜經綸의 도를 간직한 자와 문이 다른 것이다. 말을 달리는 것을 능함으로 삼고 활을 잘 쏘는 것을 재주로 삼으니, 그렇다면 충의의 절개를 마음에 간직하고 간성干城의 책임을 자신의 일로 여기는 자와 무가 다른 것이다.

이러한 문을 문이라고 여기면서 묘당廟堂의 위에 거하고, 이러한 무를 무라고 여기면서 지방의 임무를 맡는다. (문신들이) 이 때문에 행동이 사체事體를 잃고 날마다 조정의 정사를 문란케 하니 문교文敎를 맡은 자들은 언제나 무부武夫들의 조롱거리가 되며, (무신들이) 이 때문에 국가의 위엄을 실추하고 다만 군사들의 원한을 쌓고 있으니 무공武功을 맡은 자들은 항상 문신文臣들의 공박을 받는다.

아! 지금에 문과 무를 겸비한 사람을 나는 보지 못하였다. 문이 참다운 문이 되어 무를 겸하고 무가 참다운 무가 되어 문에 근본한 자를 참으로

---

2) 周나라의 시조. 성은 姬이고 이름은 단보이며, 고공은 벼슬 이름이다. 주나라 건국후 太王으로 추존되었다.
3) 『논어』 「헌문」에 공자가 노나라 애공에게 "陳恒이 그 군주를 시해했으니 토벌할 것을 청합니다"라고 한 글이다.

쉽게 얻을 수 없으니, 어찌 문과 무를 겸한 재주를 보통 사람들에게 바랄 수 있겠는가.

묘당에 있는 자로 이윤伊尹과 같은 사람을 한 명만 얻는다면 한갓 문만을 숭상하는 경박한 습속을 거의 개혁할 수 있으며, 곤외閫外(節度使를 가리킴)에 있는 자로 중산보仲山甫4)와 같은 사람을 한 명만 얻는다면 한갓 무만을 숭상하는 누추한 폐습을 거의 변화시킬 수 있을 것이다. 이렇게 한 뒤에야 문과 무가 합하여 한 길이 되어서 문은 무의 근본根本이 되고 무는 문의 공용功用이 될 것이다.

한갓 문만을 하는 자는 무에 마음을 확장하고, 한갓 무만을 하는 자는 문에게 소중함을 돌려야 한다. 문신은 스스로 문만을 하지 않고 남의 무를 취하여 자신의 무로 삼으며, 무신은 스스로 무만을 하지 않고 남의 문을 취하여 자신의 문으로 삼아야 한다. 한 나라의 문과 무를 합하여 함께 일체가 되게 한다면 적敵을 막을 경우 어떤 강적인들 격파하지 못할 것이며 성城을 지킬 경우 어떤 약한 성인들 보전하지 못하겠는가. 이에 무신들이 공을 세우면 문신은 마치 자신이 공을 세운 것처럼 좋아하고, 문신이 떳떳함을 지키면 무신들이 공을 돌려 소중히 여길 것이니, 이 어찌 국가를 반석처럼 견고히 하고 세상을 치평治平에 올려놓는 방도가 아니겠는가.

대저 한 나라는 사람의 한 몸과 같으니, 사람의 한 몸을 가지고 말하면 심장心臟과 배와 허파와 창자도 나의 몸이요, 팔과 다리와 손톱과 이빨도 또한 나의 몸이다. 안에서 도모하고 밖에서 순종하여야 하니, 심장과 배와 허파와 창자가 안에서 선창하면 팔과 다리와 손톱과 이빨이 밖에서 화답하며, 팔과 다리와 손톱과 이빨이 밖에서 공을 나타내면 심장과 배와 허파와 창자가 안에서 성공함을 좋아하여야 한다. 그리하여 안에

---

4) 중국 西周시기 宣王 때의 대신. 선왕이 魯나라 武公의 작은 아들을 후계자로 지목한 것에 대해서 그 부당함을 밝히고 큰 아들을 후계자로 지목하도록 간언을 하였으나 선왕이 이 간청을 듣지 않고 작은 아들을 태자로 봉했다. 작은 아들은 후일 노나라 예공이 되었으나 과연 불만을 품은 백성들에게 시해되고 말았다. 중산보는 동시대의 대신인 尹吉甫로부터 明哲保身하다는 칭송을 받았다.

있는 것은 안에 있다 하여 밖을 경시하지 않고, 밖에 있는 것은 밖에 있다 하여 안을 시기하지 않아야 한다.

이렇게 한 뒤에야 원기元氣가 스스로 건장해지고 혈맥血脈이 막힘이 없어 한 몸이 편안해지는 것이다. 그렇지 아니하여 안과 밖이 서로 응하지 않고 오장五臟과 지체肢體가 서로 협조하지 않는다면 몸이 온전한 몸이 되려고 하더라도 과연 그렇게 될 수 있겠는가.

한 나라에 있어서는 안에서 문文을 지키는 자는 (비유하면) 심장과 배와 허파와 창자이고 밖에서 무공을 이루는 자는 다리와 팔과 손톱과 이빨이니, 합하여 일체가 되지 않고서 나라를 잘 다스릴 수 있겠는가.

그러므로 반드시 참다운 문으로 무를 겸한 자를 얻어 안에 있게 하고 반드시 참다운 무로 문을 겸한 자를 얻어 밖에 있게 한 뒤에라야 문과 무가 한 길인 뜻을 체득하여 비로소 나라를 부흥하는 일을 말할 수 있는 것이다."

나는 문과 무가 둘로 나누어짐을 한탄하여 이에 한 편의 논을 짓는다.

인심과 도심에 대한 해설【人心道心說】

【소해제】

　　여헌은 순임금이 우임금에게 주었다는 열여섯 자 심법을 만세의 도통으로 간주하고, 인심과 도심의 관계에 대한 여헌의 독자적인 견해를 이 글에서 개진하고 있다. 『여헌선생문집』 권6에 실려 있는데, 중요한 내용은 인심과 도심이 실은 하나의 마음에서 나타나는 두 가지 상이한 작용으로 간주하는 점, 근본으로 말하면 도심 또한 인심이고 인심 또한 도심이라고 간주하는 점, 그럼에도 불구하고 사私에 가려진 마음인 인심을 도심의 흐름으로 바꾸는 것이 정리正理로 나아가는 길임을 밝힌 점이다.

【원문 및 번역】

　　大舜授禹曰, 人心惟危, 道心惟微, 惟精惟一, 允執厥中. 夫允執厥中之言, 乃大堯授舜者也, 而舜之傳禹也, 增其上三句十有二字, 然後以堯之所授一句四字終之, 此豈舜之於堯之言, 自敢多之者哉. 蓋堯之於舜, 其授也一句四字而旣盡也. 舜之於禹, 則須加以三句十有二字者, 聖人隨時之意, 有不得不爾也. 晦庵朱子之說曰, 心之知覺, 一而已矣. 而以爲有人心道心之異者, 則以其或生於形氣之私, 或原於性命之正, 而所以爲知覺者不同. 是以或危殆而不安, 或微妙而難見. 然則生於形氣者人心, 原於性命者道心也. 於是, 後之學者或疑夫人與道有別, 而心果有二本也, 此豈知大舜及朱子之意哉. 人外無道, 道外無人. 人卽道之器也, 道卽人之理也. 人是形氣, 道是性命也. 而形氣, 卽其性命之形氣也, 性命, 卽其形氣之性命也. 不是形氣之外, 別有性命, 而性命之外, 別有形氣也. 有是形氣, 故有是性命, 有是性命, 故有是形氣. 無形氣則無性命, 無性命則無形氣矣. 其可二之哉. 能知覺者心也, 知覺之直從性命之正者, 道心也, 知覺之須因形氣之私者, 人心也. 形氣性命, 皆吾人所必有而不容相無者. 故心之知覺, 卽必有直從性命者, 亦必有須因形氣者焉. 然而性命, 卽其形氣中性命, 而知覺之直從性命者, 必因形氣而發, 則道心亦可謂之人心也. 形氣, 卽其性命中之形氣, 而知覺之須因形氣者, 必本性命而發, 則人心亦可謂之道心也. 人苟能敬愼其形氣, 不敢自形其形, 自氣其氣, 一惟率性命之理, 則其所謂人心也者, 莫非道心之流行, 而形氣不失爲性命中之形氣矣, 何必人心道心之分說哉. 蓋上古之時, 唐虞以前, 世質民淳, 風敦俗朴, 無非率性之道, 由道之人矣. 間或雖有別種異産, 失性違命之物, 不得不見化於渾質咸淳並敦同朴之中, 而自不得爲別爲異. 故三皇不煩政令, 不費教督, 而化自行矣. 至於唐虞以降, 則世不能純於質, 民不能純於淳, 風不能純於敦, 俗不能純於朴, 質者漸喪, 淳者漸澆, 敦者漸薄, 朴者漸散, 而政不得不備, 教不得不明矣. 舜自如堯, 則允執厥中之四字, 足以盡其旨矣. 若禹之於舜, 則其有間矣. 舜於是添了十有二字, 而所以做得堯之四字之傳者, 爲有其門路矣. 曰道曰人, 則其審之也明矣, 曰微曰危, 則其警之也深矣, 曰精曰一, 則其勉之也實矣. 道是正, 人是私, 正常微, 私常危, 故必須察之精守之一, 然後當能執斯道之中, 措天下之業也. 此十有六言者, 乃萬世道學之宗旨也. 吾人得此形氣, 參爲三才於兩間者, 固所以使之能充其性命之道理, 能盡其職分之事業, 有以踐夫爲人之形也. 而後之人, 不知性命爲形氣中性命, 形氣爲性命中形氣, 乃以形氣之私意, 汩失其性命之正理, 不踐爲人之形, 終反得罪於天地, 則是不如禽獸草木之本, 自無知者耳, 惡在其爲最靈最貴哉. 此莫非自蔽於形氣之私, 而不識夫爲吾人有是形氣者, 實以其性命之理, 爲之主焉, 一日無性命, 則形氣不自得爲形氣也. 然則蔽私失正之患, 其不爲甚矣乎. 所以心不正, 身不修, 家不齊, 國不治, 亂倫汩典於天下者, 皆由是也. 此大舜不得已而分解其一心邪正之機, 使人必做其精一之功. 其所以授禹者, 乃所以授天下也, 授萬世也. 然則人有形氣, 所以盛載性命, 而發用道義者也, 初非自私之物也, 而旣作己焉, 斯爲我矣. 人不能無我, 我自我之, 則不覺爲私害理, 而性命之正, 不免爲其所掩蔽, 流而爲凶爲惡, 終至於無所不至, 則此實以己害己, 以人戕人也. 然則以一本言之, 道心亦人心也, 人心亦道心也. 人不離道, 道常在人, 其果二焉耶. 及其以人離道, 道不在人, 然後于以析之, 以私而目之曰人心, 以理而目之曰道心. 人心, 人之人也, 道心, 人之天也, 卽私與理之謂也. 心豈有二於一方寸哉. 舜之分而言之者, 別其私與理而敎其精一也. 聖學之大要, 都出於此焉. 所謂降衷于下民, 若有恒性者, 卽此道心也. 生民有欲, 無主乃亂者, 卽此人心也. 孔聖之無我, 卽此人心私意之絶也. 顔子所克之己, 卽此人心也, 所復之禮, 卽此道心也. 曾子之格致, 卽此惟精也, 誠正, 卽此惟一也, 修齊治平, 卽此執中也. 子思所謂天命之性, 卽道心也, 率性之道, 修道之敎, 卽執中也, 擇善固執, 卽精一之法也. 孟子仁義禮智之四端, 卽道心也, 何必曰利, 常防其源者, 卽人心也. 然則學問要訣, 果外於此乎.

대순大舜이 우禹임금에게 황제의 자리를 전해 주며 말씀하기를 "인심人心은 위태롭고 도심道心은 미묘하니, 정精하게 하고 한결같이 하여야 진실로 중도中道를 잡을 수 있다"(人心惟危, 道心惟微, 惟精惟一, 允執厥中) 하였다. '진실로 중도를 잡는다'는 말은 곧 대요大堯가 순임금에게 주신 것인데 순임금이 우임금에게 전해 줄 때에는 그 위에 세 구句의 열두 글자를 더한 뒤에 요임금이 주셨던 한 구의 네 글자로 마쳤으니, 이 어찌 순임금이 요임금의 말씀에 스스로 감히 더 많이 하려 함이었겠는가. 요임금이 순임금에게 줄 때에는 한 구 네 글자로서 모두 전한 것이고, 순임금이 우임금에게 모름지기 세 구의 열두 글자를 더한 것은 바로 성인聖人이 상황에 맞춘 뜻이니 이렇게 하지 않을 수가 없었던 것이다.

회암晦庵 주자朱子의 말씀에 이르기를 "마음의 지각知覺은 하나일 뿐인데 인심과 도심의 다름이 있다고 말한 것은, 어떤 것은 형기形氣의 사사로운 경향에서 생기고 어떤 것은 성명의 올바른 것에서 근원하여, 지각하도록 하는 것이 똑같지 않기 때문이다. 그러므로 어떤 것은 위태로워 편안하지 못하고, 어떤 것은 미묘하여 보기 어려운 것이다" 하였다. 그러므로 형기에서 발생하는 것은 인심이요, 성명에서 근원한 것은 도심인 것이다.

이 때문에 후세의 학자들은 사람과 도 사이에 구별이 있어서 마음이 과연 두 근본이 있는가라고 의심하니, 이 어찌 대순大舜과 주자朱子의 뜻을 안 것이겠는가. 사람 밖에 도가 없고 도 밖에 사람이 없으니, 사람은 도를 담은 그릇이며 도는 사람의 이치인 것이다. 사람은 바로 형기이고 도는 바로 성명이니, 형기는 곧 성명의 형기이며 성명은 곧 형기의 성명이다. 그러하니 형기의 밖에 별도로 성명이 있고 성명의 밖에 별도로 형기가 있는 것이 아니다. 이 형기가 있기 때문에 성명이 있고, 성명이 있기 때문에 형기가 있는 것이니, 형기가 없으면 성명이 없고 성명이 없으면 형기가 없을 것이다. 그것을 어찌 둘로 구분할 수 있겠는가.

지각에 능한 것은 마음이다. 지각이 곧바로 바른 성명에서 나온 것은 도심이며 지각이 모름지기 형기의 사사로운 경향을 따른 것은 인심이니, 형기와 성명은 모두 우리 인간이 반드시 가지고 있어서 서로 없을 수 없는 것이다. 그러므로 마음의 지각이 반드시 곧바로 성명을 따라 나온 것이 있는가 하면, 또한 모름지기 형기를 따라 나온 것이 있는 것이다. 그러나 성명은 곧 형기 가운데에 있는 성명인바, 지각이 곧바로 성명을 따라 나오는 것은 반드시 형기로 인하여 발하니, 그렇다면 도심을 또한 인심이라 이를 수 있는 것이다. 형기는 곧 성명 가운데에 있는 형기인바, 지각이 모름지기 형기를 따라 나오는 것은 반드시 성명에 근본하여 발하니, 그렇다면 인심을 또한 도심이라 이를 수 있는 것이다.

사람이 진실로 그 형기를 공경하고 삼가서 감히 스스로 자기의 형체를 형체로 여기지 않고 감히 스스로 자기의 기운을 기운으로 여기지 않으며 한결같이 오직 성명의 이치를 따른다면, 이른바 인심이라는 것은 모두가 도심이 유행하는 것이어서 형기가 성명 가운데에 있는 형기가 됨을 잃지 않을 것이니 어찌 굳이 인심과 도심을 나누어 말할 것이 있겠는가.

생각건대 상고시대인 당唐·우虞 이전에는 세상이 질박하고 백성들이 순후淳厚하며 풍風이 돈후敦厚하고 속俗이 질박하여, 성性을 따르는 도道와 도를 행하는 사람이 아님이 없었다. 간혹 비록 별종으로 특이하게 태어나서 본성을 잃고 천명天命을 어기는 물건이 있었으나 모두 질박하고 다 순후하며 아울러 돈후하고 함께 질박한 가운데에 변화하지 않을 수가 없어서 자연히 별종이 되거나 기이한 사람이 될 수가 없었다. 그러므로 삼황三皇은 굳이 정사와 명령을 번거롭게 내리지 않고 애써 가르치고 감독하지 않았는데도 교화가 저절로 행해졌던 것이다.

그런데 당·우 이후로 내려와서는 세상이 질박하기만 하지 않았고 백성들도 순후하기만 하지 않으며 풍이 돈후하기만 하지 않고 속이 질박하기만 하지 않아서, 질박함이 점점 사라지고 순후함이 점점 엷어가며 돈후한 것이 점점 박해지고 질박한 것이 점점 흩어져서 정사를 구비하지 않을 수가 없고 가르침을 밝히지 않을 수가 없었다.

순舜임금은 요堯와 똑같았으니 '진실로 중도를 잡으라'(允執厥中)라는 네 글자로 그 뜻을 다 표현할 수 있었다. 그러나 우禹임금은 순임금에게 비하면 차이가 있었다. 순임금이 이 때문에 열두 글자를 보탰으니, 요임금의 네 글자의 전수가 제대로 되도록 하고자 그 들어가는 문과 나아갈 길을 설치해 준 것이다.

'도道'라 하고 '인人'이라 하였으니 그 살핌이 분명하며, '미묘하다' 하고 '위태롭다' 하였으니 그 경계함이 깊으며, '정밀하게(精) 하고 한결같이(一) 하라' 하였으니, 그 권면함이 진실한 것이다. 도道는 바로 정正이고 인人은 바로 사私인데, 정正은 항상 미미하고 사私는 항상 위태롭다. 그러므로 반드시 모름지기 살피기를 정밀하게 하고 지키기를 한결같이 한 뒤에야 마땅히 이 도의 중申을 잡아서 천하의 사업을 할 수 있는 것이니, 이 열여섯 글자야말로 영원한 도학道學의 종지宗旨인 것이다.

우리 인간은 이 형기形氣를 얻어서 하늘과 땅 사이에 참여하여 삼재三才가 되었으니, 진실로 성명性命의 도리를 다 채우고 직분에 맞는 사업을 다하여서 사람의 모습답게 제대로 실천함이 있어야 하는데, 후세의 사람들은 성명이 형기 가운데의 성명이 되고 형기가 성명 가운데의 형기가 됨을 알지 못하여, 마침내 형기의 사사로운 마음으로 성명의 바른 이치를 상실하여 사람의 모습답게 실천하지 못해서 끝내 도리어 천지에 죄를 얻으니, 이는 본래 지각이 없는 금수와 초목만도 못한 것이며, 어찌 가장 영특하고 가장 귀한 존재가 될 수 있겠는가.

이는 모두가 스스로 사사로운 형기에 가려져서, 우리 인간이 이 형기를 가지는 것이 실제로는 성명의 이치가 그 주인이 되기 때문이며 단 하루라도 성명이 없으면 형기는 저절로 형기가 될 수 없다는 사실을 알지 못한 것이다. 그러므로 사私에 가리어 정正을 잃는 근심이 어찌 심하지 않겠는가. 마음이 바르지 못하고 몸을 닦지 못하며 집안을 평온케 못하고 나라를 안정시키지 못하여서 천하에 인륜을 어지럽히고 떳떳한 법을 상실케 하는 것이 모두 이로 말미암는다. 이것이 대순이 부득이 그 한 마음으로부터 사邪와 정正의 기틀을 쪼개어서 사람들로 하여금 반드시 정밀하고 한결같게 하는 공부를 하게 한 것이다. 순임금이 우임금에게 가르쳐 준 것은 바로 천하에 가르쳐 준 것이고, 만세에 가르쳐 준 것이다.

그러므로 사람이 형기를 지니는 것은 성명을 담아 싣고 있다가 도의의 작용을 발하도록 하는 것이니, 애당초 스스로 사사로이 할 수 있는 물건이 아니다. 그런데 이미 그것을 자기 것으로 삼으면 이에 자아自我가 되고 만다. 사람에게는 자아의 마음이 없을 수 없지만, 내가 스스로 그것을 나로 삼게 되면 모르는 사이에 사私가 정리正理를 해쳐서 바른 성명이 사사로움에 가려짐을 면치 못하며, 그렇게 흘러가 흉함이 되고 악함이 되어 끝내 못하는 일이 없는 상태에 이르니, 이는 실로 자기로써 자기를 해치고 사람으로써 사람을 해치는 것이다.

그런즉 한 근본으로써 말하면 도심 또한 인심이며 인심 또한 도심인 것이다. 사람은 도를 떠나지 않고 도는 항상 사람에게 있으니, 과연 이것을 둘이라고 할 수 있겠는가. 사람이 도를 떠나서 도가 사람에게 있지 않음에 이른 뒤에야 이것을 나누어 사私로 지목하여 인심이라 하고, 정리正理로 지목하여 도심이라 한 것이다. 인심은 사람 가운데 사람이고 도심은 사람 가운데 하늘이니, 곧 사私와 정리正理를 말한다. 마음이 어찌 한 방촌方寸에 두 가지가 있을 수 있겠는가. 순임금이 나누어 말씀한 것은 사와 정리를 구별하여 정精하게 하고 한결같이 할 것을 가르친 것이다.

성학聖學의 대요大要는 모두 여기에서 나왔으니, 이른바 "하민下民에게 충衷(이치)을 내리니 떳떳한 성性을 가지고 있다"(降衷于下民若有恒性)[1]는 것은 바로 이 도심이며, "백성이 욕망이 있으니 군주가 없으면 혼란해진다"(生民有欲, 無主乃亂)[2]는 것은 바로 이 인심이다. 공성孔聖의 무아無我[3]는 곧 인심의 사사로운 뜻을 완전히 끊은 것이고, 안자顔子가 이긴 기己는 바로 인심이며, 돌아온 예禮[4]는 바로 도심이다. 그리고 증자曾子의 격물格物·치지致知는 곧 정밀하게 하다(惟精)이고, 성의誠意·정심正心은 곧 한결같게 하다(惟一)이며, 수신修身·제가齊家·치국治國·평천하平天下는 곧 집중執中이다.[5] 자사子思가 말씀한 '하늘이 명한 성'(天命之性)이란 것은 곧 도심이며, '성을 따르는 도'(率性之道)와 '도를 닦는 가르침'(修道之敎)이란 것[6]은 곧 중도를 잡는 것이며, '선을 택하고 굳게 잡는다'(擇善固執)[7]는 것은 곧 정하게 하고 한결같이 하는 법이다. 맹자孟

---

1) 『尙書』, 「湯誥」.
2) 『尙書』, 「仲虺之誥」.
3) 『論語』, 「子罕」.
4) 『論語』 「顔淵」의 克己復禮를 말함.
5) 格物·致知·誠意·正心·修身·齊家·治國·平天下는 『大學』의 경문에서 언급되는 공부의 여덟 조목을 말함.
6) 『中庸章句』, 首章.
7) 『中庸』, 20장.

子의 인仁·의義·예禮·지智의 사단四端8)은 곧 도심이며, '하필 이利를 말씀하십니까?'9)라고 한 것은 항상 난亂의 근원을 막았던 것이니 곧 인심이다. 그러므로 학문의 요결要訣이 과연 여기에서 벗어날 수 있겠는가.

8) 『孟子』, 「公孫丑上」.
9) 『孟子』, 「梁惠王上」.

마음에 대한 설【心說】

【소해제】

여헌의 마음에 관한 성리학적 이해가 매우 체계적으로 잘 정리된 글이며, 역시 그의 정밀하고도 깊이 있는 마음에 관한 관찰이 담긴 글이다. 『여헌선생문집』 권8에 수록되어 있다. 중요한 내용은 심心으로 표기되는 마음은 심장의 영靈이라는 점, 그리고 그것은 심장과 함께 몸의 장부를 구성하는 사장四臟과 육부六腑와의 협력관계를 바탕으로 신명과 지각의 작용을 할 수 있다는 점, 아울러 마음이 사장과 육부 그리고 사지四肢와 백체百體를 통솔하여 삶에 일관된 방향을 주고 전체를 조화시키는 역할을 하는 군주와 같다고 비유하는 점이다. 이 때문에 그는 마음의 주재력을 키우는 것을 강조하며 이를 심극心極을 세우는 것이라고 설명한다.

【원문 및 번역】

人之有身, 大則頭面背腹, 小則手足四肢, 內焉五臟六腑, 外焉耳目口鼻, 無非其所有也. 而凡言人善惡, 必皆擧其一心者, 何也. 蓋受理氣而爲身者, 必也大小之體無所不具, 內外之質無所不備, 然後乃得爲全形之一身也. 若體一不具, 非形之全也, 質一不備, 非身之成也. 然而體之爲大小, 質之爲內外者, 不有神明焉統之, 知覺焉總之, 則其何以各職其職, 咸則其則而爲成人哉. 蓋心雖居五臟之一, 而實爲一身之君主. 故神明所舍, 知覺所出者, 卽此心也. 具五常之德, 行七情之用, 通天地之道, 備萬物之理, 立天下之大本, 經天下之大經, 達古今合鬼神, 其妙何可窮哉, 其機何可測哉. 然而不是獨立而爲心焉, 必也取輔於四臟, 收滋於六腑, 然後有以盡其神明之妙, 致其知覺之機爾. 又須七竅以出納之, 百體以運用之, 然後有以酬酢乎千變, 措爲於萬應爾. 然則心雖爲一身之君主, 而固不可捨四臟六腑而君其身, 又不可離七竅百體而主萬機也. 是如天地必有二氣五行三光四時, 晝夜寒暑風霾雨暘, 各致其用, 然後成造化之功, 而立天地之道焉, 國君必有左右輔弼, 六官百司內外之任, 各致其職, 然後致治平之業, 而盡國君之道焉, 家長必有夫婦兄弟子孫僕隸, 各盡其事, 然後家道成焉. 此乃理一爲體, 分殊爲用, 自然之道也. 無理一之體, 無以致分殊之用也, 無分殊之用, 無以立理一之體也. 然則在一身者心, 豈非主理一之體, 而臟腑竅體, 豈非效分殊之用者哉. 或曰, 然則有形者必有心, 天有天之心, 地有地之心, 萬物莫不各有心矣. 然而心之在人者, 雖主一身, 而自爲一臟, 故其形體有象, 附著有所, 大小可指, 廣狹可度, 輕重可稱, 所謂形如未開蓮花, 有竅有毛, 重十二兩, 居肺下肝上者是也. 若天之心地之心, 其亦有可指者耶. 曰, 人則血氣之類也, 以血氣爲身者, 有臟腑有百體. 故心爲所具之一臟, 有質有象, 必有附著之所也. 天則氣而已矣. 日月爲陰陽之精, 而只管晝夜寒暑之分焉, 則日月非天之心也. 北辰居天之中, 而於穆不已之命, 不必由於北辰, 則北辰非天之心也. 然則天心豈有形體, 豈有方所, 又豈有內外前後哉. 充滿於上下四方者, 無非氣也, 而理在氣中, 無所不宰. 故隨時而靈, 隨處而靈, 當大而大, 當小而小, 當先而先, 當後而後, 無刻不然, 無微不然, 惟理而已者, 卽其心也. 地則水火土石之聚而已矣, 不可以水也火也土也石也者, 爲地之心. 則地之心, 亦何得以指擬於形體方所之上乎. 然則果何在乎. 其亦無處不在矣, 無時不在矣. 易大傳曰, 坤至柔而動也剛, 至靜而德方, 後得, 主利而有常, 含萬物而化光, 坤道其順乎, 承天而時行, 此其心也. 然則天地之心, 皆是無形體無方所, 而無所不在, 無時不在者心也. 蓋氣之所聚, 質之所凝, 必皆有精英, 理在其中, 爲自然之靈者, 卽其心也. 天以積氣之渾淪者形於上, 地以成質之磅礴者形於下, 豈若血氣之類, 心作一臟, 寄寓一處, 而主一身乎. 天之精英, 隨氣上下, 而理未嘗不在焉, 地之精英, 隨質剛柔, 而理未嘗不存焉者, 卽其無心之心也. 有曰, 昊天曰明, 及爾出王, 及爾游衍. 又曰, 天聰明自我民聰明, 明畏自我民明畏, 有曰天地以生物爲心. 又曰, 復其見天地之心, 天地之心, 其若是哉. 或曰, 人爲血氣之類, 其心爲有形有所, 而能無所不具衆理, 能無所不通萬用, 卽與天地之心, 相爲流通者何歟. 曰, 得天之氣, 資地之精, 爲身於兩間者人也. 故其質爲血肉, 而大必有頭面背腹, 小必有手足肢節, 具於內者臟五腑六, 竅於外者耳目口鼻, 則此莫非理氣之自然, 而一或不備, 便是不成物矣. 旣成一物, 則必有精神魂魄之所會, 卽所以心爲五臟之首也. 心不能獨臟而自盡其理. 故其爲靈也, 須取魂於肝, 取意於脾, 取魄於肺, 取精於腎, 自以神總合而御之. 其爲五常之性也, 仁應於肝木, 義應於肺金, 智應於腎水, 信應於脾土, 自以心火而司之. 其爲喜怒思憂恐之情也, 亦莫不各因其收屬而作焉, 其爲津液, 爲聲華, 爲竅脈, 爲虛實者, 皆有所取備焉, 然後能無所不盡其妙焉. 然則治節之出於肺, 謀慮之出於肝, 意思之出於脾, 決斷之出於膽, 技巧之出於腎者, 皆統於神明之心也. 其餘各腑之屬於臟者, 亦莫非浸灌轉輸於心, 以致滋養于君主之尊也. 神明旣有舍焉, 則其爲出納牖戶者, 耳目口鼻之竅於上也, 其有措爲役使者, 四肢之備於外也. 醫家所載諸臟諸腑, 七竅四肢之係絡條脈, 上下相承, 內外交貫, 無不關聯於心胞者, 有如四海九州之道路, 必皆通于天子之都也. 此非一心爲遍身百體之君主者乎. 以其有君主之道, 故一身之善惡吉凶, 無所不係于心焉. 果能自盡其君主之道, 而有以全其五常之性, 有以節其七情之用, 不爲耳目口鼻之所誘奪, 不爲四肢百骸之所恮頑, 則乃可以和順積中, 英華發外, 聽聰視明, 面粹背盎, 得與天地合其德, 日月合其明, 四時合其序, 鬼神合其吉凶, 以致五福皆備, 克享無疆之休矣. 如或不然, 而失其君主之道, 肆其情慾, 戕其性命, 役於外誘, 安於行尸走肉, 則其能免於荷校滅耳, 徽纆叢棘之禍者鮮矣, 況望他幸哉. 或曰, 心之爲臟, 血氣之類, 無不共有, 而人

獨最靈, 物皆偏塞者, 何也. 曰, 人得五行之秀, 猶且能全其心之理, 能踐
最貴之形者, 莫易見焉. 況在橫首之蠢然者乎. 徒知其飢食渴飮, 好生
惡死而已, 則自是稟受之偏爾, 非其心之罪也. 若以最靈之人, 不盡其
心之理, 至於乃獸乃禽之歸者, 能不愧於戴天履地中立之形乎. 心者,
凡爲物有形者之所必有也, 氣之精英而性命之所寓也, 卽一體中主宰
也, 居中而統外者也, 自一而應萬者也. 故天有天之心, 地有地之心, 人
有人之心, 物有物之心. 但其爲心之理則一也, 而各其所以爲形體者,
卽有大小貴賤精粗之不同, 則其心之性情體用, 何得同哉. 惟血肉之
類, 必有其血肉之宗主. 故心臟居中, 而以心名之, 以其爲五臟之首, 居
一身之中, 神明所舍, 知覺所出, 性情所統. 故其方雖寸, 而九竅四肢百
骸衆節, 無不受令而應旨, 此其所以目之以形之君也. 以此推而認之,
天之心在天之中, 地之心在地之中, 若不有其心, 天何以有造化之道,
地何以有承天之道哉. 天之心在天之中, 地之心在地之中, 此所謂中
者, 指言其全體之中耳, 非若在人之心臟爲五臟之一而有形象也. 天之
心, 自爲氣中之精英, 地之心, 自爲質中之精英, 無形無象者是也, 而兩
間萬物之心, 莫不以天地之心爲心, 則豈不以其爲理一也故然哉.

사람은 몸을 가졌으니 큰 것은 머리, 낯, 등, 배이고 작은 것은 손과
발의 사지이며, 안에는 오장五臟과 육부六腑, 밖에는 귀와 눈과 입과
코가 있으니, 어느 것이나 사람의 소유 아닌 것이 없다. 그런데 무릇
사람의 선과 악을 말할 때에는 반드시 그 하나의 마음을 거론하는
것은 어째서인가?

리理와 기氣를 받아 몸이 된 것은 반드시 크고 작은 몸이 갖추어지지
않음이 없고 안과 밖의 형질形質이 구비되지 않음이 없은 뒤에야 비로소
온전한 모습의 한 몸이 되는 것이다. 만일 몸이 한 가지라도 갖추어지지
않으면 형체가 완전한 것이 아니고, 형질이 한 가지라도 구비되지 않으면
몸이 완성된 것이 아니다. 그런데 몸의 크고 작은 것과 형질의 안과
바깥을 신명神明이 통솔하고 지각知覺이 총괄하지 않는다면 어찌 각기

자기가 맡은 직책을 수행하고 모두 법칙을 어기지 않고 실행하여 사람이 되게 할 수 있겠는가.

마음(心)은 비록 오장의 하나에 해당하나 실은 한 몸의 군주가 된다. 그러므로 신명이 거처로 삼고 지각이 나오는 것이 바로 이 마음인 것이다. 오상五常의 덕을 갖추고 칠정七情의 작용1)을 행하며 천지의 도를 통하고 만물의 이치를 갖추며 천하의 큰 근본을 세우고 천하의 큰 진리를 경영하여 고금에 통달하고 귀신과 합하니, 그 묘함이 어찌 궁할 수 있으며 그 기틀을 어찌 다 헤아릴 수 있겠는가.

그러나 마음은 홀로 서서 마음이 되는 것이 아니요, 반드시 사장四臟의 도움을 취하고 육부六腑에서 자양滋養을 거둔 뒤에야 신명의 묘함을 다하고 지각의 기틀을 잘 발휘할 수 있는 것이다. 또 모름지기 칠규七竅2)로써 출납을 하고 백체百體로써 운용을 한 뒤에야 온갖 변화를 수작酬酢할 수 있고 온갖 대응을 적절히 할 수 있는 것이다.

그러므로 마음은 비록 한 몸의 군주이나 진실로 사장과 육부를 버리고 몸의 군주가 될 수 없으며, 칠규와 백체를 떠나서 만 가지 기틀을 주장할 수 없는 것이다. 이는 마치 천지에 반드시 음陰·양陽의 두 기운과 금金·목木·수水·화火·토土의 오행五行과 일日·월月·성신星辰의 삼광三光과 춘春·하夏·추秋·동冬의 사시四時가 있어서 밤과 낮과 추위와 더위와 바람과 우레와 비와 햇볕이 각기 그 쓰임을 다한 뒤에야 조화의 공功을 이루고 천지의 도를 세우는 것과 같으며, 나라의 군주에게 반드시 좌우에서 보필하는 신하와 안팎에서 임무를 맡은 육관六官(육조의 관원)과 백사百司가 있어서 각각 자신의 직책을 수행한 뒤에야 치평治平의 사업을 이루고 군주의 도리를 다하는 것과 같으며, 가장家長에게는 반드시 부부와 형제와 자손과 노복들이 있어서 각기 자신의 일을 다한 뒤에야 가도家道가

---

1) 五常의……七情의 작용 : 오상은 仁·義·禮·智·信의 다섯 가지 떳떳한 天性을 이르며, 七情은 喜·怒·哀·樂·愛·惡·欲의 일곱 가지 감정을 이른다.

2) 七竅 : 사람의 얼굴에 있는 일곱 구멍을 이르는 것으로, 곧 귀·눈·코의 각각 두 구멍씩과 입의 한 구멍을 합하여 칠규라 한다. 여기에 아래에 있는 前陰(요도)과 後陰(항문)을 합하여 九竅라고도 한다.

이루어지는 것과 같다. 이는 바로 리일理一이 체體가 되고 분수分殊가 용用이 되는 것[3]으로 자연의 도이다. 리일의 체가 없으면 분수의 용을 다할 수 없으며, 분수의 용이 없으면 리일의 체를 세울 수 없다. 그러므로 한 몸에 있는 것들 가운데, 마음은 어찌 리일의 체를 주장하는 것이 아니며, 오장·육부와 칠규와 백체가 어찌 분수의 용을 이루는 것이 아니겠는가. 혹자가 다음과 같이 물었다.

"그렇다면 형체가 있는 것은 반드시 마음이 있는 것이니, 하늘은 하늘의 마음이 있고 땅은 땅의 마음이 있으며 만물도 모두 이 마음이 있는 것이다. 그런데 사람에게 있는 마음은 비록 한 몸을 주장하나 스스로 하나의 장기臟器가 되므로 형체가 상象(모양)이 있고 붙어 있는 장소가 있어서 큰지 작은지 가리킬 수 있고 넓은지 좁은지 헤아릴 수 있으며 가벼운지 무거운지 달아 볼 수 있으니, 이른바 심장心臟의 형체가 피지 않은 연꽃과 같고 구멍이 있고 털이 있으며 무게가 열두 냥兩으로 폐肺의 아래와 간肝의 위에 있다는 것이 이것이다. 그러나 하늘의 마음과 땅의 마음도 또한 가리켜 표시할 만한 것이 있는가?"

이에 나는 다음과 같이 대답하였다.

"사람은 혈기를 지닌 종류이니, 혈기를 몸으로 삼고 있는 것은 오장과 육부가 있고 백체가 있다. 그러므로 마음은 사람이 갖추고 있는 한 장기가 되어 질質이 있고 상象이 있어서 반드시 붙어 있는 곳이 있다. (그러나) 하늘은 기氣일 뿐이다. 해와 달이 음·양의 정精이 되어 다만 낮과 밤과 추위와 더위의 나뉨을 관장하니 해와 달은 하늘의 마음이 아니며, 북신北辰(북극성)이 하늘의 중앙에 위치해 있으나 심원深遠하여 그치지 않는 천명天命이 반드시 북신에서 말미암는 것이 아니므로 북신은 하늘의 마음이 아닌 것이다. 그러하니 하늘의 마음이 어찌 형체가 있고 어찌 방소方所가 있겠으며, 또 어찌 내외內外와 전후前後의 구별이 있겠는가.

---

3) 理一이……用이 되는 것 : 리일은 우주 만물의 근원이 한 이치인 것으로 곧 太極을 가리키며, 분수는 만사만물이 각기 나누어져 다른 것을 이른다.

상하上下와 사방에 충만한 것이 모두가 기氣인데 리理는 기 가운데에 들어 있어서 주재主宰하지 않는 것이 없다. 그러므로 때에 따라 신령스럽게 작용하고 곳에 따라 신령스럽게 작용하여, 커야 할 때에는 크고 작아야 할 때에는 작으며, 먼저하여야 할 때에는 먼저하고 뒤에 하여야 할 때에는 뒤에 하여, 한 시각도 그렇지 않음이 없고 아무리 작은 것이라도 그렇지 않음이 없어서 오직 이치대로 할 뿐이니, 이것이 바로 하늘의 마음이다.

땅은 물과 불과 흙과 돌이 모인 것일 뿐이니, 물과 불과 흙과 돌을 가지고 땅의 마음이라 할 수 없다. 그러니 땅의 마음을 또한 어찌 형체와 방소에다 놓고 가리켜 말할 수 있겠는가. 그렇다면 땅의 마음은 과연 어디에 있는가. 이 또한 존재하지 않는 곳이 없고 존재하지 않는 때가 없는 것이다. 『주역周易』의 대전大傳에 이르기를 '곤坤은 지극히 유柔하나 동動함은 강剛하고 지극히 정靜하나 덕은 방정方正하며 (陽을) 따르면 주인을 얻게 되어서(後得) 떳떳함이 있다. 만물을 포용하여 화육이 빛나니, 곤도坤道는 순하다 할 것이다. 하늘을 받들어 때로 행한다' 하였으니, 이것이 바로 땅의 마음이다.

그렇다면 하늘과 땅의 마음은 모두 형체가 없고 방소가 없으나, 존재하지 않는 곳이 없고 존재하지 않는 때가 없는 것이 마음이다. 생각건대 기氣가 모이는 곳, 질質이 응결되는 곳에 반드시 모두 정영精英이 있고 리理가 그 속에 들어있어서 자연스럽게 영특함이 되는 것이 바로 하늘과 땅의 마음이다.

하늘은 쌓인 기가 뒤섞여 하나가 된(混淪) 것이라서 형체를 초월하고, 땅은 형성된 질이 (각자기 형태로) 뒤섞여 있는 것이라서 형체를 띠고 있으니, 어찌 혈기가 있는 종류들의 마음이 한 장기가 되어서 한곳에 붙어 있어 한 몸을 주관하는 것과 같겠는가. 하늘의 정영精英[4]은 기氣를 따라 위로 오르기도 하고 아래로 내려오기도 하니 이치가 일찍이 존재하

---

4) 정영: 가장 본질적이고 핵심적인 것.

지 않는 곳이 없으며, 땅의 정영은 질에 따라 강剛하기도 하고 유柔하기도
하여서5) 이치가 일찍이 존재하지 않는 곳이 없으니, 곧 이는 마음 없는(無
心) 마음인 것이다.

옛글에 이르기를 '호천昊天이 밝아서 너와 더불어 출입하며 너와 더불어
논다'6) 하였고, 또 이르기를 '하늘의 총명은 우리 백성의 총명으로부터
오며, 하늘의 밝은 위엄은 우리 백성의 밝은 위엄으로부터 온다'7) 하였고,
또 말하기를 '천지는 만물을 내는 것으로 마음을 삼는다'8) 하였으며,
또 이르기를 '복괘復卦에 하늘과 땅의 마음을 볼 수 있다'9) 하였으니,
하늘과 땅의 마음은 이와 같은 것이다."

누군가 다음과 같이 물었다.

"사람은 혈기가 있는 종류여서 그 마음이 형체가 있고 방소가 있는데도
모든 이치를 갖추지 않음이 없고 온갖 작용에 통하지 않음이 없어서
곧 하늘과 땅의 마음과 서로 유통流通함은 어째서인가?"

이에 나는 다음과 같이 대답하였다.

"하늘의 기氣를 얻고 땅의 정精을 받아서 하늘과 땅 둘 사이에 몸이
된 것이 바로 인간이다. 그러므로 그 질은 피와 살이 되는데, 큰 것에는
반드시 머리와 낯과 등과 배가 있고 작은 것에는 반드시 손과 발과
지절肢節이 있으며, 안에 갖추어진 것은 오장·육부이고 밖에 구멍이
뚫린 것은 귀와 눈과 입과 코이니, 이는 어느 것이나 리理와 기氣가
절로 그렇게 되는 것이어서 만약 한 가지라도 혹 갖추지 못하면 곧
물건(사람)이 되지 못하는 것이다. 하나의 물건(사람)이 이루어지고 나면
반드시 정신과 혼백이 모이는 곳이 있으니, 이것이 곧 심장이 오장의
우두머리가 되는 것이다.

---

5) 강하기도 하고 유하기도 하다는 것은 음과 양의 어느 시기나 장소에도 두루 존재함
을 의미함.
6) 『詩經集傳』下, 板8章 원문은 "昊天曰明, 及爾出王, 昊天曰旦, 及爾游衍."
7) 『尙書』, 「皐陶謨」.
8) 『孟子』의 '不忍人之心'을 해석한 말.
9) 『周易』復卦 象辭.

마음은 홀로 모든 이치를 간직하여 저 혼자만이 이치를 다 발휘할 수는 없다. 그러므로 그가 신령함을 발휘할 적에는 모름지기 간肝에서 혼魂을 취하고 비脾에서 의意를 취하고 폐肺에서 백魄을 취하고 신腎에서 정精을 취하며 스스로는 신神으로써 이들을 하나로 합하여(總合) 몰고 간다. 오상五常의 성性이 될 때에는 인仁은 간목肝木에 응하고 의義는 폐금肺金에 응하고 지智는 신수腎水에 응하고 신信은 비토脾土에 응하며 자신은 심화心火로써 이들을 맡는다. 마음이 기쁨, 노여움, 생각, 근심, 두려움의 정情을 낼 때에는 또한 모두 각기 속하는 장부로부터 나오니, 마음이 진액津液10)이 되고 성화聲華11)가 되고 규맥竅脈12)이 되고 허실虛實13)이 되는 것도 모두 취하여 갖추는 바가 있는 것이며, 그런 뒤에야 그 묘함을 다하지 않음이 없는 것이다. 그렇다면 절도를 맞추는 것(治節)은 폐肺에서 나오고, 꾀하고 사려하는 작용(謀慮)은 간肝에서 나오고, 뜻을 내고 생각을 일으키는(意思) 것은 비脾에서 나오고, 결단은 담膽에서 나오고, 기교技巧는 신腎에서 나오는바, 이것들이 모두 신명스러운 마음의 통솔을 받는다.

그리고 그 나머지, 장기에 소속된 각 부腑도 또한 마음에 스며들어(浸灌) 옮겨다 주어(輸送) 높으신 군주(마음)에게 양분을 공급하여(滋養) 주지 않음이 없다.

신명神明이 마음 속에 집을 마련했다면 (신명이) 나고 드는 창구는 바로 몸의 겉으로 구멍이 뚫린 귀와 눈과 입과 코이며, 일을 함에 부리는 것은 겉에 갖추어져 있는 사지四肢이다. 의가醫家의 서적에 실려 있는 여러 장부臟腑와 칠규七竅와 사지四肢의 맥락과 조리가 위아래로 서로 계승하고 안팎으로 서로 꿰어서 심포心胞에 관련되지 않음이 없으니, 이는 마치 사해四海와 구주九州의 도로가 반드시 모두 천자天子의 도읍과

---

10) 진액: 슬퍼서 눈물 등을 흘리는 현상.
11) 성화: 여러 사람에게 알려지는 현상.
12) 규맥: 바깥으로 열린 구멍과 안으로 이어지는 맥락이라는 의미.
13) 허실: 빈 것과 가득 찬 것.

통하는 것과 같다. 이는 한 마음이 온몸과 백체의 군주가 되는 것이 아니겠는가.

마음은 군주의 도리가 있다. 이 때문에 한 몸의 선과 악, 길함과 흉함 어느 것이든 마음에 관련되지 않은 것은 없으니, 과연 마음이 군주의 도리를 스스로 다하여 오상五常의 성性을 온전히 함이 있고 칠정七情의 쓰임을 절제함이 있어서 귀와 눈과 입과 코에게 유인되거나 주인 자리를 빼앗기지 않고 사지와 온갖 몸의 나쁜 버릇에 길들어 고정되지 않는다면, 비로소 화순和順함이 속에 쌓여서 영화英華가 외모에 나타나며 듣는 것이 분명하고 보는 것이 뚜렷하고 얼굴이 순수하고 등에 덕스러운 모양이 가득해서 천지와 더불어 그 덕이 부합하고 일월과 더불어 그 밝음이 부합하고 사시와 더불어 그 차례가 부합하고 귀신과 더불어 그 길흉이 부합해서 오복五福이 모두 구비되어 무궁한 아름다움을 누리게 될 것이다.

만일 혹시라도 그렇지 못하여 군주의 도리를 잃어서 정욕情欲을 제멋대로 부리고 성명性命을 해쳐 밖에서 오는 유혹에 사역당하고 배우지 않고 무능하게 사는 것(行尸走肉)을 편안하게 여긴다면, 큰 칼(형틀)을 머리에 덮어써서 귀까지도 가리고(荷校滅耳)[14] 동아줄에 몸이 묶이며 가시나무 속에 갇히는(徽纏叢棘)[15] 화를 면하기가 어려울 것이니, 하물며 딴 요행을 바라겠는가.”

누군가 다음과 같이 물었다.

“마음이 장기가 됨은 혈기를 가진 종류가 모두 공유하는 것인데, 인간만이 신령스럽고 다른 물건은 모두 치우치고 막힌 것은 어째서인가?”

이에 나는 다음과 같이 대답하였다.

“사람은 오행五行 가운데 빼어난 것을 받았다. 그럼에도 오히려 마음의 이치를 온전히 하고 가장 귀중한 형체를 지닌 존재답게 실천하는 자를 보는 것은 쉽지 않다. 하물며 머리를 가로 뻗으며 꿈틀대는 금수禽獸에

---

14) 『周易』 噬嗑卦 上九의 象傳에 나오는 말.
15) 『周易』 坎卦 上六 爻辭.

있어서 쉬울 수 있겠는가. 이것들은 다만 배고프면 먹고 목마르면 마실 줄 알며 살아가는 것을 좋아하고 죽는 것을 싫어할 뿐이니, 이는 자연히 품수稟受[16]한 것이 편벽되기 때문이요, 마음의 죄가 아니다. 만약 가장 신령스러운 인간으로서 마음의 이치를 다하지 않아서 금수의 상태로 후퇴하는 자는 하늘을 이고 땅을 밟고 천지의 가운데에 서 있는 형체에 부끄럽지 않겠는가."

마음은 형체를 가지고 있는 모든 물건들이 반드시 가지고 있는 것인바, 기 가운데 정영精英한 것이며 성명이 깃드는 곳이니, 곧 한 몸 속의 주재로서 중앙에 자리 잡고 바깥을 통솔하며, 자신은 하나이지지만 온갖 것에 대응한다. 그러므로 하늘은 하늘의 마음이 있고 땅은 땅의 마음이 있고 사람은 사람의 마음이 있고 물건은 물건의 마음이 있는 것이다. 다만 마음의 이치는 하나이나 각기 그 형체가 되는 것은 곧 대大·소小와 귀貴·천賤, 정精·조粗의 다름이 있으니, 마음의 성性·정情과 체體·용用이 어찌 같을 수 있겠는가.

피와 살을 가지고 있는 종류는 반드시 피와 살의 종주宗主가 있다. 그러므로 심장이 오장의 중앙에 위치하여 심心이라고 이름하였으니, 오장의 우두머리가 되고 한 몸의 중앙에 위치하여 신명神明이 머무는 곳이고 지각知覺이 나오는 곳이며 성性·정情을 통솔하는 곳이다. 그러므로 그 넓이가 사방 한 치이나 구규九竅와 사지四肢와 백해百骸와 여러 관절 어느 것도 마음에게 명령을 받아 호응하지 않은 것이 없으니, 이 때문에 스스로 형체를 가진 것들의 군주라고 지목하는 것이다.

이로써 미루어 아는 것은 하늘의 마음은 하늘의 가운데에 있고 땅의 마음은 땅의 가운데에 있으니, 만약 그 마음이 없다면 하늘에 어찌 조화의 도가 있으며 땅에 어찌 하늘을 받드는 도가 있겠는가. 하늘의 마음은 하늘의 가운데에 있고 땅의 마음은 땅의 가운데에 있다고 한다면 이 '가운데'라는 것은 전체의 가운데를 가리켜 말한 것이요, 사람에게

---

16) 태어날 때 자연으로부터 받음을 의미함. 따라서 선천적인 자질과 상태를 가리킴.

있는 심장心臟이 오장의 하나가 되어서 형상이 있는 것과는 같지 않다. 하늘의 마음은 본래 기氣 가운데 정영精英이고 땅의 마음은 자연 질質 가운데 정영이니 형체가 없고 상象이 없는 것이 이것이며, 하늘과 땅 둘 사이의 만물의 마음은 천지의 마음을 마음으로 삼고 있으니, 이는 어찌 이치가 하나(理一)인 까닭에 그러한 것이 아니겠는가.

문文에 대한 설 【文說】

【소해제】

　도와 문의 관계 및 문의 중요성을 밝힌 글로, 『여헌선생문집』 권6에 실려 있다. 문이란 도를 본本으로 삼을 경우 말末에 해당하는 것인데, 여헌은 본말을 모두 극진하게 이해하고 실천하는 것이 곧 사업의 성취와 긴밀한 관련이 있다는 생각을 보여 준다. 문의 종류에는 천문天文·지문地文과 더불어 인문人文이 있는데 앞의 양자는 변함이 없더라도 후자에는 변함이 많았음을 전제하고, 그 가운데 유교에 의한 인문의 전통이 오랫동안 민멸되었다가 송대 유학자들에 의하여 복원되었음을 역사적 사건으로 중시한다. 그리고 그것을 바탕으로 경천위지經天緯地 즉 천지와 그 사이에 사는 사람과 만물을 평화롭게 하는 것이 필요함을 역설한다.

【원문 및 번역】

　文者, 道之發於功用, 形於模象, 而等第之所以秩, 條脈之所以別也. 凡運行分布於宇宙間, 有耳可得以聞焉, 有目可得以接焉, 有心可得以理會焉者, 爲有其文也. 道若無文, 何得以爲道哉. 故天有天之文, 地有地之文, 在人有人之文. 天地之文, 根於自然之理, 成於自形之氣者也. 人之文, 亦莫不由於自然之理, 自形之氣也, 而其有以品節之修明之者, 在乎人之自爲也爾. 然則圓於上而日月星辰之昭布者, 天之文也, 方於下而山川草木之遍滿者, 地之文也. 二氣有二氣之文, 五行有五行之文, 至於風雲雷電雨露霜雪, 無非元化之文也. 朝暮晝夜, 一日之文也, 晦朔弦望, 一月之文也, 生長收藏, 一歲之文也, 飛潛動植, 形形色色, 各所其所,各性其性者, 品彙之文也, 若非其文, 造化何由而成乎, 道義何由而明乎.
惟人也, 位乎天地之間, 首乎萬物之上, 性仁義禮智之德, 責倫紀綱常之
道, 以位天地育萬物, 繼往聖開來學爲事業, 則文之在人者, 不其重且大
乎. 故人文旣明, 然後親疎分, 上下章, 內外別, 先後序, 父父子子, 君君臣
臣, 夫夫婦婦, 長長幼幼, 善善惡惡, 而裁成輔相, 參贊位育之道在是矣.
然而莫非人也, 而惟儒者, 爲能講明此道, 推行敎化, 而擧一世民物, 無不
入於文明之化矣. 文明之化, 旣暢於天下, 則日月星辰, 光華於上, 山川草
木, 奠賁於下, 風爲祥風, 雲爲慶雲, 雷電雨露霜雪, 莫不爲瑞, 而飛潛動
植, 各遂其生, 麟鳳龜龍, 畢效其靈者, 非文敎之致耶. 天文之文於天,
地文之文於地者, 實皆由人文之得其文而能爲文也. 然則文之在吾人
者, 語默動靜之儀於身也, 彝倫敎化之範於人也, 發育萬物, 峻極天地者
皆是也. 而惟其繼往開來之文, 則必由於言矣, 聖經賢傳, 非斯文之典範
耶. 然則聖經賢傳, 皆出於不得已而作也, 豈若後世尙詞衒技之爲哉. 不
有易, 無以窺陰陽變化之妙, 示開物成務之道, 故易於是乎作焉. 不有書,
無以明帝王出治之本, 述都兪經世之業, 故書於是乎著焉. 察人心性情
之發, 審世道升降之變者, 詩之所以編也. 準繩經綸之大經, 權衡賞罰之
中制, 傳往古列聖之心法, 垂後世百王之政典者, 春秋之所以出也. 天理
自有節文, 人事必有儀則, 則豈可無禮經以傳之哉. 契得天地之中聲, 鼓
發神人之和氣, 則豈可無樂書以遺之哉. 此皆所以明理也, 載道也, 立敎
也, 啓學也, 若經傳無作, 則生于千載之下者, 何以知夫千載上聖皇聖帝
聖王之事業哉. 爲是人而不知人之理, 居天之下而不知爲天者何理, 在
地之上而不知爲地者何理, 況知夫滿兩間萬物萬事之理乎. 惟其有經傳
之文, 明如日月之光, 信如四時之常. 故人得知天所以天, 地所以地, 人所
以人, 物所以物. 有身則有性, 有性則有道, 有道則有德, 有德然後人爲
人, 家爲家, 國爲國, 而彝倫以敍矣. 然則使斯人得不爲禽獸之歸者, 六經
爲文之功. 夫六經之文, 聖人之造化也, 其於造化, 何容議爲哉. 如麻絲
布帛之不可去, 菽粟藥餌之不可無, 尊之當如父師, 敬之當如神明焉. 爲

378

天地元氣之所寓, 與天地而存亡, 故秦政之所不能焚滅, 則後世豈復有
秦政哉, 設雖有百秦政, 其如天地之元氣何哉. 至於後世, 其亦摹擬作述,
自以爲立言傳後者號儒, 必效把筆皆著, 故題目紛紜不可箅悉, 卷帙浩
漫, 不可數記. 然而徒知文之爲文, 而不知文之出於道也. 至以文章爲至
道, 以博涉爲眞儒, 以科第爲達士, 則其所謂文者, 特口耳上之掇拾, 非心
得之發也, 特翰墨中之繪飾, 非躬行之述也. 其足觀者無幾, 則況傳後乎.
蓋道, 爲文之本也, 而著於德行者, 文之實也, 發於言詞者, 文之文也.
故惟能有德行之實者, 能爲吐辭之經, 聖人所謂有德者必有言, 是也. 若
無德行之實, 而徒事於文字之末, 則雖欲粉飾以售其辯, 詭誕以眩人見,
何能掩得識者之目哉. 雄辯如老莊, 終不得以淸虛之論, 沒絶聖人之禮
法, 亂眞如釋佛, 終不得以寂滅之說, 廢盡天下之彝倫. 況其餘諸家之作,
儘如百蟲之音, 過耳皆空, 何足道哉. 眞儒無作, 而古文之亡, 千有餘載
矣, 至宋周程張朱相繼以出, 而克紹眞儒之業, 斯文復歸於正焉. 然皆卷
而藏之, 不得明文敎於天下, 則所傳者遺篇而已. 然而至今知六經之爲
經, 識聖道之爲道者, 皆宋儒之賜也. 然則文者, 大道之精華也. 天地則萬
古一天, 萬古一地, 而其理無變. 故天地之文, 未嘗變也. 而其在人者,
不得不隨世升降, 隨人邪正, 故觀歷代之文, 足以知斯道之變矣. 文有淵
奧宏深雄渾簡古者焉, 有純正剛大峻潔磊落者焉, 有卓拔著明平易秀麗
者焉, 此則吉人君子之文也, 豈不爲六經之助哉. 其或卑弱委靡鄙劣淺
薄者有焉, 隱晦艱澁險怪鱺誕者有焉, 駁雜浮誇破碎俚俗者有焉, 此則
皆出於心無的見, 行無執守, 尙氣好奇, 騁辯逞技之人也, 只足以亂人耳
目, 壞人心術, 曾何補於世敎哉. 噫, 安得見本末兼盡, 有德有言, 明斯道
之大用, 爲經天緯地之文哉.

　文文은 도道가 공용功用에 나타나고 모상模象에 드러난 것으로 등급과
차례가 질서를 얻고 가닥과 맥락이 구별되도록 하는 것이다. 무릇 우주
사이에서 운행하고 분포되는 것은 귀가 있으면 그 소리를 들을 수
있고 눈이 있으면 그 모습을 접할 수 있으며 마음이 있으면 그 내용을

이해할 수 있으니, 이는 그들이 문文을 지니기 때문이다. 도가 만약 문이 없다면 어떻게 도가 될 수 있겠는가.

그러므로 하늘에는 하늘의 문이 있고 땅에는 땅의 문이 있고 사람에게는 사람의 문이 있다. 하늘과 땅의 문은 자연의 이치에 뿌리를 두고 저절로 형성되는 기氣에서 이루어지며, 사람의 문 또한 저절로 그러한 이치와 저절로 형성된 기에 말미암지 않음이 없으니 이를 품절品節[1]하고 닦아서 빛내는 것은 사람이 스스로 하느냐 여부에 달려 있을 뿐이다.

그러므로 하늘에 둥글게 펼쳐져서 해와 달과 별들로 밝게 분포되는 것은 하늘의 문이고, 아래에 곳곳에 산과 내와 풀과 나무로서 두루 가득한 것은 땅의 문이다. 음·양의 두 기운에는 두 기운의 문이 있고 오행에는 오행의 문이 있으니, 바람과 구름과 우레와 번개와 비와 이슬과 서리와 눈 등이 모두 원화元化(자연의 조화)의 문이 아님이 없다. 아침과 저녁과 낮과 밤은 하루의 문이며, 그믐과 초하루와 초승달과 보름달은 한 달의 문이며, 낳고 자라고 거두고 보관함은 한 해의 문이며, 나는 짐승과 물속에 잠겨 있는 종류와 형형색색의 동물과 식물이 각기 제자리에 위치해 있고 각기 본성을 타고난 것은 품휘品彙(만물)의 문이니, 만약 그 문이 아니라면 조화가 어떻게 이루어지며 도의가 어떻게 밝아질 수 있겠는가.

오직 사람은 천지의 사이에 위치하고 만물의 위에 으뜸이어서 인仁·의義·예禮·지智의 덕을 본성으로 삼고 윤기倫紀와 강상綱常의 도를 맡고 있어서 천지를 편안하게 하고 만물을 생육生育하며 옛 성인聖人의 가르침을 계승하고 후학後學들에게 성인의 도를 열어 주는 것으로 사업을 삼으니, 사람에게 있는 문이 중重하고 또 크지 않겠는가. 그러므로 인문人文이 밝혀진 뒤에야 친親·소疎가 구분되고 상上·하下가 구분되며 내內·외外가 구별되고 선先·후後가 질서를 얻으며, 아버지는 아버지답고 자식은 자식다우며 군주는 군주답고 신하는 신하다우며 남편은 남편답고 아내는

---

1) 품절: 인간의 품격에 맞게 조절함.

아내다우며 어른은 어른답고 어린이는 어린이다우며 선한 사람을 선하다고 하고 악한 사람을 미워하게 되어서, 마름질하여 완성하고(裁成) 보충하여 도와서(輔相) 천지가 제자리를 잡고 만물을 육성하는 도에 참여하여 돕는 도가 여기에 있는 것이다.

그러나 사람이라고 하더라도 오직 유자儒者만이 이 도道를 강명講明하고 교화敎化를 미루어 행해서 온 세상의 백성과 물건 어느 것도 문명文明의 교화를 받지 않는 것이 없도록 할 수 있다. 문명의 교화가 천하에 빛나면 해와 달과 별이 위에서 빛나고 산과 내와 풀과 나무가 각자의 자리에서 아름다운 모습을 보이며, 바람은 상서로운 바람이 되고 구름은 경사스러운 구름이 되며, 우레와 번개와 비와 이슬과 서리와 눈이 상서롭지 않은 것이 없으며, 공중을 나는 것들과 물속에 잠긴 것들 및 동물과 식물이 제각각 자신의 삶을 완수하고 기린과 봉황과 거북과 용龍이 모두 그 신령스러움을 나타낼 것이니, 이는 문교文敎의 소치가 아니겠는가.

천문天文이 하늘의 문이 되고 지문地文이 땅의 문이 되는 것은 실로 모두 인문人文이 올바른 문을 얻어서 문이 되기 때문이다. 그렇다면 우리 인간에게 있는 문이란 몸의 거동이 되는 말하고 침묵하고 동하고 고요한 것, 사람의 규범이 되는 이륜彛倫과 교화, 만물을 일으키고 육성하고(發育) 천지를 지극히 아름답게 하는 것 모두가 사람의 문이다. 그러나 오직 옛 성인의 가르침을 계승하고 후학들에게 도를 열어주는 문은 반드시 말씀(문자)에서 말미암으니, 성인이 남긴 경과 현인이 남긴 전(聖經賢傳)이 이 문의 전범典範(떳떳한 법)이 아니겠는가. 그러므로 성인이 남긴 경과 현인이 남긴 전은 모두 부득이해서 나온 것이니, 어찌 후세에 문장을 숭상하고 재주를 자랑하기 위하여 지은 것과 같겠는가.

『주역周易』이 없었다면 음양陰陽이 변화하는 묘를 궁구하여 사물의 이치를 개발하고 사업을 성취하는 도를 보일 수가 없었을 것이므로, 『주역』이 이 때문에 만들어졌다. 『서경』이 없었다면 제왕들이 정치를 내는 근본을 밝히고 도유都兪2)하여 세상을 경륜하는 사업을 기술할 수가 없었을 것이므로, 『서경』이 이 때문에 지어졌다. 사람의 마음과 성性과 정情이 나옴을 살피고 세도世道의 오르내리는 변화를 살피는 것은 『시경詩經』이 편찬된 이유이다. 경륜의 큰 법을 기준이 되게 하고 상벌의 알맞은 제도를 저울질하며 옛 성인聖人들의 심법心法을 전하여 후세의 백왕에게 정전政典을 남긴 것은 『춘추春秋』가 만들어진 이유이다. 천리天理는 자연 절문節文이 있고 사람의 일에는 반드시 의칙儀則이 있으니, 어찌 『예경禮經』을 두지 않고도 이것을 전할 수 있었겠는가. 천지의 알맞은 소리를 알아내고 신神과 인간의 화和한 기운을 두드려 발하여야 하는 것은, 어찌 악서樂書를 두지 않고 남길 수 있겠는가. 이는 모두 이치를 밝히고 도를 싣고 가르침을 세우고 배움을 열어 주기 위한 것이니, 만약 경전經傳이 만들어지지 않았다면 천년의 뒤에 태어난 자들이 어떻게 천년 전의 성황聖皇·성제聖帝·성왕聖王의 사업을 알겠는가.

사람으로 태어났으면서도 사람의 이치를 알지 못하고, 하늘 아래에 살면서 하늘이 된 것이 무슨 이치인지 알지 못하며, 땅의 위에 있으면서 땅이 된 것이 무슨 이치인지 알지 못할 터인데, 하물며 하늘과 땅 사이에 가득한 만물과 만사의 이치를 알겠는가.

오직 경전의 문文이 있어서 분명함이 일월日月의 광채와 같고 진실함이 사시四時의 떳떳함과 같다. 그러므로 사람들은 하늘이 하늘이 된 이치와 땅이 땅이 된 이치와 사람이 사람이 된 이치와 물건이 물건이 된 이치를 알게 되었다. 몸을 가지면 성性을 가지고 성을 가지면 도道를 가지며 도를 가지면 덕德을 가지니, 덕을 가진 뒤에야 사람이 사람다운 사람이 되고 집안이 집안다운 집안이 되고 나라가 나라다운 나라가 되어 떳떳한 인륜이 두루 실현된다. 그러므로 사람으로 하여금 금수처

---

2) 도유:『書經』「堯典」에서 요임금이 신하들과 정사에 관해 회의하면서 사용했던 언어 들인 "都兪吁咈"에서 온 말. 도유는 찬성하는 표현이고 우불은 찬성하지 않는 표현이다. 이렇게 보면 도유는 왕과 신하들이 정사를 의논하는 일을 말함.

럼 되지 않을 수 있도록 하는 것은 육경六經의 가르침을 문文으로 기록한 공로인 것이다.

육경의 문은 성인聖人의 조화이니, 조화에 대해서 어찌 함부로 평론할 수 있겠는가. 삼(麻)과 실과 베와 명주베를 버릴 수 없는 것과 같고, 콩과 곡식과 약물을 없앨 수 없는 것과 같으니, 높이기를 마땅히 부모와 스승처럼 하여야 할 것이요, 공경하기를 마땅히 신명神明처럼 하여야 할 것이다. 육경六經의 문文에는 천지天地의 원기元氣가 담겨 있어서 천지와 더불어 존망을 같이한다. 그러므로 진시황秦始皇의 폭정으로 불태워도 없애지 못하였던 것이니, 후세에 어찌 다시 진나라의 폭정이 가능하겠는가. 설령 비록 백 번의 진나라 폭정이 있은들 천지의 원기를 어찌하겠는가.

후세에 이르러서도 (육경을) 본떠 저작하여 스스로 훌륭한 글을 지어 후세에 전한다고 하는 자들이 있어 유자儒者라 이름하는데, 이들은 반드시 붓을 잡고 저서를 남기고자 힘썼다. 그러므로 제목이 분분하여 이루 다 셀 수가 없고, 권질卷帙이 너무 많아서 헤아려 기억할 수가 없다. 그러나 다만 문文이 문인 줄만 알고 문이 도道에서 나온 줄을 알지 못한다. 그리하여 심지어는 문장을 지극한 도라고 여기고 널리 섭렵한 이를 진유眞儒라고 생각하며 과거科擧에 급제한 이를 통달한 선비라고 여기기까지 하니, 그들이 말하는 문은 다만 입과 귀에서 주워 모은 것이요 마음에 터득하여 나온 것이 아니며, 다만 한묵翰墨 가운데의 꾸밈일 뿐이요 몸소 실천한 것을 기록한 것이 아니다. 그리하여 볼 만한 것이 몇 건 없으니, 하물며 후세에 전할 수 있겠는가.

생각건대 도道는 문文의 근본이니, 덕행에 드러나는 것은 문의 실제이고 언사言詞로 표현되는 것은 문의 문이다. 그러므로 오직 덕행의 실제가 있는 자만이 훌륭한 말을 토해 낼 수 있는 것이니, 성인聖人이 말한 "덕이 있는 자는 반드시 말씀이 있다"는[3] 것이 이것이다.

---

3) 『論語』, 「憲問」편.

만약 덕행의 실제는 없으면서 한갓 문자文字를 꾸밈에만 종사한다면, 비록 분바르고 꾸며서 그 말을 잘 보이려 하며 괴이하고 허탄한 말을 늘어놓아 사람들의 눈을 현혹시키려 한들 어찌 유식한 자의 눈을 가릴 수 있겠는가. 노자老子와 장자莊子 같은 웅변雄辯이라도 끝내 청허淸虛의 의론4)으로 성인의 예법을 없앨 수 없었으며, 석불釋佛과 같이 진리를 혼란시키는 자라도 끝내 적멸寂滅의 말5)로써 천하의 윤리강상을 폐하지 못하였다. 하물며 기타 제가諸家들의 저작들은 실로 온갖 풀벌레 소리와 같아서 귀를 스치고 지나가면 모두 사라지고 없으니, 어찌 굳이 말할 것이 있겠는가.

진유眞儒가 나오지 않음에 고문古文이 없어진 지가 천여 년이었다. 그러다가 송宋나라 때에 이르러서 주자周子6), 정자程子7), 장자張子8), 주자朱子9)가 서로 이어 나와서 진유의 사업을 제대로 계승하였으니, 사문斯文이 다시 바른 데로 돌아왔다. 그러나 그들은 이미 세상에 존재하지 않아서 문교文敎를 천하에 밝히지 못하니, 전하는 것은 그들이 남긴 글들일 뿐이다. 그렇더라도 오늘에 이르기까지 육경六經이 진리임을 알고 성인의 도를 도라고 아는 것은 모두 송나라 진유들의 은덕이다. 그러므로 문文은 위대한 도(大道)의 정화精華인 것이다.

---

4) 중국 선진시대의 노자와 장자로부터 위진시대에 이르는 도가의 인물들은 세상이 혼탁한 원인이 다름 아닌 인간들의 상대적인 가치와 지식에서 벗어나지 못하는 것이라고 간주하여, 그것들을 초월하여 자연의 흐름인 道에 맞추어 살아가는 것을 중시하였다. 그 결과 세속의 예의와 법도를 가볍게 여기고, 개인의 養生에 힘쓰면서 세속의 가치와 지식에 오염되지 않도록 맑고 깨끗하게 처신하는 것을 강조하였다.
5) 불가에서는 인간의 마음의 작용이 끝없는 분별심을 낳고 결국 괴롭고 불만족스러운 상태를 벗어나지 못하는 것을 문제로 간주하고, 그것을 극복하게 하기 위하여 마음의 작용을 소멸시키는 滅盡定의 상태에 드는 것을 최상의 경지로 권장한다.
6) 북송시대 유학자 周敦頤(1017~1073). 호는 濂溪.
7) 북송시대 유학자 程顥(1035~1085)와 그의 연년생 아우 程頤(1033~1107). 형은 明道선생, 아우는 伊川선생으로 불렸다.
8) 북송시대 유학자 張載(1020~1077). 호는 橫渠.
9) 남송시대 유학자 朱熹(1130~1200). 호는 晦庵으로, 북송시대 유학자들의 학문을 집대성하여 주자학을 세웠다.

하늘과 땅은 영원토록 동일한 하늘이고 영원토록 동일한 땅이어서 이치에 변함이 없다. 그러므로 하늘과 땅의 문은 일찍이 변한 적이 없다. 그러나 사람에게 있어서는 세대에 따라 오르내림이 없을 수 없고 사람에 따라 간사함과 바름의 차이가 없을 수 없다. 그러므로 역대의 글을 보면 이 도의 변함을 알 수 있는 것이다. 글에는 연오淵奧10)하고 굉심玄深11)하고 웅혼雄渾12)하고 간고簡古13)한 것이 있으며, 순정純正14)하고 강대剛大15)하고 준결峻潔16)하고 뇌락磊落17)한 것이 있으며, 탁발卓拔18)하고 저명著明하고 평이平易하고 수려秀麗한 것이 있으니, 이는 길인吉人(善人을 가리킴)과 군자君子의 문으로서 어찌 육경을 읽는 데 도움이 되지 않겠는가. 혹은 비약卑弱19)하고 위미委靡20)하고 비열鄙劣21)하고 천박淺薄한 것이 있으며, 은회隱晦22)하고 간삽艱澁23)하고 험괴險怪24)하고 추탄麤誕25)한 것이 있으며, 박잡駁雜26)하고 부과浮誇27)하고 파쇄破碎28)하고 이속俚俗29)한 것이 있으니, 이는 모두 마음에 분명한 소견이 없고 행실에 일정한

---

10) 연오: 글의 내용이 매우 깊이 있고 오묘한 것까지 다룸을 말함.
11) 굉심: 글이 다루는 범위가 매우 넓고 깊숙함을 말함.
12) 웅혼: 글의 기상이 웅장하여 어느 것이든 막힘없이 끌어안음을 말함.
13) 간고: 글의 기상이 간결하고 순수함을 말함.
14) 순정: 글의 내용이 순수하고 올바름을 말함.
15) 강대: 글의 기운이 굳세고 큼을 말함.
16) 준결: 글이 엄숙하면서도 정결함을 말함.
17) 뇌락: 글이 활달하여 소소한 것에 거리낌이 없음을 말함.
18) 탁발: 다른 것들과 비교될 만큼 뛰어난 글을 말함.
19) 비약: 글이 비굴하고 기운이 약한 것을 말함.
20) 위미: 글의 기운이 쇠퇴하여 독자의 마음에 감동을 주지 못함을 말함.
21) 비열: 글이 비루하고 졸렬한 것을 말함.
22) 은회: 글의 내용이나 문체가 요지를 선명하게 드러내지 못하는 상태를 말함.
23) 간삽: 글의 내용이 이해하기 어렵고 까다로움을 말함.
24) 험괴: 글의 내용이 험하고 괴상함을 말함.
25) 추탄: 글의 내용이 근거가 없거나 부족하고 허황된 것을 말함.
26) 박잡: 글이 조리 없이 마구 뒤섞여 그 요지를 알 수 없음을 말함.
27) 부과: 글이 들뜨고 과장됨을 말함.
28) 파쇄: 글이 보잘것없는 내용으로 이루어진 것을 말함.
29) 이속: 글이 상스럽고 저속함을 말함.

지킴이 없어서 기운을 숭상하고 기이한 것을 좋아하여 변설辯舌을 구사하고 재주를 부리는 사람에게서 나오는 것이니, 이는 단지 사람의 귀와 눈을 혼란시키고 사람의 마음을 파괴할 뿐이다. 어찌 세상을 가르치는 데 보탬이 될 리 있겠는가.

아! 어떻게 하면 본말本末을 모두 다하고 훌륭한 덕과 말을 모두 소유하여 이 도의 대용大用을 밝혀서 경천위지經天緯地30)하는 문을 볼 수 있겠는가.

---

30) 『左傳』 昭公 28年條에 나오며, 임금이 되어 나라를 짜임새 있게 잘 다스리는 것을 말함.

제4장 여헌의 시대인식과 정치사상

김용헌

여헌은 16세기 후반에서 17세기 전반에 활동한 학자이다. 그의 정치사상
과 그것의 밑받침이 되는 철학이론은 기본적으로 주자학의 일반적인 특성을
담고 있으며, 동시에 그의 시대 상황을 일정하게 반영하고 있다. 그가
이황과 이이의 시대를 거치면서 정착된 주자학의 풍토 속에 성장했던
관계로 주자학의 틀로 이 세계를 인식하고 설명하는 것은 지극히 자연스럽
다. 하지만 어떤 사상가이든 그의 내면에는 그 시대에 대한 반성과 고민이
새겨져 있기 마련이고, 그 결과 그의 사상에는 그 시대의 문제에 대한
성찰이 투영되어 있을 수밖에 없다. 이러한 관점에서 보자면 여헌의 경세론
에는 주자학의 보편성과 여헌 시대의 특수성이 교차하면서 성립되었다고
할 수 있다. 결국 그의 경세론에 대한 접근은 그의 시대인식에서 출발하는
것이 바람직하다.

여헌이 겪었던 중요한 정치적 사건으로는 그의 나이 39세 때 시작된
임진왜란, 70세에 있었던 인조반정, 그리고 74세와 83세 때 있었던 정묘·
병자호란을 들 수 있다. 이 가운데 그가 중년에 겪었던 임진왜란은 한
나라의 지식인으로서 나라와 백성의 관계를 되새기는 체험의 장이 되었
다. 왜냐하면 수많은 백성들의 죽음과 피폐해진 삶을 목도했을 뿐만
아니라, 그 자신도 여러 차례 죽음의 고비를 넘기면서 피난길을 전전해야
하는 곤궁한 삶을 살았기 때문이다. 그는 임진왜란의 참상을 "연기와
불꽃이 일어나지 않는 날이 없었고,…… 산천은 그 형체를 잃어버리고
해와 달은 그 색이 바랬으며, 사람들은 하늘을 보고 부르짖고 땅을 보고
울부짖었다"라고 하였다.

여헌이 노년에 겪었던 인조반정은 큰 정치적 사건이었다. 선조의 뒤를
이어 왕위에 오른 광해군은, 오늘날 명나라와 후금 사이에서 취한 실리적인
외교노선 등에서 긍정적인 평가를 받고 있으나, 당시 여론 주도층이었던

사림들에게는 후한 평가를 받지 못했다. 특히 임해군과 영창대군을 살해하고 인목대비를 사실상 폐위하여 서궁에 유폐한 것은 실리적인 외교정책과 더불어 주자학적 의리에 반한 것으로 반정의 결정적인 빌미가 되었다. 여헌 역시 이 일련의 조치가 가치의 전도이자 질서의 혼란이라고 여겼으며, 결국 그 전도와 혼란이 반정을 초래했다고 인식하였다.

여헌은 인조반정 후 조정으로부터 산림山林, 즉 재야의 덕망과 학식이 있는 선비로 천거되어 사헌부지평에서 대사헌에 이르기까지 여러 관직에 임명되었다. 물론 그가 관직에 실제로 나아간 것은 몇 달에 지나지 않으나, 그 과정에서 올린 상소에는 그의 시대인식과 정치사상이 잘 드러난다. 여헌은 인조반정을 매우 긍정적으로 평가하였다. 그는 인조반정 직후 민심을 "귀천과 대소를 막론하고 혈기가 있는 사람들은 기뻐하지 않음이 없었다"라고 하였다. 또 인조에 대해서는 "반드시 도탄에 빠진 백성들을 구원해 주고 국가를 반석 위에 공고히 올려놓으려고 하십니다"라고 하였다. 그러나 인조반정 후에 고변과 이에 따른 옥사가 반복되는 등 나라가 곧바로 안정되지는 않았다. 결국 1624년(인조 2)에 이괄의 난이 일어나 서울이 반군에 점령되고 인조는 공주로 피신하는 위기를 맞기도 하였다.

여헌은 인조 초반의 불안한 정국을 나라에 병이 많다고 규정하였다. 반정 직후에 가졌던 기대와는 달리 반정의 효과는 백성들에게 쉽게 체감되지 않았기 때문이다. 그는 반정 4년 후에 올린 상소에서 "나라의 크고 작은 일이 점점 폐조, 즉 광해군 때의 나쁜 습관과 비슷해졌고, 이 때문에 일반 백성들은 즐거운 마음이 없다"라고 하였다. 광해군 때의 나쁜 습관과 비슷한 일이 많다는 것은 새 정권에 대한 최악의 평가로서, 광해군 때와 달라진 것이 무엇이냐는 항변인 셈이다.

인조 정권에 걸었던 기대가 4년 만에 부정적인 여론으로 바뀌게 된 요인은 무엇일까? 여헌은 잘못된 정치와 잘못된 명령이 민심의 이반을 초래했다고 파악하였다. 훌륭한 군주와 조정의 여러 현자들이 최선을 다하는데도 폐조에 비견되는 것은 사람들의 마음에 원망을 살 만한 잘못된 정치와 명령이 있기 때문이라는 것이 여헌의 생각이었다.

인조 초기에 있었던 내적 충격이 이괄의 난이었다면, 정묘호란은 외적 충격이었다. 1627년 1월 후금의 침입으로 인조가 강화도로 피신하는 등 위기에 처했던 조선은 후금과 형제국의 의의를 맺는 등 굴욕적인 화의의 조건을 받아들일 수밖에 없었다. 이에 여헌은 패전의 치욕을 초래한 죄인으로서 죄를 고백하는 글을 인조에게 올리며 패전에 대한 분석과 그 분석에 기초한 대책을 제시하였다.

여헌은 정묘호란에 대해 "나라의 패전과 임금의 치욕은 모두 신하와 백성들의 죄입니다"라고 하였다. 침략군에 제대로 싸워 보지도 못하고 강화도로 파천했다 치욕적인 화친을 맺었고, 그것은 결국 신하와 백성의 책임이라는 것이다. 그렇다면 패전의 원인은 무엇일까? 이에 대해 여헌은 전란에 대한 준비가 없었다는 것을 들었다. 준비가 없었기 때문에 개·돼지 같은 무리들이 업신여기는 마음을 갖게 되었고 마침내 침략을 했으며, 그들이 침략하자 조선의 군사들은 제대로 싸워 보지도 못하고 패주했다는 것이 정묘호란을 보는 여헌의 시각이었다.

인조반정 이후 일련의 정치적 혼란을 겪으면서 여헌의 정치운영론은 건극론建極論으로 정리된다. 군주가 극을 세워야 한다는 건극론은 『서경書經』 「홍범洪範」의 "황극이란 군주가 표준을 세우는 것이다"(皇極, 皇建其有極)에서 유래한다. 여기서 극은 일차적으로 북극의 극과 같은 것으로서 지극至極의 뜻이며, 중심·준칙·표준·모범 등의 의미를 함축한다. 여헌의 건극론을 한마디로 정리하면, 군주가 모범을 보이면 신하와 백성들이 모두 군주를 표준으로 삼아 그를 중심으로 모여들고 그에게 복종한다는 뜻이다.

여헌에 따르면 군주는 온 나라의 신하와 백성의 마음이며 온 나라의 신하와 백성은 군주의 몸이다. 그러므로 신하와 백성이 도리를 다하느냐는 군주가 극을 세웠느냐에 달려 있다. 군주가 극을 세워 모범이 되고 표준이 된다는 것은 구체적으로 무엇을 의미할까? 이에 대해 그는 "군주의 극을 세운다는 것은 오직 자기의 본성을 다하여 사람들의 표준이 되는 것일 뿐"이라고 하였다. 건극이라는 것은 글자 그대로 사람들의 표준이 된다는 것인데, 표준이 되기 위해서는 진성盡性, 즉 타고난 도덕적인 본성을 다 발휘해야 한다는 것이다. 이와 같은 정치론은 자신의 도덕적 완성을 통해 다른 사람을 도덕적으로 감화시킨다는 주자학적 수기치인론修己治人論의 전형이라고 할 만하다.

여헌이 건극의 구체적인 실천 방법으로 제시한 것은 올바른 인재 등용과 올바른 정책 시행이다. 그는 인재를 등용할 때는 선과 악을 분별해야 하며, 정책을 펼 때는 옳고 그름을 분명히 해야 한다고 주장하였다. 인재를 제대로 등용하고 정책을 제대로 시행하면 백관이 모두 적임자이고 만사가 모두 도리에 맞아서 사람들의 마음이 모두 복종하게 된다는 것이다. 이와 관련해 그가 특히 강조한 것은 시비, 즉 옳고 그름을 명확하게 구분하고, 이에 기초한 붕당의 해소이다. 그는 이에 대해 "조정이 화합하지 않고서 나라가 나라다운 적이 없었으며, 사론士論 즉 사림의 여론이 통일되지 않고서 교화가 교화다운 적이 없었습니다"라고 하여, 나라의 안정을 위해서는 조정의 화합과 사론의 통일이 필수적이라는 견해를 피력하였다. 이는 선조 시대 이래로 사림이 동인과 서인으로 분열되고, 동인이 다시 남인과 북인으로 분열되어 각축을 벌이던 시대 상황을 반영한 것이라고 할 수 있다. 여헌이 여러 정치적 견해를 피력한 인조 시대에도 서인과 남인의 정치적 긴장관계가 있었고, 서인 내부에도 다양한 정파가 존재했던 것이 사실이다.

여헌의 화합과 통일론은 건극론과 맞물려 있다. 여헌은 조정의 불화와 사림의 분열을 초래한 원인을 군주가 극을 세우지 않았기 때문이라고 보았다. 군주가 먼저 표준을 세우고 모범을 보이면 아랫사람들은 자연스럽게 군주를 존경하고 따른다는 것이 그의 주장이다. 여헌이 궁극적으로

상정한 이상적인 정치운영 형태는 군주가 마음의 공부를 통해 도덕적인 본성을 다 발휘하고 이를 바탕으로 군주의 도리를 다하며, 이에 따라 조정 및 사림, 더 나아가 온 백성들이 군주를 중심으로 하나가 되는 정치이다.

겨울밤 우연히 읊다 【冬夜偶吟】

【소해제】

긴긴 겨울밤에 쉽게 잠들지 못하고 뒤척이는 나그네의 괴로운 심정을 읊은 시로, 『여헌집』 권1에 실려 있다. 이 시에서 시인은 밤과 새벽을 대비시킴으로써 자신의 괴로움을 극대화하고 있다. 여기서 밤은 빨리 가야 하는 것이고 새벽은 빨리 와야 하는 것이다. 하지만 현실은 시인의 바람대로 되지만은 않는다. 밤은 끝이 없고 새벽은 더디게 오는 것이 시인의 현실이다.

밤은 왜 괴로운가? 침상 가에서 들쥐들이 어지럽게 날뛰기 때문이다. 여기서 분명한 것은 이 시가 밤과 들쥐의 은유를 통해 괴로운 현실과 그 괴로운 현실을 야기하는 원인을 고발하고 있다는 점이다. 그렇다면 하룻밤 묵어가는 나그네를 잠 못 들게 하고, 결국 나그네로부터 꿈을 빼앗아 가는 들쥐가 상징하는 것은 무엇일까?

『여헌연보』에는 여헌이 64세(광해군 9) 때 세도의 변화를 걱정하여 이 시를 지었다고 하였다. 이 무렵은 정인홍·이이첨 등이 중심이 된 대북1)정권의 전횡이 정점으로 치닫던 시기이다. 광해군은 광해군 5년에 영창대군의 외조부인 김제남이 영창대군을 임금으로 추대하려고 했다는 이유로 죽였으며, 영창대군도 강화도에 유배했다가 그 이듬해 봄에 살해하였다. 또한 많은 뜻있는 신료들과 사림의 반대에도 불구하고 대북 강경파의 뜻에 따라 인목대비가 사실상 폐위되어 서궁에 유폐된 것이 광해군 10년 1월이었다. 이로 인해 광해군은 어머니를 폐위시키고 형제를 죽였다는 비난을 받았고, 결국 인조반정으로 왕위를 내놓아야 했다. 그러므로 이 시에서

---

1) 선조 후반부터 북인은 대북과 소북으로 나누어졌는데, 대북은 선조의 적장자인 영창대군 대신에 광해군을 옹립하는 데 성공함으로써 정치적 실권을 장악할 수 있었다.

말하는 들쥐는 당시 민심과는 다르게 국정을 농단하고 주자학적 가치를
어지럽히던 대북세력을 뜻하는 것으로 보인다.

【원문 및 번역】

長夜苦漫漫,
天地何遲曉.
羣鼠亂牀邊,
宿客夢自少.

긴 밤 괴로운 마음 끝이 없는데,
새벽은 왜 이리 더디 오는가.
들쥐들 침상 가에 어지러우니,
쉬어 가는 나그네 꿈이 절로 적어라.

향사당기【鄕射堂記】

【소해제】

이 글은 인동仁同의 향사당鄕射堂이 완공된 후 향사당의 최고 책임자인 좌수座首 이성춘李成春의 부탁으로 쓴 기문記文으로, 『여헌집』 권9에 수록되어 있다.

인동에는 본래 향사당이 있었다. 그러나 그 향사당이 임진왜란 때 불타 버린 후 임시로 작은 초가를 지어 20여 년 동안 이용하다가, 이때에 이르러 향사당을 새로 지었다. 향사당은 향사당鄕社堂・향서당鄕序堂으로 불리기도 하는데, 조선시대 지방 사림들의 자치 조직인 유향소留鄕所의 청사로서 3명의 향임鄕任(좌수・좌별감・우별감)이 평상시에 업무를 보던 곳이다. 이곳은 향안鄕案, 즉 고을 선비들의 명단을 보관하고 있었고 고을의 선비들이 모여서 회의를 열거나 고을 백성을 모아 놓고 법령을 알리는 장소로 활용되었다. 특히 고을의 어른이나 덕이 있는 사람들을 초청하여 법도에 맞게 연회를 베풀고 활쏘기 경기를 개최하는 향음주례鄕飮酒禮 또는 향사례鄕射禮가 이곳에서 열리기도 하였다. 한마디로 향사당은 주자학적 규범과 예법을 보급하고, 이를 통해 주자학적 가치와 질서가 지배하는 향촌 공동체를 지향한 향촌 사족의 중심지라는 상징적 의미를 지닌 곳이었다.

여헌 역시 이 글에서 "이제부터 향사당에 머무는 사람들은 반드시 옛날 사람의 도를 생각하고 나라의 뜻을 체득해야 한다. 그렇게 해서 항상 공경하고 두려워하는 마음을 갖고 향회의 규칙을 실천하는 데 힘쓴다면, 고을의 아름다운 풍속과 좋은 습속이 당연히 이 향사당에서 시작되어 기틀을 잡게 될 것이다"라고 당부하였다.

【원문 및 번역】

顯光, 鄉之人也. 生長於國家太平之日, 今則老病於兵亂子遺之中
矣. 流離旅遊之餘, 歸過是歲于舊閭, 一日鄉首李君成春, 來見而言曰.

장현광張顯光은 이 고을 인동仁同[1] 사람이다. 나라가 평화로울 때에 태어
나고 자랐으나, 지금은 전쟁[2] 끝에 겨우 살아남아 병든 채 늙어 가고
있다. 이리저리 떠돌다가 올해 들어 옛 마을로 돌아왔는데, 하루는 향수鄉
首[3] 이성춘李成春이 찾아와 말하였다.

吾鄉, 舊亦有鄉射堂矣, 兵火之日, 隨而火焉. 鄉人之僅存生還者, 尙
復號之曰座首, 曰別監. 蓋我國鄉邑中古規而不得廢者也. 其以事來待
令於府下者, 無所於退息, 遂構茅數間, 假寓苟度者二十年矣.

"우리 고을에는 옛날에도 향사당鄉射堂[4]이 있었는데, 임진왜란으로 불타
고 말았습니다. 하지만 겨우 살아 돌아온 고을 사람들은 아직도 좌수座首
라고 하고 별감別監이라고 합니다. 그것은 대개 옛날부터 내려오는 우리나
라 향읍鄉邑의 규칙을 폐지할 수 없기 때문입니다. 일 때문에 관청에
온 사람들이 관청의 조치를 기다리는 동안 쉴 곳이 없어 드디어 작은
초가를 지어 그곳에서 초라하게 지내 온 것이 20년이 되었습니다.[5]

比因一二鄉老之賜, 議卜得新基於府城之南, 礎其柱瓦其蓋. 堂以兩
楹, 房以兩夾, 幷之爲十間屋. 其廚庫及廁, 則力未及焉, 姑俟後日.

최근에 우리 고을의 한두 노인들이 기금을 내 부성府城[6] 남쪽에 새

---

1) 仁同 : 지금의 구미시 인동동 일대.
2) 전쟁 : 임진왜란을 말한다.
3) 鄉首 : 조선시대 지방 사림들의 자치 조직인 留鄉所의 최고 책임자인 座首를 뜻한다.
4) 조선시대 지방 사림들의 자치기구인 유향소의 청사. 좌수·별감 등 임원들이 근무하
   던 곳으로 鄉會를 열거나 鄉射禮를 치르는 장소였다.
5) 향사당은 정기적으로 관아를 내왕하는 面里의 관계자들이 쉴 겸 들르는 곳이기도
   하였다.

집터를 잡아 주춧돌 위에 기둥을 세우고 기와로 지붕을 덮었습니다. 대청(堂7)에는 두 개의 큰 기둥(楹8)이 있고 양 옆으로 방이 있는 구조로서 모두 10칸 자리 집입니다. 부엌·창고·마구간은 힘이 미치지 못해 후에 마련될 날을 기다립니다.

然一堂之成, 視以吾鄕之力則亦幸矣. 又重營於蕩盡之後, 不能無一感一慰者焉. 願說其廢興之迹, 揭諸壁而知諸後. 子盍記之.

하지만 우리 지역의 힘을 감안하면, 당堂 하나만을 완성한 것도 매우 다행한 일입니다. 또 전쟁의 폐허를 딛고 다시 세웠으니 감격스럽기도 하고 위안이 되기도 합니다. 원컨대 이 향사당이 무너졌다 다시 세워진 발자취를 기록하고 그것을 벽에 걸어 후세에 알렸으면 합니다. 선생님께 서 어찌 이 일을 맡아 주시지 않겠습니까?"

余惟古之所謂鄕者, 在邦國京都之外, 居比閭族黨之上, 敎化之由於 上者, 從此而宣於下, 風俗之成於下者, 階此而孚於上.

나의 생각으로는 옛날에 고을(鄕)이란 것은 서울 밖에 있는 지방 행정 단위로서 마을과 일족一族 위에 위치했으므로, 위에서 내려온 교화는 고을을 거쳐 아래로 베풀어지고, 아래에서 만들어진 풍속은 고을을 거쳐 위로 올라갔다.

此聖人所以致重於鄕, 而制爲鄕飮鄕射之禮, 使之知夫事長尊賢之 義, 貴賤隆殺之節, 辭讓和樂之道, 有以消其懈惰委靡之風, 貪鄙淫僻 之心, 暴戾傾危之習焉. 孔子所謂吾觀於鄕, 而知王道之易易者此也.

---

6) 府城 : 仁同府의 城. 인동은 본래 縣이었으나 임진왜란 때 의병장 郭再祐가 이곳에서 왜적을 크게 물리쳤기 때문에 1604년(선조 37)에 도호부로 승격되었다.
7) 堂 : 대청. 마루.
8) 楹 : 건물 내부에 세운 둥글고 큰 기둥.

이런 까닭에 성인聖人은 고을을 중요하게 여겨 향음주례鄕飮酒禮[9]와 향사례鄕射禮[10]를 만들어 어른을 섬기고 현자賢者를 존경하는 의리, 귀천에 따라 높이고 낮추는 예절, 서로 사양하고 화목하게 지내는 도를 알게 했고, 이를 통해 나태하고 쇠퇴한 풍속, 탐욕스럽고 음란한 마음, 포악하고 위태로운 습관을 사라지게 하였다. 공자孔子께서 "내가 향촌에서 보고 왕도가 풍속을 바꾸기가 쉬움을 알았다"라고 한 것이 이것이다.[11]

今之所謂鄕, 其與古之萬二千五百家之制異矣, 而邑無大小, 皆各稱鄕. 則鄕之係於國家者, 爲大則一也. 飮射之禮, 則後世廢而不講, 宜乎敎化之不見古盛, 風俗之必至日卑也.

지금의 향鄕은 옛날의 1만2천5백 가家가 향이었던 제도와 달라 크고 작은 읍邑을 모두 향이라고 부른다. 하지만 향과 나라의 관계가 중요한 것은 옛날이나 지금이나 한가지이다. 후세에 향음주례와 향사례가 폐지되고 시행되지 않은 탓에 교화가 옛날처럼 잘 이루어지지 않고 풍속이 날로 비루해지는 것은 당연하다.

吾鄕雖小, 其來遠矣. 邑名以仁, 名之必以其實, 則其素有美俗, 可知矣. 方其九疇之化流, 而三物之敎行也, 備六德者幾人, 敦六行者幾人, 通六藝者幾人, 文獻無徵, 不可得以知矣.

우리 고을은 비록 작으나 그 유서가 깊다. 이름은 그 실재를 따르게 마련인데, 고을의 이름을 인仁이라 했으니 본래 아름다운 풍속이 있었음

---

9) 鄕飮酒禮 : 향촌사회에서 학덕과 연륜이 높은 사람을 모시고 예법에 따라 술을 마시며 잔치를 하는 鄕村儀禮. 그 목적은 연장자를 존중하고 유덕자를 높임으로써 향촌사회에 유교적 규범과 예법을 보급하고 진작하는 데 있었다.

10) 鄕射禮 : 향촌사회에 주자학적 규범과 예법을 보급하기 위하여 시행한 鄕村儀禮. 孝·悌·忠·信·禮에 뛰어난 사람을 초청하여 술과 음식을 대접하고 연회가 끝나면 편을 갈라 법도에 따라 활쏘기 행사를 거행하였다.

11) 『禮記』, 「鄕飮酒義」.

을 알 수 있다. 구주九疇[12)의 교화가 널리 퍼지고 삼물三物[13)의 가르침이 시행되었을 때, 육덕六德[14)을 갖춘 사람이 몇 명이었는지, 육행六行[15)을 돈독하게 실천한 사람이 몇 명이었는지, 그리고 육예六藝[16)를 통달한 사람이 몇 명이었는지는 증거할 만한 문헌이 없어 알 수 없다.

今値國家重恢之運, 區區小鄕, 亦得有貌樣, 堂曰鄕射者旣復焉. 諸君盍相與顧其名而敬重之, 思有以處此堂之道耶.

지금 나라가 다시 회복되는 때를 만나 보잘것없는 우리 고을도 역시 모양을 갖추고 향사鄕射라는 이름의 집이 이미 복구되었다. 여러분들이 어찌 다함께 향사당의 이름을 돌이켜 보아 그것을 소중히 여기지 않을 수 있으며, 향사당에 임하는 방법을 생각하지 않을 수 있겠는가?

古禮固不可易行, 而古人尙德之意, 因是名之存而可以想之矣. 國家之設鄕所, 而置鄕任者, 蓋有以重其所係也.

옛날의 예禮는 진실로 쉽게 실행할 수 없으나 옛날 사람이 덕을 숭상한 뜻은 그 이름이 남아 있어 추정할 수 있다. 나라에서 유향소(鄕所)를 설치하고 임원을 둔 것은 그와 관련된 것을 중요하게 여겼기 때문이다.

分九重憂, 牧一境民者, 邑主也. 而邑主瓜期有限, 遞易無常, 常爲新

---

12) 九疇 : 洪範九疇. 천하를 다스리는 큰 법의 9개 조항이라는 뜻. 하나라 禹임금이 정한 정치·도덕의 9가지 원칙으로서 『書經』(「周書」·「洪範」)에 기록되어 있으며, 유가사 상의 정치적·도덕적 범주를 망라한 것으로 평가된다. 그 9개 조항은 五行·五事·八政·五紀·皇極·三德·稽疑·庶徵·五福과 六極이다.

13) 三物 : 六德·六行·六藝.

14) 六德 : 여섯 가지 덕으로 지혜로움(智)·어짊(仁)·밝음(聖)·의로움(義)·충직함(忠)·조화로움(和)이다.

15) 六行 : 여섯 가지 행실로 효도(孝)·우애(友)·일가 사이의 화목함(睦)·인척 사이의 화목함(姻)·신실함(任)·어려운 사람을 구휼함(恤)이다.

16) 六藝 : 여섯 가지 기예로 禮·음악(樂)·활쏘기(射)·말 타기(御)·글쓰기(書)·셈하기(數)이다.

眼之人, 不免有失序之措. 雖最留意於民事, 莫暇驗詳於經遠.

임금의 근심을 나누어 한 지방의 백성을 다스리는 사람이 읍주邑主, 즉 고을의 수령이다. 그러나 수령은 임기에 기한이 있어 자주 교체되는 관계로 항상 업무를 새로 파악해야 하니 차례를 잃은 조치가 없을 수 없다. 그 결과 비록 백성들의 일에 가장 골몰하는 사람일지라도 장기적인 정책을 자세하게 살필 겨를이 없다.

故必令各鄕, 擇其忠勤諳熟之人, 屬以一鄕之綱, 使之居其所而察其任. 然後邑主倚之爲耳目, 境民恃之爲樞紐. 然則居其堂者, 可不愼其任乎.

그러므로 반드시 각 고을로 하여금 충직하고 부지런하며 능숙한 사람을 뽑아 한 고을의 뼈대가 되는 유향소를 맡겨 그곳에 머물면서 그 임무를 살피게 하였다. 그런 후에 수령은 그를 의지하여 눈과 귀로 삼았으며 고을의 백성들은 그를 믿어 중심으로 여겼다. 그렇다면 그 당堂에 기거하는 사람들이 그 임무를 신중하게 하지 않을 수 있겠는가.

夫國家之所以治吾民者, 其道則勸善懲惡也, 其事則興利除害也. 任鄕者, 居其間, 承其所勸而勸之, 使一鄕皆歸於善, 承其所懲而懲之, 使一鄕皆免於惡, 利之在民而當興者, 必告以興之, 害之在民而當除者, 必告以除之者, 玆非其責耶.

나라가 우리 백성을 다스리는 데는 도道와 일事이 있는데, 도는 선을 권장하고 악을 징계하는 것이며 일은 이로움을 증진시키고 해로움을 제거하는 것이다. 향임을 맡은 사람은 그 사이에 위치하여 나라에서 권장하는 것을 받들어 권장하여 한 고을로 하여금 모두 선에 돌아가게 하고, 나라에서 징계하는 것을 받들어 징계하여 한 고을로 하여금 모두 악을 면하게 하며, 백성에게 이로움이 되어 마땅히 증진시켜야 할 것은 반드시 고하여 증진시키게 하고, 백성에게 해가 되어 마땅히 제거해야 할 것은 반드시 고하여 제거하게 하는 것이 그 책무가 아니겠는가.

所勸之善, 卽所謂六德六行六藝也, 所懲之惡, 卽所謂八刑之所糾
也. 所謂利之當興者, 卽欲飽而飽之, 欲煖而煖之, 欲安而安之, 欲壽而
壽之者是也, 輕徭薄賦, 其本也. 所謂害之當去者, 卽有以不能飽, 不能
煖, 不能安, 不能壽者是也, 煩徭重賦, 亦其本也.

권장해야 할 선善은 이른바 육덕六德·육행六行·육예六藝이며, 징계해야
할 악은 이른바 팔형八刑[17]으로 바로잡는다는 것이다. 이로움을 마땅히
증진시켜야 한다는 것은 배부르고 싶어 하면 배부르게 해 주고 따뜻하고
싶어 하면 따뜻하게 해 주고 편안하고 싶어 하면 편안하게 해주고
오래살고 싶어 하면 오래 살게 해 주는 것이니, 부역을 가볍게 하고
세금을 적게 걷는 것이 그 근본이다. 해로움을 마땅히 제거해야 한다는
것은 배부르게 하지 못하고 따뜻하게 하지 못하고 편안하게 하지 못하고
오래 살지 못하게 하는 것이니, 부역을 번거롭게 하고 세금을 많이
걷는 것이 또한 그 근본이다.

凡此四者, 皆係於在上之敎化政令也, 邑主尙有所不得自擅者, 況鄉
任者能如之何哉. 只望夫惟其力之所及而自盡焉, 則庶幾猶有一分之
助耳.

이 네 가지는 모두 위에서 시행하는 교화와 정책이어서 수령도 마음대로
할 수 없는 것이 있으니, 하물며 향임이 어찌 할 수 있겠는가. 다만
오직 힘이 미치는 대로 최선을 다하여 조금이나마 도움이 있기를 바랄
뿐이다.

---

17) 八刑 : 여덟 가지 형벌. 不孝·不睦(일가 사이에 화목하지 않은 것)·不婣(인척 사이에
화목하지 않은 것)·不任(신실하지 않은 것)·不弟(형제 사이에 우애가 없는 것)·不恤
(어려운 사람을 구휼하지 않는 것)·造言(유언비어를 날조하는 것)·亂民(백성들을 혼
란에 빠뜨리는 것) 등 8가지 잘못에 대한 형벌을 말한다.

堂已成焉, 一境之人, 其必拭目而俱瞻曰, "吾鄉復有鄉射堂." 其自是居于堂者, 必能思古人之道, 體國家之意, 恒存敬懼, 勉盡規畫, 則鄉風之美, 鄉俗之善, 當自堂而基之矣. 諸君其毋負一境人之望乎. 老夫之祝, 不出于此矣.

향사당이 이미 완성되었으니, 고을 사람들이 반드시 눈을 씻고 함께 바라보며 말하기를, "우리 고을에 다시 향사당이 생겼다" 할 것이다. 이제부터 향사당에 머무는 사람들은 반드시 옛날 사람의 도를 생각하고 나라의 뜻을 체득해야 한다. 그렇게 해서 항상 공경하고 두려워하는 마음을 갖고 향회의 규칙을 실천하는 데 힘쓴다면, 고을의 아름다운 풍속과 좋은 습속이 당연히 이 향사당에서 시작되어 기틀을 잡게 될 것이다. 여러분들은 고을 사람들의 소망을 저버리지 말지어다. 이 늙은이의 소원은 여기에서 벗어나지 않는다.

돌아감을 아뢰면서 진언한 소 【告歸進言疏】

【소해제】

이 글은 인조 4년(1626, 병인) 5월 27일에 여헌이 인조에게 벼슬을 사직하고 고향으로 돌아가겠다는 것을 아뢴 상소문으로, 『여헌집』 권2에 실려 있다. 1623년 3월 광해군을 몰아내고 인조를 새 임금으로 추대한 반정세력들은 집권 이후에 덕망과 학식이 있는 재야 학자를 등용하여 화합을 도모하려는 정책을 시행하였다. 이는 반정을 통해 집권한 인조 정권이 사림의 폭넓은 지지를 이끌어 냄으로써 정권의 정당성을 확보하려는 의도가 있었다고 해야 할 것이다. 아무튼 이러한 정책에 따라 김장생金長生(1548~1631)・장현광 張顯光(1554~1637)・박지계朴知誡(1573~1635) 등이 조정으로부터 여러 벼슬을 제의받았다. 여헌의 경우에는 1623년(인조 원년)에 사헌부지평, 성균관사업, 사헌부장령 등 여러 벼슬이 내려졌는데, 그때 이미 70세였던 여헌은 나이와 건강을 이유로 나아가지 않았다.

그 이듬해인 인조 2년 2월에 이괄의 난으로 인조가 공주로 피난하자 여헌은 급히 공주로 향했으나, 인조가 서울로 돌아갔다는 소식을 듣고 상경하던 중에 장령에 임명되었다. 여헌은 3월 5일 비로소 대궐에 나아가 숙배肅拜를 했으나, 벼슬에 뜻이 없었던 관계로 그 이후 거듭 사직을 청했고, 마침내 10월에 체직되어 귀향하였다. 귀향 이후에도 동부승지・부호군 등의 벼슬이 여헌에게 내려졌으나 그는 사양하였다. 하지만 그는 인조 4년에 형조참판에 제수되자 다시 상경하여 4월 19일에 사은하였다. 이때 그가 상경하여 사은한 것은 인조의 생모인 계운궁啓運宮의 죽음으로 인조가 애통해하리라는 걱정 때문이었다. 하지만 여헌은 이틀 후인 21일에 사직소를 올리는 등 수차례에 걸쳐 사직의 뜻을 표했으나 받아들여지지 않았다.

마침내 6월 3일 여헌은 귀향길에 오르게 되는데, 이 글은 귀향 직전인 5월 27일 인조에게 귀향의 뜻을 밝힌 글이다.

이 글에는 여헌 정치사상의 기반이 되는 건극론建極論이 제시되어 있어 중요한 의미를 지닌다. 건극론이란 군주가 중심에 서서 신하와 백성들의 모범을 보여야 한다는 주장이다. 다시 말해 군주가 만인이 추구해야 할 이상적인 인간, 즉 삶의 표준이 되어야 만인이 군주를 따르고 군주를 중심으로 하나가 된다는 것이다. 물론 표준이 된다는 것은 인간이 타고난 도덕적 본성을 다 발휘하는 것으로 귀결된다. 결국 여헌이 제시한 건극론은 군주가 성인이 되어야 한다는 성인군주론의 한 형태인 셈이다.

【원문 및 번역】

伏以臣盡氣竭力, 扶耄曳癃, 爲此一番上來者, 以召命出於哀疚之中, 必欲謝伸微悃而歸也. 如今禮葬事訖. 殿下無憾之誠,致得盡矣. 罔極之痛, 有以伸矣, 擧國臣民之慰感, 如何哉.

엎드려 생각합니다. 신이 온 힘을 다해 늙고 쇠약한 몸을 이끌고 이렇게 한 번 올라온 것은 전하께서 부르시는 명령이 애통한 가운데[1] 나왔기 때문에 반드시 인사를 드려 작은 정성이나마 표하고 돌아가고자 해서였습니다.[2] 이제 장례가 끝났습니다. 전하께서는 유감없이 정성을 다하셨고 한없이 슬퍼하셨으니, 온 나라의 신하와 백성들이 얼마나 위안이 되고 얼마나 감동을 받았겠습니까?

獨念臣猥被憲職之授, 病不得就職, 遞除護軍, 又以病重不得謝恩.

---

1) 인조의 생모인 啓運宮의 죽음을 뜻한다. 계운궁은 1632년(인조 10)에 仁獻王后로 추존되었다.
2) 이 무렵 이조참판에 제수되자 1626년(인조 4) 4월 6일 길을 떠나 19일에 인조에게 사은숙배를 하였다.

故至於大駕出郊之日, 亦莫得隨行於百官之後, 則其墜失道理, 全無人事之罪咎, 至此而極矣. 旣無人事, 身疾日加, 則其勢不可以復淹矣.

홀로 생각하니, 신이 외람되게 사헌부의 관직에 임명되었으나 병으로 나아갈 수 없었고, 호군護軍職으로 교체되었으나3) 또 병이 심하여 사은謝恩4)을 하지 못하였습니다. 그러므로 임금께서 교외로 행차하신 날에도 여러 신하들 뒤에서 수행하지 못했으니,5) 도리를 실추시키고 사람의 일을 전혀 하지 못한 죄가 극에 달했습니다. 이미 사람의 일을 하지 못했고 몸의 병이 날로 심해지고 있어서 더 이상 서울에 머무를 수 없는 처지입니다.

伏聞今日祭禮已畢, 敢陳其不得不歸之意焉. 惟以旣歸之後, 當無復來之期, 則區區犬馬之情, 曷有窮已哉. 臣一生抱病人也, 今我國家, 亦可謂多病矣. 臣請以人身中去疾致疾之本, 皆在於一心者, 爲說論達焉.

오늘 제례祭禮가 이미 끝났다고 하니, 고향으로 돌아가지 않을 수 없다는 뜻을 감히 아룁니다. 다만 이미 돌아간 뒤에는 당연히 다시 올 기약이 없으니, 미천한 신하의 충정이나마 어찌 다하지 않을 수 있겠습니까. 신은 일생동안 병을 안고 사는 사람입니다만, 지금 우리나라도 병이 많다고 말할 수 있습니다. 이에 신은 사람의 몸에서 병이 생기고 병이 낫는 근본이 모두 하나의 마음에 달려 있다는 것에 비유하여 말씀드리겠습니다.

夫心者, 身之君也. 君者, 建極之謂也. 凡一身內外之官, 大小之用, 悉係於心君. 故極建而其下莫不奉承其道矣, 極不建而其下莫不違失

---

3) 4월 21일 사직소를 올리자 사헌부대사헌을 다시 제수하였다. 그 후 여러 차례 사직소를 올린 끝에 한직인 副護軍에 제수되었다.

4) 謝恩 : 謝恩肅拜. 관직에 임명된 사람이 왕·왕비·대비·왕세자 등을 찾아가 절하고 사례하는 의식.

5) 이때 여헌은 호군직에 대해 사은하지 않았기 때문에 신하들과 함께 계운궁의 발인 행렬을 따라가지 않고 미리 교외에 나가 길가에 엎드려 발인 행렬을 맞았다.

其職矣. 身之否泰, 於是乎決矣.

마음은 몸의 군주입니다. 군주는 극極6)을 세움, 즉 건극建極을 말합니다.
한 몸의 내외 기관과 크고 작은 작용은 모두 심군心君, 즉 마음의 군주에
달려 있습니다. 그러므로 마음의 극이 세워지면 아래에서 자신의 도道를
받들지 않음이 없고, 극이 세워지지 않으면 아래에서 자신의 직무를 어그러
뜨리지 않음이 없습니다. 여기에서 몸의 질병과 건강이 결정됩니다.

所謂建心極者, 方寸之中, 常存敬畏, 不自怠放, 不爲物欲所拘, 不爲
邪說所惑, 內不自欺, 上不欺天, 外不欺人, 無胡思亂想, 不東走西馳,
氣魄凝定, 精神內守, 淸明光大, 自有主宰者是也. 如是則七情皆節, 百
脈俱順, 視聽言動, 不亂於外誘, 筋骸肢體, 自束於天, 則眞元完實, 和氣
充滿, 風寒暑濕, 不能入, 魑魅魍魎, 不能犯. 可以卻方書去藥石, 無所事
於療治, 而病自不發, 永終天年, 此固心極之能建也.

마음의 극을 세운다는 것은 가슴속에 항상 경건하고 두려워하는 마음을
보존하고 스스로 태만하고 방자하지 않아, 물욕에 구속되지 않고 나쁜
말에 현혹되지 않으며, 안으로는 자신을 속이지 않고 위로는 하늘을
속이지 않고 밖으로는 사람을 속이지 않으며, 쓸데없는 생각이 없어
동쪽으로 가면서 서쪽으로 달리지 않으며, 기운이 안정되고 정신이
안을 지킴으로써 매우 맑고 크게 빛나 스스로 주재함이 있는 것입니다.
이와 같이 되면 칠정七情7)이 모두 규범에 맞고 온갖 맥脈이 순조로워
보고 듣고 말하고 움직이는 것이 외물의 유혹에 흔들리지 않으며, 힘줄과
뼈와 팔다리와 몸통이 스스로 주어진 기능에 충실합니다. 그래서 타고난
근원의 기가 온전하고 튼실하며 화평한 기가 몸에 충만하여 바람·추위·
더위·습함이 들어오지 못하고 도깨비와 귀신들이 침범하지 못합니다.

---

6) 極 : 지극. 표준. 준거. 모범. 중심.
7) 七情 : 일곱 가지 情, 즉 喜(기쁨)·怒(노여움)·哀(슬픔)·懼(두려움)·愛(사랑함)·惡
(미움)·欲(욕구). 『禮記』「禮運」에 처음 등장하며, 흔히 인간의 정 전체를 뜻한다.

그 결과 처방과 약이 필요 없고 치료를 하지 않아도 저절로 병이 생기지 않아 타고난 수명을 다 누릴 수 있으니, 이것은 진실로 마음의 극을 세울 수 있었기 때문입니다.

若或心失其極, 而怠惰放肆, 不自收拾, 昏塞本然之明, 廢失主宰之道, 則情不節而慾不勝, 脈不順而血不調, 臟不能藏其精, 腑不能儲其液, 耳目口鼻, 流蕩而不禁, 筋胲手足, 解弛而莫檢. 於是外邪乘虛, 百疾交作, 積而爲癥癖, 發而爲癰疽, 有或麻木不仁, 委身牀席, 雖扁鵲在傍, 百藥俱儲, 亦莫能爲之術矣. 此則心君不君之致也. 臣因此而思之, 人君之君國也, 亦此理也.

만약 마음이 극을 잃어 태만하고 방자해져 스스로 수습하지 못한 채 마음이 지닌 본연의 밝음을 막고 몸을 주관하는 도를 잃어버린다면, 정이 규범에 맞지 않아 욕망을 이기지 못하고 맥이 순조롭지 않아 혈액이 고르지 않게 됩니다. 또한 오장육부가 제 기능을 발휘할 수 없으며, 이목구비가 제멋대로 작동해도 제어하지 못하고 힘줄과 뼈와 수족이 느슨해져도 막지 못합니다. 그 결과 외부의 나쁜 기운이 빈틈을 타고 갖가지 병이 생기는데, 안에 쌓여서 덩어리가 되고 밖으로 드러나서 종기가 되며, 간혹 몸이 마비되어 자리에 눕게 되니, 비록 편작 같이 훌륭한 의사가 곁에 있고 온갖 좋은 약재가 쌓여 있더라도 치료할 방법이 없습니다. 이것은 심군心君, 즉 마음의 군주가 군주 역할을 하지 못했기 때문입니다. 신이 이것으로 생각해 보니 인군人君, 즉 사람의 군주가 나라에서 군주 역할을 하는 것도 같은 이치입니다.

心爲一身之君, 而身之內外百體, 卽爲一心之臣民, 則人君, 爲擧國臣民之所心, 而擧國臣民, 卽爲人君之百體也. 因心極之建與不建, 而爲百體之順與不順. 故觀臣民之有猷有爲有守, 而可以知人君建極之克不克也.

마음이 한 몸의 군주이고 몸 전체가 한 마음의 신하와 백성이라면, 나라의 군주는 온 나라 신하와 백성의 마음이 되며, 온 나라의 신하와 백성은 바로 군주의 몸 전체가 됩니다. 마음의 극極이 세워졌는지 세워지지 않았는지에 따라서 몸 전체가 순조롭게 작용하기도 하고 그렇지 못하기도 합니다. 그러므로 신하와 백성에게 꾀하는 것이 있고 실행하는 것이 있고 지키는 것이 있는지를 살펴보면 군주가 극을 세웠는지 세우지 못했는지를 알 수 있습니다.

所謂建君極者, 亦非別有法也, 惟能盡己之性, 而爲表準於人也. 盡性次第, 其目有四, 曰學之就也, 行之修也, 道之成也, 德之純也. 德以道成而純, 道以行修而成, 行以學就而修, 則只是一理中事業也.

군주의 극을 세운다는 것은 다른 방법이 있는 것이 아니라 오직 자신의 본성을 다 발휘하여 사람들에게 표준이 되는 것일 뿐입니다. 본성을 다 발휘하는 순서는 그 조목이 네 가지이니, 학문을 성취하고 행위를 바르게 하고 도道를 이루고 덕을 순수하게 하는 것입니다. 덕은 도가 이루어지면 순수해지고 도는 행위가 바르게 되면 이루어지고 행위는 학문이 성취되면 바르게 되니, 이 네 가지 일은 단지 하나의 이치일 뿐입니다.

其學, 卽大學之法是也, 此學之外, 無他學也, 學此學而百行在其中矣. 其道, 卽中庸之道是也, 此道之外, 無他道也, 道此道而至德在其中矣.

그 학문은 곧 『대학』의 법이니, 이 학문 이외에 다른 학문은 없으며 이 학문을 배우면 온갖 행위가 그 안에 있습니다. 그 도는 곧 『중용』의 도이니, 이 도 이외에 다른 도가 없으며 이 도를 따르면 지극한 덕이 그 안에 있습니다.

夫旣學就而行修, 道成而德純, 則聰明睿智, 足以盡天下之理, 謙恭儉勤, 足以萃天下之善, 寬仁誠信, 足以服天下之心, 剛毅簡重, 足以畏天下之情, 光明正大, 足以通天下之志. 如此則天地鬼神, 尚不能違, 而況人與物乎.

이미 학문이 성취되고 행위가 바르게 되며 도가 이루어지고 덕이 순수해지면, 총명하고 지혜로워 천하의 이치를 다할 수 있고, 겸손하고 근검하여 천하의 선善을 모을 수 있고, 관대하고 진실하여 천하의 마음을 복종시킬 수 있고, 강건하고 진중하여 천하의 정情을 우러르게 할 수 있고, 공명정대하여 천하의 뜻과 통할 수 있습니다. 이와 같다면 천지와 귀신도 오히려 어기지 못하는데 하물며 사람과 사물은 어떠하겠습니까?

治平大業, 位育極功, 都在於此, 此惟君極之所以建也. 然則建極之道, 其體則固不出於心身之上, 而其用則曰, 用人才出政事二者而已.

나라를 다스리고 천하를 태평하게 하는 큰 사업과 천지를 안정시키고 만물을 잘 자라게 하는 지극한 효과가 모두 여기에 달려 있으니, 이것이 오직 군주의 극을 세우는 까닭입니다. 그러므로 극을 세우는 도는 그 본체가 진실로 마음과 몸에서 벗어나지 않고 그 방법이 인재를 쓰고 정사를 펴는 것 두 가지일 뿐입니다.

人才之用, 不可不辨者, 善與惡也, 政事之出, 不可不明者, 是與非也. 善必用之, 不善必去者, 用人之常道也. 是必行之, 非必不行者, 出政之常道也.

인재를 쓸 때 분별하지 않을 수 없는 것은 선과 악이고, 정사를 펼 때 밝히지 않을 수 없는 것은 옳고 그름입니다. 반드시 선한 사람을 쓰고 반드시 선하지 않은 사람을 제거하는 것은 인재를 쓰는 참된 도이며, 반드시 옳은 것을 시행하고 반드시 그른 것을 시행하지 않는 것은 정사를 펴는 참된 도입니다.

其於善惡是非之間, 若能善其果善, 不善其果不善, 是其當是, 不是其當不是, 則百工皆得其人, 萬事皆得其理, 衆心以之咸服矣.

선과 악, 옳고 그름 사이에서 만약 선한 사람을 선하게 여기고 선하지 않은 사람을 선하지 않게 여기며, 마땅히 옳게 여겨야 할 것을 옳게 여기고 마땅히 옳게 여기지 않아야 할 것을 옳게 여기지 않는다면, 관직마다 적합한 사람을 얻고 하는 일마다 이치에 맞아서 사람들이 마음으로 감복할 것입니다.

其或所善者不果善, 所不善者不果不善, 所是者不必是, 所不是者不必不是, 則百工之不職, 萬事之不績, 衆心之不服, 係於此也. 故建極之用, 此其大段也.

그러나 혹시 선하다고 한 사람이 선하지 않고 선하지 않다고 한 사람이 선하며, 옳다고 한 것이 옳지 않고 옳지 않다고 한 것이 옳으면, 모든 관료들이 직무를 제대로 수행하지 못하고 모든 일이 제대로 이루어지지 않을 것입니다. 사람들의 마음이 복종하지 않는 것은 이것 때문입니다. 그러므로 극을 세우는 방법은 이것이 큰 단서입니다.

人君克建有極之體焉, 則二者之用, 自不得不正矣, 羣臣萬民, 孰不歸於君極之中乎. 民猶遠矣, 而亦莫不歸極, 況在朝之臣乎. 莫敢心其心, 而惟君上之心是心焉, 莫敢事其事, 而惟國家之事是事焉. 孰敢有肥己之意乎. 惟致身是意焉. 孰敢有固寵之計乎. 惟盡職是計焉. 無敢有喜權之思, 而所輔者君德也, 無敢有偏黨之私, 而所恢者公道也.

군주가 극의 본체를 세우면 극을 세우는 두 가지의 방법이 바르게 되지 않을 수 없으니, 여러 신하와 모든 백성 가운데 누가 군주의 극 안으로 돌아오지 않겠습니까. 백성들이 오히려 멀리 있으면서도 극에 돌아오지 않음이 없는데, 하물며 조정의 신하들은 어떠하겠습니까. 감히 자신의 마음을 마음으로 삼지 않고 오직 군주의 마음을 마음으로 삼으며,

감히 자신의 일을 일로 여기지 않고 오직 나라의 일을 일로 여길 것입니다. 그런데 누가 감히 자신을 살찌우려는 뜻을 갖겠습니까. 오직 나라에 헌신하려는 뜻이 있을 뿐입니다. 누가 감히 임금의 총애를 독점하려는 계책을 갖겠습니까. 오직 직무를 다하려는 계책이 있을 뿐입니다. 감히 권력을 좋아하는 생각이 없어 보필하는 것이 군주의 덕이며, 감히 당파를 짓는 사사로움이 없어 넓히는 것이 공도公道일 것입니다.

善共善之, 不善共不善之, 而不用一己之好惡, 是共是之, 非共非之, 而不計一己之利害, 同寅協恭, 合爲一心, 君耳忘身, 國耳忘家, 此非愛敬其君盡臣之道乎.

선한 사람을 다함께 선하다고 여기고 선하지 않은 사람을 다함께 선하지 않다고 여겨 한 개인의 좋고 싫음을 따르지 않으며, 옳은 것을 다함께 옳다고 여기고 그른 것을 다함께 그르다고 여겨서 한 개인의 이익과 손해를 따지지 않으며, 서로 공경하고 화합하여 한마음으로 군주만을 생각하고 자신을 잊으며 나라만을 생각하고 집안을 잊을 것입니다. 이것이 군주를 사랑하고 공경하여 신하의 도리를 다하는 것이 아니겠습니까.

人臣旣能愛敬其君, 誠如愛敬其父母, 則其視同朝之百僚, 亦皆作兄弟相和矣. 又推其仁, 赤子蒼生, 家視一國, 而人無有比德, 民無有淫朋, 會其有極, 歸其有極, 則如此而有治平之不致, 敎化之不孚者乎. 此如心極立, 而百病去, 一身爲之亨泰也.

신하가 진실로 부모를 사랑하고 공경하듯이 군주를 사랑하고 공경한다면, 또한 조종의 동료들을 모두 형제로 여겨 서로 화합할 것입니다. 또 그 어진 마음을 확대하여 백성들을 갓난아이로 여기고 한 나라를 집안처럼 보게 될 것입니다. 그 결과 사람들은 빌붙는 마음을 갖지 않고 백성들은 사사로운 패거리를 만들지 않으며 극이 있는 곳으로 모이고 극이 있는 곳으로 돌아갈 것입니다. 이와 같은데도 나라가 다스려지지 않고 천하가 태평해지지 않을 수 있으며 교화가 잘 받아들여지지 않을 수 있겠습니까? 이것은 마음의 극이 세워지면 온갖 병이 사라져 온몸이 건강하고 편안해지는 것과 같습니다.

至若君極不建者, 其應反是. 人皆各心其心, 各身其身, 知有己而不知有君, 知有家而不知有國. 一任私情, 不恤公道, 好惡違性, 愛憎失理, 是非顚錯, 善惡倒置. 目正爲邪, 目邪爲正, 指忠爲姦, 指姦爲忠, 遂相與集邪爲朋, 聚姦爲黨, 結作聲勢, 牢不可破.

그러나 군주의 극이 세워지지 않으면 그 결과는 이와 반대입니다. 사람들은 각자 자기의 마음을 마음으로 여기고 자기의 몸을 몸으로 여기며 자기가 있는 것을 알지만 군주가 있는 것을 알지 못하며 가정이 있는 것을 알지만 나라가 있는 것을 알지 못하게 됩니다. 또한 줄곧 사사로운 정을 따르고 공공의 도를 돌보지 않아 좋아하고 싫어함이 본성에 어긋나고 사랑하고 미워함이 이치에 맞지 않으며 옳고 그름이 전도되고 선악이 뒤바뀌게 됩니다. 그래서 올바른 사람을 사악하다 하고 사악한 사람을 올바르다 하며 충직한 사람을 간사하다 하고 간사한 사람을 충직하다 하여, 마침내 서로 어울리며 사악한 사람들을 모아 패거리를 만들고 간사한 사람들을 모아 당을 만들어 큰 세력을 이루게 되니, 그 견고함을 깨뜨릴 수 없습니다.

其所私好者, 則共推而揚之, 其所私惡者, 則共起而排之. 不畏正論, 不顧大義, 設爲無形之機不測之穽, 以攻陷之者有矣, 矯爲不近之說, 無理之談, 以眩亂之者有矣. 慾浪滔天, 利門四開, 橫奪無厭, 殺戮無忌, 必使民無所歸而後已.

그들은 사사로이 좋아하는 사람을 함께 천거하고 사사로이 미워하는 사람을 함께 배척합니다. 또한 정론을 두려워하지 않고 대의를 돌아보지 않은 채 보이지 않는 음모와 예측할 수 없는 함정을 만들어 공격하고 모함하는 자들이 있으며, 황당한 말과 이치에 맞지 않는 이야기를 꾸며서 현혹시키는 자들이 있습니다. 욕심의 물결이 하늘에 이르고 이익의 문이 사방으로 열려서 약탈에 만족이 없고 살육에 거리낌이 없어 반드시 백성들로 하여금 돌아갈 곳이 없게 만든 뒤에야 그만둡니다.

自以爲謀國, 而實爲病國, 自以爲愛君, 而實爲誤君, 以至衆憤積於下而莫之恤, 天怒極於上而莫之警, 終致國家有土崩瓦解之勢, 而不可救焉. 此不如心極不立, 而百疾俱作, 致身危亡之域者乎.

그들은 스스로 나라를 위하여 도모한다고 생각하지만 실제로 나라를 병들게 하며, 스스로 임금을 사랑한다고 생각하지만 실제로 임금을 잘못되게 합니다. 심지어 아래에서는 사람들의 분노가 쌓이는데도 근심하지 않고 위로는 하늘의 노여움이 극에 달했는데도 경계하지 않아, 마침내 나라가 무너져 가는데도 구할 수 없게 됩니다. 이것은 마음의 극이 세워지지 않아 온갖 질병이 생겨 몸이 위태롭고 죽음에 이르게 되는 것과 같지 않겠습니까?

近觀廢朝時事, 卽如是矣. 當是時也, 白晝陰昏, 妖氣遍滿, 豺狼吞噬於當道, 狐狸亂舞於大市, 彝倫斁絶, 綱常墜盡, 塗炭方酷, 人心已離, 陰陽易序, 天命已去, 數百年之社稷, 將不日而屋矣.

폐조, 즉 광해군 때의 일을 살펴보면 바로 이와 같습니다. 이때에는 대낮에도 어둡고 요사한 기운이 가득하였으며 늑대가 길에서 사람을 잡아먹고 여우가 큰 거리에서 날뛰었습니다. 또한 윤리가 끊어지고 강상이 무너졌으며 백성들이 도탄에 빠지고 인심이 이미 이반하였으며 음양이 뒤바뀌고 천명이 이미 떠나갔습니다. 그 결과 수백 년의 사직이 장차 하루도 못가서 망하게 될 위기였습니다.

惟我殿下以天授之器, 王室之秀, 心聖武之德, 躬仁孝之行, 親覩慘

狀, 慷慨憤憫, 不忍坐視宗國之亡. 於是乎一起, 而痛掃之, 滌蕩之, 遂承
母后之旨, 誕受天子之命, 躬嗣大統, 龍飛天位, 則實皇天祐我朝鮮, 列
聖祚我宗祏, 而生殿下以有此今日也.

우리 전하께서는 하늘이 주신 자질과 왕실의 빼어난 능력으로 성스러운
위엄(聖武)의 덕을 갖추고 몸소 어짊과 효성을 실천하셨으며 참상을 직접
목도하시고는 비분강개하여 나라가 망하는 것을 차마 좌시할 수 없었습
니다. 이에 한번 일어나 통렬하게 소탕하고 척결한 후 모후[8]의 뜻을
받들고 천자의 명령을 받아 몸소 대통大統을 이어 왕위에 오르셨습니다.[9]
실로 하늘이 우리나라를 돕고 선왕들께서 우리 왕실을 도와 마침내
전하를 낳아 오늘이 있게 한 것입니다.

雖然, 豈可以此撥亂之初, 績爲所極, 至爲可滿足, 而不求遠大永久之
鴻業乎. 必須盡革弊政之餘習, 畢復列聖之弘規. 而又不已焉, 以馴致古
昔帝王之至治, 興周道於東方, 然後可以塞天命之責矣, 致人望之備矣.

그러나 난을 평정한 처음에 이룬 커다란 공적에 만족하여 어찌 원대하고
영구적인 대업을 강구하지 않을 수 있겠습니까. 반드시 폐정의 잔재를
다 혁파하고 선왕들의 훌륭한 법도를 모두 회복해야 합니다. 또 여기에서
그치지 않고 옛날 제왕의 지극한 정치를 점차 이루어 주나라의 도를
우리나라에 일으킨 후에 하늘이 내린 책임을 다할 수 있고 백성들의
소망을 이룰 수 있습니다.

方今殿下固有大有爲之志. 乃以爲否雖已傾, 屯猶未濟, 劇寇方猘,
天兵壓境, 民困未蘇, 國事愈艱, 一自卽位以來, 夙夜憂勤, 勵精求治者,
于今四歲矣. 四方之民, 聞殿下求治之志, 則雖甚老且病者, 莫不願小

---

8) 母后 : 仁穆大妃. 인조는 반정 후 경운궁에 유폐되어 있던 인목대비의 존호를 회복시
   킨 뒤에 그 권위를 빌려서 왕위에 올랐다.
9) 인조가 광해군을 몰아내고 왕위에 오른 인조반정을 말한다.

延在世, 獲見新化之盛, 引頸拭目而待之矣.

지금 전하께서는 진실로 훌륭한 정치를 하시려는 뜻을 품으셨습니다. 이에 "비록 망해 가는 운세는 이미 되돌려 놓았으나 난관은 아직도 극복되지 않았다. 사나운 적[10]이 으르렁대고 명明나라의 군대가 국경에 주둔하고 있어서[11] 백성들의 곤궁한 생활이 나아지지 못하고 나라의 일이 더욱 어렵다"고 여기시고는, 즉위하신 이래로 이른 새벽부터 밤늦게까지 근심어린 마음으로 온 힘을 다해 부지런히 정사를 편 것이 이제 4년이 되었습니다. 사방의 백성들은 전하께 훌륭한 정치를 하려는 뜻이 있다는 소문을 듣고는 비록 매우 늙고 병든 사람일지라도 조금 더 살아서 새로운 세상을 보고 싶어하지 않음이 없으니, 모두들 목을 빼고 눈을 닦으며 기다리고 있습니다.

臣僻在山野, 癃伏之中, 或遇街路間人從洛中來者, 必詢問消息, 則有云當時南警北報, 尚無急矣. 但邦家巨細公私之事, 漸與廢朝弊習相近者, 日出矣. 以此之故, 閭閻之人, 無樂心矣. 每問有答, 其言皆若是焉, 臣竊怪之.

신은 외딴 산골에서 노쇠한 몸으로 숨어 지내는 동안에도 간혹 길거리에서 서울에서 온 사람을 만나면 꼭 서울의 소식을 물어봅니다. 그들은 말하기를, "지금 당장 남쪽과 북쪽의 위급한 경보는 없으나 나라의 크고 작은 일이 점점 광해군 때의 나쁜 관습과 비슷한 것이 날로 드러나고 있다. 이 때문에 일반 백성들에게 즐거운 마음이 없다"고 합니다. 신이 물어볼 때마다 대답이 모두 이와 같으니, 이상합니다.

蓋自反正之後, 羣情之所望於新政者, 深且大矣, 纔免水火, 自急速

---

10) 사나운 적(劇寇) : 누르하치(奴兒哈赤)가 1616년 여진족을 통합하여 세운 後金. 1636년 大淸으로 개칭되었다.
11) 당시 후금에게 잃은 遼東지역을 수복하기 위해 毛文龍 휘하의 明나라 군대가 조선의 양해 아래 평안북도 鐵山의 椵島에 주둔하고 있었다.

效者, 有所未滿而云然耶. 抑廢朝弊政, 有未盡革者, 故致恨而云然耶. 抑有匹夫匹婦之失利缺望者, 自抱疾怨於時政而云然耶.

반정 후에 새로운 정치를 바라는 백성들의 마음이 깊고 컸는데, 재난을 면하자 스스로 빠른 효과를 재촉하는 자가 만족스럽지 않아 그렇게 말하는 것입니까. 아니면 광해군 때의 나쁜 정책을 다 청산하지 못했기 때문에 한스러워 그렇게 말하는 것입니까. 아니면 자기의 이익을 잃고 원하는 것을 이루지 못한 보통 사람들이 스스로 지금의 정치를 미워하고 원망하여 그렇게 말하는 것입니까.

聖明在上, 羣賢在朝, 謀謨設施, 必欲盡善, 宜乎在彼在此, 無惡無射也, 而乃敢擬之於廢朝歟. 無乃有疵政玷令之取咎於輿情者, 未或不無也耶.

성인의 밝음을 갖춘 임금께서 위에 계시고 현명한 신하들이 조정에 있어 정책을 세우고 시행하는 데 반드시 최선을 다하고자 할 것이니, 누구든지 미워하거나 싫어하지 않아야 마땅합니다. 그런데 어찌 감히 광해군 때와 견준단 말입니까. 혹시 사람들의 마음에 원망을 살 만한 잘못된 정책과 나쁜 명령이 있는 것이 아닙니까.

臣又見鄉里大小之人, 其在反正之初, 莫不新其耳目, 變其心慮. 善者喜其飜轉, 不善者惡其淸明, 喜者興振, 畏者伏戢, 居者相慰於村巷, 行者相慶於道路矣. 旣歷二歲三歲, 至於今日, 則頃日之喜者, 稍無喜心, 畏者漸無畏意. 臣以此而想, 知夫根本之地, 漸有不如初之機也.

신은 또 시골 마을의 크고 작은 사람들을 보면, 반정 초기에 모두 눈과 귀를 새롭게 하고 마음과 생각을 바꾸었습니다. 그리하여 착한 사람들은 바뀐 것을 기뻐했고 착하지 않은 사람들은 맑고 깨끗해진 것을 미워했으며, 기뻐하는 사람들은 떨쳐 일어났고 두려워하는 사람들은 엎드려 숨었으며, 머물러 있는 사람들은 마을에서 서로 위로하고 길을 가는 사람들은 길에서 서로 축하하였습니다. 그런데 2, 3년이 지난 오늘에 와서는 지난날 기뻐하던 사람들은 조금씩 기뻐하는 마음이 없어지고 두려워하던 사람들은 점점 두려워하는 마음이 없어지고 있습니다. 이것에 비추어 볼 때, 근본이 점점 처음만 못한 기미가 있다는 것을 알겠습니다.

是非之理, 人所共性, 好善惡惡, 常情所同, 而不可誣者也. 朝廷擧措, 有耳皆聞, 百官得失, 有目具瞻. 臣未知廟堂所出之政, 果皆合於天理人情, 百官所行之事, 果皆出於正道公議歟.

옳음과 그름을 분별하는 이치는 모든 사람이 공유하는 본성이며, 선을 좋아하고 악을 미워하는 것은 모든 사람에게 공통된 정情이어서 속일 수 없는 것입니다. 조정의 조치는 귀가 있어 모두 듣고 관리들의 잘하고 못함은 눈이 있어 모두 보고 있습니다. 신은 조정에서 펴는 정책이 모두 천리와 인정에 부합하며 관료들이 시행하는 일이 모두 정도正道와 공의公義에서 나왔는지 모르겠습니다.

臣竊以爲聖人之得位也幸矣. 旣居其位, 則不思所以盡其位之道乎. 人君德業, 自有第一等道理, 所謂建極之極, 卽此道理也. 其爲道理之第一也者, 謂其至眞至善, 極中極正, 天之所以天, 地之所以地, 而賦畀吾人本然之德性也.

신이 생각하기에 성인이 왕위에 오르는 것은 행운입니다. 이미 왕위에 올랐다면 왕의 도道를 다할 것을 생각하지 않을 수 있겠습니까. 임금의 덕德과 일(業)에는 당연히 제1등의 도리가 있으니, 이른바 극을 세움 즉 건극建極의 '극이 바로 이 도리입니다. 도리의 제일이라는 것은 지극한 참(至眞)·지극한 선(至善)·지극한 중(至中)·지극한 바름(至正)을 말하는 것으로 하늘이 하늘이 되고 땅이 땅이 되는 까닭이자 우리 사람에게 부여된 본연의 덕성德性입니다.

人君爲世道之主, 則惟此道理, 乃人君一定不易, 所當必盡者也. 不爲則已, 爲之則何可以舍卻第一等道理, 而不爲己責哉. 人君也而不以此道理擔當其身, 則是人君之自棄也, 人臣也而不以此道理, 務引其君, 則是不敬其君也. 能盡此道理者, 卽二帝三王之德業也, 後之人君, 苟不以二帝三王之德業爲準的, 則豈不卑哉.

군주는 세상을 다스리는 올바른 도리, 즉 세도世道의 주체이니, 이 도리는 군주가 한결같이 반드시 다해야만 하는 것입니다. 하지 않는다면 그만이지만, 한다면 어찌 제일등의 도리를 버려두고 자신의 책무를 다하지 않을 수 있겠습니까? 군주가 이 도리를 몸소 실천하지 않는다면 스스로 포기하는 것이며, 신하가 이 도리로 군주를 힘써 인도하지 않는다면 군주를 공경하지 않는 것입니다. 능히 이 도리를 다하는 것이 이제二帝[12]·삼왕三王[13]의 덕업이니, 후세의 군주가 이제·삼왕의 덕업을 표준으로 삼지 않는다면 어찌 비루하지 않겠습니다.

心之所之謂之志. 志卑則道卑, 道卑則政卑, 政卑則事業卑, 事業卑則人心不服, 人心不服則隣國不畏, 天地鬼神, 亦不祐矣. 然則其可不致重於立志之初乎.

마음이 가는 바를 뜻(志)이라고 합니다. 뜻이 비루하면 도道가 비루해지고, 도가 비루하면 정치가 비루해지고, 정치가 비루하면 사업이 비루해지고, 사업이 비루하면 인심이 복종하지 않고, 인심이 복종하지 않으면 이웃나라가 두려워하지 않으며 천지와 귀신도 도와주지 않습니다. 그렇다면 뜻을 처음 세울 때 신중하지 않을 수 있겠습니까.

若曰, 才不逮矣, 二帝三王之道, 吾何可望乎. 國偏小矣, 唐虞三代之治, 吾何可法乎. 世已季矣, 上古上聖之事業, 吾何可做乎. 如此則甘自歸於卑下, 已非大有爲之志也.

---

12) 二帝 : 堯임금과 舜임금.
13) 三王 : 夏나라의 禹王, 殷나라의 湯王, 周나라의 文王과 武王.

만약 "나의 재능이 부족하니 내 어찌 이제·삼왕의 도를 바랄 수 있겠는가"라고 하며, "나라가 매우 작으니 내 어찌 당唐·우虞14)와 삼대三代15)의 정치를 본받을 수 있겠는가"라고 하며, "세상이 이미 말세가 되었으니 내 어찌 옛 성인의 사업을 할 수 있겠는가"라고 한다면, 스스로 비루해지는 것을 달게 여기는 것이니, 이미 큰일을 하려는 뜻이 없는 것입니다.

古人有言曰, "舜何人也, 我何人也, 有爲者亦若是." 又曰, "人皆可爲堯舜." 則固不可以才之不逮, 諉之也. 旣爲之邦國焉, 而有臣民焉, 有政事焉, 則固不可以國之偏小, 諉之也. 道無古今矣, 行帝而帝, 行王而王, 則固不可以世之已季, 諉之也.

옛사람의 말에 이르기를 "순舜임금은 어떠한 사람이며, 나는 어떠한 사람인가? 무엇인가 하고자 하는 사람은 또한 순임금과 같다"16)라고 하였습니다. 또 말하기를 "사람은 누구나 요堯·순舜이 될 수 있다"17)라고 하였습니다. 그렇다면 진실로 재능이 부족하다고 변명할 수 없습니다. 이미 한 나라를 맡아 신하와 백성이 있고 정치와 사업이 있으니, 진실로 나라가 작다고 변명할 수 없습니다. 도道는 옛날과 지금의 차이가 없어서 이제二帝의 도를 실천하면 이제가 되고 삼왕三王의 도를 실천하면 삼왕이 되니, 진실로 세상이 이미 말세가 되었다고 변명할 수 없습니다.

夫道一而已矣, 爲治不法三代, 皆苟而已矣. 堯舜, 人倫之至也, 唐虞三代, 聖治之至也, 誠不可舍此而求其次也. 夫帝王之心法與其德業與其治道, 無不昭載於經傳. 殿下之日三接經席之儒臣, 其所以講明之者, 必不外此也. 第未知殿下自察之, 則其持心也, 果與帝王之持心, 同其法, 其執德也, 果與帝王之執德, 同其業, 爲治也, 果與帝王之爲治, 同其道乎.

---

14) 唐虞 : 唐은 堯의 나라, 虞는 舜의 나라.

15) 三代 : 夏·殷·周 세 나라.

16) 『孟子』, 「滕文公上」.

17) 『孟子』, 「告子下」.

도는 하나일 뿐이니, 정치를 하면서 삼대三代를 본받지 않으면 모두 구차할 뿐입니다. 요·순은 인륜의 지극함이고 당·우와 삼대는 성인 정치의 지극함이니, 진실로 이것을 버리고 그다음을 구해서는 안 됩니다. 제왕의 심법心法·덕업德業·치도治道가 모두 경전에 분명하게 수록되어 있습니다. 전하께서 하루에 세 번씩 경연에서 학문이 뛰어난 신하들을 만나 공부하신 것이 여기에서 벗어나지 않습니다. 다만 전하께서 스스로 자신을 살펴보실 때 마음을 다잡는 방법이 과연 제왕과 같은지, 덕을 이루는 방법이 제왕과 같은지, 그리고 다스리는 방법이 과연 제왕과 같은지 알지 못하겠습니다.

今者立政, 機軸無轉移之日, 百僚無振礪之意, 庶事無作新之驗, 四方無興感之效, 廉恥之風不作, 而貪汚之習不除, 恭儉之化不行, 而奢侈之弊不革, 公正之道不立, 而偏私之害不去, 誠信之義不孚, 而傾危之俗未戢, 何也?

오늘날 정치를 하는 데 있어 근본적인 틀(機軸)[18]은 변화할 날이 없고 관료들은 분발하려는 뜻이 없습니다. 여러 일은 새로워지는 징험이 없고 사방에는 흥겨워하고 감격하는 효과가 없습니다. 염치의 기풍이 일어나지 않아 탐관오리의 폐습이 제거되지 않았습니다. 공손과 검소의 교화가 시행되지 않아 사치의 폐단이 개혁되지 않았습니다. 공정公正의 도가 세워지지 않아 치우침과 사사로움의 폐해가 제거되지 않았습니다. 성실과 신뢰의 원칙이 받아들여지지 않아 나라를 위태롭게 하는 습속이 그치지 않고 있습니다. 어째서입니까.

臣恐殿下學有所未造, 行有所未盡, 道有所未至, 德有所未純, 而極之所以建者, 猶未到於十分地頭也. 蓋德業之崇, 治化之隆, 必待行道

---

18) 機軸 : 중심축. 여헌은 "이른바 큰 기축이란 고금불변의 道와 公卿들이 모두 옳다고 하는 말입니다"라고 하였다. 『旅軒續集』, 권10, 「附錄」.

積德, 悠久不息, 然後可以致之, 故雖以聖帝明王之德政, 須因積累而
有成焉,

신은 아직도 전하의 학문이 부족하고 실천이 미진하고 도가 지극하지
않고 덕이 순수하지 않아서 극極을 세우는 것이 완벽하게 이루어지지
못했을까 염려스럽습니다. 높은 덕업과 융성한 치화治化는 반드시 오랫동
안 쉬지 않고 도를 행하고 덕을 쌓은 후에 이룰 수 있습니다. 그러므로
비록 요순과 같은 성인 군주나 우왕·탕왕·문왕·무왕과 같은 지혜로운
왕이 시행한 덕의 정치(德政)로도 모름지기 오랫동안 노력해야만 성공할
수 있습니다.

今殿下之臨政, 纔經三歲矣, 則固非治定功成之秋也, 而臣但以所聞
見於當時者, 如上所陳, 故竊爲今日過慮焉. 殿下春秋鼎盛, 力量强大,
此誠勉强有爲之時節也. 古人以三十歲後功夫, 爲喫緊地者, 以人到此
時, 血氣壯盛, 不早不暮, 著功用力, 無難不能故也.

지금 전하께서 정치에 임하신 지 겨우 3년이 지났으니, 진실로 정치가
안정되고 성과가 나올 때가 아닙니다. 그러나 신이 단지 그때 보고
들은 것이 위에서 아뢴 바와 같기에 오늘날을 위하여 지나치게 염려하
는 것입니다. 전하께서는 춘추가 젊고 힘이 강대하시니, 이는 진실로
힘써서 일을 할 수 있는 시기입니다. 옛사람들이 30세 이후의 공부를
매우 긴요한 것으로 여겼던 것은 사람이 이때에 이르면 혈기가 왕성하
여 너무 이르지도 않고 너무 늦지도 않아 공부를 하고 힘쓰는 데
하지 못할 어려움이 없기 때문입니다.

臣敢以此時此道, 爲殿下寔望焉. 若於此時, 不復奮發刻礪, 加己百
己千功程, 而遷延時月, 凌夷頹靡, 以至於無可爲之地焉, 則不但與弊
政相近而已, 其爲可憂者, 何可盡言哉.

신은 감히 전하께서 바로 이때에 이 도를 실천하시길 진실로 바랍니다.

만약 이때에 다시 분발하고 힘써서 남이 한 번을 할 때에 백 번을 하고 남이 열 번을 할 때에 천 번을 하는 노력을 하지 않고 시간만 끌고 점점 쇠퇴하고 쓰러져 어찌할 수 없는 지경에 이른다면, 이는 비단 폐조의 정치와 비슷할 뿐만이 아니니, 그 우려됨을 어찌 다 말할 수 있겠습니까.

天下之事, 不能日進, 則必有日退, 而日進則難, 日退則易. 伏願殿下深省焉.

천하의 일은 날마다 나아가지 못하면 반드시 날마다 퇴보하기 마련인데, 날마다 나아가기는 어렵고 날마다 물러서기는 쉽습니다. 엎드려 바라건대 전하께서는 이를 깊이 살피십시오.

臣之來也, 人皆謂臣曰, "爾旣老病矣, 仕則必不能焉. 雖然, 須獻一言而歸也." 凡自鄕閭父老及路上所遇, 至入京所見者, 其所云皆然. 臣是么麼一耄敗人也, 其言何得爲輕重於聖聰哉. 而尙望其一獻言也, 此豈匹夫匹婦所獨有冤痛疾苦, 而莫之伸者乎.

신이 올 때에 사람들이 모두 신에게 이르기를 "너는 이미 늙고 병들었으니, 틀림없이 벼슬을 할 수는 없다. 하지만 전하께 꼭 한 말씀을 드리고 돌아오라"고 하였습니다. 시골 마을의 노인들과 길에서 만난 사람에서부터 서울에 와서 만난 사람들까지 말하는 것이 모두 이와 같았습니다. 신은 하찮은 일개 노쇠한 사람에 불과한데 저의 말이 어찌 총명하신 전하께 대단한 것이 될 수 있겠습니까. 그래도 그들은 제가 한번 말씀드리길 바라고 있으니, 힘없는 보통 사람들이 원통함과 괴로움이 있는데도 그것을 풀지 못하기 때문이 아니겠습니까.

卽中外遠邇同然之常情, 必皆有所不安於見聞, 不平於其心, 不滿於期望者, 鬱積於中, 欲自言而無路, 冀僥倖於因人發之也, 其情誠可想矣, 而莫非其秉彝之良性, 愛君憂國之本心也, 然則此時之可言者, 必不止一二事也, 豈非吾殿下之所當動念處也哉.

중앙과 지방, 멀고 가까운 곳 할 것 없이 다 똑같은 마음이니, 반드시 그들 모두 보고 들음에 불안하고 마음에 못마땅하고 기대에 차지 않는 것이 있어 가슴에 답답하게 쌓여 있으나 스스로 말하려고 해도 말할 길이 없으므로 다른 사람이 대신 말해 주는 요행을 바라는 것입니다. 그 심정을 짐작할 만한데, 모두 도리를 굳게 지키는 도덕적 본성(良性)이고 임금을 사랑하고 나라를 걱정하는 본심입니다. 그렇다면 오늘날 말할 만한 것이 이 한두 가지 일에 그치지 않을 것이니, 어찌 전하께서 꼭 유념하셔야 할 것이 아니겠습니까.

雖其皆有欲言之心, 其勢有莫得人人皆言也. 國家夫既置其任設其職, 而責之專者, 非言官乎. 言官者, 人君所以寄耳目, 廣聰明之司也. 故有可言而必言者, 言官之道也, 有所言而必聽者, 人君之道也. 若可言而有所不言, 可聽而有所不聽, 則君臣皆失其道矣, 其何有於置任設官之本意乎. 臣未知今之言官, 果能盡言其可言, 而殿下亦能盡聽其當聽乎. 夫言官, 果能盡言其可言之事, 則是四方之言, 皆所以得達道也, 人君能盡聽言官之言, 則是所以兼聽四方之言者也. 然其機亦在於人君, 必須人君先有能聽之德, 然後言官能有盡言之忠. 若人君不能有如流如轉圜之美, 則言官豈能盡謇謇諤諤之言哉. 言官不能盡言, 則四方之情, 又何由而畢達乎.

비록 모두들 말하고 싶은 마음이 있으나 사람마다 모두 말할 수 있는 형편이 아닙니다. 그래서 나라에서 이미 그 임무를 부여하고 관직을 설치하여 책임을 오로지 맡긴 것이 언관言官이 아니겠습니까. 언관은 임금의 눈과 귀를 대신하여 임금이 보고 듣는 것을 넓히는 관직입니다. 그러므로 말할 만한 것이 있으면 반드시 말하는 것이 언관의 도리이며, 언관이 말하면 반드시 들어주는 것이 임금의 도리입니다. 만약 말할 만한 것임에도 말하지 않고 들어줄 만한 것임에도 들어주지 않는다면 임금과 신하가 모두 그 도리를 잃은 것이니, 임무를 부여하고 관직을 설치한 본래 뜻을 져버리는 것입니다. 신은 오늘날 언관들이 과연 말할 만한 것을 다 말하고 전하께서도 마땅히 들어주셔야 할 것을 다 들어주시는지 모르겠습니다. 언관이 말할 만한 일을 다 말하면 사방의 말이 모두 전달되는 것이며, 임금이 언관의 말을 다 들어주시면 사방의 말을 모두 듣게 되는 것입니다. 그러나 그 기틀은 또한 임금에게 달려 있으니, 반드시 먼저 임금에게 능히 들어주는 덕이 있은 뒤에 언관에게 말을 다하는 충정이 있을 수 있습니다. 만약 임금께 흐르는 물이나 둥근 공을 굴리는 것처럼 간언을 쉽게 받아들이는 아름다움이 없다면 언관이 어찌 곧고 바른 말을 다할 수 있겠습니까. 언관이 말을 다하지 못하면, 전하께서는 사방의 실정을 또 어떻게 파악하시겠습니까.

今者, 見一微臣之來, 而冀獻言者, 無人不然, 則臣恐今之言官, 必有所不能盡言之者矣. 朝廷之上, 必多有可憂之端矣, 四方羣生之情, 其必有所不得通者矣. 此非殿下虛受樂聞之誠, 有所未至者耶.

이번에 이 미천한 신하가 오는 것을 보고는 신이 전하께 말씀드리기를 바라지 않은 사람이 없었습니다. 신의 생각으로는 지금의 언관들이 반드시 다 말하지 못한 것이 있고, 조정에는 반드시 우려할 만한 단서가 많으며, 사방 백성들의 실정에는 반드시 파악되지 않은 것이 있는 듯합니다. 이것들은 전하께서 겸허하게 받아들이고 즐겨 듣는 정성이 미진하기 때문이 아니겠습니까.

下不能盡言者, 有所畏也, 上不能盡聽者, 有所拘也. 上拘而難聽, 下畏而難言. 兩難相値, 常以莫言莫聽, 爲相安之地, 則雖謂之危亡之國, 可也. 故必須難言而能言, 難聽而能聽, 然後四目明而四聰達, 物情通而言路廓矣. 若有言責者, 不能盡言, 而四方之情, 無路於畢達者, 非人君之福也, 非國家之利也.

아래에서 말을 다하지 못하는 것은 두려워하는 것이 있기 때문이고, 위에서 다 들어주지 않는 것은 꺼리는 것이 있어서입니다. 위에서는 꺼리는 것이 있어 듣기 어려워하고 아래서는 두려움 때문에 말하기 어려워합니다. 그 두 어려움이 만나 언제나 말하지 않고 듣지 않는 것을 서로 편안하게 여긴다면 비록 위태롭고 멸망할 나라라고 말해도 될 것입니다. 그러므로 반드시 말하기 어려워도 말하고 들어주기 어려워도 들어준 뒤에야 사방의 눈이 밝아지고 사방의 귀가 뚫려서 세상물정이 통하고 언로言路가 넓어질 것입니다. 만약 언론의 책무를 맡은 사람이 말을 다 하지 못하여 사방의 물정이 다 통할 수 없게 된다면, 임금의 복이 아니며 나라의 이로움이 아닙니다.

臣竊聞之, 凡言官, 必擇其不可不言者, 而僚議歸一, 然後乃進其言. 旣一進之, 而上不允聽焉, 則又必再陳之者, 其事重矣, 而不可已也. 言之旣再, 又不蒙允, 而言猶不止, 乃至於三, 則其事必最重, 而尤不可已者也. 人君何可不爲之動念而聽用乎.

신이 들었는데, 언관들은 말씀드리지 않을 수 없는 사안이 있으면 반드시 동료들과 의논하여 의견이 일치한 후에 말씀을 드린다고 합니다. 한번 말씀을 드렸는데 임금께서 윤허하지 않으신 경우에 꼭 또다시 말씀드리는 것은 그 일이 중대하여 그만둘 수 없기 때문입니다. 재차 말씀을 드렸는데 또 윤허를 받지 못했을 경우, 멈추지 않고 세 번째 말씀을 드린다면 그 일이 매우 중대하여 더욱 그만둘 수 없기 때문입니다. 임금께서 어찌 마음을 움직여 들어주시지 않을 수 있겠습니까?

其言果合於義理, 則初一言之而卽可從也, 至於再言, 則尤不可不從也, 況至於三乎. 設或其事最重, 其勢甚難, 而不可易決, 便當議及大臣, 議及百官, 執其兩端, 擇取其中, 而斷然用之可也. 況其事其勢,不甚重且難者乎.

그 말이 의리에 맞는다면 처음 말씀드렸을 때에 곧바로 따라야 하며, 두 번째 말씀드리면 더욱 따르지 않을 수 없으니, 하물며 세 번째에 이르러서는 더더욱 따르지 않을 수 있겠습니까. 만약 그 일이 아주 중대하고 그 형세가 매우 어려워서 쉽게 결정할 수 없다면, 마땅히 대신들과 의논하고 여러 관료들과 의논하되 양 극단 가운데 중용을 취하여 단호하게 시행하는 것이 옳습니다. 하물며 그 일과 그 형세가 그다지 중대하거나 어렵지 않은 것은 말할 것이 있겠습니까?

言之不已, 拒之不已, 相持一事, 愈瀆愈邈, 至于越月逾時者, 非盛世之事也. 故言貴剛直, 聽貴勇斷, 剛直則知無不言, 勇斷則言無不從. 然後臣不曠職, 君無失政, 而上下相得, 太平可期矣.

언관은 말씀드리기를 그치지 않고 임금은 거부하기를 멈추지 않아 서로 한 가지 일을 가지고 번거롭게 할수록 업신여기면서 몇 달이고 시간만 허비하는 것은 좋은 세상의 일이 아닙니다. 그러므로 말하는 데는 강직함이 중요하고 듣는 데는 용단이 중요하니, 강직하면 아는 것을 말하지 않음이 없고 용단이 있으면 말을 따르지 않음이 없습니다. 그런 연후에 신하는 직분을 헛되이 하지 않고 임금은 실정失政을 하지 않게 되며 위아래가 뜻이 맞아 태평성대를 기약할 수 있습니다.

蓋極之所以爲極, 合衆善而爲一之謂也. 人君能收天下之善, 爲己之善, 然後可以盡天下之善, 而其道方全, 其德克備焉. 此建極之道, 用言爲最要也. 伏願聖明特加意焉.

극極이 극이 되는 까닭은 여러 선한 사람을 모아 하나로 만드는 것입니다. 군주는 천하의 선한 사람을 거두어 자신의 선한 사람으로 만든 연후에 천하의 선한 사람을 다할 수 있으며 그 도가 비로소 완전해지고 그 덕이 갖추어집니다. 따라서 극을 세우는 도는 언관의 말을 따르는 것이 가장 중요합니다. 엎드려 바라건대 전하께서는 특별히 유념하십시오.

夫極之爲義, 惟中爲大. 所謂中者, 在心爲不偏不倚, 在事爲無過無不及, 是也. 然則偏非極也, 倚非極也, 過非極也, 不及亦非極也. 建極者, 須先無所偏倚於心, 然後能無過無不及於事也.

극의 뜻은 오직 중용(中)이 가장 중요합니다. 중용이라는 것은 마음에서는 치우치거나 기울지 않고 일에서는 지나치거나 미치지 못함이 없는 것입니다. 그러므로 치우친 것도 극이 아니고 기운 것도 극이 아닙니다. 지나친 것도 극이 아니고 미치지 못한 것도 극이 아닙니다. 극을 세우는 사람은 반드시 먼저 마음에 치우치거나 기울어짐이 없어진 연후에 일에서 지나치거나 미치지 못함이 없을 수 있습니다.

聖人因天秩而制禮, 所以節衆情裁萬事, 而歸之於中也. 豈有所執非中而能建極者乎. 以今日喪禮言之, 當初服制之議, 廷中所見, 互相異同, 不能無過不及之兩端. 殿下折得其衷, 定而用之, 此可謂中矣.

성인이 하늘의 질서를 따라 예禮를 만드셨으니, 그것으로 사람들의 정情을 절제하고 온갖 일을 재단하여 중용으로 돌아가게 합니다. 어찌 중용이 아닌 것을 잡고서 극을 세울 수 있겠습니까. 지금의 상례喪禮를 말하면 당초에 복제服制[19]에 대한 논의는 조정의 의견이 서로 달라 지나침과 미치지 못함의 두 극단이 없을 수 없었습니다. 그런데 전하께서 잘 절충해서 확정하여 쓰셨으니 중용이라고 할 만합니다.[20]

---

19) 服制 : 喪禮에서 亡者와의 관계에 따라 크게 5등급으로 나누어 喪服의 종류와 상복을 입는 기간을 정한 제도.
20) 인조는 반정으로 왕위에 올랐기 때문에 왕통상으로 선조를 계승하였다. 그 결과 그의 생모인 啓運宮은 사망 당시 인조의 공식적인 母后 즉 大妃로 인정받지 못했고, 따라서 인조가 생모인 계운궁을 위해 어떤 상복을 입어야 하는지, 또 누가 상주가 되어야 하는지 등에 대해 의견이 분분하였다. 논란 끝에 계운궁에 대한 복제는 일년복(朞年服)으로 결정되었다.

第伏聞頃日禮葬之儀, 其所以致中致大者, 似有過於時中之宜焉. 此蓋
執事諸官, 欲體殿下之至誠, 凡其儀物品數, 務極其備且文焉, 故然也.

다만 제가 듣기에 지난번 예장禮葬21)의 의례를 중용을 지키면서도 성대하
게 치른 것22)은 시중時中23)의 마땅함에 지나침이 있는 듯합니다. 그것은
아마도 일을 집행하는 여러 관원들이 전하의 지극한 정성을 몸소 받들고
자 의식에 쓰는 여러 물품들의 등급과 그에 따른 종류와 가짓수를
다 갖추고 화려하게 하는 데 힘썼기 때문에 그러한 것입니다.24)

臣竊以爲孔子所謂親喪自致者, 謂其當致而必致之, 非謂致之至過
也. 孔子又曰, "生事之以禮, 死葬之以禮, 祭之以禮, 可謂孝矣." 禮者,
得中之謂也, 蓋可爲而不及爲, 則孝子之情, 所不得安也, 不可過而過
之, 則亡親之心, 所不敢安也. 禮而得中, 然後親心安而孝道得矣. 今者,
旣往之事, 不須言也, 而前頭亦多有裁定之儀, 故玆敢及焉, 以爲後日
益加謹重之義也.

신이 생각하기에 공자孔子께서 "부모의 상喪은 스스로 극진히 하라"25)라
고 하신 것은 마땅히 극진히 해야 할 것을 극진히 하라는 것이지, 지나칠
정도로 극진히 하라는 것이 아닙니다. 공자께서 또 말씀하시기를 "부모님
이 살아계실 때는 예禮로 섬기고 돌아가신 후에는 예로 장례를 치르고
제사를 지내면 효孝라고 할 만하다"26)라고 하셨습니다. 예라는 것은

---

21) 禮葬 : 나라에서 예를 갖추어 치르는 장례. 國葬 다음가는 공식적인 장례로서 계운궁
의 장례를 말한다.
22) 원문은 "其所以致中致大者"이다. 그러나 『인조실록』에는 中이 重으로 되어 있어 致重
과 致大를 합하면 "장례를 매우 성대하게 치르다"는 의미가 된다. 『인조실록』, 권12,
인조 4년(병인) 5월 28일(기사).
23) 時中 : 때에 알맞은 중용.
24) 계운궁의 상례에서 인조의 복제가 일년복으로 결정되었으나, 상례 절차 및 상례 물
품의 종류 등은 國葬에 준하는 예로 치러졌다.
25) 『論語』, 「子張」, "曾子曰, 吾聞諸夫子, 人未有自致者也, 必也, 親喪乎."(증자가 말하길, 내
가 선생님께 들으니, 사람이 스스로 극진히 하는 것이 없지만 반드시 부모님 상은
극진히 해야 한다고 하셨다.)

득중得中, 즉 중용을 얻는 것을 말합니다. 할 만한데도 하지 않으면 효자의 마음이 편안하지 않으며, 지나쳐서는 안 되는데 지나치게 하면 돌아가신 부모의 마음이 편안하지 않습니다. 그러므로 예를 따라서 중용을 얻은 뒤에야 부모의 마음이 편안하고 효도가 이루어지는 것입니다. 지금 이미 지나간 일을 굳이 말할 필요가 없으나 앞으로도 숙고하여 결정할 의례가 많기 때문에 감히 말씀드려 훗날 더욱더 신중히 하는 의리로 삼고자 합니다.

殿下誠孝出天, 出尋常萬萬, 外方愚氓, 亦莫不感激矣. 然情雖無窮, 禮自有限. 如或過之, 反有傷於孝道, 此又孝子之必愼者也. 況人君所行, 不止爲一時之法, 乃爲後世之所則焉. 豈可徑情踰制, 以傷建極之道哉. 伏願殿下更加審酌焉.

전하의 효성은 타고난 것이어서 보통 사람보다 만 배나 더 뛰어나시니, 밖에 있는 어리석은 백성들도 감격하지 않음이 없습니다. 그러나 정情은 비록 끝이 없지만 예禮는 그 자체에 한계가 있습니다. 그래서 만약 지나치게 하면 도리어 효도에 손상됨이 있으니, 이것이 또 효자가 반드시 삼가야 하는 것입니다. 더구나 군주가 실행하는 것은 단지 한때의 법이 될 뿐만이 아니라 바로 후세의 본보기가 됩니다. 어찌 제도를 넘어 마음 가는 대로 함으로써 표준, 즉 극을 세우는 도리를 손상시킬 수 있겠습니까. 전하께서는 다시 살펴 헤아리시길 바랍니다.

臣又以爲人君以一心而應萬機, 一身而臨兆民, 居九重之內, 而治四方之廣, 則其見聞不可以不遠也. 能見於目見之外, 然後其見能無所不見, 能聞於耳聞之外, 然後其聞能無所不聞, 以其見之以理, 聞之以理也.

---

26) 『論語』, 「爲政」, "子曰, 生事之以禮, 死葬之以禮, 祭之以禮." ; 『孟子』, 「滕文公上」, "曾子曰, 生事之以禮, 死葬之以禮, 祭之以禮, 可謂孝矣."

신은 또 생각하기를, 군주는 하나의 마음으로 만 가지 일에 응하고 하나의 몸으로 만백성을 대하며 구중궁궐에 살면서 사방의 넓은 나라를 다스리니, 보고 듣는 것이 멀지 않을 수 없습니다. 눈으로 보는 것 이외에 더 볼 수 있어야 보지 못하는 것이 없고 귀로 듣는 것 이외에 더 들을 수 있어야 듣지 못하는 것이 없으니, 이치로써 보고 이치로써 듣는 것이 그것입니다.

若見止於目見, 聞止於耳聞, 則耳目見聞之外, 凡有幾千萬變之無窮哉. 目見者, 見其有形, 而理見者, 見於無形, 耳聞者, 聞其有聲, 而理聞者, 聞於無聲, 其爲淺深遠近, 如何哉. 況耳目之見聞, 有可得以掩蔽, 理見理聞, 則孰得以欺之哉.

만약 눈으로 보는 것에 그치고 귀로 듣는 것에 그친다면, 눈과 귀로 보고 들을 수 없는 무궁무진한 온갖 변화를 어찌 보고 들을 수 있겠습니까? 눈으로 보는 것은 형체가 있는 것을 보는 것이고 이치로 보는 것은 형체가 없는 것을 보는 것이며, 귀로 듣는 것은 소리가 있는 것을 듣는 것이고 이치로 듣는 것은 소리가 없는 것도 듣는 것이니, 보고 듣는 것의 얕고 깊음과 멀고 가까움이 어떠하겠습니까. 더구나 눈과 귀로 보고 듣는 것은 보이지 않고 들리지 않도록 가릴 수 있지만, 이치로 보고 이치로 듣는 것은 누가 속일 수 있겠습니까.

人君苟能不恃其目前之見, 耳邊之聞, 而見於無形, 聞於無聲, 則可以盡天下之情也. 此乃極之所以無極也, 伏願殿下留神焉.

군주가 만약 눈앞에 보이는 것과 귓가에 들리는 것을 믿지 않으며 형체가 없는 것을 보고 소리가 없는 것을 들을 수 있다면, 온 세상의 실정을 다 알 수 있을 것입니다. 이것이 바로 극極이 무극無極[27]이 되는 까닭이니, 전하께서는 유념하시길 간절히 바랍니다.

---

27) 無極 : 끝이 없음. 한계가 없다는 뜻이다.

今國家心腹之疾, 四肢之病, 其爲證凡幾般, 而臣從山野來, 纔經旬月而返, 則其何以悉得聞知哉. 故只以建極之說, 爲殿下勉盡其根本之地焉. 若夫對證之劑, 砭急之手, 自有當世之岐扁焉.

지금 나라의 오장육부와 사지에 든 병은 그 증세가 여러 가지인데, 신은 시골에서 와서 겨우 한 달도 안 돼 돌아가니 어떻게 다 듣고 다 알 수 있겠습니까. 그러므로 단지 건극建極의 설說, 즉 표준을 세우라는 말씀을 드림으로써 전하께서 근본에 힘쓰도록 하는 것입니다. 증상에 따라 약을 처방하고 위급한 병에 침을 놓는 것으로 말하면 자연히 오늘날에도 기백28)과 편작29) 같은 뛰어난 의사가 있을 것입니다.

臣方在垂死之齡, 萬無報效之路, 情不自已, 用陳耄言, 實皆心肝中攸發也. 若蒙聖明不以迂遠而卻之, 則臣歸死無餘恨矣. 臣不勝區區祝天之至, 謹昧死以聞.

신은 머지않아 죽을 나이로서 보답할 길이 전혀 없기에 안타까운 마음을 주체하지 못하고 노망난 말씀을 드리니, 진실로 모두가 마음속 깊은 곳에서 나온 것입니다. 만약 전하께서 현실과 거리가 먼 말씀이라고 여겨 물리치지 않으신다면 신은 돌아가 죽어도 여한이 없습니다. 신은 하늘에 비는 간절한 마음을 이기지 못해 삼가 죽기를 무릅쓰고 아룁니다.

---

28) 岐伯 : 상고시대의 전설적인 명의. 『黃帝內經』의 주요 내용은 대부분 황제가 묻고 기백이 대답하는 형식으로 쓰여 있다.
29) 扁鵲 : 전국시대의 명의. 脈診에 뛰어나 중국 脈學의 창시자로 추앙되고 있다.

진언소 【進言疏】

【소해제】

　인조 7년(1629, 기사) 9월 인동에 머물러 있던 여헌이 인조에게 진언한 상소문으로, 『여헌선생문집』 권3에 실려 있다. 여헌이 인조 4년 6월 귀향한 후에도 인조는 그에게 많은 관심을 보이고 관직을 내렸으나 여헌은 쉽게 나아가지 않았다. 이를테면 인조 6년 3월에 이조참판의 직위를 내렸지만 여헌은 사양하는 소를 올리고 나아가지 않았다. 인조 7년 4월에도 여헌을 특별히 부르는 교지가 내려왔으나 여헌은 역시 병으로 나아갈 수 없다는 소를 두 차례 올렸다.

　그해 가을에 여헌은 병약한 몸을 치료하기 위하여 영양의 약수를 찾아 목욕하였으나 별다른 효과를 보지 못한 채 입암立巖으로 가서 한 달 정도 머무르다 인동으로 돌아왔다. 입암에서 돌아온 직후에 쓴 이 글에서 여헌은 인조에게 노쇠함과 병 때문에 벼슬에 나아갈 수 없음을 아뢰면서 통치 방법을 진언하였다. 특히 주목되는 내용은 임진왜란과 정묘호란 뒤에 나라가 잠시 안정된 상태이긴 하지만 태평성대로 여겨 태만하게 시간만 보낸다면 내외적으로 생각지 못한 화가 미칠 수 있다고 경계한 것이다.

【원문 및 번역】

伏以臣在本歲之夏, 重被恩召, 自以耄敗癃瘝之甚, 莫得趨命. 其於陳病之際, 敢達沐浴椒井之意, 則聖批有沐浴後上來之敎矣.

　엎드려 생각합니다. 신은 금년 여름에 거듭 은혜로운 부름을 받았으나,

스스로 매우 늙고 기력이 쇠진하여 명령을 곧바로 따르지 못하였습니다. 지난번에 병을 말씀 드릴 때 약수[1]를 찾아 목욕을 하겠다는 뜻을 감히 아뢰었는데, 전하의 답변에 목욕을 한 후에 다시 올라오라는 분부가 있었습니다.

臣不量窮衰, 果往試浴, 而氣力虛乏, 腠理枯涸, 不見微效, 徒加損敗. 馱身歸穴, 無計振作, 顧惟所承之命, 銘在心上, 擬復收攝, 稍可運動, 須及未寒之前, 撥昏扶羸, 致身闕下, 一謝積恩. 小伸宿願, 又是自計也, 而調經再朔, 蘇息無期. 勢窮至此. 莫可奈何, 則委伏沈鬱而已.

신은 지극히 노쇠함을 헤아리지 않고 약수를 찾아 시험 삼아 목욕을 해 보았으나 기력이 허약해지고 살갗이 마르는 등 조금도 효과를 보지 못하고 한갓 몸만 더 상했을 뿐입니다. 겨우 몸을 싣고 집으로 돌아왔으나 기력을 되찾아 일어날 계책이 없습니다. 다만 받은 명령을 마음에 새기고 다시 몸을 추슬러 조금이라도 거동할 수 있으면 추워지기 전에 혼미한 정신을 가다듬고 쇠약한 몸을 부축하여 대궐로 나아가 거듭된 은혜에 감사의 인사를 드리려고 하였습니다. 오랜 소원을 조금이나마 펴는 것이 저의 계획이었으나, 몸조리를 한 지 두 달이 지나도 회복될 기약이 없습니다. 형편이 이와 같은데도 어찌할 도리가 없으니 엎드린 채 침울해할 뿐입니다.

設令臣致得身於闕下, 肢體痺寒, 難涉階墀, 形貌陋醜, 不可側列, 聾閉旣固, 莫聞天語, 齒牙脫落, 言不成音, 精神旣去, 語多顚錯矣. 將此塊土朽查, 安得有人事於天威之下哉. 臣百思千計, 報效無路. 身旣莫進, 情不自抑, 敢憑耄言, 圖露微悃. 伏願殿下試垂察焉.

---

1) 약수 : 원문은 椒井이다. 후추 맛의 물, 즉 약수가 나오는 우물이라는 뜻이다. 『연보』에 따르면, 여헌은 이해 가을에 永陽의 椒泉에서 목욕하고 立巖으로 들어가서 한 달 정도 머물렀다가 돌아왔다는 기록이 있다.

설령 신이 대궐에 나아가더라도 몸이 저리고 다리를 절어 대궐의 층계를 오르기 어렵고, 몰골이 누추하여 나란히 설 수가 없으며, 귀가 어두워 전하의 말씀을 듣지 못하고 치아가 빠져 발음을 제대로 하지 못하며, 정신이 나가 앞뒤가 맞지 않는 말이 많습니다. 이처럼 흙덩이와 썩은 나무토막과 같은 몸으로 어찌 하늘처럼 높은 전하의 위엄 아래에서 사람의 일을 할 수 있겠습니까? 신은 백 번 생각하고 천 번 계산해 보아도 보답할 길이 없습니다. 몸은 이미 나아갈 수 없으나 충정을 스스로 억제하지 못해 감히 노망난 말로 작은 정성을 표하고자 합니다. 전하께서 잘 살펴주시길 간곡히 바랍니다.

我國家雖僻在海東, 其風土之美, 山川之秀, 本非荒裔他服之比, 而中被箕子疇施之化, 俗有禮讓敦正之習, 故稱之曰小中華, 或謂之東魯者素矣. 中國未嘗夷視而輕待之, 隣域不敢不慕尙而納款焉. 又自入我朝以來, 列聖世承, 積德闡化, 守藩盡職, 所以取重於皇朝, 受恪於戎倭者, 尤非前代之所及矣.

우리나라는 비록 바다의 동쪽 외진 곳에 있으나 아름다운 풍토와 빼어난 산천이 본래 먼 변방의 다른 나라에 비할 것이 아니며, 중간에 기자箕子가 베푼 홍범구주洪範九疇의 교화 덕분에 예의가 바르고 행실이 올바른 습속이 있었기 때문에 오래전부터 소중화小中華2)나 동쪽의 노魯나라3)로 일컬어져 왔습니다. 일찍이 중국은 오랑캐로 여겨 가벼이 대우하지 않았으며, 이웃 나라들은 흠모하고 숭상하여 마음으로 복종하지 않은 적이 없습니다. 또 조선조가 시작된 이래로 여러 선왕들이 대대로 덕을 쌓고 교화를 밝혀 제후국의 예법과 직분을 다한 덕분에 황제의 나라인 명나라로부터 후한 대접을 받고 오랑캐와 왜적들에게 공경을 받은 것은 전에 없던 일입니다.

---

2) 小中華 : 작은 중국. 조선이 중화문명의 나라임을 강조한 말.
3) 동쪽의 魯나라 : 노나라는 공자가 태어난 나라임. 조선이 유교의 나라임을 강조한 말.

不幸壬辰之變, 擧國蕩殘, 而島夷始有猾我之心, 丁卯兩西之敗, 斂
手莫敵, 而奴酋又有侮我之心. 旣經兩敗, 自立無勢, 策歸羈縻, 惟權宜
苟且之是事, 而皇朝亦稍有不滿不重之意. 雖加優容, 不形譴責, 竊審
其禮遇之施, 則頗不如前, 此豈非本國之恥也哉.

불행히 임진왜란 때 나라 전체가 유린되자 비로소 섬 오랑캐들이 우리를
능멸하는 마음을 품게 되었고, 정묘호란 때 평안도와 황해도 지방에서
속수무책으로 패퇴하자 오랑캐들이 또 우리를 업신여기는 마음을 갖게
되었습니다. 이미 두 번의 패전을 겪은 뒤에는 자립할 힘이 없어서
기미羈縻의 정책4)에 따라 구차하게 상황에 따른 편법을 쓰자,5) 명나라에
서도 점차 불만스러워 하고 귀하게 여기지 않는 뜻을 갖게 되었습니다.
비록 우리를 넉넉하게 포용하여 책임을 묻지는 않고 있으나 그들이
예우하는 것을 가만히 살펴보면 예전만 못하니, 이 어찌 우리나라의
수치가 아니겠습니까.

當此時勢, 爲我國君臣上下, 曷容恬然自如, 不知所以深憂遠慮危懼
振奮之道哉. 若於此隙, 不自爲樹立之大計, 永固之長策, 惟曰, "西賊已
退伏矣, 南氛已息靖矣, 中朝時無譴責矣.", 幸其內外之無驚, 姑息之小
安, 而遂皆解心縱意, 有若太平之世, 玩愒時日, 無所刻勵, 則不但不料
之患, 或萌於無形, 安知奴虜無厭之欲, 倭寇不測之謀, 猶敢磨牙鼓吻
於南北以俟機哉.

이와 같은 때에 우리나라의 임금과 신하, 위와 아래가 어찌 편안하게
앉아 깊이 근심하고 멀리 생각할 줄 모르고 위태롭게 여기고 분발할
줄을 몰라서야 되겠습니까. 만약 이러한 때에 바로 설 수 있는 큰 계책과

---

4) 羈縻의 정책 : 기미는 말의 굴레와 소의 고삐를 가리키는 말로서, 상대를 적절히 견제
   만 할 뿐 직접 지배하지 않는다는 의미이다. 기미의 정책은 상대를 정복할 만한 힘이
   없을 때 적절한 조건으로 평화관계를 유지하는 정책이다.
5) 1627년(인조 5) 정묘호란 이후 조선은 명나라의 적대국인 후금과 형식적으로 형제관
   계를 유지하였다.

영구히 견고해질 수 있는 장기적인 계책을 스스로 시행하지 않고, 오직 "서쪽의 적이 이미 물러가 숨었고 남쪽의 요망한 기운이 이미 안정되었으며,6) 명나라가 마침 견책하지 않는다"라고 하면서, 안팎으로 놀라운 경보가 없고 우선 당장에 다소 편안함만을 요행으로 여겨서 모두가 태평성대처럼 마음을 놓은 채 그럭저럭 시간만 보내면서 애쓰는 바가 없다면, 비단 생각지도 못한 우환이 혹 보이지 않는 데에서 싹틀 뿐만 아니라, 오랑캐들의 끝없는 욕심과 왜구의 헤아릴 수 없는 음모가 남쪽과 북쪽에서 감히 이를 갈고 입을 씰룩거리면서 기회를 기다리고 있는지 어찌 알았겠습니까.

況我國之得爲國於偏荒, 綱常倫紀之得不紊, 禮樂文明之有可觀者, 無非中國父母之而子視之賜也. 前後出兵, 垂救於急亂, 至今使之舊邦 之維新, 則其爲恩眷之隆深, 果可得以際涯之哉. 今若視我委靡之勢, 便有輕之外之之意, 而減殺垂恩之典, 不若前昔之子視, 則我國之不 幸, 爲如何哉. 然則轉移振奮之機, 正在於今日, 而所以轉移振奮者, 亦 非有異術, 惟在盡道自立而已.

게다가 우리나라가 외지고 거친 곳에 있으면서도 강상綱常과 윤리가 문란하지 않고 예악禮樂과 문명文明이 볼만한 것은 모두 중국이 자식처럼 보살펴 준 덕택입니다. 위급할 때에 전후에 걸쳐 군사를 파견해 구원해 주어서 오늘날 옛 나라를 새롭게 하였으니, 그 은혜의 높고 깊음을 과연 다 헤아릴 수 있겠습니까. 그런데 이제 만약 우리의 나약한 형세를 보고는 가벼이 여기고 도외시하려는 뜻을 가져 은혜를 베풀던 격식을 줄여서 옛날처럼 자식으로 여기지 않는다면 우리나라의 불행함이 어떠하 겠습니까. 그렇다면 새롭게 떨쳐 일어나는 기틀은 바로 오늘에 있으며, 새롭게 떨쳐 일어나는 방법도 다른 데에 있는 것이 아니라 오직 도道를 다하고 스스로 서는 데 있을 뿐입니다.

---

6) 서쪽의 적은 후금, 남쪽의 요망한 기운은 일본을 가리킨다.

所謂盡道者, 亦不過曰立心以誠也, 修己以敬也, 作事以正也, 出政以公也. 理之在我者, 無不得焉, 則應之自外者無不順焉. 以之事天地, 則天地祐其德, 以之御臣民, 則臣民服其化, 以之事上國, 則上國信其義, 以之待隣域, 則隣域孚其誠. 此非國家所以能自樹立之大道, 永固之至計乎.

이른바 '도리를 다한다'는 것은 또한 진실함(誠)으로 마음을 세우고 경건함(敬)으로 마음을 닦고 바름(正)으로 일을 하고 공정함(公)으로 정치를 하는 것에 불과할 뿐입니다. 진실함으로 마음을 세우면 마음의 이치를 얻게 되고, 경건함으로 몸을 닦으면 몸의 이치를 얻게 되고, 바름으로 일을 하면 일의 이치를 얻게 되고, 공정함으로 정치를 하면 정치의 이치를 얻게 됩니다. 그리하여 나 자신에게 있는 이치를 얻지 않음이 없으면 밖에 대응하는 것이 순조롭지 않음이 없습니다. 그 이치로써 하늘과 땅을 섬기면 하늘과 땅이 그 덕을 돕고, 신하와 백성을 통솔하면 신하와 백성이 그 교화에 복종하고, 상국上國을 섬기면 상국이 그 의리를 신뢰하고, 이웃 나라를 대하면 이웃 나라가 그 정성을 믿게 됩니다. 이것이 나라가 스스로 바로 설 수 있는 큰 도이며 영원할 수 있는 지극한 계책이 아니겠습니까.

然而立大道建至計者, 豈可以尋常意慮而克辨哉. 夫其亡其亡, 繫于苞桑者, 人君休否之德也, 君耳忘身, 國耳忘家, 公耳忘私者, 人臣致義之道也.

그러나 큰 도를 세우고 지극한 계책을 세우는 일을 어찌 평범한 뜻과 생각으로 할 수 있겠습니까. 나라가 망하지 않을까 염려하여 튼튼한 뽕나무에 매어 놓듯이 굳건하게 하는 것은 군주가 나쁜 운세를 멈추게 하는 덕이며,[7] 군주를 위해 자신을 잊고 나라를 위해 집을 잊고 공公을 위해 사私를 잊는 것은 신하가 의리를 다하는 도입니다.

---

7) 『주역』 64괘 중 12번째 괘인 否卦의 爻辭에 나오는 말이다.

危者, 安其位者也, 亡者, 保其存者也, 亂者, 有其治者也. 故君子安而
不忘危, 存而不忘亡, 治而不忘亂. 是以, 身安而國家可保也. 安而忘危,
則失其安, 存而忘亡, 則失其存, 治而忘亂, 則失其治. 況非安而以爲安,
僅存而以爲存, 未治而以爲治, 不爲之改舊圖新, 則其能免於危亂及亡
者有幾哉.

위태롭다고 염려하는 것은 군주의 자리를 편안하게 하는 것이고, 망하지
않을까 염려하는 것은 나라를 보존하는 것이고, 혼란이 있을까 염려하는
것은 잘 다스려지도록 하는 것입니다. 그러므로 군자는 편안해도 위태로움
을 잊지 않고, 보존되어도 망함을 잊지 않고, 잘 다스려져도 혼란을 잊지
않습니다. 이 때문에 몸이 편안해지고 나라가 보존될 수 있는 것입니다.
만약 편안하다고 해서 위태로움을 잊으면 그 편안함을 잃게 되고, 보존되고
있다고 해서 망하는 것을 잊으면 보존함을 잃게 되고, 잘 다스려진다고
해서 혼란을 잊으면 다스려짐을 잃게 됩니다. 더구나 편안하지 않은데
편안하게 여기고 겨우 보존하고 있으면서 보존한다고 여기고 다스려지지
않는데 다스려진다고 여겨서 옛것을 고치고 새것을 도모하지 않는다면,
위태로워지고 혼란해져 망하지 않을 수 있는 경우가 몇이나 되겠습니까.

君曰元首, 臣曰耳目股肱. 人臣旣作耳目股肱於君父, 則固不暇身其
身家其家私其私矣. 若不能忘其身, 則必不能盡心於事君, 不能忘其
家, 則必不能盡心於輔國. 不能忘身不能忘家, 而繫其心於私焉, 則其
所以事君輔國者, 皮毛而已, 尸冒而已, 必未有能出於血誠者也. 如此
而能建內修外攘之業者乎.

군주를 으뜸 머리 즉 원수元首라고 하고, 신하를 눈귀와 팔다리라 합니다.
신하가 이미 군주의 눈귀와 팔다리가 되니, 진실로 자기 몸을 몸으로
여기고 자기 집을 집으로 여기고 자기의 사사로움을 사사롭게 여길
겨를이 없습니다. 만약 신하가 자기 몸을 잊지 못한다면 반드시 군주를
섬기는 데 마음을 다할 수 없고, 자기 집을 잊지 못한다면 반드시 나라를

돕는 데 마음을 다할 수 없습니다. 자기 몸을 잊지 못하고 자기 집을 잊지 못하여 마음이 사사로움에 매여 있으면 군주를 섬기고 나라를 돕는 것이 한갓 껍데기일 뿐이고 허수아비일 뿐이니, 반드시 진실한 마음에서 나올 수 없습니다. 이와 같으면서 내수외양內修外攘의 사업을 이룰 수 있겠습니까.

故臣之所望於殿下者, 不忘危, 不忘亂, 不忘亡也. 所望於在朝諸賢者, 能忘身, 能忘家, 而能忘私也.

그러므로 신이 전하께 바라는 것은 위태로움을 잊지 않고 혼란을 잊지 않고 멸망을 잊지 않는 것입니다. 조정의 신하들에게 바라는 것은 자기 몸을 잊고 자기 집을 잊어서 사사로움을 잊는 것입니다.

人君能有此三不忘, 然後乃可以盡君道也. 心豈容不誠, 身豈容不敬, 事豈容不正, 政豈容不公哉. 人臣能有此三忘, 然後乃可以盡臣道也. 其愛君者, 豈容不忠, 其輔國者, 豈容不職, 其奉公者, 豈容不盡哉.

군주는 이 세 가지 잊지 않음을 실천한 연후에 군주의 도리를 다할 수 있습니다. 따라서 어찌 마음을 진실하게 하지 않을 수 있으며, 몸을 경건하게 하지 않을 수 있으며, 일을 바르게 하지 않을 수 있으며, 정치를 공정하게 하지 않을 수 있겠습니까. 신하는 이 세 가지 잊음을 실천한 연후에 신하의 도리를 다할 수 있습니다. 따라서 어찌 임금을 사랑하는 데 불충할 수 있으며, 나라를 돕는 데 직분을 다하지 않을 수 있으며, 공무를 수행하는 데 최선을 다하지 않을 수 있겠습니까.

夫以殿下之聖明, 豈不知爲人君之道, 聖帝明王之所心所德者哉. 以滿朝之諸賢, 亦豈不知爲人臣之道, 宏輔碩弼之所責所業者哉. 然而國勢之日卑, 世道之日降, 至如是矣, 則臣恐殿下之於三不忘, 有或忘焉, 羣賢之於三忘, 有或不忘焉.

성인처럼 밝은 지혜를 지닌 전하께서 어찌 군주의 도리를 모르겠으며 훌륭한 제왕들의 마음과 덕을 모르시겠습니까. 조정의 여러 현명한 신하들도 어찌 신하의 도리를 모르겠으며 어찌 훌륭한 신하들의 책무와 일을 모르겠습니까. 그러나 나라의 형세가 날로 쇠퇴하고 세상의 도가 날로 비루해짐이 여기에 이르렀으니, 신은 혹시 전하께서 세 가지 잊지 말아야 할 것을 잊으셨고, 혹시 여러 신하들이 세 가지 잊어야 할 것을 못 잊었을까 두렵습니다.

殿下苟能先盡實德, 常若顚危亂亡之在前, 則羣下孰不一心同忘於有身有家之私意哉. 然後本立而道生, 道盡而業隆矣. 不如是而求苞桑之固, 望磐石之安者, 乃是惡醉而强酒, 却步而圖前也.

전하께서 만약 먼저 진실한 덕을 다하여 항상 나라가 곧 전도되고 위태로워지고 혼란스러워지고 멸망하게 될 것처럼 하신다면, 아랫사람들 가운데 그 누가 자기 몸과 자기 집을 생각하는 사사로운 뜻을 한결같이 잊지 않겠습니까. 그런 뒤에 근본이 서고 도가 생기며, 도가 실현되고 사업이 융성해질 것입니다. 이와 같이 하지 않으면서 나라가 뽕나무에 매어 놓듯이 튼튼해지고 반석과 같이 안정되기를 바란다면, 이는 취하는 것을 싫어하면서 억지로 술을 권하는 것이고 뒷걸음질하면서 앞으로 가려는 것입니다.

夫其當不忘而不忘, 當忘而忘者, 須皆出於性情之正也. 臣旣言及性情, 請以子思之教, 敢申其說焉.

잊지 않아야 할 것을 잊지 않고 잊어야 할 것을 잊는 것은 모름지기 모두 성性과 정情의 올바름에서 나옵니다. 신이 이미 성과 정을 언급하였으니, 감히 자사子思[8]의 가르침을 가지고 거듭 말씀드리고자 합니다.

---

8) 子思 : 공자의 손자로 『中庸』의 저자로 알려져 있다.

中庸, 以致中和爲位育之道焉. 夫中也者, 喜怒哀樂之未發也, 此心之體有立, 而虛靜光明, 無所偏倚之謂, 卽天下之大本也. 和也者, 喜怒哀樂之已發也, 此心之用流行, 而各中其節, 無所差謬之謂, 卽天下之達道也. 然則中和, 不過爲吾人此心之性情也, 而其能致之效, 至於天地是位, 萬物是育, 則其不致之應, 亦必至於天地不位, 萬物不育矣.

『중용中庸』은 중中과 화和를 지극히 하는 것을 천지가 제자리를 잡고 만물이 잘 길러지는 도道로 여겼습니다. 중中, 즉 중용이라는 것은 기뻐하고 노여워하고 슬퍼하고 즐거워하는 정情이 아직 발동하지 않은 것으로, 이 마음의 본체가 확립되어 허虛하고 고요하고 빛나고 밝아 치우치거나 기울어짐이 없음을 말하는 것이니, 곧 천하의 큰 근본입니다. 화和, 즉 조화라는 것은 기뻐하고 노여워하고 슬퍼하고 즐거워하는 정이 이미 발동한 것으로, 이 마음의 작용이 각기 그 규범에 맞아 어긋나거나 잘못됨이 없음을 이르는 것이니, 곧 천하의 보편적인 도道입니다.[9] 그렇다면 중용과 조화는 우리 인간이 지닌 마음의 성性·정情에 불과할 뿐이지만, 그것을 지극히 한 효과는 천지가 제자리를 잡고 만물이 잘 길러짐에 이릅니다. 또한 그것을 지극히 하지 않은 결과는 반드시 천지가 제자리를 잡지 못하고 만물이 잘 길러지지 못함에 이를 것입니다.

子思雖止擧喜怒哀樂之四, 而七情之愛惡欲, 皆在其中矣. 又雖止擧極功之位育, 而其間庶績之凝, 百應之順, 皆可知矣. 卽一心性情之上, 而凡爲人德行事業, 其得失成敗之變, 吉凶禍福之應, 未有不機於此焉, 則恒人尙不可不謹於此心性情. 況人君之性情, 其所係者, 爲如何也.

자사는 비록 기쁨(喜)·노여움(怒)·슬픔(哀)·즐거움(樂) 네 가지를 들었을 뿐이지만, 칠정七情[10]의 사랑(愛)·미움(惡)·욕구(欲)이 모두 그 안에 포함

---

9) 『中庸』 1장에 나오는 내용이다.
10) 七情: 인간의 일곱 가지 정으로서, 흔히 인간의 정 전체를 의미한다. 칠정이라는 용어가 처음 등장하는 것은 『禮記』 「禮運」인데, 그곳에는 "何謂人情? 喜怒哀懼愛惡欲七者,

되어 있습니다. 또 비록 다만 지극한 공효로 천지가 제자리를 잡고 만물이 잘 길러진다는 것만을 들었으나 그 사이에 여러 공적이 이루어지고 수많은 결과가 나온다는 것을 모두 알 수 있습니다. 한 마음의 성性·정情에서 사람의 덕행과 사업이 이루어지므로 득실과 성패의 변화와 길흉과 화복의 결과가 여기에서 비롯되지 않음이 없으니, 보통 사람들도 이 마음의 성·정에서 삼가지 않을 수가 없습니다. 하물며 임금의 성·정은 그 관계됨이 어떠하겠습니까.

伏願殿下須於不覩不聞, 莫顯莫見之地, 常加存養省察之功. 其在未發之前, 必戒懼之曰, 無乃此心有所偏倚乎, 一有偏倚, 則敬以直之. 其在方發之際, 必審愼之曰, 此情無乃有過不及乎, 一有過或不及, 則義以節之. 必時時顧諟, 念念加察, 有以立夫天下之大本, 有以出其天下之達道, 則雖天下可運於掌上, 況一國乎.

엎드려 바라건대, 전하께서는 모름지기 보지 않고 듣지 않는 때와 잘 드러나지 않고 잘 보이지 않는 곳에서도 항상 존양存養11)과 성찰省察12)의 공부를 하셔야 합니다. 정情이 아직 발동하기 전에는 반드시 경계하고 두려워하여 말하기를 "이 마음이 치우치고 기울어지지 않았을까?" 하여 하나라도 치우치거나 기울어짐이 있으면 경건함敬으로 그 마음을 곧게 해야 합니다. 정情이 막 발동할 즈음에는 반드시 잘 살피고 삼가며 말하기를 "이 정이 지나치거나 미치지 못함이 있지 않을까?" 하여 하나라

不學而能"(무엇을 인정이라고 하는가? 기쁨·노여움·슬픔·두려움·사랑·미움·욕구 일곱 가지는 배우지 않아도 할 수 있다)이라고 되어 있다. 반면에 『중용』 1장에서는 기쁨(喜)·노여움(怒)·슬픔(哀)·즐거움(樂) 네 가지 정을 들고 있다.
11) 存養 : 본래의 마음을 보존하고 성을 함양한다는 뜻. 주자학에서는 존양을 情이 발생하기 이전, 즉 미발 상태일 때 마음이 그 어느 쪽으로도 치우치지 않은 중의 상태를 유지하도록 하는 공부로 규정하였다.
12) 省察 : 마음의 작용을 정밀하게 살핀다는 뜻. 주자학에서는 성찰을 마음이 작용할 때, 즉 정이 발생할 때 그것이 선한 것인지 악한 것인지를 잘 살펴서 선한 것은 확충해 나가고 악한 것은 제어해야 한다고 하였다.

도 지나치거나 미치지 못함이 있으면 옳음(義)으로써 그 정을 규율해야 합니다. 그리하여 반드시 언제나 천명, 즉 성性을 돌아보아 천하의 큰 대본을 세우고 생각할 때마다 그 기미를 살펴서 천하의 공통된 도를 이루신다면 비록 천하라도 손바닥 위에서 운용할 수 있는데 하물며 한 나라는 말할 것이 있겠습니까.

夫位天地育萬物, 不獨有天下者, 有是事業. 國焉而有一國之天地萬物, 家焉而有一家之天地萬物, 至於身焉而亦有一身之天地萬物. 然則所謂能事極功者, 實皆人人分內事也, 而特其事業之大, 無大於人君耳.

천지를 제자리 잡도록 하고 만물을 잘 자라게 하는 것은 비단 천하를 소유한 사람, 즉 군주에게만 있는 사업이 아닙니다. 나라에는 한 나라의 천지와 만물이 있고 가정에는 한 가정의 천지와 만물이 있으며, 몸에 이르러서도 또한 한 몸의 천지와 만물이 있습니다. 그렇다면 이른바 능히 맡은 일을 할 수 있음과 그것의 지극한 효과라는 것은 실로 누구에게나 분수에 따라 있는 일인데, 다만 사업의 크기가 군주보다 더 큰 것이 없을 뿐입니다.

箕範所謂蕩蕩平平正直之道, 無不在是, 而皇極之建, 九疇之用, 卽此理也. 能體此理之謂道, 道固不可須臾離也. 而雖在搶攘顚沛之間, 急遽困頓之頃, 此理之外, 無復有回天激人轉禍爲福之道也.

기자箕子의 「홍범洪範」에서 말한 탕탕蕩蕩하고 평평平平하며 바르고 곧은 도가 여기에 있지 않음이 없으며,13) 황극皇極14)의 세움과 구주九疇15)의

---

13) 군주는 항상 치우침이 없이 공평무사해야 한다는 뜻. 『書經』 「洪範」의 "無偏無黨, 王道 蕩蕩, 無黨無偏, 王道平平"(치우치거나 무리지음이 없으면 왕도가 넓고 평탄하다)에서 유래한다.

14) 皇極: 임금의 極. 여기서 극은 북극의 극과 같은 것으로서 至極의 뜻이며, 중심·준칙·표준·모범 등의 의미를 함축한다. 군주가 중심에 서서 만민에게 모범을 보이면, 만민이 군주를 표준·중심으로 삼아 모여든다는 뜻이다. 『書經』 「洪範」의 "皇極,

운용이 바로 이 이치입니다. 이 이치를 능히 체득함을 도道라고 하니, 도는 진실로 잠시도 떠날 수 없는 것입니다. 그리하여 비록 매우 혼란스럽고 경황이 없거나 아주 급박하고 위태로울 때라도 이 이치를 벗어나서는 따로 하늘의 뜻을 되돌리고 사람을 분발하게 하여 화를 복으로 바꿀 수 있는 길이 없습니다.

臣之所陳, 固非出人離衆奇異之策也, 實皆殿下與筵儒所夙講說者也. 顧治亂興亡所係之要, 曾不出此, 而政教風化之原, 舍是心無以爲說. 故不嫌迂遠, 冒達空言, 伏願聖慈矜察焉.

신이 아뢰는 것은 진실로 인간 세상을 벗어난 기이한 계책이 아니라, 실로 전하께서 경연經筵16)의 학자들과 일찍이 함께 공부하고 토론한 것입니다. 치란과 흥망을 초래한 핵심적인 원인을 돌아보면 일찍이 이것에서 벗어난 적이 없으며, 정치와 교화의 근원도 이 마음을 제외하고는 말씀드릴 것이 없습니다. 그래서 어리석음을 무릅쓰고 감히 헛된 말씀을 드렸습니다. 자애로운 전하께서 굽어 살펴주시길 간곡하게 바랍니다.

臣不勝感戴瞻懸惶悸震越之至. 謹昧死以聞.

신은 감격하여 우러러봄에 두렵고 떨리는 마음을 이기지 못하겠습니다. 삼가 죽을죄를 무릅쓰고 아뢰옵니다.

皇建其有極"(황극이란 군주가 표준을 세우는 것이다)에서 유래한다.
15) 九疇 : 洪範九疇. 천하를 다스리는 큰 법의 9개 조항이라는 뜻. 하나라 禹임금이 정한 정치·도덕의 9가지 원칙으로서 『書經』「洪範」에 기록되어 있으며, 유가사상의 정치적·도덕적 범주를 망라한 것으로 평가된다. 그 9개 조항은 五行·五事·八政·五紀·皇極·三德·稽疑·庶徵·五福과 六極이다.
16) 經筵 : 經典을 공부하는 자리. 조선시대의 왕은 신하들과 매일 경전을 읽고 토론하는 공부 모임을 열었는데, 이를 경연이라고 하였다.

임금의 교지에 응하여 진언한 소 【應旨進言疏】

【소해제】

　인조 11년(1633, 계유) 7월 17일 밤 당시 인조가 거처하던 창덕궁昌德宮의 인정전仁政殿에 벼락이 치는 변고가 발생하였다. 이에 인조는 널리 의견을 구하는 교지를 내렸고, 이 교지를 본 여헌은 그해 10월에 이 글을 올렸다. 『여헌선생문집』 권3에 실려 있다. 동양의 전통사회에서는 일·월식, 천둥·번개, 혜성의 출현, 홍수, 가뭄과 같은 자연의 이변이나 자연재해를 하늘이 내린 경고로 인식하였다. 군주가 올바른 정치를 하지 못하게 되면 민심이 이반하고 결과적으로 나라가 폐망에 이르게 되므로 하늘이 미리 재앙을 내림으로써 군주로 하여금 바른길로 나아가게 한다는 것이다. 이 글에서 여헌은 인조에게 하늘의 경고를 두려워하고 잘못을 반성해야 한다면서 그 구체적인 방법으로 "마음에서는 욕망을 제거하고 천리를 따르며, 일을 할 때는 그릇된 것을 제거하고 옳은 것을 따르며, 물건에 대해서는 사악한 것을 버리고 바른 것을 따를 것"을 역설하였다.

【원문 및 번역】

　伏以臣方在癃殘委伏之中, 獲聞有求言聖旨, 諭及地方. 則身雖濱死, 犬馬戀主之心, 有未死焉, 不得不驚動感發, 急索旨文而睹之. 乃於本歲七月中旬之七, 雷震夜作, 變酷于殿內, 故自上震驚, 遂下本旨也.

　삼가 아룁니다. 신은 기력이 없어 쓰러져 누워 있던 중에 전하께서 의견을 구하는 교서가 지방에 내려왔다는 소식을 들었습니다. 몸은 비록 거의 죽게 되었으나 임금을 그리워하는 신하의 마음은 아직 죽지 않았으니, 놀라고 감격하여 급히 교서를 찾아서 읽어 보았습니다. 그 결과 올해 7월 17일 밤에 벼락이 쳐서 대궐 안에 혹독한 변고가 있었기 때문에 전하께서 매우 놀라 이 교서를 내리신 것이었습니다.[1]

旨中有曰, 法宮正殿, 乃人君出治之所, 而無前之變, 遽降於此, 上天深意, 必有在焉. 臣之耄慮, 亦以爲上天深意, 必有在焉, 豈是尋常往來之徒虛比也.

교서에서 말씀하시길, "임금이 거처하는 궁궐의 정전正殿[2]은 바로 군주가 정치를 펴는 곳인데 전에 없던 변고가 갑자기 이곳에 내렸으니, 반드시 하늘의 깊은 뜻이 있을 것이다" 하셨습니다. 신의 노망난 생각에도 반드시 하늘의 깊은 뜻이 있을 것이라고 여겨지니, 어찌 대수롭지 않게 오고 가는 보통의 재앙에 비할 수 있겠습니까.

臣嘗見易經八卦中, 其有一陽在二陰之下者, 卽靁象, 故卦名曰震. 孔子繫辭及說卦傳, 有曰震動也, 有曰靁以動之, 有曰鼓之以靁霆, 有曰動萬物者, 莫疾乎靁. 據此思之, 震是天地所以作動萬物之常道也.

신이 일찍이 『역경易經』을 보니, 팔괘 가운데에 하나의 양효陽爻가 두 음효陰爻 아래에 있는 것이 곧 우레의 상象이므로 괘의 이름을 진震이라 하였습니다. 공자의 계사繫辭와 설괘전說卦傳에 "진震은 동動이다" 하였고, "우레로써 움직인다(動)" 하였으며, "뇌정雷霆으로 고동鼓動한다" 하였고, "만물을 움직이게(動) 하는 것은 우레보다 더 빠른 것이 없다" 하였습니다. 이것으로 생각해 보면, 우레는 언제나 하늘과 땅이 만물로 하여금 작동하게 하는 도구입니다.

---

1) 이때 昌德宮의 正殿인 仁政殿의 기둥에 벼락이 쳤다.
2) 正殿 : 당시 인조가 거처하던 昌德宮의 仁政殿을 말한다.

仲春之月, 雷始發聲, 仲秋之月, 雷始收聲, 則一歲之中, 三時有雷.
而雷之行於春者, 獻動其生意也, 行於夏者, 鼓動其長意也, 行於秋者,
鼓動其成意也. 此豈非造化之神功, 生成之妙機哉. 必有是雷, 然後鬱
者開, 滯者作, 塞者通, 倦者振, 頹者奮, 此無非作動之道理也.

2월 달에 우레가 처음 소리를 내고 8월 달에 우레가 비로소 소리를
거두니, 1년 중에 봄, 여름, 가을 세 철에 우레가 있습니다.[3] 우레가
봄에 치는 것은 만물을 낳는 뜻을 알리는 것이고, 여름에 치는 것은
만물을 자라게 하는 뜻을 알리는 것이고, 가을에 치는 것은 만물을
완성하는 뜻을 알리는 것입니다. 이것이 어찌 조화造化의 신묘한 작용이
아니겠으며 생성의 묘한 기틀이 아니겠습니까. 반드시 이 우레가 있은
뒤에야 응어리진 것이 풀리고 정체된 것이 움직이고 막힌 것이 통하고
게을러진 것이 진작되고 쇠퇴한 것이 분발하니, 이것이 바로 작동의
도리입니다.

然則今歲殿中之雷, 乃是開何鬱也, 作何滯也, 通何塞也, 振何倦也,
奮何頹也. 不于郊野山林, 而于法宮之中, 不于外間木石, 而于殿上之
柱闥, 則今日天地之深意, 果似專在於殿下也.

그렇다면 올해 대궐 안에 벼락이 친 것은 어떤 응어리를 푸는 것이며
어떤 정체를 움직이는 것이며 어떤 막힘을 통하게 하는 것이며 어떤
게으름을 진작하는 것이며 어떤 쇠퇴한 것을 분발하도록 하는 것입니다.
벼락이 대궐 밖의 들과 산이 아니라 궁궐 안에 쳤고, 바깥의 나무나
돌이 아니라 정전의 기둥과 문에 쳤으니, 요즘 하늘과 땅의 깊은 뜻이
오로지 전하게 있는 듯합니다.

古人謂上天仁愛人君, 必降變示警, 則今日雷變之作, 亦豈非皇天仁

---

3) 전통적인 책력에서는 음력으로 1월에서 3월까지가 봄, 4월에서 6월까지가 여름, 7월
에서 9월까지가 가을이다.

愛殿下而然哉. 其有以驚震殿下, 作動殿下者, 無非所以仁愛之意也.

옛사람들은 "하늘이 임금을 사랑하여 반드시 변고를 내려 경계하도록 한다"라고 말하였으니, 오늘날 우레의 변고가 일어난 것도 어찌 하늘이 전하를 사랑하여 그러한 것이 아니겠습니까. 전하를 놀라게 하고 전하를 각성시킨 것은 사랑의 뜻이 아님이 없습니다.

凡在人事, 其有當爲而不爲, 當行而不行, 當用而不用, 與夫當改而不改, 當停而不停, 當去而不去者, 無非鬱塞偏滯倦頹之爲病也. 殿下以爲今日都無是病耶. 如以聖旨中所擧十條言之, 亦豈是今日所皆無者乎.

사람의 일에는 마땅히 해야 할 것을 하지 않고, 마땅히 실행해야 할 것을 실행하지 않고, 마땅히 써야 할 사람을 쓰지 않는 경우가 있습니다. 또 마땅히 고쳐야 할 것을 고치지 않고, 마땅히 멈추어야 할 것을 멈추지 않고, 마땅히 제거해야 할 것을 제거하지 않는 경우가 있습니다. 이것들은 모두 응어리지고 막히고 치우치고 정체되고 게을러지고 쇠퇴하는 병폐가 아닌 것이 없습니다. 전하께서는 오늘날 이러한 병폐가 전혀 없다고 여기십니까? 만약 교서에 열거된 열 가지 조항으로써 말한다면 또한 어찌 요즘에 전혀 없는 것이겠습니까.

以殿下之聰明睿智, 何事不燭其利病, 何政不察其得失, 何人不鑑其誠僞哉. 惟是燭焉而不決其行止, 察焉而不決其擧措, 鑑焉而不決其取舍, 則當爲者必有所不爲, 而不當爲者必有所爲之矣. 當行者必有所不行, 而不當行者必有所行之矣, 當用者必有所不用, 而不當用者必有所用之矣. 其餘當改不改, 當停不停, 當去不去者, 未必皆不有焉. 夫如是則至善, 何時而可止, 盛德何時而可盡也哉.

총명하고 지혜로운 전하께서 어떤 일인들 이로움과 병폐를 밝히지 못하겠으며, 어떤 정책인들 이익과 손실을 살피지 못하겠으며, 어떤 사람인들

참되고 거짓됨을 알지 못하겠습니까. 다만 이로움과 병폐를 밝혔으나 실행과 멈춤을 결단하지 못하고, 이익과 손실을 살폈으나 시행과 시행하지 않음을 결단하지 못하고, 참됨과 거짓됨을 아셨으나 취하고 버림을 결단하지 못하신다면, 마땅히 해야 할 것을 반드시 하지 않고, 마땅히 하지 말아야 할 것을 반드시 하게 될 것입니다. 그리고 마땅히 실행해야 할 것을 반드시 실행하지 않고 마땅히 실행하지 말아야 할 것을 반드시 실행하며, 마땅히 써야 할 사람을 반드시 쓰지 못하고 마땅히 쓰지 말아야 할 사람을 반드시 쓰게 될 것입니다. 그 밖에 마땅히 고쳐야 할 것을 고치지 않고 마땅히 멈추어야 할 것을 멈추지 않고 마땅히 버려야 할 것을 버리지 않는 일이 반드시 다 없어지지는 않을 것입니다. 이와 같다면 언제 지극한 선善에 이를 수 있으며 언제 성대한 덕을 이룰 수 있겠습니까.

殿下反正臨御, 于今果爲十一年矣. 其於十年之間, 廟堂之謀猷, 經席之講論, 大小人疏章所陳達者, 其爲格言至論, 可以爲藥石, 可以轉移機軸者, 果幾何歟. 其有以資格致之學, 益誠正之德, 補修齊治平之道, 贊經綸弘濟之業者, 蓋無所不經於殿下之心上矣.

전하께서 반정을 하고 왕위에 오르신 지 이제 11년이 되었습니다. 그 10여 년 사이에 조정의 계책, 경연의 강론, 그리고 크고 작은 사람들이 상소를 통해 아뢴 것 중에 과연 사리에 맞고 지당한 말이어서 약으로 삼을 만하고 틀을 바꿀 만한 것이 과연 얼마나 있었습니까? 격물格物[4]·치지致知[5]의 학문의 바탕이 되고 성의誠意[6]·정심正心[7]의 덕을 증진시키고 수신修身·제가齊家·치국治國·평천하平天下의 도를 도우며 나라를 경영하고 백성들을 구제하는 사업을 돕는 것은 대개 전하의 마음

---

4) 格物 : 사물의 이치를 탐구함.
5) 致知 : 지식을 이룸.
6) 誠意 : 뜻을 정성스럽게 함.
7) 正心 : 마음을 바르게 함.

안에서 이루어지지 않음이 없습니다.

殿下每於陳獻之際, 必曰體念之矣, 必曰服膺之矣. 殿下其果能體念所聞, 有所心得, 服膺所陳, 有所躬行者乎. 從諫如流, 聽言如轉圜, 乃帝王之美德矣. 殿下其果有如流如轉圜之實德乎.

전하께서는 신하들이 말씀을 아뢸 때마다 반드시 "깊이 생각하겠다"거나 "명심하겠다"고 하셨습니다. 전하께서는 과연 들은 바를 숙고하여 마음으로 터득하신 것이 있으며, 아뢴 바를 명심하여 몸소 실천하신 것이 있습니까? 물이 흐르는 것처럼 간언을 따르고 공이 구르는 것처럼 말을 들어주는 것은 바로 제왕의 아름다운 덕입니다. 전하께서는 물이 흐르고 공이 구르는 것과 같은 진실한 덕을 갖추셨습니까?

殿下本有出天之資質, 其在平昔龍潛之日, 所以爲志業者, 當何如也. 道德事業, 必以聖賢自期. 又値昏朝亂政, 凡所目經而傷歎, 心奮而慷慨者, 必不尋常矣. 一自反正以來, 即所以擔當把握者, 其不以至德極功, 自勵於當初乎.

전하께서는 본래 타고난 자질이 있으신데, 왕위에 오르시기 전에 평소 어떤 일에 뜻을 두셨습니까? 도덕과 사업은 반드시 성현이 될 것을 스스로 기약하셨을 것입니다. 또 어두운 조정의 혼란한 정치를 눈으로 보면서 한탄하고 마음으로 비분강개하신 것이 틀림없이 예사롭지 않으셨을 것입니다. 그래서 한번 반정을 하신 이래로 맡아 하신 일이 처음부터 지극한 덕과 큰 공을 이루기 위해 스스로 힘쓰신 것 아니었습니까.

古人一日有一日工夫, 一歲有一歲工夫. 則殿下反顧十歲中所成就所辦得者, 以爲果副新御日之初心, 而庶可以盡平昔之志業乎. 心法不法堯舜, 皆卑也, 治道不法三代, 皆苟也.

옛사람들은 하루에는 하루의 공부가 있고 한 해에는 한 해의 공부가 있었습니다. 전하께서는 지난 10년 동안 성취하고 이룩한 것을 돌아보실 때 과연 새로 즉위하시던 날 가졌던 초심에 부합하고 평소에 뜻한 일을 거의 다 이루었다고 여기십니까? 심법心法, 즉 마음의 법은 요堯·순舜을 본받지 않으면 모두 비루하고, 정치의 도는 하·은·주 삼대를 본받지 않으면 모두 구차합니다.

孔子乾文言, 稱九五大人之道曰, "天地合其德, 日月合其明, 四時合其序, 鬼神合其吉凶." 五殿下所居之位, 亦吾東邦九五大人之位也, 所責亦飛龍在天之化也. 殿下所自以認驗之者, 其與孔子所稱四合之道, 如何歟. 居其位有其責, 而不爲之自盡焉, 則皇天之示警殿下者, 正有以也.

공자가 쓴 『주역』의 건괘乾卦 「문언전文言傳」에 구오대인九五大人의 도道[8]를 일컬어 말하기를 "천지와 덕을 합하며 일월日月과 밝음을 합하며 사시四時와 순서를 합하며 귀신과 길흉을 합한다"라고 하였습니다. 우리 전하의 지위가 또한 우리나라의 구오대인의 지위이니, 맡은 책임이 또한 하늘에서 나는 용의 역할입니다. 전하께서 몸소 인식하고 징험하시는 것이 공자께서 말씀한 네 가지의 합한다는 도와 어떠합니까? 그와 같은 지위에 있고 그와 같은 책임이 있음에도 그것을 스스로 다하지 않았다면, 하늘이 전하께 경계를 보인 것은 다 까닭이 있는 것입니다.

後世人君, 謂上天高遠茫茫, 在吾人爲善爲惡, 不必察知. 惟其降災降祥, 皆出偶然. 此所以不能修省, 終至於亂亡者也. 然則今日之變, 殿

---

8) 『주역』 건괘의 九五, 즉 다섯 번째 효의 효사에 "飛龍在天, 利見大人"(나는 용이 하늘에 있으니 대인을 만나면 이롭다)이라고 되어 있다. 뒤에 인용된 "천지와 덕을 합하며……"는 이에 대한 「文言傳」의 설명이다.

下亦豈不自知其所以致之者乎. 猶必求言於中外者, 乃所以爲以知問
於不知, 廣來言之路, 取蒭蕘察邇言之大智也.

후세의 군주들은 "하늘은 아득하게 높고 멀기 때문에 우리 인간이 선을
행하는지 악을 행하는지 전혀 알지 못한다. 재앙이 발생하고 좋은 조짐이
보이는 것은 모두 우연에서 나온 것이다"라고 생각합니다. 그 결과
몸을 닦고 성찰하지 못해 끝내 나라가 어지러워지고 망하게 됩니다.
그러나 오늘날의 변고를 초래한 까닭을 전하께서 어찌 스스로 알지
못하시겠습니까. 오히려 널리 의견을 구하신 것은 아시면서도 알지
못하는 사람에게 물어서 언로言路를 넓히신 것이니, 풀 베고 나무하는
사람에게 묻고 얕팍하고 비루한 말을 살피는 큰 지혜입니다.

上天之於殿下, 不以此時而降此變, 非所以仁愛殿下也. 殿下若不因
此仁愛之變, 而克盡其反災爲祥, 轉禍爲福之道, 則上天之怒, 終必有
不可測者矣. 殿下今日之慮, 亦豈不及於此乎, 夫其變災爲祥, 轉禍爲
福之道, 亦不出殿下之一心焉.

하늘이 이때에 이런 변고를 전하께 내리지 않는다면 전하를 사랑하는
것이 아닙니다. 전하께서 만약 사랑의 뜻으로 내린 변고를 계기로 재앙을
돌이켜 상서로움으로 만들고 화를 바꾸어 복으로 만드는 도를 다하지
않으신다면 하늘의 노여움은 반드시 헤아릴 수 없을 만큼 커질 것입니다.
오늘날 전하의 우려가 또한 어찌 여기에 미치지 않으시겠습니까. 재앙을
상서로움으로 변화시키고 화를 복으로 바꾸는 방법도 또한 전하의 한
마음에서 벗어나지 않습니다.

橫渠張氏有言曰, 陰氣凝聚, 陽之在內者不得出, 則奮擊而爲雷霆,
此亦本易卦而言也. 以人言之, 則心有理慾, 理陽而慾陰也. 事有是非,
是陽而非陰也. 物有邪正, 正陽而邪陰也.

장재張載9)가 말하기를 "음기陰氣가 응집되어 그 안에 있는 양陽이 밖으로

분출하지 못하면 격렬하게 들이받게 되어 우레가 된다" 하였으니, 이
또한 『주역』의 괘에 근거해서 말한 것입니다. 사람으로 말하면 마음에는
천리天理와 욕망이 있는데 천리는 양이고 욕망은 음입니다. 일에는 옳고
그름이 있는데 옳은 것은 양이고 그른 것은 음입니다. 물건에는 사악한
것과 바른 것이 있는데 바른 것은 양이고 사악한 것은 음입니다.

天地之道, 未嘗不與在人之道, 相爲流通, 常必感應. 故人道失於下,
則天道應於上焉, 變豈虛出哉. 在心而慾, 必掩理也, 在事而非, 必勝是
也, 在物而邪, 必抑正也, 則此皆陽道見閉於陰道者也. 天所以示警以
雷震者, 不以此耶.

천지의 도는 일찍이 인간의 도와 서로 통하지 않음이 없어서 언제나
반드시 감응합니다. 그러므로 사람의 도가 아래에서 잘못되면 하늘의
도가 위에서 응하니, 변고가 어찌 헛되이 나오겠습니까. 욕망의 마음이
반드시 천리의 마음을 가리고 그른 일이 반드시 옳은 일을 이기고
사악한 물건이 반드시 바른 물건을 억제하면, 이것은 모두 양의 도가
음의 도에게 막힌 것입니다. 하늘이 우레로 경계를 보이는 것은 바로
이 때문이 아니겠습니까.

況是變在宮殿之內耶. 然則在今日恐懼修省者, 別有何道哉. 只在乎
心去其慾而一其理, 事去其非而一其是, 物去其邪而一其正而已. 理
慾, 固有心之所自察也, 是非, 擧朝之所共達也, 邪正, 擧國之所共指也.
三者旣得陽明之道, 則何患乎天心之不回, 後禍之不防哉.

하물며 이번 변고는 궁전 안에서 일어났으니 더 말할 것이 있겠습니까.
그렇다면 오늘날에 두려워하고(恐懼) 반성(修省)하는 것이 달리 무슨 방법이
있겠습니까. 다만 마음에서는 욕망을 제거하고 한결같이 천리를 따르며,

9) 張載(1020~1077) : 氣哲學으로 유명한 중국 송나라 시대의 사상가. 북송의 다섯 선생
(北宋五子) 가운데 한 사람으로 일컬어지며 성리학의 기초를 닦았다.

일을 할 때는 그릇된 것을 제거하고 한결같이 옳은 것을 따르며, 물건에 대해서는 사악한 것을 버리고 한결같이 바른 것을 따를 뿐입니다. 천리와 욕망은 진실로 마음이 스스로 살펴야 하는 것이고, 옳고 그름은 온 조정이 함께 인식해야 하는 것이고, 사악함과 바름은 온 나라가 함께 판단해야 하는 것입니다. 이 세 가지가 이미 양陽이 밝아지는 도를 얻는다면 어찌 하늘의 마음을 되돌리지 못할까 근심하며, 훗날의 화를 막지 못할까 근심하겠습니까.

雖然, 臨變自省, 何但人君哉. 凡在雷霆之下者, 草木禽獸, 莫不有動, 況在人乎, 凡爲人於兩間者, 莫不有其心焉, 有其事焉, 皆不可不爲之 恐懼修省, 況在王朝而身代天工, 手代天事者乎.

비록 그렇다고 하더라도 변고에 임하여 스스로 성찰하는 것이 어찌 군주만의 일이겠습니까. 우레의 아래에 있는 초목과 금수까지 동하지 않음이 없는데, 하물며 사람은 말할 것이 있겠습니까. 하늘과 땅 사이에 있는 사람들은 모두 마음이 있고 해야 할 일이 있으니, 누구나 다 두려워하고 반성하지 않을 수 없습니다. 하물며 조정에서 몸소 하늘의 임무를 대신하고 손수 하늘의 일을 대신하는 사람은 말할 것이 있겠습니까.

特人主主其道而居大位, 必須躬先修省, 然後羣下莫不爲之奮發 作振焉耳. 在今日, 如不有奮發作振之心者, 雖日日聽殷雷之聲, 夫何 益哉.

오직 군주가 그 도를 주관하고 큰 지위에 있으므로 반드시 몸소 먼저 닦고 성찰해야만 아랫사람들이 따라서 분발하고 진작할 뿐입니다. 오늘날에 만약 분발하고 진작하는 마음을 갖지 않는다면 비록 날마다 큰 우렛소리를 듣는다고 하더라도 무슨 유익함이 있겠습니까.

臣當初聽旨之日, 卽思獻一芼言, 以輸葵藿寸誠, 而癃疾方重, 不敢即爲之陳達. 今且沈綿危劇, 不保朝夕, 則益恐終無一言而入地, 敢爲之草陳. 垂死荒疏, 何足爲輕重哉, 又豈合特旨廣求之至望哉. 要以自盡微忱焉.

신은 당초 전하의 뜻을 접하고 즉시 노망난 말씀을 드러서 해바라기가 해를 향하는 작은 정성을 바칠 생각이었으나 무기력한 병이 깊어 감히 곧바로 아뢰지 못하였습니다. 하지만 지금도 극심한 병이 계속되어 아침저녁을 보장할 수 없는 목숨인 까닭에 한마디 말씀도 드리지 못하고 땅속으로 들어갈까 두려워 감히 급하게 써서 아뢰는 것입니다. 죽음에 임박해 쓴 허황된 상소가 무슨 큰 보탬이 되겠으며 또 어찌 특별히 널리 구하신 지극한 바람에 부합되겠습니까. 다만 스스로 작은 정성이나마 다하고자 할 뿐입니다.

方今天兵幾撤, 虜情納款, 國家可謂之小康, 聖上春秋, 亦及于中年. 此固正當奮發作振之機會也. 皇天示警, 適在此時, 故臣於是, 大有望於今日焉.

현재 명나라의 군대가 거의 철수하고 오랑캐가 정성을 바치고 있어 나라가 조금 안정된 상태이며, 전하의 춘추 역시 중년에 이르렀습니다. 진실로 당연히 분발하고 진작해야 할 기회입니다. 마침 이때 하늘이 경계를 보였기 때문에 신은 오늘날에 큰 희망이 있습니다.

臣就周易六十四卦中特取其震卦, 或居下爲貞, 或居上爲悔者, 十有六卦, 別爲一冊上之. 以其震之爲用, 此爲盡矣, 而實有切於今日應變之道, 故敢進焉. 伏願殿下并垂察焉.

신은 『주역』의 64괘 중에 진괘震卦가 아래에 있어 정貞이 되고 위에 있어 회悔가 되는 16개의 괘[10]를 특별히 취하여 별도로 한 권의 책을

---

10) 大成卦(6개의 爻로 이루어짐)는 8개의 小成卦(3개의 효로 이루어짐)가 겹쳐진 형태이다. 64개의 대성괘 가운데 하괘만 震卦인 괘는 屯卦를 비롯해 7개, 상괘만 진괘인 괘

만들어 올립니다. 진괘의 쓰임이 여기에 다 갖추어져 있으니, 실로 오늘날 변고에 대응하는 방도에 절실하기 때문에 감히 올리는 것입니다. 전하께서는 함께 살펴보시길 바랍니다.

臣不勝瞻天望極, 伏地祝聖之至, 謹昧死以聞.

신은 하늘을 우러러 북극성을 바라보고 땅에 엎드려 전하께 비는 간절한 마음을 이기지 못해 삼가 죽음을 무릅쓰고 아룁니다.

는 豫卦를 비롯해 7개, 그리고 상괘와 하괘가 모두 진괘인 雷卦가 있다. 모두 15개인데 16개라고 한 것으로 보아 雷卦를 상괘와 하괘로 나누어 둘로 한 것으로 보인다.

의소 【擬疏】

【소해제】

    이 글은 여헌이 인조에게 올리려고 했다가 올리지 못한 글이다.[1] 『여헌선생속집』 권2에 실려 있는데, 인조의 비인 인열왕후仁烈王后가 인조 13년(1635) 12월에 사망한 후 얼마 지나지 않아 쓴 것으로 보인다. 여헌이 이 글을 인조에게 올리려고 한 동기는 변고가 발생했기 때문인데, 그해에 고성古城지방에서 돌이 저절로 움직여 옮겨 가는 현상이 있었고, 한 해 전에는 예안禮安에서 강물이 중간에서 끊어지는 현상이 발생한 것이 그것이다. 어떤 사람들은 토지 파악과 세금 부과의 잘못과 같은 제도적인 잘못이 이와 같은 변고의 원인이라고 파악하였다. 여헌은 이와 같은 견해에 동의하면서도 그보다 더 근본적인 원인을 제시하였다. 그가 변고를 초래한 원인으로 꼽은 것은 조정의 불화와 사림의 분열인데, 조정이 불화하고 사림이 분열된 상태로는 나라가 잘 다스려질 수 없다는 것이 그의 생각이었다. 이 같은 견해는 당시 서인과 남인의 대립, 그리고 서인 내부의 분열에 대한 지적으로 보인다. 여헌은 한 걸음 더 나아가 조정과 사림의 근본은 군주의 몸과 마음에 달려 있다면서 인조에게 스스로 반성할 것을 촉구하였다. 군주가 몸과 마음을 닦음으로써 스스로 이상적인 인간, 즉 모범이 되어야 신하들과 백성들로부터 존경을 받고, 결과적으로 안정된 나라를 유지할 수 있다는 것이다.

---

1) 올리려고 했다가 올리지 못한 소를 擬疏라 한다.

【원문 및 번역】

臣老病俱劇, 斷無人事久矣. 天睠隆深, 歲有除授, 而疾不去身, 莫得
一謝. 常懷慚懼之心, 日俟罪譴之加.

신은 매우 늙고 병이 깊어 사람의 일을 끊어 버린 지 오래입니다. 전하께서
돌보심이 높고 깊어 해마다 저에게 벼슬을 내리셨으나 병이 몸에서
떠나지 않아 한 번도 찾아뵙고 감사의 인사를 드리지 못하였습니다.
이에 항상 부끄럽고 두려운 마음을 가지고 처벌과 질책이 내려지기를
날마다 기다리고 있었습니다.

而壬申之夏, 慈殿昇遐, 自訃建裏, 終闕赴哭. 今遭坤宮之恤, 卽擬必
奔, 縱不獲達, 路斃猶甘, 而迄未果發. 雖緣老病, 尙存縷命, 此豈分義之
所得自安者哉. 方亦待時稍暖, 必須匍匐, 又何能必其此願之入手哉.

지난 임신년(1632, 인조 10) 여름에 대비2)께서 승하하셨는데, 부음을 들은
뒤 장례를 치를 때까지 끝내 달려가 곡을 하지 못하였습니다. 지금
왕비마마3)의 상을 당하여 즉시 달려가 설사 도착하지 못하고 길에서
죽더라도 달게 여기고자 하였으나 끝내 출발하지 못하였습니다. 비록
늙고 병들었기 때문이지만 오히려 실낱같은 목숨이 붙어 있으니, 분수와
의리로 볼 때 어찌 스스로 편안할 수 있겠습니까? 또한 날씨가 조금
따뜻해지길 기다려 꼭 기어서라도 가고 싶지만 어찌 이 소원이 반드시
이루어지리라고 기약할 수 있겠습니까.

臣之一向病伏如此, 世間大小事, 人以委棄待之, 不相告語. 己亦以
聾瞽自處, 不欲聞知. 而就因街童之傳, 竊聞古城之地, 石有自動互遷
之怪, 至於土官報使方伯馳啓云. 臣未知其果爾否也. 此傳果爾, 則去

---

2) 선조의 비인 仁穆大妃를 가리킨다.
3) 인조의 비인 仁烈王后를 가리킨다. 인열왕후는 1635년 12월에 사망했으므로 이 글은
   1635년 겨울 또는 그 이듬해 봄에 쓰인 것으로 보인다.

歲禮安之水, 中流自絶, 今歲古城之石, 遷動易地, 此豈非災蘖之大乎.
水非斷絶之物, 石非遷動之物也. 而今者水則絶流於中, 石則遷動於
地, 此豈其水與石之性也哉.

신이 이와 같이 줄곧 병으로 누워 있었기 때문에 사람들은 제가 세상의
크고 작은 일을 버린 것으로 여기고 세상일을 알려 주지 않았습니다.
저 또한 귀먹고 눈먼 사람으로 자처하여 알려고 하지 않았습니다. 그러나
길거리의 아이들이 전하는 말에 의하면 고성古城지방에 돌이 저절로
움직여 서로 옮겨 간 괴변이 있어 지방관이 감사에게 보고하여 장계를
올리도록 했다고 합니다. 신은 과연 그런 일이 있었는지 알지 못합니다.
그러나 이 말이 사실이라면 지난해에 예안禮安의 강물이 중간에서 저절로
끊어졌고 올해는 고성의 돌이 옮겨 가 자리를 바꾸었으니, 어찌 커다란
재앙이 아니겠습니까? 물은 끊어지지 않는 존재이고 돌은 옮겨 가지
않는 존재입니다. 그러나 지금 물이 중간에서 흐름이 끊어지고 돌이
땅에서 옮겨 갔으니, 이것이 어찌 물과 돌의 본성이겠습니까?

夫妖謂之變者, 以其變於常道也. 蘖謂之異者, 以其異於定理也. 非
常道非定理, 而有其事有其物, 則水之絶流, 石之遷動, 非妖蘖而何哉.
臣雖在耄病之中, 憂國憂時之一念, 尙未泯滅. 就竊思之, 變異之作, 亦
豈此理之外哉. 先儒謂, 人者天地之心. 豈有心順而形不順者哉, 又豈
有心乖而形不乖者哉.

요망한 것을 변고(變)라고 하는 것은 그것이 상도常道, 즉 보편적인
도리에서 변한 것이기 때문입니다. 불길한 것을 이변(異)이라고 하는
것은 그것이 정리定理, 즉 필연적인 이치와 다르기 때문입니다. 상도가
아니고 정리가 아님에도 그 일이 있고 그 물건이 있으니, 물의 흐름이
끊어지고 돌이 이동한 것은 요망하고 불길한 것이 아니고 무엇이겠습니
까. 신은 비록 늙고 병들었지만 나라를 걱정하고 시대를 걱정하는
일념은 아직 사그라지지 않았습니다. 그래서 가만히 생각해 보니 변고

와 이변이 일어나는 것이 또한 어찌 이러한 이치에서 벗어나겠습니까.
선대의 유학자가 이르기를 "사람은 천지의 마음이다"라고 하였습니다.
어찌 마음이 도리와 이치를 따르는데 몸이 따르지 않는 경우가 있으며,
어찌 마음이 도리와 이치를 어그러뜨리는데 몸이 어그러지지 않는
경우가 있겠습니까?

臣未知近日天變之如何. 今者水爲之絶流, 石爲之遷動, 則其爲變
異之在地者, 其果可驗矣. 人失常道, 故天地示之以反常之變, 人失
定理, 故天地示之以反定之異. 常道卽當行之道也, 定理卽當然之理
也. 竊念國家之爲國家, 朝廷之爲朝廷, 關天地係宇宙, 鬼神之所憑
依, 億兆之所歸仰也. 一政一令之違常道, 一事一措之失定理, 亦莫
非民物之共患, 宗社之貽憂. 況如政之大事之巨, 係生民休戚, 爲邦
家輕重者乎.

신은 요즘 하늘의 변고가 어떠한지 알지 못합니다. 다만 지금 물의
흐름이 끊어지고 돌이 이동하였으니 그 변고와 이변이 땅에서 일어났음
을 알 수 있습니다. 사람이 보편적인 도리를 잃었기 때문에 천지가
보편 법칙(常)에 어긋난 변고를 보여 주고, 사람이 필연적인 이치를
잃었기 때문에 천지가 필연 법칙(定)에 어긋난 이변을 보여 주었습니다.
보편적인 도리는 마땅히 실행해야 하는 도리이고, 필연적인 이치는
마땅히 그러해야 하는 이치입니다. 삼가 생각해 보니, 나라의 나라다움
과 조정의 조정다움은 천지 및 우주와 관계가 있으며, 귀신이 의지하고
만백성이 귀의하는 것입니다. 하나의 정책과 하나의 명령이 보편적인
도리를 어기고 하나의 일과 하나의 조처가 필연적인 이치를 잃어도
또한 백성과 사물이 모두 걱정하고 종묘와 사직에 근심이 됩니다.
하물며 백성들의 행복과 불행에 관계되고 나라에 중요한 큰 정책과
큰일은 말할 것이 있겠습니까?

垂死耄臣, 固未知某政失道, 某官不職. 果吾朝家能無違常道, 失定
理之人事, 天變地異, 夫豈錯施而誤發哉. 水石之變, 適在本道之邑, 故
臣得以聞之, 觀象監之所達, 四方之所啓陳, 何止此哉.

죽음을 앞둔 늙은 신하는 진실로 어떤 정책이 도리를 잃었고 어떤
기관이 직무를 다하지 못했는지 알지 못합니다. 그러나 과연 우리 조정이
보편적인 도리를 어기고 필연적인 이치를 잃은 일이 없는데 하늘의
변고와 땅의 이변이 어찌 잘못 시행되고 잘못 발생했겠습니까. 물과
돌의 변고는 마침 제가 사는 경상도 고을에서 발생했기 때문에 신이
들을 수 있었습니다만, 관상감4)에서 아뢰고 사방에서 보고한 것이 어찌
이것에 그치겠습니까? 그렇다면 그것들은 과연 어떤 일, 어떤 기관이
초래한 것입니까?

然則其故果何事何官之所召哉. 人或以爲量田制賦之致失也, 末世
民風之日非也. 臣則以爲此亦固足以召變致異. 至於朝廷, 邦域之大本
也, 士林, 國家之元氣也. 朝廷有濟濟相讓之德, 然後同寅協恭之化, 達
於四方, 士林有通和歸一之道, 然後正大公共之義, 維持國脈.

어떤 사람들은 말하기를 "토지를 파악하고 세금을 부과하는 것이
잘못되었으며 말세에 백성들의 풍속이 날로 잘못되고 있다"라고 합니
다. 신은 이것도 역시 진실로 충분히 변고를 부르고 이변을 초래할
수 있다고 여깁니다. 그러나 조정은 나라의 큰 근본이고 사림土林은
나라의 원기元氣, 즉 근원적인 기운입니다. 조정에 서로 돕고 사양하는
덕이 있어야 서로 삼가고 공경하는 교화가 사방에 퍼지고, 사림에
화합하여 하나가 되는 도가 있어야 바르고 공정한 의리(義)가 나라의
맥을 유지할 수 있습니다.

君君臣臣, 父父子子, 夫夫婦婦, 以至長幼朋友, 莫不各迪, 而至國得

---

4) 觀象監 : 조선시대 천문·지리·曆法·測候 등의 사무를 맡아보던 관청.

爲國, 人得爲人, 天地鬼神, 莫不佑之, 內賊外敵, 不敢發矣.

임금이 임금답고 신하가 신하다우며 어버이가 어버이답고 자식이 자식다우며 남편이 남편답고 아내가 아내다우며, 어른과 아이 그리고 친구 사이에 이르기까지 각자 직분을 다하지 않음이 없으면, 나라가 나라다운 나라가 되고 사람이 사람다운 사람이 되어 천지와 귀신이 돕지 않음이 없고 안의 적과 밖의 적이 감히 일어나지 못합니다.

臣竊聞朝廷分裂, 無相讓之道, 士林角立, 無歸一之義. 噫, 大本何從而立乎, 元氣何由而壯乎. 殿下歷觀往代, 朝廷不和, 士林相貳, 而國家克享長治久安之慶者, 其有之乎.

신은 조정이 분열되어 서로 사양하는 도리가 없고 사림이 서로 대립하여 하나가 되는 의리가 없다고 들었습니다.[5] 아, 큰 근본이 어떻게 설 수 있으며 원기가 어떻게 길러질 수 있겠습니까. 전하께서 지나간 시대를 보시기에 조정이 화합하지 않고 사림이 서로 분열하고도 나라가 오랫동안 잘 다스려지고 편안했던 경우가 있었습니까.

臣則以爲天變地異之作, 實由是也. 若夫一政一事之失, 亦足以召致變異者, 其何止一二. 而朝廷不和, 士林相貳者, 實爲召變致異之大綱也. 立朝之人, 自大官至庶官, 莫不曰"我實愛君也, 我實憂國也." 而實不知當愛之義, 當憂之道, 故治化之日缺卑下, 宗社之日就危亡如是. 而天地之示警者, 卽如是也.

신은 하늘의 변고와 땅의 이변이 일어난 것은 실로 이것 때문이라고 생각합니다. 하나의 정책과 하나의 일이 잘못되어 변고와 이변을 불러오는 것이 어찌 한두 가지에 그치겠습니까? 그러나 조정의 불화와 사림의 분열이 실제로 변고를 부르고 이변을 일으킨 큰 줄기입니다. 조정에

---

5) 인조시대는 크게 보아 서인과 남인이 대립하던 시기이다.

있는 사람들은 대신에서 낮은 관원에 이르기까지 "나는 진실로 임금을 사랑하고 나는 진실로 나라를 걱정한다"라고 말하지 않음이 없습니다. 그러나 실로 마땅히 사랑해야 하는 의리와 마땅히 걱정해야 하는 도리를 알지 못하기 때문에 이와 같이 정치와 교화가 날로 비루해지고 종묘사직이 날로 위태로워지고 있습니다. 그래서 천지가 경계를 보인 것이 바로 이와 같은 것입니다.

然而朝廷士林之本, 則都在於殿下之一身, 殿下之身, 則實機於殿下之心焉, 此在殿下之自反而已. 殿下之所心者, 果在定理, 而殿下之所身者, 果皆常道乎. 以殿下聰明睿智之聖, 豈不精察於此理之定, 此道之常哉. 殿下之所心所身所家所國者, 果皆常道定理乎. 不待耄臣之枚擧, 而殿下已自點撿之悉.

그러나 조정과 사림의 근본은 모두 전하의 한 몸에 있으며 전하의 몸은 실제로 전하의 마음에 따라 움직이니, 이것은 전하께서 스스로 반성하는 데 달려 있을 뿐입니다. 전하께서 마음을 쓰는 것이 과연 정리定理, 즉 필연적인 이치에 있으며, 전하께서 몸을 쓰는 것이 과연 상도常道, 즉 보편적인 도리를 따르고 있습니까? 성인의 총명함과 지혜를 지니신 전하께서 어찌 이 이치의 필연성과 이 도리의 보편성을 정밀하게 살피지 않으시겠습니까. 전하께서 마음과 몸을 쓰고 가정과 나라를 운영하는 것이 과연 모두 보편적인 도리이고 필연적인 이치입니까? 늙은 신하가 일일이 말씀드리지 않아도 전하께서 이미 스스로 충분하게 점검하셨을 것입니다.

夫所道常道定理者, 不過曰吾人固有之性, 事物當然之則也. 如仁義禮智之四端, 一有不擴充, 則非當然之則也, 七情有一差謬, 則非當然之則也. 大學之八條, 一不如道, 則非當然之則也, 中庸之九經, 一不如訓, 則非當然之則也. 殿下果能皆盡當然之則乎.

보편적인 도리와 필연적인 이치라는 것은 인간의 고유한 본성과 사물의 당연 법칙에 지나지 않습니다. 인仁·의義·예禮·지智의 사단四端6) 가운데 하나라도 확충하지 못하면 당연의 법칙이 아니며, 칠정七情 가운데 하나라도 잘못되면 당연의 법칙이 아닙니다. 『대학』의 팔조목7) 가운데 하나라도 도道와 같지 않으면 당연의 법칙이 아니며, 『중용』의 구경九經8) 가운데 하나라도 가르침과 같지 않으면 당연의 법칙이 아닙니다. 전하께서는 과연 당연의 법칙을 모두 다 실천하십니까?

雖於一毫一氂之未盡, 不免獲罪於天地鬼神, 況其所失者, 不但毫氂微細乎.

비록 털끝만큼 미진한 것이 있더라도 천지와 귀신에게 죄를 짓는 것인데, 하물며 잘못이 털끝만큼 작은 것이 아니라면 더 말할 것이 있겠습니까.

蓋天地萬物, 莫非一理也, 順逆在此, 而感應在彼, 甚可畏也. 祥桑之枯死, 雊雉之不災, 熒惑之退舍, 卽其驗也. 今亦在殿下反躬自修. 不然, 歷代亂亡之跡, 爲今日之鑑矣.

천지와 만물은 하나의 이치가 아님이 없습니다. 따르고 거스르는 것은 여기에 있으나 느끼고 대응하는 것(感應)은 저쪽에 있으니, 매우 두려워

---

6) 四端 : 네 가지 도덕적인 마음. 惻隱之心(측은하게 여기는 마음)·羞惡之心(나 자신의 처지를 부끄러워하고 옳지 않은 것을 미워하는 마음)·辭讓之心(사양하는 마음)·是非之心(옳고 그름을 구분하는 마음)을 말한다. 『孟子』의 「공손추상」에서 맹자는 측은지심·수오지심·사양지심·시비지심을 각각 인·의·예·지의 단초 또는 단서라고 하였다.

7) 八條目 : 『大學』의 여덟 가지 실천 조목. 格物·致知·誠意·正心·修身·齊家·治國·平天下를 말한다.

8) 九經 : 『中庸』에서 제시한 천하와 국가를 다스리는 아홉 가지 방법. 몸을 닦는 것(修身), 賢者를 높이는 것(尊賢), 친척을 친애하는 것(親親), 대신을 공경하는 것(敬大臣), 신하들의 마음을 체득하는 것(體群臣), 백성을 사랑하는 것(子庶民), 工人을 우대하여 오게 하는 것(來百工), 먼 지방의 사람을 회유하는 것(柔遠人), 제후들을 포용하는 것(懷諸侯)이 그것이다.

할 만합니다. 요상한 뽕나무가 결국 말라 죽은 것,9) 제사 때 꿩이 날아와 울었어도 재앙이 발생하지 않은 것,10) 그리고 화성火星이 자리를 바꾸어 물러간 것11)이 바로 역사적인 경험입니다. 지금도 역시 천지의 감응은 전하께서 스스로 반성하고 스스로 닦는 데 달려 있습니다. 그렇게 하지 않으면 역사에 있었던 혼란과 멸망의 자취가 오늘의 거울이 될 것입니다.

夫吾人之至今獲免禽獸之歸者, 皆由孔子之道, 如天之日月四時之流行也, 如地之五嶽四瀆之經緯也. 惟聖明一以學孔子爲心, 然後可以傳三皇五帝三王之道德, 而爲三皇五帝三王之事業矣. 此下缺.

우리 인간이 지금까지 금수로 돌아가지 않을 수 있었던 것은 모두 공자의 도道 덕분이니, 공자의 도는 하늘에서 해·달과 사계절이 유행하는 것처럼, 땅 위에 다섯 개의 큰 산(五嶽)12)과 다섯 개의 큰 강(四瀆)13)이 제자리에 있는 것처럼 바뀔 수 없는 것입니다. 성인의 밝음을 지니신

---

9) 殷나라 太戊 때에 뽕나무와 닥나무가 궁궐의 뜰에 함께 붙어서 하루 사이에 한 아름이 되게 자랐다. 태무가 재상인 伊陟에게 물으니, 그는 "신이 듣건대 요망한 변괴는 덕을 이기지 못한다고 했으니, 왕께서 정치를 하는 데 결점이 있는 것 같습니다. 왕께서는 덕을 닦으십시오" 하였다. 이에 태무가 덕을 닦자, 그 뽕나무와 닥나무가 말라 죽고 은나라는 다시 부흥하였다. 『史記』, 「殷本紀」.

10) 은나라 武丁 때에 湯王에게 제사를 올린 다음 날, 수꿩이 날아와 솥 위에서 우는 이변이 있었다. 무정이 두려워하자 祖己가 "왕께서는 근심하지 마시고 먼저 政事를 살피십시오" 하고 왕에게 훈계하였다. 이에 무정이 정사를 살피고 덕을 닦자 천하가 기뻐하고 은나라의 도가 부흥하였다. 『사기』, 「은본기」.

11) 춘추시대 宋나라에 熒惑星, 즉 화성이 송나라에 해당하는 心星의 자리를 침범하였다. 이는 송나라에 큰 재앙이 닥쳐올 조짐으로 인식되었다. 그러나 景公이 남에게 화가 돌리라는 천문관의 권유에도 불구하고 자신이 그 재앙을 받으려 하자, 형혹성이 옮겨 갔다. 『史記』, 「周本紀」.

12) 五嶽 : 다섯 개의 명산. 중국에서는 보통 東嶽인 泰山, 西嶽인 華山, 南嶽인 衡山, 北嶽인 恒山, 中嶽인 嵩山을 말한다. 우리나라에서는 동의 금강산, 서의 묘향산, 남의 지리산, 북의 백두산, 중앙의 삼각산을 오악이라고 하였다.

13) 四瀆 : 네 개의 큰 강. 중국에서는 揚子江, 黃河, 淮水, 濟水를 가리킨다. 우리나라에서는 낙동강, 한강, 대동강, 龍興江을 사독이라고 하였다.

전하께서는 한결같이 공자를 배우겠다고 마음먹어야만 삼황三皇[14)·오제五帝[15)·삼왕三王[16)의 도덕道德을 전하실 수 있고 삼황·오제·삼왕의 사업事業을 하실 수 있습니다. (이 이하는 원문이 빠졌음.)

---

14) 三皇 : 중국 고대의 전설적인 군주. 伏羲, 神農, 黃帝.
15) 五帝 : 少昊, 顓頊, 帝嚳, 堯, 舜.
16) 三王 : 夏의 禹王, 商의 湯王, 周의 文王·武王.

위관을 대접하는 것에 관한 설【饋位官說】

【소해제】

　　이 글은 임진왜란 후 황폐해진 토지에서 경작을 시작한 농민들에 부과되는 세금이 너무 가혹함을 고발한 글로, 『여헌선생속집』 권4에 실려 있다. 위관位官은 토지를 살피고 평가해 세금을 부과하는 하급 관리이다. 나라에서는 농민들이 경작지를 숨기는 등의 방법으로 세금을 탈루할 것을 우려하여 위관을 통해 엄격하게 감독하도록 하였다. 이에 농민들은 위관이 마을에 오면 집집마다 온갖 진수성찬을 대접하게 되고, 그 결과 농민들의 생활이 더욱 궁핍해지는 현상이 발생하였다. 이에 대해 여헌은 잘못된 정치가 백성들로 하여금 관리에게 뇌물을 주고 나라를 속이게 한 것이고 작은 이익을 얻으려다 큰 도를 해친 격이라고 비판하였다. 여헌이 생각한 바람직한 세금 제도는 수확량의 10분의 1을 걷는 것이다. 이 정도의 세금을 걷으면 나라는 재정이 부족하지 않고 농민들도 살림이 넉넉하며, 결과적으로 통치자와 백성들이 서로 신뢰하고 하나가 된다는 것이 여헌의 생각이었다.

【원문 및 번역】

　　位官, 掌田野之任者也. 國家以兵火之餘, 田野皆荒, 自今年子遺之民, 稍爲農事. 慮其有欺隱不輸稅者, 令各道察量耕治之田, 以立結卜之法, 俾無脫漏者. 如有脫漏而見露, 則又將重其罪而懲贖之, 嚴立科條, 刻期督行.

　　위관位官은 토지를 관장하는 임무를 맡은 사람이다. 임진왜란의 여파로 나라의 토지가 모두 황폐해졌는데, 살아남은 백성들이 올해부터 점차 농사를 짓기 시작하였다. 나라에서는 속이고 숨겨 세금을 내지 않는 사람이 있을까 염려하여 각 도로 하여금 경작하는 토지를 살피고 헤아려서 토지를 평가해 세금을 부과하는 법을 만들어 탈루가 없도록 하였다. 만약 탈루했다가 발각되면 그 죄를 무겁게 하여 벌금을 내고 속죄하도록 했는데, 규칙의 조목을 엄격하게 만들고 기한을 정해 감독하였다.

於是各邑, 乃設各面位官, 以掌其事, 其事之行, 是在季夏之月也.

이에 각 고을에서는 면面마다 위관을 두어 그 일을 담당하게 했는데, 그 일이 시행된 것은 늦은 여름이었다.

余在寓中, 聞位官方至, 里中前期各備酒饌甚優, 及其至, 里人齊出而郊迎之, 擇屋而館待之. 凡其所供山雉水鮮, 家鷄海膴, 雖於常時祭祀賓客所不曾備者, 是日皆辦之. 排盤列壺, 狼藉迭進, 所謂勸農里正書員算員擁衛前後左右者, 莫不醉飽然後止. 而人人爭勸, 家家迎請, 故遲其事, 留連數日, 而日日皆如是, 是曰位官之饋也.

내가 객지에서 살던 중에 들으니, 위관이 온다고 하자 마을에서 미리 술과 음식을 성대하게 준비하였다. 그가 오자, 마을 사람들이 일제히 마을 밖으로 나가 그를 맞이했으며 집을 골라 머물게 하고 대접하였다. 그들이 제공한 산 꿩, 물고기, 닭, 말린 바다생선은 평상시 제사를 지내고 손님을 대접할 때에도 준비한 적이 없던 것들로, 이날 모두 마련하였다. 상을 차리고 술병을 늘어놓고는 이리저리 어수선하게 번갈아 가며 올렸는데, 이른바 권농勸農, 이정里正, 서원書員, 산원算員 등 전후좌우에서 호위하는 자들이 모두 취하고 배부른 뒤에 그쳤다. 이윽고 사람들마다 다투어 음식을 권하고 집집마다 맞이하여 초청했기 때문에 일이 지체되어 여러 날 머물렀으니, 날마다 모두 이와 같았다. 이것을 위관의 대접이라고 하였다.

當此焚蕩之餘, 民窮財盡已極, 雖至養生送死之大禮, 皆疏略其事, 莫之能盛擧. 而其於位官之饋, 若是其盡力, 何哉. 蓋圖減其結卜之數, 欲輕其稅斂之入也. 噫, 此豈非末世之弊風與.

이렇게 한바탕 소동을 벌인 나머지 백성들은 매우 곤궁해지고 재물이 많이 소진되어 산 사람을 봉양하고 죽은 사람을 보내는 큰 예절에도 모두 그 일을 간소하게 하고 성대하게 치르지 못하였다. 그럼에도 이와 같이 위관을 대접하는 데 있는 힘을 다한 것은 무슨 까닭인가? 대개 토지의 크기를 줄여서 세금을 경감하려고 하기 때문이다. 아, 이것이 어찌 말세의 폐습이 아니겠는가.

夫天地生斯民, 其生養之資, 出於土地, 以土地之所生, 養天地之萬民, 固無所不足矣.

천지가 이 백성을 낳았는데, 백성을 낳고 기르는 물자는 토지에서 나온다. 토지에서 나는 것으로 천지의 백성을 기르면 진실로 부족하지 않다.

惟其民有大小, 人有上下. 其大而上者, 合境土而國之, 統庶民而君長之, 其小而下者, 區百畝而私之, 率其屬而家之. 君治而民理, 民實而君尊, 則君民不可相無也. 國立而家保, 家安而國泰, 則國家不可偏存也.

다만 백성은 크고 작음이 있고 사람은 높고 낮음이 있다. 크고 높은 사람은 영토를 합하여 나라로 삼고 백성들을 통솔하여 군주 역할을 하며, 작고 낮은 사람은 100묘畝[1]의 땅을 나누어 자기의 땅으로 삼고 가족을 이끌어 가정을 꾸린다. 군주가 잘 다스리면 백성들이 바르게 되고 백성들이 성실하면 군주가 높아지니, 군주와 백성은 서로 없어서는 안 된다. 나라가 굳건하면 가정이 보존되고 가정이 편안하면 나라가 태평하니, 나라와 가정은 어느 한쪽만 있을 수 없다.

---

1) 畝 : 토지의 단위.

於是, 國有國用, 家有家用, 君有君食, 民有民食, 而國與家皆有其用, 君與民皆有其食. 惟以位上者事大, 固不暇於兼下民之小事, 在下者事小, 力宜足於供在上之大人. 此所以國之用, 皆出於家, 君之食, 必賴於民也.

이에 나라에는 나라가 쓰는 것이 있고 가정에는 가정이 쓰는 것이 있으며 군주에게는 군주가 먹는 것이 있고 백성에게는 백성이 먹는 것이 있어, 나라와 가정이 모두 각자 쓰는 것이 있고 군주와 백성이 모두 각자 먹는 것이 있다. 오직 지위가 높은 사람은 큰일을 하므로 진실로 아래 백성들의 작은 일을 할 겨를이 없고, 지위가 낮은 사람은 작은 일을 하므로 마땅히 위에 있는 대인들을 먹이는 데 힘써야 한다. 이것이 나라가 쓰는 것은 모두 가정에서 나오고 군주가 먹는 것은 반드시 백성들에게 의존하는 까닭이다.

然而使之大使之小使之上使之下者, 莫非天地之理, 而以是地所出之食, 養是天所生之人者, 皆其道也. 惟在於上下各盡其大小之道, 而要不踰於分限節度而已.

그러나 사람으로 하여금 크게 하기도 하고 작게 하기도 하며 높게 하기도 하고 낮게 하기도 한 것은 천지의 이치가 아닌 것이 없으며, 이 땅에서 나오는 곡식으로 하늘이 낸 사람을 기르는 것도 모두 도리이다. 오직 윗사람과 아랫사람이 각각 크고 작은 도리를 다하여 경계와 법도를 넘지 않아야 할 뿐이다.

此古之聖王, 君長其民, 國有其土, 知夫國因於家, 君因於民者, 其理自然, 其道常然. 於是, 節其中而酌定之, 合四境之財, 爲什一之法, 使九常在民, 一常在國. 取四境什中之一, 而國無不足, 食百畝一外之九, 而民恒有餘.

옛날의 성왕聖王들은 군주가 되어 백성들을 다스리고 나라를 세워 영토를 소유했는데, 나라는 가정에 의존하고 군주는 백성들에게 의존하는 것이 자연의 이치이고 불변의 도리임을 알았다. 이에 알맞게 헤아려 정하였으니, 온 나라의 재물을 합하여 10분의 1을 세금으로 내는 법을 만들어 10분의 9는 항상 백성들에게 있고 10분의 1은 항상 나라에 있게 하였다. 나라 전체에서 생산한 곡식 가운데 10분의 1을 걷으면 나라는 부족하지 않았고, 100묘의 땅에서 생산한 곡식 가운데 10분의 1을 바치고 나머지 9를 먹으면 백성들은 항상 남는 것이 있었다.

下之民知德於上, 上之人知功於下, 民不以過取疑其國, 君不以輕稅疑其民. 上之人曰, "此財下民之力也, 吾不可以重其斂." 下之民曰, "此土吾君之土也, 吾不可以私其穀." 上以重斂爲懼, 下以私富爲恥. 君以民之心爲心, 民以君之心爲心, 君民會爲一心, 國野合爲一財.

아래의 백성들은 윗사람의 덕德을 알고 윗사람은 아랫사람들의 공을 알아, 백성들은 지나치게 거두어 간다고 나라를 의심하지 않았고 군주는 세금을 너무 적게 낸다고 백성을 의심하지 않았다. 윗사람은 말하기를 "이 재물은 백성들의 힘에서 나온 것이니, 내가 세금을 무겁게 거둘 수 없다"라고 했고, 백성들은 말하기를 "이 땅은 우리 임금의 땅이니 우리들이 그 곡식을 사적으로 소유할 수 없다"라고 하였다. 윗사람은 세금을 무겁게 거두는 것을 두려워하고 아랫사람들은 사사롭게 부유해지는 것을 부끄럽게 여겼다. 군주는 백성의 마음을 자신의 마음으로 삼고 백성은 군주의 마음을 자신의 마음으로 삼아, 군주와 백성이 모여 한 마음이 되고 나라와 백성이 합하여 재물을 하나로 하였다.

此唐虞三代之時, 上有阜財解慍之歌, 下有含哺鼓腹之民, 三年耕而餘一年之食, 九年耕而餘三年之食.

당唐·우虞와 삼대三代 때, 위에는 재물을 풍요롭게 하고 백성들의 노여움을 풀어 주길 바라는 노래[2]가 있었고 아래에는 배불리 먹고 배를 두드리는 백성이 있었으니, 3년을 경작하면 1년 먹을 양식이 남고 9년을 경작하면 3년 먹을 양식이 남았다.

和氣致祥, 陰陽調風雨時, 天地位萬物育. 山無寇賊, 海不揚波, 納斯民於仁壽之域者, 以此也.

화평한 기운이 상서로워, 음과 양이 조화롭고 비와 바람이 때에 알맞았으며 하늘과 땅이 제자리에서 안정되고 만물이 잘 자랐다. 산에는 도적이 없고 바다에는 거친 파도가 일지 않아 백성들이 평화롭고 장수하는 지역에 살게 된 것은 이 때문이었다.

詩曰, "雨我公田, 遂及我私." 又曰, "曾孫來止, 以其婦子, 饁彼南畝, 田畯至喜, 攘其左右, 嘗其旨否." 此皆君民一心, 國野同財之意也.

『시경詩經』에 말하기를 "우리 공전公田에 비가 내리고, 드디어 나의 사전私田[3])에도 내렸으면 한다"라고 하였다. 또 말하기를 "증손曾孫이 왔을 때 아내와 자식을 데리고 저 남쪽 밭에 점심밥을 내가니, 농사를 관장하는 관리도 기뻐하며 음식을 집어서 맛을 본다" 하였다. 이것은 모두 군주와 백성들이 한 마음이고 나라와 백성들이 재물을 공유한다는 뜻이다.

後世不然. 君以境土爲己物, 民以耕治爲己功. 旣以境土爲己物, 則其斂之也, 惟慮其不多, 又以耕治爲己功, 則其稅之也, 猶恐其不輕. 上以剝下, 下以怨上, 賦愈急而國愈貧, 耕愈勤而民愈瘠.

---

2) 舜임금이 五絃琴으로 읊었다는 南風詩를 말한다. 이 시에서 "남풍이 훈훈하구나! 우리 백성들의 노여움을 풀어 주네. 남풍이 제때에 불어오는구나! 우리 백성들의 재물을 풍성하게 하네"(南風之薰兮. 可以解吾民之慍. 南風之時兮. 可以阜吾民之財)라고 하였다.
3) 중국 고대에 존재했다는 井田제도는 일정한 토지를 井 자 모양으로 나누어 중앙의 토지를 공전으로 삼고 그 나머지 여덟 개의 토지는 사전으로 삼았다. 공전은 8명의 농민들이 공동으로 경작하여 그 생산물을 나라에 바치는 토지이고, 사전은 8명의 개인이 각자 경작하는 토지이다.

후세에는 그렇지 않다. 군주는 영토를 자기의 물건으로 여기고 백성들은 경작하는 것을 자기의 공으로 여긴다. 이미 영토를 자기의 물건으로 여기면 세금을 거둘 때 적을까 염려하고 또 경작하는 것을 자기의 공으로 여기면 세금을 낼 때 많을까 두려워한다. 윗사람은 아랫사람을 착취하고 아랫사람은 윗사람을 원망하여, 세금을 재촉할수록 나라는 가난해지고 경작을 권장할수록 백성들은 수척해진다.

以之而傷和致災, 陰陽不調, 風雨不時, 天地降禍, 鬼神滋妖. 內賊起而外寇發, 喪亡之至, 其無日矣. 此非君民爭利, 財聚民散之致耶.

이 때문에 화평한 기운을 손상시키고 재앙을 발생시켜 음과 양이 조화롭지 못하고 제때에 비가 오고 바람이 불지 않으며, 천재지변이 일어나고 귀신들이 요망한 일을 만들어 낸다. 안에서는 도적이 일어나고 밖으로는 오랑캐들이 침범하니, 망할 날이 머지않았다. 이것은 군주와 백성이 이익을 다투어 재물이 나라에 모이고 백성들이 흩어진 결과가 아닌가.

方今大寇據境, 窮民未蘇, 田野之闢, 曾不百一. 而民未休鋤, 禾未及秀, 量田徵稅, 方以爲急務, 則不知爲當日國家計, 果得乎失乎.

방금 수많은 왜구가 국경을 점거했던 관계로 곤궁한 백성들이 아직 소생하지 못했고 개간된 토지가 이전에 비해 100분의 1도 못 된다. 더욱이 백성들의 호미질이 아직 끝나지 않았고 벼가 미처 패기도 전에 토지를 헤아려 세금을 징수하는 것을 급선무로 여기니, 요즘 나라를 위한 계책이 과연 옳은지 잘못인지 모르겠다.

彼無識之氓, 爲酒食饋位宮, 圖免賦役者, 固不足言矣. 至於上之人失政, 使下民賂小吏欺國家, 則其利幾何, 而其害如何也. 所求者細利, 所害者大道, 孰有大道害而細利成者乎.

저 식견이 없는 백성들이 술과 음식을 위관에게 대접해서 부역을 면하려고 하는 것은 굳이 말할 것도 없다. 그러나 위에 있는 사람이 정치를 잘못하여 백성들로 하여금 작은 관리에게 뇌물을 주고 나라를 속이게 하니, 그 이익이 얼마나 되며 그 해로움이 어떠한가. 구하는 것은 작은 이익이고 해치는 것은 큰 도이니, 어찌 큰 도를 해치고서 작은 이익을 이룰 수 있겠는가.

古人云, "求利未得, 而害已隨之." 正此謂也. 余見饋者與受饋者, 其與祝雨公田之民, 嘗其旨否之吏, 公私之判, 霄壤如也. 故歎而書之.

옛사람이 "이익을 구하여 아직 얻지도 않았는데 해로움이 이미 따른다"라고 한 것은 바로 이것을 말한 것이다. 내가 보니 음식을 대접하는 사람과 대접을 받는 사람은 공전公田에 비가 내리기를 축원한 백성과 점심밥을 맛본 관리와는 공사公私의 차이가 하늘과 땅의 차이와 같다. 그래서 탄식하면서 글을 쓴다.

제5장 여헌의 선현에 대한 존숭

박 학 래

【해제】

여헌의 주요한 활동 무대였던 경상도 선산善山 및 인동仁同 지역(현재 경북 구미)은 일찍부터 유학 전통이 자리 잡은 선진 지역이었다. 여헌이 나고 자란 이 지역에서는 이미 고려 때부터 다수의 문과 급제자를 배출하였다. 특히 이들은 영향력 있는 정치적 인물로 성장하여 이 지역의 유학 교육을 주도하는 기반을 조성하였다.

여말선초에 이르러 야은冶隱 길재吉再(1353~1419)를 비롯하여 그의 문하에서 배출된 김숙자金叔滋(1389~1456) 등 많은 인재들의 학문 전통은 김종직金宗直(1431~1492) 등 후배 사림에게로 이어졌다. 이에 따라 선산을 포함한 이 지역은 "본래부터 풍속이 문학을 숭상한다"는 세간의 평가를 받았다.

사회 경제적 기반이 안정적으로 갖추어졌던 선산과 인동 지역은 일찍부터 유학 교육에 집중하였다. 길재의 은거를 전후하여 특징적인 유학 교육의 면모를 드러냈고, 이후 본격적으로 유교 교육이 활성화되면서 조선 유학의 향배를 가늠한 여러 유현儒賢들이 잇달아 배출되었다. 의리 정신을 몸소 구현한 생육신 이맹전李孟專(1392~1480)과 사육신 하위지河緯地(1412~1456), 사림 정신의 원류로서 평가받은 김굉필金宏弼(1454~1504), 김굉필의 도학적 흐름을 계승한 정붕鄭鵬(1467~1512)과 그의 제자 박영朴英(1471~1540), 그리고 박영의 문하에서 배출된 수많은 송당학파松堂學派 학자들이 그들이다. 퇴계가 활동하기 이전에 선산을 위시한 이 지역에서 배출된 수많은 인재들의 학문적 성취에 의해 이 지역은 '영남 인재의 부고府庫'로 각광 받았다.

여헌은 일찍부터 자신이 구체적으로 활동하기 이전에 구축된 이 지역의 유학 전통에 주목하였다. 그리고 평생토록 인동과 선산 지역을 중심으로 한 낙동강 중류 지역의 유학적 전통을 계승하고자 하는 확고한 지향성을 보여 주었다. 그렇다면 지역의 선배 유현을 통해 여헌이 계승하고자 한 것은 무엇이었을까? 특히 여헌이 임진왜란 이후 지역 내 선배 유현의 현양 작업에 깊숙이 관여한 이유는 무엇일까?

여헌이 지역 선현에 대해 자부심을 가지고 그들의 업적과 성취에 주목한 이유는 단순히 선배 유현을 존경하고자 하는 차원에 머문 것이 아니었다. 여헌은 선배 유현을 통해 지역의 유학적 기풍을 강화하고자 하였다. 그런 까닭에 지역 내의 서원 중건에 깊숙이 관여하였고, 향교의 재건에도 깊은 관심을 기울였다. 특히 여헌은 임진왜란 이후 피폐해진 지역 내의 민심을 수습하고, 단절된 유학 전통을 이어 나가는 데에 있어 무엇보다 선배 유현의 성취가 중요하다고 보았다. 그리하여 선배 유현이 보여 준 절의와 충의와 같은 유학적 기풍을 통해 유학이 지향하는 도덕에 주목하였고, 이것의 실천을 강조하고자 하였다. 유학이 지향하는 윤리강상을 선배 유현을 통해 지역 내에 부식扶植하고자 하였던 것이다.

다른 한편에서 여헌은 지역 선현에 대한 존숭 의식을 통해 자신의 학통 내지 도통의 연원에 대한 입장을 은연중에 드러내기도 하였다. 김굉필을 사림의 원류로 적시하면서 그를 중심으로 당대까지의 유학 흐름을 정리하였으며, 이것은 여헌 당대의 선산 및 인동 지역 유학이 정통의 위치에 있음을 확인하고자 하는 입장의 천명이었다고 할 수 있다. 부가적으로 여헌은 선배 유현에 대한 계승 의식을 확인하면서 자신이 지향하는 학문적 지향을 공공연히 드러내기도 하였다. 선배 유현의 연원은 정주程朱를 거쳐 공맹孔孟으로까지 소급됨을 확인하여 자신의 지향점이 단순히 지역 유현에 머무는 것이 아니라 유학의 원류로 뻗어 있음을 확인하고자 하였다.

이러한 점에서 여헌은 적어도 선산과 인동 지역의 유학 전통과 관련하여 계왕개래繼往開來의 위치에 서 있다고 할 수 있다. 위로는 길재로부터 연원하는 이 지역의 유학 전통을 낙동강 중류 지역의 유학적 기풍으로 확장하고, 아래로는 수많은 문인들을 통해 특징적인 학풍을 구축하여 새로운 유학적 전통을 수립하고자 하였다. 여헌이 평생을 걸쳐 추구한 담대한 이상과 목표, 그리고 이를 위해 구축한 방대한 학문 체계는 선산과 인동 지역의 유학적 기풍을 토대로 살아났고, 이후 조선 전역으로 확장되어 이어졌다고 하겠다.

여헌의 이러한 풍모를 확인할 수 있는 글은 『여헌선생문집』 제10권, 제11권, 제12권, 그리고 『여헌선생속집』 제8권에 집중적으로 수록되어 있으며, 문집의 다른 곳에도 산발적으로 관련 글이 게재되어 있다. 본 장에서는 길재를 주향으로 하는 오산서원吳山書院의 「사우祠宇를 중건한 상량문」을 비롯하여 하위지, 김굉필, 장잠 등을 추념한 여헌의 저술 몇 편을 실었다.

오산서원의 사우를 중건한 상량문【吳山書院重建祠宇上樑文】

【소해제】

이 상량문上樑文은 임진년(1592, 선조 25)에 발발한 왜란이 어느 정도 마무리된 후에 작성된 것이다. 『여헌선생문집』 제10권에 수록되어 있다.

오산서원吳山書院은 여헌이 나고 자란 선산善山과 인동仁同 지역을 대표하는 유현儒賢이자 사림파의 도통 연원이 되는 야은冶隱 길재吉再(1353~1419)를 모시는 여러 서원 중 하나이다. 당초 이 서원은 1529년(중종 24) 당시 인동현감이었던 조천계趙天啓에 의해 건립이 추진되었으나 뜻을 이루지 못하였다. 1584년(선조 17)에 이르러 인동현감으로 부임한 류운룡柳雲龍이 길재의 추숭 작업에 몰두하면서 다시 중건이 추진되어, 마침내 결실을 보게 되었다. 동생 류성룡柳成龍과 함께 퇴계 문하에서 학문을 익힌 류운룡은 현감으로 부임한 다음 해부터 길재의 추숭 작업에 착수하여 그의 묘소를 정비하기 시작하여 비석과 묘표를 세웠으며, 이후 지역 유림들과 상의하여 길재의 묘가 위치한 산 아래에 다시 서원 건립을 추진하여 3년 만에 3칸의 사당과 강당 등을 중건하였다. 이때 여헌은 지역 사림들과 문하의 문인들과 협력하여 서원 중건에 적극적으로 참여하였고, 중건 이후 원장을 맡기도 하였다.

이후 임진왜란이 일어나 중건된 서원이 허물어졌고, 얼마 지나지 않아 유림의 뜻을 모아 다시 새롭게 서원의 사우를 재건하게 되었다. 이때 여헌은 이 상량문과 더불어 「오산서원중건봉안문吳山書院重建奉安文」(『여헌선생문집』 제11권)도 지어 올렸다. 이러한 것이 인연이 되어 오산서원에는 여헌 사후 1639년(인조 17) 12월에 길재 이외에 여헌의 위판位版도 봉안하여 여헌까지 모시는 서원으로 자리 잡게 되었다.

오산서원은 1868년(고종 5) 대원군의 서원철폐령으로 훼철되었다가 강당만 복원되기도 하였다. 현재 길재의 묘재인 '청풍재淸風齋'만 구미시 도량동으로 이건하여 보존되고 있다.

【원문 및 번역】

天運循環, 未有旣剝[1]而無復, 吾道關數, 亦豈長晦而不明. 玆見舊宇之重營, 可驗新敎之大振? 固惟後學之作範, 必須先哲之遺模, 所以內都外邑之皆有學宮, 又復大州小郡而各設書院.

하늘이 정한 운수는 순환하는 것이니 양기陽氣가 이미 깎이더라도 회복되지 않음이 없으며, 우리의 도道는 수數와 관계되니 또한 오래도록 어둡더라도 어찌 밝아지지 않겠는가? 이에 옛 사우祠宇[2]가 중건되는 것을 보니 새로운 가르침이 크게 떨쳐지는 것을 가히 증험할 수 있다. 진실로 후학들이 모범을 만들고자 하면 반드시 선철先哲이 남긴 모범이 필요하다. 이런 까닭에 내도內都와 외읍外邑에 모두 학궁學宮[3]이 있고, 또다시 큰 주州와 작은 고을에 각각 서원을 설치한 것이다.

---

1) 剝 : 박은 『周易』의 23번째 괘인 '剝卦'와 관계된다. 박괘의 上卦는 山이고, 下卦는 地이다. 초효부터 5효까지가 음효陰爻이고, 상효 하나만 양효이다. 음기가 아래에서 점점 자라 극에 달하여 양기를 소멸시키려는 모습이다. 따라서 '박'은 사악한 세력이 점차 확대되어 정의가 소멸되는 위기의 상황을 의미한다. 그래서 괘사에서 "박은 가는 것이 이롭지 못하다"(不利有攸往)라고 하였다. 하지만 역으로 박은 음이 양을 끝까지 소멸시킬 수 없다는 의미를 함축하고 있기도 하다.
2) 祠宇 : 오산서원의 사우를 가리킴. 당초 1529년(중종 24) 인동현감이었던 趙天啓에 의해 건립이 추진되었으나 뜻을 이루지 못하였다가, 1584년(선조 17)에 이르러 인동 현감으로 부임한 柳雲龍이 길재의 추숭 작업에 몰두하면서 다시 중건이 추진되어, 결실을 보게 되었다. 하지만 임진왜란으로 인해 훼손되어 이후 다시 중건되었다.
3) 學宮 : 유학의 교육을 맡아보던 관아를 가리킨다. 한양에 있던 成均館과 각 지방에 있던 鄕校가 이에 해당한다.

蓋大道至德, 窮天窮地. 尊崇雖極乎敎化之所原, 或遺風餘澤, 在鄕
在邦, 親切莫要乎耳目之攸接. 其例則由中國而及外國, 是規也自前賢
而至後賢.

대개 위대한 도와 지극한 덕은 하늘에 다하고 땅에 다하니, 존숭함이
비록 교화敎化가 근원하는 곳에 지극하더라도 혹시 후세에까지 남겨진
교화의 은택이 지방과 나라에 있으면 친절함이 귀와 눈으로 접한 것보다
긴요한 것이 없다. 그 본보기는 곧 중국中國으로부터 말미암아 다른
나라에 미치고, 이 규칙 또한 전현前賢으로부터 후현後賢에 이르는 것이다.

惟我冶隱吉先生, 大節與日月爭光, 高義共山嶽. 比截志之貞, 松柏
金石, 操之潔, 玉雪冰霜. 順乎親移之事君, 道實本於孝友, 介乎石不俟
終日, 知已神於幾先.

우리 야은冶隱 길선생吉先生[4]이 보여 준 큰 절개는 일월日月과 밝음을
다투고, 높은 의리는 산악山嶽과 함께한다. 선생이 보여 준 뜻의 곧음을
비유하면 송백松柏[5]과 금석金石[6]과 같으며, 지조의 깨끗함은 옥설玉雪[7]과
빙상冰霜[8]과 같다. 선생은 부모에게 순종함을 옮겨 임금을 섬기었으니,

---

4) 冶隱 吉先生 : 吉再(1353~1419)를 가리킴. 본관은 海平이고, 자는 再父, 호는 冶隱이다.
　이색·정몽주와 함께 고려의 三隱으로 불린다. 1386년 진사시에 제6위로 급제하여
　그해 가을 淸州牧司錄에 임명되었으나 부임하지 않았다. 이때 李芳遠과 한마을에 살
　면서 서로 오가며 함께 학문을 강론하고 연마하였다. 여러 벼슬을 거친 후, 1389년
　(창왕 1)에 이르러 門下注書가 되었으나, 나라가 장차 망할 것을 알고서 이듬해 봄
　늙은 어머니를 모셔야 한다는 핑계로 벼슬을 버리고 고향인 선산으로 돌아왔다. 이
　후 강학활동에 몰두하여 많은 제자를 길러 냈으며, 우왕의 부고를 듣고 3년상을 행
　하였다. 저서로는『冶隱集』과『冶隱續集』이 있으며, 그 밖에 그의 언행록인『冶隱言行
　拾遺錄』이 전해지고 있다.
5) 松柏 : 소나무와 잣나무. 추운 겨울에도 푸름을 잃지 않는 소나무와 잣나무는 굳은
　절개를 상징하는 의미로 쓰인다.
6) 金石 : 몹시 굳어 變하지 않음을 비유한 것.
7) 玉雪 : 옥과 같이 흰 눈이란 뜻이다. '결백함'을 비유한 것이다.
8) 氷霜 : 얼음과 서리를 가리킨다. '깨끗한 절개'나 '날카로움', '차가움' 등을 비유할
　때 주로 사용한다. 여기에서는 '깨끗한 절개'를 비유한 것이다.

도가 실로 효우孝友에 근본하였고, 절개가 돌처럼 견고해서9) 하루가
다하기를 기다리지 않았으니, 이미 앞날의 조짐을 먼저 아는 신묘함이
있었다.10)

殷喪雖不待日亡, 隻身所戴者一穹昊, 周興固莫違帝命, 忠臣寧事夫
二姓君. 宇宙爰得有綱常, 天地賴以上下, 生類不失其彝則, 名分定而
國家. 其斯以爲百世之師, 亦可謂之萬姓之的.

은殷나라11)가 망함에 비록 해가 없어지는 것을 기다리지 않았지만, 한
몸으로 이고 있는 것은 하나의 하늘이었다. 주周 나라가 흥기하는 것은
진실로 상제上帝의 명령을 어긴 것이 아니었지만, 충신忠臣이 어찌 두
성씨의 군주를 섬기겠는가?12) 이리하여 우주에 강상綱常이 있게 되었으
며, 하늘과 땅이 위와 아래로 의지하게 되었다. 살아 있는 모든 생물이
떳떳한 이치를 잃지 않았으며, 명분이 정해지고 국가가 바로 잡혔다.
그것으로 인하여 백세百世의 스승이 되었으며, 또한 모든 백성의 표준이
되었다.

---

9) 절개가 돌처럼 견고해서 : 介石이란 자신의 신념과 어긋날 때에는 지조를 돌처럼
   굳게 지키면서 단호하게 벼슬을 버리고 낙향하는 것을 말한다. 『周易』 「豫卦 六二」에
   "'돌처럼 견고해서 하루가 다하기를 기다리지 않으니, 정하고 길하다'라고 하였다.
   절조가 돌과 같으니 어찌 하루가 다하기를 기다리겠는가. 이를 통해서 군자가 결단
   하는 것을 알 수 있다"(易曰, 介于石, 不終日, 貞吉. 介如石焉, 寧用終日, 斷可知矣)라는
   말에서 유래하였다.
10) 앞날의 조짐을 먼저 아는 신묘함이 있었다 : 地神이란 기미를 아는 것을 가리킨다.
   『周易』 「繫辭傳下」에는 "기미를 알고 그만두는 것은 신묘한 지혜이다"(知幾其神乎)라
   고 하였고, 이어 "군자는 윗사람과 교제할 때 아첨하지 않고 아랫사람과 교제할 때
   업신여기지 않는다. 그는 일의 기미를 알기 때문이다"(君子上交不諂, 下交不瀆, 其知棋
   乎. 幾者, 動之微, 吉之先見者也)라고 하였다.
11) 殷나라 : 기원전 1600년경부터 기원전 11세기까지의 중국 고대의 왕조. 商이라고도
   한다.
12) 伯夷와 그의 아우 叔齊의 고사를 가리키는 내용이다. 백이와 숙제는 周 武王이 은나라
   를 정벌하려 하자 이를 반대하였으며, 은나라가 망한 후 주나라 음식을 먹는 것을
   부끄럽게 여겨 首陽山에 숨어 고사리를 캐 먹고 살다가 굶어 죽었다.

482

生于長于鳳溪之上, 鳳溪距此未一息程. 老於終於烏山之中, 烏山瞻彼纔十里際. 淸風可襲於回首, 懦習自消於望閭.

선생은 봉계鳳溪13)의 위에서 태어나고 성장하였으니, 봉계는 이곳14)에서 한 번 쉬고 갈 만한 거리이다. 또한 선생은 금오산金烏山15) 가운데에서 늙고 돌아가셨으니, 여기에서 금오산을 바라보니 거기까지 겨우 10리 거리에 불과하다. 돌이키는 머리에 맑은 바람이 스치니 선생의 마을을 바라보면 나약한 기습氣習이 저절로 사라진다.

況有衣冠之藏, 乃是密邇之域. 繞塋之松柏蔥鬱, 人咸歎後凋16)之益榮, 護封之垣墙周圍, 孰不曰死節者獨壽? 於焉建祠而致隆, 寔唯尊道而立敎.

더구나 의관衣冠을 간직한 묘소가 바로 가까운 곳에 있다. 무덤을 둘러싸고 있는 소나무와 잣나무가 빽빽하게 우거져 있으니, 이것을 보고 사람들이 모두 선생께서 괴로움을 견디고 굳게 절조를 지킨 것의 영화로움이라 감탄한다. 봉분封墳을 보호하는 울타리가 둘러져 있으니 누구인들 죽음으로 절개를 지킨 자가 홀로 오래 산다고 말하지 않겠는가? 이에 사우祠宇17)를 세워 존숭함을 두텁게 하니, 오직 도道를 높이고 가르침을 세우기 위한 것이었다.

初緣邑父老之唱議, 竟賴鄕大夫之樂成. 石額砥柱中流文, 玉削劍鋒

---

13) 鳳溪 : 현재의 경북 구미시 고아읍 봉한리. 길재가 태어나고 자란 봉계는 마을 뒷산인 봉황산과 봉계천에서 한 음절씩 따서 지은 이름이다.
14) 이곳 : 오산서원이 위치했던 인동현. 현재의 구미시 오태동.
15) 金烏山 : 본문의 烏山은 금오산을 가리킨다.
16) 後凋 : 뒤늦게 시든다는 뜻. 소나무와 잣나무는 뒤에 시든다고 하여 후조라고 한다. 『논어』「子罕」편에서 공자가 "한 겨울의 추운 날씨가 된 다음에야 소나무와 잣나무의 굳셈을 알 수 있다"(子曰, 歲寒, 然後知松柏之後彫也)라고 한 데에서 유래하였다. 따라서 후조는 힘들고 고생스러운 괴로움을 견디고 굳게 節操를 지킨다는 의미이다.
17) 祠宇 : 선현의 神主나 影幀을 모셔 두고 제향을 행하는 장소.

照耀乎星漢,[18] 宇揭淸節忠孝字, 鸞翔鳳翥輝映乎雲空. 峻範本自首陽
大義上來, 宗旨元從洙泗善道中出.

처음에는 고을의 부로父老[19]들이 앞장서서 논의를 주장하였고, 마침내
향대부鄕大夫[20]가 기꺼이 찬성하여 이루어졌다. 돌에 '지주중류砥柱中
流'[21]라는 글자를 새겨 놓았으니, 옥玉을 깎아 칼끝처럼 뾰족함이 은하銀河
에 비치고, 집에 '청절충효淸節忠孝'라는 글자를 걸어 놓으니, 난새[22]의
깃과 봉황鳳凰[23]의 날개가 운공雲空을 비추는 것 같다. 준엄한 규범은
본래 수양산首陽山의 대의大義[24]로부터 왔으며, 그 근본이 되는 뜻은
원래 수수洙水와 사수泗水의 바르고 착한 도道[25]에서 나왔다.

置書置財置田置僕, 無非衛道永久之資. 有廟有堂有齋有樓, 都是尙
賢藏修[26]之所. 定春秋禋享之令節, 有遠近坌集之儒林. 宜祀典勿替於

---

18) 星漢 : 銀河의 다른 이름. 銀河水의 별칭.
19) 父老 : 한동네나 고을에서 나이가 많은 男子 어른을 가리킴.
20) 鄕大夫 : 鄕員 중에서 덕망 있고 나이 든 사람을 가리킨다. 鄕憲 혹은 鄕先生이라고도
    하였다. 향원이란 조선시대 초기부터 등장한, 지역사회의 지배층인 顯族으로 구성되
    는 契의 구성원을 가리킨다. 향원의 명부를 鄕案이라 한다.
21) 砥柱中流 : 역경에 굴하지 않는 튼튼한 기둥 같은 인물이라는 의미. 지주란 중국의
    河南城 黃河 중류에 있는 砥柱山을 말한다. 황하강이 범람할 때마다 탁류가 이 산에
    부딪치지만 산은 쓰러지지 않는 데에서, 충절을 굳게 지킨 길재의 절의를 이 산에
    비유하였다.
22) 鸞翔 : 전설에 나오는 상상의 새. 모양은 닭과 비슷하나 깃은 붉은빛에 다섯 가지
    색채가 섞여 있으며, 소리는 五音과 같다고 한다.
23) 鳳凰 : 전설에 나오는 상상의 새. 몸의 前半身은 기린, 後半身은 사슴, 목은 뱀, 꼬리는
    물고기, 등은 거북, 턱은 제비, 부리는 닭을 닮고, 깃에는 五色 무늬가 있다고 함. 수
    컷을 鳳, 암컷은 凰이라고 함.
24) 首陽山의 大義 : 殷나라가 망한 뒤에 수양산에서 굶어 죽은 백이와 숙제의 큰 의리를
    가리킨다.
25) 洙水와 泗水의 바르고 착한 道 : 洙水와 泗水는 공자의 고향인 노나라 곡부에 있는
    두 강이다. 수수는 泰山에서 흘러나와 사수로 들어간다. 공자가 그 강가에서 가르침
    을 베풀었기 때문에 수수와 사수의 착한 도는 공자의 가르침을 의미한다.
26) 藏修 : 학문을 할 때 조금도 변함없이 열심히 한다는 의미. 『禮記』 「學記」에서 "군자는
    학문할 적에 장하고 수하고 식하고 유한다"(君子之於學也, 藏焉, 修焉, 息焉, 遊焉)라고
    한 데에서 유래하였다. 장이란 마음에 항시 학업을 생각한다는 것이고, 수란 배우고

無窮, 庶吉士[27]從此而有造.

　서책을 비치하고 재물도 마련하며 토지를 장만하고 노비를 배치하니, 이것은 모두 도道를 지키기에 필요한 영구한 비용이 아님이 없다. 사당祠堂과 강당講堂을 갖추고, 재실齋室과 누각樓閣이 있으니, 모두 어진 이를 높이고 책을 읽고 학문에 힘쓰는 곳이다. 봄과 가을로 정갈하게 제사 지내기 좋은 시절을 정하니, 멀고 가까운 곳에서 모여드는 유림儒林이 있다. 제사를 지내는 예전禮典[28]을 마땅하게 하여 무궁토록 쇠퇴하지 않게 하니 마음이 어진 선비들이 거의 이것을 쫓아 이루는 바가 있다.

痛島寇作孼於往歲, 慘兵火焦土於大都. 獸心尙忍乎元聖之宮,[29] 豺毒寧饒乎鄕賢之廟. 內外黌舍,[30] 俱盡於灰燼, 大小院宇, 亦久爲蓬蒿.[31] 國步方痛於厄凶, 文運可憂其淪喪.

　애통하게도 지난해에 섬나라 오랑캐들이 침략하여 큰 도시를 병화兵火[32]로 참혹하게 초토焦土[33]로 만들었다. 짐승의 마음을 가지고 문묘文廟에 더욱 잔인한 짓을 하였으니, 승냥이의 표독함을 가진 자들이 어찌 향현鄕賢의 사당祠堂[34]이라고 그대로 두었겠는가? 고을 내외에 있는 학궁學宮의 건물이 모두 불타 잿더미가 되었고, 크고 작은 서원과 사우 또한 쑥대밭이 된 지 오래되었다. 나라의 운명이 흉악한 재앙으로 인해 애통하게 되었으니, 문운文運[35]이 멸망하는 데에 빠져드는 것을 가히 걱정하게 되었다.

　　익히는 일을 폐하지 않는다는 의미이다.

27) 吉士 : 마음이 어진 선비라는 뜻으로, 선비를 좋게 이르는 말.
28) 禮典 : 禮法으로 규정한 制度.
29) 元聖之宮 : 元聖은 공자가 사숙했던 周公이다. 이에 따라 유학의 중심이 되는 文廟를 지칭한다.
30) 黌舍 : 學堂의 건물.
31) 蓬蒿 : 쑥이라는 뜻. 여기에서는 사람들이 관리하지 않아 쑥만 무성한 폐허가 되었음을 의미한다.
32) 兵火 : 戰爭으로 말미암아 일어나는 화재.
33) 焦土 : 불에 타고 그슬린 땅. 불에 타서 검게 그을린 흙이 됨.
34) 鄕賢의 사당 : 지방에 소재하고 있는 서원과 사우를 가리킨다.

幸天心之悔禍, 妖氛自消. 纔軍政之弛虞, 文教是擧. 旣多士之齊奮,
獨小府之敢徐? 黌宮先建於上年, 院宇玆圖於今日. 於是共齊戒而沐
浴, 進奠謁于先生之壇墺, 遂徘徊而顧瞻, 退審視于舊基36)之形勢. 奔
訴于邑主方伯, 申議于郡友州朋, 龜筮37)協從, 斯文可見其天不喪矣.
瞻聆咸可, 懿德益驗夫人皆好之.

다행히 하늘이 화를 내린 마음을 뉘우치니, 요망한 기운이 스스로 사라졌
다. 겨우 군정軍政의 걱정이 풀어지니 문교文敎38)를 이에 거행하게 되었다.
이미 많은 선비들이 일제히 떨쳐 일어나니 홀로 이 작은 고을만 감히
천천히 늦출 수 있겠는가? 상년上年39)에 학궁의 건물을 먼저 건립하고,
이에 서원과 사우는 오늘에 이르러서야 도모하게 되었다. 이에 함께
몸과 마음을 깨끗이 하고 행동을 삼가며 선생의 묘소에 나아가 제물을
올리고 참배하였으며, 마침내 주변을 배회하며 둘러보았고, 물러나 서원
이 있었던 옛터의 형세를 살펴보았다. 읍주邑主40)와 방백方伯41)에게 달려
가 호소하고, 군郡과 주州의 벗들과 거듭 의논하였다. 거북과 시초로
각각 점을 쳐 보니 모두 길吉하다고 일치하니, 우리의 학문을 하늘이
망하게 하지 않으려는 것을 가히 볼 수 있었다. 여러 사람이 보고 듣고는
모두 옳다고 하니, 사람들이 모두 좋아하는 뛰어난 덕행을 더욱 징험할
수 있었다.

---

35) 文運 : 學問의 발전하는 運數 또는 기운 혹은 문인으로서의 運命. 여기에서는 학문이
   발전하는 기운으로 쓰임.
36) 舊基 : 성 또는 집이 있던 옛터. 이곳에서는 예전에 있었던 서원의 옛터를 가리킴.
37) 龜筮 : 어떤 일을 하기 전에 점을 쳐서 그 일의 길흉을 가리는 것을 의미한다. 龜는
   거북 껍질을 불에 태워 금이 가는 것으로 점을 치는 것이고, 筮는 점대를 가지고
   점을 치는 것을 가리킨다.
38) 文敎 : 문화와 교육을 아울러 이르는 말. 이곳에서는 학문과 교육을 가리킴.
39) 上年 : 지난해, 작년.
40) 邑主 : 고을의 원님. 조선시대에 州, 府, 郡, 縣의 각 고을을 맡아 다스리던 지방관.
41) 方伯 : 관찰사의 다른 이름. 각 도에 파견된 지방관을 가리키며, 처음에는 都觀察黜陟
   士라고 했다가 세조 초에 관찰사로 고쳐 불렀다.

材從洛陽之諸山, 順流而集者, 列郡之致力. 事始定中之十月, 應時而舉者, 上司之頒條. 雨師爲收其陰霏, 工無停手之患, 風伯亦戢其觷律, 丁免裂膚之痛. 運機者用離婁之明, 效技者售公輸之巧. 刀鉅尋引, 不亂於寸分, 長短巨細, 咸適其宜, 規矩繩墨, 有嚴於絲毫, 方圓平直, 各得其所. 莫非天佑而神助, 亦唯上勉而下勤. 基因舊開, 事半而功倍, 制有前定, 貌古而材新.

서원을 재건하는 데 쓰이는 재목은 낙양洛陽[42]의 여러 산으로부터 흐르는 물을 따라 모인 것이니, 이것은 여러 고을이 힘을 다한 것이다. 서원 짓는 일을 정성定星[43]이 하늘 가운데에 뜨는 10월에 시작하니, 때에 응하여 거행한 것으로 상부에서 조례로 반포한 것이었다. 우사雨師[44]가 흐리고 비 내리는 불순한 일기를 거두어 주니 목수들이 손을 멈추는 우환이 없어졌고, 풍백風伯[45] 또한 맹렬한 바람을 거두어 가니 장정들이 피부가 갈라지는 고통을 면하게 되었다. 기구를 운용하는 자는 이루離婁[46]의 밝은 시력을 썼으며, 기술을 드러내는 자는 공수자公輸子[47]의 솜씨를 발휘하였다. 칼과 톱은 조금도 어지럽지 않게 쓰여 길고 짧으며 크고 세세한 것이 모두 마땅하였으며, 규구規矩[48]와 승묵繩墨[49]은 털끝만한 것도 엄밀하게 하였으니 네모지고 둥글고 평평하고 곧음이 각각 그 마땅한 바를 얻었다. 하늘이 돕고 신이 돕지 않은 것이 없었으며, 또한

---

42) 洛陽 : 경북 尙州의 옛 지명. 『擇里志』에는 상주가 중국의 洛陽과 같다고 하였고, 그 동쪽을 흐르는 강이 洛東江이라고 하였다.

43) 定星 : 북방의 恒星으로 28宿의 하나. 이 별이 저녁에 하늘 가운데에 뜨면 집을 짓는 시기인 음력 10월이 되므로 건축을 주관하는 별, 즉 營室星이라고 한다. 이때부터 농한기가 시작하기 때문에 집을 짓기 시작한다는 의미이다.

44) 雨師 : 비를 관장하는 신. 단군이야기에 등장한다.

45) 風伯 : 바람을 관장하는 신. 단군이야기에 등장한다.

46) 離婁 : 중국 고대의 전설상의 인물. 백 보 떨어진 곳의 털끝을 볼 수 있을 만큼 시력이 뛰어났다고 전한다.

47) 公輸子 : 춘추시대 때 魯나라에서 나무를 잘 다루던 목수. 그가 대나무를 깎아 까치를 만들었는데 사흘 동안 땅에 내리지 않았다고 한다.

48) 規矩 : 지름이나 선의 거리를 재는 도구. 그림쇠라고 함.

49) 繩墨 : 먹줄통과 먹줄.

오직 윗사람은 힘써 권면하고, 아랫사람은 부지런할 뿐이었다. 서원의 터는 예전에 닦아 놓은 것을 이용하니 일은 반으로 줄고 성과는 배가 되었으며, 제도는 예전에 이미 정한 것이 있으니 모양은 옛 모습이지만 재목은 새로운 것이다.

豈料亂後焉斯今, 奄覩盛擧之惟舊. 上棟下宇,[50] 取諸大壯者方完. 正堂傍齋, 資之麗澤[51]者何限? 光射中天之赫日, 何屋漏之容幽? 聲納震宇之轟霆, 寧野魅之或隙? 棟樑乎穹壤,[52] 基是營而隆張. 綱紀乎乾坤, 柱玆建而儼設. 墻壁不得乎踰越, 示天下之大閑,[53] 階陛莫容夫歆哀, 見儒家之正道, 明靈永有昭享, 小子寔獲依歸.

어떻게 전란을 치른 지금에 이르러, 오래된 성대한 일이 갑자기 거행됨을 볼 수 있으리라 생각할 수 있었겠는가? 서원을 다시 짓게 된 것은 대장괘大壯卦[54]에서 취하여 여러 가지가 바르고 완전하다는 것이다. 사당이 정 위치에 자리 잡고 재실이 측면에 위치하니, 서로 도와 학문과 품성을 닦는 것에 어찌 한계가 있겠는가? 빛은 중천에 떠 있는 해의 광채를 비추고 있으니 어찌 집 귀퉁이에 어둠을 용납하겠는가? 우주를 진동하는 천둥소리를 받아들이니 어찌 들의 도깨비가 엿볼 틈이 있겠는가? 하늘과 땅에 기둥과 대들보가 되니 터는 경영되고 더욱 확장되며, 온 세상에 강기綱紀[55]를 세우니 이에 기둥을 세우고 엄연하게 설치하였다. 담과

---

50) 上棟下宇 : 대들보는 위에 꼿꼿이 가로 놓였고, 서까래는 그 양편에서 밑으로 내려뜨렸다는 뜻으로, 집을 짓는 것을 이르는 말이다.

51) 麗澤 : 배우는 사람끼리 서로 도와 학문과 품성을 닦는 일.

52) 穹壤 : 하늘과 땅.

53) 大閑 : 큰 법, 즉 기본이 되는 법을 말한다.

54) 大壯卦 : 『주역』 64괘 중 34번째 괘명. 大는 陽을 의미하며 壯은 왕성하다는 뜻이다. 따라서 대장이란 양이 왕성함을 상징하는 괘이다. 괘상은 아래에 4개의 양이 왕성하게 자라 오르고 위의 두 음은 쇠퇴하는 형상이다. 또한 하늘 위에서 우레가 치는 형국으로서 왕성한 양의 세력이 막강함을 상징한다. 「大象傳」에서는 "우레가 하늘 위에 있는 것이 대장이니, 군자는 대장괘의 괘상을 본받아 써서 예가 아니면 밟지 않는다."라고 설명하고 있다.

벽을 넘을 수 없으니 천하의 큰 법을 보여 주었으며, 섬돌과 계단은 기울어짐을 용납하지 아니하니 유가儒家의 정도正道를 볼 수 있다. 밝은 신령이 영원토록 밝음을 누리시니 소자小子[56]들은 의지하고 돌아갈 곳을 얻게 되었다.

陟降啓佑我後學者無時休, 薦享承襲其餘風者烏可已? 巍聳四方之瞻仰, 不止爲一邦之欽, 炳賁百代之表章, 何但此當時之慶? 湖山儲氣於左右, 雲林騰彩於後前.

신명神命이 오르내리며 우리 후학後學을 깨우치고 도와주심이 조금도 쉼이 없으며, 제사를 올리고 승습承襲[57]하니 그 아직 남아 있는 풍습風習을 어찌 가히 그만둘 수 있겠는가? 사방으로 우러러 높이 존경하니 한낱 한 지방의 공경에 그치지 아니하고, 백대百代의 표장表章[58]으로 빛나게 꾸미니 어찌 다만 이 시대만의 경사이겠는가? 좌우에서 호수와 산이 정기精氣를 쌓고, 앞뒤에서 구름이 걸쳐 있는 숲이 광채를 용솟음치게 하고 있다.

觀是院之光興, 知吾儒之蔚起. 莫酷掃地之兵火, 不能滅生人尙賢之風, 縱慘蔽日之干戈, 未曾泯士子向道之志. 人雖死, 義則無死, 天不亡, 道豈有亡. 崇奉之典旣嚴, 作成之方當勗. 聰明几淨, 所講論者彛倫,[59] 夕惕日乾, 可切磨以德義.

이 서원이 빛나게 일어난 것을 보면 우리 유학이 울창하게 일어날

---

55) 綱紀: 法綱과 風氣, 三綱五常과 紀律을 가리킨다. 『白虎通義』의 「三綱六紀」에 따르면, "강은 펼쳐 놓음을 말하고, 기는 바르게 함을 말한다. 따라서 그물을 펼치듯 위와 아래를 펼쳐 바르게 하면 사람의 도리가 가지런해진다"라고 하였다.
56) 小子: 자기를 겸손하게 일컫는 말.
57) 承襲: 學風을 이어받음 혹은 아버지의 封爵을 이어받음. 여기에서는 전자로 쓰임.
58) 表章: 공적이나 선행 따위를 널리 세상에 알려 칭찬함.
59) 彛倫: 사람으로서 떳떳하게 지켜야 할 도리이니 곧 윤리강상을 가리킴.

것을 알 수 있다. 더 이상 참혹할 수 없는 소지掃地60)의 병화兵火도
능히 사람들의 상현尙賢61)하는 기풍氣風을 없앨 수 없었으며, 해를 가리는
창과 방패도 일찍이 선비들의 도道를 향한 의지를 없애지 못하였다.
사람은 비록 죽지만 의義는 곧 죽지 않으며, 하늘은 망하지 아니하니
도가 어찌 망하겠는가? 거룩하게 여겨 떠받드는 예법이 이미 엄연하니,
인재를 완성하는 방법에 마땅히 힘써야 한다. 창이 밝고 책상이 깨끗하며,
강론하는 바는 사람으로서 떳떳하게 지켜야 할 도리이니, 저녁에도
조심하고 날로 힘써 덕과 의리로 절차탁마切磋琢磨할 수 있다.

萬物靜觀皆自得, 摠是開大我心匈. 四時佳興與人同, 無非和適其性
情. 慾必窒忿必懲, 損可象於山澤之前後. 善則遷過則改, 益須以於風
雷之往來. 若不立脊梁於在夷, 曷能扶倫紀於遇險? 吾儕將何取則, 吉
子其不欺予. 請賡呼邪許之歌, 敢唱兒郎偉之頌.

만물을 고요하게 관찰하면 모두 스스로 얻을 수 있으니, 이것이 내
마음과 가슴을 크게 열어 준다. 사시四時의 아름다운 흥취가 다른 사람과
더불어 같으니, 그 성정을 적절하게 조화롭게 하지 않음이 없다. 욕심을
반드시 막고 분함을 반드시 징계하여야 하니, 손괘損卦62)는 가히 산과
못이 앞뒤에 있는 상象이다. 선은 곧 옮기고 허물은 곧 고쳐야 하니,
익괘益卦63)는 모름지기 바람과 우레가 오고 가는 것으로써 한다. 만약
평상시에 등뼈를 꼿꼿이 세우지 않으면 위험을 만났을 때에 어찌

---

60) 掃地 : 땅을 쓺. 즉 땅을 쓸어 흔적도 없이 된다는 의미.
61) 尙賢 : 어진 사람을 존경함.
62) 損卦 : 『주역』 64괘 중 41번째 괘명. 괘상은 산 아래 연못이 있는 형상이다. 「大象傳」
에서 "산 아래에 연못이 있는 것이 손괘이니 군자는 손괘의 상을 본받아 써서 분노
를 그치게 하고 사사로운 욕망을 막는다"고 하였다.
63) 益卦 : 『주역』 64괘 중 42번째 괘명. 괘상은 위에 있는 바람과 아래에 있는 우레가
서로 상승작용을 하여 힘이 더해지는 형상이다. 「大象傳」에서 "바람과 우레가 합한
것이 익괘이니, 군자가 이것을 보고서 선을 보면 옮겨 가고 허물이 있으면 고친다"
하였다.

능히 윤리와 기강을 지탱하고 유지할 수 있겠는가? 우리들이 장차 어디에서 모범을 취해야 하겠는가? 길자吉子[64]께서 우리를 속이지 않았 다. 청하건대 야허邪許[65]의 노래를 부른 뒤에 감히 아랑위兒郎偉[66]의 소리를 부르리라.

抛梁東, 瑞日朝朝上碧穹. 若使人文明與竝, 邪氛那得犯光風.
抛梁西, 烏山峷崒與天齊. 吾人自有高高義, 萬丈危峯視却低.
抛梁南, 長江直抵海門涵. 小成不是終吾業, 到聖方能天地參.
抛梁北, 不動一辰正是極. 主亦在心要勿移, 至中至正惟天德.
抛梁上, 幽默玄天常在仰. 勿謂尊高不聽卑, 自心欺處神先亮.
抛梁下, 此道平常知得寡. 堯舜元從孝悌來, 吾徒誰是有爲者?

들보 머리에서 동쪽을 보니 상서로운 해가 아침마다 푸른 하늘로 올라온 다. 만약 인문人文이 해와 더불어 같이 밝다면 간사한 기운이 어찌 광풍光 風[67]을 범하겠는가?

들보 머리에서 서쪽을 보니 금오산金烏山의 높고 높음이 하늘과 더불어 고르다. 우리 인간도 스스로 높고 높은 의리가 있으니, 만장萬丈의 높고 험하여 오르기 위태로운 봉우리도 오히려 낮아 보인다.

들보 머리에서 남쪽을 보니 장강長江이 곧바로 바다에 잠긴다. 조그만 이룸이 우리 사업의 끝이 아니니 성현聖賢의 경지에 이르러야 비로소 능히 천지에 참여할 수 있다.

들보 머리에서 북쪽을 보니 움직이지 않는 하나의 별이 바로 북극성이다. 마음에 주장함이 있어 옮기지 말아야 하니 지극히 중정中正한 것은 오직 하늘의 덕이다.

---

64) 吉子 : 길재를 높여 부른 호칭.
65) 邪許 : 큰 나무를 드는 사람을 부르는 말.『詩經』에는 "『淮南子』에 이르기를 '큰 나무를 드는 자를 邪許라고 부른다"(淮南子曰 巨大木者 呼邪許)고 하였다.
66) 兒郎偉 : 건물을 上樑할 때 일꾼들이 외쳐 부르는 소리.
67) 光風 : 맑게 갠 날씨에 부는 바람, 봄날에 따사롭게 부는 바람.

들보 머리에서 위를 보니 그윽하고 묵연한 현천玄天68)이 항상 위에 있다. 존귀하고 높아서 낮은 것을 듣지 않는다고 말하지 말라. 자기 마음을 속이면 신명이 먼저 밝게 알게 된다.

들보 머리에서 아래를 보니 이 도의 평상平常함을 아는 자가 적다. 요순堯舜은 원래 효제孝悌69)로부터 왔으니, 우리 가운데 누가 이것을 할 것인가?

伏願上梁之後, 士氣作而羣陰退, 文風唱而百害除. 牲肥酒香, 樽俎之間禮儀卒度, 經明行潔, 藏修之際敬義兼功. 輩出師事之碩儒, 盛見朋來之嘉士. 博以文約以禮, 學顔子之學者升我堂, 舍而藏用而行, 志伊尹之志者入吾院. 不事俗士口耳之習, 專尙眞儒德性之修. 高莫溺於虛無, 卑無流於功利. 詖淫邪遁之說不作, 若霧散而霾消. 光明正大之學方興, 如火燃而泉達. 山不崩, 學亦無斁, 水之流, 敎隨以長.

엎드려 원하건대, 상량한 후에 사기士氣70)가 진작되고 여러 음기陰氣가 물러나며, 문풍文風71)이 창도唱導되고 온갖 해로움이 제거되게 하소서. 희생이 살찌고 술이 향기로우니 술동이와 도마 사이에 예의禮儀가 모두 절도에 맞으며, 경전에 밝아지고 행동이 깨끗하여 학문을 닦는 때에 경敬과 의義를 겸하여 튼튼하게 하소서. (그리하면) 스승으로 섬길 만한 석학이 배출되어 무리지어 오는 아름다운 선비들을 보게 될 것이다. 학문을 널리 배우고 이미 익힌 것을 다시 예로써 요약하니 안자顔子의 학문72)을 배우는 자가 우리 사당祠堂에 오르고, 버리면 감추고 쓰면

---

68) 玄天 : 九天의 하나인 북쪽 하늘.
69) 孝悌 : 부모에 대한 孝道와 형제에 대한 友愛.
70) 士氣 : 선비의 氣槪.
71) 文風 : 학문을 崇尙하는 풍습.
72) 顔子의 학문 : 안자는 공자의 제자인 顔回를 가리킨다. 안회는 학문을 좋아하였고, 노여움을 옮기지 않고 같은 허물을 두 번 다시 되풀이하지 않았다고 한다. 『性理大全』에서 許衡은 "뜻은 伊尹의 뜻을 가져야 하고 배움은 顔子의 학문을 배워야 한다. 세상에 나가면 해내는 것이 있어야 하고, 물러나면 지키는 것이 있어야 한다"라고 하였다.

행하니 이윤(伊尹)의 뜻73)에 뜻을 둔 자가 우리 서원에 들어올 것이다. 세속의 선비가 입과 귀로만 익히는 공부를 일삼지 않고 참다운 유자儒者가 덕성을 닦는 것을 오로지 숭상할 것이다. 높아도 허무虛無74)에 빠짐이 없고, 낮아도 공리功利75)로 흐름이 없을 것이다. 치우치고 도리에 맞지 않으며 간사하고 회피하는 말이 일어나지 아니하니, 마치 안개가 흩어지고 흙비가 사라지는 것과 같을 것이다. 광명정대光明正大한 학문이 바야흐로 흥기되어 마치 불이 타오르고 샘이 다다르는 것과 같을 것이다. 산이 무너지지 않으니 학문 또한 그만둠이 없을 것이며, 물은 계속 흐르니 가르침 또한 길이길이 이어질 것이다.

---

73) 伊尹의 뜻 : 중국 은나라의 이름난 재상. 湯王을 도와 하나라의 桀王을 멸망시키고 선정을 베풀었다. 『孟子』「盡心上」에서 공손추가 "어진 사람이 남의 신하가 되었을 때 그 군주가 어질지 못하면 이처럼 쫓아낼 수 있는 것입니까?"라고 묻자, 맹자는 "이윤과 같은 뜻이 있다면 그렇게 할 수 있지만, 이윤과 같은 뜻이 없다면 그것은 찬탈이다"라고 하였다. 이와 같이 이윤의 뜻은 천하에 성왕의 뜻을 실현시켜야 한다는 것, 즉 덕에 의한 정치를 베풀어야 한다는 것이다.
74) 虛無 : 아무것도 없이 텅 빔. 여기에서는 허무를 주장하는 도교를 가리킨다.
75) 功利 : 功名과 利慾. 위기지학을 벗어난 이단의 학문을 가리킨다.

하선생의 묘갈명 【河先生墓碣銘】

【소해제】

이 묘갈명墓碣銘은 여헌이 63세 되던 1616년(광해군8)에 그의 문인 김곤金崑의 부탁을 받아 작성한 것이다. 『여헌선생문집』 제12권에 실려 있다.

묘갈명의 대상인 하위지河緯地(1412~1456)는 선산지역을 대표하는 유현儒賢이자 단종을 위해 사절死絶한 사육신死六臣 중 한 사람이다. 그는 1438년(세종20)에 식년문과에 급제하여 집현전부수찬集賢殿副修撰에 등용된 이후, 집현전교리, 춘추관사관 등 요직을 두루 거치며 권세에 굴하지 않는 강직함을 보였다. 문종이 승하한 후 잠시 벼슬에서 물러나 낙향하였다가 다시 등용되어 경연經筵에서 시강관侍講官으로 단종에게 경사經史를 강론하는 등 주요한 역할을 담당하였다. 계유정난癸酉靖難을 통해 수양대군이 왕위에 오른 후 강권정치를 펼치자 이에 맞서다 추국推鞫의 명을 받기도 하였으며, 1456년(세조2)에 단종복위운동이 탄로나 국문鞫問을 받다가 죽음을 당하였다. 하위지가 참형을 당한 뒤 선산에 있는 그의 집 앞 개천이 3일간 붉게 물들어 개천 이름과 그의 호를 '단계丹溪'라 부르게 되었다고 전한다.

하위지의 딸이 시집간 집안의 자손인 김곤이 묘갈 제작을 주도하면서 스승인 여헌에게 묘갈명을 부탁하였고, 평소 지역 선현에 대해 존숭의 뜻이 깊었던 여헌은 주저 없이 묘갈명을 작성하여 하위지의 절의를 기렸다. 하위지의 묘는 경상북도 구미시 선산읍 죽장리 고방산에 위치하고 있다.

【원문 및 번역】

先生諱緯地, 字天章. 氏貫晉陽籍, 先世來居善山. 考諱澹, 靑松郡事, 王考以上, 莫之記. 先生生長于府底迎鳳里, 幼時置一小齋, 與兄弟共處, 杜門讀書, 人不見其面.

선생은 휘諱가 위지緯地이고, 자字가 천장天章이다. 하씨河氏는 진양晉陽[1]을 관향으로 하는데, 선생의 선대에 선산善山에 와서 거주하게 되었다. 선고先考의 휘는 담澹[2]이며 청송군사靑松郡事를 역임하였고, 왕고王考[3] 이상은 기록할 수 없다. 선생은 선산부의 아래 영봉리迎鳳里[4]에서 나고 자랐는데, 어릴 때에 작은 서재를 마련하여 형제들과 함께 거처하면서 문을 닫아걸고 책을 읽었기 때문에 사람들은 그의 얼굴을 보지 못하였다.

世宗朝戊午, 先生擢壯元, 選居集賢殿, 常補拾經幄. 文宗時, 先生仍在集賢殿, 奉命與諸儒臣撰歷代兵要, 魯山初年, 先生在司憲府執義, 而歷代兵要成. 世祖以首陽大君, 啓請加撰集諸臣職秩, 先生以中訓陞中直, 獨啓以爲加秩之請恩出於下, 今不可受其籠絡, 堅辭不已, 則遞執義爲直提學, 遂呈病乞浴溫井而下鄕. 金宗瑞皇甫仁等見誅, 無意還

---

1) 晉陽 : 경상남도 진주지역에 있었던 지명.
2) 河澹 : 조상 대대로 지금의 경남 진주에 살다가, 선산 영봉리에 살던 兪勉의 딸과 결혼하여 선산에 정착했다. 1402년(태종 2) 식년시를 통해 官路에 접어들어 여러 관직을 두루 거쳤다. 특히 知靑松郡事(청송군수)로 부임해 세종의 명을 받아 청송의 찬경루와 운봉관, 만세루 등을 짓는 등 많은 업적을 쌓았다.
3) 王考 : 祖考, 즉 돌아가신 할아버지를 이르는 말.
4) 迎鳳里 : 지금의 선산읍 이문리·노상리·완전리 일대. 金宗直은 「善山地理圖十絶」이라는 한시의 제7수에서 "마을 사람이 예로부터 학교를 중히 여기어 뛰어난 인재들을 해마다 조정에 바치었네. 성 서쪽에 자리 잡은 조그만 마을 영봉리를 학도들은 아직도 장원방이라 말하는구나"(鄕人從古重膠庠, 翹楚年年貢舜廊. 一片城西迎鳳里, 靑衿猶說壯元坊)라고 하여 인재가 많은 곳이 영봉리임을 확인하였다. 壯元坊으로 불린 영봉리 한 마을에서만 15명의 과거급제자가 나왔고, 이곳의 명문가는 晉陽河氏 집안이었다고 전한다.

朝. 至徵以左司諫, 纔登道病不赴, 仍上書陳懷, 以履霜苞桑, 嚴內治杜
權門等語, 致懃懇焉, 蓋望之者切, 慮之者深也.

선생은 세종조世宗朝 무오년戊午年(1438, 세종 20)에 문과에 장원 급제하여
집현전集賢殿에 선발되어 있으면서 항상 경악經幄[5]에서 임금을 보필하였
다. 문종文宗 때에 선생은 계속 집현전에 있으면서 왕명을 받들고 여러
유신儒臣과 함께 『역대병요歷代兵要』[6]를 편찬하였고, 노산군魯山君[7] 초년
에 사헌부집의司憲府執義로 재임하고 있을 때에 『역대병요』가 완성되었
다. 세조世祖가 수양대군首陽大君으로서 『역대병요』를 편찬한 신하들에게
직책과 품계를 올려 줄 것을 청하였고, 선생은 중훈대부中訓大夫[8]에서
중직대부中直大夫[9]로 승진하였다. 선생은 홀로 "품계를 올려 주자는 요청
이 아래에서 나왔으니 이제 그 농락籠絡을 받을 수 없다"라고 하고
굳이 계속 사양하기를 그만두지 않았다. 이에 집의에서 체직遞職[10]되어
직제학直提學이 되었으며, 마침내 병으로 인해 온천에 가서 목욕할 것을

<hr>

5) 經幄 : 經筵의 다른 말. 신하가 임금에게 유학의 經書나 역사서를 강론하는 일이나
   그것을 행하는 자리를 말한다.
6) 歷代兵要 : 역대의 전쟁과 그것에 대한 先儒들의 평을 집성한 兵書. 1450년(세종 32)에
   세종이 鄭麟趾 등에게 명하여 역대의 전쟁과 그것에 대한 先儒들의 평을 집성하도록
   명하고, 세종이 친히 '역대병요'라고 책명을 붙였다. 그 뒤 1451년(문종 1)에 문종이
   金龜・金末・金淡・徐居正 등에게 기록을 원전에 확인하고 音에 대한 주를 보완하도
   록 지시하였다. 이때 首陽大君이 이 작업을 지휘한 듯하며, 1453년(단종 1) 수양대군
   이 단종에게 이 책의 완성본을 바쳤다. 이후 1456년(세조 2)에는 왕명으로 내용이
   너무 번다하다 하여 원본을 간략히 줄여 무신들에게 교육할 것을 명하였다. 그해에
   이석형이 전라도관찰사로 있으면서 도사 趙枚 및 광주목사 宋休明과 함께 목판본으
   로 간행했는데, 이것이 현재 규장각도서에 전하는 책이다.
7) 魯山君 : 端宗을 가리킴. 단종은 조선 제6대 왕으로 1452년부터 1455년까지 재위하였
   다. 1455년(세조 1) 성삼문・박팽년 등 死六臣이 주동이 되어 단종 복위를 모의하다
   가 金礩의 배반으로 발각되어 참형을 당하였고, 1457년(세조 3)에 단종은 魯山君으로
   降封되어 寧越에 추방된 뒤에 죽음을 맞이하였다.
8) 中訓大夫 : 조선시대 從三品 東班 文官에게 주던 品階. 종삼품의 下階로서 中直大夫보다
   아랫자리이다.
9) 中直大夫 : 조선시대 從三品 東班 文官에게 주던 品階. 종삼품의 上階로서 中訓大夫보다
   상위 자리이다.
10) 遞職 : 벼슬이 갈리는 것.

청하고 고향으로 내려갔다. 이후 김종서金宗瑞와 황보인皇甫仁 등이 죽임을 당하자 선생은 조정으로 돌아갈 뜻이 더욱 없어졌다. 좌사간左司諫으로 부름을 받고 겨우 길에 올랐다가 병으로 나아가지 못하였으며, 이어 글을 올려 품은 생각을 말하였는데, "서리를 밟으면 단단한 얼음이 이른다"(履霜堅冰至)[11]와 "무더기로 난 뽕나무에 매듯 한다"(繫于苞桑)[12]는 경계와 "내치內治를 엄격히 하고 권문세가權門勢家를 막아야 한다"는 등의 말씀으로 은근함을 다하였으니, 대개 바라는 것이 간절하고 염려하는 것이 깊었다.

乙亥, 世祖受禪, 先生就召爲禮曹參判, 其志則固有在也. 所賜祿, 別儲而不食. 明年丙子, 因金礩上變, 卽與朴彭年成三問李塏柳誠源俞應孚, 同日受誅. 嗚呼! 此惟先生之始終也已.

을해년乙亥年(1455, 세조 1)에 세조가 선위禪位를 받자 선생은 부름을 받고 조정에 나아가 예조참판禮曹參判이 되었는데, 그 뜻은 진실로 다른 데 있었다. 그리하여 받은 녹봉을 따로 비축해 두고 먹지 않았다. 다음 해인 병자년丙子年에 김질金礩[13]의 고변告變으로 즉시 박팽년朴彭年,[14] 성삼문成三問,[15] 이개李塏[16], 유성원柳誠源,[17] 유응부俞應孚[18]와 같은 날에

---

11) 서리를 밟으면 단단한 얼음이 이른다 : 『주역』 坤卦에 "서리를 밟으면 단단한 얼음이 이른다"(履霜堅冰至)라는 말에서 유래하였다. 일의 조짐을 보고 미리 그 禍를 경계하라는 의미이다.

12) 무더기로 난 뽕나무에 매듯 한다 : 『주역』 否卦의 "망할까 망할까 하여 무더기로 난 뽕나무에 매듯 한다"(其亡其亡, 繫于苞桑)라는 것을 인용한 것이다. 근본을 먼저 굳건히 하는 계책, 혹은 미리 철저한 대비를 한다는 경계를 비유하여 말하는 것이다.

13) 金礩 : 조선 전기의 문신(1422~1478). 자는 可安. 호는 雙谷. 성삼문 등과 단종의 복위를 꾀하였으나 동지를 배반하고 그 사실을 임금께 고함으로써 사육신 사건을 일으켰다. 그 뒤 우의정, 좌의정을 지냈다.

14) 朴彭年 : 조선 세종 때의 집현전 학사(1417~1456). 자는 仁叟. 호는 醉琴軒. 사육신의 한 사람이다.

15) 成三問 : 조선 세종 때의 문신(1418~1456). 자는 謹甫. 호는 梅竹軒. 집현전 학사로 세종을 도와 훈민정음을 창제하였다. 사육신의 한 사람이다. 저서로 『成謹甫集』이 있다.

죽음을 받았다. 아! 이것이 선생의 처음과 끝이다.

先生有墓, 在府西古方山之原, 夫人金氏同其宅. 舊有小碣, 頃年倭
寇據府, 不免仆碎. 今先生外五代孫金崑, 爲復竪之, 而失其舊刻之文,
願得新詞以揭之. 噫! 先生事業, 日月如也, 光燄自赫, 其何待於言乎?
天地知之, 又何用文詞以示人哉? 且以尋常筆力, 豈得發揚其萬一歟?
辭以不敢, 則金君之言曰, 前人旣碑之, 砆石猶在, 決不可不復. 遂屢來
莫停, 其請愈堅, 故始敢略敍其所傳聞者矣.

선생의 묘는 선산부의 서쪽 고방산古方山[19] 언덕에 있으며, 부인 김씨金氏
와 유택幽宅을 함께하였다. 옛날에는 작은 비갈碑碣이 있었으나, 근년에
왜구倭寇가 선산부를 점거하였을 때에 쓰러뜨려 파손됨을 면하지 못하였
다. 이제 선생의 외5대손인 김곤金崑[20]이 비갈을 다시 세우려 하였는데,
옛 비갈에 새긴 글을 잃었으므로 새로운 글을 얻어 비갈에 새기기를
원하였다. 아! 선생의 사업은 해와 달과 같이 광채가 스스로 빛나니
어찌 말을 기다릴 필요가 있겠는가? 하늘과 땅이 알고 있으니 또 어찌
글로 사람들에게 보일 것이 있겠는가? 또한 심상尋常[21]한 문장력으로
어찌 그 만분의 일이라도 발양發揚할 수 있겠는가? 감히 지을 수 없다고
사양하니, 김 군이 "이전 사람이 이미 비를 세워 비석의 받침돌이 아직
남아 있으니 결단코 복구하지 않을 수 없습니다"라고 말하였다. 마침내

---

16) 李塏 : 조선 전기의 문신(1417~1456). 자는 淸甫 혹은 伯高. 호는 白玉軒. 직제학을
    지냈으며, 시문이 淸節하고 글씨를 잘 썼다는 평가를 받았다. 사육신의 한 사람이다.
17) 柳誠源 : 조선 전기의 문장가(?~1456). 자는 太初. 호는 琅玕. 과거에 급제하여 집현전
    학사로 세종의 총애를 받았다. 사육신의 한 사람이다. 시조 한 수가 『歌曲源流』에 전
    한다.
18) 兪應孚 : 조선 초기의 장군(?~1456). 자는 信之. 호는 碧梁. 사육신의 한 사람으로 儒學
    에 조예가 깊었으며, 숙종 때 병조판서에 추증되었다. 시조 3수가 전한다.
19) 古方山 : 경북 구미시 선산읍 죽장리 고방실마을 북서쪽에 위치한 산. 산의 능선 하단
    부에 하위지의 묘가 위치하고 있다.
20) 金崑 : 여헌의 제자. 『여헌선생급문록』에 그 이름이 보인다.
21) 尋常 : 대수롭지 않고 예사로움.

여러 번 찾아와 그만두지 아니하고 그 요청이 더욱 견고해지니, 비로소 감히 그 전하여 들은 바를 대략 서술한다.

至於先生之嘉言懿行可爲世敎者, 夫豈一二哉? 而家沒無傳焉, 惟南秋江孝溫傳六臣行于世. 稱先生曰, 爲人沈靜寡默, 口無擇言. 又曰, 世宗養育人才, 在當時方盛, 當時之論, 推先生爲首, 此亦足以槩知之者爾. 豈樹立於素養者, 固有其根本, 故做出於畢竟者, 乃有此大節義也哉?

선생의 아름다운 말씀과 훌륭한 행실 가운데 세상의 가르침이 될 만한 것이 어찌 한두 가지뿐이겠는가? 그러나 가세家勢가 몰락하여 전하는 것이 없고, 오직 추강秋江 남효온南孝溫[22]의 『육신전六臣傳』[23]만이 세상에 전한다. 여기에서 선생을 칭송하여 "사람됨이 침착하고 고요하고 과묵하여 입에 버릴 말이 없었다"고 말하였고, 또 이르기를 "세종이 인재를 길러 당시에 인재가 가장 무성하였는데, 이때의 의론에서 선생을 으뜸으로 추존하였다"고 하였으니, 이것 또한 선생에 대해 대략 알 수 있는 것이다. 평소에 닦은 수양에 수립된 것이 본래 근본이 있었기 때문에 마침내 이처럼 큰 절의節義가 있게 된 것이 아니겠는가?

先生之兄綱地, 先先生登第, 弟紀地, 與先生同榜, 季弟紹地, 生員. 先生有子曰漣, 亦生員, 幷坐於禍. 有女適李惟義, 李之壻曰縣監金仲卿, 崑卽其曾孫, 崑之爲是碑也. 洪公瑞翼守是邦, 多所施濟以成之, 又

---

22) 南孝溫 : 조선시대의 생육신(1454~1492). 자는 伯恭. 호는 最樂堂·秋江·杏雨·碧沙. 김종직의 문인이다. 세조에 의하여 물가에 이장된 단종의 생모 현덕왕후의 昭陵 복위를 상소하였으나 뜻을 이루지 못하자, 실의에 빠져 각지를 유랑하다 병사하였다. 저서에 『秋江冷話』가 있다.

23) 『六臣傳』 : 조선 전기에 南孝溫이 지은 사육신의 傳記. 『秋江先生文集』 권8과 趙基永의 『生六臣文集』 권7에 수록되어 있다. 『육신전』은 당시 상황에서는 역적으로 몰려 죽음을 당한 육신들의 행적을 野人의 입장에서 기록함으로써 민간의 구비전승 그 맥을 같이하는 기록물이다. 正史에서 배척됨으로써 자칫 매몰될지도 모르는 그들의 행적을 남효온이 뛰어난 문장력으로 기술한, 역사의식과 문학성이 결합된 작품으로 평가받고 있다.

出墓僕若干, 以世其守, 又復崑之孼子姪四人, 俾典香火, 其所以留意
扶植者亦誠矣. 碑之立, 是萬曆四十四年夏四月也. 銘曰 :

선생의 형 하강지河綱地[24]는 선생보다 먼저 과거에 급제하였으며, 아우
하기지河紀地[25]는 선생과 더불어 동방급제同榜及第[26]하였고, 막내아우
하소지河紹地는 생원生員이었다. 선생에게는 아들 하연河漣이 있었는데,
또한 생원이었으며 선생과 함께 화를 당하였다. 딸은 이유의李惟義에게
출가하였고, 이유의의 사위는 현감縣監 김중경金仲卿이고, 김곤金崑은
곧 그 증손이다. 김곤이 이 비석을 세울 때에 홍서익洪瑞翼[27] 공이 이
고을 수령으로 많은 도움을 주어 묘갈을 이루게 하였으며, 또 묘를
지키는 노비 약간 명을 내어 대대로 지키게 하였고, 또 김곤의 서자와
조카 네 명을 복호復戶[28]하여 향화香火[29]를 맡게 하니, 윤리를 붙들어
세움에 유념함이 또한 정성스러웠다. 비를 세운 것은 만력萬曆[30] 44년(1616,
광해군 8) 여름 4월이었다. 다음과 같이 명銘을 쓴다.

君子有處變事業, 蓋亦成就一箇義.
所欲有甚於生, 生可捐棄,

---

24) 河綱地 : 1429년(세종 11) 문과에 급제하여 正言과 同福縣監을 지냈으나 동생 하위지와
함께 화를 당하였다.
25) 河紀地 : 1438년(세종 20) 하위지와 함께 문과에 등제되었으며, 형과 함께 화를 당하
였다. 端宗別壇에 배향되었다.
26) 同榜及第 : 두 사람의 이름이 동시에 같은 榜에 올랐다는 뜻으로, 大科에 함께 급제함
을 이르는 말.
27) 洪瑞翼 : 조선 중기의 문신. 1572(선조 5)~1623(인조 1). 1609년(광해군 1) 증광문과에
급제하고 勳蔭으로 通政大夫의 품계에 올랐고, 1610년에 수안군수가 되었다. 다음 해
아버지상을 당하여 3년상을 마친 뒤 옥천·선산 군수를 역임하였다. 선산군수 재임
시 하위지 비갈 건립을 물심양면으로 지원하였다. 1618년에 이르러 정조鄭造·윤인
尹訒 등이 이이첨李爾瞻의 사주를 받아 폐모론이 논의되어 조정에 의견이 분분하게
되자, 벼슬을 버리고 고향으로 돌아가서 다시 나오지 않았다.
28) 復戶 : 조선시대 때 軍人·양반, 忠臣·孝子의 일부 및 宮中의 奴婢 등 특정한 대상자에
게 租稅나 그 밖의 국가적 부담을 면제하여 주던 일.
29) 香火 : 향을 피운다는 뜻에서 '祭祀'를 일컫는 말.
30) 萬曆 : 중국 明나라 神宗의 연호. 1573년부터 1619년까지가 이에 해당한다.

所惡有甚於死, 死不違避.

身膏鈇鉞, 功在綱常.

四尺荒封, 令人髮竪而骨凜, 是先生衣冠之藏.

군자가 변變에 대처하는 사업은, 또한 하나의 의義를 성취하는 것이라네.
하고자 하는 바가 삶보다 심한 것이 있어, 삶을 버렸고,
싫어하는 바가 죽음보다 심한 것이 있어, 죽음을 피하지 않았네.
몸은 부월鈇鉞31)에 기름칠 되었지만, 공功은 강상綱常에 남아 있네.
넉 자 황량한 무덤은, 사람들에게 머리털이 꼿꼿이 서고 뼈를 시리게
하니, 바로 이곳이 선생의 의관衣冠을 모신 곳이라네.

---

31) 鈇鉞 : 임금의 권위를 상징하는 작은 도끼와 큰 도끼를 아울러 이르는 말. 여기에서는
형벌을 할 때 쓰는 기구라는 의미로 쓰였다.

한훤당 김선생의 신도비명【寒暄堂金先生神道碑銘】

【소해제】

이 신도비명은 여헌의 나이 72세 때인 1625년(인조3)에 작성한 것으로, 『여헌선생문집』제12권에 실려 있다.

사림을 대표하는 인물인 한훤당寒暄堂 김굉필金宏弼(1454~1504)은 그의 증조부 때부터 자리를 잡은 경상도 현풍玄風을 중심으로 영남의 주요 지역을 내왕하며 학문을 닦았다. 이러한 과정에서 그는 그의 집안이 소유했던 전장田庄과 노비가 있었던 선산에 자주 왕래하였고, 이에 따라 선산지역에 적지 않은 문인을 배출하였다.

김굉필은 선산을 대표하는 유현이자 길재吉再로부터 연원하는 학맥을 계승한 김종직金宗直의 문하에서 학문을 익혔다. 특히 그는 『소학小學』에 심취하여 스스로를 '소학동자'라 일컬었으며, 평생토록 『소학』을 독신篤信하였다. 1494년(성종25) 경상도관찰사 이극균李克均의 천거로 관직 생활을 시작하였으나, 얼마 지나지 않아 무오사화戊午士禍(1498)가 발생하자 김종직의 문도로서 붕당을 만들었다는 죄목으로 형을 받고 평안도 희천에 유배되었다가 2년 뒤 순천에 이배되었다. 그리고 갑자사화甲子士禍(1504)가 일어나자 무오당인이라는 죄목으로 극형에 처해졌다. 중종반정 이후 신원伸冤되었으며, 1610년(광해군2) 정여창鄭汝昌・조광조趙光祖・이언적李彦迪・이황李滉 등과 함께 문묘에 종사되었다.

여헌은 김굉필의 외증손인 정구鄭逑를 통해 그의 학문적 업적을 익히 알고 있었다. 그리고 1624년(인조2) 종손 김대진金大振이 지역 유림과 함께 신도비 건립을 추진하고, 1년 만에 경상감사 이민구李敏求의 도움을 받아 신도비 건립의 결실을 보게 되자, 여헌은 이 글을 지어 김굉필의 업적을 기렸다.

【원문 및 번역】

皇明啓文明之運, 我朝鮮列聖, 應運繼作, 積德隆化, 於是乎眞儒出
於東方. 道學爰有傳焉, 卽先生是也.

황제의 나라 명明이 문명文明의 운을 열자 우리 조선의 여러 성왕聖王들께
서 그 운에 응하여 계속하여 나오셔서 덕德을 쌓고 교화를 융성하게
하였다. 이에 진유眞儒가 동방에서 나와 도학道學이 전하여지니, 바로
선생이 그러한 분이다.

先生諱宏弼, 字大猷, 號寒暄堂. 謹按國朝儒先錄及景賢錄所載, 則
金氏籍黃海道瑞興府, 高麗朝金吾衛精勇中郎將諱寶, 其九世祖也.

선생의 휘諱는 굉필宏弼이고, 자는 대유大猷이며, 호號는 한훤당寒暄堂이다.
『국조유선록國朝儒先錄』[1]과 『경현록景賢錄』[2]에 기재된 바를 삼가 살펴보
니, 김씨는 황해도 서흥부瑞興府가 본적本籍이고, 고려조에서 금오위金吾
衛[3] 정용精勇[4] 중랑장中郎將을 지낸 휘 보寶[5]가 9세조이다.

郎將之孫諱天祿, 官至匡靖大夫都僉議侍郎贊成事瑞興君, 公有
武略, 從征日本有功, 元帝宣授忠顯校尉管軍摠把. 後三世諱善保,

---

1) 『國朝儒先錄』: 1570년(선조 3) 선조의 명을 받아 당시 부제학이었던 柳希春이 金宏弼
・鄭汝昌・趙光祖・李彦迪 등 四賢의 행적을 모아 편찬한 책.
2) 『景賢錄』: 金宏弼의 전기 및 저작집. 원래 李楨이 김굉필과 曺偉의 사적을 상・하 2권
으로 엮었는데, 후에 鄭逑가 김굉필의 사적만 뽑아 증보하여 상・하 2권으로 된 『경
현록』을 펴냈다. 김굉필의 遺文・行狀・年譜 등을 따로 묶어 續錄 2권을 만들었으나,
모두 소실되었고, 숙종 때 정구의 제자 金夏錫이 그 초고를 얻어 편집하고 補遺하여
상・하 2권으로 1719년(숙종 45)에 간행하였다.
3) 金吾衛: 고려시대의 軍制인 六衛의 하나. 도성의 치안경찰 임무를 맡았다. 上將軍(정3
품)과 大將軍(종3품) 각 1명, 장군(정4품) 7명, 中郎將 14명, 郎將・別將・散員 각 35명,
尉 140명, 隊正 280명의 장교가 배치되었다.
4) 精勇: 고려시대 중앙군인 六衛와 지방군인 州縣軍에 있었던 부대조직.
5) 金寶: 신라 왕실의 후예로 경순왕의 넷째 아들 大安君 金殷說의 5세손이다.

奉順大夫判書雲觀事, 是先生高祖也. 曾祖諱中坤, 本朝初登第, 歷
事四朝, 有聲稱, 官至通政大夫禮曹參議, 娶玄風郭氏, 自是玄風仍
爲鄉居矣. 祖諱小亨, 奉訓郎義盈庫使. 考諱紐, 登武科, 禦侮將軍忠
佐衛司勇, 妣清州韓氏, 嘉善大夫中樞院副使贈兵曹判書清城君諱
承舜之女.

낭장郎將[6)의 손자인 휘 천록天祿은 관직이 광정대부匡靖大夫[7) 도첨의시랑
都僉議侍郎[8) 찬성사贊成事[9)에 이르러 서홍군瑞興君에 봉해졌다. 공은 군사
상 책략이 뛰어나 일본 정벌에 종군하여 공을 세웠으며, 이에 원元나라
황제가 충현교위忠顯校尉 관군총파管軍摠把를 제수하였다. 이후 3세조
휘 선보善保는 봉순대부奉順大夫[10) 판서운관사判書雲觀事[11)를 지냈으니,
선생의 고조이다. 증조는 휘가 중곤中坤이니, 본조本朝[12) 초기에 급제하여
네 조정을 차례로 섬겨 명성이 있었으며, 관직이 통정대부通政大夫[13)
예조참의禮曹參議[14)에 이르렀고, 현풍곽씨玄風郭氏에게 장가를 들었으니,
이로부터 현풍이 곧 거주하는 고을이 되었다. 조고祖考는 휘가 소형小亨이
고, 봉훈랑奉訓郎[15) 의영고義盈庫[16) 사使를 지냈다. 선고先考의 휘는 유紐이
며, 무과武科에 급제하여 어모장군禦侮將軍 충좌위사용忠佐衛司勇을 지냈
으며, 선비先妣는 청주한씨清州韓氏이며, 가선대부嘉善大夫[17) 중추원부사

---

6) 郎將 : 고려와 조선 시대의 무관직. 고려시대에는 정6품으로서 二軍과 六衛에 속했으
　며, 1領에 2~5명씩 배속되었다

7) 匡靖大夫 : 고려시대 문관의 정2품 품계. 1275년(충렬왕 1)에 처음으로 사용되었다.

8) 都僉議侍郎 : 都僉議는 최고 중앙의정기관인 中書門下省의 후신관청으로, 1275년(충렬
　왕 1) 몽고의 압력으로 관제를 개혁할 때 설치되었다. 시랑은 상서6부의 정4품 관직
　에 해당하는 관직.

9) 贊成事 : 고려 후기 僉議府의 정2품 관직.

10) 奉順大夫 : 고려시대 文官 정3품 下의 품계명.

11) 判書雲觀事 : 현재의 기상청장에 해당하는 관직.

12) 本朝 : 조선조를 가리킴.

13) 通政大夫 : 조선시대 문신 정3품 상계의 품계명.

14) 禮曹參議 : 조선시대 예조에 둔 正三品 堂上官.

15) 奉訓郎 : 조선시대 文官 종5품 下의 품계명.

16) 義盈庫 : 궁중에서 쓰이는 기름·꿀·과일 등의 물품을 관리하던 관서.

中樞院副使로 병조판서兵曹判書에 추증되고 청성군清城君에 봉해진 휘 승순
承舜의 따님이다.

先生景泰甲戌五月乙亥, 生于漢陽貞陵洞之第. 少豪逸不羈, 稍長,
發憤業文. 喜讀昌黎集, 每至張中丞傳後敍, 巡呼雲曰, 南八! 男兒死耳,
不可爲不義屈. 未嘗不三復流涕焉.

선생은 경태景泰[18] 갑술년(1454, 단종 2) 5월 을해乙亥에 한양의 정릉동
집에서 태어났다. 어려서부터 작은 일에 매이지 않고 호방豪放하였고
남에게 아무런 구속拘束을 받지 아니하였으나, 점점 자라면서 분발하여
학문을 업業으로 삼았다. 한유韓愈의 『창려집昌黎集』[19]을 즐겨 읽었는데,
매번 「장중승전후서張中丞傳後敍」[20]의 "장순張巡이 남제운南霽雲을 부르
며, '남팔南八아! 남아南兒가 죽을지언정 불의不義 때문에 굽힐 수는 없다'
고 말하였다"라는 대목[21]에 이르러 일찍이 반복하여 읽고 눈물을 흘리지
않은 적이 없었다.

就佔畢齋金先生請學, 佔畢先生授以小學曰, 苟志於學, 當從此始,
光風霽月, 都在此中. 先生遂服膺焉, 手不釋卷. 作詩, 有曰小學書中悟
昨非, 佔畢齋批曰, 此言乃作聖根基, 魯齋後豈無其人乎? 人有問及時

---

17) 嘉善大夫 : 종2품의 하계 문관 및 무관의 품계.
18) 景泰 : 중국 明나라 대종 때의 年號. 서기 1450년부터 1456년까지가 해당한다.
19) 『昌黎集』 : 당나라 韓愈(768~824)의 문집.
20) 「張中丞傳後敍」 : 『창려집』에 실린 한유의 대표적인 서사문. 한유의 걸작 중 하나로
손꼽힌다. 張巡을 비롯한 인물들의 형상화가 뛰어나고, 조리 있게 사건을 서술하여
의론과 서정을 한데 섞어 넣었다는 평가를 받고 있다.
21) 대목 : 이 대목의 내용은 다음과 같다. 張中丞은 御史中丞을 지낸 張巡을 가리키는데,
장순은 玄宗 때에 安祿山이 반란을 일으키자, 許遠과 함께 睢陽城을 끝까지 지키다가
부하인 南霽雲, 雷萬春 등과 함께 장렬하게 죽었다. 당시 文人인 李翰이 일찍이 『張巡
傳』을 지었는데, 한유는 이한이 허원전을 짓지 않고 뇌만춘의 일을 기록하지 않았다
고 하여 이 글을 지었다. 뒤의 南八은 바로 남제운을 지칭한 것으로 그가 남씨 가문
의 형제 중 여덟째이기 때문에 이렇게 지칭한 것이다.

事者, 必曰小學童子, 何知大義? 其律己一以是書爲繩墨, 立志必以古
聖爲準的.

점필재佔畢齋 김 선생22)을 찾아가 배움을 청하자, 점필재선생은『소학小
學』23)을 주며, "진실로 학문에 뜻을 둔다면 마땅히 이것으로부터 시작하여
야 한다. 광풍제월光風霽月24)의 기상이 모두 이 가운데에 있다"라고 말하였
고, 선생은 마침내 이 말씀을 가슴에 새겨 두고 손에서 이 책을 놓지
않았다. 선생이 지은 시에 "『소학』 가운데에서 어제의 잘못을 깨달았네"
라는 구절이 있었으니, 점필재선생이 이를 비평하여 "이 말이 곧 성인聖人
이 되는 근기根基이다. 노재魯齋25) 이후에 어찌 그러한 인물이 없겠는가?"
라고 말하였다. 사람들이 세상일에 대해 질문을 하면 선생은 반드시
"소학동자小學童子가 어찌 대의大義를 알겠는가?"라고 말하였으며, 몸을
다스림에 한결같이 이 책을 승묵繩墨26)으로 삼았고, 뜻을 세움에 반드시
옛 성인을 표준으로 삼았다.

年三十後, 始讀他書, 探賾六經, 務要精通. 靜處一室, 深夜不寐, 雖家
人子弟, 莫窺其所爲, 惟聞蓮子纓抵書案, 輕輕有聲, 因知其尙觀書也.

22) 김 선생 : 金宗直(1431~1492)을 가리킨다. 김종직은 조선 전기 영남 출신의 사림파
학자이자 뛰어난 문장가, 관료였다. 김굉필과 정여창 등 많은 제자를 길러 내 영남
사림파의 영수로 평가받고 있다.
23)『小學』: 주자의 제자 劉子澄이 주자의 지시에 따라 편찬한 修身書. 內篇 4권, 外篇
2권 등 총 6권으로 되어 있다. 우리나라에서는 조선 초부터 아동의 수신서로서 장려
되었으며, 四學·향교·서원·서당 등 당시의 모든 유학 교육기관에서는 필수 교과
목으로 다루었다. 金宏弼은 특히『소학』의 중요성을 더욱 강조하여, 모든 학문의 입
문이며 기초인 동시에 인간교육의 절대적인 원리가 됨을 역설하였다.
24) 光風霽月 : 시원한 바람과 맑은 달이란 뜻으로, 아무 거리낌이 없이 맑고 밝은 人品을
비유하여 이르는 말.
25) 魯齋 : 중국 元나라 때의 儒學者인 許衡(1209~1281)을 가리킨다. 허형은 원나라 초반
의 학계에 주자학의 기초를 닦았다. 원의 世祖를 받들어 官國子祭酒를 역임하였으며,
新曆의 제정에도 참여하였다. 특히 그는『소학』을 신봉하여 "나는『소학』을 믿기를
神明처럼 하고 공경하기를 부모처럼 한다" 하였으며, 자제들을 가르칠 때에도 반드
시『소학』을 위주로 하였다.
26) 繩墨 : 먹줄통과 먹줄, 즉 法度나 準則을 가리킴.

體驗充廣, 自強不息,27) 下學上達,28) 道成德立, 此先生爲學門路之直,
進修之密也.

나이가 서른에 이른 이후에 비로소 다른 책을 읽기 시작하였고, 육경六經29)
을 탐구하여 정밀하게 통달하는 데 힘을 썼다. 방에 고요하게 거처하여
밤이 깊도록 잠을 자지 않았으니, 비록 집안 식구나 자제라고 하더라도
선생이 하는 바를 엿보지 못하였으며, 오직 연자蓮子30)로 된 갓끈이
책상에 닿아 작게 나는 소리만 들렸으니, 이로 인하여 선생께서 아직도
책을 보고 있음을 알 수 있었다. 체험하여 확충하고 스스로 힘써 쉬지
않았으며, 아래에서 쉬운 것부터 배워 위로 깊고 어려운 것에 통달하여
도道가 이루어지고 덕이 세워졌으니, 이것은 선생이 학문함에 있어 문로門
路가 곧으며 덕과 학문을 닦는 것이 치밀한 것이었다.

成化庚子, 卽成廟朝. 先生入上庠, 時姦僧潛回佛像惑衆. 先生疏陳
數千言, 反覆詳論, 明白剴切, 其闢異之正, 格君之誠然也. 丁未, 丁外
艱, 廬墓三年. 至弘治甲寅, 以行義薦授南部參奉. 乙卯, 爲燕山時, 移典
牲署參奉. 丙辰, 特敍六品, 拜軍資監主簿, 遷司憲府監察. 丁巳, 轉刑曹
佐郎. 戊午, 史獄起, 以先生遊佔畢齋門, 決配熙川. 庚申, 移配順天.
甲子冬, 終命加焉, 年五十一. 歸葬于玄風烏舌里松林甫老洞, 卽先塋
傍也. 家被籍沒, 諸子分配矣.

성화成化31) 경자년庚子年(1480, 성종 11)은 곧 성종成宗 때이다. 선생이 성균관

---

27) 自強不息 : 스스로 힘쓰고 쉬지 않는다는 뜻. 오직 최선을 다하여 힘쓰고 가다듬어
쉬지 아니하며 修養에 힘을 기울여 게을리 하지 않는다는 의미이다. 『주역』 「乾卦」의
'象傳'에서 유래하였다.
28) 下學上達 : 아래를 배워 위에 도달한다는 뜻으로, 쉬운 지식을 배워 어려운 이치를
깨닫는다는 의미이다. 『論語』 「憲問」편에 나온다.
29) 六經 : 『詩經』, 『書經』, 『禮記』, 『樂記』, 『易經』, 『春秋』의 6가지 經書. 經이란 常을 뜻하
며, 사람이 항상 좇아야 할 도리를 말한다.
30) 蓮子 : 연꽃의 열매.
31) 成化 : 明나라 제8대 황제 憲宗의 연호. 서기 1465년부터 1487년까지가 이에 해당한다.

에 입학하니, 이때에 간사한 승려가 몰래 불상佛像을 돌려놓아 백성들을 현혹하였다.32) (이 사건이 발생하자) 선생은 수천 자의 상소를 올렸으며, 거듭하여 자세히 논하였고 내용이 명백하고 간절하였으니, 이단異端을 배척한 바름과 군주를 바로잡고자 하는 정성이 그러하였다. 정미년丁未年(1487, 성종 18)에 선생은 부친상을 당하여 3년 동안 여묘廬墓살이를 하였다. 홍치弘治33) 갑인년甲寅年(1494, 성종 25)에 이르러 선생은 의로운 행위로 천거되어 남부참봉南部參奉34)에 제수되었으며, 다음 해인 을묘년乙卯年(1495, 연산군 1)은 연산군 재위 때인데, 전생서典牲署35)참봉으로 자리를 옮겼다. 병진년丙辰年(1496, 연산군 2)에 특별히 6품직으로 서용敍用36)되어 군자감주부軍資監主簿에 제수되었다가 사헌부감찰司憲府監察로 옮겼으며, 정사년丁巳年(1497, 연산군 7)에 형조좌랑刑曹佐郎으로 전직하였다. 무오년戊午年(1498, 연산군 4) 사옥史獄37)이 일어났고, 선생은 점필재의 문하에서 공부하였다고 하여 평안도 희천熙川으로 유배流配되었다. 경신년庚申年(1500, 연산군 6)에 전라도 순천順天으로 옮겨졌고, 갑자년甲子年(1504, 연산군 10) 겨울에 사약死藥이

---

32) 백성들을 현혹하였다 : 이 사건은 1480년 5월 24일, 圓覺寺의 중이 몰래 木佛을 돌려놓고 "불상이 저절로 돌아앉았다"고 주장하여 물의를 일으킨 사건을 말한다. 이때 掌令 李仁錫은 "都城 사람인 男女들이 圓覺寺의 木佛이 돌아섰다는 말을 듣고 다투어 서로 施納하고 月山大君도 가서 보았으니, 어찌 이런 이치가 있겠습니까? 반드시 虛誕한 말을 만들어 人心을 眩惑하는 것입니다. 聖明의 아래 큰 都會 가운데에서도 오히려 꺼리는 것이 없이 감히 요망한 말을 만들어 내는데, 더구나 사방의 먼 곳에서야 그 大衆을 현혹하고 백성을 속이는 害를 이루 말할 수 있겠습니까? 청컨대 말을 만들어 낸 자를 국문하여 그 죄를 다스려서 사람들의 의혹을 풀어야 합니다"라고 성종에게 주청하였다. 『成宗實錄』, 11년 5월 25일(갑진) 참조.

33) 弘治 : 중국 明나라 孝宗 때의 年號 서기 1488년부터 1505년까지가 해당된다.

34) 南部參奉 : 종9품의 미관말직.

35) 典牲署 : 궁중의 祭享·賓禮·賜與에 쓸 가축을 기르는 일을 맡았던 관서.

36) 敍用 : 주로 벼슬을 잃은 사람에게 다시 官職을 주어 쓴다는 의미. 여기에서는 특별히 승진되었다는 의미.

37) 史獄 : 戊午士禍를 가리킴. 1498년 『성종실록』 편찬 때 김종직이 쓴 「弔義帝文」과 훈구파 李克墩이 세조비 貞熹王后의 국상 때 전라감사로 있으면서 근신하지 않고 長興 기생과 어울렸다는 불미스러운 사실을 사초에 올린 것이 직접적인 동기가 되어 신진 사류에 대한 참혹한 박해를 빚어낸 사건이다. 이 사화로 인해 김종직이 剖棺斬屍되고 김일손 등이 처형되었다.

내려져 목숨을 잃게 되었으니, 이때 선생의 나이는 51세였다. 현풍玄風의 오설리烏舌里[38] 송림松林 보로동甫老洞으로 돌아가 장례를 하였으니, 곧 선영先塋의 곁이었다. 집안의 모든 재산은 관의 장부에 등록되어 몰수당하였고, 여러 아들들은 나누어 유배되었다.

正德丙寅, 中廟靖國, 命雪先生罪, 贈通政大夫都承旨兼經筵參贊官 尙瑞院正. 丁丑, 以公論獻議例贈未足表異, 請加贈崇品, 歲廩其妻, 錄用子孫. 夢允, 復贈大匡輔國崇祿大夫議政府右議政兼領經筵事, 又命每歲春秋仲月, 官爲致祭. 萬曆乙亥, 宣廟賜諡文敬公. 光海庚戌, 擧國儒生咸上章, 請以五賢從祀于文廟, 遂得如請, 而先生居首. 又先生遺敎之鄕及宗尙國儒之地, 各自立祠設院, 本縣則額以道東, 今在壠下. 此先生始終也.

정덕正德[39] 병인년丙寅年(1506, 중종 1)에 중종반정中宗反正이 이루어져 어지럽던 나라가 태평하게 되니, 임금께서 선생의 죄를 씻을 것을 명하여 통정대부通政大夫[40] 도승지都承旨[41] 겸 경연참찬관經筵參贊官[42] 상서원정尙瑞院正[43]을 추증하였다. 정축년丁丑年(1517, 중종 12)에 공론公論에 따라 "준례準例에 따른 추증으로는 선생을 표창하여 특별히 대우함에 부족하옵니다. 청하건대 높은 품계品階를 더 추증하고 해마다 그 아내에게 녹봉을 내리고 자손들을 기록하여 등용하십시오"라는 의론議論이 올려졌다. 마침내 임금의 윤허允許를 받아 대광보국숭록대부大匡輔國崇祿大夫[44] 의정부우의정議政府右議政 겸 영경연사領經筵事[45]에 추증되었고, 다시 매

---

38) 玄風의 烏舌里 : 현재 대구광역시 달성군 구지면 오설리를 가리킴.
39) 正德 : 중국 明代 武宗의 연호. 서기 1506년부터 1521년까지가 해당된다.
40) 通政大夫 : 문신 정3품 상계의 품계명.
41) 都承旨 : 왕명을 출납하던 승정원의 정3품 관직.
42) 經筵參贊官 : 經筵의 정3품 관직.
43) 尙瑞院正 : 국왕의 璽寶·부신 등을 관장하였던 관서인 尙瑞院의 으뜸 벼슬.
44) 大匡輔國崇祿大夫 : 正一品 東西班 文武官에게 주던 최고 품계.
45) 領經筵事 : 經筵廳에 둔 으뜸 벼슬. 領事로 正一品.

년 중춘仲春과 중추仲秋에 관청에서 제사를 지내도록 명하였으며, 만력萬曆46) 을해년乙亥年(1575, 선조 8)에 선조宣祖께서 문경공文敬公이라는 시호諡號를 내렸다. 광해군光海君 경술년庚戌年(1610, 광해군 2)에 온 나라 유생들이 일제히 글을 올려 오현五賢47)을 문묘文廟에 종사할 것을 청하였고, 마침내 청한 바와 같이 임금의 윤허를 얻어 선생을 오현 가운데 첫자리에 올렸다. 또한 선생의 가르침이 남아 있는 지방과 나라의 유현儒賢을 높이고 숭상하는 지역에 각각 사당을 세우고 서원을 설치하였으니, 본현本縣48)에는 도동서원道東書院49)이라 사액賜額을 하여 지금 선영 아래에 있다. 이것이 선생과 관련된 일의 처음과 끝이다.

嗚呼! 其嘉言懿行, 何可數也, 而不幸遭時不淑, 禍出罔極, 其得傳者, 宜無幾矣. 今就其所傳而略擧焉, 則平居雞鳴而起, 省問親所如儀, 昏定亦如之, 凡所以事之者盡其道. 丁憂哀毁, 終始以禮, 卽吉, 必晨謁祠堂, 次詣母夫人. 母夫人性嚴, 或有不惬意, 正色不言, 則惶恐不敢退, 必起敬起孝, 須得悅豫始退. 此可以見其百行之原也.

아! 선생의 그 아름다운 말씀과 훌륭한 행실을 어찌 일일이 셀 수 있겠는가? 하지만 불행하게도 아름답지 못한 때를 만나 불행이 끝이 없었으니, 그 전하는 것이 얼마 되지 않는 것이 당연하다 하겠다. 이제 그 전하는 바에 나아가 대략 거론하면, 평소 닭이 울면 일어나서 어버이가 거처하시는 곳에 문안 인사하기를 의례儀禮대로 하였으며, 밤에 잘 때에 부모님의 잠자리를 보아 드리는 것 또한 이와 같이 하였으니, 무릇 어버이를

---

46) 萬曆 : 중국 明나라 神宗의 연호. 1573년부터 1619년까지가 이에 해당한다.

47) 五賢 : 조선시대 儒林에서 받들어 모신 어질고 學德이 높은 다섯 현인. 金宏弼, 鄭汝昌, 趙光祖, 李彦迪, 李滉을 일컫는다.

48) 本縣 : 현풍현을 가리킴.

49) 道東書院 : 대구광역시 달성군 求智面 道東里에 소재한 서원. 1568년 지방유림에서 비슬산 동쪽 기슭에 세워 雙溪書院이라고 하였다. 임진왜란으로 소실되었다가 1605년에 사림들이 지금의 자리에 사우를 중건하여 甫勞洞書院이라고 하였다. 1607년에 도동서원으로 사액되었다.

510

섬김에 그 도리를 다하였다. 부모님의 상喪을 당함에 야윌 만큼 몹시 슬퍼하며 처음부터 끝까지 예禮를 따랐고, 상복을 벗은 뒤에는 반드시 이른 아침에 사당에 문안하였으며, 다음에는 모부인母夫人에게 나아가 뵈었다. 모부인의 성품은 엄격하였다. 때로 선생과 서로 뜻이 맞지 않으면 얼굴에 엄정한 빛을 나타내고 말씀을 하지 않았으니, 선생은 감히 물러가지 못하고 반드시 공경함과 효성스러움을 일으켜 모름지기 모부인이 기뻐함을 얻고서야 비로소 물러났다. 이것으로 선생에게서 백 가지 행실의 근원인 효행을 볼 수 있다.

訓諸子曰, 爾等心存敬畏, 無敢懈惰, 人或議己, 切勿相較. 又曰, 言人之惡, 如含血噴人, 先汙其口, 宜戒之. 敎諸女, 以順舅姑, 謹祭祀, 敬娣姒, 勤婦職, 恤奴婢, 毋多言, 愼財利等目爲勸戒. 又以爲我國士大夫鮮立家訓, 故化導不及於妻孥, 敎澤不下於臧獲, 仍倣內則, 制爲儀節. 至於內外僕類, 亦皆分男女, 序長幼, 視職勤惰, 明升降勸懲之規. 吉凶, 有費節豐約紓縮之差, 每以朔朢, 讀法整頓. 此其家範也.

선생이 여러 아들을 훈계하면서 "너희들은 마음에 공경恭敬하고 두려워하는 것을 품고, 감히 게으르고 나태함이 없어야 한다. 사람들이 혹 자신을 비판하거든 절대 서로 따져 보지 말아야 한다"라고 말하였다. 또 "남의 악을 말하는 것은 마치 피를 입에 머금고 남에게 뿜는 것과 같아서 먼저 자기의 입을 더럽히는 것이니, 마땅히 경계해야 한다"라고 말하였다. 여러 딸을 가르치면서 시부모에게 순종하고, 제사를 정성껏 받들며, 손아랫동서와 손윗동서들을 존경하고, 부인의 직책을 부지런히 하며, 노비들을 구휼하고, 말을 많이 하지 말며, 재리財利를 삼갈 것 등의 조목을 타이르며 훈계訓戒하였다. 또 선생께서는 "우리나라 사대부들은 드물게 가훈家訓을 세우기 때문에 교화敎化가 처자식에게까지 미치지 아니하고, 가르침의 은택이 노비들에게 내려가지 아니한다"라고 말하고, 「내칙內則」50)을 본떠 의절儀節을 제정하였다. 마침내 내외의 노비들에 이르러서는 또한 모두 남녀를 구분하고 장유長幼의 순서를 정하였으며, 맡은 일을 부지런히 하는지 게을리하는지를 살펴, 올리고 내리고 권면하고 징계하는 규정을 분명히 하였다. 길사 및 흉사에는 쓰이는 비용을 넉넉히 하고 부족하게 하며 줄이고 늘리는 차이를 두어 조절하였으며, 매월 초하루와 보름에는 가법家法을 읽어 가지런히 바로잡았다. 이것이 선생이 집안에서 행한 법도이다.

曾祖妣郭氏先世墳塋在玄風者, 久遠圮壞, 樵牧不禁. 先生謂郭門諸族曰, 此爲子孫者所不忍覩, 切宜禁護. 又以令節用時羞告虔, 因相與講睦, 不亦可乎? 於是, 莫不樂從以爲恒式. 此孝睦之推也.

중조비인 곽씨郭氏의 선대 묘소가 현풍에 있었는데, 세월이 오래되어 봉분이 무너졌으나 나무꾼과 목동들이 출입하는 것을 금지 않았다. 선생은 곽씨 문중의 여러 일가친척들에게 "이것은 자손이 된 자가 차마 볼 수 없는 것이니, 철저히 금지하고 보호하는 것이 마땅합니다"라고 말하였고, 또 "명절에는 철에 따른 음식을 올려 경건하게 고유告由하고, 이로 인하여 더불어 서로 화목을 강구하는 것이 또한 바람직하지 않겠습니까?"라고 말하였다. 이에 곽씨 문중의 일가친척들은 선생의 말을 따라 항식恒式[51]으로 삼았다. 이것은 선생이 효행과 화목을 미루어 넓힌 것이다.

若其應官處俗, 不求甚異於人, 一以至誠. 其爲刑郞, 擧止有法, 升降之際, 周旋折旋, 必中規矩, 未嘗少違. 獄訟明恕, 人皆稱服. 又雖仕務迫遽, 不廢講授. 此乃達不離道也.

관청의 사무에 응하고 세속에 대처하는 것과 같은 것은 다른 사람과 심하게 다르지 않고 한결같이 정성을 다하였다. 형랑刑郞이 되었을 때에는

50) 「內則」: 『禮記』의 篇名. '內'는 여자들이 거처하는 閨門 안을 가리킨다. 규문 안에서 행하는 예절이나 의식이 기록되어 있다. 이러한 측면에서 내칙은 여자들이 가정 안에서 지켜야 할 법도나 규칙을 의미한다.

51) 恒式 : 항상 따르는 형식이나 정해진 法式.

행동거지에 법도가 있어, 오르고 내릴 때에 원을 그리며 돌아 나오건 직각으로 돌아 나오건 반드시 법도에 맞아서 일찍이 조금도 어기지 않았다. 옥사獄事와 송사訟事를 분명하게 처리하면서도 남의 처지를 헤아려 사람들이 모두 칭찬하고 복종하였다. 또 비록 관청의 사무가 아무리 급박하다고 하더라도 강학講學과 수업을 그만두지 않았다. 이것은 곧 선생이 영달하여도 도를 떠나지 아니한 것이다.

與鄭一蠹汝昌, 志同道合, 每相見硏磨道義, 商確古今, 或至達曙. 其在熙川, 得趙靜庵光祖, 遂傳其長進遠大之機軸. 凡其住止之地, 遠近士子之聞風慕從者, 坌集隣閭, 填溢人家, 執經升堂, 坐不能容. 先生誨誘不倦, 講論諄諄. 雖有以謗興請止, 乃引喩以理, 不抑不沮, 隨才成就, 後多名人. 此師道自任, 敎育爲樂也.

일두一蠹 정여창鄭汝昌[52]과 더불어 뜻이 같고 도를 합하여 서로 만날 때마다 도의道義를 연마하고 고금古今의 일을 서로 의논하여 확실하게 정하며 때로 밤을 지새우기도 하였다. 평안도 희천熙川으로 유배되어 있을 때에는 정암靜庵 조광조趙光祖[53]를 얻어 마침내 빠르고 길게 나아가는 원대한 중심을 전수하였다. 무릇 선생이 살고 머무는 곳에는 원근의 선비들이 선생의 풍모를 듣고 사모하여 따르는 자가 인근 고을에서 많이 몰려들었으며, 사람들이 집에 가득차고 넘쳐서 경서經書를 잡고 당堂에 오르는 자들이 다 앉을 수가 없었다. 선생은 가르치고 인도하기를 게을리하지 않았고, 강론하기를 간곡히 하였다. 비록 일부에서 비방이

---

52) 鄭汝昌 : 1450(세종 32)~1504(연산군 10). 조선 중기의 문신·학자. 일찍이 아버지를 여의고 혼자서 독서에 힘쓰다가 金宏弼과 함께 金宗直의 문하에서 학문을 연마하였다. 1498년 무오사화 때 鍾城으로 유배, 1504년 죽은 뒤 갑자사화 때 부관참시되었다. 중종 대에 우의정에 증직되었고, 1610년(광해군 2) 문묘에 배향되었다.

53) 趙光祖 : 1482(성종 13)~1519(중종 14). 17세 때 魚川察訪으로 부임하는 아버지를 따라가, 무오사화로 화를 입고 희천에 유배 중이던 김굉필에게 수학하여 그의 문인이 되었다. 이때부터 성리학 연구에 힘써 士林派의 영수가 되었으며, 이상정치로 至治를 주장하였다.

제기되어 강론을 금할 것을 청하기도 하였지만, 마침내 이치로 타일렀고
억누르거나 꺾지 아니하였다. 재주에 따라 성취를 이루었으며, 후에
이름난 사람이 많았다. 이것은 선생이 스승의 도를 자임하여 교육을
즐거움으로 삼은 것이다.

佔畢公居吏部, 事無建明, 則先生上詩諷之. 此事師無隱也.

점필재 공이 이조吏曹에 있으면서 임금께 건의를 올려 밝히는 일이
없자, 선생은 시詩[54]를 올려 풍자하였다. 이것은 선생이 스승을 섬김에
숨김이 없었던 것이다.

一蠹宰縣, 置一金盞, 先生曰, 不意公作此無益, 後必誤人. 甞治曹梅
溪偉之喪, 索平日齒髮, 其家人告無, 則曰久從太虛, 不意其疎如此. 此
交道必信也.

일두一蠹가 고을의 원이 되어 금잔金盞 하나를 장만하자, 선생은 "공이
이처럼 무익한 것을 만들 줄 몰랐습니다. 뒤에 반드시 사람을 그르칠
것입니다"라고 하였다. 일찍이 매계梅溪 조위曹偉[55]의 상을 치를 때에

---

54) 詩 : 1686년(성종 17) 당시 이조참판이었던 김종직이 조정에 건의한 일이 없다는 평판
을 듣자, 김굉필이 이를 풍자한 시를 가리킨다. 그때 지은 시는 다음과 같다. "道라는
것은 겨울엔 갖옷 입고 여름엔 얼음 마시는 것인데 / 날이 개면 가고 비 오면 그치는
것을 어찌 全能이라 하겠는가? / 난초도 속된 것을 좇아 결국 변한다면 / 어느 누가
소는 밭을 갈고 말은 사람이 타는 것이라고 믿을 수 있겠는가?" 자신을 신랄하게
풍자한 제자의 시에 심기가 불편해진 김종직은 다음과 같이 화답하는 시를 지어 보
내면서 임금을 제대로 보필하고 세상을 바로잡는 일이 말처럼 쉽지 않다는 사실을
우회적으로 내비쳤다. "분수에 맞지 않게 공경대부 높은 관직에 올랐지만 / 내가 어
찌 임금을 보필하고 세상을 바로잡는 일을 해낼 수 있을까? / 그대 같은 後學들이
나의 허물과 어리석음 조롱하지만 / 구차하게 권세와 이익을 따르지는 않네."

55) 曹偉 : 1454년(단종 2)~1503년(연산군 9). 1474년 식년문과에 병과로 급제, 승문원정
자ㆍ예문관검열을 역임하였다. 무오사화가 일어나 金宗直의 詩稿를 수찬한 장본인이
라 하여 오랫동안 의주에 유배되었다. 이후 순천으로 옮겨진 뒤, 우리나라 유배가사
의 효시라고 일컬어지는 萬憤歌를 지었으며, 그곳에서 죽었다. 김종직과 친교가 두터
웠고 초기 사림파의 대표적 인물이다.

평소에 빠진 이빨과 머리털을 찾았으나 그 집안사람들이 없다고 고告하자, 선생은 "오랫동안 태허太虛[56]를 종유하였는데 평소 태도가 이와 같이 거칠고 엉성할 줄 몰랐습니다"라고 말하였다. 이것은 선생이 붕우와 사귐에 반드시 믿음으로 한 것이다.

方在謫所, 雖禍機叵測, 先生處之夷然, 不改常操. 禍及之日, 沐浴冠帶而出, 屨脫還著, 神色不變. 徐以鬚含口曰, 身體髮膚, 受之父母, 不可幷此受傷, 乃從容而就焉. 此臨凶不亂也. 擧此一二事, 餘可以推想矣.

유배지에 있을 때에 비록 화禍의 기미를 측량할 수 없었지만, 선생은 편안하게 대처하여 일정한 지조를 바꾸지 않았다. 화가 미치는 날에도 목욕하고 관冠을 쓰고 띠를 맨 후에 나왔으며, 신이 벗겨지면 다시 신으며 얼굴빛이 변하지 아니하였다. 천천히 수염을 쓰다듬고 입을 다물며, "나의 신체는 부모에게서 받았으니,[57] 이것까지 상傷하는 것은 불가합니다"라고 말하고, 마침내 조용히 죽음에 나아갔으니. 이것은 흉함에 임하여 어지럽지 않은 것이다. 이 한두 가지 일을 거론하면 나머지는 미루어 생각할 수 있을 것이다.

蓋先生剛柔兼質, 健順備德, 持己以敬, 存心以誠. 講究已精, 涵養旣厚, 確而不滯, 通而不流. 此果吾儒義理之學, 中正之道, 而濂洛諸賢之所以泝紹洙泗者也.

대개 선생은 강유剛柔[58]의 자질을 겸하고 건순健順[59]의 덕을 갖추어 몸가짐

---

56) 太虛 : 조위의 字. 조위를 가리킴.
57) 몸과 머리털과 피부는 부모에게 받았으니 : 『孝經』에서 "몸과 머리털과 피부는 부모에게서 받은 것이니, 감히 다치지 않는 것이 효의 시작이니라"(身體髮膚, 受之父母, 不敢毁傷, 孝之始也)에서 유래한 말이다.
58) 剛柔 : 단단함과 부드러움. 『주역』에서 陰陽을 서로 대응시킨 개념. 강유가 음양과 서로 대응될 때는 陽은 剛, 陰은 柔가 된다.
59) 健順 : 양과 음의 덕목으로, 양은 강건하고 음은 유순함을 뜻함.

을 '경敬'으로 하였으며, 마음가짐을 '성誠'으로 하였다. 도道를 강구講究함이 이미 정밀하였으며, 함양하는 것 또한 두터웠으니, 그 학문이 확고하면서도 막히지 아니하였고, 통하면서도 다른 곳으로 흐르지 않았다. 이것이 우리 유학儒學이 의리의 학문이고, 중정中正한 도道이며, 염락濂洛60)의 여러 현자들이 수사洙泗61)를 거슬러 올라가 이은 소이所以이다.

我東方自有文獻以來, 以儒名者, 亦豈少哉? 而所尙詞藻, 所慕功名. 間有所謂特立者, 亦不過爲一節一行之士耳. 孰有能撥脫勇健, 篤實踐履, 輕枝葉而就本實, 外口耳而反心身者乎?

우리 동방東方에 문헌文獻이 있은 이래로 유학儒學으로 이름난 자가 어찌 적다고 하겠는가마는, 숭상하는 바는 사조詞藻62)이었으며, 사모하는 바는 공명功名63)이었다. 그 사이로 간혹 이른바 우뚝 선 자가 있었지만, 그 또한 하나의 절개와 하나의 행실을 행한 선비에 불과하였다. 누가 과감하게 과거의 구태에서 벗어나 용감하고 건실하게 되어, 독실하게 실천하고, 지엽을 가볍게 여기며, 근본과 실질에 나가고, 구이口耳의 학문64)을 벗어나 심신을 돌이키겠는가?

麗氏之末, 惟有鄭先生圃隱, 知行此道, 爲海東首儒, 而至我朝, 先生實唱發其關鍵焉. 雖其旣不果得位行道, 又未及著書垂敎, 而猶能宗一世儒林, 立斯文赤幟.

고려 말에 포은圃隱 정선생鄭先生65)이 이 도를 알고 행하여 해동海東의

첫 유자儒者가 되었으며, 우리 조선조에 이르러 선생이 실로 그 관건關鍵[66]을 창도하고 발휘하였다. 비록 지위를 얻어 도를 행하지 못하였고, 또 책을 저술하여 가르침을 주지 아니하였지만, 오히려 능히 한 시대 유림儒林의 종주宗主가 되어 우리 학문의 적치赤幟[67]를 세웠다.

同時輔仁,[68] 則有一蠹公, 躬承旨訣, 則有靜庵公. 厥後接武[69]而起者, 平實有如李晦齋, 精純有如李退溪, 皆作我東之眞儒, 爲百世之師範, 亦先生正脈中私淑者也. 至今後學, 得知夫道學之爲正學, 而莫不宗尙之. 此固先生爲功也.

같은 시기에 훌륭한 덕을 쌓도록 선생과 서로 격려하고 도운 이로는 일두공一蠹公[70]이 있었고, 몸소 선생의 지결旨訣을 계승한 자로는 정암공靜菴公[71]이 있었다. 그 뒤에 발자국을 이어 일어난 자로는, 평실平實으로는 회재晦齋 이언적李彦迪[72]과 같은 이가 있고, 정순精純함으로는 퇴계退溪 이황李滉과 같은 이가 있었으니, 모두 우리 동방의 진유眞儒가 되고,

---

65) 圃隱 鄭先生 : 사림의 연원이 되는 鄭夢周(1337[충숙왕 복위 6]~1392[공양왕 4])를 가리킨다. 정몽주는 어려서부터 학문을 좋아해 게을리하지 않았고 성리학에 대한 조예가 깊었다. 당시 고려의 『朱子集註』에 대한 그의 강설이 사람의 의표를 찌를 정도로 뛰어나 모두들 놀라워했다. 李穡은 그를 높이 여겨 '동방 理學의 시조'라 하였다. 시조 「丹心歌」는 그의 충절을 대변하는 작품으로 후세에까지 많이 회자되고 있다. 문집으로 『圃隱集』이 전한다.

66) 關鍵 : 빗장과 자물쇠로, 사물이나 학문의 가장 중요한 곳을 가리킨다.

67) 赤幟 : 붉은 깃발을 세운다는 뜻으로, 領袖가 되는 인물이나 地位를 가리킴.

68) 輔仁 : 친구들끼리 서로 善을 권하여 仁德을 쌓도록 격려하고 돕는다는 말. 곧 어진 성품을 돕는다는 뜻.

69) 接武 : 堂上을 걷는 법. 뒷발은 앞 발자국의 절반을 밟도록 하거나 혹은 발자국이 서로 이어지도록 걷는 것을 가리킴.

70) 一蠹公 : 정여창을 가리킴.

71) 靜菴公 : 조광조를 가리킴.

72) 李彦迪 : 1491(성종 22)~1553(명종 8). 조선시대 성리학의 정립에 선구적인 인물로서 성리학의 방향과 성격을 밝히는 데 중요한 역할을 하였다. 그는 1517년 영남지방의 선배학자인 孫叔暾과 曹漢輔 사이에 토론되었던 성리학의 기본 쟁점인 無極太極論爭에 참여하였고, 주희의 리기론 견해를 바탕으로 두 학자의 견해를 모두 비판하여 자신의 학문적 견해를 밝혔다.

백세의 사범師範이 되니, 또한 선생의 정맥 가운데 사숙私淑한 학자들이다. 지금에 이르러 후학들이 대저 도학道學이 올바른 학문(正學)이 됨을 알고, 학문을 높이고 숭상하지 않는 자가 없게 되었다. 이것이 진실로 선생의 공이다.

夫人順天朴氏, 贈貞敬平陽府院君天祥之四世孫司猛禮孫之女. 居在陜川郡冶爐縣, 先生初受室未歸時, 別設所寓之堂而號之, 後乃歸玄風舊居, 卽縣西戴尼山之陽率禮村. 先生始號爲簑翁, 謂雖雨外濕而內不濡. 旣而曰爲名以露, 非渾然處世之道, 卽改之. 夫人後先生三十六歲而卒.

선생의 부인 순천박씨順天朴氏는 정경부인貞敬夫人에 추증되었는데, 평양부원군平壤府院君 천상天祥의 4대손이고, 사맹司猛[73]인 예손禮孫의 따님이다. 합천군陜川郡 야로현冶爐縣에 거주하였는데, 선생이 처음 장가들어 돌아오지 않았을 때에 그곳에 별도로 우거하는 집을 마련하고 당호堂號를 지었다. 후에 마침내 현풍의 옛 거주지로 돌아오니, 곧 현풍현의 서쪽 대니산戴尼山[74]의 남쪽에 있는 솔례촌率禮村이었다. 선생은 처음에는 호를 사옹簑翁이라 하였는데, "비록 비를 만나도 겉은 젖지만 안은 젖지 않는다"는 것을 이르는 것이었다. 이윽고 선생은 "이름을 드러내는 것은 혼연히 세상에 처하는 도가 아니다"라고 말하고, 즉시 고쳤다. 부인은 선생이 돌아가신 지 36세 후에 별세하였다.

子男四人, 長彦塾, 展力副尉, 次彦庠, 司憲府監察, 次彦序, 次彦學. 女壻五人, 長南部參奉河珀, 次訓鍊院正李長培, 次司憲府監察鄭應祥, 次士人姜文叔, 次忠義衛鄭成璘. 孫男四人, 曰岱, 東部參奉, 曰立,

---

73) 司猛 : 五衛의 정8품 관직.
74) 戴尼山 : 대구광역시 달성군 현풍면과 구지면 경계에 있는 산. 정상은 현풍면 오산리에 있고 능선은 서북방향으로 뻗어 낙동강이 곡류하는 도동리에서 멈춘다. 산세는 삼각형의 형상이 뚜렷하고 주변은 평지이기 때문에 현풍면 일대 전망이 뛰어나다.

副正, 曰翊, 曰昱. 曾孫男八人, 壽忱, 壽悅, 壽恒, 壽愷生員, 壽恢察訪, 壽恬, 壽悰, 壽怡. 玄孫男十三人, 應夢昌陵參奉, 應吉, 應福司果, 應成府使, 應賢, 應白, 應哲, 應信, 應憲, 應先, 曰定, 曰審, 曰宕司果. 第五代孫前察訪大振, 方爲宗嗣. 今內外裔, 至有爲六七代者, 凡男女老幼并二百四十餘人, 豈非積善之蔓祉哉?

아들은 4명이니, 장자 언숙彦塾은 전력부위展力副尉[75]이고, 차자 언상彦庠은 사헌부감찰司憲府監察[76]이며, 다음은 언서彦序와 언학彦學이다. 사위는 5명이니, 맏이는 남부참봉南部參奉 하백河珀이고, 다음은 훈련원정訓鍊院正 이장배李長培, 사헌부감찰司憲府監察 정응상鄭應祥, 사인士人 강문숙姜文叔, 충의위忠義衛[77] 정성린鄭成璘이다. 손자는 4명이니, 동부참봉東部參奉인 대侸, 부정副正인 입立, 익翊, 욱昱이다. 증손은 8명이니, 수침壽忱, 수열壽悅, 수항壽恒, 생원生員인 수개壽愷, 찰방察訪[78]인 수회壽恢, 수념壽恬, 수종壽悰, 수이壽怡이다. 현손은 13명이니, 창릉참봉昌陵參奉인 응몽應夢과 응길應吉, 사과司果인 응복應福, 부사府使인 응성應成, 응현應賢, 응백應白, 응철應哲, 응신應信, 응헌應憲, 응선應先, 정定, 심審, 사과司果[79]인 탕宕이다. 제5대손인 전前 찰방察訪 대진大振이 현재 종손宗孫이다. 이제 내외손으로 6, 7대에 이른 자가 남녀노소를 합하여 무릇 2백40여 명에 이르니, 어찌 선善을 쌓은 남은 만연한 복이 아니겠는가?

先生之外曾孫, 有曰寒岡鄭公逑, 實有以繼述先生之志業, 趾美增光者多矣. 嘗爲先生集景賢續錄甚備, 而不幸灾於火莫傳, 豈不爲永恨哉?

선생의 외증손 가운데 한강寒岡 정구鄭逑 공이 있으니, 실로 선생의 뜻과 사업을 계승하고 조술祖述하여 지미趾美[80]하고 증광增光[81]한 것이

---

75) 展力副尉 : 무신 종9품의 품계명.

76) 司憲府監察 : 사헌부에 두었던 정6품 관직.

77) 忠義衛 : 중앙군인 5衛의 忠佐衛에 소속되었던 양반 특수 병종.

78) 察訪 : 각 도의 역참을 관리하던 종6품의 외관직.

79) 司果 : 5衛의 정6품 관직.

많다. 일찍이 선생을 위하여 유사遺事를 모아 『경현속록景賢續錄』을 편집하니 매우 구비되었으나 불행하게도 화재로 인해 불타 전하지 못하니, 어찌 영원한 한限이 되지 않겠는가?

至是再周之甲子, 即天啓四年. 宗子大振, 與其同爲後者及鄕之士類相議曰, 墓道迨無顯刻, 不獨爲後裔之羞, 亦斯文共當其責. 以告于方伯, 則方伯李公敏求, 即爲之施措, 盡其誠. 明年乙丑, 石旣具, 諸公命顯光以其文.

이 재주再周의 갑자년에 이르니, 곧 천계天啓[82] 4년(1624, 인조 2)이었다. 종손인 김대진金大振이 같이 후손된 자와 지방의 선비들과 서로 상의하며, "묘도墓道에 아직까지 선생의 행적을 드러낸 비각이 없으니, 이것은 비단 후손된 자의 수치가 될 뿐만 아니라 또한 사문斯文[83]이 함께 감당해야 할 책임이다"라고 말하고, 이를 방백方伯[84]에게 알리니, 방백인 이민구李敏求[85] 공이 즉시 조처해서 그 정성을 다하였다. 다음 해인 을축년乙丑年(1625, 인조 3)에 석물이 갖추어지자 여러 선비들이 나 현광顯光에게 그 글을 지을 것을 명하였다.

嗚呼! 自非善言德行者, 安能說出可彷彿其萬一哉? 只據兩冊, 敍以銘焉, 銘曰:

아! 덕행을 잘 표현하는 자가 아니면 어찌 능히 그 만분의 일을 거의

---

80) 趾美 : 훌륭한 자손들이 많음을 뜻함. 『詩經』 「周南 麟趾」 장에서 유래함.
81) 增光 : 명예를 더욱 빛내다.
82) 天啓 : 중국 明나라 熹宗 대의 年號. 서기 1621년부터 1627년까지가 해당한다.
83) 斯文 : 유교의 道義나 문화, 혹은 儒學者를 달리 일컫는 말. 여기서는 유학자를 가리킨다.
84) 方伯 : 監司, 즉 경상감사를 가리킴.
85) 李敏求 : 1589(선조 22)~1670(현종 11). 조선 후기의 문신. 1612년 증광 문과에 장원급제해 修撰으로 등용된 후 예조 및 병조의 좌랑을 거치는 등 관료로 현달하였다. 李适의 난을 평정하는 데 공을 세우기도 했다. 문장에 뛰어나고 詞賦에 능했을 뿐 아니라, 저술을 좋아해서 평생 쓴 책이 4,000권이 되었으나 병화에 거의 타 버렸다고 한다.

비슷하게나마 말할 수 있겠는가? 다만 두 책[86]에 근거하여 서술하고 새길 뿐이다. 명銘은 다음과 같다.

覆惟一天, 載惟一地. 道在其間, 不亡不二.
旣無古今, 寧有夏夷. 求之以人, 便自覺知.
曰道何道, 率其秉彝. 先生是契, 自任不疑.
謂聖賢業, 吾分內事. 事無難事, 在我植志.
行遠自邇, 登高自卑. 晦翁有書, 作聖之基.
光風霽月, 師不我欺. 服膺身踐, 今悟昨非.
不出日用, 妙會天機. 根深枝暢, 源濬泉達.
參驗貫穿, 究極包括. 次第階級, 規模節目.
厥有成法, 信行斯篤. 勿忘勿助, 無過不及.
眞積力久, 是成是立. 成不獨成, 立必俱立.
推爲麗澤, 亦樂敎育. 泝接伊洛, 淵源洙泗.
道果東矣, 庶普厥施. 旣不見容, 反爲禍祟.
時耶命耶, 道不可恃, 有待天定, 難誣此理.
功存百世, 澤在多士. 咸仰正學, 愈久彌光.
松林之原, 洛流縈岡. 幽宅在是, 鑴賁無疆.

덮는 것은 오직 하나의 하늘이요, 싣는 것은 오직 하나의 땅이니,
도道가 그 사이에 있어, 없어지지 않고 한결같네.
이미 고금古今의 차이가 없으니, 어찌 화이華夷의 구분이 있겠는가?
사람으로서 그것을 구하면, 곧 스스로 깨닫게 되네.
도道라고 하는 것은 무슨 도인가, 그 떳떳함을 잡는 것을 따른 것이네.
선생은 그것을 아시고, 스스로 자임自任하여 의심하지 않았네.
성현聖賢의 사업을 가리키니, 내 분수分數 안의 일이라네.
일은 어려운 일이 아니니, 나의 뜻을 심는 것에 달려 있네.

---

86) 두 책 : 앞서 제시한 『國朝儒先錄』과 『景賢錄』을 가리킨다.

먼 길 가는 것은 가까운 데서 시작하고, 높은 곳 오를 때는 낮은 데서 시작하니,
주자朱子가 『소학』을 지은 것은, 성인聖人의 기초를 닦은 것이네.
광풍제월光風霽月의 기상이 책 속에 담겼으니, 스승이 나를 기만하지 않았네.
진심으로 복종하고 몸소 실천하여, 어제의 잘못을 오늘에 깨달았네.
날마다 쓰는 것에서 벗어나지 아니하고, 하늘의 기틀을 묘하게 알게 되니,
뿌리가 깊어지고 가지가 번창하며, 근원이 깊어지고 샘이 솟아나네.
참고하고 조사하여 꿰뚫고, 끝까지 연구하여 두루 포괄하니.
차례와 등급이고, 규모와 절목이네.
완성된 예법이 있으니, 독실하게 믿고 행하였네.
잊지도 않고 조장助長하지도 아니하니, 넘치거나 모자라지 아니하였네.
진실을 쌓고 힘쓰기를 오래하니, 이에 이루어지고 이에 세워지네.
이루면 홀로 이루지 않고, 서면 반드시 함께 섰네.
미루어 친구들과 학문을 닦았으니, 또한 가르치고 기르는 것을 즐거워했네.
이락伊洛을 거슬러 올라가, 수사洙泗를 연원으로 하니,
도道가 과연 동방으로 와서, 거의 널리 베풀어졌네.
이미 용납된 것을 보지 아니하고, 도리어 화禍의 빌미가 되었으니,
시운時運인가? 운명運命인가? 도를 의지하지 아니하고,
하늘이 정해 주기를 기다리니, 이 이치를 속이기 어려워라.
선생의 공로는 백세토록 보존되고, 은택은 많은 선비에게 남아 있으니,
모두 올바른 학문을 우러르고, 오래될수록 더욱 빛이 나네.
송림松林의 언덕이 있고, 낙동강은 이 언덕을 휘감아 흐르니,
유택이 이곳에 있어, 아름답게 새겨 무궁토록 남기네.

죽정 장공의 묘갈명 【竹亭張公墓碣銘】

【소해제】

　이 묘갈명은 여헌이 69세가 되던 1622년(광해군 14)에 찬술한 것으로, 『여헌 선생문집』 제12권에 실려 있다.

　죽정竹亭 장잠張潛(1497~1552)은 인동仁同지역을 중심으로 형성된 인동 장씨 가문의 가학적 전통을 수립하는 데 기여한 대표적인 학자이다. 장경한張景翰을 위시한 그의 직계 후손들이 묘갈명 작성을 부탁하자 여헌은 자신이 속한 인동장씨의 가학적 전통뿐만 아니라 인동지역의 유학적 기풍에 주목하여 이 묘갈을 작성하였다.

　여헌은 일찍부터 가학적 전통의 연원이 되는 두문동칠십이현杜門洞七十二賢 중 한 사람인 장안세張安世를 비롯하여 장잠, 그리고 장순張恂 등 가학에 주목하였다. 특히 장잠은 사림의 정맥인 조광조趙光祖의 문하에 수학하였고, 백인걸白仁傑, 성수침成守琛 등과 교류하는 등 사림과 학통이 닿아 있었다. 또한 인동현감으로 부임한 이언적李彦迪과 학문 토론을 벌일 정도로 학문적 조예 또한 깊었다. 이러한 장잠의 학문은 인동장씨 족보 중수는 물론이거니와 인동지역과 인동장씨 가문의 유학적 기풍으로 연결될 족계族契, 향안鄕案, 학규學規 등의 제정으로 이어졌다.

　여헌이 특히 주목한 것은 장잠이 몸소 실천한 가문과 지역 내의 유학적 기풍 수립이었다. 그래서 자신의 문하를 출입하던 장잠의 직계 후손이 명문 작성을 의뢰하자 가학 및 인동의 유학적 기풍에 주목한 것이다. 장잠의 묘소는 경상북도 구미시 구포동 정산鼎山 언덕에 있다.

【원문 및 번역】

公諱潛, 字浩源. 遠祖諱金用, 高麗朝三重大匡神虎衛上將軍, 於公十八代也. 高祖諱脩, 司憲府掌令, 曾祖諱備, 豐儲倉丞, 祖諱孟儲, 通禮門通贊, 考諱嫡孫, 忠順衛, 妣和順崔氏, 大司成士老之子典護軍漢忠之女.

공公의 휘諱는 잠潛이고, 자字는 호원浩源이다. 원조遠祖 금용金用은 고려高麗조에서 삼중대광三重大匡[1] 신호위神虎衛[2] 상장군上將軍을 지냈으며, 공에게는 18대조가 된다. 고조高祖인 수脩는 사헌부장령司憲府掌令을 역임했고, 증조 보備는 풍저창[3]승豐儲倉丞을 지냈으며, 조고 맹저孟儲는 통례문[4] 통찬通禮門通贊을 역임하였다. 선고先考 적손嫡孫은 충순위忠順衛[5]를 거쳤으며, 선비先妣는 화순최씨和順崔氏로 대사성大司成 최사로崔士老의 아들인 전호군典護軍 최한충崔漢忠의 따님이다.

公生于弘治丁巳. 自少不事家業, 手寫經傳以讀之. 常曰, 一日不對卷, 鄙吝必萌, 淸心之要, 只在讀書.

공은 홍치弘治[6] 정사년丁巳年(1497, 연산군 3)에 태어났다. 어려서부터 가업家業에 전념하지 않고, 손수 경전을 베끼어 읽었다. "하루라도 책을 대하지 아니하면 비루하고 인색한 마음이 반드시 싹이 트게 되니, 마음을 맑게

---

1) 三重大匡 : 고려시대 정1품 문관의 품계. 1308년(충렬왕 34)에 충선왕이 복위할 때 신설된 품계이며, 이전까지는 종1품계가 최고 등급이었는데 이때 처음으로 정1품계가 설치된 것이다.
2) 神虎衛 : 고려시대의 軍制인 六衛의 하나로 국토방위를 담당했다. 신호위에는 최고 지휘관으로 上將軍(정3품) 1명과, 부사령관격인 大將軍(종3품) 1명 등이 배치되었다.
3) 豐儲倉 : 중앙의 제반경비를 주관하던 관서. 호조의 지휘·감독 하에 미곡·콩·종이·자리 등 전국 각지로부터 수납된 물품을 관할하였다.
4) 通禮門 : 고려 때 조회와 儀禮를 관장하던 관청. 조선시대에는 1392년(태조 원년) 7월에 설치된 閤門을 이후 通禮門이라 並稱하였으며, 세조 때에 通禮院으로 개칭되었다.
5) 忠順衛 : 조선시대 중앙군으로서 五衛의 忠武衛에 소속되었던 兵種이다. 1445년(세종 27) 3품 이상 고위 관리들의 자손을 위해 처음 설치되었으며, 세조 때 혁파되었다가 추후 논의를 거쳐 『경국대전』에 오르게 되었다
6) 弘治 : 중국 明나라 孝宗 때의 年號. 1488년부터 1505년까지가 이에 해당된다.

하는 요체는 단지 책을 읽는 데 있다"라고 항상 말하였다.

年十八, 就師受學於京師, 染臥大疫. 鄕奴持內艱訃音至館外, 未及
告, 公忽自起坐曰, 鄕家某奴來耶. 遂不得已以實告之, 則擗踊號痛, 卽
冒雪奔喪.[7] 匍匐千里, 尙保性命, 得抵本家, 執喪以禮, 廬墓終制. 朝夕
哭泣之餘, 危坐[8]看書, 當膝處衣袴盡穿.

18세 때에 서울에서 스승에게 나아가 수학受學[9]하다가 크게 유행하는
돌림병에 걸려 자리에 눕게 되었다. (이때에) 시골의 노복奴僕이 모친상의
부음訃音을 가지고 관사館舍 밖에 이르러 미처 알리기도 전에 공이 갑자기
스스로 일어나 앉더니, "시골집 아무개 노복이 왔느냐?"라고 말하였다.
이에 노복이 부득이 사실대로 알리자, 공은 가슴을 두드리고 몸부림을
치며 슬피 울부짖었고, 내리는 눈을 무릅쓰고 집으로 급히 돌아가기
시작하였다. 천리千里나 되는 먼 길을 배를 땅에 대고 기어갔으나 오히려
목숨을 보존하였고, 본가에 도착하여 예로써 상제를 주관하였으며, 여묘
廬墓에 살며 3년간의 상기喪期를 마쳤다. 여묘살이를 하는 동안 아침과
저녁으로 소리 내어 슬프게 우는 여가에 위좌하여 책을 보았으니, 마땅히
무릎이 닿는 곳의 옷은 모두 닳아서 떨어지고 구멍이 났다.

末弟演貧甚, 欲毁宗家祭田, 以益三弟. 公懇禁莫止, 則獨自却之, 不
令歸益於己, 使二弟分執而已.

막내아우인 장연張演이 매우 가난하여 종가宗家의 제전祭田을 팔아 세

---

7) 奔喪 : 外地에 나가 있는 자식이 부모의 喪을 당해 부음을 전해 듣고 집으로 돌아가기
까지 취하는 행동 절차를 가리킨다. 분상하는 사람에게는 가능한 한 편의를 보아주
는 것이 통례였다.

8) 危坐 : 무릎을 꿇고 정좌하는 것을 가리킴. 선비들이 독서할 때는 반드시 의관을 정돈
하고 단정하게 危坐하여 마음을 오로지해야 한다.

9) 受學 : 장잠은 당시 사림의 영수로 추앙받았던 趙光祖(1482~1519)의 문하에 나아가
학문을 익혔다.

아우10)의 살림에 보태자고 하였다. 그러나 공은 그것을 그만둘 것을 간절히 바랐으나 그만두게 하지 못하자, 곧 홀로 자기 몫의 재산을 물리치고 자기에게 이익이 돌아오지 못하게 하고, 두 아우가 나누어 갖도록 할 따름이었다.

歲辛卯, 中進士, 不待榜下鄕. 聞無喜色, 邑宰11)循例, 命致門賀, 以無具慶, 辭而不受. 外舅12)鄭公爲設慶宴, 公不爲之樂赴. 鄭頗怒訶, 公徐曰, 得小科, 何足慶乎? 人無不大其器局13)焉.

공은 신묘년辛卯年(1531, 중종 26)에 진사시에 합격하였으나, 합격자 발표를 기다리지 않고 고향으로 내려갔다. 후에 합격하였다는 소식을 듣고도 좋아하는 즐거워하는 기색이 없었다. 고을의 수령이 선례先例에 따라 공의 집에 찾아와 축하하였지만, 공은 부모가 모두 생존해 계시지 않는다 면서 사양하고 축하를 받지 않았다. 공의 장인인 정공鄭公이 합격을 축하하는 연회를 베풀었지만, 공은 기꺼이 나아가지 않았다. 정공이 자못 노하여 나무라자, 공은 "소과小科에 합격한 것이 어찌 경사라고 할 만하겠습니까?"라고 천천히 말하니, 사람들이 공의 재능과 도량을 크게 여기지 않는 자가 없었다.

晦齋14)李先生宰本縣, 每衙罷, 命駕臨話. 家有竹林, 林有草亭, 以待來賓. 先生謂曰, 竹林主人, 飽喫麥飯筍羹, 常看聖賢書而味之, 一生淸樂, 無過於此也. 其唱酬詩章, 往復書札, 編成一部矣.

회재晦齋 이언적李彦迪 선생이 본 현의 수령으로 부임하였을 때에 매번 관아에서 공무를 마치면 말을 타고 공의 집을 찾아와 이야기를 나누곤 하였다. 공의 집에는 대나무 숲이 있었고, 그 숲에는 초정草亭이 있어 집을 찾는 손님들을 그곳에서 접대하였다. 회재선생이 이것을 가리켜 "죽림竹林의 주인이 보리밥과 죽순국을 배불리 먹고 항상 성현의 책을 보면서 취미로 삼으니, 일생의 맑고 즐거움이 이것보다 나은 것이 없다"라고 말하였다. 그리하여 공과 창수唱酬15)한 시장詩章과 주고받은 서찰이 책 한 권을 엮을 정도였다.

常入京居館, 時縉紳16)禍起, 遂稱病出齋, 即負笈歸鄕, 自是永停擧業.

공이 일찍이 서울에 들어가 성균관에 기거하였을 때 선비의 화禍17)가 일어나자, 마침내 병을 핑계 삼아 재사齋舍를 나와 즉시 책 상자를 짊어지고 고향으로 돌아온 뒤로부터 영영 과거공부를 폐지하였다.

中廟18)朝, 草疏時弊十二條幾萬言, 而竟不果上, 其有意焉.

중종 때에 공은 당시 병폐를 12조목으로 아뢰는 상소문을 초草하여 거의 1만 자에 달하였으나 끝내 올리지 않았으니, 이는 속뜻이 있어서였다.

姓譜舊有而中失, 公重修而序之. 仍立契約, 隨時講睦, 以爲恒式. 置鄕案19)完鄕議, 以嚴好惡勸懲之意. 條學規於鄕校, 以爲士子矜飭之範.

---

15) 唱酬 : 詩나 문장을 지어 서로 주고받고 하는 것을 의미한다.
16) 縉紳 : 진신은 官服을 입을 때 笏을 큰 띠에 끼우는 일을 가리키는 것으로 벼슬아치나 언행이 점잖고 지위가 높은 사람을 의미한다.
17) 선비의 禍 : 장잠이 활동하던 때에는 1519년(중종 14)의 己卯士禍와 1545년(명종 즉위년)의 乙巳士禍가 발생하였다. 여기에서 거론된 선비의 화는 기묘사화로 추정된다.
18) 中廟 : 중종을 가리킨다. 반정으로 등극한 중종은 1506년부터 1544년까지 在位하면서 연산군 시대의 폐정을 개혁하고자 조광조 등의 신진士類를 중용하였으나, 훈구파의 반발을 초래하여 己卯士禍 등이 일어나는 등 여러 어려움을 겪었다.
19) 鄕案 : 지방에 거주하는 士族의 명단. 향안에 이름이 오른 구성원인 鄕員들이 모여

晚聚鄕閭幼少, 敎訓不倦, 入其門者, 頗知趣向之方矣.

공의 집안에 예전에는 족보族譜가 있었으나 중간에 잃어버리게 되었는데. 공이 다시 족보를 중수重修하고 서문을 지었다. 인하여 공은 종족宗族20)들과 계契를 설치하여 때때로 친목을 다지는 것을 항상 따라야 할 법식法式으로 삼았다. 아울러 향안鄕案을 설치하고 고을 사람들의 의론을 모아 선善을 좋아하고 악惡을 미워하며 서로 권면勸勉하고 징계懲戒하는 뜻을 엄격하게 하였다. 또한 향교鄕校에 학규學規21)를 정하여 선비들이 몸가짐을 삼가는 규범으로 삼았다. 만년에는 고을의 어린아이들을 모아 가르치기를 게을리하지 않았으니, 그 문하에 들어간 자들은 자못 나아갈 방향을 배워 알게 되었다.

自號曰竹亭. 嘉靖壬子, 其終年也. 府西北鼎山酉坐者, 卽此原也, 公之先塋及長兄墓在其前.

공은 자호自號하기를 죽정竹亭이라 하였다. 가정嘉靖22) 임자년壬子年(1552, 명종 7)이 공이 별세한 해이다. 부府의 서북쪽에 있는 정산鼎山의 유좌酉坐23)가 곧 공의 묘소이니, 공의 선영先塋 및 장형長兄의 묘소가 그 앞쪽에 있다.

娶迎日鄭氏, 麗朝名相襲明之後生員濩之女. 生三男, 長曰崑, 後受通政大夫戶曹參議職帖, 次崔, 次嵥. 長壻李泰春, 次姜溰. 參議有六子, 天翰, 景翰主簿, 光翰, 龍翰, 鳳翰, 鴻翰, 一女適忠義衛金宗孝. 餘各有

鄕會를 구성하고 운영하였다. 향회에서는 향안에 새로 이름을 올릴 사람을 결정하고, 鄕任을 추천하고, 자신들의 결속을 다지는 한편, 향리와 백성을 통제하는 등 향촌사회 운영 전반에 걸쳐 신분제적 운영원리를 관철시켜 나갔다.

20) 宗族 : 父系의 親屬. 부계 친족집단을 가리키는 용어에 宗이라는 단어가 흔히 포함되는 것은 부계친이 모계친이나 처계친에 비해 으뜸이 됨을 표시하는 것이다.

21) 學規 : 鄕校나 書院 등에서 독자적으로 마련하여 준수하고자 한 규칙.

22) 嘉靖 : 명나라 世宗의 연호. 1522년부터 1566년까지가 이에 해당한다.

23) 酉坐 : 묏자리나 집터 등이 二十四方位 중 서쪽의 방위인 酉方을 등진 자리.

子女及孫, 而俱沒於賊亂之日, 惟嶷有一女, 適司空諱. 天翰有一女, 適
士人趙熙道, 孽子三, 慶錫, 福錫, 順命. 主簿一男乃貞, 女壻三, 朴之㫷,
朴有文, 宋惟寬, 孽壻僉使柳世溫. 光翰二男, 乃節, 乃迪, 孽男乃順,
壻金重吉. 龍翰一男乃亮, 一女適李長立. 鳳翰一男以兪, 一女適生員
李重亨. 忠義衛二男, 慶長, 喜長, 司空諱四男, 欽, 銑, 鐸, 鎔, 一女適李宗
成. 有玄孫男女幷內外凡六十餘人.

　　공은 영일정씨迎日鄭氏를 아내로 맞았으니, 부인은 고려조의 명상名相인
정습명鄭襲明[24]의 후손이 되는 생원生員 정호鄭濩의 따님이다. 부인은 아들
셋을 낳았는데, 장남인 곤崑은 뒤에 통정대부通政大夫 호조참의戶曹參議의
직첩職帖을 받으며, 차남은 율崒이고, 막내는 종嶷이다. 맏사위는 이태춘李泰
春이고, 작은사위는 강척姜滌이다. 참의參議[25]는 여섯 아들을 두었는데,
천한天翰, 주부主簿인 경한景翰·광한光翰·용한龍翰·봉한鳳翰·홍한鴻翰
이며, 딸 하나는 충의위忠義衛 김종효金宗孝에게 시집갔다. 공의 그 나머지
아들들도 각기 자녀들과 손자들을 두었으나, 모두 임진왜란 당시에 죽었고,
오직 종嶷만 딸 하나가 있어 사공회司空諱에게 시집갔다. 천한은 딸 하나를
두어 사인士人 조희도趙熙道에게 시집갔으며, 서자庶子가 셋으로 경석慶錫·
복석福錫·순명順命이다. 주부主簿[26]는 아들이 하나인데 내정乃貞이고, 사
위는 셋인데 박지유朴之由·박유문朴有文·송유관宋有寬이며, 서출녀庶出女
의 사위는 첨사僉使 유세온柳世溫이다. 광한은 아들이 둘인데, 내절乃節과
내적乃迪이며, 서자庶子는 내순乃順이고, 사위는 김중길金重吉이다. 용한은
아들이 하나인데 내량乃亮이고, 딸 하나는 이장립李長立에게 시집갔다.
봉한은 아들이 하나인데 이유以兪이고, 딸 하나는 생원生員 이중형李重亨에
게 시집갔다. 충의위忠義衛[27]는 아들 둘을 두었는데, 김경장金慶長과 김선장

---

24) 鄭襲明 : 고려 중기의 문신으로 迎日鄭氏 滎陽公派의 시조이다. 주로 諫官직을 맡아보
　　았으며, 왕실의 사부로서 毅宗을 훈육하고 보필하는 데 사명을 다하였다.
25) 參議 : 장잠의 장남인 張崑을 가리킨다.
26) 主簿 : 장곤의 2남인 張景翰을 가리킨다.
27) 忠義衛 : 張崑의 사위인 金宗孝를 가리킨다.

金善長이고, 사공회는 4남을 두었는데, 사공흠司空欽·사공선司空銑·사공탁司空鐸·사공용司空鏞이며, 딸 하나는 이종성李宗成에게 시집갔다. 현손玄孫 남녀는 내외內外를 합하여 모두 60여 명이다.

舊無碣, 今者景翰與其弟鳳翰及乃貞, 乃亮等, 共議具碣, 遂爲鐫銘. 銘曰 :

예전에는 공의 비갈碑碣이 없었는데, 이제 주부 경한景翰이 그 아우인 봉한鳳翰과 내정乃貞·내량乃亮과 함께 의논하여 비갈碑碣을 갖추어 마침내 묘갈명을 새기어 세웠다. 다음과 같이 명銘한다.

十室忠信, 聖云必有, 惟公懿質, 得於天受.
德備剛柔, 行全孝友, 不出性分, 有爲有守.
世所奔趨, 公獨囚首, 出言有法, 行己不苟.
安厥丘園, 遠脫塵臼, 膏粱非願, 麥筍可口.
綠竹擁亭, 日成佳趣, 卷中師友, 何患不偶.
閭行去馬, 筇杖在手, 汎愛親仁, 人服其厚.
猶存規範, 不容稂莠, 知愛雖多, 有畏嚴糾.
或被非斥, 亦不歸咎, 公之於天, 可謂無負.
積善餘慶, 宜有其後, 伐石銘傳, 乃公之壽.

열 집 정도의 작은 고을에도 충신忠信한 사람이 반드시 있다[28]고 공자孔子께서 말하였는데,
공의 아름다운 자질은 하늘로부터 타고났네.
인품은 강유剛柔를 구비하고 행실은 효우孝友가 온전하였네.
타고난 분수를 벗어나지 않고서 훌륭한 일을 하고 지조를 지키었네.

---

28) 十室忠信 : 『논어』 「公冶長」에서 공자가 "10호쯤 되는 조그만 읍에도 반드시 나처럼 忠信한 자가 있지만, 나처럼 배우기를 좋아하지는 못할 것이다."(子曰, 十室之邑, 必有忠信如丘者焉, 不如丘之好學也)라고 한 데에서 유래하였다.

세상 사람들이 분주히 달려가는 벼슬을 공은 홀로 외면하였네.

말을 함에 법도가 있었고 몸가짐이 구차하지 않았네.

저 언덕과 동산을 편안하게 여기어 진세塵世[29]의 구덩이를 멀리 벗어났네.

고량진미膏粱珍味는 원하는 바 아니었고 보리밥과 죽순이 입맛에 어울렸네.

푸른 대숲이 정자를 에워쌌는데 날마다 흥취興趣를 이루었네.

책 속에 스승과 벗이 있었으니 어찌 함께 놀 짝이 없음을 걱정하겠는가.

마을을 돌아다닐 때에는 말을 버리고 대나무 지팡이를 손에 쥐었네.

널리 사랑하고 어진 자를 친애하니 사람들이 그 후덕함에 감복하였네.

공은 오히려 규범을 두어 해를 끼치는 자 용납하지 않았네.

지애知愛하는 자가 많았으나 공의 엄한 법도를 두려워하였네.

간혹 비난과 배척을 당하더라도 또한 허물을 그들에게 돌리지 않았으니,

공은 하늘에 대하여 그야말로 저버린 것이 없었다고 할 만하네.

선善을 쌓아 남은 경사가 있으니 마땅히 훌륭한 후손들이 나오리라.

돌을 다듬고 비문을 새기어 전하니 공의 이름이 영원히 전해지리라.

---

29) 塵世 : 티끌 많은 세상을 의미한다.

오선생 예설 발문【五先生禮說跋】

【소해제】

이 발문跋文은 여헌이 76세가 되던 1629년(인조7)에 찬술한 것으로, 『여헌선생문집』 제10권에 실려 있다.

『오선생예설五先生禮說』의 편찬자인 한강寒岡 정구鄭逑(1543~1620)는 영남嶺南을 대표하는 예학자이며, 여헌에게는 개인적으로 처숙부가 된다. 『오선생예설』은 송대 성리학자인 정호程顥, 정이程頤, 사마광司馬光, 장재張載, 주희朱熹 등 다섯 선생의 예설을 모아 관혼상제冠婚喪祭와 잡례雜禮 등으로 체계 있게 분류하여 정리한 예서禮書이다. 정구가 사망한 후인 1629년에 담양부사로 부임한 그의 문인 이윤우李潤雨가 주선하고, 당시 전라도관찰사 권태일權泰一의 도움을 받아 20권 7책으로 간행되었다.

이 책을 간행할 당시, 정구의 예설을 깊이 이해하고 있었던 여헌은 발문을 통해 이 책의 편찬 의도를 명확히 꿰뚫고 평가하였다. 그는 발문을 통해 송대 다섯 선생의 예설이 예의 본질에 대한 정확한 이해와 더불어 형편에 따라 임기응변으로 일을 처리하는 권도權道의 변통 원칙에 대한 정론定論을 보여 준다는 정구의 입장에 동의하고, 이 책이 향후 예학 연구에 큰 도움이 될 것이라고 기대하였다.

여헌은 이 발문을 작성하던 해에 정구가 작성하다가 병으로 인해 미처 탈고하지 못한 동강東岡 김우옹金宇顒(1540~1603)의 행장을 찬술하였으며, 이에 앞선 1624년(인조2)에는 정구의 행장行狀을 찬술하는 등 처숙부인 정구에 대해 존숭의 뜻을 피력하였다.

人有五常之性, 禮次於仁, 在天爲亨之道者也. 皋陶陳謨, 以庸禮繼
惇典. 典曰天敍, 禮曰天秩, 謂其理本乎天也. 而惇天敍之典者, 要在於
庸天秩之禮也, 其儀章度數, 至周而明且備焉. 孔子設敎, 終以約禮, 爲
仁則曰復禮, 進德則曰立禮. 然則吾人率性之道, 修道之敎, 其軌範都
在於禮矣.

사람은 누구나 항상 지켜야 할 다섯 가지의 도덕적 본성(五常)¹⁾을 가지고
있으니, 오상 가운데 하나인 예禮는 인仁의 다음에 위치하며, 하늘에
있어서는 형亨의 도道가 된다.²⁾ 고요皋陶³⁾가 순 임금에게 계책을 펼칠
적에 '떳떳한 예禮'(庸禮)⁴⁾를 쓰는 것으로써 '돈독한 법'(惇典)⁵⁾을 뒤이었다.
돈독한 법을 하늘이 편 것이라 말하고, 떳떳한 예를 하늘의 질서라고
말하는 것은 그 이치가 하늘에 근본함을 가리키는 것이다. 하늘이 펼친
법을 돈독히 하는 것은 하늘의 질서인 예를 쓰는 것에 그 중요함이
달려 있으니, 그 의장儀章⁶⁾과 도수度數⁷⁾는 주周나라에 이르러 분명해지고
또한 갖추어졌다. 공자孔子가 가르침을 베풀 적에 '예법禮法에 따라 몸을

---

1) 五常 : 사람이 지켜야할 다섯 가지 도리인 仁・義・禮・智・信을 가리킨다. 인간이
가진 性의 구체적인 내용을 의미함.
2) 禮는 仁의 다음에 위치하고, 하늘에 있어서는 亨의 道가 된다. 『周易』乾卦 卦辭에 "乾
은 元하고 亨하고 利하고 貞하다"라고 하였다. 이에 대해 성리학자들은 하늘의 도인
원형이정은 사람의 도인 사덕, 즉 인의예지에 각각 대응한다고 보았다. 그래서 원형
이정을 四時로 보면 원은 봄, 형은 여름, 이는 가을, 정은 겨울이 되고, 人事로 말하면
원은 仁, 형은 禮, 이는 義, 정은 智를 의미한다고 파악하였다. 이에 따라 예는 인
다음에 위치하고, 하늘의 도 가운데 형에 해당한다고 본 것이다.
3) 皋陶陳謨 : 중국 堯舜시기의 賢臣인 皋陶가 순임금에게 충언한 것을 가리킨다. 『書經』
「皋陶謨」에 따르면, 당시 형벌을 관장하던 고요는 나라를 다스리는 데에는 개개인의
덕과 더불어 하늘의 뜻과 질서에 따라 법과 질서로 다스리는 것이 중요하다고 강조
하였다.
4) 庸禮 : 떳떳한 다섯 가지의 예를 가리킨다. 오륜에 대한 예절을 의미함.
5) 惇典 : 돈독한 다섯 가지 법으로 인간의 五倫을 가리킴.
6) 儀章 : 상하를 구별하고 위엄을 드러내기 위한 일체의 표시와 의식 및 제도.
7) 度數 : 天度地數의 줄임말로, 하늘의 원리가 땅에서 이루어진 것을 의미함.

바르게 하는 것'(約禮)8)으로 끝을 맺었으니, 인仁을 행하는 것은 '예로 돌아가는 것'(復禮)9)이라 하고, 덕에 나아가는 것은 '예로써 바로 서는 것'(立禮)10)이라 한다. 그러므로 우리가 '성을 따르는 도'와 '도를 닦는 가르침'(修道之敎)11)은 그 규범을 따르는 것이 모두 예에 달려 있다.

人不可一日離其禮, 天下國家不可一日無其禮. 所謂禮治則治, 禮亂則亂, 禮存則存, 禮亡則亡, 豈非確論哉? 故敎莫先於禮敎, 學莫切於禮學, 自昔聖人之重禮也, 其以是哉.

사람은 하루라도 그 예를 떠나서는 안 되며, 천하와 국가는 하루라도 그 예가 없어서는 안 된다. 이른바 예로 다스리면 나라가 다스려지고, 예가 혼란하면 나라가 혼란해지며, 예가 보존되면 나라가 보존되고, 예가 망하면 나라가 망한다는 것이 어찌 확고한 의론이 아니겠는가? 그러므로 가르침에는 예교禮敎12)보다 앞선 것이 없고, 배움에는 예학禮學13)보다 절실한 것이 없다. 예로부터 성인이 예를 중하게 여긴 것이 이 때문이다.

嗚呼! 禮籍之亡久矣. 穿鑿14)之論作矣, 人莫的可立之位, 世莫興可

---

8) 約禮 : 禮法에 따라 행동을 바르게 하다라는 뜻이다. 『論語』 「雍也」편에서 공자는 "군자가 글을 널리 배우고 예로써 그것을 요약한다면 도에 어긋나지 않는다"(君子, 博文於文, 約之以禮, 亦可以弗畔矣夫)라고 하여 '博文約禮'를 강조하였다.

9) 復禮 : '克己復禮'에서 유래한 것으로 자기의 사사로운 욕망을 극복하고 공적인 질서로서 예로 돌아가야 함을 의미한다. 『논어』 「顔淵」편에서 공자가 제자인 안연에게 仁을 실현하는 방법으로 제시한 것이다.

10) 立禮 : 예로써 바로 선다는 의미이다. 『논어』 「泰伯」편에서 공자는 "詩로써 정서가 순수해져 감흥이 일어나고, 禮로써 행동이 절제되어 바로 서며, 음악(樂)으로 인성이 완성되는 것"(興於詩, 立於禮, 成於樂)이라고 강조하였다.

11) 率性之道 · 修道之敎 : 『中庸』 첫머리에 "하늘이 명한 것을 일러 性이라 하고, 성을 따르는 것을 道라 하며, 도를 닦는 것을 敎라 한다"(天命之謂性, 率性之謂道, 修道之謂敎)에서 유래하였다.

12) 禮敎 : 禮儀에 관한 가르침.

13) 禮學 : 禮法에 관한 학문.

範之化. 其在處常, 尙多違則, 況於隨變之應, 能得其中乎? 人紀之不立,
禮俗之不見, 固其宜矣. 不有有宋五先生, 迭出而講明之, 相繼而發輝
之, 殆無所遺漏焉, 則後之人, 何得以究聖人制禮之本義, 而臨時應事
變者, 豈有以知權度折衷之定論哉.

아! 예에 관한 서적이 없어진 지 오래되었다. 이치에 닿지 아니하는 억지
논의가 일어나 사람들이 가히 설 수 있는 자리를 분명하게 알지 못하였고,
세상에 가히 모범이 될 만한 교화가 일어나지 못하였다. 떳떳한 처지에
있어도 오히려 예법을 어기는 것이 많았으니, 하물며 변고에 따라 대응함에
능히 그 치우치지 아니함을 얻을 수 있었겠는가? 사람의 도리(人紀)[15]가
서지 아니하고, 예속禮俗이 드러나지 아니함이 진실로 마땅하였다. 송宋나
라의 다섯 선생[16]이 연이어 출현하여 예를 강구講究하여 밝히고, 서로
이어서 떨쳐 나타내어 예에 대해 거의 누락된 것이 없게 하지 않았다면,
후세의 사람들이 어떻게 성인이 제정한 예의 본의本義를 궁구하고, 일이
뜻지 않게 일어나는 변고에 임시로 대응하는 자가 어찌 권도權道[17]을
알아 절충하는 정론定論이 있음을 알 수 있었겠는가?

寒岡先生晩出吾東, 留心禮學, 積有年紀, 始遂裒聚類從而爲一帙,
目之曰五先生禮說. 蓋自是天理節文, 人事儀則, 互備相翼, 融貫會通,
而眩者明, 疑者定, 爭者熄矣. 其有功於斯文, 豈可以尋常道哉.

한강寒岡 정구鄭逑 선생[18]께서 송나라의 다섯 선생에 비해 우리나라에

---

14) 穿鑿 : 모든 것에 대해 끊임없는 의문을 일으키는 것으로, 의문 내용은 무익한 것뿐인
    데도 일일이 이것에 자문자답을 하지 않으면 못 견디어하고 고민하는 것을 가리킴.
15) 人紀 : 사람의 도리, 사람 사이의 기강.
16) 宋나라의 다섯 선생 : 北宋시대와 南宋시대에 걸쳐 예학에 정통하였던 다섯 학자, 즉
    程顥·程頤·司馬光·張載·朱熹를 가리킨다.
17) 權道 : 예외적인 상황에서 임시로 정당성을 확보하는 행위규범을 가리킨다. 권도는
    상황 논리를 전제한 것이기 때문에 일정하고 불변적인 행위규범으로서의 지위를 갖
    지 못하고, 상화마다 다른 행위양식으로 나타나는 특성을 가진다.
18) 寒岡 鄭逑 선생: 영남학파를 대표하는 예학자. 李滉과 曺植의 문하를 넘나들며 학문을

늦게 태어나 예학禮學에 마음을 기울인 지 여러 해가 쌓여 이에 비로소 여러 예서禮書를 모으고 분류하여 한 질峡의 책을 만들어 『오선생예설五先生禮說』이라 제목을 붙였다. 대개 이로부터 천리天理의 절문節文과 인사人事의 의칙儀則[19]이 서로 갖추어지고 상호 보완이 되었으니, 이치에 완전히 능통하여 핵심을 명료하게 꿰뚫어 어두운 것은 밝혀지고, 의심스러운 것은 정해지고, 다투던 것은 그치게 되었다. 우리의 학문에 공이 있음을 어찌 가히 예사롭다고 말할 수 있겠는가?

第念智者之過於知, 賢者之過於行, 則或以此禮爲繁縟[20]而是忽焉. 愚不肖之不及者, 則常以此禮爲高古而莫之尙焉. 爲吾徒者, 能不爲二病之所祟, 則當知五先生指掌[21]之賜, 吾寒岡會集之功焉, 而是書必見重於百世也. 但不能無小恨者, 先生末疾[22]旣痼, 有未得重加手校, 益致其精盡焉爾. 然而覽者推類以通之, 又取其本書而參究之, 則皆可以得之矣.

다만 생각해 보면, 지혜로운 자(智者)가 지식에 지나치게 기울지고 현명한 자(賢者)가 행동에 지나치게 경도되면 혹 이 예를 번거롭고 까다로운 규칙이나 예절이라 하여 소홀히 하게 된다. 또한 어리석고 불초하여 미치지 못하는 자는 항상 이 예는 지나치게 높고 예스러워 숭상하지 않는다. 우리들이 능히 이 두 가지 병의 원인에 걸리지 않으면 마땅히 송나라

익혔고, 과거를 포기하고 학문 연구에 전념하였다. 성리학과 예학뿐만 아니라 여러 방면의 분야에 걸쳐 박학하였으며, 특히 예학에 조예가 깊어 『五先生禮說分類』 외에 『家禮輯覽補註』, 『深衣製造法』, 『禮記喪禮分類』, 『五福沿革圖』 등 적지 않은 예서를 편찬했고, 이황의 예에 관한 편지를 모은 『退溪喪祭禮問答』을 편집, 간행하기도 했다.

19) 天理의 節文과 人事의 儀則 : 『논어』 「學而」편에서 유자(有若)가 "예의 쓰임은 和가 귀함이 되니, 선왕의 예는 이것을 아름답게 여겼다. 그리하여 작은 일과 큰일에 모두 이것을 따른 것이다"(有子曰, 禮之用, 和爲貴, 先王之道斯爲美. 小大由之)라고 한 것에 대해 주희가 "예라는 것은 천리의 절문이고 인사의 의칙이다"(禮者, 天理之節文, 人事之儀則也)라고 한 것에서 유래하였다.
20) 繁縟 : '繁文縟禮'의 줄임말로, 번거롭고 까다로운 규칙과 예절을 가리킴.
21) 指掌 : 손바닥을 손가락으로 가리킨다는 뜻으로 아주 明白함을 의미함.
22) 末疾 : 고치기 어려운 나쁜 병증으로 대개 손과 발의 병을 가리킴.

다섯 선생이 아주 명백히 내려 주신 가르침과 우리 한강선생이 여러 가지를 모은 공훈을 마땅히 알게 되어 이 책이 반드시 백세토록 소중히 여기게 되는 것을 볼 것이다. 다만 능히 작은 한이라도 없지 아니한 것은 선생의 고치기 어려운 나쁜 병이 이미 고질이 되어 거듭 손수 교정을 더하여 더욱 정밀하고 극진함을 다하지 못함이 있다는 것이다. 그러나 열람하는 자가 분류한 것을 유추하여 꿰뚫고, 또 그 본래의 서적을 취하여 참고하여 연구한다면, 모두 가히 얻을 수 있을 것이다.

先生門人李斯文潤雨, 作宰湖州, 乃請于方伯, 偏告于同志諸守, 用辨刊布之路. 仍致書于顯光, 俾錄其顚末, 故義不敢辭, 稿以稟焉. 崇禎二年己巳仲夏生明,[23] 後學玉山張顯光, 謹跋.

선생의 문인門人인 이윤우李潤雨[24]가 호남 고을인 담양潭陽의 부사가 되어 마침내 전라관찰사[25]에게 청하고 동지同志들과 여러 수령守令들에게 두루 알려 책을 간행할 길을 마련하였다. 이로 인하여 나 현광顯光에게 편지를 보내어 그 전말顚末을 기록하도록 요청하였기에 의리상 감히 사양하지 못하고 초고草稿를 써서 보낸다. 숭정崇禎 2년 기사己巳(1629, 인조 7) 중하仲夏 초사흘에 후학後學 옥산玉山 장현광張顯光이 삼가 쓰다.

---

23) 生明 : 초사흘.
24) 李潤雨 : 1569(선조 2)~1634(인조 12). 자는 茂伯이고, 호는 石潭. 어릴 때에 鄭逑를 사사하여 학문하는 방법을 배웠다. 광해군 때 사관으로 鄭仁弘의 비위사실을 직필, 탄핵으로 사직했으며, 인조반정 뒤 이조참의에 이르렀다. 저서로 『石潭集』이 있다. 그의 아들 李道章이 여헌의 문인이다.
25) 전라관찰사 : 이 책 간행 당시 전라관찰사는 權泰一(1569~1631)이었다. 그는 具鳳齡의 문인이자 金誠一의 사위이다.

처사 박공의 묘갈명【處士朴公墓碣銘】

【소해제】

이 묘갈명은 여헌이 81세 때인 1634년(인조 12)에 사위 박진경朴晉慶(1581~1665)의 청을 받아 작성한 것이다. 『여헌선생문집』 제12권에 실려 있다.

처사 박공朴公은 박진경의 부친이자 여헌과 일찍부터 두터운 교유 관계를 맺고 있었던 건재健齋 박수일朴遂一(1553~1597)이다. 그는 여헌 생존 당시 선산 지역의 핵심 가문 중 하나인 밀양박씨 가문을 대표하는 인물이었다. 그의 조부인 용암龍巖 박운朴雲(1493~1562)은 한훤당 김굉필의 제자인 신당新堂 정붕鄭鵬(1467~1512)의 학맥을 계승한 송당松堂 박영朴英(1471~1540)의 대표적인 제자이다. 당시 지역의 내의 핵심 가문 중 하나인 선산김씨를 대표하는 김취성金就成·김취문金就文 형제와 더불어 송당학파를 이끌었던 박운은 초학자의 입문서인 『격몽편擊蒙編』을 저술하기도 하였으며, 이황李滉과도 서신을 통해 학문을 교류할 정도로 주자학에 대한 이해의 깊이가 깊었다.

박운으로부터 비롯되는 송당학파 계열의 가학을 계승한 박수일은 어려서 이황·노수신盧守愼을 찾아 경의經義를 토론하여 학문을 인정받았으며, 임진 왜란이 일어나자 노경임盧景任과 함께 의병을 일으켜 항전하기도 하였다. 특히 박수일은 여헌에게 우거처를 제공하는 등 일찍부터 교유하였고, 그의 아들 4형제가 모두 여헌 문하에 입문할 정도로 교유의 폭과 깊이가 깊었다. 이에 따라 여헌은 첫째 부인 정씨와의 사이에서 태어난 딸을 그의 차남인 박진경에게 시집보내었다.

이러한 일련의 과정과 인연을 통해 여헌은 송당학파의 핵심인 박운에 대해 존경의 뜻을 가졌고, 그의 손자인 박수일의 묘갈명을 작성하게 되었다. 그리고 이를 통해 송달학맥에 대한 그의 태도를 드러냈다.

【원문 및 번역】

公諱遂一, 字純伯. 新羅朴姓王時, 分封諸公子於列邑, 今之慶尙左道之密陽, 居其一, 公其後裔也. 史闕載傳, 譜亦墮失, 未知在公爲幾代也.

공의 휘는 수일遂一이고, 자는 순백純伯이다. 박씨朴氏가 신라의 왕이었을 때에 여러 공자公子[1]를 각 고을에 나누어 봉하였는데, 지금의 경상좌도慶尙左道[2] 밀양密陽이 그 가운데 하나이니, 공은 그 후예이다. 역사서에 기록되어 전하는 것이 없고, 족보 또한 잃어 버렸으니, 공에게 몇 대가 되는지 알지 못한다.

公之九代祖諱華, 爲麗朝三重大匡都僉議右政丞, 中世居龍宮. 至六代, 諱宗元, 弘治進士, 號默齋, 娶生員許諒女, 許乃金海首露王之裔. 生員居善山之海平縣, 故公旣娶, 就而居焉, 卽今古里坊, 乃其閭也.

공의 9대조 휘 화華는 고려조에서 삼중대광三重大匡[3] 도첨의都僉議 우정승右政丞[4]을 지냈으며, 중세中世에 이르러 용궁龍宮[5]에 거주하였다. 그 뒤 6대에 이르러 휘 종원宗元은 홍치弘治[6] 연간에 진사進士에 합격하고,

---

1) 公子 : 귀한 집안의 나이 어린 자제.
2) 慶尙左道 : 경상도 지방의 행정구역을 동·서로 나누었을 때 경상도 동부지역의 행정구역. 한양에서 바라볼 때 경상도지역의 좌측을 뜻하며, 울산·양산·연일·동래·청송·예천·풍기·밀양·칠곡·경산·청도·영양 등 37개의 군현이 여기에 속하였다.
3) 三重大匡 : 고려시대 정1품 문관의 품계이다. 1308년(충렬왕 34)에 충선왕이 복위할 때 신설된 품계이며, 이전까지는 종1품계가 최고 등급이었는데 이때 처음으로 정1품계가 설치된 것이다.
4) 右政丞 : 百揆庶務와 諫諍封駁을 관장하던 都僉議府를 대표하는 관직. 당초 侍中으로 하였다가 中贊으로, 이후에 政丞으로 고쳤다가 충혜왕 때 우정승과 左政丞으로 개편하였다.
5) 龍宮 : 경상북도 예천지역의 옛 지명. 본래 신라의 竺山縣이었는데, 995년(고려 성종 14)에 龍州로 승격하였고, 1012년(현종 3) 용궁군으로 낮추어졌다. 1914년 행정구역 개편 때 예천군에 통합되어 용궁면이 되었다. 용궁이라는 지명은 龍潭沼와 龍頭沼의 용이 이루어 놓은 수중의 용궁과 같이 지상에도 이러한 용궁을 만들어 보자는 뜻에서 지은 것이라고 전한다.
6) 弘治 : 중국 明나라 孝宗 때의 年號. 서기 1488년부터 1505년까지가 해당된다.

호를 묵재默齋라 하였으며, 생원生員인 허량許諒의 따님에게 장가들었으니, 허씨는 곧 김해金海 수로왕首露王의 후예이다. 허 생원이 선산善山 해평현海平縣에 거주하였기 때문에 공이 장가를 든 뒤에 이곳으로 가 거주하게 되니, 바로 지금의 고리방古里坊7)이 그 마을이다.

祖諱雲, 卽正德己卯進士, 龍巖其號也. 師朴松堂英, 友金眞樂就成, 公之學問德行, 非後學所可得以議焉. 閭有孝碑, 宣廟朝所旌也. 塋下 有碣, 退溪李先生撰文也. 公之著有景行錄, 紫陽心學至論, 擊蒙編, 三 侯傳, 衞生方等書, 傳爲家寶焉.

조고祖考 휘 운雲은 정덕正德8) 기묘년己卯年(1519, 중종 14)에 진사에 합격하였으며, 용암龍巖이 그의 호이다. 스승은 송당松堂 박영朴英9)이고, 친구는 진락당眞樂堂 김취성金就成10)이니, 공의 학문과 덕행은 후학들이 논의할 바가 아니다. 마을에 공의 효자비가 있으니, 선조宣祖 때에 정려旌閭한 것이다. 공의 묘소 아래에 세워진 묘비는 퇴계 이 선생이 찬술한 것이다. 공이 저술한 책으로는 『경행록景行錄』,11) 『자양심학지론紫陽心學至論』,12)

---

7) 古里坊 : 현재 구미시 해평면 괴곡리의 고리실마을.
8) 正德 : 중국 明代 武宗의 연호. 서기 1506년부터 1521년까지가 해당된다.
9) 松堂 朴英 : 1471(성종 2)~1540(중종 35). 어릴 때부터 무예에 뛰어나 담 너머 물건을 쏘아도 반드시 맞히므로 아버지가 기이하게 여겨 이름을 英이라 하였다고 전한다. 성종 때 兼司僕, 宣傳官을 지냈으며, 성종이 별세하자 가솔들과 함께 고향 선산으로 낙향하여 낙동강 변에 집을 짓고 松堂이라는 편액을 걸고, 鄭鵬·朴耕 등을 師友로 삼아 『대학』 등 경전을 강론하였다. 중종 때에 義州牧使, 同副承旨, 嶺南道 兵馬節度使 등을 역임하였다.
10) 眞樂堂 金就成 : 1492년(성종 23)~1551년(명종 6). 일찍이 朴英의 문하에 들어가서 『중용』과 『대학』을 배웠다. 한평생을 학문탐구에 몰두하여 일가를 이루었다. 만년에 金正國과 李彦迪의 추천으로 네 차례나 참봉에 임명되었으나, 모두 사직하고 한 번도 부임하지 않았다. 저서로는 『眞樂堂集』이 있다.
11) 『景行錄』 : 착한 행실을 기록한 책이라는 뜻. 원래 『경행록』은 송나라 때의 저작으로 작자 미상이다. 『明心寶鑑』에 이 책의 내용이 일부 인용되어 있다. 박운은 평소 생활에서 반드시 돌아보아야 하는 소중한 내용을 정리하고, 『경행록』이라 이름하였다.
12) 『紫陽心學至論』 : 朱熹가 마음을 다스리는 데 대하여 말한 것 중에서 더욱 절실한 것만을 뽑아 박운이 늘 책상 위에 놓고 밤낮으로 숙독하고 후학을 계도한 것.

『격몽편擊蒙篇』,[13] 『삼후전三侯傳』,[14] 『위생방衛生方』[15] 등이 있으며, 가보家寶로 전해지고 있다.

考諱灝, 嘉靖丙午, 生員, 娶廣陵李宗諤女, 以癸丑十二月二十八日生公. 公甫八歲, 生員公暴歿, 公驚奔號擗, 仆地至三, 此豈常兒所能哉? 九歲, 龍巖公口授小學, 公該達佩誦. 龍巖愛重之曰; 吾家幹蠱,[16] 非此兒耶?

선고先考 휘 호灝는 가정嘉靖[17] 병오년丙午年(1546, 명종 1)에 생원에 합격하였으며, 광릉廣陵 이종악李宗諤의 따님에게 장가들어 계축년癸丑年(1553, 명종 8) 12월 28일에 공을 낳았다. 공이 겨우 8세가 되었을 때, 생원공이 갑자기 세상을 떠나자, 공은 놀라 통곡하다가 세 번이나 땅바닥에 쓰러졌으니, 이 어찌 보통 아이들이 할 수 있는 것이겠는가? 9세에 할아버지 용암공龍巖公이 구두로 『소학小學』을 가르쳐 주자, 막힘없이 줄줄 외웠다. 용암공이 애지중지하며, "우리 집안의 일을 맡아 잘 처리할 사람이 이 아이가 아니겠는가?"라고 말하였다.

壬戌, 龍巖喪逝, 公從仲季父在廬, 定省慈闈, 晨昏不廢. 年十七, 往謁李先生于禮安, 先生頗獎許之. 又往謁穌齋盧相公于商山. 此皆其志早有在也.

임술년壬戌年(1562, 명종 7)에 용암공이 세상을 떠나자, 공은 중부仲父[18]와

---

13) 『擊蒙篇』: 박운이 그의 일생 사업으로 程頤와 朱熹가 居敬・窮理에 대하여 말한 것 중에서 더욱 절실하고 긴요한 것만을 뽑고, 이황의 시정을 거쳐 이루어진 編書.

14) 『三侯傳』: 박운이 사내대장부로서 뜻하고 숭상하는 것을 간절하게 밝힌 저술.

15) 『衛生方』: 박운 자신이 병의 퇴치에 대하여 저술한 것.

16) 幹蠱: 문젯거리가 되었던 정치나 사업을 맡아 잘 처리한다는 뜻. 즉 자식이 부모의 사업을 이어받아 잘 조처하여 바로잡는 것을 뜻한다. 『주역』「蠱卦」象傳에, "아버지의 잘못을 바로잡는다는 것은 뜻이 죽은 아버지를 계승한다는 것이다"(幹父之蠱, 意承考也)에서 유래하였다.

17) 嘉靖: 명나라 世宗의 연호. 1522년부터 1566년까지가 이에 해당한다.

18) 仲父: 아버지의 바로 아래 동생. 둘째 작은아버지.

계부季父19)를 따라 상막喪幕20)에 있으면서 어머니께 저녁이면 잠자리를 마련해 드리고 새벽이면 문안을 하기를 하루도 거르지 않았다. 17세 때 예안禮安21)에 사는 퇴계 이 선생을 찾아가 뵙자, 선생이 자못 권면하고 허락하였다. 또 상산商山22)에 사는 소재蘇齋 노수신盧守愼23)을 찾아가 뵈었다. 이것들은 모두 공이 일찍부터 뜻한 바가 있었던 것이다.

丙子, 初參漢城別擧, 不利於殿試. 自是不復留意學業, 遂奮爲己之學, 夜或懸髻警睡篤志, 母夫人憂疾而止之.

병자년丙子年(1576, 선조 9)에 처음으로 한성의 별거別擧24)에 참여하였으나, 전시殿試25)에 합격하지 못하였다. 이때부터 다시는 과거에 뜻을 두지 않았으며, 마침내 위기지학爲己之學26)에 힘을 쏟았다. 밤에 간혹 상투를 매달아 잠을 깨우면서 뜻을 독실하게 하였는데, 어머니가 병이 날까 염려하여 이를 저지하였다.

乙酉, 家燬酷癘, 公喪耦後, 先妣繼染. 公不離侍藥, 嘗糞預驗. 及其喪也, 哭踊哀毁, 頓絶獲穌者累焉. 泣血三年, 幾至喪明. 服闋後, 時見先妣手澤之物, 輒失聲悲號, 隣族莫不嗟嘆.

19) 季父 : 아버지의 막내아우. 막내 작은아버지.
20) 喪幕 : 부모가 죽으면 옆에서 삼 년 동안 무덤을 지키며 기거했던 움막.
21) 禮安 : 경상북도 안동지역의 옛 지명.
22) 商山 : 경상북도 상주의 옛 이름.
23) 蘇齋 盧守愼 : 1515년(중종 10)~1590년(선조 23). 경연에서 『書經』을 강론할 때에는 人心道心의 설명이 주자의 설명과 일치했으나, 진도로 유배되어 羅欽順의 『困知記』를 본 후에 이전의 학설을 변경하여 도심은 未發, 인심은 已發이라고 해석하였다. 저서로는 『蘇齋集』이 있다.
24) 別擧 : 式年試 이외에 특별히 치르는 과거. 別科 혹은 別試라고도 함.
25) 殿試 : 문과 및 무과의 제3차 시험. 국왕의 親臨하에 복시에서 선발된 문과 33인, 무과 28인의 합격자들을 재시험해 등급을 결정하는 시험이다.
26) 爲己之學 : 자신의 인격 수양을 목적으로 하는 학문. 『논어』 「憲問」에서 "옛날에는 자기 자신을 위해 배웠지만, 오늘날은 남을 위해 한다"(古之學者爲己, 今之學者爲人)에서 비롯되었다.

을유년乙酉年(1585, 선조 18)에 이르러, 집안에 혹독한 돌림병이 유행하여 공은 부인을 잃고 뒤이어 어머니까지 감염되었다. 공은 어머니 곁을 떠나지 않고 약 시중을 들면서 대변의 맛을 보아[27] 병의 증세를 미리 징험하였다. 어머니가 돌아가시자 공은 통곡을 하며 야월 만큼 몹시 슬퍼하였고, 기절하였다가 깨어나기를 여러 번 하였으며, 삼 년 동안 피눈물을 흘려 거의 시력을 잃을 지경에 이르렀다. 상복을 벗은 뒤에도 돌아가신 어머니의 손때가 묻은 물건을 보면 그때마다 통곡하고 슬퍼하였으니, 이웃과 집안사람들 가운데 탄식하지 않은 이가 없었다.

壬辰, 遭倭變, 避竄山谷, 雖在蒼黃急遽中, 若遇忌辰, 親具時羞, 必致如在之誠. 時龍巖繼夫人金氏尙在季父家, 公奉置躬侍, 不失常儀, 及喪, 送終如禮. 公之外家, 蕩沒於賊亂, 公收葬三四喪, 極其情禮, 攜其孤孩撫養之曰, 此兒須存, 外祀不絶矣.

임진년壬辰年(1592, 선조 25)에 왜란倭亂을 만나 산골짜기로 피하여 숨었는데, 공은 비록 다급한 상황 속에서도 제삿날이 되면 친히 제수를 장만하여 반드시 살아 계실 때처럼 정성을 다하였다. 이때 용암공의 계부인繼夫人인 김씨金氏가 계부季父의 집에 있었는데, 공이 모셔다가 몸소 모시면서 떳떳한 법을 잃지 않았으며, 상을 당하자 예에 따라 장례를 치렀다. 공의 외가外家가 왜적의 난입으로 몰살을 당하자, 공은 서너 구의 시신을 수습하여 정성과 예의를 다하여 장례를 치렀고, 고아가 된 어린아이들을 데려다가 어루만지고 기르면서, "이 아이가 모름지기 보전되어야 외가의 제사가 끊어지지 않을 것이다"라고 말하였다.

---

27) 대변의 맛을 보아 : 지극한 효성을 비유한 말. 『南史』의 「庾黔婁傳」에 나온다. 南朝시대 齊나라에 유명한 효자 庾黔婁가 진릉의 현령으로 재임하고 있을 때 아버지가 갑자기 괴질이 걸리자 관직을 사임하고 낙향하였다. 의원이 아버지의 병세를 알기 위해서는 변을 직접 맛보아야 한다고 하자 유검루는 주저하지 않고 변을 맛보았다. 달고 매끄러운 것으로 보아 며칠 넘기지 못할 상태였다. 그래서 유검루는 하늘에 빌었지만 결국 돌아갔다. 제나라의 和帝는 그의 지극한 효성에 감동하여 높은 벼슬을 내렸지만 끝내 사양하였다.

丁酉, 賊兵再動, 及其敗還, 徑由本府. 公未及遠避, 遽遇凶鋒, 亦不自亂, 罵不絕口, 遂不免禍. 嗚呼! 天不祐善, 至於是哉? 公雖不得終承庭訓, 從前累世所積之善, 所尙之風, 流在家庭者, 深且厚矣. 其所傳襲, 有所來矣. 何獨資稟之美哉? 至於平日百行, 固非外人所得悉也, 而蓋皆恒人所不可及者也.

정유년丁酉年(1597, 선조 30)에 왜적이 다시 침범하였다가 패하여 돌아가면서 본부本府28)를 경유하였다. 공은 미처 멀리 피난하지 못하여 갑자기 흉악한 왜적의 칼날을 만났지만, 또한 스스로 당황하지 아니하고 계속 왜적을 꾸짖다가 마침내 화를 면하지 못하였다. 아! 하늘이 선을 돕지 아니하여 이 지경에 이르렀단 말인가? 공은 비록 가정의 가르침을 끝까지 받들지 못하였으나 이전까지 누대에 걸쳐 쌓아온 선행善行과 숭상하는 기풍氣風이 가정에 흘러든 것이 깊고 두터웠으며, 그 전하여 이어 온 것이 유래가 있었다. 어찌 홀로 공의 타고난 자질만 아름다웠겠는가? 공이 평소에 행하였던 여러 행실에 이르러서는 진실로 외부 사람들이 자세히 알 수 있는 것이 아니지만, 대개 모두 보통 사람들이 가히 미칠 바가 아니었다.

公配乃平壤趙氏, 卽宣務郎通禮院引儀仁復女也. 生於嘉靖壬子, 歿于萬曆乙酉, 生四男. 長曰弘慶, 無子, 以第四弟晉慶第四子慄爲後, 二女, 長適李稅, 次適金爾後. 李有男女, 金有一男, 皆幼. 次曰亨慶, 有四男四女, 男長曰憲, 娶陽城李維聖女, 生二男, 曰㦕, 餘幼. 女長適生員蔡以復, 次適正字金廈樑, 次適士人鄭墊, 餘未字. 次曰履慶, 有四男三女, 男曰愉, 曰愕, 餘幼. 女長適士人全佇, 早孀, 餘幼. 次曰晉慶, 有五男三女, 男長曰惛, 娶海平吉昌善女, 冶隱後也, 生三男, 皆幼. 次曰愰, 娶府使崔山輝女, 生一男一女, 皆幼. 次曰恔, 娶縣監權應, 生女. 次曰慄, 爲弘慶後, 娶士人安景淹女, 生一男幼. 次曰惰, 女長適士人任景尹, 生三男一女.

---

28) 本府 : 박수일이 살던 선산 고을을 가리킴.

공의 부인은 평양조씨平壤趙氏이니, 선무랑宣務郎 통례원通禮院 인의引儀인 인복仁復의 따님이다. 가정嘉靖29) 임자년壬子年(1552, 명종 7)에 태어나 만력萬曆30) 을유년乙酉年(1585, 선조 18)에 세상을 떠났는데, 4남을 낳았다. 장남 홍경弘慶은 아들이 없어 넷째 아우 진경晉慶의 넷째 아들 율慄을 후사後嗣로 삼았으며, 2녀를 두어 큰 딸은 이진李秖에게 출가하고 차녀는 김이후金爾後에게 출가하였다. 이진은 1남1녀를 두었고 김이후는 1남을 두었는데, 모두 어리다. 둘째 아들 언경彦慶은 4남4녀를 두었는데, 큰아들 규奎는 양성이씨陽城李氏 이유성李維聖의 딸에게 장가들어 2남을 낳았는데, 아들은 우瑀이고 나머지는 어리다. 큰딸은 생원生員 채이복蔡以復에게 출가하였고, 둘째 딸은 정자正字 김하량金廈樑에게 출가하였으며, 셋째 딸은 사인士人 정별鄭鼈에게 시집갔고, 넷째 딸은 출가 전이다. 셋째 아들 이경履慶은 4남3녀를 두어 아들은 유愉와 용愡이고, 나머지는 어리며, 큰딸은 사인士人 김저金㐾에게 시집가 일찍 지아비를 잃었고, 나머지는 어리다. 넷째 아들 진경晉慶은 5남3녀를 두어, 큰아들 기愭는 야은冶隱의 후손 해평海平 길창선吉昌善의 딸에게 장가들어 3남을 낳았는데 모두 어리다. 둘째 아들 황愰은 부사府使 최산휘崔山輝의 딸에게 장가들어 1남1녀를 낳았는데 모두 어리다. 셋째 아들 협悏는 현감縣監 권응생權應生의 딸에게 장가들었다. 넷째 아들 율慄은 박홍경의 후사로 들어가 사인士人 안경엄安景淹의 딸에게 장가들어 1남을 낳았는데 아직 어리다. 다섯째 아들은 서惰이다. 큰딸은 사인士人 임경윤任景尹에게 시집가 3남1녀를 낳았다.

季胤晉慶, 以崇禎七年春, 蒙恩除從仕郎永崇殿參奉. 參奉曾修慟慕錄來示, 仍曰 : 某等爲先人伐石當鐫, 敢請錄其陰. 顯光不但平日相與之分, 固不尋常, 況今連家之義, 旣深且重, 何敢辭焉? 銘曰 :

공의 막내아들 진경은 숭정崇禎31) 7년(1634, 인조 12) 봄에 나라의 은전恩典을

---

29) 嘉靖 : 중국 明나라 世宗의 연호. 1522년부터 1566년까지가 이에 해당한다.
30) 萬曆 : 중국 明나라 神宗의 연호. 1573년부터 1619년까지가 이에 해당한다.
31) 崇禎 : 중국 明나라의 마지막 황제 毅宗 때의 연호. 1628년부터 1644년까지이다. 명나

입어 종사랑從仕郎32) 영숭전永崇殿33) 참봉參奉에 제수되었다. 참봉은 일찍
이 편찬한 『통모록慟慕錄』을 가지고 나에게 찾아와 보이며, "저희들이
선친을 위하여 비석을 다듬어 비문을 새기려 하는데, 감히 음기陰記34)를
부탁드립니다"라고 하였다. 나 현광은 평소 참봉과의 교분交分이 보통이
아닌 데다가 지금 연가連家35)의 의리가 이미 깊고 중하니, 어찌 감히
사양할 수 있겠는가? 다음과 같이 명銘한다.

朴出羅祖, 寔天攸錫. 分封列境, 密派最赫.
曰惟龍巖, 善鄕挺特. 有師有友, 窮討隱賾.
公爲嗣孫, 以繼以述. 明鏡肯堂, 鳶魚妙察.
不幸遭亂, 操守愈確. 處困亨道, 臨變惠迪.
天意難知, 不祐有德. 善旣世積, 後豈無發.
後人何鑑, 鑑此竪石.

박씨는 신라의 시조에서 비롯되었으니, 실로 하늘이 내린 것이네.
자손을 여러 고을에 나누어 봉하니, 그 가운데 밀양 파족이 가장 혁혁하네.
용암龍巖 박운朴雲 공은, 선산 고을에서 걸출하게 태어났네.
훌륭한 스승과 벗이 있어, 은미한 이치를 궁구하고 토론하였네.
공은 용암공의 사손嗣孫이 되어, 학문을 잇고 사업을 계승하였네.
명경당明鏡堂36)에 있으면서, 솔개와 물고기37)의 묘리를 살폈다네.

라가 망한 뒤에도 조선은 청나라 연호를 쓰는 것을 꺼려 이 연호를 사용하였다.
32) 從仕郎 : 문신 정9품의 품계명.
33) 永崇殿 : 평양성 안의 전각. 고려 長樂宮의 옛터에 지어 태조 이성계의 영정을 모셨다.
34) 陰記 : 碑碣의 뒷면에 새긴 글. 본래 비문은 碑陽에 기록하고, 비음에는 비양에 다하지
    못한 내용을 기재한다.
35) 連家 : 婚姻에 의하여 맺어진 가문끼리의 관계. 여헌과 첫째 부인 사이에서 태어난
    딸이 朴晉慶에게 시집갔다. 이와 같이 두 가문은 사돈 관계이기 때문에 여헌이 '연가
    의 의리'라고 표현한 것이다.
36) 明鏡堂 : 朴雲이 학문을 닦고 제자를 가르치기 위해 지은 서재. 임진왜란 때 불타 없어
    지자 손자 朴櫟이 재건하여 明鏡新堂이라 하였다.
37) 솔개와 물고기 : 솔개와 물고기는 鳶飛魚躍을 가리킨다. 솔개가 하늘을 나는 것이나

불행하게도 난리를 만났으나, 지조를 지킴이 더욱 확고하였네.
곤궁함에 처해도 도가 형통하고, 변란에 임하여 도리를 따랐다네.
하늘의 뜻을 알기 어려우니, 덕이 있는 이를 돕지 않았네.
선덕을 이미 대대로 쌓았으니, 후손이 어찌 발휘하지 않겠는가?
후인들은 무엇을 거울로 삼을 것인가? 이 견곤한 비석을 볼지어다.

물고기가 못에서 뛰는 것이나 모두 자연법칙의 작용으로, 세상의 이치는 천지간 어디에나 있다는 것을 가리킨다. 군자의 德化가 널리 미친 상태를 의미하기도 한다. 『詩經』「大雅」에 나온다.

증 가선대부 호조참판 겸 동지의금부사 김공의 묘갈명

【贈嘉善大夫戶曹參判兼同知義禁府事金公墓碣銘】

【소해제】

이 묘갈명은 여헌이 62세 되던 해인 1615년[광해군 7]에 작성한 것을 이후에 일부 내용을 추가하여 완성한 것이다. 「증가선대부호조참판겸동지의금부사김공묘갈명贈嘉善大夫戶曹參判兼同知義禁府事金公墓碣銘」이라는 제목으로 『여헌선생문집』 제12권에 실려 있다.

묘갈명의 주인공인 김공金公은 여헌 문하에서 학문을 익힌 그의 아들 김경金烱이 의금부도사로 재직하면서 세운 공훈에 따라 가선대부 호조참판 겸 동지의금부사가 추증된 김석지金錫祉이다. 김석지에게서 주목되는 것은 그의 조부인 김취기金就器의 형인 김취성金就成·김취문金就文 형제이다. 이 두 인물은 용암龍巖 박운朴雲과 함께 선산지역의 송당학파를 대표하는 학자이다. 영남 사림의 연원으로서 선산지역의 학통을 계승한 김취성·김취문 형제의 학문은 이후 김석지와 그의 아들 김경을 통해 여헌과 조우하였고, 여헌은 그들의 학문적 성취를 기리며 존숭의 뜻을 피력하였다.

여헌뿐만 아니라 정구鄭逑 문하에서도 학문을 익힌 김경은 임진왜란 때 급히 모신 그의 선친과 모친의 묘를 20여 년 후에 이건하면서 여헌에게 명문銘文을 청하였고, 선산지역의 유림을 주도하던 선산김씨 가문과 깊은 유대를 가지고 있었던 여헌은 송당학파의 핵심이었던 김취성을 거론하며 그의 부탁에 응하였다. 이후 호란이 발발하고 잇단 변란이 이어지면서 비를 세우지 못하다가 후에 여헌이 명문을 보완하여 비를 세우게 되었다.

【원문 및 번역】

嘗聞一善之南村, 有曰眞樂堂金先生, 受眞訣于松堂朴先生, 乃爲眞儒, 守道終身焉. 故其鴈行於一時者, 幷爲聞人, 後生於族黨者, 頗知義方.[1] 君卽眞樂堂之弟之孫也.

일찍이 들으니, 일선一善[2]의 남쪽 마을에 진락당眞樂堂 김취성金就成[3] 선생이 있었는데, 송당松堂 박영朴英 선생에게서 참된 도리를 전수받아 마침내 진유眞儒가 되어 종신토록 도를 지켰다. 그러므로 같은 때에 안항雁行[4]한 형제들 모두 이름이 널리 알려졌으니, 족당族黨[5]에서 뒤에 태어난 자들이 집안의 가르침을 자못 알게 되었다. 군은 곧 진락당의 아우[6]의 손자이다.

君諱錫祉, 字伯綏. 金爲本府著姓, 高麗和義君, 其遠祖也. 高祖諱礵, 贈戶曹參議, 曾祖諱匡佐, 贈吏曹參判, 祖諱就器, 歸厚署別提, 考諱筇, 亦有左承旨之贈. 妣生員鄭毅之女, 生員乃新堂先生之子也.

군의 휘는 석지錫祉이고, 자字는 백수伯綏이다. 김씨는 본부本府[7]의 저명한 성씨姓氏이니, 고려 때 화의군和義君이 먼 선조이다. 고조 휘 제礵는 호조참

---

1) 義方 : 자식을 가르치는 正道 혹은 집안의 가르침. 『春秋左傳』 隱公 3년에 "석작이 간하기를, '신이 듣건대, 자식을 사랑한다면 의방으로써 가르쳐 삿된 것에 들이지 않게 해야 합니다' 하였다"(石碏諫曰, 臣聞, 愛子, 敎之以義方, 弗納於邪)라고 한 데서 유래했다.
2) 一善 : 경북 구미시 선산읍의 옛 지명. 삼국시대 신라 때 一善郡이었다가 嵩善郡으로 개칭되었고, 고려 초기에 善州로 개칭된 후, 조선 태종 때 善山郡으로 다시 변경되어 현재에 이르고 있다.
3) 眞樂堂 金就成 : 1492(성종 23)~1551(명종 6). 일찍이 朴英의 문하에 들어가서 『중용』 과 『대학』을 배웠다. 한평생을 학문 탐구에 몰두하여 일가를 이루었다. 만년에 金正國과 李彦迪의 추천으로 네 차례나 참봉에 임명되었으나, 모두 사직하고 한 번도 부임하지 않았다. 저서로는 『眞樂堂集』이 있다.
4) 雁行 : 기러기의 행렬이란 뜻으로, 남의 형제를 높여 이르는 말.
5) 族黨 : 같은 문중이나 계통에 속하는 사람.
6) 진락당의 아우 : 묘갈명의 주인공인 金公의 조부인 金就器를 가리킨다.
7) 本府 : 선산을 가리킴.

의戶曹參議에 추증되었고, 증조 휘 광좌匡佐는 이조참판吏曹參判에 추증되었으며, 조고 휘 취기就器는 귀후서歸厚署[8] 별제別提를 지냈고, 선고先考 휘 공節 또한 좌승지左承旨에 추증되었다. 선비先妣는 생원生員 정의鄭毅의 따님이며, 생원은 신당新堂 선생[9]의 아들이다.

君天性忠厚, 容儀端重, 言語不雜, 喜怒不形. 承順於親庭, 友愛其同氣, 至於僕衆隣閭, 咸得其情焉.

군은 천성이 충직하고 온순하며 인정이 두터웠으며, 용모가 단정하고 정중하였다. 잡된 말을 하지 않았으며, 기쁨과 노여움을 얼굴에 드러내지 않았다. 가정에서는 어버이의 뜻을 순순하게 좇았으며, 동기간에 우애하였고, 노비들과 이웃 마을 사람들에게 이르러서는 모두 그 정情을 얻었다.

歲癸未, 先夫人疾劇, 晝夜憂泣, 須臾不離, 親執藥物, 無或少怠. 及喪哀戚, 葬祭必遵禮制, 廬墓三年, 非嚴命不到家, 隣里若有不孝悌者, 每招致開諭, 或有改之者.

계미년癸未年(1583, 선조 16)에 선부인先夫人의 병환이 위중해지자 군은 밤낮으로 걱정하고 근심하였으며, 잠시도 곁을 떠나지 아니하였고, 친히 약물藥物을 가져다 드리며 조금도 태만하지 않았다. 상을 당하자 군은 슬퍼하며 장례와 제사를 반드시 예제禮制에 따랐고, 3년간 여묘廬墓 살이를 하였는데, 엄명嚴命이 아니면 집에 돌아가지 않았다. 이웃 마을에 만약 불효하고 공경하지 않는 자가 있으면 군은 매번 불러다가 타일렀으

---

8) 歸厚署 : 관곽을 만들고 장례에 관한 일을 맡아보던 관아. 별제는 정·종6품 관직.
9) 新堂선생 : 鄭鵬(1467~1512)을 가리킨다. 정붕은 1492년 식년문과에 급제하여 관직에 들어섰으나 갑자사화에 연루되어 경상도 영덕에 유배되었다. 중종반정 이후 복직되었으나 병으로 사퇴하고 고향 선산에 머물렀다. 吉再·金叔滋의 학통과 김굉필의 가르침을 받아 성리학을 깊이 연구하였다. 『案上圖』를 지어 스스로 경계하였으며, 송당 학파를 일군 朴英이 그의 문인이다. 李滉이 일찍이 그의 학문이 깊다고 칭송하기도 하였다.

며, 간혹 고치는 자가 있었다.

和嚴自持, 不與人戲謔, 常堅坐一室, 不喜出入. 唯康公復粹, 乃其姻兄也, 居不相遠, 氣味又合, 時與相從, 杜門穩討, 有至終日夜. 其於財利上, 泊如也. 婦家財業頗饒, 卷分之日, 請參再三, 終不往.

군은 온화함과 엄격함으로 스스로를 지켰으며, 다른 사람과 더불어 희롱하거나 농담을 하지 않았다. 항상 방에 꿋꿋하게 앉아 있고, 집밖 출입을 좋아하지 않았다. 오직 강공康公 복수復粹[10]는 곧 그 인형姻兄[11]이었으니, 거처하는 곳이 서로 멀지 않고, 기미氣味[12] 또한 합하였으므로 때로 서로 더불어 종유하여 문을 닫고 조용히 토론하여 종일 밤낮을 지새우기도 하였다. 재물과 이익에 대해서는 마음이 고요하고 욕심이 없었다. 부인의 집안이 재물과 가업이 넉넉하여 토지문서를 분배하는 날에 와서 참석할 것을 거듭 요청하였지만 공은 끝내 가지 않았다.

恒定二僕, 掃淨內外, 一草一塵, 不令留在庭除. 每自外還, 及門必先彈振衣笠, 然後乃入, 蓋好尙淨潔, 其性然也. 師友之取許, 皆謂之質美, 親黨之稱道, 亦以爲不可易得底人物, 豈無所試而云歟?

군은 항상 두 노비를 정해 두고 안과 밖을 깨끗이 청소하여 풀 한포기 티끌 하나도 뜰에 남아 있지 않게 하였다. 매번 밖에서 돌아올 때면 집 문 앞에 이르러 반드시 먼저 옷과 갓을 깨끗이 턴 뒤에야 들어갔으니, 대개 정결함을 좋아하고 높이는 것이 그의 성품이었다. 스승과 벗들이 군을 마음으로 허락하여 모두 자질이 아름답다고 칭찬하였으며, 친족들

---

10) 康公 復粹 : 김석지의 손위 처남인 康復粹. 호는 淸之이며, 생몰년은 알 수 없다. 『龍湖閒錄』의 「東國文獻門生篇」에 율곡을 從遊한 인물 중 한 사람으로 기록되어 있다. 그의 아들 康在山(1573~1636)은 여헌의 문인이다.

11) 姻兄 : 매제가 손위처남을 높여 이르는 말.

12) 氣味 : 생각하는 바나 기분 따위와 취미.

도 칭찬하면서 또한 쉽게 얻을 수 없는 인물이라고 하였으니, 어찌 시험한 바가 없이 이렇게 말하였겠는가?

壬辰倭寇之亂, 扶奉先考, 攜挈家累, 避入山窟, 僅免賊鋒, 染臥熾瘟, 其先考先歿, 後二日而君又不救, 卽八月十一日也. 距生年丙辰, 三十七歲. 假瘞于山麓.

임진년壬辰年(1592, 선조 25) 왜적의 난리에 군은 선고先考를 받들어 모시고 집안 식구들을 이끌고 피난하여 산 속의 굴에 들어가 겨우 적의 칼날을 면하였다. 그러나 지독한 염병에 전염되어 선고께서 먼저 돌아가시고 이틀이 지난 후에 군 또한 치료되지 못하니, 곧 8월 11일이었다. 태어난 병진년丙辰年(1556, 명종 11)과는 거리가 37년이었다. 임시로 산기슭에 매장하였다.

其配信川康氏, 曾祖贈都承旨行承文院判校諱仲珍, 祖贈戶曹參判行昌原府使諱顗, 考生員諱景善, 有高行, 與弟惟善齊名, 見忌於時, 不免家禍, 坐冤而終. 妣贈刑曹參議完山崔希曾之女.

군의 부인은 신천강씨信川康氏이다. 증조는 도승지都承旨에 추증되고 승문원판교承文院判校를 지낸 휘 중진仲珍[13]이며, 조고는 호조참판戶曹參判에 추증되고 창원부사昌原府使를 지낸 휘 의顗이며, 선고는 생원인 휘 경선景善인데 행실이 높아 아우 유선惟善과 명망이 똑같았으나 당시에 시기猜忌를 당하여 집안의 화를 면하지 못하고 억울하게 별세하였다. 선비先妣는 형조참의刑曹參議에 추증된 완산完山 최희증崔希曾의 따님이다.

康氏性行貞潔, 孝友篤至. 勤於治家, 達於婦職. 順事舅姑. 不違君志.

---

13) 仲珍 : 金宗直의 생질이자 문인인 康仲珍(1459~1520)을 가리킨다. 弘文館著作 등 여러 淸宦職을 지냈으며, 軍官이 되어 왜인들의 분란을 평정하는 데 공을 세웠다. 濟用監正으로 대마도 敬差官을 겸직하여 왜구들을 토벌하기도 하였다.

教子以嚴, 鞠養必正, 隣族咸稱其婦德.

　강씨 부인은 성품과 행실이 굳고 결백하였으며, 부모에 대한 효도와
형제에 대한 우애가 돈독하고 지극하였다. 집안을 다스림에 부지런하였
으며, 시부모를 순종하며 섬겼다. 남편의 뜻을 어기지 않았으며, 자식을
엄격하게 가르치고 반드시 바르게 보살펴 길렀으니, 이웃과 친족들이
모두 그 부덕婦德14)을 칭찬하였다.

　乃於奔竄之中, 疊遭罔極之痛, 實欲自決. 而兩喪方在淺土, 一孤難
分死生, 有此兩難, 不忍遽決. 然手備短索常帶之, 如有猝阨必決之意
也. 其在流離顚沛之際, 亦常以葬事爲念, 賣盡所餘衣裳, 貿得紬布等
物, 備爲壙中諸具, 以待亂定.

　부인은 바삐 달아나 숨는 가운데 망극한 애통哀痛을 거듭 만나 실로
자결自決하고자 하였다. 그러나 두 시신을 제대로 초상을 치르지 못하
여 얕은 흙에 묻었고, 한 고아는 사생死生을 분별하기 어려웠다. 이
두 가지 어려운 일이 있어 부인은 차마 갑자기 자결하지 못하였다.
그러나 손수 짧은 동아줄을 마련하여 항상 허리에 차고 다녔으니,
만약 갑자기 곤궁한 일이 생기면 반드시 자결하려는 뜻이었다. 정처
없이 떠돌아다니며 엎어지고 자빠지는 가운데에도 부인은 항상 장사
지내는 것을 염려하여 남은 옷과 치마를 모두 팔아 명주와 삼베
등의 물건을 사고, 광중壙中15)에 쓰는 여러 도구를 갖추고 난리가
진정되기를 기다렸다.

　癸巳夏, 聞寇退, 奉葬具攜幼孤, 歸向故山, 時天兵路本府. 夜行間關,
纔至近野, 誤投坑坎, 失盡所載諸具, 痛哭無可奈何. 又天兵彌滿里閭,
無路營葬.

---

14) 婦德 : 부녀자의 아름다운 덕행.
15) 壙中 : 시체가 놓이는 무덤의 구덩이 부분을 이르는 말. 여기에서는 장례를 의미한다.

계사년癸巳年(1593, 선조 26) 여름에 왜적이 물러갔다는 소식을 듣고, 부인은 장례 도구를 받들고 어린아이를 이끌고 고향의 산으로 돌아가니, 이때는 천병天兵[16]이 본부本府[17]를 향해 길을 걷고 있을 때였다. 그리하여 부인과 일행은 밤길을 가야만 하였으니, 길은 울퉁불퉁하여 걷기 곤란하였다. 겨우 가까운 들에 이르렀으나, 잘못하여 구덩이에 빠지게 되어 싣고 있던 여러 장례 도구를 모두 잃고 슬피 통곡하였으나 어찌할 방도가 없었다. 또 천병이 마을에 가득하여 장례를 치를 방도가 없었다.

且以失天寡活爲恥, 便決意自盡, 以其幼子托諸兄子. 仍各避去兵擾蒼黃之際, 故後諸人, 遂以所帶之索, 果自決焉, 是其夏六月某日也. 生下於君四歲, 歿後君一歲.

또한 부인은 남편을 잃고 과부로 사는 것을 수치로 여겨 문득 자진自盡[18]하기로 결심하고, 이에 어린 아들을 여러 조카에게 부탁하였다. 친족들이 각각 군사들을 피해 경황이 없자 부인은 일부러 여러 사람들 뒤로 쳐졌다가 마침내 차고 있던 동아줄로 목을 매어 스스로 목숨을 끊으니, 이해 여름 6월 어느 날이었다. 부인은 군보다 4년 아래였고, 군이 별세한 후 1년 뒤에 목숨을 끊은 것이었다.

一子曰㵆, 時十二歲矣. 奔走號訴, 營得棺具, 以其年十月, 旣奉窆其祖考, 則遂窆其考妣於其下, 而惟以兆域傾危, 常不自安焉.

외아들인 수㵆는 이때 나이가 12살이었다. 황급히 달려가 울부짖고 관棺과 장례 도구를 마련하여 그해 10월에 이미 돌아가신 조고祖考를 봉폄奉窆[19]

하고, 뒤이어 그 아래에 선고와 선비를 장례하였으나, 묘가 있는 곳의
형세가 위태로워 항상 스스로 편안하지 아니하였다.

後二十一年癸丑, 濠遂竭力措具, 移卜於其東某向之原而改襄焉. 又
後二年, 具得小碑, 以顯光相知其情事, 泣請其銘. 故不敢堅辭, 遂據其
錄而銘之, 以應其懇, 而未及入石, 邦連餘亂, 不遑私事矣.

21년이 지난 후인 계축년癸丑年(1613, 광해군 5)에 아들 수濠가 마침내 힘을
다하여 이장移葬에 필요한 도구를 장만하여 그 동쪽 모향某向의 언덕에
터를 잡고 이장하였다. 또 2년이 지난 후에 작은 비석을 마련하고 나
현광에게 그 실정과 사실을 잘 안다고 하여 울면서 그 명문銘文을 청하였
다. 그러므로 감히 굳이 사양하지 못하고 그 기록에 근거하여 명을
짓고, 그 간절함에 응하였으나, 미처 비석을 세우기도 전에 나라에 남겨진
혼란[20]이 이어져 사사로운 일을 할 겨를이 없었다.

濠前以秀才來請, 其後中丁巳司馬. 丁卯, 薦拜金吾郎, 戊辰春, 超授
六品, 夏, 除交何縣監, 辛未冬, 受由歸鄕, 仍呈病遞任. 其在金吾時,
再參昭武寧社原從功臣一等, 遂推恩[21]所生, 贈君嘉善大夫戶曹參判
兼同知義禁府事, 贈康氏貞夫人.

수濠가 이전에는 수재秀才[22]로 와서 비문을 청하였지만, 그 후 정사년丁巳
年(1617, 광해군 9)에 사마시司馬試에 합격하였다. 정묘년丁卯年(1627, 인조
5)에 금오랑金吾郎[23]에 천거되었으며, 무진년戊辰年(1628, 인조 6) 봄에 6품직
으로 뛰어 제수되고, 여름에 교하현감交河縣監에 제수되었으며, 신미년辛

---

20) 남겨진 혼란 : 가뭄까지 겹쳐 백성의 삶이 더욱 곤궁해진 것을 말한다. 1615년(광해군
   7) 봄부터 시작된 가뭄으로 인해 기우제가 계속 이어졌고, 흉년이 들어 백성들이 한결
   같이 빈곤하여 팔도의 감사에게 모든 잡비를 절감하도록 지시가 내려지기도 하였다.
21) 推恩 : 할아버지나 아버지, 또는 자손의 공로로 官爵을 제수받거나 더 높여 주는 일.
22) 秀才 : 과거 응시자.
23) 金吾郎 : 義禁府의 都事.

未年(1631, 인조 9) 겨울에 말미를 받아 고향으로 돌아왔다가 병으로 사직하는 글을 올려 이에 체직되었다. 금오랑에 있을 때에 두 번이나 소무영사昭武寧社 원종공신原從功臣[24] 1등에 참여되어 마침내 부모에게 은혜가 미치게 되니, 공에게 가선대부嘉善大夫[25] 호조참판戶曹參判 겸 동지의금부사同知義禁府事가 추증되고, 강씨에게 정부인貞夫人을 추증하였다.

縣監娶仁川李循之女, 生五男一女. 長生員廈樑, 娶密城朴亨慶之女, 女適士人姜演, 次男廈棟, 娶東萊鄭泂之女, 次廈楹, 廈柱, 廈棡.
銘曰 :

현감은 인천仁川 이순李循의 딸에게 장가들어 5남1녀를 낳았다. 장남인 생원 하량廈樑은 밀성密城 박형경朴亨慶의 딸에게 장가들었고, 1녀는 사인士人 강연姜演에게 출가하였으며, 차남인 하동廈棟은 동래東萊 정형鄭泂의 딸에게 장가들었고, 다음은 하영廈楹, 하주廈柱, 하강廈棡이다. 다음과 같이 명銘한다.

天與美質, 家承懿訓, 克自奉持, 保厥本分.
言不妄雜, 行惟淳愨, 居家怡順, 出門謹勅.
假之以年, 足範鄉俗, 與厚奪速, 命難料度.
配得貞良, 唱隨素迪. 生能琴瑟, 死焉同穴.
蘭摧玉折, 壬癸相繼. 匹美共貞, 眞簡伉儷.

하늘은 아름다운 자질을 부여했고, 집안은 아름다운 교훈 받들었으니,
스스로 받들고 지켜, 그 본분을 보전했네.
말은 망령되고 뒤섞이지 아니했고, 행동은 깨끗하고 삼갔으며,

---

24) 原從功臣 : 국가나 왕실의 안정에 공훈이 있는 正功臣 외에 왕을 隨從해 공을 세운 사람에게 준 칭호, 또는 그 칭호를 받은 사람. 대부분이 정공신의 자제 및 사위 또는 그 수종자들에게 녹훈되었다.
25) 嘉善大夫 : 종2품의 하계 문관 및 무관의 품계.

집에 거처할 때는 온화하고 유순했으며, 문을 나서면 삼가고 조심하였네.
조금 더 오래 살았다면, 족히 향촌 풍속의 모범이 될 수 있었는데,
주는 것은 두텁고 빼앗음은 빠르니, 운명은 참으로 헤아리기 어려워라.
배필은 정숙하고 어지니, 남편을 잘 따르는 것이 본래 성품이었네.
살아서는 금슬이 좋았고, 죽어서는 함께 묻혔도다.
난초가 꺾이고 옥이 부러짐이, 임진년과 계사년에 서로 이어졌네.
아름다움을 짝하고 곧음을 함께하니, 진실로 참다운 남편과 아내로다.